中国法治现代化研究丛书

NEW PROSPECT OF SINICIZATION AND MODERNIZATION OF MARXISM'S THEORY OF THE RULE OF LAW

马克思主义法治理论中国化时代化的新境界

公丕祥 **主编**

法律出版社
LAW PRESS·CHINA
北京

图书在版编目(CIP)数据

马克思主义法治理论中国化时代化的新境界 / 公丕祥主编. -- 北京 : 法律出版社, 2023
(中国法治现代化研究丛书)
ISBN 978-7-5197-8437-9

Ⅰ. ①马… Ⅱ. ①公… Ⅲ. ①社会主义法治-研究-中国 Ⅳ. ①D920.0

中国国家版本馆 CIP 数据核字(2023)第 197383 号

马克思主义法治理论中国化时代化的新境界
MAKESI ZHUYI FAZHI LILUN ZHONGGUOHUA SHIDAIHUA DE XINJINGJIE

公丕祥 主编

策划编辑 赵明霞
责任编辑 赵明霞
装帧设计 臧晓飞

出版发行 法律出版社
编辑统筹 法商出版分社
责任校对 王 丰 郭艳萍
责任印制 胡晓雅
经 销 新华书店

开本 710 毫米×1000 毫米 1/16
印张 31.5 字数 528 千
版本 2023 年 11 月第 1 版
印次 2023 年 11 月第 1 次印刷
印刷 唐山玺诚印务有限公司

地址:北京市丰台区莲花池西里 7 号(100073)
网址:www.lawpress.com.cn
投稿邮箱:info@lawpress.com.cn
举报盗版邮箱:jbwq@lawpress.com.cn

销售电话:010-83938349
客服电话:010-83938350
咨询电话:010-63939796

书号:ISBN 978-7-5197-8437-9
定价:128.00 元

凡购买本社图书,如有印装错误,我社负责退换。电话:010-83938349

中国法治现代化研究丛书
编辑委员会

《马克思主义法治理论中国化时代化的新境界》

主　　编：公丕祥
副 主 编：夏锦文　龚廷泰　李　浩
　　　　　　李　力　方　乐　姜　涛
编辑人员：丰　霏　张　鹏　尹培培
　　　　　　韩玉亭　杜维超　强　卉
　　　　　　王丽惠　孟星宇　李　旭
　　　　　　夏少昂　李　谦　马　磊
　　　　　　於海梅
执行编辑：丰　霏　李　旭

总　序

马克思在《〈黑格尔法哲学批判〉导言》中提出这样一个重要的论断："理论在一个国家实现的程度，总是取决于理论满足这个国家需要的程度。"〔1〕当代中国正处在一个深刻的社会转型过程之中。与社会转型发展相伴而行，当代中国法治发展也正在经历着一个从传统型法制向现代型法治的历史变革过程。这是一个从传统法制转变为现代法治进而建构现代化法治体系的过程，是一个与国家治理现代化进程有着内在联系的国家法治现代化的过程。这场深刻的法治革命，是与国家需要紧密结合在一起的，集中体现了"完善和发展中国特色社会主义制度，推进国家治理体系和治理能力现代化"〔2〕的法治需要。

在人类法治文明发展的历史进程中，往往交织着诸多矛盾运动。这种矛盾运动既会引起法律生活领域的根本性变化，也会促进法律生活关系的某些部分改变。从社会学的一般意义上来说，每一次社会革命都标志着整个社会体制的一次基本变化，力图寻求某种合法性根据；而从法律意义上讲，每次社会革命最终产生了一种新的法律体系。伴随社会革命的法律革命，带来了法律领域的全新的变化。新中国六十多年的法治革命，不但从根本上改变了传统的

〔1〕 中共中央马克思恩格斯列宁斯大林著作编译局编译：《马克思恩格斯选集》（第1卷），人民出版社2012年版，第11页。

〔2〕《中共中央关于全面深化改革若干重大问题的决定》，人民出版社2013年版，第3页。

法律制度的本质与结构，创设了中华人民共和国的法治架构，而且成为当代中国经济社会革命的法治基础，从而为新的社会经济生活系统确立了有效的规范与制度保障。这场极为深刻、影响深远的法治革命，之所以具有理论与实践的力量，就在于它是适应当代中国国家发展及其现代化的需要而逐步形成和发展起来的。当下正在蓬勃兴起的全面依法治国、建设法治中国的时代进程，“是国家治理领域一场广泛而深刻的革命”，[1]适应了中国国家治理现代化的迫切需要。当代中国的法治革命，必然导致中国法律文明体系的巨大创新，有力地推动中国法治文明的成长与跃进，从根本上改变国家生活、社会生活与法律生活领域的基本面貌，进而呼唤着中国法治现代化理论的时代回应。

习近平同志在中共十八届四中全会第二次全体会议上的讲话中精辟阐述了现代化与法治之间的关系：“法治和人治问题是人类政治文明史上的一个基本问题，也是各国在实现现代化过程中必须面对和解决的一个重大问题。综观世界近现代史，凡是顺利实现现代化的国家，没有一个不是较好解决了法治和人治问题的。相反，一些国家虽然也一度实现快速发展，但并没有顺利迈进现代化的门槛，而是陷入这样或那样的‘陷阱’，出现经济社会发展停滞甚至倒退的局面。后一种情况很大程度上与法治不彰有关。”[2]这充分表明，在人类政治文明发展历程中现代化与法治化密切联系、相互依存、相互作用、不可分割，法治问题是国家现代化进程中必须解决的一个重大问题，法治现代化是国家现代化的题中应有之义。

第二次世界大战结束后，特别是20世纪60年代以来，随着现代化理论在全球范围内广泛兴起，法治现代化理论日益传播开来。从一般意义上讲，法治现代化理论所关注的问题，乃是现代社会变化与法治现象变化之间的相互作用关系，特别是现代社会变革对法律制度的影响机理。作为一个世界性的历史进程，法治现代化乃是人类社会自近代以来所经历的一场涉及社会与法律生活主要领域的深刻的法治变革过程。随着社会的转型发展，作为一种新的法律意识形态，法治现代化反映了各国政府积极推进各自国家的法治变革，以及通过这一法治变革实现国家现代化的目标、推动国家现代化进程的时代趋向。在这一价值目标下，推进法治现代化成为国家的总体法治政策和自觉的法治战略行动计划。

中国法治现代化是一个既与世界法治文明基本准则相互沟通又具有浓郁

[1] 《中共中央关于全面推进依法治国若干重大问题的决定》，人民出版社2014年版，第8页。

[2] 中共中央文献研究室编：《习近平关于全面依法治国论述摘编》，中央文献出版社2015年版，第12页。

民族风格的法治现象,蕴含在法治变革发展进程中自觉选择法治现代化道路或模式的深刻必然性。进入改革开放的历史新时期以来,邓小平同志反复强调,“过去搞民主革命,要适合中国的情况,走毛泽东同志开辟的农村包围城市的道路。现在搞建设,也要适合中国的情况,走出一条中国式的现代化道路”。[1]他还指出:“每个国家都有自己的情况,各自的经历也不同,所以要独立思考。不但经济问题如此,政治问题也是如此。”“要紧紧抓住合乎自己的实际情况这一条。所有别人的东西都可以参考,但也只是参考。世界上的问题不可能都用一个模式解决。中国有中国自己的模式。”[2]习近平同志也指出:“坚持独立自主,就要坚持中国自己的事情必须由中国人民自己作主张、自己来处理。世界上没有放之四海而皆准的具体发展模式,也没有一成不变的发展道路。历史条件的多样性,决定了各国选择发展道路的多样性。人类历史上,没有一个民族、没有一个国家可以通过依赖外部力量、跟在他人后面亦步亦趋实现强大和振兴。那样做的结果,不是遭遇失败,就是必然成为他人的附庸。”[3]中国的法治现代化是在特定的时间和空间条件下所展开的法治观念、法治体系、法治体制、法治制度和法治机制的改革与创新实践,具有独特的历史传统和社会条件。对于中国法治现代化进程来说,在外部世界提供的法治模式中,是找不到现成答案的,只能凭借自身基于自己国家需要和条件的创造性行动,进而实现法治的现代化改造。

在中华人民共和国六十多年的历史进程中,中国共产党人坚持从中国具体国情和历史条件出发,独立自主,开拓奋进,锐意改革,选择自己的法治现代化道路,不断深化对共产党执政规律、社会主义法治建设规律和社会主义法治改革规律的认识,努力创设具有鲜明中国风格的社会主义国家体制与法律制度,从而赋予中国特色社会主义法治事业蓬勃生机与活力,开辟了自主型的中国法治现代化进程的崭新境界。经过中华人民共和国成立六十多年来特别是改革开放近四十年来中国法治现代化道路的艰辛探索与实践,历史性地生成了法治现代化的中国方案的总体性特征。

第一,作为强有力的执政党,中国共产党有效地实施着对国家、社会与法律生活的领导,从而保证中国社会与法治变革的平稳有序推进。依法治国是中国共产党领导人民治国安邦的基本方略,依法执政是中国共产党治国理政的基本方式,法治中国是中国共产党领导人民全面依法治国的奋斗目标。

---

〔1〕《邓小平文选》(第2卷),人民出版社1994年版,第163页。

〔2〕《邓小平文选》(第3卷),人民出版社1993年版,第260、261页。

〔3〕《习近平谈治国理政》,外文出版社2014年版,第29页。

第二，在当代中国，法治现代化是国家治理现代化的基础与保障。适应变革时代的法治发展要求，把实现国家治理现代化构筑在坚实的法治基础之上。通过法律的制定与实施，将国家治理现代化的基本要求、体制机制、程序方法转化为国家治理主体的实际行动，彰显法理型的国家治理方式的基本性质及其内在价值。

第三，强大的国家政权与权威型政府主导法治现代化进程的走向。各级领导干部的信念、决心、行动，对全面依法治国具有十分重要的意义。中国法治发展必须依靠党和国家的强有力的组织推动，必须充分发挥领导干部这个“关键少数”在全面依法治国进程中的“关键作用”。与此同时，当代中国法治现代化进程，是一个法治发展的社会内生动力系统逐步强化的过程。中国法治现代化最深厚的动因基础，来自社会主体的积极性、能动性和首创精神，“人民是依法治国的主体和力量源泉”。[1] 推进法治现代化必须激发社会主体的法治热忱，充分发挥人民群众在全面依法治国进程中的主体作用。因此，中国法治现代化进程是强化政府推动与保持社会活力的有机统一，是自上而下与自下而上的内在结合。

第四，中国法治现代化，不但重视形式正义，把国家权力的运作纳入法律设定的轨道之中，坚持法律规范的严格性和法律体系的完整和谐，而且更加关注实质正义，社会主体在这一有序化的法治体系中获得自由和权利，致力于促进和实现社会公平正义，使之成为法治发展进程的基本价值准则，努力创造一个正常的社会生活条件，使个人的合法愿望和尊严能够在这些条件下实现。

第五，在推进中国法治现代化的进程中，强化能动主义的法治要求，把法律视为治国理政最重要的规矩，把社会变革纳入法治化的轨道，法治成为社会变革与发展的有力工具，成为确保党和国家长治久安的根本性、全面性、长期性的制度保障。

第六，在务实主义的法治改革路线指引下，抛却“法治浪漫主义”的理想图式，以客观、冷静、严谨的理性态度，正视法治改革过程中的复杂矛盾运动，以法治领域中的重大问题为导向，推出强有力的法治改革举措，可控地、循序渐进地推进法治的变革与创新。

中国法治现代化研究院是江苏省首批新型高端智库之一，是组织开展中国法治现代化领域理论研究与决策咨询的非营利性的公共研究机构。加强理论建设，是中国法治现代化研究院的重点工作方向之一。“中国法治现代化研究

---

〔1〕《中共中央关于全面推进依法治国若干重大问题的决定》，人民出版社2014年版，第6页。

丛书”是中国法治现代化研究院组织编撰的一套连续性的学术出版物，旨在坚持以中国特色社会主义法治理论为指导，把握推进中国法治现代化、实现国家治理现代化的战略目标，紧紧围绕全面依法治国、建设法治中国进程中的重大理论与实践问题，深入开展法治现代化的基本理论与方法论研究，组织推进中国法治现代化领域的战略研究与应用研究，深刻认识中国法治国情特点，积极构建具有鲜明中国风格的崭新的法治现代化理论分析框架，努力建设中国法治现代化研究领域的理论高地，进而为相关法治决策咨询打下坚实的理论根基。这套丛书的编辑出版工作，得到了江苏省委宣传部、江苏省委政法委和江苏省哲学社会科学规划办公室以及南京师范大学的大力支持，得到了全国法学界与法律实务界的热忱指导，得到了法律出版社的鼎力相助，在此谨致以诚挚的感谢！

中国法治现代化理论是中国特色社会主义法治理论体系的有机组成部分，鲜明表达了与中国法治国情条件相适应的中国法治现代化的话语形态，致力于揭示中国法治现代化模式的法治逻辑，努力体现中国法治现代化道路的法治立场。面对全面依法治国、建设法治中国、推进国家治理现代化的重大战略任务，我们要在中国特色社会主义法治理论的指导下，立足国家需要，把握全球视野，深入系统开展中国法治现代化的理论研究与咨询研究，悉心探讨中国法治现代化领域的重要理论与实践问题，着力构建中国法治现代化理论分析系统，以期回应大变革时代中国法治现代化的理论期待。

公丕祥

2016 年 6 月于南京

前　言

习近平总书记在庆祝中国共产党成立100周年大会上的重要讲话中强调:“马克思主义是我们立党立国的根本指导思想,是我们党的灵魂和旗帜。中国共产党坚持马克思主义基本原理,坚持实事求是,从中国实际出发,洞察时代大势,把握历史主动,进行艰辛探索,不断推进马克思主义中国化时代化,指导中国人民不断推进伟大社会革命。”[1]中国共产党成立一个世纪以来,在领导人民进行革命、建设、改革的伟大斗争中,创造性地将马克思主义法治理论同中国具体实际相结合、同中华优秀传统法律文化相结合,不断推进马克思主义法治理论中国化时代化,形成了三次历史性飞跃,创立了毛泽东思想法治理论、中国特色社会主义法治理论、习近平法治思想,成功地走出了一条和中国国情相适应的中国特色社会主义法治道路。回眸我们党的百年伟大历程,可以清晰看到,这是中国共产党领导人民实现民族振兴伟业、开拓前进的辉煌历程,也是马克思主义法治理论中国化的不平凡行程,凝结着弥足珍贵的历史经验,需要深入总结,把握规律,不断开拓当代中国马克思主义法治理论发展的新境界。习近平总书记“七一”重要讲话把我们党对共产党执政规律、社会主义建设规律、人类社会发展规律的认识提升到了新高度,是习近平新时代中国特色社会主

[1] 习近平:《在庆祝中国共产党成立100周年大会上的讲话》,人民出版社2021年版,第12～13页。

义思想的新篇章,是指引我们全面建设社会主义现代化国家、实现中华民族伟大复兴中国梦的行动纲领,具有重大的政治意义、理论意义和实践意义。认真学习贯彻习近平总书记"七一"重要讲话,对于自觉坚持马克思主义法治理论及其中国化理论成果的指导地位,坚持以习近平法治思想指导新时代全面依法治国的伟大实践,继续推进马克思主义法治理论中国化的时代进程,奋力开启全面建设社会主义现代化国家的新征程,无疑具有重大意义。

2021年10月23日,中国法治现代化暨中国法治实践学派2021年智库论坛·第三届"方德法治研究奖"颁奖典礼在南京隆重召开。本次论坛的主题为"马克思主义法治理论中国化的百年进程"。此次论坛由南京师范大学中国法治现代化研究院、中国法治研究院、中国社会治理与法治现代化研究院、江苏高校区域法治发展协同创新中心、南京师范大学江苏法治发展研究院、南京师范大学法学院、南京师范大学法治现代化研究中心、国家社科基金重大项目"习近平法治思想研究"课题组共同主办,江苏方德法律研究中心协办。来自最高人民法院、江苏省人大常委会、江苏省政协、江苏省高级人民法院、江苏省人民检察院、江苏省司法厅、江苏省社会科学院以及中国法学会、中国社会科学院、中国人民大学、北京大学、上海交通大学、浙江大学、武汉大学、华东政法大学、中南财经政法大学、西北政法大学、南京大学、东南大学、南京师范大学、扬州大学、江苏大学、江苏师范大学、黑龙江省社会科学院、郑州大学、河南师范大学、河海大学等政法机关、高等院校、科研机构的100余位专家学者出席会议。商务印书馆、《中国高校社会科学》、《法学》、《东方法学》、《社会科学战线》、《高等学校文科学术文摘》、《江海学刊》等学术刊物、出版单位的编审专家和《中国社会科学报》《法治日报》《人民法院报》《新华日报》等主流媒体的资深记者也应邀出席会议。

习近平法治思想是顺应实现中华民族伟大复兴时代要求应运而生的重大理论创新成果,是马克思主义法治理论中国化的最新成果,是新时代全面依法治国的根本遵循和行动指南。本次论坛以"马克思主义法治理论中国化的百年进程"为主题展开,与会专家学者深入学习贯彻习近平总书记"七一"重要讲话精神,系统考察马克思主义法治理论中国化的历史轨迹和内在理路,以习近平法治思想为指导,着力研讨习近平法治思想这一马克思主义法治理论中国化进程的最新重大理论成果,推动当代中国马克思主义法治理论研究深入发展,不断强化马克思主义法学在法学学科中的指导地位,进一步增强中国特色社会主义法治道路自信、理论自信、制度自信、文化自信。这本文集选辑了这次智库论坛的部分论文结集印行,旨在为系统梳理和深入研究当代中国马克思主义法治理论奉献智慧和力量。

这本文集的出版,一如既往地得到了与会专家学者的大力支持,得到了法律出版社的精心编辑,亦得到了江苏省委宣传部和江苏省哲学社会科学规划办公室以及南京师范大学新型高端智库建设经费的专项资助。在此,谨致以诚挚的感谢!

编　者

2022 年 2 月

目　录

上篇　中国特色社会主义法治理论研究

下篇 中国特色社会主义法治理论的实践伟力

上篇　中国特色社会主义法治理论研究

从国体、政体到全面依法治国

——中国共产党依法治国理论的发展逻辑

朱景文*

【内容摘要】中国共产党成立100周年，积累了丰富的法治理论，集中体现在依法治国理论的发展中，其大体经过了确定国体和政体，使民主制度化、法律化，依法治国方略的确立，全面依法治国这样四个阶段。其中国体和政体是国家最根本的制度设计，对于依法治国、依法办事的具体制度而言具有基础意义。民主制度化、法律化则是实现国家治理现代化、走向法治中国决定性的一步。依法治国是建设社会主义法治国家的治国方略。党的十八大以来，中国特色社会主义进入新时代，依法治国也发展到全面依法治国的新阶段。

【关键词】全面依法治国　国体　政体　中国共产党

中国共产党成立100周年，积累了丰富的法治理论，集中体现在依法治国理论的发展中，它大体经过了确定国体和政体，使民主制度化、法律化，依法治国方略的形成，全面依法治国这样四个阶段。

一、确定国体和政体

国体和政体是国家最根本的制度设计，对于依法治国、

* 朱景文，中国人民大学习近平新时代中国特色社会主义思想研究院研究员，中国人民大学法学院教授。

依法办事的具体制度而言具有基础意义。没有国体和政体,依法治国和依法办事都是没有根的东西。那种认为毛泽东只强调打烂旧秩序、只强调革命、不注意制度建设的观点,是站不住脚的。在党的七届二中全会上,毛泽东就庄严地宣告:"我们不但善于破坏一个旧世界,我们还将善于建设一个新世界。"[1] 国体和政体就是毛泽东有关新世界制度建设的分量最重的压舱石。

早在抗日战争时期,在1940年1月发表的《新民主主义论》中,毛泽东明确提出国体和政体问题。所谓国体,就是社会各阶级在国家中的地位。所谓政体,那是指政权构成的形式问题,指的一定社会阶级采取何种形式去组织那反对敌人、保护自己的政权机关。没有适当的政权机关,就不能代表国家。国体——各革命阶级联合政府。政体——民主集中制。这就是新民主主义政治,这就是新民主主义的共和国。[2]

"五四宪法"把工人阶级领导的、工农联盟为基础的人民民主国家确定为国体,把人民代表大会制度确定为政体。在《关于中华人民共和国宪法草案》中,毛泽东指出,这个宪法草案正确地恰当地结合了原则性和灵活性:既坚持社会主义经济的主导地位,又规定私人经济的合法性;既规定共产党的领导,又确定和各民主党派的合作;既规定公民广泛的民主权利,又承认这些权利尚受物质条件的限制;既规定法律的全国统一性,又规定各少数民族地区可以制定符合本民族特点的自治条例和单行条例。[3] 这些论述在基本制度层面初步体现了中国特色社会主义制度的雏形。

二、使民主制度化、法律化

在党的十一届三中全会召开以前举行的中央工作会议上,邓小平指出:"为了保障人民民主,必须加强法制。必须使民主制度化、法律化。使这种制度和法律不因领导人的改变而改变,不因领导人看法和注意力的改变而改变。现在的问题是法律很不完备,很多法律还没有制定出来。往往把领导人说的话当作'法',不赞成领导人说的话就叫作'违法',领导人的话改变了,'法'也就跟着改变。"[4] 这一著名讲话,为十五大依法治国方略的形成奠定了重要的思想基础,从实质内容讲,是从"法制"到"法治"转变的重要标志。

在《党和国家领导制度的改革》中,邓小平指出:我们过去发生的各种错

---

〔1〕《毛泽东选集》(第4卷),人民出版社1966年版,第1377页。

〔2〕参见《毛泽东选集》(第2卷),人民出版社1966年版,第637~638页。

〔3〕参见《毛泽东选集》(第5卷),人民出版社1977年版,第128~129页。

〔4〕《邓小平文选》(第2卷),人民出版社1994年版,第146~147页。

误,固然与某些领导人的思想、作风有关,但是组织制度、工作制度方面的问题更重要。这些方面的制度好可以使坏人无法任意横行,制度不好可以使好人无法充分做好事,甚至会走向反面。不是说个人没有责任,而是说领导制度、组织制度问题更带有根本性、全局性、稳定性和长期性。[1] 这个讲话,在党的十三大报告中被看作是指导我国政治体制改革的指导思想。

邓小平从社会主义现代化建设的全局出发,提出了一系列的“两手抓”方针。一手就是坚持对外开放和对内搞活经济的政策,一手就是坚决打击经济犯罪活动。[2] 1986 年 1 月邓小平明确地提出:搞四个现代化一定要有两手,只有一手是不行的。所谓两手,即一手抓建设,一手抓法制。[3] 1992 年邓小平在视察南方的讲话中又提出:要坚持“两手抓”,一手抓改革开放,一手抓打击各种犯罪活动。这两只手都要硬。[4] 这些论述深刻地阐述了社会主义法制建设和社会主义现代化建设的辩证关系。

邓小平提出新时期社会主义法制建设的基本方针,即“有法可依,有法必依,执法必严,违法必究”[5]。有法可依是针对立法工作而言的。“有比没有好,快搞比慢搞好”是改革开放初期解决有法可依问题的主要办法。除了加快制定宪法、刑事、民事等基本法律之外,采取了宜粗不宜细,地方先行先试、成熟一条就修改补充一条,不要等待“成套设备”等做法。有法必依是对守法的基本要求,为此在宪法和党章层面采取重大举措,1982 年《宪法》规定:“一切国家机关和武装力量、各政党和各社会团体、各企业事业组织都必须遵守宪法和法律。一切违反宪法和法律的行为,必须予以追究。任何组织或者个人都不得有超越宪法和法律的特权。”同年,党的十二大通过的修改后的《中国共产党章程》规定:“党必须在宪法和法律的范围内活动。党必须保证国家的立法、司法、行政机关,经济、文化组织和人民团体积极主动地、独立负责地、协调一致地工作。”执法必严和违法必究是对执法、司法活动提出的基本要求。一切执法机关和司法机关必须秉公办案,严肃执法。公民在法律面前人人平等,党员在党章和党纪面前人人平等。司法机关独立办案,违法犯罪范围内的问题,应由公、检、法等机关依法独立处理,行政机关、社会团体和个人不能干涉。党要管党内纪律的问题,法律范围的问题应该由国家和政府管。

---

〔1〕 参见《邓小平文选》(第 2 卷),人民出版社 1994 年版,第 333 页。
〔2〕 参见《邓小平文选》(第 2 卷),人民出版社 1994 年版,第 404 页。
〔3〕 参见《邓小平文选》(第 3 卷),人民出版社 1993 年版,第 154 页。
〔4〕 参见《邓小平文选》(第 3 卷),人民出版社 1993 年版,第 378 页。
〔5〕 《邓小平文选》(第 3 卷),人民出版社 1993 年版,第 147 页。

尽管改革开放初期法制建设的举措是粗线条的,主要解决的是大的原则问题;但是,坚冰已经打破,航道已经开通,阻碍法制发展的陈旧观念开始受到批判,法制建设的制度框架初步形成。如果说"改革开放是决定当代中国前途命运的关键一招,中国大踏步赶上了时代"[1],那么加强制度建设和法制建设则是实现国家治理现代化、走向法治中国的决定性的一步。

三、依法治国方略的形成

党的十五大提出了依法治国、建设社会主义法治国家的治国方略。依法治国,就是广大人民群众在党的领导下,依照宪法和法律规定,通过各种途径和形式管理国家事务,管理经济文化事业,管理社会事务,保证国家各项工作都依法进行,逐步实现社会主义民主的制度化、法律化,使这种制度和法律不因领导人的改变而改变,不因领导人看法和注意力的改变而改变。[2]

党的十六大提出改革和完善党的领导方式和执政方式。党的领导主要是政治、思想和组织领导,通过制定大政方针,提出立法建议,推荐重要干部,进行思想宣传,发挥党组织和党员的作用,坚持依法执政,实施党对国家和社会的领导。按照党总览全局、协调各方的原则,规范党委与人大、政府、政协以及人民团体的关系,支持它们依法依规独立、自主、积极负责地行使职权、开展工作。[3]

2006年6月29日,在中共十六届中央政治局第三十二次集体学习时,胡锦涛强调,科学执政、民主执政、依法执政,是有机统一的整体,其核心是要为人民执好政、掌好权。把坚持党的领导、人民当家做主、依法治国有机统一起来,不断改革和完善党的领导方式和执政方式,不断提高党的执政能力和领导水平,在为人民治国理政的实践中体现党的先进性、发展党的先进性、永葆党的先进性。[4]

党的十七大提出全面落实依法治国的基本方略,对依法执政的方方面面作了整体部署:坚持党总揽全局、协调各方的领导核心作用,提高党科学执政、民主执政、依法执政水平;科学立法、民主立法,完善中国特色社会主义法律体系;加快行政体制改革,深化司法体制改革,建立健全决策权、执行权、监督权既相互制约又相互协调的权力结构和运行机制;弘扬法治精神,形成自觉学法守法

[1] 习近平:《在庆祝中国共产党成立100周年大会上的讲话》,载《人民日报》2021年7月2日,第1版。
[2] 参见《江泽民文选》(第2卷),人民出版社2006年版,第28~29页。
[3] 参见《江泽民文选》(第3卷),人民出版社2006年版,第555~556页。
[4] 参见《胡锦涛文选》(第2卷),人民出版社2016年版,第460~464页。

用法的社会氛围。[1]

2010年中国特色社会主义法律体系的形成,是我国社会主义民主法制建设史上的重要里程碑,是中国特色社会主义制度逐步走向成熟的重要标志,具有重大现实意义和深远历史意义。[2]

四、全面依法治国

党的十八大以来,中国特色社会主义进入新时代,依法治国也发展到全面依法治国的新阶段。全面推进依法治国涉及很多方面,在实际工作中必须有一个总揽全局、牵引各方的总抓手,这个总抓手就是建设中国特色社会主义法治体系。依法治国各项工作都要围绕这个总抓手来谋划、来推进。这是依法治国进入新阶段的重要标志。在习近平法治思想中,坚持党对依法治国的领导,坚持以人民为中心和坚持中国特色社会主义法治道路,是管政治方向的,决定着法治建设的根本保证、深厚基础和道路选择,而中国特色社会主义法治体系是法治建设的总抓手,反映了法治建设的整体布局。习近平指出:"我们必须把依法治国摆在更加突出的位置,把党和国家的工作纳入法治化轨道,坚持在法治化轨道上统筹社会力量、平衡社会利益、调节社会关系、规范社会行为,依靠法治解决各种社会矛盾和问题,确保我国在深刻变革中既生机勃勃又井然有序。"[3]

习近平法治思想提出的十一个坚持,把全面依法治国的政治方向、工作布局、重点任务、重要保障有机地统一起来。在习近平法治思想中,马克思主义法治理论处于指导地位,坚持党的领导、坚持以人民为中心,坚持中国特色社会主义法治道路是全面依法治国的政治方向;坚持在法治轨道上推进国家治理体系和治理能力现代化,坚持建设中国特色社会主义法治体系,坚持依法治国、依法执政、依法行政共同推进,法治国家、法治政府、法治社会一体建设是工作布局;坚持依宪治国、依宪执政,坚持科学立法、严格执法、公正司法、全民守法,统筹推进国内法治和涉外法治是重点任务;坚持德才兼备法治队伍的建设和坚持抓住领导干部这个"关键少数"是重要保障。在党的历史上第一次对我们党的法治理论作了全面、系统的概括,是马克思主义法治理论中国化的最新成果。[4]

---

[1] 参见《胡锦涛文选》(第2卷),人民出版社2016年版,第634~639页。

[2] 参见《胡锦涛文选》(第3卷),人民出版社2016年版,第509~511页。

[3] 习近平:《论坚持全面依法治国》,中央文献出版社2020年版,第104页。

[4] 参见王晨:《习近平法治思想是马克思主义法治理论中国化的新发展新飞跃》,载《中国法学》2021年第2期。

全面依法治国更加具有系统性、整体性、协调性。首先,在中国特色社会主义现代化建设层面,把全面推进依法治国与全面建成小康社会(全面建设社会主义现代化国家)、全面改革开放、全面从严治党一起提升到统揽中国特色社会主义事业全局的"四个全面"的战略布局中,大大提高了法治在全局中的地位。

其次,在国家治理的层面,坚持在法治轨道上推进国家治理体系和治理能力现代化,法治是国家治理现代化的重要依托,是国家治理体系的系统性、规范性、协调性的重要保障。实现依规治党与依法治国,依法治国与以德治国,法治、德治、自治的相互配合、相互依托、相得益彰、协调发展。

总之,从确定国体、政体到全面依法治国是中国共产党认识和把握执政规律的过程,体现了抽象与具体、部分与全局、整体与细节之间关系的辩证逻辑。确立人民民主专政的国体和人民代表大会制度的政体是整个新中国法治建设的起点,也是整个法治建设须臾不可偏离的政治前提。邓小平提出的为了保障人民民主,必须加强法制,必须使民主制度化、法律化,使这种制度和法律不因领导人的改变而改变,不因领导人的看法和注意力的改变而改变,既是人民民主专政的国体与人民代表大会制度的政体的具体化,也奠定了依法治国基本方略形成的思想基础。党的十五大把依法治国、建设社会主义法治国家确立为治国方略。党的十六大提出改革和完善党的领导方式和执政方式。党的十七大提出加强党的执政能力建设,要科学执政、民主执政、依法执政。党的十八大以来提出全面依法治国的战略,把它提升到"四个全面"的战略布局的高度,提出建设中国特色社会主义法治体系是全面依法治国的总抓手,提出要把党的领导贯穿到全面依法治国的全过程和各个方面,提出党领导立法、保证执法、支持司法、带头守法,使党对法治建设的领导制度化、法治化,使依法治国进程中不忘中国共产党的初心和使命,时刻不脱离国体和政体这一最根本问题,从而使依法治国不仅停留在抽象的口号上,而成为可具体化、具可操作性、既注重顶层设计又注重细节的一整套全面的方略。全面依法治国并不是中国共产党对治国理政规律认识的终点,随着治国理政实践的发展,它还会成为新认识的起点。

马克思主义国家与法的学说中国化的百年进程

公丕祥*

【内容摘要】中国共产党成立100年来,马克思主义国家与法的学说中国化进程波澜壮阔、与时俱进,先后形成三次历史性飞跃。毛泽东国家与法的学说,运用马克思主义国家观和法律观的一般原理来解决中国革命和建设中的政治法律问题,实现了马克思主义国家与法的学说中国化进程的第一次历史性飞跃。邓小平国家与法的学说,在探索中国特色社会主义政治发展道路的过程中,开启了马克思主义国家与法的学说中国化进程的第二次历史性飞跃;“三个代表”重要思想中的国家与法的学说、科学发展观中的国家与法的学说,分别发展和深化了第二次历史性飞跃。习近平国家与法的学说,标志着马克思主义国家与法的学说中国化进程的第三次历史性飞跃,有力推动了中国特色社会主义国家与法的学说的创新发展。马克思主义国家与法的学说中国化的百年进程,凝结着弥足珍贵的历史经验,主要有:必须在伟大社会革命中推动马克思主义国家与法的学说中国化进程,必须始终坚持马克思主义国家与法的学说及其中国化理论成果的指导地位,必须随着时代和实践的发展开辟马克思主义国家与法的学说中国化进程的新境

---

* 公丕祥,法学博士,南京师范大学法学院教授、博士研究生导师,中国法治现代化研究院院长,江苏高校区域法治发展协同创新中心研究员。

界，必须着眼于对实际问题的思考彰显马克思主义国家与法的学说中国化进程的时代特色，必须从本国国情出发不断拓展马克思主义国家与法的学说的中国化进程，必须以科学态度对待马克思主义国家与法的学说及其中国化的理论成果。

【关键词】马克思主义国家与法的学说　中国化进程　基本经验　重大理论成果　三次历史性飞跃

一、引言

1921 年，在中国人民艰辛探索救亡图存出路的历史大潮中，中国共产党诞生了！这是中华民族几千年历史进程中开天辟地的大事变，是近代以来实现中华民族复兴的伟大里程碑之一。一个世纪以来，中国共产党经历了极不平凡的光辉历程，领导中国人民不畏艰险、矢志奋斗，创造了一个又一个人间奇迹。中国共产党成立以来的百年历史，也是中国共产党人把马克思主义国家与法的学说基本原理同中国革命、建设、改革的具体实际结合起来，不断推动马克思主义国家与法的学说中国化进程的波澜壮阔、与时俱进的过程。在庆祝中国共产党成立 100 周年之际，我们回眸马克思主义国家与法的学说中国化的百年进程，总结马克思主义国家与法的学说中国化进程的基本经验，展望新时代马克思主义国家与法的学说在中国的发展前景，对于自觉地坚持马克思主义国家与法的学说的指导地位，坚持运用当代中国发展着的马克思主义国家与法的学说指导全面依法治国、推进国家治理现代化的伟大实践，无疑具有重要的理论价值和实践意义。

作为 19 世纪的思想产物，马克思、恩格斯运用历史唯物主义世界观和方法论，深入分析国家与法的现象的属性与特征，科学揭示国家与法的现象的运动规律，创立了马克思主义国家与法的学说，为人类理解国家与法的现象的内在奥秘提供了伟大的理论工具，实现了文明社会国家与法的学说发展史上的伟大革命。20 世纪以来，马克思主义国家与法的学说在世界范围内广泛传播，有力推动了人类政治法律文明的深刻变革。列宁的历史性贡献，不仅在于他领导俄国人民取得了十月革命的伟大胜利，在俄国这样一个经济落后的“半亚细亚”国家第一次创建了社会主义国家与社会制度，而且在于他对新政权建立后如何发展民主、建设法制作了创造性探索，从而丰富和发展了马克思主义国家与法的学说，给我们留下了丰富的国家与法的思想遗产。“十月革命一声炮响，给我们送来了马克思列宁主义。十月革命帮助了全世界的也帮助了中国的先进分子，用无产阶级的宇宙观作为观察国家命运的工具,重新考虑自己的问题”。[1] 在近代以来中国社会的巨大变革进程中,马克思主义国家与法的学说中国化的历史进程深入展开,形成了毛泽东国家与法的学说、邓小平国家与法的学说、“三个代表”重要思想中的国家与法的学说、科学发展观中的国家与法的学说和习近平国家与法的学说,实现了马克思主义国家与法的学说中国化的三次历史性飞跃。

二、第一次历史性飞跃

从1915年到1919年的新文化运动,是中国近代思想史上的一次伟大的思想解放运动,为马克思主义在中国的传播开辟了道路。列宁主义是中国人接受马克思主义的第一个中介。马克思列宁主义与中国无产阶级这一新兴独立的社会政治力量相结合,中国共产党这一马克思主义政党应运而生,极大地改变了中国社会的面貌。在马克思主义的传播过程中,中国产生了以李大钊、陈独秀、毛泽东、蔡和森、瞿秋白等人为代表的第一批具有共产主义思想的知识分子。特别是1919年“五四运动”以后,马克思主义日益与中国革命的具体实践相结合,马克思主义中国化的历史进程不断向前发展。1938年10月14日,毛泽东在《中国共产党在民族战争中的地位》的政治报告中鲜明提出马克思主义中国化的重大命题:“马克思主义必须和我国的具体特点相结合并通过一定的民族形式才能实现。马克思列宁主义的伟大力量,就在于它是和各个国家具体的革命实践相联系的。对于中国共产党说来,就是要学会把马克思列宁主义的理论应用于中国的具体的环境。”“因此,使马克思主义在中国具体化,使之在其每一表现中带着必须有的中国的特性,即是说,按照中国的特点去应用它,成为全党亟待了解并亟须解决的问题。”[2] 在后来的一系列著述中,毛泽东深刻阐述了马克思主义中国化的重大命题,强调要“将马克思列宁主义的理论和中国革命的实践相结合”。[3] “马克思列宁主义的普遍真理一经和中国革命的具体实践相结合,就使中国革命的面目为之一新。”[4] 在新民主主义革命的伟大舞台上,毛泽东思想在实际内容与理论形式上都走向成熟,形成了马克思主义中国化的第一个重大理论成果。1945年4月20日,中共六届中央委员会扩大的第七次全体会议通过的《关于若干历史问题的决议》深刻总结道:“中国共产党自一九二一年产生以来,就以马克思列宁主义的普遍真理和中国革命的具体

---

[1] 《毛泽东选集》(第4卷),人民出版社1991年版,第1471页。
[2] 《毛泽东选集》(第2卷),人民出版社1991年版,第534页。
[3] 《毛泽东选集》(第2卷),人民出版社1991年版,第611页。
[4] 《毛泽东选集》(第3卷),人民出版社1991年版,第796页。

实践相结合为自己的一切工作的指针。毛泽东同志关于中国革命的理论和实践便是此种结合的代表。"[1]1945 年 4 月 23 日召开的中共七大,将毛泽东思想和马克思列宁主义一起确立为中国共产党的指导思想。以毛泽东同志为主要代表的中国共产党人,把马克思列宁主义基本原理同中国革命具体实践结合起来,创立了毛泽东思想,形成了马克思主义基本原理与中国革命实践相结合的第一次历史性飞跃。

毛泽东国家与法的学说是毛泽东思想的重要组成部分,是以毛泽东同志为主要代表的中国共产党人运用马克思主义国家与法的学说的一般原理来解决中国革命和建设中的国家与法律问题的具体产物。它不仅揭开了中国政治法律思想史上的崭新篇章,而且为新民主主义政权与法制、社会主义国家政权与法治建设奠定了重要的理论基础,实现了马克思主义国家与法的学说中国化进程的第一次历史性飞跃。

首先,深入阐述新民主主义政权与法制的基本理论,为建设新民主主义法制指明了方向。中国是一个经济社会发展很不平衡的东方大国,同其他国家的情况差异很大。把马克思主义国家与法的学说成功地运用到中国的国家发展与法制建设之中,需要极大的理论勇气和创造精神。毛泽东强调,要深入研究中国的国情条件。正确认识中国革命的性质与发展阶段,从新民主主义革命的实际出发来建设新民主主义革命的法制。他认为,"现阶段中国革命的性质,不是无产阶级社会主义的,而是资产阶级民主主义的",是新式的特殊的资产阶级民主主义的革命,即新民主主义革命。由此,毛泽东从国体与政体两个方面分析了新民主主义的政治,指出国体问题"只是指的一个问题,就是社会各阶级在国家中的地位"。新民主主义的国体,就是"各革命阶级联合专政",是几个革命阶级联合起来对于帝国主义者和汉奸反动派的专政。所谓政体问题,"那是指的政权构成的形式问题,指的一定的社会阶级取何种形式去组织那反对敌人、保护自己的政权机关。没有适当形式的政权机关,就不能代表国家。中国现在可以采取全国人民代表大会、省人民代表大会、县人民代表大会、区人民代表大会直到乡人民代表大会的系统,并由各级代表大会选举政府"。因此,新民主主义的国体和政体,构成了新民主主义的政治,这就是新民主主义的共和国。[2] 正是基于对中国特殊的国情条件和中国革命的性质的深刻把握,中国共产党把握新民主主义革命不同发展阶段的具体任务,深入推进新民主主

[1] 《毛泽东选集》(第 3 卷),人民出版社 1991 年版,第 952 页。
[2] 参见《毛泽东选集》(第 2 卷),人民出版社 1991 年版,第 647、676 ~ 677 页。

义革命政权与法制建设。在工农武装割据时期,工农民主政权先后制定颁布了《中华苏维埃共和国宪法大纲》《中华苏维埃共和国土地法》《中华苏维埃共和国婚姻法》《中华苏维埃共和国惩治反革命条例》等法律文件,为巩固革命根据地的工农民主政权、促进革命形势的发展,起到了积极的作用。在抗日战争时期,抗日民主政权制定了《陕甘宁边区抗战时期施政纲领》《陕甘宁边区保障人权财权条例》《陕甘宁边区土地条例》《抗战时期惩治汉奸条例》等法律文件,有力地巩固了边区政权,推动抗日战争的胜利进行。在解放战争时期,解放区各人民民主政权制定了《陕甘宁边区宪法原则》《约法八章》《中国土地法大纲》等,从而丰富了新民主主义革命法制。

其次,创造性地论述具有中国特色的社会主义国家制度与法律制度的基本原理,为建设社会主义法治确立了理论准则。1949 年 10 月 1 日,中华人民共和国正式成立,"占人类总数四分之一的中国人从此站立起来了!"[1]随着中国人民大革命在全国范围内的胜利,创建崭新的社会主义国家制度与法律制度、实现国家制度和法律制度的历史性变革,便作为一个严峻而重大的课题摆在中国共产党人面前。毛泽东运用马克思主义国家与法的学说,深入分析中国的国情特点,确立了由新民主主义类型的国家制度发展到社会主义类型的国家制度的指导原则。在《论人民民主专政》(1949 年 6 月 30 日)这篇纪念中国共产党成立 28 周年的著名文章中,毛泽东深刻阐发了中国新民主主义革命胜利以后建立人民民主的国家政权的必然性:"资产阶级的共和国,外国有过的,中国不能有,因为中国是受帝国主义压迫的国家。惟一的路是经过工人阶级领导的人民共和国。"他还高度概括了人民民主专政的性质:"总结我们的经验,集中到一点,就是工人阶级(经过共产党)领导的以工农联盟为基础的人民民主专政。"[2]在上述理论原则的指导下,1949 年 9 月中国人民政治协商会议第一届全体会议通过的《中国人民政治协商会议共同纲领》以及《中央人民政府组织法》,对新中国成立之初的新民主主义国家制度及其政权组织系统作出了明确规定,建立了一个全新的国家制度。随着我国社会由新民主主义向社会主义的过渡,1954 年 9 月召开的一届全国人大一次会议通过了《中华人民共和国宪法》(以下简称"五四宪法"),在《中国人民政治协商会议共同纲领》的基础上进一步创新发展人民共和国的国家制度,用国家根本大法的形式把人民民主和社会主义原则固定下来,为社会主义制度在中国的全面确立奠定了根本法基

---

〔1〕《毛泽东著作选读》(下册),人民出版社 1986 年版,第 691 页。

〔2〕《毛泽东著作选续》(下册),人民出版社 1986 年版,第 687 页。

础。与《中国人民政治协商会议共同纲领》相比较,"五四宪法"赋予国家以崭新的属性,规定"中华人民共和国是工人阶级领导的,以工农联盟为基础的人民民主国家";总结了新中国成立以来民主政治建设的实践经验以及国家政权机关工作的经验,对国家根本政治制度作了更加完备的规定,强调"中华人民共和国的一切权力属于人民。人民行使权力的机关是全国人民代表大会和地方各级人民代表大会";建立了一个以国家权力机关为核心的更加完备的国家机构体系,借以适应日益复杂化和专门化的国家治理与社会管理活动的需要;进一步丰富了民族区域自治制度,完善了国家结构形式;形成了与国家制度的性质与形式相适应的公民权利体系,为当代中国公民权利制度创设了根本法基础:从而建构了具有中国特色的社会主义国家制度与国家治理体系,实现了对近代以来中国各种国家制度方案的历史性超越。诚如毛泽东所指出的,"我们的宪法是新的社会主义类型,不同于资产阶级类型"。我们的宪法,就是比它们革命时期的宪法进步得多。我们优越于它们。"一个团体要有一个章程,一个国家也要有一个章程,宪法就是一个总章程,是根本大法。用宪法这样一个根本大法的形式,把人民民主和社会主义原则固定下来,使全国人民有一条清楚的轨道,使全国人民感到有一条清楚的、明确的和正确的道路可走,就可以提高全国人民的积极性。"[1]

最后,精辟地论述了关于正确认识和处理两类不同性质矛盾的学说,为推进新中国的国家治理与法治建设提供了重要的思想原则。毛泽东认为:虽然革命时期大规模的疾风暴雨式的群众阶级斗争已经基本结束,但是阶级斗争并没有完全结束;社会主义制度已经建立起来,但是社会主义制度还需要有一个继续建立和巩固的过程;社会主义革命和建设取得了重要成效,但是这并不是说我们的社会里已经没有任何矛盾了;人民群众满腔热忱地欢迎和拥护社会主义制度,但是人民群众对这个新制度还需要有一个习惯的过程,国家工作人员也有一个学习和取得经验的过程。因此,在新的历史条件下,正确划分敌我和人民内部两类矛盾的界限,处理好人民内部的矛盾,这对于顺利地走过过渡时期,巩固社会主义国家制度和经济社会制度,建设社会主义的新国家,是十分必要的。毛泽东运用马克思主义历史唯物主义的世界观和方法论,深刻分析了社会主义社会的矛盾运动,"在我们的面前有两类社会矛盾,这就是敌我之间的矛盾和人民内部的矛盾"。要正确认识这两类社会矛盾,首先要弄清楚什么是人民、什么是敌人。人民这个概念在不同的国家和各个国家不同的历史时期,有

[1] 《毛泽东文集》(第6卷),人民出版社1999年版,第326、328页。

着不同的内容。在建设社会主义时期,“一切赞成、拥护和参加社会主义建设事业的阶级、阶层和社会集团,都属于人民的范围;一切反抗社会主义革命和敌视、破坏社会主义建设的社会势力和社会集团,都是人民的敌人”。敌我之间的矛盾是对抗性的矛盾;而人民内部的矛盾一般非对抗性的,但是如果处理不当,或者失去警觉,麻痹大意,也可能发生对抗。这两类社会矛盾的性质不同,解决的办法也不同。前者是分清敌我的问题,后者则是分清是非的问题。解决敌我之间的矛盾必须采取专政的方法,而处理人民内部的矛盾,则采用民主的方法,这是两种性质不同的方法。[1] 毛泽东强调,我国是工人阶级领导的以工农联盟为基础的人民民主专政的国家。专政的目的是保卫全体人民和平劳动,将我国建设成为一个具有现代工业、现代农业和现代科学文化的社会主义国家。它有两个作用:对内就是镇压国家内部的反动阶级和反抗社会主义革命的剥削者以及那些对于社会主义建设的破坏者,解决国内敌我之间的矛盾;对外就是防御国家外部敌人的颠覆活动和可能的侵略,担负着对外解决敌我之间矛盾的任务。人民内部的矛盾在各个革命时期和社会主义建设时期有着不同的内容,一般来说是在人民利益根本一致的基础上的矛盾。因此,专政的制度不适用于人民内部。当然,人民中间的犯法分子也要受到法律的制裁,但这和对压迫人民的敌人实行专政,则是有原则区别的。毛泽东认为,正确认识和解决人民内部的矛盾,要按照民主集中制的原则,妥善处理四个方面的关系。一是民主和集中的关系。社会主义民主是任何资产阶级国家所不可能有的最广大的民主。在人民内部实行民主制度,就是由工人阶级团结全体有公民权即有自由和民主权利的人民对敌人实行专政。但是,这个民主是集中指导下的民主,而不是无政府状态。在人民内部,不可以没有民主,也不可以没有集中。世界上没有抽象的民主,只有具体的民主。资产阶级议会民主制和所谓的两党制,不过是维护资产阶级专政的一种形式,绝不能保障广大劳动人民的自由权利。二是自由和纪律的关系。我国《宪法》规定,中华人民共和国公民有言论、出版、集会、结社、游行、示威、宗教信仰等自由。世界上没有抽象的自由,只有具体的自由。自由是相对纪律而言的,它们是一个统一体的两个矛盾着的侧面,既是矛盾的,又是统一的。在人民内部,不可以没有自由,也不可以没有纪律。在社会主义制度下,人民享受着广泛的自由,同时又必须用社会主义纪律约束自己。三是民主的目的与手段的关系。那些要求抽象的民主、抽象的自由的人们,认为民主是目的,而不承认民主是手段。其实,“民主这个东西,有时看来

---

〔1〕 参见《毛泽东文集》(第7卷),人民出版社1999年版,第205、211~212页。

是目的，实际上，只是一种手段。马克思主义告诉我们，民主属于上层建筑，属于政治这个范畴。这就是说，归根结底，它是为经济基础服务的”。因此，民主是目的和手段的统一。四是说服教育与行政命令的关系。在社会主义社会，对于人民内部的思想性质的问题，人民内部的是非辨别的争论问题，只能用民主的方法去解决，只能用讨论批评的方法、说服教育的方法去解决，而不能用强制的、压服的方法去解决。那种企图用强制的方法、行政命令的方法去解决，不但没有效果，反而是有害的。然而，为了保障人民有秩序地生产、学习和生活，人民要求自己的政府以及生产、文化教育机关的领导者发布各种适当的带强制性的行政命令。“没有这种行政命令，社会秩序就无法维持，这是人们的常识所了解的。”所以，解决人民内部的矛盾问题，说服教育与行政命令这两种方法是相辅相成的两个方面。[1] 很显然，毛泽东关于正确认识和处理两类不同性质社会矛盾的学说，闪耀着马克思主义国家与法的学说的理论光辉，从而成为推进社会主义国家与社会治理、加强社会主义法治建设的重要指导思想。

三、第二次历史性飞跃

以 1978 年 12 月召开的中共十一届三中全会为标志，中国开始了改革开放的伟大社会变革。以邓小平同志为主要代表的中国共产党人从理论与实践的结合上揭示了在中国这样一个东方大国什么是社会主义、怎样建设社会主义的基本规律，创立了邓小平国家与法的学说，开启了马克思主义国家与法的学说中国化进程的第二次历史性飞跃。中共十三届四中全会以来，以江泽民同志为代表的中国共产党人在建设中国特色社会主义的伟大实践中，形成了“三个代表”重要思想中的国家与法的学说，标志着马克思主义国家与法的学说中国化进程第二次历史性飞跃的发展。中共十六大以来，以胡锦涛同志为主要代表的中国共产党人深刻回答了中国特色社会主义建设中的一系列重大理论和实践问题，形成了科学发展观中的国家与法的学说，推动了马克思主义国家与法的学说中国化进程第二次性历史性飞跃的深化。

第一，深入分析当代中国国家发展与法治建设的国情条件。中国是一个有着悠久的封建主义传统的国度，封建主义影响根深蒂固，这在很大程度上影响着当代中国国家发展与法治建设的进程及其效果。邓小平清醒地看到了当代中国国家发展的历史基础及其独特性质，认为旧中国留给我们的，封建专制传统比较多，民主法制传统很少。“我们进行了二十八年的新民主主义革命，推

[1] 参见《毛泽东文集》(第 7 卷)，人民出版社 1999 年版，第 207～210 页。

翻封建主义的反动统治和封建土地所有制，是成功的、彻底的。但是，肃清思想政治方面的封建主义残余影响这个任务，因为我们对它的重要性估计不足，以后很快转入社会主义革命，所以没有能够完成。”“解放以后，我们也没有自觉地、系统地建立保障人民民主权利的各项制度，法制很不完备，也很不受重视。”[1]封建主义残余深深地渗透到社会生活的各个领域，也侵蚀着当代中国国家发展的社会根基。

正因如此，要深刻把握中国国情条件的特殊性，充分认识到当代中国国家发展与法治建设的长期性、艰巨性和复杂性，树立长期作战的思想，通过持之以恒地制定和完善各种符合于社会主义原则的制度和法律来消除封建主义残余的影响。在当代中国，推进国家发展和法治建设，必须立足本国国情条件，从社会主义初级阶段这个基本国情实际出发。江泽民指出："十一届三中全会以来，党正确地分析国情，作出我国还处于社会主义初级阶段的科学论断。我们讲一切从实际出发，最大的实际就是中国现在处于并将长期处于社会主义初级阶段。”[2]因此，要遵循政治发展与本国经济社会发展相适应的规律，以发展社会生产力为中心任务，牢牢把握中国特色社会主义政治的基本要求，坚持工人阶级领导、以工农联盟为基础的人民民主专政，坚持和完善人民代表大会制度，坚持和完善中国共产党领导的多党合作和政治协商制度以及民族区域自治制度，发展民主，加强法制，建设社会主义法治国家，保证人民当家做主和国家长治久安。在建设社会主义民主政治的过程中，必须始终坚定不移地走自己的路。“世界是丰富多彩的，各国有各国的政治体制模式，不可能千篇一律。要把西方政治制度的模式推广到全世界，不仅是不现实的，也是不可能的。”[3]不断加深对中国国情特点的认识，坚持一切从社会主义初级阶段实际出发，这是观察和处理当代中国国家发展与法治领域一切问题、推进中国特色社会主义政治发展的基本立足点。胡锦涛强调，推进中国民主政治和法治建设，固然需要积极借鉴国外有益经验，但更重要的是要善于根据本国国情实际，坚定地走适合中国国情条件的政治发展道路。“各国国情不同，实现发展的道路也必然不同，不可能有一个适合于一切国家、一切时代的固定不变的模式。”要从中国国情实际出发，坚持党的领导、人民当家作主、依法治国的有机统一，推进社会主义民主政治制度化、规范化、程序化，进一步完善民主制度，扩大公民有序政治

---

〔1〕《邓小平文选》（第2卷），人民出版社1994年版，第335、332页。

〔2〕《江泽民文选》（第2卷），人民出版社2006年版，第13页。

〔3〕《江泽民文选》（第1卷），人民出版社2006年版，第151～152、155～156、357页；《江泽民文选》（第2卷），人民出版社2006年版，第17页；《江泽民文选》（第3卷），人民出版社2006年版，第236页。

参与，更好贯彻依法治国方略，建设社会主义法治国家，为党和国家长治久安提供政治和法律制度保障。[1] “政治发展道路是否正确，对一个国家盛衰兴亡具有决定性意义。”在我们这样一个有着13亿多人口、56个民族的发展中的东方大国，始终坚持中国特色社会主义政治发展道路，是一个关系党和国家命运的重大问题。因此，必须从我国国情出发，充分考虑我国社会历史背景、经济发展水平、文化发展水平等重要因素，选择正确的政治发展道路和政治体制模式，始终坚持中国共产党的领导，更加坚定不移地走中国特色社会主义政治发展道路。[2]

第二，明确提出社会主义民主制度化、法律化的重大法治原则和依法治国基本方略。在中国的国情条件下，当代中国国家发展与法治建设有其确定的内在发展目标。邓小平在论及政治体制改革的目标时指出，“进行政治体制改革的目的，总的来讲是要消除官僚主义，发展社会主义民主，调动人民和基层单位的积极性。要通过改革，处理好法治和人治的关系，处理好党和政府的关系”。[3] 实现从人治到法治的历史性转变，这是当代中国国家发展与法治建设的重大时代使命。而实现这一转变的关键之点，就在于将社会主义民主政治牢固建立在法治的基础之上，使民主制度化、法律化。因此，中共十一届三中全会深刻总结“文化大革命”严重破坏法治的惨痛教训，认真讨论了民主和法制问题，提出了社会主义民主制度化、法律化的重大法治原则。[4] 邓小平强调，“为了保障人民民主，必须加强法制。必须使民主制度化、法律化，使这种制度和法律不因领导人的改变而改变，不因领导人的看法和注意力的改变而改变”。[5] 很显然，当代中国国家发展与法治建设的重要任务，就是要保障民主，实行法治，坚持依法治国，使社会主义民主制度化、法律化。现代意义上的法治是与民主政治密切联系的。在当代中国，法律是治理国家的基本手段。将民主制度化、法律化，集中体现了国家发展与法治建设的基本要求。在社会主义民主制度的条件下，人民是国家的主人。为了使国家权力真正按照人民的意志运行，社会主义国家就必须运用法律形式为国家权力的行使规定必要的程序和原则，确定不同国家权力机关之间的合理分工及其相互关系，使之依法行使职权，从而维护社会主义民主制度，保障国家的长治久安。1979年7月召开的五届全

〔1〕 参见《胡锦涛文选》(第2卷)，人民出版社2016年版，第140～141、144、634～635页。

〔2〕 参见《胡锦涛文选》(第3卷)，人民出版社2016年版，第73～74页。

〔3〕 《邓小平文选》(第3卷)，人民出版社1993年版，第177页。

〔4〕 参见《改革开放以来历届三中全会文件汇编》，人民出版社2013年版，第12页。

〔5〕 《邓小平文选》(第2卷)，人民出版社1994年版，第146页。

国人大二次会议通过了《刑法》《刑事诉讼法》等七部法律。鉴于“文化大革命”中非法司法的历史悲剧,为了确保《刑法》和《刑事诉讼法》得到有效贯彻实施,1979 年 9 月,中共中央专门向全党发出了《关于坚决保证刑法、刑事诉讼法切实实施的指示》(以下简称“九月指示”),第一次明确提出“实行社会主义法治”,并且把《刑法》《刑事诉讼法》能否严格执行上升到“直接关系到党和国家的信誉”的重大高度来加以突出地强调。[1] “八二宪法”把三中全会以来我们党推进法治建设的成功经验上升为宪法规范,确立了维护国家法制统一和尊严的原则。[2] 在“八二宪法”的指引下,当代中国国家发展与法治建设大踏步地前进。1997 年 9 月召开的中共十五大在我们党的历史上第一次郑重提出了依法治国、建设社会主义法治国家的基本方略。江泽民深刻分析了实行依法治国基本方略的重大意义,强调依法治国是党领导人民治理国家的基本方略,是发展社会主义市场经济的客观需要,是社会文明进步的重要标志,是国家长治久安的重要保障,并且阐述了依法治国的基本内涵:“依法治国,就是广大人民群众在党的领导下,依照宪法和法律规定,通过各种途径和形式管理国家事务,管理经济文化事业,管理社会事务,保证国家各项工作都依法进行,逐步实现社会主义民主的制度化、法律化,使这种制度和法律不因领导人的改变而改变,不因领导人看法和注意力的改变而改变。”[3] 依法治国基本方略的提出与贯彻,有力推动了当代中国法治现代化的时代进程。新世纪新阶段,当代中国经济社会发展进入了一个关键性的历史阶段,人均 GDP 达到 1000 美元,正在向人均 3000 美元的目标前进。根据国际经验,这一时期是国家现代化进程中的一个非常关键的阶段,是经济社会结构和人们的利益需求发生深刻变化的阶段。因此,运用法治保障这个关键阶段的中国经济社会健康稳定发展,就显得尤为重要。胡锦涛强调,必须坚持实施依法治国的基本方略,特别是要在全社会进一步树立宪法意识和宪法权威,切实保证宪法贯彻实施。“宪法具有最高法律效力。依法治国首先要依宪治国。”[4] 推进社会主义政治文明建设,是一个内容广泛的系统工程,涉及政治思想、政治制度、行政管理、法制建设等方面。因此,要在建设社会主义政治文明的方针指引下,全面落实依法治国基本方略,加强立法工作,推行依法行政,维护司法公正,深入开展法制宣传教育,为转型时期

---

〔1〕 参见中共中央文献研究室编:《三中全会以来重要文献汇编》(上),人民出版社 1982 年版,第 257 页。

〔2〕 参见国务院办公厅法制局编:《中华人民共和国法规汇编》(1982 年 1 月 ~ 12 月),法律出版社 1986 年版,第 6 页。

〔3〕 《江泽民文选》(第 2 卷),人民出版社 2006 年版,第 28 ~ 29 页。

〔4〕 《胡锦涛文选》(第 2 卷),人民出版社 2016 年版,第 14 ~ 16 页。

的国家发展与社会稳定提供有力的法制保障。[1] 胡锦涛还把民主法治确立为社会主义和谐社会的重要特征之一，强调构建社会主义和谐社会，必须切实发展社会主义民主，充分发挥法治在促进、实现、保障社会和谐方面的重要作用；并且提出“我国法治是社会主义法治，社会主义法治必须以社会主义法治理念为指导”，必须牢固树立以依法治国、执法为民、公平正义、服务大局、党的领导为主要内容的社会主义法治理念，牢牢把握法治领域意识形态斗争主动权。[2]

在当代中国国家发展与法治建设中，正确认识和处理好党同宪法法律的关系问题，是一个关系全局的重大问题。邓小平强调，中国共产党是执政党，在整个国家政治生活中处于领导地位，这是确定无疑的。“在中国这样的大国，要把几亿人口的思想和力量统一起来建设社会主义，没有一个由具有高度觉悟性、纪律性和自我牺牲精神的党员组成的能够真正代表和团结人民群众的党，没有这样一个党的统一领导，是不可能设想的，那就只会四分五裂，一事无成。”[3]但是，在宪法和法律面前，中国共产党同其他政党、团体组织是一样的，都必须在宪法和法律的范围内活动，带头遵守宪法和法律。党必须善于运用法律手段治理国家，调控社会经济生活，通过法律形式把党的政策制度化、法律化，而不得有超越宪法和法律的特权。在当代中国，推动国家发展与法治建设，最根本的要求就是坚持党的领导、人民当家做主、依法治国的有机结合。坚持依法治国，建设社会主义法治国家，一个至关重要的根本性问题就是要加强和改善党对依法治国的领导。中共十五大在确定依法治国基本方略的同时，鲜明地提出了坚持党的领导、发扬人民民主和严格依法办事相统一的重大法治思想。在此基础上，中共十六大第一次正式表述了党的领导、人民当家做主、依法治国有机统一的重大法治原则。江泽民指出：“发展社会主义民主，最根本的是要把坚持党的领导、人民当家做主和依法治国有机统一起来。党的领导是人民当家做主和依法治国的根本保证，人民当家做主是社会主义民主政治的本质要求，依法治国是党领导人民治理国家的基本方略。”[4]这一论述，深刻揭示了党的领导、人民当家做主、依法治国三者之间有机统一、不可分割的辩证关系，从而成为当代中国国家发展与法治建设的基本指导方针。胡锦涛进一步阐述了发展社会主义民主政治的战略思想，明确提出“中国特色社会主义政治发展

---

〔1〕 参见《胡锦涛文选》(第 2 卷)，人民出版社 2016 年版，第 34～66 页；《胡锦涛文选》(第 3 卷)，人民出版社 2016 年版，第 27～28 页。

〔2〕 参见《胡锦涛文选》(第 2 卷)，人民出版社 2016 年版，第 288～290、428～429 页；《胡锦涛文选》(第 3 卷)，人民出版社 2016 年版，第 28～29 页。

〔3〕 《邓小平文选》(第 2 卷)，人民出版社 1994 年版，第 341～342 页。

〔4〕 中共中央文献研究室编：《十六大以来重要文献选编》(上)，中央文献出版社 2011 年版，第 24 页。

道路是我国发展社会主义民主政治的正确道路”,“坚持中国特色社会主义政治发展道路,关键是要坚定不移坚持党的领导、人民当家作主、依法治国有机统一”。[1] 党的领导、人民当家做主、依法治国有机统一,构成了中国特色社会主义政治发展道路的本质特征,决定了我国社会主义国家政权的基本性质,任何时候都不能动摇。

第三,深刻论述中国共产党坚持依法执政的重要思想。1949 年中华人民共和国的成立,开启了中华民族历史发展的新纪元。中国共产党从领导人民为夺取全国政权而奋斗的党,成为领导人民掌握全国政权并且长期执政的党。随着从革命党向执政党的转变,加强党和国家制度建设,改进中国共产党的执政方式,面临新的重大课题。1979 年的中央“九月指示”按照“实行社会主义法治”的指导方针,第一次全面科学地确立了中国共产党对司法工作领导的基本原则和工作体制,强调“今后,加强党对司法工作的领导,最重要的一条,就是切实保证法律的实施,充分发挥司法机关的作用,切实保证人民检察院独立行使检察权,人民法院独立行使审判权,使之不受其他行政机关、团体和个人的干涉”。[2] 在《党和国家领导制度的改革》(1980 年 8 月 18 日)这篇重要讲话中,邓小平深刻总结“文化大革命”的历史教训,反复强调健全社会主义制度与法制的极端重要性:“领导制度、组织制度问题更带有根本性、全局性、稳定性和长期性。这种制度问题,关系到党和国家是否改变颜色,必须引起全党的高度重视。”[3]《中共中央关于建国以来党的若干历史问题的决议》(1981 年 6 月 27 日),在总结历史教训的基础上提出了“为了坚持党的领导,必须改善党的领导”的重大战略任务,强调要“完善国家的宪法和法律,使之成为任何人都必须严格遵守的不可侵犯的力量”,“党的各级组织同其他社会组织一样,都必须在宪法和法律的范围内活动”。[4] 中共十二大新修订的《中国共产党章程》强调,“党必须在宪法和法律的范围内活动”。[5] “八二宪法”第 5 条进一步明确规定:“……一切国家机关和武装力量、各政党和各社会团体、各企业事业组织都必须遵守宪法和法律。一切违反宪法和法律的行为,必须予以追究。任何组织或者个人都不得有超越宪法和法律的特权。”[6]这就为改善党的执政方式、推

---

[1] 《胡锦涛文选》(第 3 卷),人民出版社 2016 年版,第 71、73 ~ 74 页。

[2] 《三中全会以来重要文件汇编》(上),人民出版社 1982 年版,第 259 页。

[3] 《邓小平文选》(第 2 卷),人民出版社 1994 年版,第 333 页。

[4] 中共中央文献研究室编:《三中全会以来重要文献选编》(下),人民出版社 1982 年版,第 785、788、790 页。

[5] 中共中央文献研究室编:《十二大以来重要文献选编》(上),中央文献出版社 2011 年版,第 57 页。

[6] 中共中央文献研究室编:《十二大以来重要文献选编》(上),中央文献出版社 2011 年版,第 188 页。

进依法执政奠定了最根本的党规党法和国家根本大法的基础。江泽民在阐述依法治国基本方略时指出:“党领导人民制定宪法和法律,并在宪法和法律范围内活动。依法治国把坚持党的领导、发扬人民民主和严格依法办事统一起来,从制度和法律上保证党的基本路线和基本方针的贯彻实施,保证党始终发挥总揽全局、协调各方的领导核心作用。”[1]因此,要把坚持党的领导同发扬人民民主、严格依法办事、尊重客观规律有机统一起来,改进党的领导方式和执政方式,探索实现党的领导的制度化机制。进入21世纪以来,中国共产党深刻揭示了共产党的执政规律,鲜明地提出依法执政的重大命题,把坚持依法执政作为改革和完善中国共产党的领导方式和执政方式,提高党的执政能力的重要内容。这是新的社会历史条件下党领导人民有效治理国家和社会的根本保证。中共十六大报告明确指出,要改革和完善党的领导方式和执政方式,不断提高依法执政的能力。[2] 很显然,依法治国是党领导人民治理国家的基本方略,与党的根本利益是完全一致的。坚持依法执政,是实现党的领导的制度化的基本途径之一,是党的执政方式与领导方式的重大创新。胡锦涛清晰地揭示了依法执政的内涵特征和基本要求:“要适应新形势新任务的要求,不断改革和完善党的领导方式和执政方式,坚持依法治国的基本方略,把依法执政作为党治国理政的一个基本方式,坚持在宪法和法律范围内生活,严格依法办事,善于运用国家政权处理国家事务。”[3]这对于加强和改善党的领导、改革和完善党的领导方式和执政方式、提高党的执政能力具有极其重要的意义。2004年9月19日,中共十六届四中全会通过的《中共中央关于加强党的执政能力建设的决定》,系统地阐述了中国共产党依法执政的基本内容和要求。[4] 依法执政这个全新的执政理念的提出,充分反映了新的社会历史条件对党的执政能力建设的新要求,体现了中国共产党坚持与时俱进、保持党的先进性的新选择,表明了党的领导方式和执政方式的新发展。胡锦涛强调,坚持依法执政是社会主义政治文明建设的必然要求。“发展人民民主是我们党始终不渝的奋斗目标,提出建设社会主义政治文明是我们党对自己一贯坚持和实行的发展人民民主的方针的新总结、新概括。”[5]而建设社会主义政治文明,最根本的就是要坚持党的领导、人民当家做主和依法治国的有机统一,这是我国社会主义政治文明区别于

---

〔1〕《江泽民文选》(第2卷),人民出版社2006年版,第29页。

〔2〕参见《中国共产党第十六次全国代表大会文件汇编》,人民出版社2002年版,第33、50页。

〔3〕《胡锦涛文选》(第2卷),人民出版社2016年版,第233页。

〔4〕参见中共中央文献研究室编:《十六大以来重要文献选编》(中),中央文献出版社2011年版,第275、281页。

〔5〕中共中央文献研究室编:《十六大以来重要文献选编》(上),中央文献出版社2011年版,第145页。

资本主义政治文明的本质特征，是推进社会主义政治文明建设必须遵循的基本方针。这就必然要求中国共产党必须改革和完善对国家和社会的领导方式，坚持依法执政，大力推进社会主义法治建设，使党和国家的各项工作都走上制度化、法律化的轨道，带头维护宪法和法律的权威。因此，坚持和实行依法行政，是在新的历史条件下加强和改善党的领导、改革和完善党的执政方式的内在要求，是巩固党的执政地位、提高党的执政能力的必然选择，也是党领导人民有效治理国家和社会的制度保障。

第四，科学揭示当代中国国家发展与法治建设的价值取向。如何正确揭示社会主义的本质，这是长期以来困扰人们的一个重大理论与实践问题。邓小平依据马克思主义唯物史观的基本原理，在对现实的社会主义运动和改革实践进行理论反思的基础上，科学地概括和表述了社会主义的本质。他指出："社会主义的本质，是解放生产力，发展生产力，消灭剥削，消除两极分化，最终达到共同富裕。"[1]这一论断从生产力与生产关系的结合上，科学界定了社会主义的本质。由社会主义的本质所决定，社会主义法律的基本功能在于解放和发展生产力，维护和实现社会公平正义，进而彰显当代中国国家发展与法治建设的价值取向。在社会发展进程中，生产力始终是社会进步与变革的决定性力量。社会主义的根本任务是发展生产力。中共十一届三中全会提出了把全党工作重点转移到经济建设上来的根本指导方针。因此，始终围绕经济建设这个中心，大力促进和发展社会生产力，这是当代中国国家发展与法治建设面临的重大任务。邓小平指出，"社会主义的基本原则是发展生产力"，"贫穷不是社会主义，社会主义要消灭贫穷"，提高人民的生活水平。[2] 邓小平把是否有利于发展社会主义社会的生产力、是否有利于增强社会主义国家的综合国力、是否有利于提高人民的生活水平，看作判断姓"资"还是姓"社"的基本标准。由此出发，他提出了"两手抓"的思想，认为建设四个现代化一定要有两手，即"一手抓建设，一手抓法制"。[3] 法治建设是服务于经济建设的，法律调整的基本功能就是运用授权性规范充分调动社会主体的积极性，促进经济效益的提高，推动生产力的发展。把"三个代表"重要思想的根本要求落实到法治建设中的根本要求之一，就是要让法律职能的发挥真正促进先进生产力的发展。按照"三个代表"重要思想的要求，必须紧紧把握先进生产力的发展趋势和要求，为发展提供有力的法治保障。江泽民指出，"能不能解决好发展问题，直接关系人心向背、事

---

〔1〕《邓小平文选》（第3卷），人民出版社1993年版，第373页。

〔2〕参见《邓小平文选》（第3卷），人民出版社1993年版，第116页。

〔3〕《邓小平文选》（第3卷），人民出版社1993年版，第154页。

业兴衰”。[1] 要高度重视“上层建筑、政治对经济的巨大反作用”，进一步健全社会主义法制，做到有法可依、有法必依、执法必严、违法必究，保证经济建设及各项事业在法制的轨道上健康发展。[2] 科学发展观第一要义是发展，要始终牢记发展是解决中国所有问题的关键，树立发展是第一要义的中国特色社会主义法治发展观。胡锦涛指出：“发展是马克思主义最基本的范畴之一。马克思主义最注重发展社会生产力。科学发展观强调第一要义是发展。”[3] 因此，必须坚持法治建设为经济社会发展服务的正确方向，充分发挥法律的调整、规制与保护的作用，在推动转变经济发展方式、服务经济社会发展上下更大的功夫，不断解放和发展社会生产力。社会主义法治理念的基本内容之一是服务大局的理念。“服务大局是社会主义法治的中心任务，坚持服务大局就要紧紧围绕党和国家工作大局开展立法、执法、司法工作。”[4] 在依法治国、建设社会主义法治国家的时代条件下，法治机关要充分发挥职能作用，积极主动地为党和国家工作大局服务，更加有力地促进经济社会科学发展。这是社会主义法治的重要使命。

在当代中国国家发展和法治建设过程中，法律的内在价值就是促进共同富裕，实现社会公平正义。社会主义制度根本上区别于资本主义制度的，不仅在于它能够带来生产力的解放和发展，进而满足人民日益增长的物质文化需要，而且在于它能够带来社会公平正义，进而消除两极分化，促进社会的共同富裕。邓小平明确主张把实现共同富裕作为社会主义与资本主义相区别的主要标志，强调“社会主义的目的就是要全国人民共同富裕，不是两极分化。如果我们的政策导致两极分化，我们就失败了”。[5] 因此，当代中国国家发展与法治建设必须始终注重解决社会公平正义问题，强化法律的利益调整功能，促进国家利益、社会利益和个体利益之间的平衡发展。按照“三个代表”重要思想的要求，必须把人民的根本利益作为法治发展的出发点和归宿。江泽民强调，要“充分发挥人民群众的积极性、主动性、创造性，在社会不断发展进步的基础上，使广大人民群众不断获得切实的经济、政治、文化利益”。[6] 因此，当代中国国家发展和法治建设要致力于确认和实现最广大人民的利益，调动人民群众投身国家现代化建设的积极性和能动性，促进经济发展，推动社会进步。在立法工作中，

---

〔1〕《江泽民文选》（第3卷），人民出版社2006年版，第538页。
〔2〕参见《江泽民文选》（第1卷），人民出版社2006年版，第162、158页。
〔3〕《胡锦涛文选》（第3卷），人民出版社2016年版，第2～3页。
〔4〕《胡锦涛文选》（第2卷），人民出版社2016年版，第429页。
〔5〕《邓小平文选》（第3卷），人民出版社1993年版，第110～111页。
〔6〕《江泽民文选》（第3卷），人民出版社2006年版，第279页。

国家立法活动要正确反映和兼顾不同方面群众的利益诉求。在执法和司法活动中,要建立和完善有助于实现社会公平正义的执法与司法机制,依法妥善解决社会生活中的各种矛盾纠纷,建立起有序安宁的社会生活秩序。科学发展观的核心是以人为本。胡锦涛强调,贯彻落实以人为本的要求,必须尊重人民主体地位,扩大人民民主,“保障人民享有更多更切实的民主权利,保证人民赋予的权力始终用来为人民谋利益,更好保障人民权益和社会公平正义”。[1] 社会公平正义是构建社会主义和谐社会的基本条件。因此,必须坚持以人为本,加强制度建设,妥善协调各方面利益关系,“在促进发展的同时,把维护社会公平放到更加突出的位置,综合运用多种手段,依法逐步建立以权利公平、机会公平、规则公平、分配公平为主要内容的社会公平保障体系,使全体人民共享改革发展成果,使全体人民朝着共同富裕的方向稳步前进”,[2] 把保障社会公平正义构筑在坚实的制度基础之上。

第五,深入论述社会主义市场经济的法治保障。在当代中国,推进国家发展,加强法治建设,建设社会主义法治国家,就必须推动从传统的计划经济体制向现代市场经济体制的历史性转变。这是社会经济文明领域中的一场深刻革命。当代中国经济体制改革的核心,就是要建立一个具有社会主义特点的能够充分发挥市场经济作用的经济体制,推动社会主义市场经济的蓬勃发展。1992年年初,邓小平在视察南方的谈话中明确作出了社会主义社会完全可以实行市场经济的著名论断,强调“计划多一点还是市场多一点,不是社会主义和资本主义的本质区别。计划经济不等于社会主义,资本主义也有计划;市场经济不等于资本主义,社会主义也有市场。计划和市场都是经济手段”。[3] 1992 年 10 月召开的中共十四大明确把我国经济体制改革的目标确定为建立社会主义市场经济体制。[4] 1993 年 11 月召开的中共十四届三中全会作出了《中共中央关于建立社会主义市场经济体制若干问题的决定》,提出到 20 世纪末初步建立起新的经济体制。2003 年 10 月召开的中共十六届三中全会通过了《中共中央关于完善社会主义市场经济体制若干问题的决定》,进一步对加快建成完善的社会主义市场经济体制作出了新的部署。建立和完善社会主义市场经济体制的重大战略决策,不仅为当代中国经济改革指明了方向,而且给当代中国国家

---

〔1〕《胡锦涛文选》(第 3 卷),人民出版社 2016 年版,第 4 ~ 5 页。

〔2〕《胡锦涛文选》(第 2 卷),人民出版社 2016 年版,第 286、291 页。

〔3〕《邓小平文选》(第 3 卷),人民出版社 1993 年版,第 373 页。

〔4〕参见中共中央文献研究室编:《十四大以来重要文献选编》(上),人民出版社 1996 年版,第 19 ~ 20 页。

发展与法治建设开辟了广阔的天地。与传统的计划经济秩序不同，现代市场经济在本质上对人治主义具有排斥性，而与法治密切关联。现代市场经济乃是一种法治型经济。江泽民深刻分析了社会主义市场经济与法治建设之间的内在关联："世界经济的实践证明，一个比较成熟的市场经济，必然要求具有比较完备的法制。市场经营活动的运行、市场秩序的维系、国家对经济活动宏观调控和管理，以及生产、交换、分配、消费等各个环节，都需要法律的引导和规范；在国际经济交往中，也需要按照国际惯例和国与国之间约定的规则办事。这些都是市场经济的内在要求。我们要实现经济体制和经济增长方式的根本性转变，也必须按照市场的一般规则和我们的国情，健全和完善法制，全面建立社会主义市场经济和集约型经济所必需的法律体系。"[1]因此，社会主义市场经济体制必须建立在坚实的法治基础之上。发展社会主义市场经济的重大历史性任务，对深入实施依法治国基本方略提出了新的更为迫切的要求。胡锦涛强调，宪法"是我国的根本法，是治国安邦的总章程，是保持国家统一、民族团结、经济发展、社会进步、长治久安的法律基础"，是党执政兴国的法制保证。要全面贯彻实施宪法，完善宪法监督机制，不断增强宪法意识。[2] 形成和完善社会主义法律体系，是建立和完善社会主义市场经济体制的内在需要。要"抓紧建立健全民商法律制度，发挥民商法律制度在推动社会主义市场经济发展、促进社会和谐方面的重要作用"。物权法是规范财产关系的民事基本法律，制定和实施物权法意义重大。要牢固树立物权观念，全面坚持国家基本经济制度，切实维护广大人民群众权益，继续完善中国特色社会主义物权制度，切实保证物权法的有效实施。[3] 发展社会主义市场经济，需要有一个良好的司法环境。"要以满足人民司法需求为根本出发点，从人民不满意的问题入手，以加强权力制约和监督为重点，优化司法职权配置，规范司法行为，努力建设公正高效权威的社会主义司法制度。"[4]因此，只有全面落实依法治国基本方略，社会主义市场经济体制的建立和完善才具有坚实的法治基础和可靠的制度保障。

四、第三次历史性飞跃

中共十八大以来，随着中国特色社会主义进入新时代，以习近平同志为核

---

〔1〕《江泽民文选》(第1卷)，人民出版社2006年版，第511～512页。

〔2〕参见《胡锦涛文选》(第2卷)，人民出版社2016年版，第15页。

〔3〕参见《胡锦涛文选》(第2卷)，人民出版社2016年版，第585～589页。

〔4〕《胡锦涛文选》(第2卷)，人民出版社2016年版，第31～32页。

心的党中央以马克思主义的巨大理论勇气，运用马克思主义国家与法的学说，从理论与实践的结合上系统回答了全面依法治国、推进国家治理现代化这个重大时代课题，创立了习近平国家与法的学说，有力推动了中国特色社会主义国家与法的学说的创新发展，标志着马克思主义国家与法的学说中国化进程的第三次历史性飞跃。习近平国家与法的学说是习近平新时代中国特色社会主义思想的有机组成部分，博大精深，内容丰富，逻辑严密，体系完整，是马克思主义国家与法的学说中国化的最新重大理论成果，对马克思主义国家与法的学说在当代中国的发展作出了原创性的贡献。

第一，坚持从确保党和国家长治久安、实现中华民族伟大复兴的中国梦的长远考虑，切实加强全面依法治国的战略谋划。在中国这样一个幅员辽阔、人口众口、民族众多、国情复杂的发展中的社会主义大国，中国共产党要跳出“历史周期率”，实现长期执政，确保党和国家长治久安，就必须悉心做好为民族复兴筹、为子孙后代计、为长远发展谋的战略谋划，坚定不移地厉行法治，全面推进依法治国，从而为中国特色社会主义事业发展提供根本性、全局性、长期性的制度保障。中共十八大以来，以习近平同志为核心的党中央以高度的历史主动性，充分认识法治这个治国理政最大最重要的规矩在国家现代化进程中的重要作用，在作出全面深化改革的重大决策的基础上，立足全局和长远来统筹谋划，着眼于实现中华民族伟大复兴中国梦、实现党和国家长治久安的长远考虑，对全面推进依法治国提出顶层设计方案，作出重大战略部署，十九大将坚持全面依法治国确立为新时代坚持和发展中国特色社会主义基本方略的有机构成要素，并且勾画了新时代实现中国法治现代化的战略愿景，进而形成了更加完整的全面依法治国战略构想，从而展现出一幅全面推进依法治国的路线图，旨在为全面建成小康社会的“第一个百年”奋斗目标实现之后，坚定地向着“第二个百年”奋斗目标奋力前行打下坚实的法治基础。习近平深刻阐述全面依法治国在中国特色社会主义事业全局中的重要地位，强调“四个全面”的重大战略布局，是一个相互融通、相互促进、相互关联、不可分割的有机整体。全面建成小康社会是我们的战略目标，全面深化改革、全面依法治国、全面从严治党是三大战略举措。一个战略目标、三大战略举措，共同构成了事关党和国家各项事业发展的战略方向、重点领域、主攻方向，成为引领和推动中国特色社会主义事业稳步前行的行动指南。在协调推进“四个全面”战略布局的进程中，全面依法治国具有举足轻重的基础性、保障性的作用。习近平强调：“要把全面依法治国放在‘四个全面’的战略布局中来把握，深刻认识全面依法治国同其他三个‘全面’的关系,努力做到‘四个全面’相辅相成、相互促进、相得益彰。”[1]全面依法治国是一个内涵丰富、意蕴深刻的重大命题,是我们党治国理政的一个重大战略思想,也是“四个全面”战略布局这个大系统中的一个子系统。要从“四个全面”战略布局的总体构成中,着力把握全面推进依法治国对于协调推进“四个全面”战略布局的重大意义,进而为“四个全面”战略布局提供有力的法治保障,彰显法治的“固根本、稳预期、利长远”的功能价值。

第二,深刻阐述中国特色社会主义法治道路的重大命题,指明新时代全面依法治国的正确方向。坚持全面依法治国,推动当代中国国家发展,是一项开创性的伟大事业,必须坚持正确的方向,沿着正确的道路前进。中共十八届四中全会通过的《中共中央关于全面推进依法治国若干重大问题的决定》,在明确全面推进依法治国的指导思想时,鲜明提出要“坚定不移走中国特色社会主义法治道路”。对此,习近平强调,四中全会决定“向国内外鲜明宣示我们将坚定不移走中国特色社会主义法治道路”。“在走什么样的法治道路的问题上,必须向全社会释放正确而明确的信号,指明全面推进依法治国的正确方向,统一全党全国各族人民认识和行动。”[2]很显然,“坚定不移走中国特色社会主义法治道路”,这是一个事关全面推进依法治国的性质和方向的重大问题,是一个内涵丰富、底蕴深广、意义深刻的重大论断。中国特色社会主义法治道路,是中国特色社会主义道路及其政治发展道路的有机组成部分,“本质上是中国特色社会主义道路在法治领域的具体体现”,[3]是社会主义法治建设和成就的集中体现,是建设社会主义法治国家的唯一正确道路。习近平精辟阐述了中国特色社会主义法治道路的基本内涵:“全面推进依法治国这件大事能不能办好,最关键的是方向是不是正确,政治保证是不是坚强有力,具体讲就是要坚持党的领导,坚持中国特色社会主义制度,贯彻中国特色社会主义法治理论。”“这三个方面实质上是中国特色社会主义法治道路的核心要义,规定和确保了中国特色社会主义法治体系的制度属性和前进方向。”[4]一是坚持党的领导。中国共产党的领导是中国特色社会主义最本质的特征,是社会主义法治最根本的保证。坚持党的领导,是全面推进依法治国的题中应有之义,是社会主义法治的

[1] 中共中央文献研究室编:《习近平关于全面依法治国论述摘编》,中央文献出版社 2015 年版,第 15 页。

[2] 《中国共产党第十八届中央委员会第四次全体会议文件汇编》,人民出版社 2014 年版,第 81 页。

[3] 中共中央文献研究室编:《习近平关于全面依法治国论述摘编》,中央文献出版社 2015 年版,第 35 页。

[4] 《中国共产党第十八届中央委员会第四次全体会议文件汇编》,人民出版社 2014 年版,第 78 ~ 79 页。

根本要求。正确认识和处理好党的领导和全面依法治国的关系这一法治建设的重大理论和实践问题,是坚定不移走中国特色社会主义法治道路的核心问题。党的领导是中国特色社会主义最本质的特征,是社会主义法治最根本的保证。只有始终坚持中国共产党的领导,坚持党的领导、人民当家做主、依法治国的有机统一,才能有序推进国家和社会生活的法治化进程。“我国宪法以根本法的形式反映了党带领人民进行革命、建设、改革取得的成果,确立了在历史和人民选择中形成的中国共产党的领导地位。”“对这一点,要理直气壮地讲、大张旗鼓讲。要向干部群众讲清楚我国社会主义法治的本质特征,做到正本清源、以正视听。”〔1〕二是坚持中国特色社会主义制度。在当代中国的社会变革进程中,中国特色社会主义最鲜明的特色,就是中国特色社会主义道路、理论、制度、文化统一于中国特色社会主义的四位一体的伟大实践,而中国特色社会主义制度是根本保障。习近平指出:“制度优势是一个国家的最大优势,制度竞争是国家间最根本的竞争。制度稳则国家稳。新中国成立 70 年来,中华民族之所以能迎来从站起来、富起来到强起来的伟大飞跃,最根本的是因为党领导人民建立和完善了中国特色社会主义制度,形成和发展了党的领导和经济、政治、文化、社会、生态文明、军事、外事等各方面制度,不断加强和完善国家治理。”〔2〕中国特色社会主义制度与中国特色社会主义法治道路之间有着不可分割的内在联系。“中国特色社会主义制度是中国特色社会主义法治体系的根本制度基础,是全面推进依法治国的根本制度保障。”〔3〕“我们要建设的中国特色社会主义法治体系,本质上是中国特色社会主义制度的法律表现形式。”〔4〕因此,坚定不移走中国特色社会主义法治道路,就必须坚持中国特色社会主义制度;坚定中国特色社会主义法治道路自信,就必须坚定中国特色社会主义制度自信,从而以此为重要依托,推动中国特色社会主义法治发展进入新境界。三是贯彻中国特色社会主义法治理论。中国特色社会主义法治理论,是中国共产党人把马克思主义法治思想的基本原理同中国的具体法治实际相结合的历史产物,集中体现了中国共产党人治国安邦的基本法治观念,反映了中国特色社会主义法治建设的基本规律,彰显了加快建设法治中国、实现中国法治现代

〔1〕《中国共产党第十八届中央委员会第四次全体会议文件汇编》,人民出版社 2014 年版,第 79 ~ 80 页。

〔2〕习近平:《坚持和完善中国特色社会主义制度 推进国家治理体系和治理能力现代化》,载《求是》2020 年第 1 期。

〔3〕中共中央文献研究室编:《十八大以来重要文献选编》(中),中央文献出版社 2016 年版,第 146 页。

〔4〕中共中央文献研究室编:《习近平关于全面依法治国论述摘编》,中央文献出版社 2015 年版,第 35 页。

化的基本法治价值取向，因而是推进中国特色社会主义法治发展的基本理论准则。习近平把贯彻中国特色社会主义法治理论作为中国特色社会主义法治道路的核心要义之一，他指出，“中国特色社会主义法治理论是中国特色社会主义法治体系的理论指导和学理支撑，是全面推进依法治国的行动指南”，[1]并且强调“我们发展的中国特色社会主义法治理论，本质上是中国特色社会主义理论体系在法治问题上的理论成果”。[2] 这些重要论述，对于坚定不移走中国特色社会主义法治道路、推动中国特色社会主义法治发展，具有重大的指导意义。

第三，深入分析坚持和完善中国特色社会主义国家制度与法律制度的内在要求，坚定推进法治领域改革。中共十八大以来，以习近平同志为核心的党中央把坚持和完善中国特色社会主义制度、推进国家治理体系和治理能力现代化列入重大战略议程之中，旨在于为中国特色社会主义事业发展提供根本性的制度保障。中共十八届三中全会提出了推进国家治理体系和治理能力现代化的重大命题，十九届四中全会对加强国家制度和国家治理体系建设作出了新的重大战略部署。习近平指出：“法律是治国之重器，法治是国家治理体系和治理能力的重要依托。”[3]坚持全面依法治国，对于实现国家治理现代化具有至关重要的作用。中国特色社会主义国家制度与法律制度是中国特色社会主义制度体系的有机组成部分。习近平强调：“古人说：‘经国序民，正其制度。’意思说，治理国家，使人民安然有序，就要健全各项制度。新中国成立70年来，我们党领导人民不断探索实践，逐步形成了中国特色社会主义国家制度和法律制度，为当代中国发展进步提供了根本保障，也为新时代推进国家制度和法律制度建设提供了重要经验。”[4]如同中国特色社会主义制度体系中的其他制度一样，中国特色社会主义国家制度与法律制度正在经历着一个发展完善、成熟定型的历史性进程。“中国特色社会主义制度是特色鲜明、富有效率的，但还不是尽善尽美、成熟定型的。中国特色社会主义制度也需要不断完善。”“我们要坚持以实践基础上的理论创新推动制度创新，坚持和完善现有制度，从实际出发，及时制定一些新的制度，构建系统完备、科学规范、运行有效的制度体系，使各方面制度更加成熟更加定型，为夺取中国特色社会主义新胜利提供有效的制

---

[1] 中共中央文献研究室编：《十八大以来重要文献选编》（中），中央文献出版社2016年版，第146页。

[2] 中共中央文献研究室编：《习近平关于全面依法治国论述摘编》，中央文献出版社2015年版，第35页。

[3] 《中国共产党第十八届中央委员会第四次全体会议文件汇编》，人民出版社2014年版，第68页。

[4] 习近平：《坚持、完善和发展中国特色社会主义国家制度与法律制度》，载《求是》2019年第23期。

度保障。”[1]因此，必须深入推进中国特色社会主义法治改革，推动中国特色社会主义国家制度与法律制度的与时俱进、不断完善和发展，使中国特色社会主义国家制度与法律制度更加完备、更加成熟、更加定型、更加行之有效，从而坚定有力地开拓中国特色社会主义法治发展的广阔天地。中共十八大以来，当代中国法治改革面临着全新的境况和重大的战略机遇，进入了一个全方位的深化发展的新的历史发展阶段。习近平明确指出："坚定不移推进法治领域改革，有效破除束缚全面推进依法治国的体制机制障碍。”[2]进入新时代的当代中国法治改革的时代任务，就是要推动从传统的人治型的国家治理体系向现代的法治型国家治理体系的革命性转变，完善和发展中国特色社会主义国家制度与法律制度，实现中国国家制度与法律制度的现代化，进而推进中国国家治理体系和治理能力现代化，坚持、完善和发展中国特色社会主义制度，向着法治中国的伟大目标奋力前行。深入推进新时代的中国法治改革，是国家治理领域的一场广泛而深刻的革命，是要在中华人民共和国成立以来逐渐形成的中国特色社会主义国家制度与法律制度的基础上，适应新的社会经济生活条件，革故鼎新，创新探索，以期中国特色社会主义国家制度与法律制度的自我完善与发展。一是必须坚持法治改革的正确方向，切实加强党对法治改革的全面领导。“我们治国理政的根本，就是中国共产党领导和社会主义制度。”[3]全面依法治国、推进法治改革，必须同我国根本领导制度、根本政治制度、基本政治制度和经济社会发展水平相适应，绝不能出现颠覆性错误。中国特色社会主义国家制度和法律制度的最大特色，就是坚持中国共产党的全面领导。推进法治改革，就要健全党领导全面依法治国的制度和工作机制，“继续推进党的领导制度化、法治化，不断完善党的领导体制和工作机制，把党的领导贯彻到全面依法治国全过程和各方面”。[4] 二是必须正确把握法治改革的根本目的，坚持以人民为中心的法治发展准则，坚定地维护和实现社会公平正义。公平正义是中国特色社会主义国家制度和法律制度的内在要求，也是坚持以人民为中心的发展思想的必然抉择。维护和实现社会公平正义，是新时代中国法治改革的核心价值追求。“公正是法治的生命线。公平正义是我们党追求的一个非常崇高的价值，全心全意为人民服务的宗旨决定了我们追求公平正义，保护人民权益、伸张正义。全面

---

〔1〕《习近平谈治国理政》(第1卷)，外文出版社有限责任公司2018年版，第10页。

〔2〕习近平：《加快建设社会主义法治国家》，载《求是》2015年第1期。

〔3〕中共中央文献研究室编：《习近平关于社会主义政治建设论述摘编》，中央文献出版社2017年版，第8页。

〔4〕习近平：《加强党对全面依法治国的领导》，载《求是》2019年第4期。

依法治国,必须紧紧围绕保障和促进社会公平正义来进行”。[1] 因此,新时代法治改革的鲜明特点,就是把维护和实现社会公平正义作为法治改革的基本价值准则,进而把握中国特色社会主义国家制度和法律制度建设的重要评价尺度。三是必须强化法治改革的问题导向,着力破解制约中国特色社会主义国家制度和法律制度建设的体制性、机制性、保障性障碍。社会转型时期的国家制度与法律制度建设进程错综复杂,面临艰巨的历史任务。这必然要求在推进新时代法治改革的过程中,在加强法治改革的顶层设计和整体谋划的同时,必须高度正视法治改革进程的复杂的矛盾运动,确立鲜明的问题意识和问题导向,坚定不移地以法治改革应对挑战、破解难题。习近平强调,“解决法治领域的突出问题,根本途径在于改革。如果完全停留在旧的体制机制框架内,用老办法应对新情况新问题,或者用零敲碎打的方式修修补补,是解决不了大问题的”。推进法治领域改革,“必须直面问题、聚焦问题”。[2] 要适应加强国家制度与法律制度建设、推进国家治理现代化的迫切要求,直面法治领域的突出问题,抓住事关国家治理现代化全局的关键问题,锐意进取,攻坚克难,整体推进,重点突破,推动进入攻坚期和深水区的中国法治改革不断向纵深发展。

第四,注重从中国的国情条件出发,科学把握全面依法治国、建设法治中国的辩证规律。全面依法治国、建设法治中国是在中国的法治国情条件下展开的一场深刻的法治革命。习近平运用辩证唯物主义和历史唯物主义世界观和方法论,深刻阐述了全面依法治国进程中的重大辩证关系,强调“全面依法治国必须正确处理政治和法治、改革和法治、依法治国和以德治国、依法治国和依规治党的关系”。[3] 这一重要论述为我们深刻认识和把握全面依法治国、建设法治中国的辩证规律提供了根本遵循。一是处理好政治和法治的关系。法治是一定社会上层建筑的重要组成部分,具有鲜明的政治属性,世界上从来都不存在超阶级、超政治的法治。习近平深刻指出:“法治当中有政治,没有脱离政治的法治。西方法学家也认为公法只是一种复杂的政治话语形态,公法领域的争论只是政治理论争论的延伸。每一种法治形态背后都有一套政治理论,每一种法治模式当中都有一种政治逻辑,每一条法治道路底下都有一种政治立场。”而党和法的关系是政治和法治关系的集中反映。[4] 因此,坚持全面依法治国

---

〔1〕 中共中央文献研究室编:《习近平关于全面依法治国论述摘编》,中央文献出版社 2015 年版,第 38 页。

〔2〕 中共中央文献研究室编:《十八大以来重要文献选编》(中),中央文献出版社 2016 年版,第 191 页。

〔3〕 习近平:《加强党对全面依法治国的领导》,载《求是》2019 年第 4 期。

〔4〕 中共中央文献研究室编:《习近平关于全面依法治国论述摘编》,中央文献出版社 2015 年版,第 34 页。

基本方略，必须正确处理好政治与法治之间的关系，社会主义法治必须坚持党的领导，党的领导必须依靠社会主义法治，在当代中国，深入推进全面依法治国“是有方向、有立场、有原则的”。[1] 中国共产党是中国特色社会主义事业的坚强领导核心，在整个国家和社会生活中处于全面领导地位。党的领导与全面依法治国是高度一致的。在全面依法治国的各个领域、各个方面自觉坚持党的领导，是中国特色社会主义法治事业的最大政治优势所在，是新时代法治中国开拓前进的根本政治保证。“党的领导是社会主义法治最根本的保证。”“推进党的领导制度化、法治化，既是加强党的领导的应有之义，也是法治建设的重要任务。”[2]二是处理好改革和法治的关系。随着中国特色社会主义进入新时代，改革与法治相互协调、相互作用、相辅相成、相伴而生，全面深化改革、全面依法治国像两个轮子，共同推动中国特色社会主义事业开拓进取、奋力向前。习近平指出：“‘改革与法治如鸟之两翼、车之两轮’，要坚持在法治下推进改革，在改革中完善法治。”[3]时下，在改革与法治的辩证法引领下，新时代的全面依法治国正呈现全面发力、多点突破、蹄疾步稳、纵深推进的崭新局面。三是处理好依法治国和以德治国的关系。在国家和社会治理体系中，法治和德治作为两种不同的治国理政方式，尽管有着明显的区别，但是它们之间联系密切，往往起到相辅相成的社会功用。习近平指出：“法律是准绳，任何时候都必须遵循；道德是基石，任何时候都不可忽视。在新的历史条件下，我们要把依法治国基本方略、依法执政基本方式落实好，把法治中国建设好，必须坚持依法治国和以德治国相结合，使法治和德治在国家治理中相互补充、相互促进、相得益彰，推进国家治理体系和治理能力现代化。”[4]因此，在全面依法治国的新时代，强调法治和德治两手抓、两手都要硬，这既是历史经验的总结，也是对治国理政规律的深刻把握。四是处理好依法治国和依规治党的关系。形成完善的党内法规体系，是中国特色社会主义法治体系的有机组成部分，体现了全面从严治党的法治化制度化要求。坚持依法治国与依规治党统筹推进、一体建设，“努力形成国家法律法规与党内法规制度相辅相成、相互促进、相互保障的格局”。[5] 这深刻反映了中国特色社会主义法治发展的内在机理。中共十八大以来，以习近平同志

---

〔1〕 中共中央文献研究室编：《习近平关于全面深化改革论述摘编》，中央文献出版社 2014 年版，第 14 页。

〔2〕 习近平：《加强党对全面依法治国的领导》，载《求是》2019 年第 4 期。

〔3〕 习近平：《加强党对全面依法治国的领导》，载《求是》2019 年第 4 期。

〔4〕 参见《习近平谈治国理政》（第 2 卷），外文出版社有限责任公司 2017 年版，第 133 页。

〔5〕 中共中央文献研究室编：《习近平关于协调推进“四个全面”战略布局论述摘编》，中央文献出版社 2015 年版，第 11 页。

为核心的党中央深刻把握治国理政的中国规律，把党内法规制度建设摆在突出位置，对统筹推进依法治国与依规治党一体建设提出顶层设计方案，形成更加完整、更加系统、更加具体的思路、框架、措施和重点任务，制定和修订了140多部中央党内法规，出台了一批标志性、关键性、基础性的法规制度，有规可依的问题基本得到解决，[1]充分发挥依规治党对依法治国的引领和保障作用，从而展现出一幅依法治国与依规治党内在结合、有机协调的路线图。因此，习近平强调，要正确处理好依法治国与依规治党的辩证关系，“发挥依法治国和依规治党的互补性作用，确保党既依据宪法法律治国理政，又依据党内法规管党治党、从严治党”。[2] 这为加强新时代党内法规制度建设、坚持依法治国与依规治党有机统一、推进国家治理现代化提供了行动指南。

五、马克思主义国家与法的学说中国化的基本经验

中国共产党走过的100年历程，是领导中国人民为实现民族复兴伟业艰辛奋斗、开拓前进的辉煌历程，也是马克思主义国家与法的学说中国化的百年进程，凝结着弥足珍贵的历史经验，需要深入总结，把握规律，矢志不渝，坚韧前行，不断开辟当代中国马克思主义国家与法的学说发展的新境界。

第一，必须在伟大社会革命中推动马克思主义国家与法的学说中国化的进程。文明社会国家与法的学说发展史表明，每一次社会革命必然伴随国家与法的学说的新发展，而国家与法的学说的新进展，又有力促进社会革命的形成、拓展与深化。中国共产党成立100年来，“坚持马克思主义基本原理，坚持实事求是，从中国实际出发，洞察时代大势，把握历史主动，进行艰辛探索，不断推进马克思主义中国化时代化，指导中国人民不断推进伟大社会革命”，[3]展开了波澜壮阔的三次伟大社会革命，由此形成马克思主义国家与法的学说中国化进程的三次历史性飞跃。新民主主义革命的胜利，中华人民共和国成立，开启了1949年至1956年的当代中国第一次社会革命，在中国大地上了创立了社会主义基本制度及其国家制度体系，为当代中国一切进步发展奠定了根本制度基础。伴随着当代中国第一次社会革命，以毛泽东同志为主要代表的中国共产党人，运用马克思主义国家与法的学说的一般原理来观察和认识中国革命和建设中的具体国家与法律问题，创立了毛泽东国家与法的学说，成为中国特色社会主义国家与法的学说的重要思想渊源，形成了马克思主义国家与法的学说中国

---

〔1〕 习近平:《加强党对全面依法治国的领导》，载《求是》2019年第4期。
〔2〕 习近平:《加强党对全面依法治国的领导》，载《求是》2019年第4期。
〔3〕 习近平:《在庆祝中国共产党成立100周年大会上的讲话》，人民日报社2021年版，第12~13页。

化进程的第一次历史性飞跃。以 1978 年 12 月召开的中共十一届三中全会为标志，当代中国开启了改革开放新的伟大社会革命，开辟了中国特色社会主义道路。以邓小平同志为主要代表的中国共产党人，紧密结合当代中国国家发展与法治建设的实际，探索中国特色社会主义政治发展道路，创立了邓小平国家与法的学说，标志着中国特色社会主义国家与法的学说的形成，开启了马克思主义国家与法的学说中国化的第二次历史性飞跃。在此基础上，在中国特色社会主义的继续发展过程中，以江泽民同志为主要代表的中国共产党人形成了"三个代表"重要思想中的国家与法的学说，以胡锦涛同志为主要代表的中国共产党人形成了科学发展观中的国家与法的学说，从而发展和深化了马克思主义国家与法的学说中国化进程的第二次历史性飞跃。中共十八大以来，随着中国特色社会主义进入新时代，新时代坚持和发展中国特色社会主义这一新的伟大社会革命波澜壮阔，推动着中国国家与社会领域发生历史性变革。以习近平同志为主要代表的中国共产党人，在全面依法治国、推进国家治理现代化的伟大实践中，创立了习近平国家与法的学说，对中国特色社会主义国家与法的学说作出了原创性的理论贡献，实现了马克思主义国家与法的学说中国化进程的第三次历史性飞跃。因此，20 世纪以来中国国家发展及其现代化进程中的三次伟大社会革命，深刻反映了"近代以来久经磨难的中华民族迎来了从站起来、富起来到强起来的伟大飞跃"。[1] 在这一历史进程中形成的马克思主义国家与法的学说的三次历史性飞跃，是这一伟大飞跃及其三次伟大社会革命的理论产物。

第二，必须始终坚持马克思主义国家与法的学说和马克思主义国家与法的学说中国化重大理论成果的指导地位。中国共产党成立 100 年来，中国共产党始终不渝地坚定地坚持把马克思主义国家与法的学说作为推进国家发展与法治建设的理论指南，并且在国家现代化的进程中不断研究新情况新问题，进一步丰富和发展马克思主义国家与法的学说，取得了马克思主义国家与法的学说中国化的一系列重大理论成果，极大地丰富了马克思主义国家与法的学说的思想宝库。马克思主义国家与法的学说及其在中国的发展，以其关于国家与法的现象的科学真理性认识，为 20 世纪以来推动中国国家发展与法治建设提供了科学的理论指导，是观察、认识和解决中国国家发展与法治建设中的重大问题的伟大工具，进而成为加强法治建设、实现国家现代化的坚实的思想基础。基于此，中共十九届四中全会从新时代推进国家制度与国家治理体系建设的战略

〔1〕《中国共产党第十九次全国代表大会文件汇编》，人民出版社 2017 年版，第 8 页。

高度,强调“坚持党的科学理论”是我国国家制度和国家治理体系所具有的多方面显著优势之一,并且将“坚持马克思主义在意识形态领域指导地位”确立为中国特色社会主义的根本制度之一。[1] 面对我们正在进行的具有许多新的历史特点的复杂的伟大斗争,在推进新时代全面依法治国、建设法治中国的开创性事业中,必须坚定不移地坚持马克思主义国家与法的学说及其中国化的重大理论成果的指导地位,将这一党和国家根本制度的要求贯彻落实到国家制度与国家治理体系建设、深化全面依法治国实践、加强国家制度与法律制度研究等各领域和各个方面,在任何时候任何情况下都不能有丝毫动摇,从而引领全面依法治国、推进国家治理现代化的时代大潮稳步向前。

第三,必须随着时代和实践的发展开辟马克思主义国家与法的学说中国化进程的新境界。“时代是思想之母,实践是理论之源。”[2] 马克思深刻揭示了哲学与时代的关系,他指出,“任何真正的哲学都是自己时代的精神上的精华”,并且“同自己时代的现实世界接触并相互作用”;哲学家“是自己的时代、自己的人民的产物,人民的最美好、最珍贵、最隐蔽的精髓都汇集在哲学思想里”。[3] 马克思主义国家与法的学说中国化的百年进程表明,每一次历史性飞跃的形成与发展,每一个重大理论成果的取得,都充分反映了那个时代国家与社会发展进程的理论需求,集中体现了推进国家发展、建设人民法治的时代精神。中国共产党人倾听时代的声音,探索实践的需要,紧跟科学的发展,深刻把握20世纪以来国家发展及其现代化进程中的重大时代主题,从理论与实践的结合上,深入思考并且科学回答中国革命、建设与改革的伟大斗争中提出的关乎国家发展及其现代化命运与前途的重大课题,在不断变化的历史进程中推动马克思主义国家与法的学说的中国化时代化。当代中国国家发展与法治建设正处在一个极其广泛而深刻的大变革时代,“也在进行着人类历史上最为宏大而独特的实践创新”。[4] 这对推动马克思主义国家与法的学说的中国化时代化提出了更加迫切的理论需求。习近平国家与法的学说着眼于推进新时代治国理政的战略考量,运用马克思主义国家与法的学说的基本原理与方法论原则,提出了一系列事关当代中国国家发展与法治建设全局的新理念新思想新战略,形成了具有原创意义的当代中国马克思主义国家与法的学说的理论逻辑系

---

[1] 参见《中共中央关于坚持和完善中国特色社会主义制度　推进国家治理体系和治理能力现代化若干重大问题的决定》,人民出版社2019年版,第3、23页。

[2] 《中国共产党第十九次全国代表大会文件汇编》,人民出版社2017年版,第21页。

[3] 中共中央马克思恩格斯列宁斯大林著作编译局编译:《马克思恩格斯全集》(第1卷·第2版),人民出版社1995年版,第219~220页。

[4] 习近平:《在哲学社会科学工作座谈会上的讲话》,人民出版社2016年版,第8页。

统,对21世纪马克思主义国家与法的学说的新发展作出了重大理论贡献。因此,面对时代变化和实践需要,必须更加深入地推动马克思主义国家与法的学说与当代中国国家发展和法治建设具体实践的有机结合,更加有力地彰显新时代中国马克思主义国家与法的学说时代性、实践性和人民性的价值意蕴。

第四,必须着眼于对实际问题的思考,彰显马克思主义国家与法的学说中国化进程的时代特色。马克思强调,"一个时代的迫切问题,有着和任何在内容上有根据的因而也是合理的问题共同的命运:主要的困难不是答案,而是问题。因此,真正的批判要分析的不是答案,而是问题"。"问题却是公平的、无所顾忌的、支配一切个人的时代声音。问题就是时代的格言,是表现时代自己内心状态的最实际的呼声。"[1]因此,每一个历史时期的国家与法的学说,都应当密切关注自己的时代所提出的各种实际问题。综览马克思主义国家与法的学说中国化的百年进程,我们可以清晰地看到,无论在新民主主义革命时期,还是在社会主义革命、建设和改革时期,中国共产党人都十分注重以所从事的伟大斗争为动力,以正在做的事情为中心,深入思考和解决20世纪以来国家发展与人民法治建设中的重大实际问题,不断推进马克思主义国家与法的学说中国化的理论创新和实践创新。其中,贯穿这一进程的重大主题之一,乃是关于国家制度与国家治理体系的悉心思考和持续探索。从毛泽东深刻阐释的新民主主义政治纲领和人民民主专政国家制度建设的基本理论构想,到革命根据地政权建设、《中国人民政治协商会议共同纲领》确立的新民主主义国家制度以及"五四宪法"创设的社会主义基本制度及其国家制度体系,充分体现了马克思主义国家与法的学说中国化第一次历史性飞跃的国家制度理论与实践成果。"随着改革开放逐步深化,我们党对制度建设的认识越来越深入。"在当代中国国家制度与国家治理体系建设历程中,中共十一届三中全会和十八届三中全会都具有划时代的重大意义。[2] 十一届三中全会以来,当代中国共产党人将制度建设摆在更加重要的位置,国家制度与国家治理体系建设深入推进,从而成为马克思主义国家与法的学说中国化第二次历史性飞跃的重大理论与实践成就。在1992年的南方谈话中,邓小平明确提出再有30年的时间在各方面形成一整套更加成熟、更加定型的国家制度建设目标要求。十八届三中全会将完善

---

[1] 中共中央马克思恩格斯列宁斯大林著作编译局编译:《马克思恩格斯全集》(第1卷·第2版),人民出版社1995年版,第203页。

[2] 参见习近平:《关于〈中共中央关于坚持和完善中国特色社会主义制度　推进国家治理体系和治理能力现代化若干重大问题的决定〉的说明》,载《中共中央关于坚持和完善中国特色社会主义制度　推进国家治理体系和治理能力现代化若干重大问题的决定》,人民出版社2019年版,第46、48页。

和发展中国特色社会主义制度、推进国家治理体系和治理能力现代化确立为全面深化改革的总目标。十九大对新时代实现国家治理现代化作出了战略安排；十九届四中全会对成立70年特别是改革开放40多年以来国家制度与国家治理体系建设进行了全面系统总结，进而提出完善和发展的前进方向和工作要求。新时代国家制度建设的重大进展，在很大程度上凝结为马克思主义国家与法的学说中国化进程第三次历史性飞跃的重要内容。很显然，以实际问题为中心，强化问题意识，坚持问题导向，解决重大问题，无疑是马克思主义国家与法的学说中国化进程的鲜明特色。

第五，必须从本国国情实际出发，用马克思主义国家与法的学说的真理力量激活中华民族历经几千年创造的伟大制度文明，不断拓展马克思主义国家与法的学说的中国化进程。马克思主义经典作家认为，在不同的时代以及不同的国度，社会基本矛盾运动往往具有不同的历史特点和民族特性。“极为相似的事变发生在不同的历史环境中就引起了完全不同的结果。”[1]因此，必须从各自国家的不同社会生活条件出发，探寻不同国家的独特社会发展道路。一个世纪以来，马克思主义国家与法的学说的中国化进程，虽然经历了不同的历史时期，面对不同的历史任务，进行着不同历史特点的伟大社会革命，进而取得各具特点和内容的重大理论成果，但是都贯穿着一个共同的理论主题，这就是从中国的国情实际出发，解放思想，实事求是，把马克思主义国家与法的学说基本原理同中国具体国情实际紧密结合起来，同中华优秀传统法律文化紧密结合起来，深入探索具有鲜明中国特色的国家发展与法治建设道路，从而有力推动了中国化马克思主义国家与法的学说的理论创新。各个国家的国情状况不同，必然产生不同的国家制度和国家治理体系，进而形成不同的法治发展道路。习近平强调，“走什么样的法治道路，建设什么样的法治体系，是由一个国家的基本国情决定的”。[2]“我国古代法制蕴含着十分丰富的智慧和资源，中华法系在世界几大法系中独树一帜。”[3]中国特色社会主义国家制度与法律制度是从中国的社会土壤中生长起来的。只有深刻把握中国的国情状况及其现实要求，才能正确认识国家制度与法律制度建设的运动轨迹，推动中国国家与法律生活领域的历史性变革，进而拓展与深化马克思主义国家与法的学说的中国化进程。

---

〔1〕 中共中央马克思恩格斯列宁斯大林著作编译局编译：《马克思恩格斯全集》（第25卷·第2版），人民出版社2001年版，第145～146页。

〔2〕 中共中央文献研究室编：《习近平关于全面依法治国论述摘编》，中央文献出版社2015年版，第31页。

〔3〕 习近平：《论坚持全面依法治国》，中央文献出版社2020年版，第110～111页。

中国共产党人坚持从本国的基本国情条件出发,悉心思索中国国家制度与法律制度建设的内在机理,进行具有浓郁中国特质的理论与实践探索,取得了一系列打上鲜明中国印记的马克思主义国家与法的学说的重大理论成果。应当看到,中国近代以来国家发展及其现代化进程中的每一个历史阶段,都是与特定的国际环境密切相关。20 世纪以来,中国共产党人以更加宽广的世界视野,理性地审视文明社会国家制度与法律制度建设的有益成果,深入总结国际共产主义运动在国家发展与法治建设方面的经验教训,积极汲取世界范围内制度文明与法治文明的精髓要旨,把坚持弘扬中华民族优秀法律文化传统与学习借鉴人类社会创造的法治文明成果内在地结合起来,使中华政治文明再次焕发出蓬勃生机和魅力,从而不断丰富马克思主义国家与法的学说中国化的理论内容,着力推动马克思主义国家与法的学说中国化时代化进程,创造了中国式法治现代化新道路,创造了人类政治文明新形态。因此,根据本国国情实际,推动马克思主义国家与法的学说的中国化进程,遂而使中国化的马克思主义国家与法的学说焕发出蓬勃的生机与活力。

第六,必须以科学的态度对待马克思主义国家与法的学说及其中国化的理论成果。马克思主义国家与法的学说的形成与发展过程表明,如同整个马克思主义理论体系一样,马克思主义国家与法的学说不是一成不变的教条,而是不断发展的开放的理论。马克思主义经典作家始终强调,历史唯物主义是进行研究工作的指南,绝不能把它当作现成的公式,按照它来剪裁各种历史事实。否则,"它就会转变为自己的对立物"。[1] 马克思在《给〈祖国纪事〉杂志编辑部的信》中指出,"使用一般历史哲学理论这一把万能钥匙,那是永远达不到这种目的的,这种历史哲学理论的最大长处就在于它是超历史的";马克思的批评家"把我关于西欧资本主义起源的历史概述彻底变成一般发展道路的历史哲学理论","他这样做,会给我过多的荣誉,同时也会给我过多的侮辱"。[2] 马克思主义国家与法的学说是在深刻认识和把握文明社会国家与法的现象运动规律基础上形成的科学理论,其基本原理是放之四海而皆准的科学真理。随着社会历史条件的变化,马克思主义经典作家关于国家与法的问题的一些具体表述可能不再简单地适用。但是,文明社会国家与法的现象的演进过程,并没有与马克思主义国家与法的学说所揭示的国家与法的现象的运动规律相背离。中

〔1〕 中共中央马克思恩格斯列宁斯大林著作编译局编译:《马克思恩格斯选集》(第 4 卷),人民出版社 2012 年版,第 595 页。

〔2〕 中共中央马克思恩格斯列宁斯大林著作编译局编译:《马克思恩格斯选集》(第 3 卷),人民出版社 2012 年版,第 730 ~ 731 页。

国共产党成立 100 年来,坚持以科学的态度对待马克思主义国家与法的学说,不是把马克思主义国家与法的学说当作静止的封闭的教条,而是作为观察和认识中国社会的国家与法的现象基本性质与特征及其运动规律的世界观与方法论原则,作为指导推动国家发展、建设人民法治的行动指南,从而创造性地运用马克思主义国家与法的学说,把马克思主义国家与法的学说基本原理同中国具体政治法律实际、政治法律文化传统以及时代特征紧密结合起来,有力地推动了马克思主义国家与法的学说中国化进程与时俱进、不断发展。习近平指出:"理论的生命力在于不断创新,推动马克思主义不断发展是中国共产党人的神圣职责。"[1]新时代坚持和发展中国特色社会主义这一新的伟大社会革命,呼唤着中国特色社会主义国家与法的学说的创新发展。因此,在坚持、完善和发展中国特色社会主义国家制度与法律制度的新时代,我们要始终坚持以马克思主义国家与法的学说基本原理和发展着的当代中国马克思主义国家与法的学说为指导,运用马克思主义国家与法的学说的立场、观点和方法和马克思主义国家与法的学说中国化的最新重大理论成果,观察、认识和解决全面依法治国、推进国家治理现代化进程中的新情况新问题,从中提炼出符合当代中国政治与法治发展规律的认识和结论,深入推进中国特色社会主义国家与法的学说的创新发展,不断取得马克思主义国家与法的学说基本原理同中国具体政治法律实际相结合的新进展,进而充分展示马克思主义国家与法的学说及其中国化进程的强大生命力。

[1] 参见习近平:《在纪念马克思诞辰 200 周年大会上的讲话》,人民出版社 2018 年版,第 27 页。

中华法制文明具有深厚底蕴和独特魅力

夏锦文*

【内容摘要】中华法系成为世界法制史上独树一帜的法律体系，显示了中华民族的伟大创造力和中华法制文明的深厚底蕴。新发展阶段，必须研究和总结我国古代法制传统，挖掘和传承中华传统法律文化精华，推动中华优秀传统法律文化在新的时代条件下创造性转化、创新性发展。

【关键词】中华法制文明　中华法系　传统法律文化

我国法制文明的历史源远流长。经过长期发展演进，中华法系成为世界法制史上独树一帜的法律体系，显示了中华民族的伟大创造力和中华法制文明的深厚底蕴，凝聚了中华民族的精神和智慧，有很多优秀的思想和理念值得传承和弘扬。坚持中国特色社会主义法治道路，必须研究和总结我国古代法制传统，挖掘和传承中华传统法律文化精华，推动中华优秀传统法律文化在新的时代条件下创造性转化、创新性发展。

* 夏锦文，江苏省社会科学院党委书记、院长，南京师范大学中国法治现代化研究院副院长，江苏高校区域法治发展协同创新中心主任，南京师范大学法学院教授。

一、显示了中华民族的伟大创造力和中华法制文明的深厚底蕴

在漫长的历史进程中，中华传统法律文化逐渐形成了独特的法律精神和制度品格。习近平总书记指出："我们的先人们早就开始探索如何驾驭人类自身这个重大课题，春秋战国时期就有了自成体系的成文法典，汉唐时期形成了比较完备的法典。我国古代法制蕴含着十分丰富的智慧和资源，中华法系在世界几大法系中独树一帜。"

我国是世界上文明发展很早的国家之一，法制文明的历史源远流长。法律制度作为文物典章的重要组成部分，在中华文明史上大放异彩。早在公元前21世纪的夏代便产生了习惯法，夏朝之后的殷商进一步发展了奴隶制法律制度，至西周臻于完善。夏、商、周三代法制的发展，尤其是西周的礼乐刑罚制度，为中国封建制度的形成奠定了基础。春秋战国时期，法家主张"以法而治"，战国时期李悝的《法经》创新封建法典体制。商鞅"徙木立信"，强调"法必明、令必行"。西汉时形成的汉律60篇，两汉沿用近400年。唐太宗以奉法为治国之重，一部《贞观律》蔚为大观。在《贞观律》基础上修订而成的《唐律疏议》，成为中华法系代表之作。

汉唐诸代君臣和思想家熔礼义刑德于一炉，使中国封建法制呈现出国法、天理、人情融合的鲜明特色。隋唐时，中华法制文明逐渐定型与完备，中华法系日臻成熟。"以礼入法，得古今之平"的《唐律疏议》，以其完备的体例、严谨而丰富的内容成为封建法典的范本，在中华法制文明发展史上起着承上启下的作用，对后世立法产生深刻影响。不仅如此，《唐律疏议》的基本原则和具体制度还超越国界，成为不少国家学习的范本。

习近平总书记指出："自古以来，我国形成了世界法制史上独树一帜的中华法系，积淀了深厚的法律文化。中华法系形成于秦朝，到隋唐时期逐步成熟，《唐律疏议》是代表性的法典，清末以后中华法系影响日渐衰微。与大陆法系、英美法系、伊斯兰法系等不同，中华法系是在我国特定历史条件下形成的，显示了中华民族的伟大创造力和中华法制文明的深厚底蕴。"在内涵和外延上，中华法系与中华传统法律文化是相通的。它体现着中华传统道德、政治、哲学、伦理等理念，强调修身、齐家、治国、平天下，又寻求自然与社会秩序的和谐。这体现了中华民族在法制文明上的智慧，是独具匠心的设计，因而能够成为世界法律文化史上的典范。

二、凝聚了中华民族的法律精神和治理智慧

习近平总书记强调："中华法系凝聚了中华民族的精神和智慧，有很多优秀的思想和理念值得我们传承。出礼入刑、隆礼重法的治国策略，民惟邦本、本固邦宁的民本理念，天下无讼、以和为贵的价值追求，德主刑辅、明德慎罚的慎刑思想，援法断罪、罚当其罪的平等观念，保护鳏寡孤独、老幼妇残的恤刑原则，等等，都彰显了中华优秀传统法律文化的智慧。""要注意研究我国古代法制传统和成败得失，挖掘和传承中华法律文化精华，汲取营养、择善而用。"

中华传统法律思想文化十分丰富。比如，"国无常治，又无常乱，法令行则国治，法令弛则国乱""法，国之权衡也，时之准绳也。权衡所以定轻重，准绳所以正曲直""明法者强，慢法者弱""国无常强，无常弱。奉法者强则国强，奉法者弱则国弱"，等等。

礼法结合是中华法系的重要特征。"治之经，礼与刑。"礼是中国古代特有的一种社会文化现象，包含的内容十分广泛，能够深入调整各种社会关系。"刑"不只是指刑罚，广义上是法的统称。中国古代注重教化，反对"不教而诛"。"礼禁未然之前，法施已然之后"，礼法并重、隆礼重法方为治国之良策。礼教与刑罚共同为用，所谓"礼之所去，刑必所取；失礼则入刑，相为表里者也"。出礼入刑、隆礼重法，是中华法制文明的独特智慧。

"民本"是中华传统法律文化的重要理念。"民惟邦本，本固邦宁。"强调将百姓放在重要位置，"以民为贵""民之所欲，天必从之"。要以百姓之心为心，以民生民意为重，得民心者方能得天下。"民惟邦本，本固邦宁"的民本理念，成为我国古代重要的治国理念。

中华传统法律文化主张"天下无讼""以和为贵"，崇尚人际和谐的社会环境。"不能使民无讼，莫若劝民息讼"。以无讼为有德，通过道德教化劝民止讼；坚持官府调解和民间调解并行，通过定分止争促民息讼；从而实现和睦无争、礼义有序的社会状态。无讼与和谐体现着中华传统法律文化的一种价值取向。

明德慎罚是从西周时期就形成的思想。明德就是倡导敬德、重德、保民、惠民，慎罚就是主张刑罚得中、避免滥刑，强调重视道德教化，实施德教德治，刑罚适中宽缓。"德主刑辅"的思想在西汉时期确立，强调"厚其德而简其刑""大德而小刑"。唐代主张德礼为政教之本，刑罚为政教之用；治理国家和社会要把德礼教化与法律惩罚结合起来，德礼教化为根本，法律惩罚是辅助。

在中华法制文明发展进程中，援法断罪、罚当其罪的平等观念源远流长。

早在西周时期就要求“惟察惟法”，防止官吏在司法活动中枉法裁判。法家提出“事断于法”“援法断罪”的主张，要求各级司法官吏依法正确处理各类案件，做到不枉不纵。提出“刑无等级”“法不阿贵”的思想，强调“刑过不避大臣，赏善不遗匹夫”“君臣上下贵贱皆从法”，强调一断于法，赏善罚恶都要一视同仁，不能内外有别、亲疏差异。

中国古代的恤刑思想流传久远。《周礼・秋官》有“三赦之法”，即对年少体弱的人、七八十岁的老人及智力有障碍的人采取宽宥政策。秦汉以后建立了一系列保护鳏寡孤独、老幼妇残的恤刑原则和法律制度。《唐律疏议》关于宽仁恤刑的规定已经发展得比较成熟。

三、在新的时代条件下赋予中华法制文明新的内涵

习近平总书记强调，“我们有我们的历史文化，有我们的体制机制，有我们的国情，我们的国家治理有其他国家不可比拟的特殊性和复杂性，也有我们自己长期积累的经验和优势”。要立足中国、挖掘历史、把握当代、面向未来，体现继承性、民族性、原创性、时代性，传承和弘扬中华优秀传统法律文化，深入思考在新的时代条件下如何赋予中华法制文明新的内涵，不断推动中华优秀传统法律文化在新的时代条件下实现创造性转化、创新性发展。

坚持依法治国和以德治国相结合。习近平总书记指出：“法律是成文的道德，道德是内心的法律。法律和道德都具有规范社会行为、调节社会关系、维护社会秩序的作用，在国家治理中都有其地位和功能。”发挥好法律的规范作用，需要强化法律对道德建设的促进作用，使法律法规更多体现人文关怀，并通过法律的强制力来强化道德作用、维护道德底线，推动全社会道德素质提升。以道德滋养法治精神、强化道德对法治文化的支撑，让法律真正成为人们的内心自觉，为人们所遵行，实现法安天下、德润人心。

坚持法治为了人民、依靠人民。全面依法治国最广泛、最深厚的基础是人民。推进全面依法治国，根本目的是依法保障人民权益。随着我国经济社会发展和人民生活水平提高，人民群众对民主、法治、公平、正义、安全、环境等方面的要求日益增长。应着眼人民群众新要求新期待，坚持问题导向、目标导向，树立辩证思维和全局观念，系统研究谋划和解决法治领域人民群众反映强烈的突出问题，不断增强人民群众获得感、幸福感、安全感，用法治保障人民安居乐业。

坚持在法治轨道上提升社会治理水平。确保社会稳定、和谐有序，是中华法治文明的重要价值追求。要坚持法治思维和法治方式，在法治轨道上统筹社会力量、平衡社会利益、调节社会关系、规范社会行为，依靠法治解决各种社会矛盾和问题,确保社会在深刻变革中既生机勃勃又井然有序。推动社会治理重心向基层下移,发挥社会组织作用,实现政府治理和社会调节、居民自治良性互动。健全自治、法治、德治相结合的乡村治理体系,创新村民自治的有效实现形式,坚持和发展新时代“枫桥经验”,并不断总结新鲜经验,加快形成共建共治共享的现代基层社会治理新格局。

(本文载《人民日报》2021 年 7 月 12 日学术版)

工人阶级领导、农民革命与工农联盟

——当代中国宪制思考之一

苏　力*

【内容摘要】本文旨在讨论中华人民共和国为什么由工人阶级领导，并以工农联盟为基础。这是因为：工人阶级是世界近代以来的工业化/现代化的动力和象征；传统农耕中国必须通过革命和建设实现工业化/现代化，重构现代中国；占中国人口最多的农民必须逐步加入这一进程，不只是作为工人阶级的同盟，更是加入工人阶级队伍。本文还以新中国成立70多年来的农业机械化历程为例证，论证了前述论题。

【关键词】工农联盟　工人阶级领导　现代化　宪制　法治

一、问题

这三个词放在一起看上去不像个法学问题，更像政治学问题。然而，中国1982年《宪法》第1条第1款就规定，"中华人民共和国是工人阶级领导的、以工农联盟为基础的人民民主专政的社会主义国家"。[1] 值得注意的是，中国历史虽然悠久，中华人民共和国却不只是历史中国的简单延

---

* 苏力，北京大学博雅讲席教授，北京大学法学院天元讲席教授。

〔1〕 1982年《宪法》第1条第1款。这一款的主要内容源于1949年《中国人民政治协商会议共同纲领》第1条，此后1954年、1975年、1978年《宪法》第1条的表述大同小异。

续，她更是中国共产党领导中国人民，继承1840年以来在历次反对内外敌人、争取民族独立和人民自由幸福的斗争中牺牲的人民英雄们的遗志，在20世纪艰苦卓绝的中国革命和建设重构的(re-constitution)。这就不可能只是宪法律的(of constitutional law)问题，更是宪制的即国之创制的(of constitution)问题。而且，即便是政治学问题，法学人也没有理由拒绝思考。关键不在于其是否政治，而在于有无法律制度意义！更重要的是，相关的思考、分析和表述是否有点道理，令人有所感悟甚或醒悟。

但即便有上述回答，这也只是个题目(topic)，算不上问题。所谓问题，我指的是一个值得甚至迫使你思考和追问的疑问或难题，起码你曾有点困惑。我确实曾困惑很久。不仅有关中国宪法：为什么国家是工人阶级领导、工农联盟为基础？也有关《中国共产党章程》：为什么中国共产党首先是中国工人阶级的先锋队，同时是中国人民和中华民族的先锋队。[1]

那是1966年初夏，小学毕业之际，我第一次接触《毛泽东著作选读》。[2]第一篇《中国社会各阶级的分析》，分析了工人阶级的特点和优点，认为工人阶级"是中国新的生产力的代表者，是近代中国最进步的阶级，做了革命运动的领导力量"。还分析了半无产阶级，除了小手工业者、店员、小贩等外，主要是半自耕农和贫农，这个"农村中一个数量极大的群体。所谓农民问题，主要就是他们的问题。他们一般都受地主、资产阶级的剥削，生活困苦……对于革命宣传极易接受"。[3] 刚进入少年的我，刚知道历史唯物主义这个词和定义，却不真理解，也更习惯一直主导传统中国社会的文化，喜欢从诸如好人、坏人或修身齐家这类维度来理解工人、农民、地主和资本家。不是在社会理论层面，只是作为教义和信念，我接受了中国工人阶级和农民在中国革命和中国社会中的地位。

几年后，参军服役，我开始读毛主席其他著作。林彪事件后，开始读《共产党宣言》等马恩著作。它们塑造了至今我对中国法治问题的历史唯物主义理解。但是，马恩集中关注工人阶级，与毛主席有关中国革命的一系列重要论断

[1] 参见《中国共产党章程》(2017年)序言。中国共产党是中国工人阶级的先锋队或由中国工人阶级先进分子组成的提法始于1945年中共七大《中国共产党党章》。此后历届党代会一直保持了这一定性，只是在中共九大、十大和十一大《中国共产党章程》中称为无产阶级先锋队或由无产阶级先进分子组成。1992年十四大《中国共产党章程》在"中国工人阶级的先锋队"之后，增加了"是中国各族人民利益的忠实代表"。自十六大以来历届《中国共产党章程》的表述调整为"同时是中国人民和中华民族的先锋队"。参见《党章历史修订概览》，载中国共产党员网，https://www.12371.cn/special/dzxd/，最后访问日期：2021年9月30日。

[2] 参见《毛泽东著作选读》(乙种本)，中国青年出版社1966年版。

[3] 《毛泽东选集》(第1卷)，人民出版社1991年版，第7~8页。

和命题，如“农民问题是中国革命的基本问题”“中国的革命实质上是农民革命”“农民是中国革命主力军”等，[1]形成鲜明对比，令我甚是困惑。此外，在中国共产党第一代领导集体中，毛泽东、周恩来、刘少奇、邓小平等既不是工人，也不出生于工人甚或贫苦农民家庭。中共早期的著名工人领袖中，有为革命献身的，如王荷波、项英；但也有向忠发和顾顺章这种毫无气节的叛徒。相反，一批知识分子出生的中共领导人英勇无畏，慷慨就义，著名的如李大钊、蔡和森、瞿秋白、方志敏等。

而且建党时，中国产业工人也就 200 多万人，主要为铁路、矿山、海运、纺织、造船五种产业，很多还是外资产业。其他工人几乎都是手工业或工匠学徒性质的，有技能，但缺乏现代产业工人的组织性，与农民相差无几。当时中国农民人口 4 亿多，苦难深重，愿意革命。从早期的红军和游击队，到八路军、新四军、中国人民解放军，甚至直到我服役时，从军官到士兵，几乎全来自农村。就这，我能理解，农民是革命的主力军。但为什么工人阶级是先锋队，为什么中国革命主要问题是农民问题，我一直没明白。

直到 20 多年前，随着中国社会主义现代化发展，包括工业、农业、科学技术和国防，也随着城市化，农民工和城市人口持续增加。有一天，回顾近代以来中国走过的路，我突然明白了。随着时间推移，理解也更深了。理解了中国共产党的自我定位，中国的社会主义革命和建设、改革开放的事业，中国《宪法》规定的工农联盟。也正因如此，也更能理解今天常说的中国共产党的“两个一百年”，或“不忘初心，牢记使命”。

二、工人阶级与工业化/现代化

之所以强调工人阶级领导，我的理解是，中国共产党人用工人阶级来代表 18 世纪中期以来首先在欧洲兴起、以工业化为当时之标志的根本性社会变革。这个变革一直持续至今，只不过今天我们更习惯用一个涵盖更宽的概念——现代化；它更准确，也更容易被理解。

在中国，从 19 世纪中叶开始，少数中国人，到 20 世纪初，几乎所有中国政治文化精英，无论是欢迎、怀疑还是反对，都已意识到，这个变化已不可避免。由此，才能理解李鸿章 19 世纪 70 年代的感叹，“数千年未有之变局”。[2] 在他

〔1〕 参见《湖南农民运动考察报告》《中国革命和中国共产党》《新民主主义论》，分别载《毛泽东选集》（第 1 卷），人民出版社 1991 年版，第 20 页；《毛泽东选集》（第 2 卷），人民出版社 1991 年版，第 643、692 页。

〔2〕 梁启超：《饮冰室合集》（四），中华书局 1989 年版，第 39～40 页。

之前，有魏源主张"师夷长技以制夷"；[1]又有一批清廷官员，包括李鸿章本人，推动了洋务运动。[2] 甲午海战失败后，社会上又有一些民族资产阶级代表人物主张"实业救国"。[3] 之后，才有了新文化运动，主张科学与民主。

在这二者中，"科学"应当说比泛泛的"洋务"更为基础，比"师夷长技"也更深入了。因为科学的背后是另一个知识体系和世界观，明显有别于根植于农耕中国的儒家文化，那是现代工业、制造业的基础，注定引发商业、贸易及其集中地"市"，有别于传统中国的政治军事重镇，"城"或"卫"。"民主"，就启发民智、关注民生、鼓励人民广泛参与国家政治社会生活而言，意义当然重大。但究竟以何种形式来实现这一层面的民主，则是个重要但在当时中国无解的难题。要想在帝国主义列强觊觎、掠夺和操控之下，以西方票选民主的方式，在当时中国小农加游牧的经济社会基础上，重构一个现代中国，根本不可能，甚至很危险。当时中国民族工业太弱，工人阶级太小。有家国情怀，同时有现代眼界的知识分子更少，而如果不同工农大众相结合，他们还很可能一事无成。[4]

中国人口中比例最多的农民，一直生活在小农经济条件下，没有其他新的社会参照系，根本无法理解身在其中的这个农耕大国。敏感的，最多也问一声"帝力于我何有哉？"很多人更可能"不知有汉，无论魏晋"。他们看不到自19世纪以来资本主义的全球扩张，工业化/现代化的发展。即便身受其冲击而破产，身边出现了"洋人"，也不能联想到更不能理解中国正沦为帝国主义殖民地和半殖民地。走投无路时，农民会造反，却不可能自动走向工业化/现代化；反倒可能，也很容易，被帝国主义支持的各地军阀甚至分裂势力操控。辛亥革命到1949年的中国就是典型例证。在非典型农耕的边疆地区，各种外国势力先后介入和入侵，制造了伪满洲国、外蒙的事实独立，内蒙、新疆和西藏等地区也都有分裂势力。即便在农耕地区，军阀割据，从未真正统一；此外，也还有日本帝国主义支持操纵的华北五省自治和南京汪精卫政权。全国共有近百万各类伪军，其实基本都来自农民。若不是中国共产党1945年8月就开始努力，最终解散了蒙奸博英达赉（赖）（赵福海）为首的"内蒙古共和国临时政府"，建立了

---

〔1〕（清）魏源：《海国图志》，陈华等点校注释，岳麓书社1998年版，原叙第1页。

〔2〕参见夏东元：《洋务运动史》，华东师范大学出版社1996年版。

〔3〕最早是陈炽1896年称：中国的存亡兴废，"皆以劝工一言为旋转乾坤之枢纽"。参见《续富国策》（劝工强国说），载赵树贵、曾丽雅编：《陈炽集》，中华书局1997年版，第201页。大致同时张謇提出了类似主张，认为："救国为目前之急……譬之树然，教育犹花，海陆军犹果也，而其根本则在实业。"参见《对于储金救国之感言》（1910年），载张謇研究中心南通市图书馆编：《张謇全集》（第1卷），江苏古籍出版社1994年版，第154页。

〔4〕分别参见《五四运动》和《青年运动的方向》，分别载《毛泽东选集》（第1卷），人民出版社1991年版，第559页；《毛泽东选集》（第2卷），人民出版社1991年版，第565～566页。

内蒙古自治区,真不知千里转进后,蒋公会如何继续他的“地图开疆”。

强调工人阶级领导,因此,标志着中国共产党人,基于对世界近现代史和社会变迁的一般理解,赋予自己历史使命:要在工业化也即现代化的基础上重建统一的现代中国,一个人民共和国。因为现代工业生产是体系化的,不仅要采矿,还要制造,一定与商业贸易交通运输联系起来。要支撑、发展工业生产,一定需要科学技术,需要产品创新,不断开拓市场。除继承历史中国的“大一统”政治文化传统外,在20世纪,以工业化/现代化为基础,才可能从经济维度,进而在新的制度层面,重新整合中国这个农耕加游牧的传统大国,把政治经济文化发展不平衡的各地区紧密联系在一起。这种工业和产业的凝聚力,远比农耕社区间的甚或农民个体间的自然相似,或儒家文化分享,更有凝聚力;也比历史中国的农耕与游牧渔猎地区间的相互需求和依赖有更强更持久的整合力。就因为,在20世纪帝国主义嗜血的“丛林”中,西周以来中国政治精英的“普天之下,莫非王土,率土之滨,莫非王臣”的政治愿景,秦汉之后的“郡县制”、全国统一选拔政治精英的科举制以及为防范地方割据的“异地为官”等,即便加上“待从头收拾旧山河”的家国情怀,这些政治文化制度措施和努力,都不足以维护一个传统的中国了,更别说重构一个独立自主的现代中国,巩固这个多元一体的中华民族共同体。

只有工业化/现代化,中国社会才可能变得富裕,国力随之强大。甚至不是因为有钱了,可以购买更多现代武器,重要的是有了本国工业制造体系,这个大国的国防才可能逐步自足、日益强大并现代化。与工业化/现代化联系的不只是工人,还有更多城市人口;有更多基础教育,不只是读书识字、诗词歌赋,还要有声光电化以及相应的技能。教育将包括全新的社会规训、劳动分工、协调行动、组织纪律。社会需要会催生更强的社会组织纪律性,以及现代国家观念。这将全面影响社会,重构社会行业,创造全新行业。重要结果之一是新式军队。不只是勇敢,也不只是操弄洋枪洋炮。袁世凯创建的北洋新军,所有军官都必须毕业于军校,士兵也要筛选,识字士兵会获得更高的薪水。[1]

既然在现代化进程中,工人阶级与资产阶级共生,是资本主义生产关系的两个方面,为什么不是(或包括)资产阶级呢?在《共产党宣言》中,马克思恩格斯还曾指出:“资产阶级在历史上曾经起过非常革命的作用。”[2]为什么中国共

---

〔1〕 参见吴兆清:《袁世凯练新军改军制及其历史地位》,载《历史档案》1987年第1期;来新夏等:《北洋军阀史》,南开大学出版社2000年版,第114~116页。

〔2〕 中共中央马克思恩格斯列宁斯大林著作编译局编译:《马克思恩格斯选集》(第1卷·第2版),人民出版社1995年版,第274页。

产党强调自身是工人阶级的代表？仅仅因为工人阶级与资产阶级不可避免地有矛盾、冲突和阶级斗争吗？或仅因为他们是穷人且人数更多吗？而在当时中国，如果不是更穷，农民也比工人多太多了。甚或因为，当时中国共产党人理解和设想的，在彻底的社会主义公有制条件下，不再有资本家，只有工人阶级代表了中国工业化、现代化的发展愿景？

这可能还不是全部理由。中国共产党选择代表工人阶级还基于对当时中国资产阶级更具体细致的分析。这就是说，近代中国作为半殖民地半封建社会，占统治地位的大资产阶级更多受控于帝国主义各国。虽记得“月是故乡明”的诗句，情不自禁，还是认为月亮是外国的圆，因此“我们必须承认我们自己百事不如人”，[1]一心当好各类买办或“倒爷”。民族资产者作为阶级，力量单薄，生性软弱，同样对中国人民和中国文化严重缺乏自信。就像在上海解放初期，不少资本家很怀疑共产党有能力管好上海经济。[2] 或如张东荪，在朝鲜战争爆发之际，认定“中必输”，想以自己曾是“国共调人”以及自己与司徒雷登的私人关系，来调解中美关系。但正如鲁迅先生所言：“自信力的有无，状元宰相的文章是不足为据的，要自己去看地底下。”[3]中国共产党人相信和依靠的就是最广大的中国人民，首先是工人和农民。

但也要看到，后来的历史发展也表明，中文中“工人”（worker）这个词已经有点局促。当初，它指，如今通常或更多指产业工人，侧重体力甚至是重体力劳动。但从工业化开始，现代化进程中不断出现新的行当，也创造了新的工人/工作者，不再全拼体力了。中文已将一些工人/工作者译为“员”，如驾驶员、服务员、测绘员、制图员、技术员，乃至教员、演员和医护人员，如今还有日益增多的程序员，更宽泛地还有国家机关工作人员。抑或，还应包括许多出入车间和实验室、穿行于工地与设计院的工程师，包括许多理论和实验科学家（研究员），如果他们的收入不全或主要不来自个人专利。不再是满手油污，一身臭汗，工作时甚至必须身着正装或白大褂，一坐一天，但如今有些“烧脑”行当其实比体力活更累。确实有不少人是不得不“996”，但也须承认，也真有些人，出于热爱

[1] 《请大家来照照镜子》，载欧阳哲生编：《胡适文集》（三），北京大学出版社 1998 年版，第 27 页。胡适还曾感慨“中国不亡，世无天理”。参见耿云志、欧阳哲生编：《胡适书信集》（上），北京大学出版社 1996 年版，第 418 页。

[2] 民族资本家刘鸿生后来曾对朋友们讲：“我以前认为中国永远不会独立，总要有外国人来管。”他把子女 11 人分别送到英、美、日三国留学，4 人留英，4 人留美，3 人留日，基本想法是，将来无论哪一国来管中国，他家都有留学生出面周旋以维护刘家企业。参见吴琪：《上海 1949—1956：民族资本家的转折年代》，载《三联生活周刊》2009 年第 18 期。

[3] 《中国人失掉自信力了吗?》，载《鲁迅全集》（第 6 卷），人民文学出版社 2005 年版，第 122 页。

和偏好(因此你也可以说他只是为了经济学上的“个人利益”),还可能至少部分出于对企业、职业、社会和国家的责任,自觉“8/10/7”;一年到头,除了除夕,从无例外。如果用阶级划分,他们也许都应当属于 working class/工人阶级。[1] 我理解,这就是为什么——邓小平同志 1979 年重申中国的知识分子已经是工人阶级的一部分,[2] 以及江泽民 2000 年强调中国共产党“在革命、建设、改革的各个历史时期,总是代表着中国先进生产力的发展要求”。[3]

三、中国革命和现代化与农民

一旦理解工人阶级代表了近代以来革命和建设的未来中国,就容易理解:不仅中国革命的根本问题,而且中国社会主义建设的根本问题之一,都是农民问题;而且主力军也是农民。

传统中国以小农经济为基础,农民人数众多,终年辛劳;许多人还受土豪劣绅欺压,近代以来还受帝国主义压迫。中国共产党人希望通过中国革命,建立新中国,不仅改变农民的社会地位,更希望通过社会主义的工业化/现代化来全面改善农民生活。然而,传统农民既不会自然而然走向革命,也不会自然而然成为现代工人。小农经济条件下,农民的生产、生活和文化与现代化没有联系,无法产生新的社会愿景。他们的理想太容易停留在“30 亩地一头牛,老婆孩子热炕头”了。即便破产了,因天灾人祸背井离乡,流浪了,造反了,他们也不会追求工业化和现代化。

同样受制于传统农耕文明,中国的地主阶级总体上不可能走向工业化,除非是其中少数政治文化精英。因为中国小地主为多,日子过得紧巴巴的,“地主家也没有余粮啊!”一旦遭遇天灾人祸,同样会沦为难民和流民。[4] 即便大地主,家财万贯,如果与新的社会生产关系无关联,没有新愿景,没有新知识,他们也不可能走向工业化和现代化。他们即便是农村中唯一有财力尝试一些工业产品,如电、农机或化肥的人,他们也没有动力花这个钱,难道他要为佃户长工减轻劳动负担?这甚至不是人心善恶的问题,小农经济很难培养他的这种想

---

〔1〕 关于当代中国的工人阶级构成,可参见李培林、尉建文:《新的历史条件下我国工人阶级构成的变化和应对》,载《学术月刊》2021 年第 9 期。

〔2〕 《在全国科学大会开幕式上的讲话》,载《邓小平文选》(第 2 卷),人民出版社 1994 年版,第 89 页。但这在很大程度上只是重申了,在 1956 年 1 月“知识分子问题会议”上周恩来代表中共中央指出的知识分子“他们中间的绝大多数已经成为国家工作人员,已经为社会主义服务,已经是工人阶级的一部分”。《关于知识分子问题的报告》,载中共中央文献编辑委员会编:《周恩来选集》(下),人民出版社 1984 年版,第 162 页。

〔3〕 《在新的历史条件下更好地做到“三个代表”》,载《江泽民文选》(第 3 卷),人民出版社 2006 年版,第 2 页。

〔4〕 《一九四二》,冯小刚导演,2012 年。

象力。和所有农民一样，他们甚至不习惯自家孩子晚上点灯熬油看闲书。[1]

尽管从没反对，一家一户的小农经济就只是不利于工业品下乡，不会主动加入工业化/现代化的进程。但中国也不能因此慢慢来，等着农民或地主觉悟。即便理论上，中国最终也会“自生自发地”加入世界工业化和现代化进程，但什么身份？作为殖民地半殖民地，加入全球资本主义体系？

且不说中华民族的复兴，即便独立自主，最大最根本的问题也是如何让数亿位农民尽快走上工业化/现代化的道路，走出农村，走进工厂，走进城市，成为工人，成为各行各业的工作者、创业者和创造者，成为公民/市民。这一方面要革命，打倒帝国主义、封建主义和买办资产阶级，改革旧土地制度，让农民翻身解放，不受欺压。另一方面，甚或对于中国更重要、更具建设性的一面是，建设社会主义的农业现代化。这包括了对农业的社会主义和现代化的改造。

这两点，尤其是前者，理论上看，农民都有可能参与和接受，却非必然。尤其是后者，社会主义改造，搞集体经济。这不仅因为农民，前面提到了，对工业化和现代化缺乏理解，缺乏自觉，缺乏动力，缺乏能力，其实就是没法想象。甚至，今天回头看，更重要的原因甚或是，仅就当时中国某些农耕地区的自然条件和生产技术水平来看，一家一户小农经济或许已经是有效率的。[2] 在20世纪70年代中后期中国农村水利、化肥、农药和良种等现代生产条件逐步发展到位之前，在某些区域，小家庭生产确有可能比大集体生产更有效率。苏联早期的经验也表明，在对土地制度和农业生产方式进行社会主义改造时，如果组织领导配套不足，农民无法获得工业实在有效的援助，很可能会抵制反抗。在中华人民共和国成立前夕，毛主席就清楚意识到这个问题的严峻，指出“严重的问题在于教育农民”。[3]

工农联盟因此对于人民共和国的构建极为重要。这一条不仅写进了《中国人民政治协商会议共同纲领》，也写进了此后中华人民共和国的每一部宪法。意识到问题的意义还不够，加强工农联盟，促进有效互动，需要更具体的重大政策和策略，更需要精细有序次第展开的操作。[4] 这一点对于理解和评判

---

〔1〕 今天的年轻人已无法理解这一点了。各地民间都曾有指责孩子“白天东逛西游，晚上点灯熬油”之类的说法。小说中也有此类痕迹，参见茹志鹃：《静静的产院》，载《百合花》，人民文学出版社2000年版，第154页。

〔2〕 直到20世纪90年代中期，在湖北恩施，我看到，喀斯特地形，许多地方土地极为碎屑、离散且贫瘠，一个居住点甚至就一两户人家，定居点之间相隔几里路，还有沟沟坎坎，很少有像样的村落。在这种条件下，集体耕作不可能，也可以想见，更多是形式。

〔3〕 《论人民民主专政》，载《毛泽东选集》（第4卷），人民出版社1991年版，第1477页。

〔4〕 毛主席在《关于情况的通报》中强调“政策和策略是党的生命”。参见《毛泽东选集》（第4卷），人民出版社1991年版，第1298页。

此后中国共产党的一系列重大决策非常重要。其中有些决策，不仅当年，甚至今天，即便未来，人们都可能争论不休。但从这一视角才更能理解一系列曾经发生，甚或仍以各种方式继续的重要社会运动、变迁现象，即便乍看起来，有些似乎与工农联盟全然无关。

其中最重要的是如何使中国农业、农村、农民的发展能有效支持并有利于中国的社会主义工业化/现代化发展，同时以中国的工业化/现代化发展来有效推动并尽快实现社会主义的农业现代化。

因此，就能理解，1949 年中华人民共和国成立后，在多个场合，尽管提法略有不同，毛泽东等中共领导人逐步提出实现现代化的工业、农业、国防和科学技术的设想。其中，工业现代化几乎一直占据了首位。[1] 1964 年第三届全国人大一次会议报告提出了实现四个现代化的“两步走”设想。第一步，用 15 年时间，建立一个独立的、比较完整的工业体系和国民经济体系，使中国工业大体接近世界先进水平；第二步，力争在 20 世纪末，使中国工业走在世界前列，全面实现四个现代化。在四个现代化中，农业现代化排序第一，但其前提是，有一个独立和比较完整，哪怕还不那么现代化的工业体系。

在第一个五年计划（1953～1957 年）从苏联引进 156 个建设项目，并据此还在创建中国最初的工业体系和基础之际，从 1956 年开始，以毛主席《论十大关系》为标志，就提出以农业为基础，以工业为主导，以农、轻、重为序发展国民经济的总方针。毛主席的说法是，要用多发展一些农业、轻工业的办法来使重工业发展得多些快些，并使重工业发展的基础更加稳固。[2]

以农业为基础有多重考量。第一，农业保障全国城乡各族人民生活的基本需要。所谓“无农不稳，无粮则乱”。当时中国农业虽已开始集体化，但总体而言，农业几乎仍然是“靠天吃饭”，缺乏现代农业的其他基本要素。粮食平均亩产很低，因此一直是“人多地少”，必须首先保证人民的基本温饱。第二，中国轻工业发展的许多原料都来自农业。第三，当时中国主要出口物资也全是农产品，换回外汇后，再进口各种工业设备。[3] 第四，中国工业，尤其是轻工业发展

---

〔1〕 1957 年 2 月和 3 月，毛主席在《关于正确处理人民内部矛盾的问题》和《在中国共产党全国宣传工作会议上的讲话》这两篇讲话中两次说：要把我国建设成为“一个具有现代工业、现代农业、现代科学文化的社会主义国家”。参见中共中央文献研究室编：《毛泽东文集》（第 7 卷），人民出版社 1999 年版，第 207、268 页。1959 年 12 月到 1960 年 2 月，毛主席说：“建设社会主义，原来要求是工业现代化，农业现代化，科学文化现代化，现在要加上国防现代化。”中共中央文献研究室编：《毛泽东文集》（第 8 卷），人民出版社 1999 年版，第 116 页。

〔2〕 《论十大关系》，载《毛泽东选集》（第 5 卷），人民出版社 1977 年版，第 269 页。

〔3〕 参见《在省市自治区党委书记会议上的讲话》，载中共中央文献研究室编：《毛泽东文集》（第 8 卷），人民出版社 1999 年版，第 199 页。

所需要的工人,很大部分来自农民。第五,由于不可能通过殖民来积累资金,为确保国家独立自主,必须警惕任何外国势力对中国经济的控制,毛主席也一再指出,中国工业化的道路是通过多发展农业和轻工业来创造发展工业的积累。[1]

在其他地方,毛主席分析认为,工业当然要比农业更快发展,但如果把工业强调到不适当地位,就会出问题。他以工业大省辽宁为例,工业第一,但没有同时注意大力发展农业,没有必要的农业机械,就限制了该省农业的发展和增长,不能保证本省城市的粮食和副食供应。毛主席认为:恰恰因为工业比重大,辽宁更应好好抓农业;工业发展了,城市人口增加,对农业会要求更多。农业和工业的发展要相互适应。在农村劳动力减少的情况下,要对农业进行技术改造,提高劳动生产率,增加农产品产出。[2]

以农业为基础,也包括农业集体化的社会主义改造。尽管后来对20世纪50年代的这段历史有过不少反思,但查看历史材料,会发现这一决策同样有诸多具体、细致、务实且意义深远的考量,并不像有人批评的那样主要或更多基于"一大二公"的意识形态。

例如,重要考量之一是,在当时农耕中国的国家财力极为局促的条件下,如何建立比小家庭稍大的村落风险共同体,避免土地制度改革后不久,农民因灾病破产,出现新的农村贫富分化。这类风险,不是五口之家的农民有能力承担的。1953年,农村土改后不久,毛主席两次谈话提及,在广大农村,要考虑帮助那些分到了土地但没有劳动力因此不得不出卖土地的鳏寡孤独者。他设想以100~200户的大合作社带几户鳏寡孤独来解决后者的生活困难。[3] 在1955年的合作化运动中,毛主席再次强调合作社要吸收鳏寡孤独入社,帮助后者。[4] 1956年中央政府为此颁布了两个法规性文件,规定以土地集体所有的农业高级合作社为制度基础,以集体公益金为财政基础,对社内缺乏劳力、生活

---

〔1〕 分别参见《在省市自治区党委书记会议上的讲话》和《关于正确处理人民内部矛盾的问题》,载中共中央文献研究室编:《毛泽东文集》(第8卷),人民出版社1999年版,第199~200、241页。

〔2〕 参见《读苏联〈政治经济学教科书〉时的谈话(节选)》,载《毛泽东文集》(第8卷),人民出版社1999年版,第122~123页。

〔3〕 参见《关于农业互助合作的两次谈话》,载《毛泽东文集》(第6卷),人民出版社1999年版,第299、304页。

〔4〕 参见《〈中国农村的社会主义高潮〉按语》。毛主席还认同安徽省委的相关规定:在农业合作社力所能及的条件下,大体以十户带一户的方式吸收鳏寡孤独等缺乏劳力的农民。参见《建国以来毛泽东文稿》(第5册),中央文献出版社1991年版,第332、531页。

无依靠的鳏寡孤独农户和残废军人,予以适当安排,普遍建立了"五保"制度。[1] 这不只是儒家理想的投射,[2]行"仁政"或做"善事",中国共产党也期望经此来拓展小农的集体直至国家认同,增强组织性,便于社会动员和全社会的社会主义改造。

经济上考量的则是农业集体化对于中国整体现代化的好处,为后者创造一些最重要的条件。首先,农业集体化会为各类工业品下乡创造巨大的潜在市场。如前提及,传统小农经济条件下,农民习惯了自给自足,乃至很少用火柴、蜡烛之类的工业产品,更没有能力独自购买和使用各类农机或其他农用工业品。只有当工业、轻工业产品价格足够低,容易获得,收益足够大,小农才可能逐渐改变生活习性。在人多地少的中国,这需要长时间。在中国这样的地理复杂的大国,任由工商业自生自发地发展,结果更可能加剧中国各地区政治经济文化发展的不平衡。面对这种情况,同分散的小农比较起来,至少从理论上,此后也有证据表明,组织起来的农民,更可能和也更有能力使用初级工业用品如化肥、农药和农机,也更有可能从事兴修水利、开荒造地的集体行动,或是发展适合本地的副业生产。生产力水平提高后,收入增加,生活水平就会提高,农民就会消费更多工业、轻工产品,也便于农业科技下乡。

事实上,在中国工业化起步阶段,不仅必须开发,甚至也只可能首先开发并借助中国农村这个潜在市场。这可能是中国工业化起步之际最重要的"资源",对于此后中国的民族工业体系的发生发展非常关键。换言之,在相当程度上,在中国工业化起步阶段,也只能"打扫干净屋子再请客"。如果当时就开放,有证据表明,中国的农机工业很可能从一开始就会夭折。[3] 并非追求"闭关锁国",而是必须有中国农村这个广大潜在市场做后盾,才更有可能逐步建立完整工业体系,形成中国的科技队伍,维护国家的独立自主,最后有效参与国际竞争。

只要农村对各类国产工业品需求增加,城乡联系加强,工农联盟就会日渐

---

〔1〕《1956 年到 1967 年全国农业发展纲要(修正草案)》(1957 年 10 月 25 日),《高级农业生产合作社示范章程》(1956 年 6 月 30 日第一届全国人大第三次会议通过)。

〔2〕"大道之行也,天下为公……故人不独亲其亲,不独子其子,使老有所终,壮有所用,幼有所长,矜、寡、孤、独、废疾者,皆有所养。"(汉)郑玄注,(唐)孔颖达疏:《十三经注疏·礼记正义》,龚抗云整理,北京大学出版社 1999 年版,第 658 ~ 659 页。

〔3〕据 1965 年全国农业机械化会议的外国参考资料之八,当时我国自制农机价格普遍远高于外国。同类中型轮式拖拉机,法国每台折合人民币 5100 元,我国售价以人民币计要比法国高 1 倍,若折合小麦,比法国高 70%。35 马力的轮式拖拉机,以人民币计,中国产品比美国、西德、日本高 10% ~25%,比法国、英国、苏联高 50% ~80%。同类手扶拖拉机,以人民币计,上海产的要比日本高 30%,折合稻谷,则比日本高 3 倍多。参见《农业机械价格我国比外国高》,载《粮油加工与食品机械》1971 年第 S3 期。

巩固。当年毛主席就断言,随着农业技术改革逐步发展,农业日益现代化,为农业服务的机械、肥料、水利建设、电力建设、运输建设、民用燃料、民用建筑材料等一定会日益增多,也会有更多人理解重工业为什么要以农业为重要市场。[1]从20世纪60年代中后期,中国农民开始使用化肥、农药、良种和先进农业技术开始,几十年来,中国农民逐渐持续不断升级家庭生活的"大件",从自行车、缝纫机到电视、摩托车和电脑、手机等。

回头来看,农业集体化对1978年后中国经济改革发展提及不多的贡献之一是,农村土地的集体所有大大降低了,后来中国在快速工业化/现代化/城市化过程中,土地产权交易的交易费用。这一贡献实在巨大,不容易为人所看到。但想想20世纪80年代初开始流行的"要想富先修路",看看中国的城市化,看看中国高速公路和高铁的发展,再对比一下美国加州2008年上马2019年宣布中断的高铁建设,[2]以及高铁开工3年后才征地不到20%的印度,[3]就可以理解了。肯定会有人争辩,坚持细碎的小农私有土地产权对农民(其实最多只是对某些农民)或许更有利。这话或许有道理,但道理从来不是单方面的。要记住"机不可失,时不再来",或"莫等闲白了少年头"。细碎分散的小农土地私有产权更可能引发"反公地悲剧"。为此可能失去的就不只是一般意义上的时间,也很可能就是百年不遇的战略机遇。人的生命有限,有时错过了就错过了,意味着一代或几代人,还很可能殃及其子孙,无法享受工业化/现代化/城市化带来的重大、实在的物质和精神收益。

随着工业与农业互动和发展,我们或许也能理解一直人文主导的中国文化传统发生的历史性和根本性变化。中华人民共和国成立后不久,中国社会就开始流行"学好数理化,走遍天下都不怕"之类的说法。[4] 如今这已不是说法,而是几乎所有父母及其子女自觉的实践。这当然不是真理,只是一个你不服不行的社会实在。这也令我理解了,尽管肯定有人反对,但我心怀愧疚却仍然赞同,

〔1〕 参见《关于正确处理人民内部矛盾的问题》,载中共中央文献研究室编:《毛泽东文集》(第8卷),人民出版社1999年版,第241页。

〔2〕 参见郭涵编译:《加州高铁梦碎,美媒叹息"对美国与世界都是可悲的错误"》,载观察者网,https://www.guancha.cn/internation/2019_02_14_490177.shtml。

〔3〕 印度的第一条高铁2015年立项,2017年9月才正式开工,开工近3年了,仍在征地。项目共需征地1400公顷,大部分为私有,涉及6000人,截至2019年6月,达成协议的仅1000人。参见《日印高铁合作,开工将近三年仍处于征地阶段,建成遥遥无期》,载搜狐网,https://www.sohu.com/a/320967384_100128296。

〔4〕 知网搜索发现这一说法出现在周靖馨:《我在地理教学中的几点经验》,载《人民教育》1953年第4期。人民日报网检索发现类似说法较早出现于《坚决克服不问政治的倾向》,载《人民日报》1951年11月5日,第2版。

毛主席当年说的:“大学还是要办的……我这里主要说的是理工科大学还要办。”[1]

四、以农业机械化为例证

仅有理论论述和分析还不够。让我以正走向谢幕的中国农业机械化历程来佐证以上分析。

先得界定几点。农业机械化,尽管如今有新的甚至会有更新的定义,本文却沿袭传统,仅指以机器逐步代替人力畜力的技术改造和经济发展过程。[2]其次,广义农业包括了农林牧副渔,本文却仅聚焦于人们传统理解的农业,主要是粮食种植业。进而,这也就限定这里的农业机械化,侧重拖拉机和与之配套耕地、播种、收割等功能作业机,尽管种植业的机械化还涉及加工、排灌、运输等方面。[3]

中国的农业现代化努力是1949年之后才开始的。与众多欧洲国家和美国很不同,中国农业现代化的努力,不是从农业科技和农机制造切入,而是从苏联引进农机制造项目的同时,就开始搞合作化,改造中国农业土地经营的规模。换言之,从马克思主义所谓的生产关系切入。从此切入的核心考量是中国共产党对国情的理解:旧中国的地主经济不可能主动考虑农业机械化,新中国土地制度改革后出现的大批小农家庭没有资金,没有技术知识,更没有想象力和能力欢迎农业机械化,欢迎良种、化肥和农业技术。他们更习惯在自家一小块土地上精耕细作,即便由于人口压力,中国的农业已出现“内卷”。[4] 农业机械化和现代化因此很难起步。针对当时中国农业状况,中国共产党人的想法是:“必须先有合作化,然后才能使用大机器。”[5]只有把众多小农组织起来,变细碎的私有土地集体所有,形成较大块土地,才可能、有必要和有效率地使用农业机械,才可能集体行动,兴修水利,逐步推广良种、化肥和其他先进农业技术。

---

[1] 中共中央文献研究室编:《毛泽东年谱(1949—1976)》,中央文献出版社2013年版,第172页。

[2] 参见余友泰主编:《农业机械化工程》,中国展望出版社1987年版,第1、4页。《中华人民共和国农业机械化促进法》(2004年)第2条定义,“农业机械化,是指运用先进适用的农业机械装备农业,改善农业生产经营条件,不断提高农业的生产技术水平和经济效益、生态效益的过程”。

[3] 这也不意味着农业耕作一直是农业机械化的核心。有研究认为,由于农业生产历史上受旱涝威胁更大,我国早期农业机械化的努力是优先发展排灌机械。参见徐雪高等:《中国农业机械化发展分析与未来展望》,载《农业展望》2013年第6期。

[4] 参见[美]黄宗智:《华北的小农经济与社会变迁》,中华书局2000年版。所谓内卷,即单位土地上的劳动投入增加但单位劳动的边际报酬降低。

[5] 《关于农业合作化问题(1955年7月31日)》,载中共中央文献研究室编:《毛泽东文集》(第6卷),人民出版社1999年版,第432页。

也只有聚集集体的财力,农民也才可能购买农机。1956 年中共八大政治工作报告明确,“我国的农业,只能随着国家工业化的发展,根据不同地区的不同耕作条件,适当地、逐步地实现农业机械化”。[1]

当时的农业机械化想象就是用机械替代人力和畜力。“一五”期间苏联援建的 156 个重点项目中就有 1955 年开建 1959 年建成的洛阳拖拉机厂(“洛拖”),生产苏联针对本国农耕条件设计的 ДТ-54 型履带和大轮拖拉机,履带型显然兼顾了军工。这两类拖拉机适应中国北方平原地区,却无法满足我国地理气候条件差异很大的其他区域的农耕需求。[2] 1958 年“洛拖”批量生产前,除批示“拖拉机型号、名称不可用外文”外,毛主席特别批示“洛拖”生产的各种拖拉机式样和性能一定要适合我国的气候和地形,一定要综合利用,一定要尽可能降低成本。[3] 为适合中国用户,“洛拖”曾在《人民日报》发文征求用户意见,并取得实效。[4]

但在以水稻生产为主的中国南方,除长江、珠江流域以及几个较大湖泊地区有大片水田外,其他河网湖泊或山地丘陵地区,每块耕地面积很小,甚至小于 1 亩,零碎、分散、形状不规则,坡陡路窄,不利于大中型拖拉机出入耕作;雨季旱季地下水反复升降,土壤雨季黏韧,旱季坚硬,适合北方旱地的农业机械在南方很不适用。但南方多山,人多地少更显著,对粮食需求很大,气候和降雨还均有利于复种指数提升,产量也接近当时全国粮食总产量的一半。这一切都意味着,必须有更适应南方水田地区的农机。[5]

与“洛拖”建设几乎同步,中国开始研究适合南方水田使用的拖拉机。1956 年从日本引进了第一批手扶拖拉机到各地做适应性试验。1958 年试制了第一批多型手扶拖拉机,通过国家鉴定后,在上海、常州、武汉等地拖拉机厂少

[1] 刘少奇:《中国共产党中央委员会向第八次全国代表大会的政治报告》,载《人民日报》1956 年 9 月 17 日。

[2] 1974 年对南方五省的拖拉机使用的一个调查发现,各省少有“洛拖”生产的两型履带拖拉机。保有比例最高的湖北省也不到其总保有量的 18%,广东为 12%,其他三省则很少。并且,除在珠江三角洲的沙田地区履带机用作水田耕作的主要机型外,在湖北、江西、福建和浙江等省以及广东其他地区履带机都用于工程和农田基本建设,在农业上则用于旱地。参见何镇钟、张季群:《湖北、广东、江西、福建、浙江五省拖拉机使用情况调查》,载《拖拉机》1974 年第 2 期。

[3] 参见《对洛阳第一拖拉机厂跃进规划的批语》,载《建国以来毛泽东文稿》(第 7 册),中央文献出版社 1992 年版,第 135 页。据此文注释,中共洛阳第一拖拉机厂委员会提交的跃进规划附表内拖拉机型号有“ДТ-54 型”“ДТ-75 型”等。后来该厂生产的拖拉机定名为东方红-54 型和东方红-75 型拖拉机。

[4] 参见《怎样改进东方红拖拉机——洛阳拖拉机厂征求意见》,载《人民日报》1960 年 8 月 3 日;《洛阳拖拉机厂认真征求用户意见改进设计,“东方红”拖拉机越来越好使》,载《人民日报》1961 年 3 月 1 日。

[5] 关于南方水田的农耕特点,可参见殷少林、蔡镇荣:《南方水田地区田间动力机械研究简况》,载《中国农业科学》1963 年第 9 期。

量生产。1963 年中国再从日本引进几十种手扶拖拉机，在全国大部分省市试验分析。结果表明：手扶拖拉机在各方面都更适合南方小块水田和丘陵山区旱地耕作，生产率比牛耕高 3 倍；除农用外，还可以短途运输，作为动力源则可以从事各类副业生产和加工。[1] 手扶拖拉机结构简单，学习、使用和维护都很容易，很受农民欢迎。[2] 不仅价格与当时集体生产单位（大队或生产队，大致相当于今天的行政村和自然村）的财力大致适应；[3] 而且从农机使用效率和维护来看，由集体管理也更为合理。[4]

1965 年中国自行设计了多型适合南方小块水田作业的兼用型手扶拖拉机。北方各省也先后研制成功适于北方旱田或东北垅作的手扶拖拉机。[5] 基于各地农机制造的发展，1966 年 2 月和 3 月，毛主席审阅湖北省相关报告后，批示建议：更多调动地方积极性，各省市区自力更生计划，试点后，逐步扩大，争取用 15 年时间，到 1980 年前后全国基本实现农业机械化。[6] 此后 10 年，中国手扶拖拉机生产飞速发展。到 1973 年年底，年产量比 1965 年增长了 31 倍，保有量增长了近 60 倍。[7] 围绕手扶拖拉机，全国各地还设计制造改进了多种配

[1] 参见殷少林、蔡镇荣：《南方水田地区田间动力机械研究简况》，载《中国农业科学》1963 年第 9 期。

[2] 参见何镇钟、张季群：《湖北、广东、江西、福建、浙江五省拖拉机使用情况调查》，载《拖拉机》1974 年第 2 期；岫岩县哨子河公社松树大队：《“小手扶”用处大，样样农活靠着它》，载《新农业》1972 年第 1 期；山西省浮山东张公社朱村大队：《大搞配套农具发挥手扶拖拉机的作用》，载《粮油加工与食品机械》1973 年第 6 期。

[3] 各地的研究发现，购买拖拉机的资金，主要来源是集体积累。国家财政或银行贷款的支持只是辅助，在有些地区仅在 5% 上下。如对河北栾城县 1975 ~ 1978 年的调查发现，该县农机化资金来源有四个渠道。国家直接投资或援助社队约占农机化总投资的 5.7%，公社投资占 5.3%，大队一级投资占近 20%，生产队投资（包括向公社、大队农业机械化投资）占近 70%。该研究还发现大队农机投资占比呈上升趋势。覃克良、陶跃锐：《农业现代化资金问题——栾城县调查报告》，载《经济研究》1980 年第 4 期。还可参见张松明：《大队办机械化的资金从哪里来?》，载《新农业》1979 年第 17 期。该研究调查了辽宁、黑龙江 5 县 11 个生产大队农机化的启动资金都源于集体，先购买 1 ~ 2 台拖拉机和少量农机具。然后利用增产、以剩余劳力发展集体工副业或开发当地沙、石等资源，并不断推进农机化。

[4] 《大队统管手扶拖拉机好处多》，载《农业机械》1980 年第 1 期。广东省集体经营的农机原有公社、大队、生产队三种经营形式。大致是大队经营大中型拖拉机，生产队经营手扶拖拉机。农业机械化步伐加快后主要问题之一是生产队经营手扶拖拉机普遍存在“效率低、完好率差、成本高、浪费大的问题”。谭锦维：《农业机械的使用要走组织起来的道路》，载《经济管理》1979 年第 8 期。又请看，劳动模范徐永山驾驶和维护拖拉机 17 年没大修的故事。农机部农机化局、吉林省农机局、四平地区农机局、怀德县农机局联合调查组：《创奇迹的人》，载《农业机械》1980 年第 6 期；项南：《假如都象徐永山》，载《农业机械》1980 年第 6 期。

[5] 参见朱荫梧、华耀达：《我国手扶拖拉机的现状和发展》，载《拖拉机》1981 年第 2 期。

[6] 参见《对湖北省委关于逐步实现农业机械化设想的批语》《关于农业机械化问题给刘少奇的信》，载《建国以来毛泽东文稿》（第 12 册），中央文献出版社 1998 年版，第 12、19 ~ 20 页。

[7] 参见朱荫梧、华耀达：《我国手扶拖拉机的现状和发展》，载《拖拉机》1981 年第 2 期；《全国手扶拖拉机经验交流现场会》，载《拖拉机》1974 年第 3 期。

套农具或其他作业机。[1]

20 世纪 70 年代后期中国农村改革对这一农业机械化进程提出了挑战。从 1977 年开始，为了更快发展农业，中共安徽省委开始探索农村改革。在年底的全省农村工作会议后下发的“省委六条”，允许生产队建立不同的生产责任制，尊重生产队自主权，允许和鼓励社员经营自留地和家庭副业等。在实践中，基层再进了一步，创造了联产计酬，从包工到组发展到包产到组、包干到组。1978 年夏，说为应对旱灾，中共安徽省委决定“借地”给农民，出现了“包产到户”。[2] 但引发社会更多关注的是 1978 年年底，小岗村农民分田到户，实行大包干。该村当年粮食产量和人均收入都显著增加，“一夜越过温饱线”。[3] 在安徽省委支持下，实行包产或包干到户的不断增多，从秘密走向公开。据称，到 1979 年年底，全省有 50% 的生产队实行了此类“大包干”政策。[4]

1980 年 4 月，主张和支持包产到户的安徽省委书记升任国务院副总理，主管农业。但党内高层对包产到户的看法并不一致。[5] 同年 5 月，在一次谈话中，邓小平在坚持“总的方向是发展集体经济”的前提下，务实、开放、宽容地肯定了安徽省的农村改革，认为是在“适宜搞包产到户的地方搞了包产到户”，并认可“从当地具体条件和群众意愿出发”，因地制宜试验家庭联产承包制；但要

---

〔1〕 参见北京市农业机械研究所：《北京市开展手扶拖拉机多项作业》，载《农业机械资料》1972 年第 5 期；北京市农业机械研究所：《北京市手扶拖拉机配套农具概况》，载《农业科技通讯》1973 年第 11 期。宁夏也为手扶拖拉机设计制造了配套收割机；宁夏回族自治区农机研究所、宁夏回族自治区平罗农具厂、宁夏回族自治区平罗农机服务站：《东方红－150 收割机》，载《农业机械资料》1972 年第 2 期；山西省浮山东张公社朱村大队：《大搞配套农具发挥手扶拖拉机的作用》，载《粮油加工与食品机械》1973 年第 6 期；《农机情报资料》编辑组、一机部机械院农机所：《我国手扶拖拉机配套农机具的研制概况》，载《粮油加工与食品机械》1975 年第 3 期。为使手扶拖拉机成为农业生产的“多面手”，1975 年 4 月在京召开了全国手扶配套农具座谈会，1976 年 1 月在江苏常州召开了全国手扶拖拉机技术经验交流会。

〔2〕 参见吴象：《伟大的历程：中国农村改革起步实录》，浙江人民出版社 2019 年版，第 89～90、94、99 页。

〔3〕 后来的历史表明，小岗村的意义更多是当时解放思想的一个抓手，其制度仅对当时中国一些因自然地理或其他条件集体化成本太高的农耕地区有稍微长期的示范意义。由安徽省财政厅派到小岗村任党委第一书记近 6 年，积劳成疾牺牲在岗位上的沈浩，日记中就曾一再吐槽：小岗村“一夜越过温饱线，二十五年不富裕”“20 年以来并无什么发展，年人平收入低于全县平均水平”“现在依然是贫穷落后”“有可能变成‘鸡肋’”，甚至认为“靠一家一户种田是不可能有希望的……需要第二次革命……规模生产，集体经营”。《沈浩日记》，王晓勤整理，科学出版社 2010 年版，第 58、76、81、87、92、111、113、134、145 页。

〔4〕 中共安徽省委党史研究室：《中国新时期农村的变革（安徽卷）》，中共党史出版社 1999 年版，第 7～8 页。

〔5〕 1980 年 9 月中央召开省市区党委第一书记“包产到户”专题座谈会，只有几人明确支持，多数沉默，也有尖锐批评反对的。此前，新任安徽省委书记张劲夫对包产到户也有所保留，认为是增产了，但这不是农业的发展方向（参见吴象：《伟大的历程：中国农村改革起步实录》，浙江人民出版社 2019 年版，第 131、129 页），因为“农民光靠一亩三分地富不起来”，要搞多种经营，“安徽光靠一把米富不起来”，一定要发展工业。参见张劲夫编：《嘤鸣·友声》，中国财政经济出版社 2004 年版，第 134、141 页。

求宣传上不搞“一刀切”。[1] 随后，中共中央召开省市区党委第一书记座谈会，会议纪要一方面强调，中国不可能在一家一户的小农经济基础上建立起现代化农业，实现较高劳动生产率和商品率，使农村根本摆脱贫困，达到共同富裕；但另一方面，纪要也认可，在边远山区和贫困落后地区，如果群众要求，可以包产到户或包干到户。[2] 没有“一刀切”；但在一个启动改革的年代，打破原信条的最快手段就是造一个新信条。“一(承)包就灵”一时间几乎成了所有行业的信条。[3] 除集体经济较发达的少数社队，全国农村迅速普遍推行了家庭联产承包制。[4]

中国农村的基本生产单位回到了一家一户，这导致当时正快速发展的农业机械化在“需求”“效率”“资金”层面都遇到了严峻挑战。中国一直人多地少。在中国北方，东北除外，五口之家通常有耕地10亩上下，南方农业人口人均耕地1亩略多，甚至不足一亩。[5] 一家一户，10来亩地，牛耕都富余——想想“三十亩地一头牛”！土地经营规模缩小后，拖拉机耕作效率大大降低。分地时，各家都是好地孬地、平地坡地、水田旱地、远地近地搭配着，耕作也是各家自行安排，土地零碎、分散，拖拉机转场多。即便在适合大中型拖拉机统一耕作的东北，也要同各家预约。拖拉机、农机效率降低了，耗油量却增加了。[6] 先前购买拖拉机，靠农民集体积累，国家还会给些许财政和信贷扶持。如今即便需要，也全靠农民自家积累，或是几家凑钱。还有，原先的拖拉机，即便“手扶”，其设计也更多针对了集体农业的耕作，个体使用闲置太多，尤其在南方丘陵水田耕

---

〔1〕 参见《关于农村政策问题》，载《邓小平文选》(第2卷)，人民出版社1994年版，第315页。

〔2〕 参见《中共中央关于进一步加强和完善农业生产责任制的几个问题的通知》，载国家农业委员会办公厅编：《农业集体化重要文件汇编(1958—1981)》(下)，中共中央党校出版社1981年版，第1950~1951页。

〔3〕 例如，国家经委调研室调查组：《利润包干　一包就灵——青岛市一轻局试行利润包干实现增产增收》，载《经济管理》1981年第8期。柳梆：《从“一包就灵”到“一放就活”》，载《瞭望周刊》1985年第1期。《承包经营，一包就灵》，载《人民日报》1981年6月20日；《轻工业改革要突出一个“包”字》，载《人民日报》1983年2月2日。

〔4〕 一年后，云南全省已经建立了各种形式责任制的生产队，占生产队总数的98.8%，参见龙春：《关于农业生产责任制的几个问题》，载《经济问题探索》1982年第1期。福建“建立生产责任制的生产队，已占生产队总数的99%”。沈亚军：《在稳定中完善，在完善中提高——对我省当前推行农业生产责任制的几点看法》，载《福建论坛》1982年第1期。

〔5〕 “当时全国农业人口人均耕地1.9亩，南方安徽省人均耕地最高也只有1.6亩，浙江省最低仅0.79亩，一般为1~1.3亩。按劳动力计，全国人均约5亩，水田地区约3亩。人均土地不仅远低于美、苏、德、加等国，也远低于日本(人均12.6亩)和印度(15.7亩)。”徐广钦、凌桐森：《我国南方水田地区拖拉机的现状和发展》，载《拖拉机》1981年第4期。

〔6〕 参见商品粮基地县建设课题组：《实行联产承包责任制与农业机械化——对几个商品粮基地县的调查》，载《学习与探索》1984年第3期。

作。有研究表明,1979～1985 年全国机耕面积大幅下降,综合机械化率明显倒退。[1]

联产承包制后,如何处置原集体所有的拖拉机、农机也很麻烦,甚至是灾难性的。太多地方出现过变卖拆散农机等集体财产分钱的。[2] 好点的,把拖拉机承包给个人,承包人定期交一定钱,各家分。鉴于这一时期农耕对拖拉机需求降低,耕作成本增加,“跑运输”更挣钱——农村拖拉机因此脱离了农耕。[3] 还有些地方,大中型拖拉机卖不掉,也没人承包,各家都用,没人维护,驾驶人平均技术水平下降,机车事故不断。[4]

相应地,1979～1981 年,全国农机产品销售持续下降 30%。大中型拖拉机严重滞销,手扶拖拉机也销售不畅。[5] 需求显著减少的自然还有其他功能作业机。农机行业一时面对“包产到户,农机无路”“联产到人,农机关门”的尴尬。至少部分因为这一格局,1980 年 7 月,时任农机部部长以答杂志记者问的方式,通过本部门的专业杂志宣布,《人民日报》随即转载,以“不切实际”为由,不再提 1980 年基本实现农业机械化的口号。[6]

事实上,此后直到 2004 年前,仅 1982 年和 1983 年中央一号文件提及了农业机械化。都非常重要。针对中国农村改革的现实,根据我国耕作制度复杂,人多地少,集体经济力量薄弱,1982 年中央一号文件确定了中国有步骤、有选择的农业机械化战略方针。[7] 1983 年中央一号文件允许农民个人或联户购置

---

〔1〕 参见方师乐、黄祖辉:《新中国成立 70 年来我国农业机械化的阶段性演变与发展趋势》,载《农业经济问题》2019 年第 10 期。

〔2〕 这其实是普遍现象。当时许多有关农业责任制的文章中提及问题通常首先就是,拆散平分农机和水利设施等集体固定资产。例如,许涤新:《论农业的生产责任制》,载《农业经济问题》1981 年第 11 期。还有前引龙春文,前引沈亚军文。全国劳动模范徐永山精心驾驶维护拖拉机 17 年无大修,因此国家曾奖励两台拖拉机给他,他交给了村里。1983 年当地分田到户时,村里还有人要卖掉他的 17 年无大修的拖拉机,分钱。徐永山多方奔走,找到当时县里的主管领导,才被允许暂时拥有该拖拉机的所有权。参见尹伟然:《徐永山成了万元户》,载《农业机械》1985 年第 2 期。

〔3〕 有人分析了拖拉机承包的利弊。好处是:个人和集体的收入均大增,包机到人简单易行,机手积极性高,精简了管理人员。弊病是:亏了集体,富了个人;农机不务农,不搞机耕;拼命用机器,不注意维护保养;容易违章。参见羊文超:《“包机到人”不是单干》,载《农业机械》1980 年第 11 期;孙勤丰:《“包机到人”富了个人,亏了集体》,载《农业机械》1981 年第 2 期。

〔4〕 参见前引商品粮基地县建设课题组文。

〔5〕 这是众多研究的共同发现。参见朱荫梧、华耀达:《我国手扶拖拉机的现状和发展》,载《拖拉机》1981 年第 2 期;徐广钦、凌桐森:《我国南方水田地区拖拉机的现状和发展》,载《拖拉机》1981 年第 4 期;中共安徽省宿县地委农村工作部调查组:《大包干为农业机械化开创了广阔前景——安徽省怀远县农机工作的调查》,载《农业经济问题》1984 年第 4 期。

〔6〕 参见《脚踏实地,努力工作——农业机械部部长杨立功同志就当前农业机械化形势问题答本刊记者问》,载《农业机械》1980 年第 7 期。该文另载《人民日报》1980 年 7 月 20 日,第 2 版。

〔7〕 参见《全国农村工作会议纪要》,载《人民日报》1982 年 4 月 6 日。

农副产品加工机具、小型拖拉机和小型机动船,从事生产和运输,也不禁止私人购置大中型拖拉机和汽车。[1] 中国共产党没有放弃实现农业机械化、现代化的目标,只是把农业机械化的动力更多寄托于农民和农村经济的发展,寄托于农机行业的改革创新,寄托于农机市场的自身发展。

针对农村农机需求的变化,20 世纪 80 年代初中国农机工业开始了大规模结构调整,努力发现和创造新的市场需求,重点设计制造结构简单、价格便宜的小型农机具、手扶拖拉机以及功能单一的农副产品加工机械和农用运输车等。在南方丘陵地区,田块小,不规则,本来只适合牛耕。在设计新型手扶拖拉机时,设计人员干脆直接参照耕牛市价和日常费用,力求水地、旱地、平原、丘陵通用,配合农具能完成耕牛的全部田间作业,“一头牛的价钱,两头牛的功效”,费用“比养牛还省”。[2] 从 1982 年起,全国农机销售总额开始恢复性增长。

随着农民收入增加,有能力购买经营使用农业机械的农民逐渐增多,农机市场拓展了,开始形成国家、集体、农民个人以及联合经营、合作经营等形式经营农业机械的局面。随着国家逐渐减少对农机业直接投入,农民逐步成了农机投资的主体。在国家鼓励农民购置小型农机政策的引导下,小型农机发展非常迅速。到 1994 年,与 1980 年相比,尽管全国大中型拖拉机拥有量下降了,小型拖拉机却增长了 3.4 倍。[3]

1995 年后,首先在北方小麦主产区,农民自发兴起了大中型农机跨区机器收割服务。第二年,有关部委出台鼓励农机跨区流动作业的政策措施,在河南召开全国“三夏”跨区机收小麦现场会,标志着农机作业向市场化、社会化服务发展。跨区机收,大大提高了联合收割机的利用率,促进了小麦机械化水平提高和联合收割机保有量增加。2003 年,全国小麦机收率比 1995 年提高近 30%,联合收割机比 1994 年增长了 5 倍。1995 ~ 2000 年中国机耕面积逐年上升,机播率和机收率也有明显提高。[4] 小麦跨区机收接着又带动了小麦跨区机耕、机播,带动了江苏、安徽等水稻种植大省跨区水稻机收在数年间年均增长两位数。2004 ~ 2013 年玉米的跨区机收面积增长近 38 倍。农民和市场的这些自发努力在一定程度上已在冲击,事实上也突破了联产承包制带来的耕地细

---

〔1〕 参见《当前农村经济政策的若干问题》,载《人民日报》1983 年 4 月 10 日。

〔2〕 杜欢政:《农村实行生产责任制后农机行业怎么办?》,载《经济理论与经济管理》1983 年第 3 期;曹长河:《我国南方水田拖拉机的发展——全国水田拖拉机学术座谈会侧记》,载《拖拉机》1984 年第 1 期。

〔3〕 参见徐雪高等:《中国农业机械化发展分析与未来展望》,载《农业展望》2013 年第 6 期;方师乐、黄祖辉:《新中国成立 70 年来我国农业机械化的阶段性演变与发展趋势》,载《农业经济问题》2019 年第 10 期,表 4。

〔4〕 参见徐雪高等:《中国农业机械化发展分析与未来展望》,载《农业展望》2013 年第 6 期。

碎对农业机械化的制约,农业机械化正在集合和重塑农民土地的产权。这为大中型农机创造了市场,各种作物机械化生产向市场化和社会化发展,各地农机作业协会及作业公司也不断涌现。[1]

进入21世纪后,“三农问题”引发了中央对农业机械化的持续关注。从2004年至2021年,每年的中央一号文件都有关“三农”,其中有13份提及了农业机械化。2004年中央一号文件决定补贴农民个人、农场职工、农机专业户和直接从事农业生产的农机服务组织购置和更新大型农机具。同年,国家颁布实施了《农业机械化促进法》。2006年中央一号文件要求“提高重要农时、重点作物、关键生产环节和粮食主产区的机械化作业水平”。[2] 基于农民创造跨区机收小麦的成功实践,2007年中央一号文件提出:“因地制宜地拓展农业机械化的作业和服务领域,在重点农时季节组织开展跨区域的机耕、机播、机收作业服务……鼓励农业生产经营者共同使用、合作经营农业机械,积极培育和发展农机大户和农机专业服务组织,推进农机服务市场化、产业化。”为便于跨区农机服务,2008年中央一号文件“继续落实农机跨区作业免费通行政策”,“扶持发展农机大户、农机合作社和农机专业服务公司”。2004年之后的10多年里农业机械化发展突飞猛进,影响深远。

深远影响的标志之一是“建设现代农业”,并重提农业现代化。前者最早出现在2004年《农业机械化促进法》,[3]2005年中央一号文件重提了久别多年的农业现代化。2006年和2007年中央一号文件均提出建设现代农业;2008年、2009年、2010年中央一号文件要求加快推进农业机械化,还提出中国特色农业现代化道路。2011年至2021年11份中央一号文件,全都提及,且日渐强调,建设现代农业、现代种业,构建现代农业产业体系、技术体系、生产体系、经营体系,促进农业和农村现代化等,仅有3份中央一号文件还提及了农业机械化。这意味着,中国农业机械化的历史进程进入谢幕,涵盖更广、意涵更丰富的“农业农村现代化”已成为当代中国“三农”议题的核心概念。[4] 这是一个历史性时刻。

---

〔1〕 参见方师乐、黄祖辉:《新中国成立70年来我国农业机械化的阶段性演变与发展趋势》,载《农业经济问题》2019年第10期。作者在该文第46页还分析了跨区农机耕作服务逐年递增的趋势为何在2014年陡然下降30%,且持续到2018年。主要是政府在全国范围内对农机购机补贴力度加大,降低了购买大中型农机的门槛,各地新型农业经营主体增多,本地农机服务,在“熟人社会”,对跨区作业服务造成了极大冲击。

〔2〕 《中共中央 国务院关于推进社会主义新农村建设的若干意见》,载《人民日报》2006年2月22日。

〔3〕 参见《农业机械化促进法》(2004年)第1条。

〔4〕 参见张蓝水:《改革开放40年农业机械化的指南针——20份中央1号文件的农业机械化要论》,载《农业技术与装备》2018年第12期。

回头看这段跌宕起伏的历史，其他除外，农业机械化对现代中国宪制的重大塑造之一就是：会同改革开放，也会同同样20世纪50年代起步、20世纪70年代中后期才开始逐见成效陆续备齐的化肥、种子、水利和农药等工业化/现代化要素，解放了一直从“土地里刨食”的数亿农民。除农业生产外，他们开始有余力从事各种副业，创办社队/乡镇企业。随着中国对外开放，从20世纪90年代初开始，尤其是2001年中国加入世贸组织后，大量农村劳动力进入城市打工。30年后，他们许多人已经融入或基本融入了城市，在城市有了固定或相对稳定的住所、工作单位和收入，只是在春节期间，还会短期返乡。他们已经成为中国产业工人队伍中最重要的组成部分，是中国工业化、现代化和城市化进程中的重要力量。这何止是联盟？脱胎换骨，这完美实践了多年前的一首歌《长大后我就成了你》。

五、结语

马克思主义理论的核心是历史唯物主义，强调一个社会的经济生产方式决定其上层建筑。当初，这一理论主要或更多基于欧洲历史上各地或各国的经验，也明显受19世纪的生物、社会进化论影响，很容易被理解为，人类社会发展会是普遍、持续且统一的历史进步。

中国与欧洲各国差别实在太大了。由于东亚地区自然地理气候等物质因素，中华文明在历史上最显著且持久的特点之一是，以小农经济区为核心逐步形成了多元一体的中国。只是近代以来，这不足以抵抗帝国主义侵略，必须重构一个现代中国。在争取中华民族独立和中国人民自由幸福的革命、建设和改革开放进程中，中国共产党人坚持历史唯物主义，反对唯心主义，包括唯心主义的重要表现之一教条主义，直面并深入理解中国现实，针对中国革命的近期和长远目标，制定了一系列务实、成功的政策和策略，在极为艰难的国际国内条件下，率领中国人民取得了中国革命的胜利，创建了中华人民共和国，把近代以来贫困落后的中国建设成了社会主义国家，正阔步迈向现代化强国。日益增多的中国人从近现代中国社会历史变迁中，从中国社会主义现代化发展的进程中，重新获得了道路自信、理论自信、制度自信、文化自信。

因此，社会主义的现代中国显然不是一份宪法或宪法性文件的产物。相反，回顾历史，中国宪法和宪法性文件更多是中国人民在中国共产党领导下重构(re-constitute)中国的长期实践经验总结。换言之，社会主义中国之构建(constitution)并不是在时间上经历了革命、建设和改革开放；在更大程度上，我必须说，是通过革命、建设和改革开放，她才得以构建、发展和完善。

农业机械化实践就生动证明了，中国共产党人坚守初心，始终不渝坚守了1949年《中国人民政治协商会议共同纲领》和此后几部宪法一直强调的，工人阶级领导、工农联盟为基础这一基于中国革命实践的经验总结和宪制愿景。不是相信并等待农业机械自生自发发展了，任其催生规模化经营和农业现代化，而是针对中国小农经济现实，引进、模仿加试制农业机械，同时通过集体化来创造农机消费者和消费市场，齐头并进，双管齐下，快速启动和推动了中国的农机产业和农机化进程。虽然后来也有了日渐增多的法律、法规和部门规章，但纵观农业机械化从启动到谢幕的全进程，尤其是在重大关节点上，最重要的依据一直是中央的决策，表现为各类规范性文件、国家相关政策、意见和重大规划等。〔1〕 目标明确，意志坚定，因此有长远规划；但审时度势，与时俱进，每隔几年，有时甚至每年，也会作些必要且艰难的调整。因此，如果真要矫情，在这个历史全过程中，人们很难看到全国统一的依法实践；相反，针对中国各地区发展不平衡的现实，始终强调因地制宜，先试点。即便拖拉机引进的类型从一开始既没"一边倒"，也没"一刀切"，非但允许，而是鼓励甚至要求各地方的主动性和积极性。〔2〕 尽管也有曲折，但中国共产党人始终关注以卓有成效的实践结果，切实履行自己和中国革命对中国人民和中华民族的庄严承诺。只是这太不符合许多法律人一直强调的"严格依法办事"或"遵循先例"的法治圭臬。

必须理解历史中国，理解了近代中国面对的"数千年未有之变局"，理解在此变局的夹缝中，中国能有什么选项，才能理解，现代中国的宪制和法治首先必须是创造的和实践的。岂止无先例可循？有时甚至就得拒绝遵循某些先例，无论其产地是本土还是外国，是苏俄还是欧美，即便其曾经有效或伟大！若遵循了，在19世纪以来弱肉强食的国际丛林中，弄不好，中国，就只能加入古埃及、古印度或古希腊的行列，成为欧美游客观瞻的又一个文明古国，即便在大英或罗浮宫或大都会博物馆中也许因此会有更多中国文物陈列。中华文明要的是生动的尊严，而不是他人的凭吊。中国共产党人和中国人民唯一的选项就是"从我做起，从现在做起"；在一种特定意义上，就是必须"以身试法"。因其有

〔1〕 参见李安宁主编：《农业机械化法律法规政策汇编（2004—2011）》，中国农业科学技术出版社2011年版。第一部分有立法1部、条例1部，部门规章11个，规范性文件16个，涉及农机管理、科研、生产、推广、试验、鉴定、营销、使用、维修、培训及安监等方面；对农业机械化发展真正重要的文件都在第二部分，有关国家相关政策及重大规划，包括历年中央一号文件（节选）、国家相关政策、意见和国家发展规划（节选）；第三部分是各省市区颁行的地方法规、政策及重要文件。

〔2〕 《宪法》（1982年）第3条第4款规定："中央和地方的国家机构职权的划分，遵循在中央的统一领导下，充分发挥地方的主动性、积极性的原则。"这一原则始于毛主席1956年的讲话［参见毛泽东：《论十大关系》，载中共中央文献研究室编：《毛泽东文集》（第7卷），人民出版社1999年版，第31～33页］，并纳入1975年《宪法》（第10条）和1978年《宪法》（第11条）。

效并成功,才会被接受,为后人遵循,直至为他人效仿。如果长期有效,就继续,成为制度、规矩乃至文明;如果时过境迁,那就与时俱进,在所不惜。这不仅是革命、变革时代的法治逻辑,更是大国复兴,宪制重构、法治再造的必需。

其实这从来不是异端,在人类文明史上,这是常态。“制度开创者,与任何创新者一样,必须冒天大的风险,因为从过去到未来,就没有什么坚实牢靠的法律通道。他要做的就是造就‘范式转换’,后来人能接着实践‘常规科学’。”[1]法治上的岁月静好,不过是这种法律上的常规实践。

与之有关,还有一点,也是中国经济社会发展提出的一个问题。改革开放以来,中国已出现了大量民营经济和民营企业家;有不少股民,包括退休工人,“炒股炒成了股东”;也有不少出租自家房屋的房东;很快还会陆续出现一些家族财产继承人。诸如此类,传统意义上,他们似乎都应归为资产者,因为他们的日常收入中有相当部分来自各种财产性收入。即便其中许多人都以或曾以各种方式工作着,却难说是狭义上的传统“劳动者”或“工人”。其中有些人还是中国共产党党员。他们属于工人阶级吗?

依据《中国共产党章程》,中国共产党是工人阶级的先锋队,同时也是中国人民和中华民族的先锋队。我可否理解:即便他不再是狭义上的工人,即便他是大公司创建者、主要持股人和经营者,是“老板”,如昔日的荣毅仁,如今天的任正非、马云,但只要依据《中国共产党章程》规定,“承认党的纲领和章程,愿意参加党的一个组织并在其中积极工作、执行党的决议和按期交纳党费”,他就可以申请,并可能成为中国共产党党员。在这个意义上,似乎应当承认他是工人阶级(working class)的一员,即便他已不再是传统意义上的工人了。

---

[1] Richard A. Posner, *Law, Pragmatism, and Law*, Harvard University Press, 2003, p. 91. 波斯纳在此讨论的是创造美国司法审查制度的马歇尔大法官,并引用了芝加哥宪法教授科里(David P. Currie)对马歇尔的批评,“公然蔑视按先例行事”“总是认定美国宪法说的就是他希望宪法有的那个意思”。但换个视角看,当年美国革命和制宪本身也全都不是“依法而治”或“遵循先例”。一定要记住,“法律的生命从来不是逻辑,一直都是经验”。(着重号为引者所加——笔者注)Oliver Wendell Holmes, Jr., *The Common Law*, Harvard University Press, 2009, p. 3.

中国法制现代化道路上的“知识联结难题”

——一种基于知识联结能力批判的观察

舒国滢*

一个古老民族在文化上遭遇完全异质的文明的冲击，其心灵的激荡必定是惊心动魄的。中国必须重新打量这个变动的世界！

——题记

【内容摘要】中国走上法制现代化之路，并非出于自身法制变革的自觉，而完全是仓促因应时局（危局）的一种应急策略方式，是“被延误的现代化”。这是因为中国在与外部世界（尤其是那些已经实现了现代化的西方发达国家）之间的“文化互视”或“双向的对流认知（解读）”过程中或多或少表现出某种“片面性”和“短视性”，有时欠缺必要的“对世界的知识”，尤其是缺乏有深度的“反射性自我认知”。而“斗争法学”（“维辛斯基法学”）甚至有可能造成对法制的破坏。法制现代化道路的重启是一项宏伟的事业，但它涉及诸多的知识联结难题，亟待在法律科学上予以解答，这需要与之相适应的知识联结能力。

【关键词】法制现代化　知识联结能力　外源的现代化　翻译法学　法律的“双重生命原理”

* 舒国滢，中国政法大学钱端升讲座教授，“2011 计划”司法文明协同创新中心成员。

“中国法制现代化”是一个宏大的主题，这个主题乃中国整体现代化[1]题中应有之义。从字面意义上讲，“法制现代化”并不是指现代法治本身的现代化，而是指“中国以建构和实现法治为目标的法律制度现代化”，也就是说，实现法治作为目标内嵌在中国法制现代化道路之中。[2] 本文的重点是基于知识联结能力的批判视角来探讨中国法制现代化道路上遭遇的“知识联结难题”以及破解该难题所需要的智识条件。无疑，对于这样一个涉及众多复杂因素/变量之主题的认识，若不放宽历史视界，而采取任何简单观念的历史观察方式，或者采取短时段的事件历史之评判，都是远远不够的，因为这不仅不可能使人真正把握住问题的重点，而且还可能导致对中国已经经历和正在经历的法制现代化过程的误读。

一、中国法制现代化的肇始：因应时局的方式

从存在论的角度看，中国古代社会没有像欧洲近现代社会那样经历过一个“现代化”的时间过程，[3]“现代化”是中国受到西方文化影响被迫开出的一个历史议题。[4] 这也应当是我们研究中国法制现代化问题所持的基本观察态度和理论姿态。

从文化形态上看，中国古代社会具有某种“鲁棒性”（robustness）[5]特征，其制度、文化和国民生活习性始终保持着一种稳定结构，具有几乎不受外来文明干扰或更改的能力。[6] 自2000年前秦王朝统一以来，中国的历史发展仅有

---

[1] 从后发国家的视角看，现代化作为一个历史过程，包括从传统经济向现代经济、传统社会向现代社会、传统政治向现代政治、传统法制向现代法治、传统文明向现代文明的转变，内容包括政治现代化、经济现代化、社会现代化、文化现代化，其核心和基础在于现代“工业文明”或“工业化”。参见舒国滢主编：《法制现代化的理论基础》，知识产权出版社2010年版，第57～60页；罗荣渠：《现代化新论：世界与中国的现代化进程》（增订本），商务印书馆2009年版，第227页。

[2] 有关“法制现代化”以及相关概念的辨析，参见舒国滢主编：《法制现代化的理论基础》，知识产权出版社2010年版，第2章。

[3] 有学者认为，正是因为经历了“现代化”过程，现代性社会最早起源于西方（欧洲）。参见金观涛：《历史的巨镜》，法律出版社2015年版，第4、6页。

[4] 确切地说，“现代化”是从近代中国文化转型之“西化”论中逐渐引出的一个概念、观点和话题。参见罗荣渠：《现代化新论：世界与中国的现代化进程》（增订本），商务印书馆2009年版，第387页。

[5] 在计算机科学中，所谓“鲁棒性”，也是指控制系统在一定（结构，大小）的参数摄动下，维持其他某些性能的特性。根据对性能的不同定义，可分为“稳定鲁棒性”和“性能鲁棒性”。参见张宪民、陈忠主编：《机械工程概论》，华中科技大学出版社2011年版，第269页；赵长安、贺风华编著：《多变量鲁棒控制系统》，哈尔滨工业大学出版社2011年版，第4页。

[6] 金观涛和刘青峰指出，中国传统社会的基本结构的不变性与王朝的周期性更替是共生现象，形成一种“儒家意识形态”“大一统帝国政治”“地主经济”三元一体的社会结构的稳态（中国社会超稳定结构），这是其区别于其他轴心文明的宏观特征。参见金观涛、刘青峰：《中国思想史十讲》，法律出版社2015年版，第95～96页。

"建立—兴盛—衰亡"的"王朝循环"周期,但王权易主并不影响政治、经济、文化体制的一脉相承。[1] 这可能是因为,中国自周以来奉行一套"华夏文明"所特有的世界观、价值观和生活方式以及"帝国社会"的自我解释体系。[2] 中国人持有"傲视四方"的"天朝上国"心态和"夷夏之防""以夏变夷"理念,[3]其古代的"空间意识"以王畿为中心,根据部族亲疏关系、文化水平、地理远近等因素来构成以京师为中心所展开不同等级的辐射状之"天下秩序":先秦的天下秩序有三圈("王畿""诸夏""夷狄"为内、中、外三个地理圈)结构论。《禹贡》提出"五服"(甸、侯、绥、要、荒)论,五服的范围即天下,包括三个大圈:内圈是甸服,中圈包括侯服和绥服,外圈包括要服和荒服。《周礼》提出"九服",侯、甸、男、采、卫、蛮六服为中国,夷、镇、蕃为夷狄。汉唐以后的天下秩序仍是三层结构(内臣地区、外臣地区和不臣地区),多以孔子所提出的"政""刑""礼""德"四要素、循由"结合""统治""亲疏""德化"四原理,依据《禹贡》等经典规定,由近及远展开天下秩序。[4] 在中国古代社会,这些不同的文化圈适用不同的法律:比如,甸、侯、绥、要诸服适用"国内之法",荒服"不制以法",即不以"国内之法"强逼之,而"听从其俗,羁縻其人"。唐人韩愈谓之曰:"诸侯用夷礼,则夷之;进于中国,则中国之。"[5]这种天下法秩序观与近代(欧洲)国际法原理是不一样的。[6] 当然,以中国古代的法律制度和文化为基础所形成的法文化圈

---

〔1〕 参见罗荣渠:《现代化新论:世界与中国的现代化进程》(增订本),商务印书馆2009年版,第488、530页。

〔2〕 "帝国社会"的自我解释一语,参见[美]埃里克·沃格林:《天下时代:秩序与历史》(卷四),叶颖译,译林出版社2018年版,第374页。另参见桑兵:《华洋变形的不同世界——栏目解说》,载《学术研究》2011年第3期。

〔3〕 在古代中国士人看来,"天下"有"万国",万国的中心是"中国",即"中央帝国"(或"中央之国")。中央帝国的君王——"天子"是"天下之王","万王之王"。参见范忠信:《国家理念与中国传统政法模式的精神》,载《法学评论》2011年第1期。康有为于1895年5月在"上清帝第四书"中曰:"中国自古一统,环列皆小蛮夷,故于外无争雄竞长之心,但于下有防乱弭患之意。"康有为:"上清帝第四书",载《康有为政论集》(上册),汤志钧编,中华书局1981年版,第151页。这种以自我为中心的"世界国家"——"天下国家"的形成,一定程度上得益于中国所处于的地理优势。中国长期控制东亚大陆并远离其他古典文明的中心,古代历史上从来没有遇到过造成体制威胁的外来挑战。罗荣渠:《现代化新论:世界与中国的现代化进程》(增订本),商务印书馆2009年版,第530页。

〔4〕 范忠信撰文认为:传统中国的政治结构,从西周至明清,可以概括为"天下""国""邑""家"四重结构。无论在传统中国的实际政治秩序中,还是在中国政治哲学理念中,"天下""国""邑""家"四者都有一种同构关系,一种同心圆的关系。天下是最大的"家",家是最小的"国"。与这种政治模式或观念结构相对应,有八大基本政治理念("中央帝国""王道大一统""天下为公""家天下""正统""民为邦本""封建与郡县之辨""臣民无私合")。这八大理念是认识中国传统国家属性、国家特质以及中国古代政法模式特色的关键。参见范忠信:《国家理念与中国传统政法模式的精神》,载《法学评论》2011年第1期。

〔5〕 (唐)韩愈:《韩昌黎全集》(卷十一),世界书局1935年12月印行,第191页。

〔6〕 参见高明士:《律令法与天下法》,上海古籍出版社2013年版,第257~267、269、290~291页。

(“中华法系”)亦与经受过欧洲近代大学法律教育的浸润、思想文化运动(欧洲文艺复兴、宗教改革运动、近代自然科学精神勃兴、启蒙运动等)的涤荡,以及工业革命、社会革命和资本主义经济发展影响的两大法系(大陆法系和英美法系)在法律价值、制度理念、法律原则、概念以及法律思维和法律技术等方面存在文化性质以及继受(传播)方式和范围上的差异。[1]

不过,如果没有近代以来世界在诸方面大的格局改变(15~17世纪地理大发现、海洋航路的开辟、资本主义兴盛、海上贸易发展、欧洲殖民主义蔓延等),如果没有某些特殊历史事件的介入,中华法系和西方的两大法系之间本可以像以前若干世纪的历史那样,依靠历史上形成的地理空间意义上的“文化阻隔带”按照惯性依然保持和发挥其各自地理上的文明效能(或文化影响力),中西之间由于这种文化阻隔不会发生法律文化上的实质性接触,也不一定发生法律文明上的冲突以及因为这种冲突而使中国传统法制文化和法律技术(律学)遭遇挑战,继而不得不在法制发展道路上作出痛苦的方向性调整,不得不尝试通过“移植”的方式,来嫁接中国人在历史上从来不曾见闻的完全属于“异类”的法律文明。

由于19世纪中后期整个世界时局的骤变(李鸿章称为“三千年未有之变局”[2]),中华帝国作为有数的几个疆域辽阔的传统帝国(当然,还有俄罗斯帝国、奥斯曼帝国等)被“猝不及防”地拖进了由西方(欧洲)世界所主导的现代化过程之中。这在很大程度上改变了世界(“中心”)和这些传统帝国(“边缘”)之间双向的秩序关系,因而也具有了此前所不曾具有(与欧洲列强殖民地之现代化不同)的世界史的意义[3]:现代世界体系在改变着这些处在“前现代”时间结构中的传统帝国,这些“前现代”的传统帝国在被现代社会改变过程中也以其未被完全改变的传统文化影响着整个世界的格局和世界体系的重构(“现

---

[1] 参见舒国滢:《法学的知识谱系》,商务印书馆2020年版,第20~28页。

[2] “千年未有之变局”一语,最早由李鸿章在同治十一年(1872年)五月筹议制造轮船未裁撤折中提出,其称:“臣窃惟欧洲诸国,百十年来,由印度而南洋,由南洋而中国,闯入边界腹地,凡前史所未载,亘古所未通,无不款关而求互市。我皇上如天之度,概与立约通商,以牢笼之,合地球东西南朔九万里之遥,胥聚于中国,此三千余年一大变局也。”参见(清)李鸿章:《筹议制造轮船未可裁撤折》,载《李文忠公全书》(奏稿·卷19),桐城吴汝伦编录,第44~50页。从后世的角度看,1840年鸦片战争是这种“大变局”的开始,它引起中国与西方列强的全面冲突,打开了中国长期封闭性发展的格局,是中国通向现代世界的纪元。罗荣渠:《现代化新论:世界与中国的现代化进程》(增订本),商务印书馆2009年版,第249页。

[3] 在此意义上,罗荣渠先生曾把“现代化”看作“全球性大转变的过程”。参见罗荣渠:《现代化新论:世界与中国的现代化进程》(增订本),商务印书馆2009年版,序言第4页。现代化学者布莱克曾把世界各国的现代化分为七种模式,分别是:英、法模式,英、法的殖民地模式,德国、北欧、东欧、南欧模式,拉丁美洲模式,俄、日、中等国模式,东南亚、中东伊斯兰模式,非洲模式。参见[美]C. E. 布莱克:《现代化的动力——一个比较史的研究》,景跃进、张静译,浙江人民出版社1989年版,第97~115页。

代化的双向对流影响”)。值得寻味的是:一定程度上受传统帝国文化影响的现代世界体系又以新的“混合文明形态”[1]影响着这些后发的传统帝国社会的现代化(包括法制现代化)进程。上述“多重历史—文明之交叠层垒”现象是我们考察中国法制现代化过程的背景,其中交织着诸多复杂的历史因素和影响历史的社会变量。

就中国的情形而言,应当承认,最初被拖进现代化历史之中的国人是不可能完全看得清楚这个历史局面的。在这个时期,由于清末帝制处于内忧(农民起义)外患(外敌侵略、殖民)之危局,中国在地理视野、历史感受、文化价值观以及政制、法律和学术等方面均面临“不可思议的”“陌生的”泰西(西方)之异质文化/文明的冲突与挑战,故而从建立在中国古代“空间意识”基础上的“天下观”的“中心”(王畿/甸服)逐渐沦为世界的“边缘”(荒服),变成了被近代新国际秩序构成的“世界体系”所遗弃的“孤岛”和西方列强[借用德国公法学家卡尔·施米特(Carl Schmitt, 1888 ~ 1985 年)的用语,“海上的兴风作浪者”,或者“海狼”[2]]打着“文明国家”的旗号(携带着“基督教—欧洲国际法”)纷至沓来以(中国人视角的)“狼道”[“人与人之间像狼一样”(homo homini lupus)]方式强占地盘、哄抢宝藏、争食猎物的“失去栅栏的土地”(自地理大发现之后,欧洲人在下面这一点上达成了默契:把地球上欧洲以外的土地当作殖民地,当作征服和盘剥的对象,所以,自此以后的时代也可以称为“欧洲人的土地占有的时代”,[3]中国的土地变成了欧洲人之“能量、行动和建功立业的力场”[4])。从海上侵入的西方列强(不同于历史上侵犯中原的长城以外的游牧敌兵)通过强行征服而制造的“空间混乱”(Raum-Chaos)以及由此而在中国人之中形成的错乱的“空间意识”使整个清帝国处在与西方世界的敌对性惶惑、

---

〔1〕 新的“混合文明形态”所要描述的是一种包含有(时间结构意义上的)“传统”/“现代”与(空间结构意义上的)“中心”/“边缘”文明因素的一种新的世界文明类型,其可能杂糅不同类型的社会理想(主义)、信念和价值观追求,难以归结为某一特定的地域文明类型(如欧洲文明、东亚文明)或体现某一单纯的社会理想的文明类型(如资本主义文明、社会主义文明等)。

〔2〕 德国学者卡尔·施米特认为,不同的空间对应不同的生活方式:“大都市里的居民对世界的看法与农民不会雷同;捕鲸人的生活空间与歌剧演员也截然不同;在飞行员的眼里,世界和生活不仅呈现出另一种样子,而且具有另外一种维度、深度和视野。当事关不同的民族和人类历史的不同时代时,空间意识的差异就更深且巨了。”参见[德]卡尔·施米特:《陆地与海洋——世界史的考察》,林国基译,上海三联书店 2018 年版,第 35 页。

〔3〕 [德]卡尔·施米特:《陆地与海洋——世界史的考察》,林国基译,上海三联书店 2018 年版,第 25 页。

〔4〕 [德]卡尔·施米特:《陆地与海洋——世界史的考察》,林国基译,上海三联书店 2018 年版,第 47、67 页。

恐惧不安的生活状态,[1]其所面对的选择性难题是:中国作为"基督教—欧洲国际法"(威斯特伐利亚体系)的客体(而非主体),要么接受欧洲文明(被迫纳入由欧洲列强主导的"世界国家秩序"),要么只能降格为一个殖民地民族(或者作为文明化民族的殖民地性质的被保护国)。[2] 另外,帝国社会内部出现变革的呼声,大一统之"超稳定结构"开始出现松动,其中孕育着由农业文明/传统(固有)文化向工商文明/现代化(舶来的)文化转型的深层的阵痛性危机和融入陌生、未知之世界体系的普遍焦虑,帝国的精英们由被迫"睁眼看世界","师夷之长技以制夷",兴办洋务洋学,变法实行新政,[3]救亡图存,再后泛行"新文化运动",乃至试图采取灭祖断根式"全盘西化"(用西方法律来改造中国

[1] 借用德国学者卡尔·施米特对古代帝国的评价,我们也可以说,过去的中华帝国如同其他古老帝国一样,把自己"视为整个世界,自视为宇宙和家园。这个世界之外的大地部分,如果不构成威胁,则要么觉得无关痛痒,要么视为罕见的珍奇;如果构成威胁,则视之为邪恶的混乱体……"而事实上,"16~20世纪的欧洲国际法,将欧洲基督教国家视为整个世界秩序的创造者和承担者。'欧洲标准'被认为是当时的常态标准,理所当然地适用于世界其他板块。所谓'文明'即被等同于'欧洲文明'。在此意义上,欧洲依然被看作世界的中心"。"直到1890年,主流观点仍然认为国际法就是专指欧洲国际法……因此,所谓'人类'主要被理解为欧洲的人类……'进步'即是指欧洲文明的直线发展。"在此背景下,1840年鸦片战争(尤其是1894年中日甲午战争)以后的清帝国已经明显地感觉到其"(固有的)世界之外的大地部分"(特别是欧洲,甚至也包括自己的近邻——日本)正在涌动的力量对自己构成的"威胁",并因为这个巨大的"邪恶的混乱体"正在使用"狼道"(lupus)、而非"人道"(homo,即人与人之间像人一样)的方式。参见[德]卡尔·施米特:《大地的法》,刘毅、张陈果译,上海人民出版社2017年版,第16、55~56、66、208~209页。对自己的内在秩序造成威胁,从而陷入全面的混乱。有关人类历史的动力和力量而产生的"空间革命",参见[德]卡尔·施米特:《陆地与海洋——世界史的考察》,林国基译,上海三联书店2018年版,第35~36页。

[2] 参见[德]卡尔·施米特:《陆地与海洋——世界史的考察》,林国基译,上海三联书店2018年版,第44、46页。另参见李育民:《近代中国的条约制度》,湖南人民出版社1995年版,第6页。

[3] 学界普遍的看法是:晚清政府修律乃中国法制现代化的开端(其中,收回列强攫取的"领事裁判权"成为近代中国启动法制现代化进程的外部动因)。光绪二十六年(公元1900年),八国联军(英国、美国、法国、德国、意大利、俄国、日本以及奥匈帝国)攻入北京,慈禧挟光绪西逃。出走途中,清廷以光绪帝的名义颁罪已诏,表示"一切政事尤须切实整顿,以期渐致富强""法令不更,锢习不破;欲求振作,须议更张"。1901年12月,下达修律("变法")上谕,次年任命刑部左侍郎沈家本和出使美国大臣伍廷芳为修订法律大臣。他们"折冲樽俎,模范列强",以中学为体,西学为用,"采用西法"来"整顿旧法",持"折中各国大同之良规,兼采近世最新学说,而仍不戾乎中国历世相沿之礼教民情"的修律方针,先后主持制定《大清现行刑律》(1910年5月15日颁布)、《大清新刑律》(1911年1月25日公布)、《大清商律草案》(1910年)、《法院编制法》(于1910年2月颁布)、《大清民律草案》(1911年11月)、《刑事民事诉讼法》(1911年11月)等。此外,清朝光绪三十四年八月初一(1908年8月27日)颁布中国历史上第一部宪法性文件《钦定宪法大纲》,清宣统三年九月十三日(1911年11月3日)颁布《重大信条十九条》。这些立法对后世特别是北洋政府和南京国民党政府法律制度的形成与发展提供了部分参照,客观上开启了中国法制的现代化之路。参见张晋藩:《依法治国是历史发展的必然——20世纪中国法治回眸》,载《中国法学》1998年第4期;张晋藩:《综论中国法制的近代化》,载《政法论坛》2004年第1期;刘笃才:《法制现代化研究与20世纪的法制变革》,载《辽宁大学学报(哲学社会科学版)》2000年第6期;公丕祥:《中国的法制现代化》,中国政法大学出版社2004年版,第232页。

的传统法律)或彻底改变“祖宗之法”的应策。[1] 传统中国的法制连同其固有的经济结构、皇权体系、意识形态和以村落为基础的乡土社会形态,在内外综合压力之下逐步解体。[2] 从此,世界“法律地图”发生了结构性改变,“中华法系”(以传统中国法作为母法,包括近代以前作为继受法的日本法、朝鲜法、琉球法、越南法以及周边其他一些少数民族地区的法)作为一个法律文化圈的地理概念已经名存实亡。[3] 由此观之,中国走上法制现代化之路,并非出于自身法制变革的自觉,而完全是仓促因应时局(危局)的一种应急策略方式,乃属于一种“外源的现代化”(modernization from without),即一种来自外部世界的压力、受外力冲击、外部刺激而引发的兼有“突发性”和“应变性”的现代化。面对可能“亡国灭种”的巨大危机,其以“救亡图存”为近因,以实现“富国强兵”为目标。[4] 或者说,在当时的危局(“国势蹙迫”)下,帝国上下把“现代化”仅仅作为一种实现“富国强兵”“(与)列国竞长”“为政于地球”(康有为语)的实用主义工具性路径,作为“以列国并立之势”(与西方“并驾齐驱”)进入现代的单向度之目标追求,其中凸显出仓促应对外部的世界之窘迫、无奈和焦躁。[5]

这种窘迫、无奈和焦躁无疑传导给了以后百年的中国历史,也给中国法制

---

〔1〕 参见李贵连:《晚清立法与日本法律专家的聘请——以梅谦次郎创办的法政速成科为中心》,载日本法政大学大学史资料委员会编:《清国留学生法政速成科纪事》,裴敬伟译,广西师范大学出版社 2015 年版,“编者序”,第 1 ~ 12 页。

〔2〕 参见徐忠明:《西方市民社会与现代法制建设及启示》,载《政法学刊》1995 年第 3 期。

〔3〕 明治维新后,日本开始实施“脱亚入欧”的战略,摒弃中华法系底色的传统制度体系,开始学习欧洲的法律制度和文化,建立近代资本主义的法律制度体系。19 世纪中叶,越南遭受法国的侵略,逐渐沦为殖民地,以儒家思想为主体的越南传统文化式微,移植西方的政治法律制度。1884 年,朝鲜发生“甲申政变”,从此进行一系列法律制度的革新,在内容和体系上与中华法系脱离。参见张耀明:《略论中华法系的解体》,载《中南政法学院学报》1991 年第 3 期;李罡:《中华法系的解体与中国现代法律制度的初步形成》,载《北京行政学院学报》1999 年第 4 期;李米佳、生陈红:《中华法系解体下的日本因素》,载《法制与社会》2007 年第 10 期。

〔4〕 参见罗荣渠:《现代化新论:世界与中国的现代化进程》(增订本),商务印书馆 2009 年版,第 124 ~ 125、131、532 页。另参见徐忠明:《西方市民社会与现代法制建设及启示》,载《政法学刊》1995 年第 3 期;杨耕:《传统与现代性:当代中国社会发展的深层矛盾》,载《哲学动态》1995 年第 10 期。

〔5〕 仲伟民撰文认为,面对 1840 年以来从未遇见过的强敌,清政府最初的应对策略不过是祖先留下的两个办法,一是“华夷之辨”,二是“孙子兵法”。二者既有关联也有区别。前者的逻辑指导我们要“驱逐鞑虏”,后者的逻辑指导我们“驱逐鞑虏”的具体做法。这种战略的荒谬与战术的愚蠢,导致我们在战争中不仅一败涂地,而且屡受屈辱,颜面尽失。参见仲伟民:《孤立于世界的悲剧与灾难——由“圆明园劫难记忆译丛”看 19 世纪真实的中国》,载《思想战线》2018 年第 2 期。

现代化的历程打上了一种浓厚的激进主义历史底色，[1]呈现为一种看似矛盾的现象：在中国社会内部，存在“变”与“不变”、激进和保守两种势力[2]（激进派和保守派有关“中国本位”与“全盘西化”之争）相互角力，此消彼长。这种社会内部诸种力量的互耗，反而使中国在现代化（包括法制现代化）道路上时行时停，有时甚至行一退二，步履艰难，总体上处在崎岖的一波三折的漫长进程之中，是“被延误的现代化”（the delayed modernization）。[3]

二、中国法制现代化被延误的知识因素：知识联结能力的历史限制

在现代世界体系中，任何一个国家一旦选择“现代化”（包括法制现代化）作为自己重新“进入世界”和“打开世界”的方式，它就不再是一个孤立的事件，不再是一个可以在完全封闭的环境中进行“舒舒服服”的空间内的“自我制度实验”、自我发展经济和“文化再造”的过程，而必须“以世界作为整体政治—社会单位”[比如，联合国、世界贸易组织（WTO）等国际组织所代表的“世界”，有学者提出“世界共和国”（Weltrepublik）概念[4]]来部分地参与世界（经济、政治和文化的）进程。应当看到，这里存在希图走现代化之路的国家与外部世界（尤其是那些已经实现了现代化的西方发达国家）之间的“文化互视”或“双向的对流认知（解读）”：外部世界审视和认知（解读）试图实行现代化的国家，后者亦审视和认知（解读）外部世界[既以外面的世界为观察对象，也以世界的眼光（他者的眼睛）反观自我]，形成“对世界的知识”以及借由“对世界的知识”而产生的“对自我的知识”（反射性自我认知/反观知识）。显然，试图走现代化之路的国家的“双向知识”[“对世界的知识”和“对自我的知识（反观知识）”，

---

〔1〕 罗荣渠先生指出，对中国和世界的历史均具有重大意义的20世纪有三大特征：20世纪是人类历史上生产方式与生活方式发生巨变、经济增长速度最快的一个世纪，20世纪是人类历史上社会震荡最剧烈、最不稳定的一个世纪（两次世界大战，各国革命，自由主义衰落，法西斯主义一度兴起，苏美冷战，原子弹威胁等），20世纪是人类历史上意识形态斗争最剧烈、思潮变化巨大、技术知识（机器人、人工智能、生物工程等）猛增、信息传播最快的一个世纪。而在这个世纪的前半叶，中国面临“双重危机”（民族危机和国家重建危机），历史发展欲速不达，反而呈现愈演愈烈的激进主义趋向。参见罗荣渠：《现代化新论：世界与中国的现代化进程》（增订本），商务印书馆2009年版，第423～425、502～511页。

〔2〕 同样，1940年以降中国社会近代化转型过程中也凸显一个重要的特征：一方面是使中国法律外倾西方化的“变”，另一方面又是使被引进和移植的法律内倾中国化的“不变”。参见张晋藩：《“变”与“不变”：20世纪上半期中国法律近代化转型的趋向问题》，载《史学月刊》2004年第7期。

〔3〕 罗荣渠：《现代化新论：世界与中国的现代化进程》（增订本），商务印书馆2009年版，第250、253页。

〔4〕 Otfried Höffe, “Vision Weltrepublik. Eine philosophische Antwort auf die Globalisierung”, in Winfried Brugger, Ulfried Neumann, Stephan Kirste (Hsg.), Rechtsphilosophie im 21. Jahrhundert, SuhrkampTaschenbuch Wissenschaft, Suhrkamp Verlag Frankfurt am Main 2008, SS. 380 – 396.

尤其是如何对待需要借鉴的知识和如何对待本国的传统[1]]对于它们实现现代化目标而言是异常重要的。

如前所述,从客观方面看,中国自1840年以来出现"被延误的现代化",既有外因,也有内因:晚清民间起义、太平天国革命、义和团运动、自强运动、维新运动、辛亥革命,皇权帝国解体,国民革命、军阀割据、土地革命、日本侵华,战乱频仍,政局长期动荡不安,政权更迭频繁,儒教文明崩坏,土地贫瘠,自然灾害(灾荒、饥荒)频发,人口增长,疾病(瘟疫)蔓延,传统小农经济封闭,农业生产力低下,农村普遍贫困化,城乡差距拉大,工业基础薄弱,工商业依附政治权力,工业资本积累严重匮乏,等等。[2] 这些因素交织在一起,造成中央集权的国家体制的破坏,国家主权与统一的破损,社会秩序的混乱,大量资源的破坏与浪费,民族精神的损伤,从而减损了中国现代化的驱动力。[3] 按照罗荣渠先生的描述,这个百年的历史过程伴随统治的衰败,"半边缘化"(半殖民地化)和中国原有历史的中断,病急投医,模仿和抄袭各种外来的现代化方案,为引进现代文明的创新而丢掉既往文明的更新,在抄袭外国和回归传统之间摇摆不定,杂乱无章,从而延宕了中国的现代化。[4]

比较而言,中国法制现代化作为中国整体现代化的一个部分,其被延误的原因有其更为复杂的认识面向。总体而言,在一个有古老法律文明传统的国度,法律不可能主动担当改变"社会文明类型"的角色(只有列强在其殖民地才有可能因为统治和殖民的需要而下令废除殖民地原有的法律,强行推行自己的"文明"法律,来改变殖民地原有的社会结构、社会关系和社会生活),而是有选择地渐进地因应社会本身的变化。所以,不是古老的法律会突然毫无理由地改变原有的社会结构、社会关系和社会生活,而往往是突然(至少部分地)变化了的社会结构、社会关系和社会生活要求原有的法律必须改变,即社会推动法律变革("变法")。正如我们在上文所看到的,近代中国经济、政治、社会和文化等变化的外部因素和"中国问题"(特定国情)内生的特殊原因打破了传统中国

---

〔1〕 比如,钱穆先生谈民族自我认知的意义:"当知无文化便无历史,无历史便无民族,无民族便无力量,无力量便无存在。所谓民族争存,底里便是一种文化争存。所谓民族力量,底里便是一种文化力量。"参见钱穆:《历史教育几点流行的误解》,载《看历史》2013年第7期。

〔2〕 参见雷颐:《被延误的现代化——晚清变革的动力与空间》,载《社会科学论坛》2003年第3期;初新才:《1911—1949年中国现代化进程延误的原因》,载《华东师大学报(社会科学版)》1995年第5期;石冬明:《传统社会结构与中国早期现代化的延误》,载《齐齐哈尔大学学报(哲学社会科学版)》2006年第3期。

〔3〕 参见罗荣渠:《现代化新论:世界与中国的现代化进程》(增订本),商务印书馆2009年版,第355~356页。

〔4〕 参见罗荣渠:《现代化新论:世界与中国的现代化进程》(增订本),商务印书馆2009年版,第254~255、350~351、358页。

的社会结构、社会关系和社会生活，“变法”(法律变革或法律转型)在所难免，成了不可逆转的趋势。[1]

尽管如此，关于如何“变法”，这里有三个基础性立论需要确立：第一，中国法制有一个从传统到现代转型的现代化问题；第二，中国法制现代化存在一个实现现代法治的“理想图景”或“理想目标”；第三，由于1840年以来中国发生了一系列特殊的历史事件，上述“理想图景”或“理想目标”在某些历史阶段并没有得到实现，故而存在所谓“法制现代化被延误”现象。

上述第一个立论(当然，它本身也经常是一个需要讨论的问题)表明：中国要实行现代化，不可能直接依靠传统中国未经过任何转型或更新的旧法制来达到目标，借助传统的旧法制不可能使中国社会“自然进化”为现代法治社会。[2] 换言之，从传统中国的法制中不可能径直开出现代化议题，当然也不可能将它作为推动和保障中国社会现代化转型的工具。但在这个立论上有可能存在另一个完全相反的意见，在该立论的实际的和潜在的反驳者看来，一个国家的现代化与国家的法制现代化没有直接的关系，或者说，作为工具意义上的传统法制与现代化之间并不必然存在对立，[3]两者之间反而有可能存在相互联结的方式和方法。照此理解，法制本身无所谓现代化，“法制现代化”是一个伪命题。这无异于是说，“旧瓶”完全可以装“新酒”，无论是“新酒”还是“旧酒”，都不能缺少作为盛酒容器(工具)的酒瓶，而酒瓶本身无所谓新旧。

不过，对于第一个立论的反驳性意见会遭到第二个立论的理论审查。第二个立论引出“实现现代法治”的话题，实际上就等于否定了“‘法制现代化’是一个伪命题”的判断。如果说，中国法制现代化“以建构和实现法治为目标的法律制度现代化”，那么，由于传统中国旨在维护“王道大一统”的旧法制与“现代

[1] 参见张晋藩：《综论中国法制的近代化》，载《政法论坛》2004年第1期。

[2] 参见信春鹰：《从艰难与挫折中走向辉煌——20世纪中国法治发展回顾与未来前瞻》，载《清华法治论衡》2000年第1期。

[3] 罗荣渠先生指出：中国现代化的过程是一个历史连续性的破坏与延续的深刻矛盾运动。参见罗荣渠：《现代化新论：世界与中国的现代化进程》(增订本)，商务印书馆2009年版，第357~358页。这意味着中国走现代化之路，也不能完全抛弃传统(当然包括中国传统的法制)，不能打断历史的连续性。罗荣渠：《现代化新论：世界与中国的现代化进程》(增订本)，商务印书馆2009年版，第361页。但笔者认为，这里的核心问题在于：当旨在“规划”未来可欲的“可能生活世界”之现代化改革方案与作为“既有的制度事实”的传统之间发生矛盾到了不可调和的程度，可能就有一个“取一舍一”的选择。

法治”在价值目标和法律精神上的扞格不入，[1]它对于以现代法治为原则的现代制度文明实际上缺乏解释力和论证力；而任何一个旨在实行现代化的国家均必须以法治化即以实现现代法治价值（如自由、平等、人权等）和法治精神、建构法治制度为其鹄的，[2]这就在传统中国法制与社会现代化之间划出了一道需要逾越的鸿沟，传统中国法制不可能不经过任何（思想—知识上的）更新或转型而直接与现代化发生联结，并且径直作为社会现代化的“合法性”基础。

至于是否有一个实现现代法治的“理想图景”或“理想目标”？这个问题的讨论并不是辩护性的，也不是纯理论性的，而是实践性的。说它不是辩护性的，因为这个主题即使内含有对诸如“‘法制现代化’是一个伪命题”之类判断的反驳（否定），但其本身的立论要义在于寻找实现法治的“图景”或“目标”，其主旨不在于对其他议题的反驳或辩论，以维护自己的立论。它不是纯理论性的，因为这个问题的回答也不是要从理论上“说明”实现现代法治的“理想图景”或“理想目标”的一般（普遍）标准，或者在理论上把作为借鉴/移植对象（国家或地区）的某一个或某一些现代法治文明类型不加反思地确定为本国实现现代法治的“理想图景”或“理想目标”。这些都不是讨论该问题的正确方式。只有将实现现代法治的“理想图景”或“理想目标”作为一个实践性议题，才是正确的。这个时候，它的立论要义在于“中国”这样一个现代法治建设的“内在参与者”于实践层面寻找到一种切合其自身“国情”的法治“图景”或“目标”，而且从其“内在的观点”看来是“符合实践理想的”。

故此，当传统中国的旧法制作为一个制度体系失去了直接作为晚近中国社

---

〔1〕 长期以来，理论界有关“法治”概念存在两个认识上的偏差：一是认为“法治”概念不是西方法律文化中的专有概念，中国古代也有法治，比如，先秦法家也是讲“法治”的（其强调“以法治国”“任法而治”“法布于众”“刑无等级”“不别亲疏，不殊贵贱，一断于法”等）。晚清学者章太炎、梁启超、沈家本等“新法家”，反对传统上对法家的不合理批评与抨击，力求为法家平反正名，用“法治”或“法治主义”来认知和解读法家思想。二是认为西方的“法治”（rule of law）也是一个有理论争议的概念，不同的学者有不同的法治定义。其实，不管具体认识有何不同，现代学者对于现代法治价值（如自由、平等、人权等）和法治精神本身还是有基本的理论共识的（兹举一例：1959 年，在印度德里召开了“国际法学家会议”，来自世界各地的 500 多名法学家最终通过了一个被称为《德里宣言》的文件，将法治概括为三项原则：（1）立法机关发挥创设和维护得以使每个人保持“人类尊严”的各种条件；（2）既要制止行政权滥用，又要使政府能有效维护法律秩序，借以保证人们具有充分的社会和经济生活条件；（3）实行司法独立和律师自由。1961 年 1 月在尼日利亚首都拉各斯召开的法学家大会上重申了这三大原则，名之曰“拉各斯法则”），而这与传统中国的法律精神和法律理念（包括法家的法治思想）形成对照，后者的整体思想体系难以归于现代法治的任何一种思想类型之列。

〔2〕 与传统的法制相比，法治价值和法治精神所体现的是一种全新的法律世界观，这种不同于古代社会的法律世界观与发生在近现代科学的、哲学的、形而上学的世界观中重要的转变（比如，从人类整体主体性转变为人类的个体主体性，故而尊重个人的尊严、生命、自由、财产，以及强调人人平等）高度地契合，尤其适合于为在实践中建构现代法律价值和法律制度奠定基础。参见［澳］G. 德 · Q. 沃克：《法治的危机——危险与机遇》，李小武、吴伟光译，高鸿钧校，载《清华法治论衡》2000 年第 1 期。

会现代化的“合法性”基础之后，如何走现代法治之路，寻找切合中国实际（国情）而又“符合实践理想的”的（可欲的）法制现代化方案就变成了中国平顺地完成社会文明转型（由古代“农耕文明”社会转向现代“商工文明”社会[1]）并融入现代世界体系的一个重大而迫切的历史任务。

这个历史任务涉及处在历史之中的人（当事者或当局者）以什么样的知识来对其所处的“当下历史的局势”作出的判断（也可以称为“当下历史判断”）。在这里，当下历史判断本身是不重要的，而以什么样的知识进行这种判断才是“在实践上重要的”。道理很清楚：基于错误的知识或不适当的知识只能导致错误的或不适当的当下历史判断，而根据错误的或不适当的当下历史判断就不可能寻找到切合实际（国情）而又“符合实践理想的”的法制现代化方案。只有基于正确的知识或适当的知识才有可能（但并非必然）找到可欲的法制现代化之路。显然，若深入研究这个问题，就必须回到上文提及的“双向知识”的讨论。

检视中国法制现代化的历史，我们似乎隐约地看到：处在各个历史时刻的当事者或当局者所作的当下历史判断总是或多或少表现出某种“片面性”和“短视性”，他们看起来都来不及与外部世界进行足够充分的“双向的对流认知（解读）”（“文化互视”），有时欠缺必要的“对世界的知识”，尤其是缺乏有深度的“反射性自我认知”（“对自我的知识”）。也就是说，在笔者看来，中国法制现代化的道路上总是不同程度地存在“知识联结难题”。这个难题表现为，在有关中国法制现代化主题上的诸种知识之间难以对接，或者说，存在联结的困难。

从理论上看，有关中国法制现代化的议题，至少有以下五类知识（如果加上时间/历史和空间/地域等认识对象，尚可作更为细致的知识类型分解）值得在理论上加以重视：(1)域外世界（这里主要是指中国以外的所有其他国家和地区作为构成单位的“世界”）以“内部参与者”的身份所形成的有关其各自历史上和当下的法律制度、法律文化之自我认知的知识；(2)域外世界作为“外部观察者”对于中国历史上和当下的法律制度、法律文化的知识；(3)中国作为“外部观察者”对于域外世界历史上和当下的法律制度、法律文化的知识；(4)中国作为“内部参与者”对于中国自己历史上和当下的法律制度、法律文化的知识；(5)中国既作为“外部观察者”，也作为“内部参与者”对“作为整体政治—社会单位”（联合国、世界贸易组织等所代表）的“世界”的法律制度（国际

[1] 参见张恒：《论文明转型——文明与文明类型》，载《人民论坛》2010年第32期。

法律规则)的知识。

第一类知识(域外世界的自我法律知识)之所以对中国法制现代化是重要的,乃在于中国人应当像清末修律大臣沈家本和伍廷芳等人在主持修律("变法")时那样,通过域外世界的自我法律知识,来找到"折冲樽俎,模范列强"的方式。也就是说,域外世界的自我法律知识是中国人设计自我法制现代化方案参考的对象:了解"法治典范国家"及其"法治模式",必须先了解"法治典范国家"的自我法律知识。

第二类知识(域外世界对中国法律的知识)乍看起来与中国法制现代化无关,但它实际上在两方面会产生相关的影响:第一,域外世界对中国法律的正确知识或错误知识会使域外世界的当事者或当局者对中国进行的法制现代化方案具有不同的态度、判断和不同的策略,这反过来又作用于中国的法制现代化进展的方式;第二,域外世界对中国法律的知识也会被中国人用来作为认识自己历史上和当下的法律制度、法律文化的无反思性知识[比如,对待亚细亚(包括中国)的生产方式和社会制度,西欧学术界有一种正统的观念,即"东方专制主义";对此,德裔美国历史学家、汉学家卡尔·奥古斯特·魏特夫(Karl August Wittfogel,1896~1988年)于1957年著《东方专制主义》一书,提出一套"治水社会"的理论,对此,中国理论界中至今仍有相当部分的信奉者[1]],或者相反,中国借助域外世界对中国法律的知识而产生某些极端敏感的反思性知识,这些反思性知识既可能是对自己的法律制度和法律文化之极端"否定论"和"悲观论",也可能是完全盲目自大的"独尊论"和"优越论"。毫无疑问,第二类知识在中国法制现代化过程中完全可能发生实践上(而非仅限于思想—知识—理论层面)的溢出性效应。

第三类知识(中国对域外世界法律的知识)构成后发国家在法制现代化过程中学习、模仿现代法治模式的必要知识前提。没有对域外世界的自我法律知识[特别是对那些拟作为"模范"对象的"法治典范国家"法治化(包括经验和教训)历程的自我总结和评价知识]全面深入的了解,中国在走法制现代化之路时其实难以找到正确、合适的"路标",因为此时中国有可能不清楚存在哪些"法治典范国家"及其"法治模式",应当以什么样的"法治典范国家"的"法治模式"作为"模仿"的对象。如前所述,在此情形下,中国靠完全封闭的"自我制度实验"在实践上是行不通的。

---

[1] 参见[美]卡尔·A.魏特夫:《东方专制主义:对于极权力量的比较研究》,徐式谷、奚瑞森、邹如山译,邹如校订,中国社会科学出版社1989年版;施治生、郭方:《"东方专制主义"概念的历史考察》,载《史学理论研究》1993年第3期。

第四类知识(中国对于自己传统法律的知识)对于中国法制现代化的意义是不言而喻的。在一个有着悠久的文明传统、疆域辽阔、人口众多、民族多样化以及各地发展不平衡的泱泱大国实行任何“变法”革新都不是一件小事,而是一项“功在当代,利在千秋”的伟业。在此方面,无论怎样强调我们自己对于中国传统法律制度和法律文化的“地方性知识”(local knowledge)的了解都不为过,因为任何一个国家实行“新政”“新法”都不可能抛开自己的“本土资源”,强制推行一种与本土制度文化无关、完全异质的“自我殖民地化”式的所谓“先进制度”。[1] 只有通过“对于自己传统法律的知识”,深入了解本国法律制度和法律文化之“土壤”的性质,才会找到与需要“移植”的“先进”法律进行嫁接的可能性。故此,在模仿“法治典范国家”的法治时,应当知道如何将这种“模仿”行动与中国古代优秀的法制文明传统进行合理审慎的对接,避免走“变法”的弯路,否则就会由于法律嫁接不当造成法制现代化方案“实验,失败,再实验,再失败……”之过程的恶性循环,或者因为新旧法律之间的剧烈冲突导致法律发展之历史连续性的破坏和社会持续性的动荡不安,有可能为之付出沉重而惨痛的社会—历史代价。[2]

第五类知识(中国对于国际法律规则的知识)问题在近代中国初入法制现代化道路之时即已存在(上文已有叙述),但在当代,该问题在中国法制现代化进程中显得尤为突出和重要。这是因为,近代以来形成的世界体系(尤其是1648年签订的《威斯特伐利亚和约》(Peace of Westphalia)[3]所确立的世界体系,简称“威斯特伐利亚体系”(Westphalian System),它确定了以平等、主权为基础的国际关系准则,强调和平商议、协调解决国际争端,因而成为近现代国际关系的奠基石)自觉不自觉地把近世和当代的各个国家(无论其愿意与否)强制纳入统一的“世界国家秩序”,[4]将主权国家逐渐变成了“整个世界的一部分”。有人甚至把第二次世界大战后1948年《世界人权宣言》的发表看作“法

---

[1] 梁漱溟先生很早就注意到:近代中国向西洋学习,中国不仅没有因此走向富强,反而加深了国人水深火热的生活。其原因在于:西洋文明的模式在中国不可复制,西洋文明的道路在中国走不通。参见颜炳罡:《人类文明的中国模式何以可能——梁漱溟乡村建设理论的实质及其当代意义》,载《文史哲》2021年第4期。

[2] 参见罗荣渠:《现代化新论:世界与中国的现代化进程》(增订本),商务印书馆2009年版,第360~361页。

[3] 有关1648年《威斯特伐利亚和约》签订的历史背景及其影响,参见[德]马克斯·布劳巴赫等:《德意志史第二卷:从宗教改革至专制主义结束》(上册),陆世澄、王昭仁译,高年生校,商务印书馆1998年版,第229~231页。

[4] 近代世界体系发展的总趋势是:在各国关系中,文明的进展可以被认为是“从武力到外交、从外交到法律”的运动。See Louis Henkin, *How Nations Behave: Law and Foreign Policy*, 2d ed. Columbia University Press, New York 1979, p. 1 – 400.

的世界化”（或“法律世界化”/“法律全球化”）进程开始的标志，这个宣言显现出“非排他的全球”“承认所有文化的全球”性质。[1] 无论如何，现代世界体系以其不可阻挡的力量将它的国际法治秩序及其“文化选择”（主要反映西方价值的）强加于国际社会的各个成员国家，这也构成了中国法制现代化的一个“历史性条件”。作为置身于现代“世界结构”之中的中国已经从历史上“世界游戏”的“局外人”转变为“世界游戏”的一方参与者，[2] 当然也有义务了解和熟悉各个领域的国际法律规则（国际公法、国际私法、国际经济法、国际环境法、国际刑法、国际人权法等），应当将国内法治（“国家级法治”）建设与国际法治（“国际级法治”）建设衔接起来，[3] 不应主动放弃参与乃至主导国际社会法治秩序与“和谐国际”重新共同建构的资格，不应在决定人类共同命运的历史进程中再次失去发言权。[4] 鉴于国际法治（“国际级法治”）有可能构成“解释、理解、合法化各国政府的政策”的一个重要指标，[5] 那么，中国对于（尤其是

[1] 参见［法］米海依尔·戴尔玛斯－马蒂：《法的世界化——机遇与风险》，卢建平译，载《法学家》2000年第4期。

[2] 黑格尔在《历史哲学》中指出：“中国很早就已经进展到了它今日的情状……中国和印度可以说还在世界历史的局外，而只是预期着、等待着若干因素的结合，然后才能够得到活泼生动的进步。”参见［德］黑格尔：《历史哲学》，王造时译，上海书店出版社1999年版，第122～123页。另参见邓正来：《中国法律哲学当下基本使命的前提性分析——作为历史性条件的世界结构》，载《法学研究》2006年第5期。

[3] 当今社会，无论在国家治理还是在全球治理中，法治均作为一个重要的共同理念、原则和战略存在，“国际法治”和“国际法治建设”也已是学术界讨论的一个重要话题：简括地说，国际法治是一种“规则至上”的国际治理形态，强调国际法对国际主体的约束力。参见刘莲莲：《专题研究：国际法治建设与中国的角色》，载《国际政治研究》2018年第2期。其具体内容应包括以下要素：(1)国际法律秩序与稳定；(2)国际法律适用的平等性；(3)保护人权；(4)通过独立的法律实体解决国际争端（See Robert MacCorquodale, *Defining the International Rule of Law: Defying Gravity?*, International and Comparative Law Quarterly, Vol. 65, Issue 2, April 2016, p. 277－304）。无论如何，国际法治与国内法治在某些方面的原则是相通的：比如，法律面前人人平等，程序公正，不存在凌驾于法律的权威。参见贾烈英：《联合国与国际法治建设》，载《国际政治研究》2018年第2期。1992年，联合国将“法治”列为其议题，并从2006年起每一届大会都就法治通过专门的决议。2012年9月24日，联合国大会通过了《国家级和国际级法治宣言》，被认为是联合国推进国际法治的一个里程碑。参见曾令良：《国际法治与中国法治建设》，载《中国社会科学》2015年第10期。

[4] 美国社会学家伊曼纽尔·沃勒斯坦（Immanuel Maurice Wallerstein）在其《现代世界体系》“中文版序言”中说：“占人类四分之一的中国人民，将会在决定人类共同命运的历史进程中起重大的作用。”参见［美］伊曼纽尔·沃勒斯坦：《中文版序言》，载伊曼纽尔·沃勒斯坦著：《现代世界体系》（第1卷），郭方等译，高等教育出版社1998年版。这像是作者专为中国读者说的一句客套话，但对于我们中国人的未来事业仍然不失为一种正面的期许。

[5] See Ian Hurd, *The International Rule of Law: Law and the Limit of Politics*, Ethics & International Affairs, Vol. 28, No. 1, 2014, p. 39－51.

其中涉及联合国成员国“法治自愿承诺”[1]的)国际法律规则的知识反过来会影响国内法治建设,影响中国内部的法制现代化进程,这一点是毋庸置疑的。[2]

在中国,无论走何种法制现代化道路,无论怎样寻求实现现代法治的“理想图景”或“理想目标”,都离不开对上述五类知识的深度了解以及对它们进行有效联结。现代法治的“理想图景”或“理想目标”绝不是像某种摆放在博物馆或艺术馆的展品,随时供人们浏览、观赏。毋宁说,它们的形象是在历史的不同阶段自我展现出来的,它们的面纱在国家的法治实践/建设的时间过程之中才有可能被一点一滴地撩开,这需要处在各个历史时刻对时局作历史判断的当事者或当局者在变动不居、波云诡谲的历史形势中对时局有清醒、客观、正确适当的判断,并准确地抓住对于其所从事的法制现代化事业、所欲实现现代法治目标极为重要而又可能稍纵即逝的“历史时刻”。

对于正在进行法制现代化的国家而言,在实践上区分什么是“符合理想的”(可欲的)“法治图景”或“法治目标”,什么不是“符合理想的”(可欲的)“法治图景”或“法治目标”,取决于处在各个历史时刻对时局作历史判断的当事者或当局者对上述诸种知识进行综合的、正确的或适当的运用。这在很大程度上是对具体的当事者或当局者之知识联结能力的巨大考验。当事者或当局者的知识联结能力决定着他们所欲从事的法制现代化事业的成败,决定着这种事业所能达到的文明深度和历史高度,而一个不懂得(或者不屑于懂得)上述知识及知识联结却又急于操弄政治局势的当事者或当局者很可能由于“变法”的野心而把一个民族直接带入“惶惑的时代”。

的确,处在各个历史时刻的一切当事者或当局者都不是先知先觉的,也不可能做到全知全能,他们多多少少有其各自历史时代认识的局限。换言之,由于既有的复杂的社会结构、社会关系和社会生活之“不动的在地性”(unmoved locality)以及悠久的文明/文化传统和历史之“交叠的层垒性”,都先在地限定了当事者或当局者的意志、认识和判断的能力以及他们对诸种知识的联结能

---

[1] 2012年9月24日,联合国大会通过《国家级和国际级法治宣言》之后,又倡导各会员国可以单独或联合作出“法治承诺”,其内容包括国家行动和国家援助、条约的批准和加入及实施、国际法院管辖权的接受和判决的执行、有关防止和惩处国际威胁的措施、治理与反腐败、立法改革与发展、司法制度保障与改革、冲突和冲突后社会和平与法治建设、人权保护、性别与儿童权利,等等。参见曾令良:《国际法治与中国法治建设》,载《中国社会科学》2015年第10期。

[2] 参见贾烈英:《联合国与国际法治建设》,载《国际政治研究》2018年第2期;曾令良:《国际法治与中国法治建设》,载《中国社会科学》2015年第10期;范进学:《“法治中国”:世界意义与理论逻辑》,载《法学》2018年第3期。

力,使他们难以摆脱历史时间结构中的“罗陀斯岛”而“自由地”跳动自我的身躯。[1]

以如此的态度来观察中国晚近百年的法制现代化之路,或许可以让我们多了一份理解历史的同情心和洞悉历史变化的辽远感,进而从容地观照在每一个历史时刻从事法制现代化事业的当事者或当局者之所知、所思和所行,细致地捕捉历史上的行动者(实践者)之每一行动的重要瞬间,在波涛汹涌、惊心动魄的大时代中找到社会整体的“大我”与行动者(实践者)个体的“小我”之间互动的、有时或许有些曲折沉重的历史过程及其因由。

如上所述,近代以来,中国人对于李鸿章所称的“三千年未有之变局”之历史认识、判断以及采取的因应策略,客观上是缺乏必要的知识准备的,更谈不上对于上述的五类有关法制现代化知识的有效联结和综合运用。我们回过头去看中国晚近百年处在各个时期对时局作历史判断的当事者或当局者(那些处在各个不同历史时期的“有识之士”),观察他们的“应急”态度和时政主张[从魏源的“师夷之长技以制夷”,到张之洞的“中学为体,西学为用”,再到康有为的“通三统,张三世”(据乱世、升平世、太平世)之说以及“全变”“尽变”的诉求;等等],[2]或许也可以得到部分的佐证:他们的内心深处都存在一个梁漱溟先生所说的“最大问题”:如何重新认识“中国”和“世界”。[3] 但不可否认,他们大多采取了“居中国”而“观天下”(以“一统垂裳”的世界观来解读当时的“中国”和“世界”[4])的“文化过滤”姿态(平心而论,这是那个时候任何一位思想深刻的中国思想者必然采取的一种知识态度,他们绝不会甘于做任何意义上的西方文化—思想—知识的“复读机”或“搬运工”),那么要求这些伟大的“智者”个个成为会通“中国”和“世界”(包括其中的法律)的知识“冰人”并提出一套系统的、融通古今且在实践上完全可行的崭新“法制理想图景”,其实是勉为其难的。

当然,如果我们把历史的时距拉得更长一些来观察中国法制现代化历程,

---

〔1〕 黑格尔在《法哲学原理》之“序言”中说,哲学是被把握在思想中的它的时代。妄想一种哲学可以超出它那个时代,这与妄想个人可以跳出他的时代,跳出罗陀斯岛,是同样愚蠢的。参见[德]黑格尔:《法哲学原理》,范扬、张企泰译,商务印书馆1982年版,序言第12页。

〔2〕 参见罗荣渠:《现代化新论:世界与中国的现代化进程》(增订本),商务印书馆2009年版,第9章“中国近百年来现代化思潮演变的反思”。

〔3〕 用梁漱溟先生自己的话说:“我总是把最大的问题摆在心上……‘认识老中国,建设新中国’。”(梁漱溟:《中国民族之自救运动之最后觉悟》,载《梁漱溟全集》(第5卷),山东人民出版社1992年版,第109~110页)

〔4〕 参见[日]佐藤慎一:《近代中国的知识分子与文明》,刘岳兵译,江苏人民出版社2006年版,第76~77页。

那么就可以看到,作为再认识对象的“中国”和“世界”问题并非自1840年才开始的,其问题的源头尚可追溯至“西法东渐”的早期历史:早在1662~1690年,荷兰政府曾寻求与清帝(康熙在位)谈判。当时,为使清政府给予其特使外交豁免权,荷兰代表援引了《万国法》,而清朝官员对此一无所知,对于荷兰人提出的所谓国家主权平等的说法也是闻所未闻。[1] 直到鸦片战争前,时任钦差大臣赴广东禁烟的林则徐才开始“日日使人刺探西事,翻译西书”,鸦片战争后委托好友魏源编纂《海国图志》等。[2] 又过了20多年,清朝才于1862年(同治元年)8月24日设京师同文馆,负责编译、出版自然科学及国际法、经济学书籍。之后,清政府相继在各地创办“洋务学堂”30余所。1872年后,又开始先后派四批幼童赴美留学。[3] 然而,直到清末变法之初(1901年前后),中国真正懂得西洋法学的人不超过3人(伍廷芳、严复、黄遵宪),故而延聘外国专家(“奉夷为师”)起草新法、大规模引进西方法律及法学成为当务之急,学习西法实属无奈之举。所以,蔡元培先生当时就讲:“至于今日,公法大明,苟其保自主之权,申善邻之义,国无大小,号曰对等。交涉上文明之程度,即为其国安危之所系。而我国职外交者,或通语言而昧政策,或究政策而绌语言……此译学所以亟也。”[4]随着清末改制修律以及随后出现的各种社会风潮,延续数个世纪、作为古老中国法律智慧和实践知识载体的传统“律学”就像在风烛残年里过活的羸弱老人从此倒毙在这种声势浩大的“西化”的风潮之下,各式提倡“新学”的法律学堂(特别是大学的法律系)成了各种不同来路(无疑,日本在这个过程中担当着“中转站”的角色[5])的西方法学法科的“试验场”,仰仗西方法学家改造中国的法律学和中国社会[在这个过程中,被不同时期的中国政府聘用为法律顾问以及担任中国大学法律教习的“来华外国人”以他们的非中文母

---

〔1〕 参见贾兵兵:《国际公法:和平时期的解释与适用》,清华大学出版社2015年版,第9页。

〔2〕 参见张晋藩:《中国法律的传统与近代转型》,法律出版社1997年版,第347页。

〔3〕 参见李烨:《晚清外语翻译人才培养的途径和特点——以京师同文馆为中心的考察》,载《渭南师范学院学报》2017年第2期;李书纬:《少年行:1840—1911晚清留学生历史现场》,广东人民出版社2016年版,第1章“启蒙·‘容闳留美’与洋务召唤”。

〔4〕 蔡元培:《译学(1901年11月11日)》,载高平叔编:《蔡元培全集》(第1卷),中华书局1984年版,第154页。

〔5〕 据不完全统计,仅1909年,在我国从事法政教育的日本教习111人,其中,就包括光绪三十四年(1908年)十月,沈家本奏请、光绪“允之”,已在京师法律学堂担任法学教习的冈田朝太郎(1868~1936年,刑事法学家)帮助清廷起草刑法和法院编制法,松冈义正(1870~1951年,民法学家)帮助起草民法和诉讼法,志田钾太郎(1868~1951年,民商法学家)帮助起草商法,小河滋次郎(1861~1925年,监狱法学家)帮助起草监狱法。在这一段时间,翻译出版的法律著作/教材也基本上是日本人的作品。参见张晋藩:《中国法律的传统与近代转型》,法律出版社1997年版,第369~371页。

语讨论中国法律制度，留有不少珍贵的所谓“局外旁观”之论，[1]可以作为有关中国法制现代化的第三类“特种”知识（其中有些作者直接以中国实行“法律现代化”为题，[2]区别于那些未曾来华的西方学者如孟德斯鸠、马克斯·韦伯等有关中国传统政制的论述）]。

概括地说，从20世纪20年代以后，经过五四新文化运动所引起的“思想界空前之大变动”（孙中山语），中国的法学知识进入“西方法学的中国/汉语表达”时期：这个时期的国人期待通过西方法学的汉语翻译，完成“汉语的文化符码”（cultural code）的改造和转换（“文化过滤”），革新或改造中国旧的法学，重新奠基中国人直接观察自己的“法律生活世界”的观念、态度、概念框架、知识范式和方法论，让我们中国人自我完成“中国法律的西方概念重构”过程，增强中国现代法学的解释能力和解决实践问题的技术能力，使自我知识完整化、成熟化和体系化，并据此实现一种新的“现代”的法律制度（法治）、法律文化/文明转型。但“西方法学的中国/汉语表达”也同时阻断了中国对于自己传统法律的知识（上述“第四类知识”，尤其是古代的“律学”知识）直接作为寻求中国法制现代化之“符合理想的”（可欲的）“法治图景”或“法治目标”的可能性，并使“律学”知识丧失了作为实践法学知识对于当时有效的法律制度的一般解释能力（the explanatory capacity），使之难以在法制现代化过程中发挥其应有的“活的”法学知识的作用，甚至难以再继续维持其自身的生命力，因而造成中国传统法学的第一次学问传统的“历史/文化断裂”。[3] 这实际上是说，近代中国历史没有给中国古代“律学”以任何的机会和时间，通过自我知识的更新/转型与移译而来的西方法学（“翻译法学”）知识进行有效的联结，以“中西法律文明互补”[4]的方式联合建构出“符合理想的”（可欲的）“法治图景”来共同推进中国法制现代化前行（进步？）的进程。

---

〔1〕 参见王健编：《西法东渐：外国人与中国法的近代变革》，译林出版社2020年版。该书收录了“晚近来华外国人”（著名者如赫德、丁韪良、庞德、冈田朝太郎、宝道）所著有关“中国法总论”“宪政建议”“法典编纂”“治外法权”“司法改革与法律教育”等方面文论共67篇。

〔2〕 比如，庞德著《如何使法律现代化》（1948年），霍才豪著《论中国司法改良》（1912年），等等。他们对当时中国人法学知识（尤其是对于本文所提及的“第三类知识”）的评论，认为“中国维新法学……尚在萌芽……乃自法律维新以来，非由中国旧制自有发生，纯系采取东西洋各国巧合而成，以是知中国之法学……现尽在幼稚时代”，这些言语总体上看还是比较中肯的。参见王健编：《西法东渐：外国人与中国法的近代变革》，译林出版社2020年版，第160～171、591～593页。

〔3〕 舒国滢：《法学的知识谱系》，商务印书馆2020年版，第28～29、37～38页。

〔4〕 新文化运动后，中国思想界也有一批思想者提出中国现代化之“中西互补”论，也有学者把胡适等人的“西化”论称为“文化的自然折衷论”或者（文化人类学意义上的）文化“涵化”（accculturation）理论。参见罗荣渠：《现代化新论：世界与中国的现代化进程》（增订本），商务印书馆2009年版，第382～388页。

接下来的法律发展的历史是我们众所周知、耳熟能详的：1949 年新中国成立的人民政权采取革命的方式不仅摧毁了旧政权的“法统”，而且连同“六法全书”体系之下形成的法科教育体制、培养的法律人才以及在这个“法统”之下生成的法律精神、法律思想亦一并消解。与此同时，由“翻译法学”作为基质的所谓“新法学”知识传统在新的革命政权建立之后戛然而止其前行的步伐，“现代”的法律文化/文明转型也很快就走向了另一条道路：新中国“一边倒”（中华人民共和国在国际斗争中坚定地站在“以苏联为首的社会主义阵营”一边）的政策[1]使其整个制度建构、经济发展和学术思想的资源不得不借鉴和倚重苏联的模式。这样，新的人民政权在法学知识的联结上也出现了“全盘苏化”和全面批判西方资产阶级的法律制度和法学理论的“一边倒”趋势：随着 1952 年开始进行大规模的大学院系调整、“司法改革运动”及“肃清反人民的旧法观点”、清除旧法人员等活动，我国聘请了一批苏联法学家，翻译了一批苏联的法学论著和教科书，派遣了一批留学生赴苏学习、吸收、借鉴苏联法学；而中国近代以来经年积累起来的法学知识传统随着旧法统一起被抛进了历史的垃圾堆。中国法学知识再次经历了一次学问传统的“历史/文化断裂”，笔者称为“第二次断裂”。[2] 它直接阻断了以欧陆英美法学为底色的“翻译法学”本身的进一步发展，从此，革命的“斗争法学”（后来我国法学界称为“维辛斯基法学”[3]）的知识传统得到确立，并逐渐被奉为正宗，成为判断法学知识“正确与否的唯一标准”。[4]

但过后的历史表明：在法学知识来源上全盘仿效“苏联模式”，尤其是长期固守“斗争法学”（“维辛斯基法学”），不可能完成新中国所确立的社会主义民主与社会主义法制建设的重任。以“革命化”代替“现代化”，坚持“以阶级斗争为纲”，中国法制现代化被延误或者过程被迫完全中断也就只是一个时间早晚

---

〔1〕 为了纪念中国共产党诞生 28 周年，1949 年 6 月 30 日，毛泽东发表了《论人民民主专政》一文。他在文中明确提出了新中国外交“一边倒”的方针。该方针的提出，是由当时国际、国内的历史条件决定的。参见关锦炜：《新中国成立初期“一边倒”政策研究综述》，载《北京党史》2009 年第 5 期。

〔2〕 舒国滢：《法学的知识谱系》，商务印书馆 2020 年版，第 38 页。

〔3〕 “维辛斯基法学”是以时任苏联总检察长、苏联科学院院士安·扬·维辛斯基的名字命名的。维辛斯基也被称为“苏联法学界名副其实的‘教主’”，其有关阶级斗争的法学观点，长期以来构成我国“法学理论的基本精神”。参见王志华：《苏联法学家的命运（二）——维辛斯基非同寻常的一生》，载《清华法治论衡》2009 年第 2 期。

〔4〕 参见杨心宇、陈怡华：《我国移植苏联法的反思》，载《社会科学》2002 年第 8 期；张文显：《论法学的范畴意识、范畴体系与基石范畴》，载《法学研究》1991 年第 3 期；舒国滢：《在历史丛林里穿行的中国法理学》，载《政法论坛》2005 年第 1 期。

的问题了。[1] 1966～1976 年 10 年“文化大革命”对法制的破坏业已充分证明了这一点。[2]

三、中国法制现代化道路的重启：破解“知识联结难题”所需要的智识条件

对于中国当下及未来法治发展前途而言，法制现代化道路的重启无疑是一个在时间（历史）和空间（世界）两个维度上均具有重要影响的大事件。

但这一道路重启并非一蹴而就的，它经历了一个理论反思与思想解放的过程。1978 年 5 月 11 日《光明日报》特约评论员文章《实践是检验真理的唯一标准》的发表，引发中国理论界关于真理标准问题的大讨论，打破了“两个凡是”的禁锢。[3] 1978 年 12 月党的十一届三中全会提出停止使用“以阶级斗争为纲”的口号，决定将工作重点和注意力转移到“社会主义现代化建设”上，实行“对内改革、对外开放”的政策，并着重提出了健全民主和加强法制的任务：“从现在起，应当把立法工作摆到全国人民代表大会及其常务委员会的重要议程上来。检察机关和司法机关要保持应有的独立性；要忠实于法律和制度，忠实于人民利益，忠实于事实真相；要保证人民在自己的法律面前人人平等，不允许任何人有超于法律之上的特权。”[4]

党的十一届三中全会之后，中国开始稳步推进经济、政治法律体制的各项改革，陆续提出新的治国方略和原则，从而进入社会主义法治建设的“快车道”：1982 年《宪法》序言规定，“发展社会主义民主，健全社会主义法制”“逐步实现工业、农业、国防和科学技术的现代化”；1992 年，中国共产党第十四次全国代表大会正式宣布中国实行“社会主义市场经济”；1997 年，中国共产党第十五次全国代表大会，确定“依法治国，建设社会主义法治国家”为治国理政的基本方略，并于 1999 年将该项原则写进《宪法》第 5 条；2001 年，中国加入世界贸易组织（WTO），参与经济全球化进程；2003 年，中国共产党提出“坚持以人为本，树立全面、协调、可持续的”“促进经济社会和人的全面发展”的科学发展观；2004 年，《宪法》第 33 条第 3 款规定，“国家尊重和保障人权”；2008 年 3 月 8 日，第十一届全国人大一次会议第二次全体会议宣布中国特色社会主义法律

---

〔1〕参见罗荣渠：《现代化新论：世界与中国的现代化进程》（增订本），商务印书馆 2009 年版，第 487、494～496 页；舒国滢：《新中国法理学七十年：变化与成长》，载《现代法学》2019 年第 5 期。

〔2〕就此，顾昂然撰文指出：“1966 年发生‘文化大革命’，建国后逐步建立起来的社会主义法制遭到破坏。”参见顾昂然：《新中国的法制路》，载《人民日报》2004 年 9 月 8 日。

〔3〕参见邓加荣：《〈实践是检验真理的唯一标准〉发表之后》，载《博览群书》2013 年第 6 期；黄力之：《改革开放的思想先声——1978 年真理标准问题讨论回眸》，载《探索与争鸣》2021 年第 6 期。

〔4〕《中国共产党第十一届中央委员会第三次全体会议公报》（1978 年 12 月 22 日通过）。

体系已经基本形成;2014年,中国共产党第十八届四中全会通过的《中共中央关于全面推进依法治国若干重大问题的决定》中提出,在中国共产党领导下,坚持中国特色社会主义制度,贯彻中国特色社会主义法治理论,形成完备的法律规范体系、高效的法治实施体系、严密的法治监督体系、有力的法治保障体系,形成完善的党内法规体系,坚持依法治国、依法执政、依法行政共同推进,坚持法治国家、法治政府、法治社会一体建设,实现科学立法、严格执法、公正司法、全民守法,促进国家治理体系和治理能力现代化。[1]

全面推进依法治国,走中国特色社会主义法治道路,乃是作为执政党的中国共产党基于对“法治是国家治理体系和治理能力的重要依托”[2]的认识判断、寻求“符合我国基本国情、符合人民群众愿望、符合实践发展要求的法治道路”的一次重大历史机遇、历史目标的抉择和实践承诺:力图走出过往百年法律制度之极度曲折的历史循环,以自信、开放、昂扬的姿态主动迎接“法律入世”(将中国法律制度有机地融入当代世界体系),[3]运用“法治思维”和“法治方式”开放性回应国际国内历史遗留的和当下正在生成的诸多复杂法律问题的挑战,建设社会主义法治国家,实现中华民族法律文明伟大复兴的梦想。可以想见,这一宏伟的事业对于当下时代之正在发生变化的“法律全球化”(“法的世界化”)趋向也必将产生某种深远的影响力,会为之带来具有相当势能的振波效应。

不过,我们也应当看到:中国法制现代化道路的重启本身并不能用“制度实践”的行动方针直接解决上文所提及的诸种知识之间的联结难题,因为其中的一些知识类型(比如第一类知识和第二类知识)的变化并不取决于中国作为“双向知识”之一方主体的单方面知识态度、知识兴趣和知识取向。由此观之,在当代世界,中国目前除了有“经济入世”“法律入世”等问题之外,还有一个“知识入世”问题(中国知识与世界知识对接,借此让世界重新“发现中国、了解中国、认知中国”,使中国学术进入当代主流世界的知识—话语体系之中,并使之能够在国际学术舞台上展现“中国思想”“中国价值”“中国评价”“中国表

---

〔1〕 参见《中共中央关于全面推进依法治国若干重大问题的决定》(2014年10月23日中国共产党第十八届中央委员会第四次全体会议通过)。

〔2〕 参见中共中央文献研究室编:《习近平关于全面依法治国论述摘编》,中央文献出版社2015年版,第6页。

〔3〕 笔者赞同这样一种看法:百年来中国现代化的过程,是从被动适应世界现代化挑战到逐步主动迎接挑战的过程。参见罗荣渠:《现代化新论:世界与中国的现代化进程》(增订本),商务印书馆2009年版,第397~399页。

达”“中国主张”)。[1] 当然,“知识入世”也应当包括我们中国的法律知识/法学知识与外部世界(域外国家、地区和整个国际社会的)法律知识/法学知识之间的对接(联结),由此使中国的法律知识/法学知识进入当代占主导地位的世界法律知识/法学知识—话语体系之中。

从“双向知识”的角度看,全面推进依法治国,走中国特色社会主义法治道路,这一宏伟的事业也不可能完全在“与世隔绝”的封闭的知识条件下进行。历史的实践证明:由于世界观、价值观的不同,由于文明传统和意识形态的差异而人为地阻隔中国与外部世界在法律/法学知识领域的“双向的对流认知(解读)”,像近代中国的某些历史时刻那样搞单向的“知识壁垒”,借助“斗争”和“对抗”形成“政治怨恨”,通过“错误的集体记忆”(“集体无意识”)造成“双向知识偏见”甚或“双向的文化歧视”,这种做法及其后果是万万要不得的。

不可否认,我们当今处在高科技高度发达和资讯极度丰富复杂的信息时代,由于技术—经济一体化进程的加快、便利的交通而出现了时间—空间距离的“收缩”或“时空收敛”(time-space convergence)现象,[2] 伴随全世界人口高密度往来迁徙于地球的诸大陆之间,以及航天技术将人类送入外太空,当今的人类内在地形成了一种与历史上的任何时代都全然不同的地理感受,即人们越来越把我们生活的广袤的地理世界看作一个“地球村”,数字技术的蓬勃发展导致了前所未有的“知识大爆炸”之奇幻景象。尽管诸如此类的技术、世界与人类感知的变化表面上看似乎朝着有利于人类之间便捷交往(交流/沟通)的方向发展,但实质上却可能进一步加剧了人类心灵深处的“被弃”的受伤感觉、不能忍受贫乏的“庸常(日常)”生活所造成的“腻烦”心理、拒绝沟通的“认知(认同)壁垒”、基于形形色色的宗教激进主义信念而产生的“价值观鸿沟”以及排斥异己(内心抵牾统一的、机械的、整齐划一的“标准化运动”[3])的意志倾

---

〔1〕 自2010年以来,全国哲学社会科学工作办公室特设国家社科基金“中华学术外译项目”,主要资助我国现当代哲学社会科学优秀成果、近现代以来的名家经典以及那些特别是“有助于参与世界学术对话、反映我国为世界作出重大贡献的”优秀成果的翻译出版,旨在发挥国家社科基金的示范引导作用,深化中外学术交流和对话,进一步扩大中国学术的国际影响力,提升国际学术话语权,让世界了解“哲学社会科学中的中国”。参见全国哲学社会科学工作办公室:《2020年国家社科基金中华学术外译项目申报公告》(2020年9月15日)。在笔者看来,这可以看作我国主动采取“知识入世”的方式之一,但其效果(尤其是翻译质量)如何,尚待更长一些时间的观察与评估。相关报道与评估报告,参见肖国忠:《推动哲学社会科学“走出去”——全国社科规划办负责人谈国家社科基金中华学术外译项目》,载《光明日报》2011年8月23日,第15版;吴碧宇:《中华文化“走出去”的有益探索——基于中华学术外译项目的国家实践(2010—2019年)》,载《文化软实力研究》2019年第6期。

〔2〕 参见[英]安东尼·吉登斯:《社会的构成》,李康、李猛译,三联书店1998年版,第200页及以下。

〔3〕 参见[美]罗伯特·列文:《时间地图——不同时代与民族对时间的不同解释》,范东生、许俊农等译,安徽文艺出版社2000年版,第89页。

向，反而不一定能够完全消除中国和世界之间双向"言路不通"的问题。在此情形下，免不了会出现一部分国人像历史上的那些"守旧派"一样秉承传统华夏（中央）帝国的"天下观"对一些在他们看来属于"蕞尔小国"的法治类型持有某种程度的轻蔑态度，或者反过来，一些"闭眼看世界"（其实，龆龀蒙童都明白：闭眼看不了世界）的外国人对当代中国的法制现代化道路抱持知识上的和价值观上的偏见。显而易见，这必然会导致并加深国家、民族之间"文明冲突"，当然不符合当代世界的"全球化"之大势，也与我国正在从事的"全面推进依法治国""坚持走中国特色社会主义法治道路，建设中国特色社会主义法治体系"的总目标之追求背道而驰。党和国家领导人反复强调"文明交流互鉴"，[1]一再提醒"坚持从我国实际出发，不等于关起门来搞法治。法治是人类文明的重要成果之一，法治的精髓和要旨对于各国国家治理和社会治理具有普遍意义，我们要学习借鉴世界上优秀的法治文明成果"。[2] 毫无疑问，这些高屋建瓴、思想深刻的主张为中国和世界法律知识/法学知识之间的双向联结和"交流互鉴"提供了指导思想上的引领。

若要完成中国和世界法律知识/法学知识之间的双向联结和"交流互鉴"，前提是需要对于当下中国的法律知识/法学知识的情境（context）、格局和传统有一个审慎的观察与判断，这一点同样是比较重要的，因为下面这个道理也很清楚且简单：知己知彼，不求为战，但寻互通，取长补短，和而不同，各美其美，美美与共。"知己知彼"首先在于"知己"，不知己之所短者也就不知他人之所长，只有深入了解当下我们中国自己的法律知识/法学知识的现实情境、格局和传统，才可能找到与外部世界（尤其是西方国家的）法律知识/法学知识之间的"话语逆差"，努力学会用"世界听得懂"的语言、方式与方法"讲好中国的故事"（特别是中国法律的故事），改变我国法学界在国际社会法律学术话语上的"西强我弱""有理说不出""说了传不开"的被动局面，营造良好的"交流互鉴"环境条件，实现中国和世界双向法律知识/法学知识之间"不求为战，但寻互通，取长补短，和而不同，各美其美，美美与共"的目标，逐步进入国际社会法律/法学知识界的主流。

更为重要的一点可能还在于："知己知彼"，深入了解当下我国自己的法律

---

〔1〕 2014 年 3 月 27 日，习近平主席在联合国教科文组织总部发表演讲时指出，"历史告诉我们，只有交流互鉴，一种文明才能充满生命力"，"推动文明交流互鉴，可以丰富人类文明的色彩"。2019 年 5 月 15 日，习主席在亚洲文明对话大会开幕式上再次强调，"交流互鉴是文明发展的本质要求"，"文明因多样而交流，因交流而互鉴，因互鉴而发展"，"只有同其他文明交流互鉴、取长补短，才能保持旺盛生命活力"，引起全球共鸣。

〔2〕 习近平：《加快建设社会主义法治国家》，载中共中央文献研究室编：《习近平关于全面依法治国论述摘编》，中央文献出版社 2015 年版，第 32 页。

知识/法学知识的情境和格局，了解在我国法律实践中现实起作用的法学知识传统，对于当前及今后一段时间顺利推进我国法治建设的事业，显得更加紧迫。只有从我国当前法学的知识现状出发，努力通过其自身的一点一滴的知识改进，稳步地将我国法学打造成为一套真正适合于我国法律实践的科学知识体系（法律科学体系），才能够使之更好、更有效地服务于“依法治国，建设社会主义法治国家”之大局。如果像在“斗争法学”（“维辛斯基法学”）占主导地位的时期那样，仅将法学当作阶级斗争的意识形态工具，只允许其在“政治挂帅”“政策高于法律”的话语空间寻求学科的正当性根据，以现实政治的方式和手段使其完全放弃或丧失掉自主的学术（科学）性格，而沦为贫血的、空洞的、暴力的词语堆积体，那么指望这样一种仅有苍白的政治话语框架构成的所谓“学问”来完成现实政治的重托是完全不可能的。现实政治摧垮法学知识和理论的身骨而又指望其以羸弱之躯担负无法承受之重，这样的历史教训是深刻的、令人痛心的，颇值得令人深省而慎行。〔1〕

在继续讨论上述话题时，笔者打算顺便讲述一则德国法学史上的有名“故事”，作为我们如何讲好“中国法律的故事”参照的例子。其实，中国法学界内部对这个故事是非常熟悉的。1814 年，当时德国法学界就要不要制定全德统一的民法典，曾展开过一场激烈的争论：时任海德堡大学罗马法教授的安东·弗里德里希·尤斯图斯·蒂堡撰文《论通用民法对于德国的必要性》，以“满腔的热情”表达了“德国私法统一化”、制定“帝国统一的民法典”之必要性。蒂堡的观点遭到了柏林大学法学教授弗里德里希·卡尔·冯·萨维尼的反驳，他立即写出《论立法与法学的当代使命》一文，反对德国制定统一民法典。其主要理由是认为德国当时制定法典的“时机不成熟”：比如，缺乏具备“制定一部优秀法典”之能力的法学家，而且，当时的德语也不是法律性的语言，很不适合于立法，等等。〔2〕

萨维尼的言论一出，激起了德国学术界范围更大的意见反弹和争论的升级。著名哲学家黑格尔在 1821 年出版的《法哲学原理》中批评萨维尼：“否认一个文明民族和它的法学界具有编纂法典的能力，这是对这一民族和它的法学界莫大的侮辱。”〔3〕即使萨维尼的拥护者（历史法学派中的日耳曼派学者）也批评萨维尼一方面主张“法律是民族精神的体现”，另一方面却不把学术的重心

〔1〕 参见舒国滢：《新中国法理学七十年：变化与成长》，载《现代法学》2019 年第 5 期。

〔2〕 有关这一学术公案的详情，参见舒国滢：《德国 1814 年法典编纂论战与历史法学派的形成》，载《清华法学》2016 年第 1 期。

〔3〕 [德]黑格尔：《法哲学原理》，范扬、张企泰译，商务印书馆 1982 年版，第 221 页。

放在最能体现"德意志民族精神"的日耳曼—德意志古法的研究上,而用毕生的精力去阐释德国14世纪以后"继受的"不属于德意志民族精神的"罗马法"。他们认为萨维尼的基本立场中内嵌着根本无解的"深层矛盾"。

现在看来,实际上,萨维尼当时所遭遇的就是诸种法学知识之间"联结的难题"。为了破解这个难题,萨维尼本人提出了法律的"双重生命原理"(doppeltes Lebenprincip):[1]在他看来,法律是民族精神的体现,说明法律与一般的民族生命之间存在一种"政治要素",但法律还有另一种独特的科学生命,即"技术要素",它们以法律科学作为载体,掌握在法学家(作为整个民族的"民族精神"的"代表")这个特殊的阶层手中。法学家在从事法律科学研究时应当从罗马法学家卓越的法技术中获取法律论证的技艺,从富含"科学"素材的罗马法中汲取其生命营养,而传统的日耳曼—德意志古法(作为民众的习惯法)所能提供给学术研究的素材极为有限。萨维尼以此等的见识和雄心,从1840年到1849年撰写并出版了8卷本以19世纪"德意志学术精神"(勤于考证,用语精准,推理严密,数学思维与抽象化体系建构)系统阐释罗马法的鸿篇巨制《当代罗马法体系》,激励其身后的几代法学家不断地利用他们的母语(德语)写作论述并解释以拉丁语表达的罗马法教义的大部头作品,建构和完善他们所称的"学说汇纂(潘德克顿)体系",完成了拉丁语罗马法教义的"当代化"和"德国化",彻底改变了德国法学在整个欧洲的落后面貌,实现了德国法学家整整一个世纪(整个19世纪)所抱持的"通过罗马法,但超越罗马法"(鲁道夫·耶林语)的集体宏愿。他们建构的"学说汇纂(潘德克顿)体系"不仅成为1896年颁布的《德国民法典》的知识基础(有人甚至把1888年完成的《德国民法典》"第一草案"形容为"写入法律条文的温德沙伊德《学说汇纂法教科书》"),而且也构成后来欧洲、南美、东亚一些国家(也包括当代中国)的民法学教科书知识的"母体"。[2]

我讲述上面这个故事是想说明,法学上的"知识联结难题"并非完全无解,历史上有非常成功克服(破解)这一难题的个案,但要取得这种成功确实也需要具备一些可能的智识条件[开明的政治制度、宽松自由的学术思想氛围、民族意识的整体觉醒和"历史性反省",思想解放运动(比如14~16世纪的欧洲文艺复兴运动,德国18世纪末的"狂飙突进"运动,中国新文化运动)的冲击,

[1] Friedrich Carl von Savigny, Vom Beruf unserer Zeit für Gesetzgebung und Rechtswissenschaft, Dritte Auflage, Verlag von J. C. B. Mohr, Heidelberg 1840, S. 12.

[2] 参见舒国滢:《19世纪德国"学说汇纂"体系的形成与发展——基于欧陆近代法学知识谱系的考察》,载《中外法学》2016年第1期。

法学家群体内部形成一种法学及法学方法论更新与建构体系的理论自觉与集体冲动,著名法学家的思想引领,不同代际的学者心无旁骛、潜心供奉“天职”般在法学上连续努力用功作业,其他哲学社会科学界的学术贡献,在世界观、方法论、概念论和文献学上对法学的支持,等等]。没有这些条件,法学就不可能得以持续地释放出理论的活力,绽放出理论的绚烂之花,并散发出芬芳四溢的精神韵味。

如果我们不是根据特别严格的历史—社会统计学数据来看问题,那么我们大体上可以这样说:一切拥有自己古老的法律历史和文明传统的国家,在某些特定的历史阶段或历史时刻基于各自种种不同的内外原因又不得不学习、移植或继受他国的法律及其知识,都会或多或少地存在法学上的“知识联结难题”,均有可能遭遇“萨维尼处境”(当然,我们也可称为“历史法学派处境”)。在此意义上,尽管当代中国的社会与19世纪德国的社会在历史发展阶段、文化传统、政治经济制度、民族性、立法、司法与法学的使命等方面存在较大的差异(历史时差),但单就法律/法学知识的发展现状看也并非不存在一个“萨维尼处境”。

习近平总书记指出:“全面推进依法治国是一个系统工程,是国家治理领域一场广泛而深刻的革命。”[1]从现实的角度看,中国在“全面推进依法治国”的过程中实际上要处理的法学知识难题是很多的。比如,如何从法律科学(而非从其他哲学社会科学,如政治科学)的角度阐释和描述“中国特色社会主义法治道路”?在建设法治的过程中,如何做到党和国家领导人所强调的既“要注意研究我国古代法制传统和成败得失,挖掘和传承中华法律文化精华,汲取营养、择善而用”,又要“学习借鉴世界上优秀的法治文明成果”,坚持“以我为主、为我所用,认真鉴别、合理吸收,不能搞‘全盘西化’,不能搞‘全面移植’,不能照搬照抄”?[2]或者说:“依法治国,建设社会主义法治国家”所依凭的法学知识资源是什么[比如:我们如何重新诠释中国传统律学中的“文化精华”,在法律实践中,“全盘苏化”后所习得的法学知识哪些需要坚持,哪些需要摒弃,中国当代法学是否超越了“西方法学的中国/汉语表达”(“翻译法学”)阶段]?如何完成“坚持统筹推进国内法治和涉外法治”?如何“加强国际法治合作”“提高涉外法治工作能力”?如此等等,这每一件工作都是摆在每一个法律工作者和法学工作者面前的重任,其中涉及诸多的知识联结难题,亟待在法律科

[1] 习近平:《论坚持全面依法治国》,中央文献出版社2020年版,第118页。

[2] 习近平:《加快建设社会主义法治国家》,载中共中央文献研究室编:《习近平关于全面依法治国论述摘编》,中央文献出版社2015年版,第32页。

学上予以解答。

话虽这么说，上述难题也不是本文有能力一一详细处理并提供妥当答案的，笔者甚至还没有来得及继续讨论上文有关“知己”的话题，没有进一步展开分析和论述当下中国的法律知识/法学知识的情境、格局和传统问题。我相信读者对所开列出来的这些话题清单本身肯定抱有非常强烈的兴趣，但限于主题和文章的篇幅，笔者只得对这些话题暂搁不论。利用即将结束本文的最后一点机会，笔者还想表达一句话（但并非不重要的）：若法学自身尚不知“法学为何种学问”，〔1〕若法学连“关于”法的理论（theory “about” law）和“法的理论”（theory of law）都还分辨不清楚，指望它去完成超出其自身知识能力的更高使命（如在理论上为中国法制现代化指引前进的方向和道路）是不切实际的；当今的法学者若能像萨维尼一代的学者那样，知道如何提高自身的知识联结能力，这对于其使命担当的提升可能是更为重要的。

〔1〕 有关法学之学问性质的最新讨论，参见苏永钦：《法学为体，社科为用——大陆法系国家需要的社科法学》，载《中国法律评论》2021 年第 4 期。

“以人民为中心”的法理解读

胡玉鸿[*]

【内容摘要】“以人民为中心”是习近平法治思想的十一个核心要义之一，体现了中国共产党人对法治基础、法律目的、法律效果的深刻认识，是当代中国全面推进依法治国重要的思想指引。从法理上讲，以人民为中心首先要以人民至上为原则，确立人民的主体地位。为此，要通过选举制度保证人民有权决定国家工作人员的选任，保障人民能够持续参与对国家和社会事务的管理，使人民拥有监督一切国家机关及其工作人员是否依法履职的权利。其次，以人民福祉为宗旨，维护人民的合法权利。要将事关人民生活的事项纳入法治调整的轨道，以法治的刚性来推进民生事业；加强重点领域的立法，为民生夯实法治的根基；倡导底线思维，通过社会保障法律制度实行兜底保护。最后，以人民关切为导向，回应人民的利益期待。要确立公平正义的制度环境，确保人民平等参与和平等发展的同等机会；将人民的利益期待作为制定法律的根本动力，确保法治依靠人民、为了人民；严格执法，公正司法，在法律实施中回应人民的利益期盼。

【关键词】以人民为中心　人民至上　人民福祉　人民关切

---

* 胡玉鸿，华东政法大学法律学院、习近平法治思想研究中心教授，南京师范大学中国法治现代化研究院特约研究员。本文系国家社会科学基金重点项目《健全社会公平正义法治保障制度研究》（20AZD028）的阶段性研究成果。

导 言

全面依法治国最广泛、最深厚的基础是人民，必须坚持为了人民、依靠人民。要把体现人民利益、反映人民愿望、维护人民权益、增进人民福祉落实到全面依法治国各领域全过程。推进全面依法治国，根本目的是依法保障人民权益。要积极回应人民群众新要求新期待，系统研究谋划和解决法治领域人民群众反映强烈的突出问题，不断增强人民群众获得感、幸福感、安全感，用法治保障人民安居乐业。“以人民为中心”作为习近平法治思想的十一个核心要义之一，体现了中国共产党人对法治基础、法律目的、法律效果的深刻认识，是当代中国全面推进依法治国重要的思想指引。可以说，人民性是习近平法治思想最为鲜明的特点之一，以人民为中心也是习近平法治思想根本内容之一。人民之所以拥有如此崇高的地位，与人民的历史地位是密不可分的。“人民群众有着无尽的智慧和力量，只有始终相信人民、紧紧依靠人民，充分调动广大人民的积极性、主动性、创造性，才能凝聚起众志成城的磅礴之力。”〔1〕在党的十九大报告中，习近平总书记重申：“人民是历史的创造者，是决定党和国家前途命运的根本力量。必须坚持人民主体地位，坚持立党为公、执政为民，践行全心全意为人民服务的根本宗旨，把党的群众路线贯彻到治国理政全部活动之中，把人民对美好生活的向往作为奋斗目标，依靠人民创造历史伟业。”〔2〕社会主义国家是以人民为中心的国家，服务人民、造福人民是社会主义国家的本质和优越性之所在，所以，从国家和法律制度看，“始终代表最广大人民根本利益，保证人民当家作主，体现人民共同意志，维护人民合法权益，是我国国家制度和国家治理体系的本质属性，也是我国国家制度和国家治理体系有效运行、充满活力的根本所在”。〔3〕 所以，在全面推进法治国家建设的进程中，必须坚持“以人民为中心”的指导思想，发挥人民的主动性和首创性，切实保障人民的权利和利益。

必须注意的是，理解习近平总书记法治的人民观还必须注意这样几个重要内容：第一，人民并不是个空洞无物的大词，而是有着具体指称的生命个体。正如习近平指出的那样：“人民不是抽象的符号，而是一个一个具体的人，有血有

〔1〕 习近平：《弘扬伟大长征精神，走好今天的长征路》，载《习近平谈治国理政》（第 2 卷），外文出版社有限责任公司 2017 年版，第 52 页。

〔2〕 习近平：《决胜全面建成小康社会　夺取新时代中国特色社会主义伟大胜利——在中国共产党第十九次全国代表大会上的报告》，人民出版社 2017 年版，第 21 页。

〔3〕 习近平：《坚持和完善中国特色社会主义制度、推进国家治理体系和治理能力现代化》，载《习近平谈治国理政》（第 3 卷），外文出版社有限责任公司 2020 年版，第 123 页。

肉,有情感,有爱恨,有梦想,也有内心的冲突和挣扎。"[1]因而,言及人民利益、人民权利、人民福祉,都需要落实到具体的个体之上,而不是用一个虚幻的抽象概念来含混地概括不知其为何物的存在。为此,言及人民福祉时,"归根结底就是让全体中国人都过上更好的日子"。[2] 在此,"全体中国人"和"中国人民"是在同等意义上使用的概念。第二,人民虽然主要是指现世存在的个人,但从制度安排与代际公平的角度看,人民也包括我们的子孙后代。正因如此,"我们要为当代人着想,还要为子孙后代负责"。[3] 如果只顾及本代人的利益与享受,而不考虑后辈人的生存与发展,那不仅是极度的不道德,也违反法律上的"代际公平"要求。所以,"资源开发利用既要支撑当代人过上幸福生活,也要为子孙后代留下生存根基。要树立节约集约循环利用的资源观,用最少的资源环境代价取得最大的经济社会效益"。[4] 同样,在社会公平正义的法律制度构建上,一方面要防止贫困的代际传递,防止不公平的资源分配导致对后代正当权益的损害。例如:"要推进教育精准脱贫,重点帮助贫困人口子女接受教育,阻断贫困代际传递,让每一个孩子都对自己有信心、对未来有希望。"[5]另一方面,则是要通过扶助弱者,保证他们的后代有和他人同样的发展能力。为此,习近平指出:"保障改善民生,要更加注重对特定人群特殊困难的精准帮扶。要在经济发展基础上持续改善民生,特别是要提高教育、医疗等基本公共服务数量和质量,推进教育公平。要实施精准帮扶,把钱花在对特定人群特殊困难的针对性帮扶上,使他们有现实获得感,使他们及其后代发展能力得到有效提升。"[6]这里所指的"后代",同样包括未出生的后代。第三,人民既是历史的创造者,也是历史的见证者;既是历史的"剧中人",也是历史的"剧作者"。[7] 这就意味着,人民不仅是国家发展中的旁观者或曰"看客",更是国家

---

〔1〕 习近平:《坚持以人民为中心的创作导向》,载《习近平谈治国理政》(第2卷),外文出版社有限责任公司2017年版,第317页。

〔2〕 习近平:《我们的目标就是让全体中国人都过上更好的日子》,载《习近平谈治国理政》(第3卷),外文出版社有限责任公司2020年版,第134页。

〔3〕 习近平:《共同构建人类命运共同体》,载《习近平谈治国理政》(第2卷),外文出版社有限责任公司2017年版,第538页。

〔4〕 习近平:《推动形成绿色发展方式和生活方式》,载《习近平谈治国理政》(第2卷),外文出版社有限责任公司2017年版,第396页。

〔5〕 习近平:《解决好人民群众最关心最直接最现实的利益问题》,载《习近平谈治国理政》(第2卷),外文出版社有限责任公司2017年版,第366页。

〔6〕 习近平:《对新常态怎么看,新常态怎么干》,载《习近平谈治国理政》(第2卷),外文出版社有限责任公司2017年版,第244页。

〔7〕 参见习近平:《坚持以人民为中心的创作导向》,载《习近平谈治国理政》(第2卷),外文出版社有限责任公司2017年版,第314页。

进步、民族繁荣的积极参与者。转换成法律的语言，那就是人民不仅是权利的享有者、请求者和消费者，更需要通过参与国家管理与社会管理，来体现人民的参与义务和主人翁精神。即使在自身的发展方面，也同样需要个人的努力。对于贫困者而言，国家救助和社会帮扶固然是必要的，但“幸福不会从天而降，好日子是干出来的。脱贫致富终究要靠贫困群众用自己的辛勤劳动来实现”。[1] 换句话说，所有的人都应当负起对自己的责任，为自己的幸福生活劳作。

那么，当将“以人民为中心”转换为法律术语时，其有着怎样的法律内涵，又有着怎样的法律要求呢？对此，笔者拟从确立人民的主体地位、维护人民的合法权益、回应人民的要求期待三个层面，来对之进行粗浅的解读。

一、以人民至上为原则，确立人民的主体地位

在抗击新冠肺炎疫情斗争中，习近平总书记提出了“人民至上”的响亮口号，表达了中国共产党人对人民的赤诚之心与挚爱之情。人民至上也是以人民为中心的另一种说法，都是对人民主体地位的尊重、维系与保障。在法律的本体、法律的目标上则是强调尊重人民的主体地位，通过制度来保障人民当家做主地位的实现。正如习近平总书记所要求的那样，坚持人民主体地位，就是要坚持“法治建设要为了人民、依靠人民、造福人民、保护人民。必须牢牢把握社会公平正义这一法治价值追求，努力让人民群众在每一项法律制度、每一个执法决定、每一宗司法案件中都感受到公平正义。要把体现人民利益、反映人民愿望、维护人民权益、增进人民福祉落实到依法治国全过程，保证人民在党的领导下通过各种途径和形式管理国家事务，管理经济和文化事业，管理社会事务”。[2] 这全面概括了人民主体地位的法律内涵，是新时代坚持以人民为中心的根本指导理念。

需要明确的是，在法学上，“地位”与“权利”是两个不同的术语。大致说来，两者的区别可以概括为如下几个方面：(1)从主体看，地位既可以指向某个个人(如君主的地位)，也可以指向某个群体，如少数民族的法律地位，但权利一般指向的对象仅为生活中的个体。(2)从内容看，“地位”代表着一种人在社会关系中所占的位置，如父母相对于未成年子女而言的管教者地位，而“权利”则表征着一定行为的自由度，也就是权利提供了行为人可据此自主行为的法律

---

〔1〕 习近平：《在中央扶贫开发工作会议上的讲话》，载中共中央文献研究室编：《习近平总书记重要讲话文章选编》，中央文献出版社·党建读物出版社2016年版，第301页。

〔2〕 习近平：《坚持以全面依法治国新理念新思想新战略为指导，坚定不移走中国特色社会主义法治道路》，载《习近平谈治国理政》(第3卷)，外文出版社有限责任公司2020年版，第284页。

空间。(3)从成因看,“地位”受制于历史传统及文化观念,例如“人民是历史的创造者,人民是真正的英雄”[1]这一表述中,“历史的创造者”就是根据历史唯物主义对人民地位所作的根本概括。由此而言,地位具有恒定性,但“权利”则是国家法律衡量社会现实条件对人的行为的可能性的一种确定。赋予主体多少权利以及权利的“厚”“薄”,与社会物质生活条件密不可分。(4)从效果看,在“权利”中需要权利拥有者作出行为,权利才具有实质的意义,但是,人的地位并不取决于当事人是否行为,它是一种由法律(主要是宪法)进行的宣示,表明人在国家社会生活中的位置。(5)从优先性看,地位高于权利,权利源于地位。换言之,法律上规定的“权利”通常是为了保证人的“地位”的落实而确立的,比如因为人的尊严可以引申出人不受歧视、不受监控、不受侮辱的权利。

那么,在当代中国,人民至上表明人具有怎样的法律地位呢?或者说,人民主体地位在法律上如何体现呢?在习近平总书记的论述中,那就是“当家作主”。“中国共产党领导人民实行人民民主,就是保证和支持人民当家作主。保证和支持人民当家作主不是一句口号、不是一句空话,必须落实到国家政治生活和社会生活之中,保证人民依法有效行使管理国家事务、管理经济和文化事业、管理社会事务的权力。”[2]实际上,这也就是我国宪法相关规定的通俗表达。我国《宪法》第2条规定:“中华人民共和国的一切权力属于人民。人民行使国家权力的机关是全国人民代表大会和地方各级人民代表大会。人民依照法律规定,通过各种途径和形式,管理国家事务,管理经济和文化事业,管理社会事务。”总括习近平总书记的论述和宪法的相关规定,我们可以得知,人民当家作主的地位主要表现在两个方面:一是人民是国家权力的所有者,二是人民是国家和社会事务的管理者。就前一个方面而言,国家的所有权力均来自人民权利的让渡,因而人民是国家权力最终的拥有者和所有者。国家权力只有服务于人民,造福于人民,才能无负于人民让渡权利的初衷。正因如此,“一切国家机关工作人员,无论身居多高的职位,都必须牢记我们的共和国是中华人民共和国,始终要把人民放在心中最高的位置,始终全心全意为人民服务,始终为人民利益和幸福而努力工作”。[3] 而就后一个方面而言,则是人民直接或间接地参与国家和社会的管理,发挥国家主人翁的作用。正如习近平总书记所指出的

---

〔1〕 习近平:《始终把人民放在心中最高位置》,载《习近平谈治国理政》(第3卷),外文出版社有限责任公司2020年版,第139页。

〔2〕 习近平:《推进协商民主广泛多层制度化发展》,载《习近平谈治国理政》(第2卷),外文出版社有限责任公司2017年版,第291~292页。

〔3〕 习近平:《始终把人民放在心中最高位置》,载《习近平谈治国理政》(第3卷),外文出版社有限责任公司2020年版,第139页。

那样：“我们要坚持国家一切权力属于人民的宪法理念，最广泛地动员和组织人民依照宪法和法律规定，通过各级人民代表大会行使国家权力，通过各种途径和形式管理国家和社会事务、管理经济和文化事业，共同建设，共同享有，共同发展，成为国家、社会和自己命运的主人。”[1]“主人”的称谓，是对人民当家作主的形象表述。

在落实人民当家作主的法律地位方面，习近平总书记主要就以下几个方面进行了论述：首先，健全选举制度，保证人民有权决定国家工作人员的选任。“古今中外的实践都表明，保证和支持人民当家作主，通过依法选举、让人民的代表来参与国家生活和社会生活的管理是十分重要的。”[2]在人民代表大会制度之下，人民通过自己的选票选出自己的代表组成各级人民代表大会，再由人大产生出其他国家机关，从而确保了人民最终对国家权力的控制。在总结巴黎公社的经验时，恩格斯就专门谈道：“为了防止国家和国家机关由社会公仆变为社会主人——这种现象在至今所有的国家中都是不可避免的——公社采取了两个可靠的办法。第一，它把行政、司法和国民教育方面的一切职位交给由普选选出的人担任，而且规定选举者可以随时撤换被选举者。第二，它对所有公务员，不论职位高低，都只付给跟其他工人同样的工资。”[3]只有让人民拥有通过选票选出或罢免国家机关工作人员的可能，才能真正保证国家权力为人民所有并造福于人民。当然，选举权要落到实处，还必须使这种权利不仅仅停留在选举的瞬间时段，为此，要“切实防止出现选举时漫天许诺、选举后无人过问的现象……切实防止出现人民形式上有权、实际上无权的现象”。[4] 其次，保障人民能够持续参与国家和社会管理。正如习近平总书记指出的那样，人民握有选举权固然重要，但是，“通过选举以外的制度和方式让人民参与国家生活和社会生活的管理也是十分重要的。人民只有投票的权利而没有广泛参与的权利，人民只有在投票时被唤醒、投票后就进入休眠期，这样的民主是形式主义的”。[5] 进一步而言，“人民是否享有民主权利，要看人民是否在选举时有投票

[1] 习近平：《在首都各界纪念现行宪法公布施行30周年大会上的讲话》，载《习近平谈治国理政》（第1卷），外文出版社有限责任公司2018年版，第139页。

[2] 习近平：《推进协商民主广泛多层制度化发展》，载《习近平谈治国理政》（第2卷），外文出版社有限责任公司2017年版，第293页。

[3] 恩格斯：《马克思〈法兰西内战〉1891年单行本导言》，载中共中央马克思恩格斯列宁斯大林著作编译局编译：《马克思恩格斯选集》（第3卷），人民出版社1995年版，第13页。

[4] 习近平：《坚持对中国特色社会主义政治制度的自信》，载《习近平谈治国理政》（第2卷），外文出版社有限责任公司2017年版，第290页。

[5] 习近平：《推进协商民主广泛多层制度化发展》，载《习近平谈治国理政》（第2卷），外文出版社有限责任公司2017年版，第293页。

的权利,也要看人民在日常政治生活中是否有持续参与的权利;要看人民有没有进行民主选举的权利,也要看人民有没有进行民主决策、民主管理、民主监督的权利”。[1] 为了使民主真正落到实处,就必须让人民能够直接参与国家和社会事务的管理。对此,习近平总书记指出:“坚持人民主体地位,必须坚持法治为了人民、依靠人民、造福人民、保护人民。要保证人民在党的领导下,依照法律规定,通过各种途径和形式管理国家事务,管理经济和文化事业,管理社会事务。要把体现人民利益、反映人民愿望、维护人民权益、增进人民福祉落实到依法治国全过程,使法律及其实施充分体现人民意志。”[2]可见,人民参与国家和社会管理的过程,也是人民福祉得以实现的过程。最后,人民作为国家的主人,还必须拥有监督一切国家机关及其工作人员是否依法履职的权利。人民享有有效的民主监督权利,也表明人民不仅在选举时能够定夺国家机关工作人员的人选,在选举后也能够通过监督权的行使,来监督国家权力是否合法、合理地行使。“权力是一把‘双刃剑’,在法治轨道上行使可以造福人民,在法律之外行使则必然祸害国家和人民。把权力关进制度的笼子里,就是要依法设定权力、规范权力、制约权力、监督权力。”[3]要规范权力、驯化权力,一方面要合理分解权力,科学配置权力,不同性质的权力由不同部门、单位、个人行使,形成科学的权力结构和运行机制。另一方面则“要健全权力运行制约和监督体系,有权必有责,用权受监督,失职要问责,违法要追究,保证人民赋予的权力始终用来为人民谋利益”。[4] 只有将权力合理分解并且建立科学的制约监督机制,才能够真正形成权力运行的良性机制,使权力真正服务于人民,受制于人民。

在对权力的监督形式上,习近平总书记提到了党内监督、人大监督、民主监督、行政监督、司法监督、审计监督、社会监督、舆论监督[5]等多种形式,大致说来,人民对权力运行的监督主要落实于民主监督、社会监督和舆论监督之上,但无论采用何种形式,总目的是“要加强对权力运行的制约和监督,让人民监督

---

〔1〕 习近平:《推进协商民主广泛多层制度化发展》,载《习近平谈治国理政》(第2卷),外文出版社有限责任公司2017年版,第292页。

〔2〕 习近平:《加快建设社会主义法治国家》,载《习近平谈治国理政》(第2卷),外文出版社有限责任公司2017年版,第115页。

〔3〕 习近平:《领导干部要做尊法学法守法用法的模范》,载《习近平谈治国理政》(第2卷),外文出版社有限责任公司2017年版,第128~129页。

〔4〕 习近平:《在首都各界纪念现行宪法公布施行30周年大会上的讲话》,载《习近平谈治国理政》(第1卷),外文出版社有限责任公司2018年版,第142页。

〔5〕 参见习近平:《加快建设社会主义法治国家》,载《习近平谈治国理政》(第2卷),外文出版社有限责任公司2017年版,第119页。

权力，让权力在阳光下运行，把权力关进制度的笼子”。[1] 我国《宪法》第 41 条第 1 款规定：“中华人民共和国公民对于任何国家机关和国家工作人员，有提出批评和建议的权利；对于任何国家机关和国家工作人员的违法失职行为，有向有关国家机关提出申诉、控告或者检举的权利，但是不得捏造或者歪曲事实进行诬告陷害。”这以根本大法的形式，将公民的民主监督权利以基本权利的形式予以确立，体现了社会主义国家人民是国家主人的根本性质。当然，要使人民群众能够有效地监督国家机关及其工作人员权力的行使状况，就必须将权力运行的状况公开、透明，为此“要推进权力运行公开化、规范化，完善党务公开、政务公开、司法公开和各领域办事公开制度，让人民监督权力，让权力在阳光下运行”。[2] 只有权力的运作状况公开透明，人民才可据此给出肯定或者否定的评价，从而提出合理的意见和建议，在维护权力权威性的同时，对权力可能的运作失控乃至腐败行为提出批评、控告。针对司法权力的运作与监督问题，习近平总书记还专门指出：“要坚持以公开促公正、以透明保廉洁，增强主动公开、主动接受监督的意识，让暗箱操作没有空间，让司法腐败无法藏身。”[3] 实际上，国家机关主张公开其权力运作的状况，也是取得人民理解、加强国家机关与人民群众合理互动的一种方式。

还必须指出的是，就“以人民为中心”而言，不仅要承认他们当家作主的政治和法律地位，同时在依法治国的进程中，也必须依靠人民群众来推进法治的进程。“我国社会主义制度保证了人民当家作主的主体地位，也保证了人民在全面推进依法治国中的主体地位。这是我们的制度优势，也是中国特色社会主义法治区别于资本主义法治的根本所在。”[4] 归根结底，法治是人民的法治，是为了人民、依靠人民、造福人民、保护人民的法治，只有依靠广大人民，才能奠定推行社会主义法治的群众基础，并通过人民丰富多样的法治实践来将党和国家的法治理想落地生根。如果没有广大人民群众的积极参与，全面推进社会主义法治国家建设也就无从着力。为此，“要充分调动人民群众投身依法治国实践的积极性和主动性，使全体人民都成为社会主义法治的忠实崇尚者、自觉遵守

---

〔1〕 习近平：《决胜全面建成小康社会　夺取新时代中国特色社会主义伟大胜利——在中国共产党第十九次全国代表大会上的报告》，人民出版社 2017 年版，第 67 页。

〔2〕 习近平：《推进协商民主广泛多层制度化发展》，载《习近平谈治国理政》（第 2 卷），外文出版社有限责任公司 2017 年版，第 297 ~ 298 页。

〔3〕 习近平：《促进社会公平正义，保障人民安居乐业》，载《习近平谈治国理政》（第 1 卷），外文出版社有限责任公司 2018 年版，第 149 页。

〔4〕 习近平：《加快建设社会主义法治国家》，载《习近平谈治国理政》（第 2 卷），外文出版社有限责任公司 2017 年版，第 115 页。

者、坚定捍卫者,使尊法、信法、守法、用法、护法成为全体人民的共同追求”。[1]按照这一要求,人民群众就不是法治建设的旁观者,而是积极的参与者和实践者。

二、以人民福祉为宗旨,维护人民的合法权利

以人民为中心,就要通过法治来增强人民群众的获得感、幸福感和安全感,保障人民安居乐业。在现代社会,权利是人们自主行动的资本,是人民据此向国家、社会、他人请求的资格。只有在让人民群众充分享有广泛和充实的权利基础上,才可能有生活的美好和福祉的增进。在首都各界纪念现行宪法公布施行30周年的大会上,习近平总书记明确指出:“坚持人民主体地位,切实保障公民享有权利和履行义务。公民的基本权利和义务是宪法的核心内容,宪法是每个公民享有权利、履行义务的根本保证。宪法的根基在于人民发自内心的拥护,宪法的伟力在于人民出自真诚的信仰。只有保证公民在法律面前一律平等,尊重和保障人权,保证人民依法享有广泛的权利和自由,宪法才能深入人心,走入人民群众,宪法实施才能真正成为全体人民的自觉行动。”[2]可以说,宪法和法律为人民群众赋予了广泛的权利,只有通过权利才能够获取现实的利益,增进百姓的福祉,宪法和法律才能真正为人民所拥护、信守。正因如此,习近平总书记在一系列文章、报告、讲话中,一再重申要对人民权利加以维护,使人民在享受权利的过程中,提升其生活质量。

那么,人民群众在国家法律中享有哪些权利呢?习近平总书记指出,“我们要依法保障全体公民享有广泛的权利,保障公民的人身权、财产权、基本政治权利等各项权利不受侵犯,保证公民的经济、文化、社会等各方面权利得到落实”。[3] 由此可见,从权利的分类来说,权利大致可作三类划分:一是人身权、财产权等与人们日常生活相关的自然权利;二是参与国家和社会事务管理的政治权利;三是经济、社会、文化权利等。尤其重要的是,保障权利得以落实的根本目的,是“努力维护最广大人民根本利益,保障人民群众对美好生活的向往和追求”。[4] 质言之,所有权利的最终目的,都是指向人民的幸福指数,提升其

---

〔1〕 习近平:《加快建设社会主义法治国家》,载《习近平谈治国理政》(第2卷),外文出版社有限责任公司2017年版,第115页。

〔2〕 习近平:《在首都各界纪念现行宪法公布施行30周年大会上的讲话》,载《习近平谈治国理政》(第1卷),外文出版社有限责任公司2018年版,第140~141页。

〔3〕 习近平:《在首都各界纪念现行宪法公布施行30周年大会上的讲话》,载《习近平谈治国理政》(第1卷),外文出版社有限责任公司2018年版,第141页。

〔4〕 习近平:《在首都各界纪念现行宪法公布施行30周年大会上的讲话》,载《习近平谈治国理政》(第1卷),外文出版社有限责任公司2018年版,第141页。

福祉水平。不仅如此，习近平总书记还作出了“人民幸福生活是最大的人权”的重要论断，指出：“时代在发展，人权在进步。中国坚持把人权的普遍性原则和当代实际相结合，走符合国情的人权发展道路，奉行以人民为中心的人权理念，把生存权、发展权作为首要的基本人权，协调增进全体人民的经济、政治、社会、文化、环境权利，努力维护社会公平正义，促进人的全面发展。”[1]正是本着这一认识，习近平总书记对人权予以了高度的重视，并结合中国的现实国情，提出了一系列战略决策。

习近平总书记指出：“始终代表最广大人民根本利益，保证人民当家作主，体现人民共同意志，维护人民合法权益，是我国国家制度和国家治理体系的本质属性，也是我国国家制度和国家治理体系有效运行、充满活力的根本所在。我国国家制度和国家治理始终着眼于实现好、维护好、发展好最广大人民根本利益，着力保障和改善民生，使改革发展成果更多更公平惠及全体人民……具有无可比拟的先进性。”[2]推进中国特色社会主义法治，就是要保障人民合法权益的实现，使他们在法治发展的过程中获得益处、得到实惠。为此，必须确立以民生为基调的法治发展目标，也就是“在整个发展过程中，都要注重民生、保障民生、改善民生，让改革发展成果更多更公平惠及广大人民群众，使人民群众在共建共享发展中有更多获得感。特别是要从解决群众最关心最直接最现实的利益问题入手，做好普惠性、基础性、兜底性民生建设，全面提高公共服务共建能力和共享水平，满足老百姓多样化的民生需求，织就密实的民生保障网”。[3] 对于民生而言，它“离老百姓最近，同老百姓生活最密切”，[4]其完善程度如何、保障力度怎样，都关乎着每一个社会成员的日常生活，因而也就成为主体最为普遍、范围最为广泛、影响最为显著的社会事业。推进全面依法治国，就必须发挥法治在保障民生方面的重要作用，以法治规划民生，以法治支持民生，以法治保障民生。

在通过法治维系民主、为人民的基本生存提供法律保障方面，习近平总书记的相关论述涉及以下几个基本内容：

---

〔1〕 习近平：《走符合国情的人权发展道路》，载《习近平谈治国理政》(第3卷)，外文出版社有限责任公司2020年版，第288页。

〔2〕 习近平：《坚持和完善中国特色社会主义制度、推进国家治理体系和治理能力现代化》，载《习近平谈治国理政》(第3卷)，外文出版社有限责任公司2020年版，第123页。

〔3〕 习近平：《在重庆调研时的讲话》，载中共中央文献研究室编：《习近平关于全面建成小康社会论述摘编》，中央文献出版社2016年版，第157～158页。

〔4〕 习近平：《在参加十二届全国人大三次会议上的讲话》，载中共中央文献研究室编：《习近平关于全面建成小康社会论述摘编》，中央文献出版社2016年版，第148页。

一是将事关人民生活的事项纳入法治调整的轨道，以法治的刚性来推进民生事业。以环境为例，“环境就是民生，青山就是美丽，蓝天也是幸福，绿水青山就是金山银山；保护环境就是保护生产力，改善环境就是发展生产力……我们要坚持节约资源和保护环境的基本国策，像保护眼睛一样保护生态环境，像对待生命一样对待生态环境，推动形成绿色发展方式和生活方式，协同推进人民富裕、国家强盛、中国美丽”。[1] 环境对于人们生活质量和健康安全的重要性固不待言，保护环境有赖于人们的自觉，特别是生产厂家要有良好的环境意识，按照国家标准来施行排污，减少环境污染，但是，更为重要的，则是“保护生态环境必须依靠制度、依靠法治。只有实行最严格的制度、最严密的法治，才能为生态文明建设提供可靠保障”。[2] 从一定程度上说，缺乏法治的刚性约束，就难以扼制无良商家竭泽而渔的贪婪之心。就业问题也是如此。习近平将就业称为“最大的民生”，强调要“提高就业质量和人民收入水平……要坚持就业优先战略和积极就业政策，实现更高质量和更充分就业。大规模开展职业技能培训，注重解决结构性就业矛盾，鼓励创业带动就业。提供全方位公共就业服务，促进高校毕业生等青年群体、农民工多渠道就业创业”。[3] 可以想象，在《就业促进法》和国家政策双管齐下的共同作用下，人民群众能够有更多的就业渠道，也有更好的收入水平。再以住房问题而言，“住房问题既是民生问题也是发展问题，关系千家万户切身利益，关系人民安居乐业，关系经济社会发展全局，关系社会和谐稳定”。[4] 唐代诗圣杜甫“安得广厦千万间，大庇天下寒士俱欢颜”的呼吁，正是住房对于百姓而言极端重要性的写照。当然，“总有一部分群众由于劳动技能不适应、就业不充分、收入水平低等原因而面临住房困难”，[5]为此要加快推进住房保障和供应体系建设，满足群众基本住房需求，实现全体人民住有所居的战略目标。在保障性住房建设上，习近平总书记特别提到了法律的保障作用，强调“要把这件好事办好、真正使需要帮助的住房困难户群众受益，就必须加强管理，在准入、使用、退出等方面建立规范机制，实现公

〔1〕 习近平：《深入理解新发展理念》，载《习近平谈治国理政》（第2卷），外文出版社有限责任公司2017年版，第209～210页。

〔2〕 习近平：《在十八届中央政治局第六次集体学习时的讲话》，载中共中央文献研究室编：《习近平关于全面建成小康社会论述摘编》，中央文献出版社2016年版，第168～169页。

〔3〕 习近平：《决胜全面建成小康社会　夺取新时代中国特色社会主义伟大胜利——在中国共产党第十九次全国代表大会上的报告》，人民出版社2017年版，第46～47页。

〔4〕 习近平：《加快推进住房保障和供应体系建设》，载《习近平谈治国理政》（第1卷），外文出版社有限责任公司2018年版，第192页。

〔5〕 习近平：《在十八届中央政治局第十次集体学习时的讲话》，载中共中央文献研究室编：《习近平关于全面建成小康社会论述摘编》，中央文献出版社2016年版，第133～134页。

共资源公平善用。要坚持公平分配,使该保障的群众真正受益。要对非法占有保障性住房行为进行有效治理,同时要从制度上堵塞漏洞、加以防范。对非法占有保障性住房的,要依法依规惩处”。[1] 只有严格执法、公正司法,才能彰显法律的权威,防范违法乃至犯罪行为的发生。

二是加强重点领域的立法,为民生夯实法治的根基。在谈到党的十九届三中全会关于深化党和国家机构改革的问题时,习近平总书记指出,“加强重点领域民生工作,立足建立健全更加公平、更可持续的社会保障制度和公共服务体系,在教育文化、卫生健康、医疗保障、退役军人服务、移民管理服务、生态环保、应急管理等人民群众普遍关心的领域加大机构调整和优化力度,组建了一批新机构,强化政府公共服务、社会管理职能,以更好保障和改善民生、维护公共安全”。[2] 众所周知,诸如教育文化、卫生健康、医疗保障等,都关系到人民群众的日常生活及其质量,是真正牵动千家万户的头等大事。教育如不公平,则受教育权的质与量将大打折扣;卫生健康、医疗保障若不到位,则健康权难以保障,看病难、看病贵等问题会对贫困群众的生活带来重大影响。正因如此,习近平总书记在党的十九大上强调:“坚持在发展中保障和改善民生。增进民生福祉是发展的根本目的。必须多谋民生之利、多解民生之忧,在发展中补齐民生短板、促进社会公平正义,在幼有所育、学有所教、劳有所得、病有所医、老有所养、住有所居、弱有所扶上不断取得新进展,深入开展脱贫攻坚,保证全体人民在共建共享发展中有更多获得感,不断促进人的全面发展、全体人民共同富裕。”[3]这一战略性要求告诉我们:民生问题既与经济发展水平密切相关,更与法制的完善与进步密不可分。从一定意义上说,人民的获得感、幸福感、安全感都是通过民生发展水平的提升而得以体现的,因而,在法治的架构中广为容纳民生的内容,既是国家为人民服务、对人民负责的神圣职责的体现,也是建立和谐社会、融洽社会关系的必然之理。在党的十九大报告中,习近平总书记所提到的“优先发展教育事业”“提高就业质量和人民收入水平”“加强社会保障体系建设”“坚决打赢脱贫攻坚战”“实施健康中国战略”等,从法律制度的层面而言涉及宪法、教育法、劳动法、民法、社会法、行政法等多个部门法领域,而其法律上的核心词汇即为“教育公平”“社会保障”“劳动者权益”“社会安全”“政府

---

[1] 习近平:《加快推进住房保障和供应体系建设》,载《习近平谈治国理政》(第1卷),外文出版社有限责任公司2018年版,第194页。

[2] 习近平:《切实把思想统一到党的十九届三中全会精神上来》,载《习近平谈治国理政》(第3卷),外文出版社有限责任公司2020年版,第173页。

[3] 习近平:《决胜全面建成小康社会 夺取新时代中国特色社会主义伟大胜利——在中国共产党第十九次全国代表大会上的报告》,人民出版社2017年版,第23页。

服务”，在权利上又表现为“生存权”“财产权”“健康权”“受教育权”“劳动权”“社会保障权”“社会救助权”等具体形态。就此而言，以法治原则为指导，构建民生的法律制度框架有了相对清晰的思路，有利于从立法、执法等各个层面来对此进行深入研究和科学决策，从而真正使民众福祉具体落实在相对公平、合理的法律制度之上。

三是倡导底线思维，通过社会保障法律制度实行兜底保护。在民生层面，既要扩大社会政策受益面，使广大人民群众过上更为美好的生活，又要通过法律和政策的实施，守住民生底线。要将底线守住，就必须加强社会保障法律制度的建设，对于特定时期存在特定困难的人员，加强针对性、及时性的社会救助，帮助其尽快走出困境。例如，要重点保障低收入群众基本生活，做好高校大学生生活困难补助；要注意稳定和扩大就业，特别是要鼓励创业就业，多渠道创造就业岗位，尤其要做好以高校毕业生为重点的青年就业工作；要善待和支持小微企业发展，强化大企业社会责任，保持就业局势总体稳定；要抓好失业人员就业培训、再就业服务、生活救济工作。对于兜底保护而言，“完善制度”是最为根本的路径。对于国家通过制度来保障最低限度的民生，美国学者弗里德曼曾以“大本营”一词来进行比喻。在他看来，国家的存在就是给人们带来了“一种有了大本营的感觉，一种有了安全网的感觉。在这个进程的最后——好像是我们时代的顶峰——一种新的、充分流动的法律文化出现了，它的关键就在于对正义的一般预期”。〔1〕按照现代汉语的理解，“大本营”既是统帅部，又是根据地：从前者来说，这意味着国家是主持正义的最高场所；从后者来说，它是为人们提供救助与庇护的最后机构。进入了大本营的人们才是安全的，因为这里有足够的物质和制度保障，能护卫人们的周全。生活上、境遇中的困难者，事业上、竞争中的失败者，都可以到这个大本营来寻求帮助，以期获得重生的机会。

兜底保护也与对弱者的救助密不可分。党的十九大报告专门指出，要加强社会保障体系建设，使幼有所育、学有所教、劳有所得、病有所医、老有所养、住有所居、弱有所扶。〔2〕这一制度的重心是对弱者的扶助与关怀，特别是报告首次言及了“弱有所扶”的原则与制度安排，为弱者保护提供了更好的契机。国家和社会扶助的对象，需要通过相关制度安排来使其权益得到实现，如医疗、养老就离不开体制化的制度安排，来保障看得起病，养得起老。在列举上述群体

〔1〕［美］弗里德曼：《选择的共和国——法律、权威与文化》，高鸿钧等译，清华大学出版社2005年版，第114页。

〔2〕参见习近平：《决胜全面建成小康社会　夺取新时代中国特色社会主义伟大胜利——在中国共产党第十九次全国代表大会上的报告》，人民出版社2017年版，第23页。

各自的保障目标之后，“弱有所扶”成为一个兜底性原则，为所有弱者提供了制度保障的底线。应当说，任何一个社会都是建立在差别与分层的基础之上，因而任何一个社会都有处于相对劣势地位的弱者存在。以社会和谐为目标，以社会公平为标准，对弱者予以倾斜性的保护，既是维系弱者权益所必需，也是社会主义制度文明性、人道性的高度体现。从一定程度上说，只有注重保护弱者的权利，才能达致和谐社会所要求的对人的尊严和人权的尊重；只有保护弱者的权利，才能实现和谐社会所要求的平等和公正。实际上，当法治要承载着保护全体社会成员权利的神圣使命时，弱者的人权保障则显得更为迫切。一方面，作为弱者生存的凭借与行动的资本，权利的赋予是其维持正常生活、改变其不利现状的基础。如果说权利代表着资格、能力，那么对弱者的权利赋予就是授予其与正常人一样的社会地位与行动能力。另一方面，在资源相对有限的背景之下，将有限的资源投放于弱者的权利保障之上，也有利于弱者迅速改变其不利现状，尽快地恢复正常人的生活。

三、以人民关切为导向，回应人民的利益期待

人的需求随着社会的发展而增加，也随着社会的进步而变化，因而，在新时代下，不断满足人民对美好生活的需求，既是党和国家工作的重心，也是法律法治努力的根本方向。习近平总书记指出："我们的人民热爱生活，期盼有更好的教育、更稳定的工作、更满意的收入、更可靠的社会保障、更高水平的医疗卫生服务、更舒适的居住条件、更优美的环境，期盼孩子们能成长得更好、工作得更好、生活得更好。人民对美好生活的向往，就是我们的奋斗目标。"[1]不仅如此，在党的十九大报告中，将我国社会主要矛盾概括为“人民日益增长的美好生活需要和不平衡不充分的发展之间的矛盾”，为此“必须坚持以人民为中心的发展思想，不断促进人的全面发展、全体人民共同富裕”。[2] 因此，以人民的现实关切为导向，积极回应人民的利益期待，成为习近平总书记念兹在兹的话题。

首先，要确立公平正义的制度环境，确保人民平等参与和平等发展的同等机会。“公平正义是中国特色社会主义的内在要求，所以必须在全体人民共同奋斗、经济社会发展的基础上，加紧建设对保障社会公平正义具有重大作用的

---

〔1〕 习近平：《人民对美好生活的向往，就是我们的奋斗目标》，载《习近平谈治国理政》（第 1 卷），外文出版社有限责任公司 2018 年版，第 4 页。

〔2〕 习近平：《决胜全面建成小康社会　夺取新时代中国特色社会主义伟大胜利——在中国共产党第十九次全国代表大会上的报告》，人民出版社 2017 年版，第 19 页。

制度，逐步建立社会公平保障体系。共同富裕是中国特色社会主义的根本原则，所以必须使发展成果更多更公平惠及全体人民，朝着共同富裕方向稳步前进。”[1]在回应人民群众的利益期待上，公平正义既是一种现实的利益需要，又是创造利益的制度平台。就前者而言，人民群众是否能够感知到公平正义，本身就是一种现实的利益。换句话说，没有公平正义的社会法律制度，人们就不会有真正意义上的美好生活。这正如学者指出的那样：“社会公平原则包括两个方面。第一，在人类美好生活所必需的物质条件方面，它要求实现人类状况的平等，并且在个人能力允许的前提下实现工作和娱乐机会上的平等；第二，它要求采取一视同仁的普遍原则，以保证分配标的不会在第一方面的要求实现以后又被一部分人攫走。”[2]可见，当人们感觉在社会上被同等对待、社会资源在社会成员中被公平地分配时，他们就会产生一种公平正义的心理认同。反之，当人们感觉受到歧视、遭遇排斥时，就会产生发自内心的愤懑与痛苦。因为在不平等的对待中，人们感受到低人一等的屈辱以及被人歧视的伤害，而这种痛苦远比缺吃少穿带给人们的伤害更强烈，“对所有人的心理健康造成最大影响的因素是不平等程度，而不是家庭、宗教、价值观、教育程度等其他因素”。[3]感受到公平正义既是人们美好生活的基本内容，也是人们获致美好生活的基本条件。

而就后者而言，只有在公平正义的制度支撑之下，利益的分配才是恰当的、合理的、公平的，由此人们才愿意团结在国家的大旗之下，为社会进步和繁荣作出自己的贡献。对此习近平总书记专门强调：“改革既要往有利于增添发展新动力方向前进，也要往有利于维护社会公平正义方向前进，注重从体制机制创新上推进供给侧结构性改革，着力解决制约经济社会发展的体制机制问题；把以人民为中心的发展思想体现在经济社会发展各个环节，做到老百姓关心什么、期盼什么，改革就要抓住什么、推进什么，通过改革给人民群众带来更多获得感。”[4]可见没有公平正义的制度安排，就不会有全体人民的普遍受益。必须说明的是，在法学上，公平正义的理念更多地通过平等表现出来。习近平总

[1] 习近平：《紧紧围绕坚持和发展中国特色社会主义　学习宣传贯彻党的十八大精神》，载《习近平谈治国理政》（第1卷），外文出版社有限责任公司2014年版，第13页。

[2] [英]彼得·斯坦、[英]约翰·香德：《西方社会的法律价值》，王献平译，中国人民公安大学出版社1990年版，第85页。

[3] [英]理查德·威尔金森、[英]凯特·皮克特：《不平等的痛苦：收入差距如何导致社会问题》，安鹏译，新华出版社2010年版，第5页。

[4] 习近平：《让人民群众有更多获得感》，载《习近平谈治国理政》（第2卷），外文出版社有限责任公司2017年版，第103页。

书记明确指出:“必须坚持法律面前人人平等。平等是社会主义法治的基本属性,是社会主义法治的基本要求。坚持法律面前人人平等,必须体现在立法、执法、司法、守法等各个方面。”[1]按照学术界的一般理解,平等首先是机会的平等,即法律设定同样的起跑线,给予每个人同等的参与与发展机会。正因如此,“生活在我们伟大祖国和伟大时代的中国人民,共同享有人生出彩的机会,共同享有梦想成真的机会,共同享有同祖国和时代一起成长与进步的机会。有梦想,有机会,有奋斗,一切美好的东西都能够创造出来”。[2] 法律在此扮演着蒙面女神的角色,不分人的民族、种族、家庭背景、财产状况、教育程度、宗教信仰,一视同仁地保障着所有社会成员都能获致平等的参与和发展机会。

其次,要将人民的利益期待作为制定法律的根本动力,确保法治依靠人民、为了人民。怎样知晓人民对合法利益的期待呢?习近平总书记指出:“在全面深化改革进程中,遇到关系复杂、难以权衡的利益问题,要认真想一想群众实际情况究竟怎样?群众到底在期待什么?群众利益如何保障?群众对我们的改革是否满意?提高改革决策的科学性,很重要的一条就是要广泛听取群众意见和建议,及时总结群众创造的新鲜经验,充分调动群众推进改革的积极性、主动性、创造性,把最广大人民智慧和力量凝聚到改革上来,同人民一道把改革推向前进。”[3]可见,只有深入群众,走群众路线,才能够了解人民群众的所思、所想,也才能为科学立法、民主立法奠定现实基础。立法只有集中群众的智慧,才能更加科学、周密、合理;立法只有发扬民主,才能调动广大群众参与立法的主动性和积极性,贡献出接地气、有针对性的立法方案。为此,要“拓展人民有序参与立法途径”,[4]“充分发扬民主,广泛汇聚民智,最大激发民力,形成人人参与、人人尽力、人人都有成就感的生动局面”。[5] 通过法律制定来积极回应人民的利益期待。

法律的制定并非一劳永逸,而是要在社会的发展和人民群众需求的变化中进行改革与修正。习近平总书记谈道:“经过改革开放近40年的发展,我国社

---

〔1〕 习近平:《加快建设社会主义法治国家》,载《习近平谈治国理政》(第2卷),外文出版社有限责任公司2017年版,第115页。

〔2〕 习近平:《在第十二届全国人民代表大会第一次会议上的讲话》,载《习近平谈治国理政》(第1卷),外文出版社有限责任公司2018年版,第40页。

〔3〕 习近平:《切实把思想统一到党的十八届三中全会精神上来》,载《习近平谈治国理政》(第1卷),外文出版社有限责任公司2018年版,第98页。

〔4〕 习近平:《在首都各界纪念现行宪法公布施行30周年大会上的讲话》,载《习近平谈治国理政》(第1卷),外文出版社有限责任公司2018年版,第140页。

〔5〕 习近平:《深入理解新发展理念》,载《习近平谈治国理政》(第2卷),外文出版社有限责任公司2017年版,第215~216页。

会生产力水平明显提高；人民生活显著改善，对美好生活的向往更加强烈，人民群众的需要呈现多样化多层次多方面的特点，期盼有更好的教育、更稳定的工作、更满意的收入、更可靠的社会保障、更高水平的医疗卫生服务、更舒适的居住条件、更优美的环境、更丰富的精神文化生活。”[1]而这些目标的达致，自然离不开国家在教育、分配、社会保障、环境保护等方面的法律制度的支撑，为此需要结合人民的利益需求，及时出台保障人民合法利益的法律法规。“推进任何一项重大改革，都要站在人民立场上把握和处理好涉及改革的重大问题，都要从人民利益出发谋划改革思路、制定改革举措。”[2]如果说改革要于法有据，那么各项改革都要保持与法律间的密切互动，为此，“要总结经验、完善思路、突出重点，提高改革整体效能，扩大改革受益面，发挥好改革先导性作用，多推有利于增添经济发展动力的改革，多推有利于促进社会公平正义的改革，多推有利于增强人民群众获得感的改革，多推有利于调动广大干部群众积极性的改革”。[3] 可见，改革与立法有着共同的目的，那就是保证人民利益的实现，增强人民群众的获得感。

当今社会已迈入高科技时代，如何适应这一社会变化，为人民的幸福生活提供法律支撑，也是习近平总书记关心的话题，因为“人民的需要和呼唤，是科技进步和创新的时代声音”。“随着经济社会不断发展，我国13亿多人民过上美好生活的新期待日益上升，提高社会发展水平、改善人民生活、增强人民健康素质对科技创新提出了更高要求。要想人民之所想、急人民之所急，聚焦重大疾病防控、食品药品安全、人口老龄化等重大民生问题，大幅增加公共科技供给，让人民享有更宜居的生活环境、更好的医疗卫生服务、更放心的食品药品。要依靠科技创新建设低成本、广覆盖、高质量的公共服务体系。要加强普惠和公共科技供给，发展低成本疾病防控和远程医疗技术，实现优质医疗卫生资源普惠共享。要发展信息网络技术，消除不同收入人群、不同地区间的数字鸿沟，努力实现优质文化教育资源均等化。”[4]固然，这里更多的是说科技及科技创新的问题，但疾病防控、食品药品安全、人口老龄化等既是民生问题，也是法律

[1] 习近平：《高举中国特色社会主义伟大旗帜，为决胜全面小康社会实现中国梦而奋斗》，载《习近平谈治国理政》（第2卷），外文出版社有限责任公司2017年版，第61页。

[2] 习近平：《切实把思想统一到党的十八届三中全会精神上来》，载《习近平谈治国理政》（第1卷），外文出版社有限责任公司2018年版，第98页。

[3] 习近平：《让人民群众有更多获得感》，载《习近平谈治国理政》（第2卷），外文出版社有限责任公司2017年版，第103页。

[4] 习近平：《建设世界科技强国》，载《习近平谈治国理政》（第2卷），外文出版社有限责任公司2017年版，第272~273页。

问题,需要通过法律来统筹解决,以满足人民在科技时代的利益需要。

最后,严格执法,公正司法,在法律实施中回应人民的利益期待。法律的制定只是国家治理的第一步,更为重要的是,要使制定的法律在社会生活中得以全面实施,以此来彰显法律的目的和法律的权威。然而,“‘天下之事,不难于立法,而难于法之必行。’依法治国是我国宪法确定的治理国家的基本方略,而能不能做到依法治国,关键在于党能不能坚持依法执政,各级政府能不能依法行政……执法是行政机关履行政府职能、管理经济社会事务的主要方式,各级政府必须依法全面履行职能,坚持法定职责必须为、法无授权不可为,健全依法决策机制,完善执法程序,严格执法责任,做到严格规范公正文明执法”。[1] 对于行政机关及其工作人员来说,他们担负着管理社会事务、维护社会秩序的重要职责,与人民群众的关联、关系最为密切。可以想象,如果法定的职责不被履行,划定的权界可以突破,决策的机制不够健全,执法的程序不被遵循,执法的责任可以免除,那不仅在人民群众中造成政府可以随意违法的观感,也从根本上损害了人民群众的利益。正如俗语所云:“上好之,下必有甚之者也。”如果行政机关及其工作人员可以绕开法律采取行政管理措施,或滥用行政自由裁量权作出裁决,就会极大地损害法律的权威,也会引发人民群众对法律的严重不信任。

对于如何严格执法,习近平总书记在相关论述中提出了明确要求:“推进严格执法,重点是解决执法不规范、不严格、不透明、不文明以及不作为、乱作为等突出问题。要以建设法治政府为目标,建立行政机关内部重大决策合法性审查机制,积极推行政府法律顾问制度,推进机构、职能、权限、程序、责任法定化,推进各级政府事权规范化、法律化。要全面推进政务公开,强化对行政权力的制约和监督,建立权责统一、权威高效的依法行政体制。要严格执法资质、完善执法程序,建立健全行政裁量权基准制度,确保法律公正、有效实施。”[2] 上述列举的执法不规范、不严格、不透明、不文明以及不作为、乱作为等问题,在不同层级、不同地域的行政执法中普遍存在,而其危害是不仅损害了人民政府的形象,也从根本上背离了人民群众的期待,损害了人民群众的利益。针对此类情形,“必须加快建立权责统一、权威高效的依法行政体制……在市场监管、生态环保、文化市场、交通运输、农业等领域整合组建执法队伍,大幅减少执法队伍

---

〔1〕 习近平:《加快建设社会主义法治国家》,载《习近平谈治国理政》(第2卷),外文出版社有限责任公司2017年版,第120页。

〔2〕 习近平:《加快建设社会主义法治国家》,载《习近平谈治国理政》(第2卷),外文出版社有限责任公司2017年版,第121页。

类别，合理配置执法力量，着力解决多头多层重复执法问题，努力做到严格规范公正文明执法。各地区各部门要完善权责清单制度，加快推进机构、职能、权限、程序、责任法定化，强化对行政权力的制约和监督，做到依法设定权力、规范权力、制约权力、监督权力”。〔1〕任何权力不受制约、监督，都会滑向权力设定目的的反面，成为一种专断、任性、恣意的权力。而在所有权力之中，行政权力又是一种最值得加强制约的权力，这不仅是因为行政权力与人民群众的日常生活关联最为紧密，同时还因为“在所有国家权力中，行政权力是最桀骜不驯的，因为它是唯一不需要借助程序就能行使的权力，所以它有极大的随意性和广阔的空间。严格的法治，首先应建立对行政权的严格控制制度”。〔2〕规范与控制行政权力，本质上也是为了保障人民的利益，因为所有国家机关及其工作人员都是受人民委托来行使权力，权力是用来造福于人民，维护人民的根本利益。

从权力运行的顺序而言，执法权在前，司法权在后，司法权由此成为守护社会公正、捍卫人民利益的最后一道关口。本着司法最终裁决的法治准则，司法机关是所有纠纷解决机制中的最后一环，其能否依法公平合理地裁决人民群众之间以及人民群众与国家机关之间的纠纷争议，一定程度上就是法治是否得以推行的标尺。也就是从这个意义上说，习近平总书记一再指出：“要努力让人民群众在每一个司法案件中都感受到公平正义，所有司法机关都要紧紧围绕这个目标来改进工作，重点解决影响司法公正和制约司法能力的深层次问题。”〔3〕具体而言，在通过司法回应人民的公平正义诉求、维护人民的利益期待方面，主要加强以下几个方面的工作：

第一，以公平正义作为司法工作的根本追求，让人民群众感知公平正义的存在。在习近平总书记看来，公正司法并不是什么玄妙莫测的学理阐述，而是与人民利益密切相关的裁判效果：“所谓公正司法，就是受到侵害的权利一定会得到保护和救济，违法犯罪活动一定要受到制裁和惩罚。如果人民群众通过司法程序不能保证自己的合法权利，那司法就没有公信力，人民群众也不会相信司法。”〔4〕作为国家为解决纠纷而设立的常设机构，法院必须据理判决，公正裁断，这样才能真正当得起“人民法院”这个光荣称号。如果说立法是对权利、利益问题进行的初次界定，那么司法则是对引发争议的权利、利益问题进行法

---

〔1〕 习近平：《切实把思想统一到党的十九届三中全会精神上来》，载《习近平谈治国理政》（第3卷），外文出版社有限责任公司2020年版，第174页。

〔2〕 徐显明：《论“法治”构成要件——兼及法治的某些原则及观念》，载《法学研究》1996年第3期。

〔3〕 习近平：《论坚持全面依法治国》，中央文献出版社2020年版，第22页。

〔4〕 习近平：《论坚持全面依法治国》，中央文献出版社2020年版，第22页。

律上的第二次分配。严格来说,所有诉讼都是权利、利益之争,因而如何公正地解决争议,真正做到定分止争,就成为司法机关义不容辞的神圣职责。“我们要依法公正对待人民群众的诉求,努力让人民群众在每一个司法案件中都能感受到公平正义,决不能让不公正的审判伤害人民群众感情,损害人民群众权益。”[1]在这方面,既要维护程序正义,也要保证实体正义;既要有形式正义的固守,也要有实质正义的追求;既要强调围绕个案公平解决的个案正义,也要有衡量社会效果的普遍正义。

第二,吸纳人民群众的意见、建议,以人民为中心推进司法体制改革。“我国司法制度是党领导人民在长期实践中建立和发展起来的,总体上与我国国情和我国社会主义制度是适应的。同时,由于多种因素影响,司法活动中也存在一些司法不公、冤假错案、司法腐败以及金钱案、权力案、人情案等问题。这些问题如果不抓紧解决,就会严重影响全面依法治国进程,严重影响社会公平正义。”[2]对此,总书记列举了以下主要情形:司法机关人财物受制于地方,司法活动容易受到干扰;司法行政化问题突出,审者不判、判者不审;司法人员管理等同于一般公务员管理,不利于提高专业素质、保障办案质量;司法不公开、不透明,为暗箱操作留下空间;等等。“这些问题不仅影响司法应有的权利救济、定分止争、制约公权的功能发挥,而且影响社会公平正义的实现。解决这些问题,就要靠深化司法体制改革。”[3]当然,改革只是手段而不是目的,是为了使司法体制更加科学、合理,更能够捍卫和保护人民群众的合法权益。在司法体制改革中,必须坚持以人民为中心的政治导向:“司法体制改革必须为了人民、依靠人民、造福人民。司法体制改革成效如何,说一千道一万,要由人民来评判,归根到底要看司法公信力是不是提高了……深化司法体制改革,要广泛吸取人民群众意见,深入了解一线司法实际情况、了解人民群众到底在期待什么,把解决了多少问题、人民群众对问题解决的满意度作为评判改革成效的标准。”[4]只有坚持群众路线,回应群众关切,才能使司法体制改革在集中人民群众智慧的基础上,得以顺利推行并产生成效。

---

〔1〕 习近平:《在首都各界纪念现行宪法公布施行30周年大会上的讲话》,载《习近平谈治国理政》(第1卷),外文出版社有限责任公司2018年版,第141页。

〔2〕 习近平:《深化司法体制改革》,载《习近平谈治国理政》(第2卷),外文出版社有限责任公司2017年版,第130~131页。

〔3〕 习近平:《在中央政法工作会议上的讲话》,载中共中央文献研究室编:《习近平关于全面依法治国论述摘编》,中央文献出版社2015年版,第76~77页。

〔4〕 习近平:《深化司法体制改革》,载《习近平谈治国理政》(第2卷),外文出版社有限责任公司2017年版,第131页。

第三，以人民群众利益诉求作为司法工作的导向，重点解决好损害群众权益的突出问题。“要坚持司法为民，改进司法工作作风，通过热情服务，切实解决好老百姓打官司难问题，特别是要加大对困难群众维护合法权益的法律援助。司法工作者要密切联系群众，规范司法行为，加大司法公开力度，回应人民群众对司法公正公开的关注和期待。”[1]热情不热情，和善不和善，表面上是个工作态度问题，但其实质则是公仆意识的有无以及是否具有尊重他人、平等待人的法律意识问题。在具体的司法过程中，同样需要将以人民为中心的理念落实于办案的各个环节。习近平总书记曾形象地说道：“如果群众有了司法需求，需要打官司，一没有钱去打，二没有律师可以求助，公正司法从何而来呢？司法工作者要密切联系群众，如果不懂群众语言、不了解群众疾苦、不熟知群众诉求，就难以掌握正确的工作方法，难以发挥应有的作用，正所谓张飞卖豆腐——人强货不硬。法律不应该是冷冰冰的，司法工作也是做群众工作。一纸判决，或许能够给当事人正义，却不一定能解开当事人的‘心结’，‘心结’没有解开，案件也就没有真正了结。”[2]可见，一方面，为了保证当事人的诉讼权利，对于那些交不起诉讼费用的，应当按照《诉讼费用交纳办法》第 4 条“国家对交纳诉讼费用确有困难的当事人提供司法救助，保障其依法行使诉讼权利，维护其合法权益”的规定，采取缓交、减交、免交的司法政策，防止有理无钱而不能行使诉权情形的出现；同样，对于无法聘请律师为其代理的当事人，应当通过法律援助来为其提供法律代理。正如中共中央办公厅、国务院办公厅所印发的《关于完善法律援助制度的意见》中所指出的那样，法律援助制度要“把保障公平正义作为法律援助工作的首要价值追求，依法履行法律援助职责，扩大法律援助范围，使符合条件的公民都能获得法律援助，平等享受法律保护，努力让人民群众在每一个案件中都感受到公平正义”。另一方面，则是强调司法工作要掌握正确的方法，要坚持群众路线，了解群众疾苦，懂得群众诉求，而不是仅仅根据法律简单作出判决即可。否则，当事人的心结没有解开，即使判决已经作出，仍然难以达致案结事了的效果。

“以人民为中心”是中国共产党人的根本宗旨，也是社会主义国家必须具有的本质特征。在党的十九大报告中，习近平总书记语重心长地指出：“全党必须牢记，为什么人的问题，是检验一个政党、一个政权性质的试金石。带领人民创造美好生活，是我们党始终不渝的奋斗目标。必须始终把人民利益摆在至

---

〔1〕 习近平：《论坚持全面依法治国》，中央文献出版社 2020 年版，第 23 页。

〔2〕 习近平：《在十八届中央政治局第四次集体学习时的讲话》，载中共中央文献研究室编：《习近平关于全面依法治国论述摘编》，中央文献出版社 2015 年版，第 68～69 页。

高无上的地位,让改革发展成果更多更公平惠及全体人民,朝着实现全体人民共同富裕不断迈进。”[1]以人民为中心在法治上的体现,即以人民至上为原则,确立人民的主体地位;以人民福祉为宗旨,维护人民的合法权利;以人民关切为导向,回应人民的利益期待。本着这一设想,本文对习近平法治思想中的“以人民为中心”作出粗浅解读,以就教于名流方家。

〔1〕 习近平:《决胜全面建成小康社会　夺取新时代中国特色社会主义伟大胜利——在中国共产党第十九次全国代表大会上的报告》,人民出版社2017年版,第44~45页。

在地方立法工作中贯彻“全过程人民民主”的做法和思考

王腊生[*]

【内容摘要】我们要充分认识在立法工作中贯彻“全过程人民民主”的重大意义，深刻把握体现“全过程人民民主”的基本要求，研究明确落实“全过程人民民主”的具体路径，大力推进新时代高质量立法，使立法过程成为实现最广泛、最真实、最管用的人民民主之典范。通过民主立法的全过程化、公众参与的全面化、人大代表作用的充分化、民意采纳的实效化、民生立法的凸显化，把全过程民主的原则和要求贯彻到立法的全流程、全链条、全方位。

【关键词】地方立法　全过程人民民主　民主立法

习近平总书记在庆祝中国共产党成立100周年大会上的重要讲话中强调要“发展全过程人民民主”。“全过程人民民主”的重要论断生动阐述了我国社会主义民主的特征和优势，为新时代发展社会主义民主政治指明了方向，同时也为推进包括立法工作在内的社会主义法治建设提供了根本遵循。2019年11月，习近平总书记在上海虹桥街道基层立法联系点考察时就深刻指出：“人民民主是一种全过程民主，所有的重大立法决策都是依照程序，经过民

---

* 王腊生，江苏省第十三届人民代表大会法制委员会主任委员，中国法治现代化研究院特邀研究员。

主酝酿，通过科学决策、民主决策产生的。”我们要充分认识在立法工作中贯彻“全过程人民民主”的重大意义，深刻把握体现“全过程人民民主”的基本要求，研究明确落实“全过程人民民主”的具体路径，大力推进新时代高质量立法，使立法过程成为实现最广泛、最真实、最管用的人民民主之典范。

一、充分认识在立法工作中贯彻“全过程人民民主”的重大意义

在立法全过程各环节听取吸纳各方面意见，体现“全过程人民民主”的精神实质和优势特点，对于做好新时代立法工作，具有十分重要的意义。

第一，是立法本质的充分体现。在我国，国家一切权力属于人民。人民民主是我们党和国家始终高举的旗帜，“全过程人民民主”充分体现了人民民主的政治性质。习近平总书记深刻指出：“一个国家民主不民主，要由这个国家的人民来评判，而不能由少数人说了算！”我国立法是人民意志的体现，在立法工作中，让广大人民群众说了算，而不是立法工作者自说自话，对于保证实现人民当家作主、充分体现我国社会主义立法本质，十分重要。江苏省在地方立法中注重落实人民群众通过各种途径和方式管理地方经济、政治、社会等各项事务，对于培育主人翁意识、充分调动人民群众参与现代化建设的积极性和主动性，产生了显著的成效。

第二，是立法质量的根本保证。进入新时代，习近平总书记和党中央多次强调，要实行良法善治。提高立法质量，是做好当前立法工作的关键所在。立法质量的标准涉及多个方面，而能否处理好各种利益关系，维护好最广大人民群众的根本利益，则是衡量一部法律法规质量高低的基本标准。“全过程人民民主”要求扩大公民对立法工作的有序参与，实行“众人的事情由众人商量”，并在广泛商量的基础上，“找到全社会意愿和要求的最大公约数”。立法的过程就是充分听取各种利益诉求，并对各种利益诉求进行合理平衡、取得最大公约数的过程，这是人民民主的真谛，也是提高立法质量的保证。

第三，是立法实效的直接检视。法律法规能否得到有效实施，在很大程度上取决于公众对法律法规是否认同。而公众对法律法规的认同感往往源自他们对立法工作的实际参与。在地方立法实践中，我们通过各种形式让公众有序参与，便于公众了解立法原意和相关制度，让立法过程成为宣扬法治的过程，为推动法规实施打下了良好的民意基础。同时，法律法规是否可行，需要在实践中得到检验。一部法律法规给老百姓带来什么样的实惠，只有老百姓切身感受到。我们建立了立法后评估制度和法规实施情况报告制度，让老百姓反映法规的实施情况，对法规的立改废、完善相关法规制度起到了重要的作用。

二、深刻把握“全过程人民民主”对立法工作的基本要求

“全过程人民民主”充分彰显了人民性。人民性是我们社会主义民主之“根”和“魂”，也是我国立法的最大本色，“江山就是人民，人民就是江山”。做好新时代立法工作，必须在党的领导下，践行以人民为中心的发展思想。为此，在立法工作中，我们需要遵守以下三个基本要求：

第一个是“权利保障”。“全过程人民民主”要求充分实现民主权利。民主权利需要法治保障，民主权利也是法治的目标。习近平总书记指出：“推进全面依法治国，根本目的是依法保障人民权益。”“努力使每一项立法都符合宪法精神，反映人民意愿，得到人民拥护。”目前，地方立法中一个突出问题是要求老百姓承担的义务比较多，重义务轻权利。江苏省出台了高质量立法意见和民主立法办法，要求树立权利保障的立法观念，防止通过地方立法不合理地增加行政相对人的义务，把对人民群众的权利保障放在最优先的位置，通过法规制度保障人民群众应当享有的权利，努力实现人民群众对相关事务民主决策、民主管理、民主监督的权利，同时承担相应的义务。

第二个是“权力限定”。为了实现“权利保障”，就要严格限制权力的行使。习近平总书记要求将权力关进制度的笼子，并且明确提出：“要依法设定权力、规范权力、制约权力、监督权力。”在地方立法中，特别要处理好公民权利与行政权力的关系，只有在需要更好保障公民权利不受侵犯、维护公共利益和社会秩序时，才赋予行政机关必要的权力，并要进行成本效益分析，行政权力的赋予及行使要适当、合理。江苏省出台了地方立法中共性问题的意见，明确依法严格设定行政许可、行政处罚、行政强制、行政收费等的具体条件、范围和要求。对已设定的根据新情况定期进行评价，适时予以修改或废止。2021 年将行政程序条例纳入立法计划，规范行政机关权力的行使。在立法过程中，我们还注意合理分配权力，不同性质的权力由不同部门、单位、个人行使，形成科学的权力制约和运行机制。

第三个是“公平正义”。权利的背后是利益，维护好权利就要公正分配好利益。习近平总书记指出：“公正是法治的生命线。公平正义是我们党追求的一个非常崇高的价值，全心全意为人民服务的宗旨决定了我们必须追求公平正义，保护人民权益、伸张正义。”具体到地方立法中就要科学合理平衡好各种利益关系，尤其是要防止强势群体对弱势群体利益的剥夺，多数群体对少数群体利益的侵蚀，以及利益集团对立法的不正当干预。努力在每一件地方立法中保护大多数人的合法权益，使老百姓感受到公平正义，坚决克服部门利益，更不代

表任何利益集团、任何权势团体、任何特权阶层的利益。

三、研究明确在立法工作中落实“全过程人民民主”的具体路径

“全过程人民民主”的最大亮点是要把人民民主贯穿全过程，实现过程民主和结果民主、形式民主和实质民主的相统一。我们努力实现“五个化”，把全过程民主的原则和要求贯彻到立法的全流程、全链条、全方位。

一是民主立法的全过程化。在立法中，深刻把握和认真践行全过程民主的要求，在法规立项、起草、审查、审议、通过和实施及监督等立法工作的全过程中，通过一系列法规规范、制度安排和机制设计，广泛充分听取吸纳各方面意见，创新公众参与方式、改进公众参与举措、补齐公众参与短板。江苏省在编制立法规划计划时，广泛征集立法项目建议，从立法源头上发扬民主。制定了地方性法规案起草工作规则和涉及重大利益调整论证咨询制度，在法规起草、审查、审议阶段，认真开展立法调研，有针对性地进行论证、评估，做到所有法规草案公开征求意见。建立法工委新闻发言人制度，讲好人大立法故事，加大立法宣传力度。

二是公众参与的全面化。“全过程人民民主”要求参与民主立法的公众具有广泛性，能够全面代表和反映各方面的利益诉求。江苏省确定了20个基层立法联系点，在立法中原汁原味收集基层和群众意见，充分发挥其立法民意直通车的作用。在召开立法座谈会、协调会时，要求有一定数量的行政相对人参加，不能只听取管理者一方的意见。对涉及重大利益调整或有较大分歧意见的地方立法，组织召开听证会，充分听取各利益相关方的意见。在电动自行车管理立法时，运用大数据分析等现代科技和面对面调查访问等传统方法，掌握了解民众意见。还根据法规调整关系、规范事项的不同，通过召开立法协商会等，注重听取相关群体、行业组织的意见。

三是人大代表作用的充分化。人大代表是国家权力机关的组成人员，代表人民的利益和意志。保障人大代表充分参与立法，发挥人大代表来自人民、根植人民的桥梁纽带作用，既是“全过程人民民主”的制度优势，又是立法更好察民情、聚民智的重要保证。在编制立法规划、计划时，十分注意采纳人大代表提出的立法议案建议。涉及全局的重要法规案提请代表大会审议，让人大代表直接行使地方立法权。密切人大代表同常委会的联系，每次省人大常委会会议都邀请20名左右人大代表列席参与讨论法规；建立法制专业代表组，每一件法规草案都要征求相关代表意见。邀请人大代表参加立法调研、座谈、评估、论证等活动，发挥人大代表在法规案起草、审查、审议等各环节的作用，充分听取和吸纳人大代表的意见建议。

四是民意采纳的实效化。民意不仅要认真“听”，更要充分“纳”。民主不能仅是形式的，更重要的是要有效果。在地方立法中，建立民意收集采纳和反馈制度，对通过各种途径收集到的老百姓意见和建议，一条一条地分析研究，合理的、能够采纳的都要吸收到法规中来，对不能够采纳的要通过一定形式向老百姓反馈并说明理由，使老百姓参与立法有一个可观可感的效果。在法规起草说明和法规审议结果报告中，向常委会报告社会公众的主要意见及采纳情况。我们注重把民主立法和科学立法有机结合起来，使民意采纳建立在科学合理的基础之上，避免出现违背客观规律的立法决策。我们还制定了立法后评估办法，建立了地方性法规实施情况报告制度，把老百姓满意不满意、是否有获得感作为检验法规质量高低的重要标准，作为修改完善法规的重要依据。

五是民生立法的突显化。民意采纳的效果不仅体现在法规制度中，还体现在立法惠民上。立法工作要积极回应人民群众新要求、新期盼，系统研究和解决人民群众反映强烈的问题，切实增强人民群众的获得感、幸福感、安全感。江苏省在地方立法中，切实改变主要由政府部门提出立法项目的做法，充分关注老百姓的立法需求，立老百姓所需之法。江苏省人大“十四五”工作规划中民生立法项目就占总立法数的一半，涉及就业、教育、医疗、社保、住房、交通、养老、食品安全、生态环境、社会保障等领域。在民生立法中，我们既关注涉及老百姓切身利益的重要领域，又关注老百姓日常生活中的某些事项立法，以小切口解决大问题，2021 年我们着力制定长江禁捕决定、院前急救条例等“小快灵”法规。

百年历程中党领导立法的发展

李店标*

【内容摘要】百年来，党领导全国各族人民进行的法治建设不断取得历史性成就，立法工作也实现了突破性发展。对百年历程中党领导立法的发展逻辑、发展脉络、发展特色、发展成就和发展走向进行系统分析意义重大。党领导立法的发展逻辑体现为历史逻辑、时代逻辑、价值逻辑、理论逻辑和实践逻辑；发展脉络体现为依据由政策指导到法律融入、格局由中央集权到地方分权、模式由原则批准到全程引领、目标由数量优先到质效并重、路径由实践探索到理论助力；发展特色体现为坚信态度、坚持温度、坚固高度、坚守尺度和坚定力度；发展成就体现为形成自觉、确立自信、强化自律、保持自立和彰显自强；发展走向体现为明确职责、把握原则、拓展方式、完善程序和强化保障。

【关键词】党的领导　立法　党领导立法　法治建设　全面依法治国

党的领导是中国特色社会主义最本质的特征，是社会主义法治建设最根本的保证，也是中国特色立法体制机制最显著的优势。党自 1921 年成立以来，领导全国各族人民在长期的革命、建设、改革过程中不断取得胜利，推动了我

* 李店标，法学博士，黑龙江省社会科学院法学研究所副教授，从事立法学研究。

国法律制度的完善和法治事业的发展。从1922年党领导人民起草《劳动法大纲》，到2021年中共中央印发《法治中国建设规划（2020—2025年）》，我国法治建设不断取得历史性成就，作为其重要组成部分的立法工作也实现了突破性发展。习近平总书记指出："党的领导是社会主义法治最根本的保证。"[1]王晨同志也指出："社会主义法治必须坚持党的领导，党的领导必须依靠社会主义法治。"[2]党对我国法治建设的领导是全过程和各方面的领导，其首要环节和关键面向是领导立法。在庆祝建党100周年之际，对百年来党领导立法的发展逻辑、发展脉络、发展特色、发展成就和发展走向进行梳理、归纳和阐释，对于坚持和完善党的领导、学习贯彻习近平法治思想、学习贯彻习近平总书记"七一"重要讲话精神、集中开展党史学习教育、统筹推进法治中国建设、不断提高立法工作质效具有重要的理论和实践意义。

一、党领导立法的发展逻辑

一般而言，党领导立法是指"把党的主张通过法定程序转变为国家意志，从制度上、法律上保证党的路线方针政策的贯彻实施"。[3] 虽然关于党领导立法的本质属性问题，即其是作为立法的指导思想、基本原则、主要制度抑或具体活动等，在现行政策依据、法律规范和理论研究层面均缺乏明确揭示，但党领导立法是党依法执政的必然要求和我国法治建设的基本经验，已成为全党和全国人民的广泛共识。党的十八大之后，"党领导立法"的表述首次出现在2012年12月4日习近平总书记在首都各界纪念现行宪法公布施行三十周年大会的讲话当中："党领导人民制定宪法和法律，党领导人民执行宪法和法律，党自身必须在宪法和法律范围内活动，真正做到党领导立法、保证执法、带头守法。"[4]从建党百年的历程来看，党领导立法具有必然性、正当性和科学性，其发展逻辑主要体现为历史逻辑、时代逻辑、价值逻辑、理论逻辑和实践逻辑五个方面。

1. 党领导立法的历史逻辑。党领导立法萌芽于新民主主义革命时期，这一时期形成的包括党领导立法在内的诸多立法成果和经验，为1949年后的立法工作所吸收、借鉴和发扬。[5] 1922年8月至1949年9月，党在革命根据地

---

〔1〕 习近平：《加强党对全面依法治国的领导》，载《求是》2019年第4期。

〔2〕 王晨：《坚持以习近平法治思想为指导 谱写新时代全面依法治国新篇章》，载《中国法学》2021年第1期。

〔3〕 张文显：《习近平法治思想的理论体系》，载《法制与社会发展》2021年第1期。

〔4〕 习近平：《在首都各界纪念现行宪法公布施行30周年大会上的讲话》，载《人民日报》2012年12月5日，第2版。

〔5〕 参见张生主编：《中华人民共和国立法史》，法律出版社2020年版，第1~2页。

时期、[1]抗日根据地时期、解放战争时期、新中国成立前夕先后领导各类人民民主政权，制定了涉及劳动、诉讼、土地、婚姻、刑事、经济等方面的大量法律、法令和法规。这些法律规范成为当时反对帝国主义、封建主义和官僚资本主义的重要武器，开启了我国人民民主立法的先河，为党领导立法积累了初步的经验，也为新中国的立法工作奠定了坚实基础。虽然在这一时期共产党不是执政党，但却在完成新民主主义革命任务的同时，承担了包括领导立法工作在内的法治建设重任，并形成了这种根植特定历史环境并发展延续至今的领导立法的惯例。此外，“新中国成立后，党领导中国人民制定了《宪法》《土地改革法》《婚姻法》等一系列重要法律，初步建立了社会主义法制的基本框架，开启了中国社会主义法治新纪元”。[2]

2. 党领导立法的时代逻辑。党的十八大以来，以习近平同志为核心的党中央进一步加强了党领导立法的决策部署。一方面，党的十八的召开标志着中国特色社会主义进入了新时代，党十九大报告也明确深化依法治国实践要不断完善党的领导的体制机制和推进科学立法、民主立法、依法立法。这表明，在中国特色社会主义新时代，不仅要继续坚持党领导立法，而且要加强和改进党领导立法。另一方面，党的十八届四中全会通过《中共中央关于全面推进依法治国若干重大问题的决定》标志着全面依法治国进入了新阶段，但该决定的说明也指出，“实践发展永无止境，立法工作也永无止境，完善中国特色社会主义法律体系任务依然很重”。理论和实践界普遍认为，在全面依法治国新阶段立法工作还存在不少问题，如客观规律和人民意愿反映不够、针对性和可操作性不强、部门利益和地方保护主义突出、法律体系内部矛盾和冲突多见等，仍需要继续完善包括党领导立法在内的体制机制，以提高立法质量和效率。[3] 正如有学者所言，在中国特色社会主义进入新时代，要实现党领导立法的制度化、规范化、程序化，牢牢把握新时代立法工作着力点，确保立法工作始终沿着正确方向

---

〔1〕 有学者指出，早在井冈山革命根据地时期，中国共产党就已经开始领导立法的实践，但中国共产党对于正式意义上的国家立法的领导是在新中国成立之后。参见封丽霞：《中国共产党领导立法的历史进程与基本经验——十八大以来党领导立法的制度创新》，载《中国法律评论》2021 年第 3 期。

〔2〕 王利明、黄文艺：《中国共产党领导法治中国建设的伟大成就和成功经验》，载《中国人民大学学报》2021 年第 3 期。

〔3〕 如《关于〈中共中央关于全面推进依法治国若干重大问题的决定〉的说明》指出：“我们在立法领域面临着一些突出问题，比如，立法质量需要进一步提高，有的法律法规全面反映客观规律和人民意愿不够，解决实际问题有效性不足，针对性、可操作性不强；立法效率需要进一步提高。还有就是立法工作中部门化倾向、争权诿责现象较为突出，有的立法实际上成了一种利益博弈，不是久拖不决，就是制定的法律法规不大管用，一些地方利用法规实行地方保护主义，对全国形成统一开放、竞争有序的市场秩序造成障碍，损害国家法治统一。”

前进。[1]

3. 党领导立法的价值逻辑。一是从党的执政地位来看，党领导立法作为贯彻执行党的路线、方针、政策的重要途径，是巩固党执政地位的客观要求。掌握国家政权的执政党，只有有效介入和影响立法，才能将其主张转变为进行国家治理的法律制度，使其执政地位得到巩固。有学者指出，立法是国家政权的最重要的活动之一，党的性质和任务决定了各国政党不仅特别关注，而且必须和必然涉足立法活动。[2] 二是从社会主义的本质特征来看，党领导立法作为国家的命脉所在和人民的利益所指，是中国特色社会主义最本质的特征。立法工作是党、国家和人民的共同事业，党领导立法则是将党的主张、国家意志和人民利益相统一的过程，只有在党领导下制定的法律才能真正发挥对社会主义各项事业的引领、促进和保障作用。三是从全面依法治国的部署来看，党领导立法作为提高立法质量和效率的根本保证，是新时代全面依法治国的应有之义。只有坚持党的领导，全面依法治国才能不断取得重大成就，立法工作才能始终沿着正确方向前进，“五位一体”总体布局和“四个全面”战略布局才能最终顺利实现。

4. 党领导立法的理论逻辑。“中国共产党不仅仅是通常意义上的执掌政权的执政党，还是缔造政权、领导政权和社会的领导党”，[3] 这决定了党领导立法具有深厚的理论逻辑。首先，党领导立法是由党的本质特征所决定的，是我国立法工作的最大优势。《中国共产党章程》（2017 年修改）总纲中首先明确的就是党的性质、地位和目标，对党的本质特征进行了集中而科学的表述。[4] 正是因为党是“先锋队”和“领导核心”、代表着“发展要求”“前进方向”“根本利益”、以“实现共产主义”为奋斗目标，党领导立法使得我国立法工作具有了人才优势、组织优势、价值优势和制度优势。其次，党领导立法是由法治建设的基本任务所决定的，是实现良法善治的政治保证。法治建设只有坚持立法先行，发挥立法的引领和推动作用，才能实现以良法促进发展和保障善治，而坚持党领导立法是加强和改进新时代立法工作的必然要求，也是全面依法治国和国家治理现代化纵深推进的逻辑前提。最后，党领导立法是由立法的价值属性所决定的，是确保立法沿着正确方向发展的必然要求。立法本身兼具政治和法律

---

〔1〕 参见冯玉军：《把握新时代立法工作着力点》，载《人民日报》2018 年 3 月 27 日，第 7 版。

〔2〕 参见周旺生：《立法学》，北京大学出版社 1988 年版，第 386 页。

〔3〕 郝铁川：《中国改革开放以来法治现代化的范式转型》，载《法学》2019 年第 5 期。

〔4〕 《中国共产党章程》（2017 年修改）：“中国共产党是中国工人阶级的先锋队，同时是中国人民和中华民族的先锋队，是中国特色社会主义事业的领导核心，代表中国先进生产力的发展要求，代表中国先进文化的前进方向，代表中国最广大人民的根本利益。党的最高理想和最终目标是实现共产主义。”

双重属性，为人们各类行为提供规范指引和法制保障，而坚持党领导立法是推进科学立法、民主立法、依法立法的重要保证，也是对马克思主义立法理论传承和创新的典型体现。

5. 党领导立法的实践逻辑。“中国共产党领导立法，是我们党在革命、建设和改革长期实践中得出的一条基本经验。”〔1〕在2010年年底中国特色社会主义法律体系形成时，我国有效法律为236件、行政法规为690多件、地方性法规为8600多件；在2021年8月20日第十三届全国人大常委会第三十次会议闭幕时，现行有效法律数量达到286件〔2〕。这些法律法规都是在党的高度重视和正确领导下完成的，也是立法工作实现新发展的典型呈现。可以说，“新中国立法的每一次重大变革都凝聚了中国共产党人的智慧”。〔3〕其中，党和国家领导人在党领导立法工作中的重要作用充分显现。如毛泽东同志以宪法起草委员会主席的身份主持1954年宪法起草工作，亲自参与讨论、调研和修改审定《宪法草案初稿说明》；邓小平同志亲自参加1953年《选举法》起草工作，并作草案说明；江泽民同志于1996年提出“实行和坚持依法治国”，并在党的十五大报告中首次将其明确为“党领导人民治理国家的基本方略”；胡锦涛同志多次提出要大力加强立法工作，提高立法质量，加快形成和不断完善中国特色社会主义法律体系；习近平总书记自党的十八大以来围绕全面依法治国发表了一系列重要论述，尤其是对《民法典》编纂工作多次进行重要指示，亲自部署和推动这项重大立法任务的完成。需要指出的是《民法典》的颁布是2020年我国法治建设的一件大事，也是党领导立法的典型事例。我国历时66年，先后5次编纂民法典，如今形成了7编84章1260条超过10万字的法律巨著，不仅开启了我国法典编纂的先河，也为后期行政法典、环境法典、税法典、教育法典等的编纂工作积累了经验。

二、党领导立法的发展脉络

从1921年党成立的“开天辟地”到1949年新中国成立的“改天换地”、1978年改革开放的“翻天覆地”、1999年依法治国写入《宪法》的“顶天立地”以及2020年《民法典》颁布的“惊天动地”，党领导人民在不断创造我国法治建设

〔1〕 田侠：《党领导立法实证研究——以北京市人大及其常委会为例》，中国社会科学出版社2016年版，前言第1页。

〔2〕 286件法律中，宪法1件、宪法相关法48件、民法商法23件、行政法96件、经济法80件、社会法26件、刑法1件、诉讼与非诉讼程序法11件。此统计数据包括尚未废止的《执业医师法》。

〔3〕 宋方青：《习近平法治思想中的立法原则》，载《东方法学》2021年第2期。

伟大成就的同时,也实现了党领导立法体制机制的历史演进。“党领导立法变迁的实质就是社会环境、立法改革、党的自身建设等多要素协同变迁的历史。”[1]回顾百年历程中党领导立法的实践,可以发现其发展脉络主要体现为依据由政策指导到法律融入、格局由中央集权到地方分权、模式由原则批准到全程引领、目标由数量优先到质效并重和路径由实践探索到理论助力五个方面。

1. 党领导立法的依据由政策指导到法律融入。“法律本身即是执政党领导人民总结集体的普遍意志与利益诉求后,将其先形成为党的路线方针和政策,再经由立法机关依照法定程序予以法律化、制度化的结果。”[2]党领导立法的实质在于通过制定法律将党的主张落实为国家意志,从而使党的政策在全国范围内得到有效执行,因此党的政策和国家法律之间具有密不可分的联系。正如有学者所言,党的政策和国家法律在形式上都具有权威性,在本质上都是人民根本意志的反映,应当得到统一正确实施。[3] 从实践来看,关于党领导立法的部署首先体现为党的政策,如 1979 年的《彭真同志关于制定和修订法律、法规审批程序的请示报告》、1991 年的《中共中央关于加强对国家立法工作领导的若干意见》、[4]2014 年的《中共中央关于全面推进依法治国若干重大问题的决定》、2016 年的《中共中央关于加强党领导立法工作的意见》[5]和 2019 年的《中共中央关于加强党的政治建设的意见》等政策文件均就党领导立法问题提出了一系列要求。在政策指导下,法律加以融入跟进,如 1982 年的《宪法》、1990 年的《中国共产党党内法规制定程序暂行条例》(已失效)、2000 年的《立法法》(2015 年修正)、2012 年的《中国共产党党内法规制定条例》(2019 年修订)、2017 年修订的《行政法规制定程序条例》和《规章制定程序条例》等立法

---

〔1〕 彭君:《新中国成立 70 年党领导立法的历史变迁》,载《中共中央党校(国家行政学院)学报》2019 年第 4 期。

〔2〕 周叶中、庞远福:《论党领导法治中国建设的必然性与必要性》,载《法制与社会发展》2016 年第 1 期。

〔3〕 参见朱景文:《党的领导与社会主义法治是一致的》,载《人民日报》2014 年 11 月 17 日,第 4 版。

〔4〕 有学者指出,“这份文件是中共中央关于党领导立法工作的第一份文件,充分说明党已经开始自觉认识立法工作的规律、总结党领导立法的经验。”参见封丽霞:《中国共产党领导立法的历史进程与基本经验——十八大以来党领导立法的制度创新》,载《中国法律评论》2021 年第 3 期。也有学者指出,“该意见实施二十多年来,发挥了重要而积极的作用,保证了国家立法的正确方向和稳步前进”。参见陈俊等:《中国的立法体制研究》,经济科学出版社 2020 年版,第 42 页。

〔5〕 有学者指出,这份文件的出台,“对于实践当中准确把握党领导立法的实质与内涵,增强党领导立法工作的权威性和规范性,提升党领导立法工作的实效与质量,已经产生并将会进一步发挥重大的保障和推动作用”。参见封丽霞:《中国共产党领导立法的历史进程与基本经验——十八大以来党领导立法的制度创新》,载《中国法律评论》2021 年第 3 期。

规范分别明确国家立法工作和党内法规制定工作应当坚持党的领导。

2. 党领导立法的格局由中央集权到地方分权。党的领导，尤其是党中央的集中统一领导，决定着我国法治建设采取的是自上而下的推进模式，这也决定了中央和地方立法权配置的基本格局。但从立法工作的主体依托来看，立法权限的划分，尤其是纵向划分情况直接影响着党领导立法的格局。关于我国立法权限纵向划分的演进阶段，学界存在多种观点：一是二阶段说，即 1949 年至 1978 年从分权走向集权、1978 年至今从集权走向分权；〔1〕二是三阶段说，即 1949 年至 1954 年中央与地方分权、1954 年至 1979 年中央集权、1979 年至今的中央集权下地方分权；〔2〕三是四阶段说，即 1949 年至 1954 年中央与地方分权、1954 年至 1966 年中央高度集权、1966 年至 1982 年立法权瘫痪、1982 年至今中央与地方分权。〔3〕 需要注意的是，2015 年我国完成了《立法法》的修改，其中一个重要创新就是赋予所有设区的市、30 个自治州和 4 个不设区的地级市地方立法权。"截至 2020 年 8 月，我国享有地方立法权的设区的市、自治州共 322 个，包括 289 个设区的市、30 个自治州和 3 个不设区的地级市。"〔4〕同时，《法治中国建设规划（2020—2025 年）》也对党中央和地方党委领导立法工作的职权进行了强调。由此不难看出，在立法权限划分中，中央统一领导下的地方分权在程度上不断加大，也导致了党领导立法的格局由中央集权向地方分权的有序转变较为明显。

3. 党领导立法的模式由原则批准到全程引领。在改革开放之初，党领导立法的主要模式为原则批准，因为制定一部法律既涉及宏观的方向问题，也涉及中观的制度问题，还涉及微观的技术问题，而采用原则批准这一宏观政治审查模式在当时无疑是科学的，并延续了相当长的一段时间。"党中央对立法中主要问题的'原则批准'，一个重要特点是，不对法律草案的具体内容发号施令、一锤定音、拍板决定。"〔5〕但随着法治建设的纵深推进，改革、发展、稳定工作中的新矛盾、新问题不断出现，对立法的要求也越来越高，客观上需要加强和改进党对立法的全面领导，以总揽立法全局和协调各方利益。为此，《中共中央关于全面推进依法治国若干重大问题的决定》提出，"把党的领导贯彻到依法治国全过程和各方面"；《中共中央关于加强党领导立法工作的意见》明确地方党

〔1〕 参见封丽霞：《中央与地方立法关系法治化研究》，北京大学出版社 2008 年版，第 293 ~ 308 页。

〔2〕 参见李林：《立法理念与制度》，中国法制出版社 2005 年版，第 305 ~ 313 页。

〔3〕 参见汪全胜：《制度设计与立法公正》，山东人民出版社 2005 年版，第 38 ~ 42 页。

〔4〕 闫然：《立法法修改五周年设区的市地方立法实施情况回顾与展望》，载《中国法律评论》2020 年第 6 期。

〔5〕 刘松山：《党领导立法工作需要研究解决的几个重要问题》，载《法学》2017 年第 5 期。

委主要负责人在落实党领导立法工作时做到“重点立法工作亲自过问、重要立法项目亲自推进、重大立法问题亲自协调”。相比原则批准,全程引领已成为党领导立法的新模式,也体现了党领导立法制度的不断发展。在全面依法治国新时代,这一新模式的核心要义体现在两个方面:一是党对立法工作的全面领导,二是党中央对立法工作的集中统一领导。正如有立法实践专家所言,要实现党对立法工作的全面领导和党中央对立法工作的集中统一领导,必须坚持在立法中贯彻党的政治、群众、思想和组织四条路线,确保立法工作在政治方向、政治立场、政治原则和政治道路上同以习近平同志为核心的党中央保持高度一致。[1]

4. 党领导立法的目标由数量优先到质效并重。立法既存在增量的问题,也存在提质的问题,还存在加速的问题,不同时期对这些立法目标的选择会有所不同。百年来,无论是前期打破旧法统还是后期建立新法制,党领导立法都始终与国家立法工作的目标、社会对法律制度的需求、人民对法治建设的期待保持高度一致。尤其是改革开放以来,党领导立法坚持从世情、国情、党情、民情出发,针对立法工作实际不断确立更为科学的目标。一是党的十一届三中全会提出建设社会主义法制的目标,即旧法制方针中“有法可依”,着力解决立法数量问题;二是党的十五大提出形成中国特色社会主义法律体系的目标,兼具解决立法数量和质量问题;三是党的十八大提出完善中国特色社会主义法律体系的目标,即新法治方针中“科学立法”,统筹解决立法质量和效率问题。问题是思想的起点,思想是行动的指南。党领导立法在目标上由立法数量到立法质效的转变,说明党对立法工作及其领导立法工作的认识不断深化、要求不断提高,尤其是对立法质量和效率同等重视程度不断强化,如 2019 年 2 月 25 日召开的中央全面依法治国委员会第二次会议首次明确了“提高立法工作质量和效率”的要求。“事实上,立法质量和立法效率二者是正向相关关系,立法质量越高,执法、司法、守法和法律监督成本越低,立法的政治效果、法律效果和社会效果就越高,立法效率也就越大。”[2]

5. 党领导立法的路径由实践探索到理论助力。改革开放之前,党领导立法的路径主要依靠实践探索,并将积累的经验上升为党的政策,但这一时期党领导立法的发展较为缓慢;改革开放之后,法学和政治学研究日益复苏,尤其是自 2004 年中共中央下发《关于进一步繁荣发展哲学社会科学的意见》和党的十六

---

〔1〕 参见全国人大常委会法制工作委员会研究室编:《我国改革开放 40 年立法成就概述》,法律出版社 2019 年版,第 16 ~ 18 页。

〔2〕 冯向辉、李店标:《习近平关于立法工作的重要论述研究》,载《理论探讨》2020 年第 3 期。

届四中全会通过《中共中央关于加强党的执政能力建设的决定》以来，党领导立法的学术研究不断繁荣，为党领导立法实践提供了坚实理论支撑。有学者在2016年就指出，我国学界关于党领导立法的意义、内容、方式的研究已经形成一批有价值的理论成果，并对指导立法实践产生了积极效果。[1] 以论文发表为例，2021年8月8日在中国知网的检索结果显示，以“党领导立法”为主题的期刊论文和学位论文有270多篇，涉及“党领导立法”内容的期刊论文就达到7.36万篇。再以中国法学会立法学研究会学术年会为例，自2010年成立至今所召开的10次学术年会中，征文或者分组讨论主题多次体现党领导立法问题，如2014年“党的领导与人大立法”、2015年“党领导立法”、2016年“党领导立法与人大主导立法”、2018年“党领导立法的理论与实践”、2019年“党领导立法与党内法规制度建设”、2020年“党领导立法的历史进程与理论创新”。另外，2021年10月召开的中国法学会立法学研究会2021年学术年会的主要议题之一是“党领导立法的百年历史和宝贵经验”。党领导立法问题之所以引起学界高度关注，既说明其意义重大，也说明其有待完善。但可以肯定的是，党领导立法制度的不断发展完善，与党的实践探索和理论成果的助力均密不可分。

三、党领导立法的发展特色

从党领导立法的百年历程来看，党始终将“为谁立法”“立什么法”“如何立法”作为重要关切，着力解决立法的性质、方向和效果问题，将党的领导、人民当家作主、依法治国有机融入和全面贯彻到立法工作中。“坚持党的领导，是立法工作的一个政治原则，也是做好立法工作的根本保证。”[2] 遗憾的是，目前学界关于党领导立法的发展特色问题探讨不多，系统地归纳、总结和提炼尚不到位，使得党领导立法的优越性在理论层面未能充分揭示、释放和彰显，在实践层面对于贯彻落实习近平法治思想、统筹推进法治中国建设和不断提高立法工作质效的引领价值有待加强。因此，笔者从理论和实践相统一的角度将党领导立法的发展特色概括为坚信态度、坚持温度、坚固高度、坚守尺度和坚定力度五个方面。

1. 坚信党领导立法的态度。邓小平同志指出：“共产党的领导，这个丢不得，一丢就是动乱局面，或者不稳定状态。一旦不稳定甚至动乱，什么建设也搞不成。”[3] 习近平总书记也指出：“坚持中国特色社会主义法治道路，最根本的

---

〔1〕 参见汪习根、宋丁博男：《论党领导立法的实现方式》，载《中共中央党校学报》2016年第2期。

〔2〕 乔晓阳：《推动立法工作不断实现新发展》，载《人民日报》2019年8月7日，第17版。

〔3〕 《邓小平文选》（第3卷），人民出版社1993年版，第252页。

是坚持中国共产党的领导。”[1]这一方面表明,我国的法治建设是独具特色的中国方案,必须坚定不移沿着这条道路走下去;另一方面表明,我国法治建设取得成功的关键在于坚持党的领导,未来的法治建设也必须继续依靠党的领导。从规范层面来看,坚持党对立法工作的领导也是宪法和《立法法》的要求,“立法遵循宪法的基本原则,就是要坚持党的领导的原则,绝对不能有丝毫动摇”。[2] 建党百年来,树立道路自信、理论自信、制度自信、文化自信以及保持政治定力始终是党的一个显著特点,并充分体现党领导法治建设和立法工作的坚信态度:既不走封闭僵化的老路,也不走改旗易帜的邪路,而是要走适合国情的新路。同时,党的十五大报告首次提出到建党一百年时我国各项制度更加完善,2000 年《立法法》明确提出“坚持中国共产党的领导”,2018 年《宪法修正案》增加党的领导的相关表述,都意味着党领导立法的必要性不可忽视、权威性不能动摇、实效性不容置疑,也表明党领导立法是我国法治建设的根本保障、显著特征、巨大优势。

2. 坚持党领导立法的温度。立法既是公民权利和义务的分配过程,也是人民意志的汇集和表达过程;立法为民是立法工作的永恒主题,也是符合我国国情的唯一正确道路,更是历史的选择和人民的选择。只有坚持以人民为中心的立法才能称为科学立法、民主立法、依法立法,也才能为严格执法、公正司法、全民守法提供科学依据。可以说,党的领导和立法为民具有价值同源性和内在同一性,立法为民是党领导立法的目标追求,也是党领导立法的温度所在。同时,我国是社会主义国家,人民是国家的主人,法律是党的主张和人民意志的结合,所以立法工作必须坚持党的领导和人民主体相统一。彭真同志在 1982 年就指出:“立法时脑子里要有农民、工人,要有十亿人民,要面向他们、为了他们。”[3]习近平总书记指出:“民主立法的核心在于为了人民、依靠人民。要完善科学立法、民主立法机制,创新公众参与立法方式,广泛听取各方面意见和建议。”[4]百年来,党领导立法工作始终把人民利益放在第一位,践行立法为了人民、依靠人民、服务人民的宗旨,努力让人民群众在每一项法律制度中都感受到公平正义,不断提高立法为民的获得感、尊严感、幸福感、安全感、公正感,真正把实现好、维护好、发展好最广大人民的根本利益作为出发点和落脚点,让人民

---

〔1〕 习近平:《加快建设社会主义法治国家》,载《求是》2015 年第 1 期。

〔2〕 全国人大常委会法制工作委员会国家法室编著:《中华人民共和国立法法释义》,法律出版社 2015 年版,第 15 页。

〔3〕 彭真:《新中国的政法工作》,中央文献出版社 1992 年版,第 268 页。

〔4〕 习近平:《关于〈中共中央关于全面推进依法治国若干重大问题的决定〉的说明》,载《人民日报》2014 年 10 月 29 日,第 2 版。

群众持续、全面、深刻体验到党在立法工作中的温度。

3.坚固党领导立法的高度。党领导立法的高度体现为党的高度、党的领导的高度、党领导法治建设的高度以及党的领导在立法工作格局中的高度更加坚定、牢固。首先,党的高度主要体现为党具有先行、先导、先锋的先进性,这在《中国共产党章程》总纲中有明确的体现。党的十六大首次提出了保持共产党员先进性建议,并据此在全党开展了为期一年半的教育活动;党的十八大以来,全党先后集中开展了党的群众路线教育实践活动、"三严三实"专题教育、"两学一做"学习教育、"不忘初心、牢记使命"主题教育和党史学习教育。这都是党一直成长壮大和保持高度的重要因素。其次,党的领导的高度体现为"党是领导一切的"。毛泽东同志曾指出:"工、农、商、学、兵、政、党这七个方面,党是领导一切的。"[1]习近平总书记也反复强调"党政军民学,东西南北中,党是领导一切的",并推动"党是领导一切的"写进党章,以及"中国共产党领导是中国特色社会主义最本质的特征"写进宪法。再次,党领导法治建设的高度体现为党的领导、人民当家做主、依法治国有机统一。"党的领导是中国特色社会主义法治之魂,是我们的法治同西方资本主义国家法治的最大区别。"[2]最后,党的领导在立法工作格局中的高度是指党委领导地位和价值的优先性。党的十九届四中全会首次提出的"完善党委领导、人大主导、政府依托、各方参与的立法工作格局",明确将党领导立法置于首要环节和关键位置。

4.坚守党领导立法的尺度。理论和实践表明,党领导立法体现为党对立法工作的政治领导、思想领导和组织领导,这种领导是总览全局、协调各方的领导,而不是包办具体立法事务或者代替立法机关行事,这也是百年来党领导立法所一直坚守的尺度。首先,政治领导是对立法政治方向的把握,表现为党向立法机关提出立法建议和审定立法项目;其次,思想领导是对立法指导思想的把握,表现为运用马克思主义及其中国化思想指导立法工作;最后,组织领导是对立法体制机制的把握,表现为向立法机关推荐综合素质较高的重要干部和优秀党员。彭真同志在1980年就指出:"党对包括立法工作在内的领导,根本的是政治领导。党是管方针、政策和原则问题,而不负责各种具体问题。"[3]习近平总书记在2014年的中央政法工作会议上也指出,"要善于通过法定程序使党

---

〔1〕 中共中央文献研究室编:《建国以来重要文献选编》(第15册),中央文献出版社2011年版,第109页。

〔2〕 李林:《党的领导是中国特色社会主义法治之魂》,载《人民日报》2015年4月2日,第7版。

〔3〕 彭真:《彭真文选》,人民出版社1991年版,第389页。

的主张成为国家意志、形成法律”。[1] 百年来，党领导立法始终坚守这一尺度，借助人大和人民政府两个立法平台，通过提出立法建议、审定立法规划、计划、法律议案、法律案等方式，及时将党的主张通过法定程序转变为法律。

5. 坚定党领导立法的力度。新中国成立以来，党领导立法的力度不断加强，通过价值引领、政策指导、立法规范和组织保障等各个方面统筹推进。一是在价值引领上，通过印发《社会主义核心价值观融入法治建设立法修法规划》明确法律法规应充分体现社会主义核心价值观要求，强调立法工作应当从源头上确立鲜明的价值导向，更好体现国家的价值目标、社会的价值取向、公民的价值准则。二是在政策指导上，通过《中共中央关于加强对国家立法工作领导的若干意见》《中共全国人大常委会党组关于进一步发挥全国人大代表作用加强全国人大常委会制度建设的若干意见》和《中共中央关于加强党领导立法工作的意见》等政策文件对党领导立法工作进行系统部署。三是在立法规范上，通过《宪法》《立法法》《行政法规制定程序条例》《中国共产党章程》《中国共产党党内法规制定条例》等明确党领导立法是立法工作必须遵循的基本原则。四是在组织保障上，2018 年成立中央全面依法治国委员会，各地党委也相继组建全面依法治省、全面依法治市委员会，并将统筹推进立法工作作为委员会的重要职责；在全国人大常委会、国务院以及地方人大常委会和地方人民政府成立党组，使党领导立法的组织保障机制更加健全。

四、党领导立法的发展成就

“立善法于天下，则天下治；立善法于一国，则一国治。”（王安石《周公》）立法工作是全面依法治国至关重要的组成部分，立法的质量和效率决定着法治中国的建设水平，也决定着国家治理体系和治理能力的发展程度。有立法实践专家指出，新中国成立以来，党领导立法实现了党坚持依法执政和以法治方式治国理政的政治觉醒，开创和完善了中国特色社会主义立法体制，保证了中国特色社会主义法律体系构建取得历史性成就。[2] 可以说，党领导立法的百年历程是有效应对重大挑战、抵御重大风险、克服重大阻力、解决重大矛盾的历程，也是我国立法工作不断从胜利走向新的胜利的历程。概言之，百年来党领导立法的发展成就体现在形成自觉、确立自信、强化自律、保持自立和彰显自强

---

〔1〕 中共中央文献研究室编：《习近平关于全面依法治国论述摘编》，中央文献出版社 2015 年版，第 20 页。

〔2〕 参见沈春耀、许安标主编：《大智立法：新中国成立 70 年立法历程》，法律出版社 2019 年版，第 71 ~ 80 页。

五个方面。

1. 党领导立法形成自觉。“圣人之立法,本以公天下,而非以避祸乱。”(陈亮《问答》)习近平总书记指出:“在坚持党的领导这个决定党和国家前途命运的重大原则问题上,全党全国必须保持高度的思想自觉、政治自觉、行动自觉,丝毫不能动摇。”[1]党领导立法的自觉体现为党对立法工作的认识已经达到了应有的深度、广度和高度,能够自觉认同、接受和践行这种观念,实现社会主义核心价值观由内而外的自觉转化。这种自觉不仅包括思想自觉、政治自觉、行动自觉,而且应当贯穿于立法工作的全过程和各方面。虽然我国是先有政党,再有新中国,然后才建立相应的立法机关,但百年来党一直将领导立法工作作为其重要使命,这也是党始终践行“全心全意为人民服务”根本宗旨的生动实践。百年来,领导立法自觉的形成也发挥了巨大作用:一方面,党领导立法的自觉体现了党执政能力建设的高度自觉,增强了党对立法工作的领导力,提供了依规治党的参考方案,推动了党内治理的法治化;另一方面,党领导立法的自觉从制度上保证了党的主张及时转变为国家意志并得到贯彻实施,确保了立法工作的正确方向,实现了立法质效的不断提升,推动了法治建设的纵深发展。

2. 党领导立法确立自信。“圣人立法以导民之心,各使自然。”(《文子·自然》)党领导立法的自信是指对党领导立法工作持有信心、信守、信任和信仰态度,是一种植根于内心深处的价值认同而非对强制规则的外在服从,既包括党自身对领导立法工作的信心和信守,也包括人民群众对党领导立法工作的信任和信仰。这种自信在法律规范和立法实践中均有体现,如《立法法》第3条将“坚持中国共产党的领导”明确为立法的基本原则,中央和地方的各级党组织在具体立法实践中真正发挥了领导和协调作用。尤其是党的十八大以来,习近平总书记多次强调党的领导是中国特色社会主义制度的最大优势,要实现“两个一百年”奋斗目标和实现中华民族伟大复兴的中国梦必须始终坚持党的领导。党的十八大报告指出,“必须坚持党的领导”;党的十八届四中全会决定指出,“把党的领导贯彻到依法治国全过程和各方面”;党的十九大报告指出,“坚持党对一切工作的领导”;“十四五”规划建议提出,“坚持党的领导、人民当家作主、依法治国有机统一”;《法治中国建设规划(2020—2025年)》指出,“坚持党领导立法”“加强党对立法工作的领导”。这些重要部署不仅体现了党自身对领导立法的自信,而且表明党领导立法的重要地位、重大作用和伟大成就已经深深植根于包括党员在内的广大人民群众的心中。

---

[1] 习近平:《在庆祝改革开放40周年大会上的讲话》,载《人民日报》2018年12月19日,第2版。

3. 党领导立法强化自律。“上者，民之表也。表正，则何物不正。”(《孔子家语·王言解》)党领导立法的自律是指党在领导立法工作的过程中，坚持用法律法规来约束自己的行为，并发挥党员干部责无旁贷的表率作用。强化党领导立法的自律性是全面从严治党战略部署的重要组成部分，从党的十八大以来的实践来看主要体现在两个方面：一是明确“党自身必须在宪法和法律范围内活动”，二是明确“坚持抓住领导干部这个‘关键少数’”。对于前者而言，党纪虽然先于和严于国法，但党要真正领导立法必须加强宪法和法律层面的自我约束。对于后者而言，“坚持抓住领导干部这个‘关键少数’”是习近平法治思想的重要内容，是对党员干部领导立法的基本要求，也是党领导立法强化个体自律性的典型表现。据中央纪委国家监委通报：“2020 年全国纪检监察机关共处分省部级干部 27 人，厅局级干部 2859 人，县处级干部 2.2 万人，乡科级干部 8.3万人，一般干部 9.9 万人，农村、企业等其他人员 39.8 万人。”[1]这一通报不仅能够看出党和国家反腐的决心和力度，也能看出党不断加强领导力的自律性。正如有学者所言，领导干部是贯彻落实全面依法治国决策部署的重要组织者、推动者和实践者，也是党的执政权和国家立法权具体行使人，在很大程度上影响甚至决定着全面依法治国的方向、道路和进度。[2]

4. 党领导立法保持自立。“圣人之为国也，观俗立法则治，察国事本则宜。”(《商君书·算地》)党领导立法的自立是指党通过独立思考、准确判断和科学设计，使其领导立法工作成为一种独具特色的思维方式、行为模式和工作状态。全面依法治国要走对路，意味着立法工作必须从我国国情和实际出发，着力解决立法领域出现的矛盾和问题，坚决不能照搬照抄国外模式和做法。综观世界各国，不同的国家及其政党领导立法的主体、方式和目的有所不同，但没有一个国家能够像我国一样做到党的领导、人民当家做主和依法治国有机统一，也没有一个国家能够做到依法执政、依法治国和依规治党相辅相成。西方资本主义国家的党领导立法都是通过斗争、妥协的方式，以求达到巩固政党地位、追逐国家权力和蒙蔽人民群众的一场政治游戏。正如有学者所言，党领导立法既是我国社会主义法治建设的一条基本经验，也是当代中国立法工作的根本政治保证。[3] 可以说，党领导立法是在党百年实践探索基础上建立的一项中国特色社会主义制度，历史上既没有成熟的经验可以继承，国外也没有相似

---

〔1〕 张洋：《2020 年全国纪检监察机关处分 60.4 万人》，载《人民日报》2021 年 1 月 27 日，第 4 版。

〔2〕 参见夏锦文：《推进全面依法治国要坚持抓住领导干部这个“关键少数”》，载《光明日报》2021 年 2 月 18 日，第 8 版。

〔3〕 参见公丕祥：《习近平立法思想论要》，载《法律科学(西北政法大学学报)》2017 年第 6 期。

的制度可供模仿,这充分说明了党领导立法是我国立法体制机制的最显著优势,也是我国在世界立法舞台上发出响亮声音的最根本保障。

5. 党领导立法彰显自强。“国无常强,无常弱。奉法者强则国强,奉法者弱则国弱。”(《韩非子·有度》)从立法作用来看,只有立法强,才能法治强,也才能国家强。百年来,党始终发挥着总览全局、协调各方的领导作用,在法治建设中实现了自上而下推进全面依法治国与自下而上创新基层法治的完美结合。[1] 尤其是改革开放以来,我国立法工作能够取得巨大成就,坚持党领导立法是最根本、最关键的原因,特别是党中央对国家立法的集中统一领导。实际上,立法活动具有很强的政治性,要求立法者必须具备较高的立法能力,如掌握科学的立法理念、扎实的立法理论、丰富的立法经验和精湛的立法技术,否则立法质效难以得到保障。这恰恰也表明,百年来党作为立法决策者,以领导的身份参与立法并不断取得新成就,其自身已经具备了强大的立法能力。从党的十二大报告提出“我们党要领导人民继续制定和完备各种法律”,到党的十九大报告提出“坚持党对一切工作的领导”,党根据法治建设的实际不断强化领导立法的观念,创新领导立法的机制,使立法工作不断迈上新台阶、步入新阶段、实现新发展。可以说,在我国改革开放以来的法律体系建设过程中,“党的重大决策,扮演了原则般的宏观指导角色,发挥了规则般的指引作用”。[2] 2010年中国特色社会主义法律体系的建成和2020年《民法典》的颁布就是重大标志性成果,2035年法治中国的建成也必将成为又一重大成就。

五、党领导立法的发展走向

对百年来党领导立法的上述回顾,其目的不仅在于揭示规律、展现成就和提炼经验,而且在于规划未来、坚定信念和创新发展。目前学界关于党领导立法的发展走向问题,存在宏观和微观两种思路。宏观思路的建议包括正确处理党与法治的关系、党与立法机关的关系、党与人民的关系、党内法规与国家法律的关系等,微观思路的建议包括明确党领导立法的具体职权、健全党领导立法的保障机制、建构党领导立法的基本程序、制定党领导立法的党内法规等。这些建议虽然是从不同的角度展开论证,但立足点大多在于加强和改进党领导立法的方式。基于当前党领导立法问题的理论探讨不断深入,笔者在借鉴和反思已有研究成果的基础上,主张从中观思路出发分析党领导立法的发展走向,即

---

[1] 参见冯玉军:《沿着中国特色社会主义法治道路阔步前进》,载《人民日报》2018年8月31日,第7版。

[2] 彭君:《党领导立法的规范分析与完善路径》,载《法学杂志》2018年第5期。

党领导立法在未来应当以明确职责、把握原则、拓展方式、完善程序和强化保障为重点工作。

1. 明确党领导立法的职责。我国要到2035年全面建成法治中国,必须高度重视党领导下的中国特色社会主义法律体系完善问题,进一步加强和改进立法工作。“从党领导立法的目标追求来看,旨在全心全意为人民谋幸福,引领我国经济、政治、文化、社会和生态文明全方位发展。”[1]因此,党要对新时期立法工作所面临的新形势和新任务保持清醒认识,进一步明确党领导立法的职责是总揽全局、协调各方的领导,正确处理党的领导与人民当家做主、依法治国的关系,不能以党代政、以言代法、以政策替代法律。同时需要明确,总揽全局、协调各方既是党的领导的基本定位,也是党领导立法的明确职责,更是党在立法工作中把方向、谋大局、定政策、促改革的能力和定力。《法治中国建设规划(2020—2025年)》对此提出四方面要求:一是完善包括党委领导在内的立法工作格局,二是明确党中央和有立法权地方的党委领导立法的职权划分,三是不断完善有关党的领导的党内法规,四是推进党的领导入法入规。有学者也指出,党领导立法在全面依法治国中应当做到五点:一是坚持领导和推进立法体制改革,二是完善人大主导立法工作的体制机制,三是保障政府在立法中的作用发挥,四是拓宽各方有序参与立法的途径和方式,五是提高科学立法、民主立法、依法立法的水平。[2] 因此,党要在立法过程中正确处理好其与人大、政府、公民之间的关系,党中央与有立法权地方党委之间的关系,以及党的领导入国家法律与入党内法规的关系等,在明确党的基本职责下积极支持立法机关行使立法权,充分保障公民有序参与立法工作。

2. 把握党领导立法的原则。党虽然不是立法机关,但却是最为重要的立法决策主体,重要的立法都由党组织作出最终决策,党领导立法也就是党实质参与立法的过程。目前学界关于党领导立法基本原则的观点大同小异,大多围绕法治、民主、科学三大主题展开,但在具体表述上没能科学体现出新时期立法工作的新要求。笔者认为,在全面依法治国新时代,党领导立法的基本原则应体现出时代性表述和要求,即坚持科学立法、民主立法、依法立法。这三项立法基本原则是相辅相成、相互促进的关系,首次集中表述于党的十九大报告,直接作用于立法质量和立法效率两个面向,以实现良法善治为终极目标。对于科学立法而言,党领导立法应当坚持从我国实际出发,合理配置权力与权利、权利与义

---

〔1〕 陈俊等:《中国的立法体制研究》,经济科学出版社2020年版,第15页。

〔2〕 参见黄文艺:《坚持党对全面依法治国的领导》,载《光明日报》2021年2月8日,第8版。

务、职权与职责、义务与责任等资源,强化法律的针对性、可操作性。对于民主立法而言,党领导立法应当坚持民主集中制原则,确保立法的主体广泛性、内容人民性和程序民主性,最大限度吸纳广大人民群众的合理意见建议。对于依法立法而言,党领导立法应当恪守"党自身必须在宪法和法律范围内活动"的基本要求,保证立法机关遵守法定权限和程序,自觉维护法制统一和尊严。需要注意的是,"从制度设计看,依宪立法原则目前已经被蕴含在依法立法原则的内涵中,属于依法立法原则的一项重要内容"。〔1〕

3. 拓展党领导立法的方式。党领导立法的方式决定着党与立法机关、人民群众的关系能否良性互动,也影响着党领导立法工作的法治化水平。一般而言,党领导立法的主要方式包括为立法工作提供正确的政治方向、先进的立法理念、科学的立法原则和充足的立法人才。〔2〕 但需要明确的是,党领导立法的方式与党自身建设的水平、全面依法治国的进程和立法工作的目标应当保持高度一致,党自身建设所面临的新任务、全面依法治国所处于的新阶段和立法工作所提出的新要求,都必然要求党领导立法的方式应当根据时代特征不断调整、发展和完善。所以,党领导立法的传统方式有必要通过细化、规范和创新的思路加以进一步拓展。一是明确党的重大事项立法决定权,包括重大事项的范围、立法决定权的权限、立法决定权的行使程序等;二是明确党的修改宪法建议权,包括修宪建议提出的条件、原则、程序以及决议程序等;三是明确党的听取立法报告权,包括报告的主体、权限、内容、方式和程序等。仅从立法完善的角度来看,党领导立法方式的拓展可以综合并用解释宪法、制定"政党法"和适用党内法规三种模式,以加快推动党领导立法方式与新时代立法工作任务的紧密衔接。

4. 完善党领导立法的程序。习近平总书记指出:"治理一个国家、一个社会,关键是要立规矩、讲规矩、守规矩。"〔3〕这句话是对当前立法工作的精准阐释和科学表达,同时对于党领导立法的程序建设也具有重要的启迪和引领意义,即党领导立法也应当立程序、讲程序、守程序。笔者认为无论是"使党的主张通过法定程序成为国家意志"的决策部署,还是上文所谈依法立法要求党领导立法应当遵守法定程序,这里的"法定程序"应作扩大解释,既包括立法机关

〔1〕 莫纪宏:《依宪立法原则与合宪性审查》,载《中国社会科学》2020 年第 11 期。

〔2〕 参见丁以升:《加强党对立法工作的领导——"学习十六届四中全会精神座谈会"观点综述》,载《法学》2004 年第 12 期。

〔3〕 中共中央文献研究室编:《习近平关于协调推进"四个全面"战略布局论述摘编》,中央文献出版社 2015 年版,第 100 页。

的立法程序,也应包括党领导立法的法定程序。但从规范、理论和实践来看,党领导立法的程序化水平尚有待加强:一是在规范依据上,党领导立法的程序明确不够;二是在理论研究上,党领导立法的程序阐释不深;三是在立法实践上,党领导立法的程序透露不多。有学者指出,党内民主决策集体领导的具体程序是什么、党内重大决策程序与国家机关的民主决策程序是什么关系、党内对立法问题的意见不一致如何处理、党委主要负责人如何亲自领导立法工作等问题都需要进一步研究。[1] 因此,对党领导立法的程序进行规范,并与党领导立法的方式有机结合,将成为下一步坚持和改进党领导立法工作的重点任务。同时,完善党领导立法的程序,也是贯彻落实《中共中央关于全面深化改革若干重大问题的决定》中"构建程序合理、环节完整的协商民主体系",以及《中共中央关于全面推进依法治国若干重大问题的决定》中"完善党对立法工作中重大问题决策的程序"的要求。

5.强化党领导立法的保障。一是强化观念保障。这要求党和立法机关要强化党领导立法的观念,切实增强参与立法工作的积极性、主动性和自觉性,确保党和国家的统一部署、重大决策和工作大局能够在立法过程和结果中准确反映。二是强化人才保障。有学者指出,党领导立法的重要途径之一是:首先依法广泛动员人民群众通过选举产生各级权力机关,然后依法通过选举将选派的优秀党员任职到各级权力机关,进而实现党对立法工作的有效领导。[2] 这要求有立法权的人大常委会和人民政府党组要加快立法人才培养步伐,及时将优秀人才推荐到立法工作机构任职,不断优化立法人才队伍的年龄、专业和背景结构。三是强化组织保障。这要求贯彻落实《中国共产党章程》和《中国共产党党组工作条例》的规定以及党中央的部署,加强有立法权的人大常委会党组、人大专门委员会分党组和人民政府党组的建设,确保其"把方向、管大局、保落实"立法职责的履行。四是强化机制保障。建立健全保障机制是未来加强和改进党领导立法工作的一项重要任务。对此,笔者比较赞同的观点是:党领导立法除了坚持和完善提出立法建议、审定立法规划和计划等传统机制外,应当积极创新重大立法事项请示报告和工作汇报机制、立法协商和公众参与沟通机制、党内法规与国家法律协调机制、法规规章和规范性文件备案审查联动机制等。[3]

---

〔1〕 参见刘松山:《党领导立法工作需要研究解决的几个重要问题》,载《法学》2017年第5期。

〔2〕 参见陈俊:《政党与立法问题研究——借鉴与超越》,人民出版社2008年版,第368页。

〔3〕 参见秦前红:《依规治党视野下党领导立法工作的逻辑与路径》,载《中共中央党校学报》2017年第4期。

2021年对于中国而言，是具有非凡意义的一年。2021年是中国共产党建党100周年，是“十四五”规划的开局之年，是全面建设社会主义现代化国家新征程的开启之年，也是全党集中开展党史学习教育的关键之年。建党百年来，党领导全国各族人民不断创造伟大历史、铸就伟大精神、形成宝贵经验，不仅使党的领导成为中国特色社会主义最本质的特征，而且始终坚持党的领导已成为党和国家各项事业不断发展的“定海神针”。习近平总书记在庆祝中国共产党成立100周年大会上的重要讲话中指出：“我们要用历史映照现实、远观未来，从中国共产党的百年奋斗中看清楚过去我们为什么能够成功、弄明白未来我们怎样才能继续成功，从而在新的征程上更加坚定、更加自觉地牢记初心使命、开创美好未来。”[1]对于我国法治建设而言，党的领导是中国特色社会主义法治之魂，也是中国特色立法工作之基。通过本文对百年历程中党领导立法理论与实践的梳理、总结、归纳和提炼，可以看出党的历史是一部生动的教科书，党领导立法的历史也是一幅鲜活的新画卷。

---

〔1〕 习近平：《在庆祝中国共产党成立100周年大会上的讲话》，载《人民日报》2021年7月2日，第2版。

谱写新时代全面依法治国新篇章

张晓晶*

【内容摘要】党的十八大以来，以习近平同志为核心的党中央十分重视全面依法治国，以前所未有的力度和举措推进全面依法治国。在推进中国特色社会主义伟大实践中，习近平总书记提出了关于全面依法治国的一系列重要命题和崭新理论，形成了习近平法治思想这一体系完备、科学严密的思想体系，成为法治中国建设的根本遵循。本文通过分析习近平法治思想的出场语境，详细剖析其核心要义，阐明时代价值，旨在更深刻理解习近平法治思想，谱写新时代全面依法治国新篇章。

【关键词】法治思想　新时代　全面依法治国

奋进新征程，法治筑根基。2020 年 11 月 16 日至 17 日，中央全面依法治国工作会议在北京召开，这次会议提出了习近平法治思想，习总书记提出的“十一个坚持”，构成了习近平法治思想的主要内涵，习近平法治思想科学回答了中国特色社会主义法治建设一系列重大理论和实践问题，为新时代全面依法治国提供了根本遵循和行动指南。

---

* 张晓晶，扬州大学法学硕士，丹阳市委党校讲师，研究方向为宪法学与行政法学。

一、习近平法治思想的出场语境

法治和人治问题是人类政治文明史上的一个基本问题,也是各国在实现现代化过程中必须面对和解决的一个重大问题。综观世界近现代史,凡是顺利实现现代化的国家,没有一个不是较好解决了法治和人治问题的。相反,一些国家虽然也一度实现快速发展,但并没有顺利迈进现代化的门槛,而是陷入这样或那样的“陷阱”,出现经济社会发展停滞甚至倒退的局面。后一种情况很大程度上与法治不彰有关。我国是人口大国,地域辽阔,民族众多,国情复杂。我们党在这样一个大国执政,要保证国家统一、法制统一、政令统一、市场统一,要实现经济发展、政治清明、文化昌盛、社会公正、生态良好,都需要秉持法律这个准绳、用好法治这个方式。由法制到法治,由依法治国到全面依法治国,是新时代中国特色社会主义的本质要求,是国情党情世情的必然要求和大势所趋。

党的十八大以来,以习近平同志为核心的党中央明确提出全面依法治国,将其纳入“四个全面”战略布局予以有力推进。

我们知道,党的十八大提出了全面建成小康社会的奋斗目标,党的十八届三中全会对全面深化改革作出了顶层设计,实现这个奋斗目标,落实这个顶层设计,需要从法治上提供可靠保障。党的十八届三中全会后,中央即着手研究和考虑党的十八届四中全会的议题。基于这样的考虑,2014 年 1 月,中央政治局决定,党的十八届四中全会重点研究全面推进依法治国问题并作出决定。从当时各方面反馈的意见和实地调研情况看,大家一致认为,党的十八届四中全会研究全面推进依法治国问题并作出决定,意义重大而深远,符合党和国家事业发展需要和全党全国各族人民期盼。大家普遍希望通过这个决定明确全面推进依法治国的指导思想和总体要求,深刻阐明党的领导和依法治国的关系等法治建设的重大理论和实践问题,针对法治工作中群众反映强烈的突出问题提出强有力的措施,对社会主义法治国家建设作出顶层设计,制定了路线图、施工图。2014 年 10 月,在党外人士座谈会上,中共中央总书记习近平谈及“全面依法治国”的必要性。同月,党的十八届四中全会通过《中共中央关于全面推进依法治国若干重大问题的决定》。至此,“依法治国”从最初的单一概念,发展成为内容翔实、结构严谨、涉及面广的表述,同时包含着具体可行的举措。

2015 年 4 月 1 日,中央全面深化改革领导小组第十一次会议审议通过《党的十八届四中全会重要举措实施规划(2015—2020 年)》,该规划成为今后一个时期推进全面依法治国的总施工图和总台账。

5 年时间,我国社会主义法治建设发生历史性变革、取得历史性成就,在长期实践中逐渐形成了习近平法治思想。这一重要思想深刻回答了新时代为什么实行全面依法治国、怎样实行全面依法治国等一系列重大问题，是顺应实现中华民族伟大复兴时代要求应运而生的重大理论创新成果，是马克思主义法治理论中国化最新成果，是习近平新时代中国特色社会主义思想的重要组成部分，是全面依法治国的根本遵循和行动指南，我们要深刻认识其核心要义。

二、习近平法治思想的核心要义

习近平总书记对当前和今后一个时期推进全面依法治国要重点抓好的工作提出了 11 个方面的要求，几个部分之间自成各自体系，分别是：加强党的领导，从战略全局统筹推进全面依法治国；坚持人民立场，以良法善治深入推进全面依法治国；树立道路自信，宏观视野协调推进全面依法治国；立足整体谋划，围绕总目标系统推进全面依法治国；胸怀国际视野，统筹国内外布局推进全面依法治国；筑牢基础保障，以微观布局（“一建一抓”）扎实推进全面依法治国。

（一）加强党的领导，从战略全局统筹推进全面依法治国

党的领导是中国特色社会主义最本质的特征，是社会主义法治最根本的保证。离开了党的领导，中国特色社会主义法治就会成为无本之木、无源之水。

一段时间以来，西方对我们意识形态的攻击从来没有停止过，比如用西方宪政民主企图否定党的领导和中国特色社会主义政治制度。我们要清醒地认识到，西方的“民主输出”往往采用的是非民主的手段，表面利他，实际利己，本意并不是要推动相关国家的民主进程，只是以此作为幌子，控制他国进而获得自身的霸权利益。

还有人把党的领导和依法治国割裂开来、对立起来，提出所谓“党大还是法大”“人治还是法治”等伪命题。对此，习近平总书记作出了鲜明回答，指出法治当中有政治，没有脱离政治的法治。每一种法治形态、法治模式、法治道路背后都有一套政治理论、政治逻辑、政治立场。中国特色社会主义法治道路、理论、制度、文化是中国特色社会主义道路、理论、制度、文化在法治领域的集中体现，法是党的主张和人民意愿的统一体现，党领导人民制定宪法法律，党自身在宪法法律范围内活动，党的领导、人民当家做主和依法治国是高度统一的。那些错误论调背后的政治动机，就是要否定党的领导，否定中国特色社会主义制度。对此必须保持高度理论清醒，确保坚定政治立场，坚决防止掉入西方法治理论的话术陷阱，防止法治建设南辕北辙、功败垂成。

（二）坚持人民立场，以良法善治深入推进全面依法治国

坚持以人民为中心，一切为了人民，一切依靠人民，是马克思主义唯物史观

的根本出发点和落脚点，也是习近平法治思想的根本立场。习近平总书记指出，“全面依法治国最广泛、最深厚的基础是人民，必须坚持为了人民、依靠人民”。他强调，“法律是治国之重器，法治是国家治理体系和治理能力的重要依托”，要“以良法促进发展、保障善治”，“把体现人民利益、反映人民愿望、维护人民权益、增进人民福祉落实到全面依法治国各领域全过程”。[1] 这些重要论述，揭示了全面依法治国的人民立场，指明了全面依法治国就是要在更深层面上推动法治建设迈向良法善治新境界。

习近平总书记指出：“推进全面依法治国，根本目的是依法保障人民权益。”[2]公平正义是人民的期盼，是法治的生命线，也是我们党长期追求的一个崇高的价值目标。必须牢牢把握社会公平正义这一价值追求，系统研究谋划和解决法治领域人民群众反映强烈的突出问题，努力让人民群众在每一项法律制度、每一个执法决定、每一宗司法案件中都感受到公平正义，用法治保障人民安居乐业。

（三）树立道路自信，用宏观视野协调推进全面依法治国

1. 坚持中国特色社会主义法治道路

一国的法治道路是由一国的政治经济制度和历史文化传统等因素决定的。新中国成立以来，中国共产党领导全国人民不懈探索、不断创新，总结法治建设的成功经验和深刻教训，走出了一条中国特色社会主义法治道路。习近平总书记指出：“中国特色社会主义法治道路，是社会主义法治建设成就和经验的集中体现，是建设社会主义法治国家的唯一正确道路。”

2014 年，习总书记对《中共中央关于全面推进依法治国若干重大问题的决定》作出说明时，专门阐释过其核心要义，包括三个方面：坚持党的领导，坚持中国特色社会主义制度，贯彻中国特色社会主义法治理论。党的领导是中国特色社会主义最本质的特征，是社会主义法治最根本的保证。中国特色社会主义制度是中国特色社会主义法治体系的根本制度基础，是全面推进依法治国的根本制度保障。中国特色社会主义法治理论是中国特色社会主义法治体系的理论指导和学理支撑，是全面推进依法治国的行动指南。

这三个方面实质上是中国特色社会主义法治道路的核心要义，规定和确保了中国特色社会主义法治体系的制度属性和前进方向。

---

〔1〕 习近平：《坚定不移走中国特色社会主义法治道路 为全面建设社会主义现代化国家提供有力法治保障》，载《求是》2021 年第 5 期。

〔2〕 习近平：《坚定不移走中国特色社会主义法治道路 为全面建设社会主义现代化国家提供有力法治保障》，载《求是》2021 年第 5 期。

2. 坚持依宪治国、依宪执政

习近平法治思想强调用宪法来治国理政，具有很强的实践性。这种实践性来源于他丰富的从政经历，并且具有连贯性。

（1）前期萌芽阶段

1994 年，任福州市委书记时习近平就旗帜鲜明地提出要在宪法和法律的框架下，制定相应的改革措施。这一时期，他已经注意到改革与宪法之间的关系，并且明确了改革必须在宪法的框架下进行。2002 年，任浙江省代省长时习近平就以《全面贯彻实施宪法　促进社会主义政治文明建设》为题在《浙江日报》上发文，在该文中，习近平立足浙江省的法治实践，对宪法在国家治理中的重要作用也予以论述。他提出："依法治国、依法治省，首要的是依宪治国、依宪治省。"2005 年，在担任浙江省委书记时，习近平已经注意到宪法与党的领导、人民当家做主之间的联系，明确提出"要以宪法和法律为依据，把坚持党的领导、人民当家做主和依法治国有机统一起来"。[1] 2006 年 4 月 26 日，在习近平主持召开的省委十一届十次全会上所通过的《中共浙江省委关于建设"法治浙江"的决定》中将以宪法和法律为依据作为坚持法治统一的前提。他指出，"坚持依法治国，其核心就是要确立和实现以宪法和法律治理国家的最具权威价值的取向"。[2] 随后，他又提出，"要突出抓好宪法的学习宣传，形成崇尚宪法、遵守宪法、维护宪法的良好氛围"。[3] 上述的这些重要论述，体现出习近平在地方任职时就已经开始探索如何依据宪法来提高治理实践水平，为日后习近平法治思想的成型积累了宝贵的地方经验。

（2）不断积累阶段

党的十八大以来，习近平在国家层面对依宪治国作出了许多重要论述，不断丰富和完善习近平法治思想中依宪治国的系统内涵。

一方面，为依宪治国注入新的理念。2012 年 12 月 4 日，习近平出席了在首都举办的纪念现行《宪法》公布实施 30 周年大会并发表了讲话（以下简称"12·4"讲话），在这篇讲话中，他明确提出，"依法治国，首先是依宪治国"。这与之前"依法治国，首先要依宪治国"的提法已有不同，从"要"到"是"的转变，不仅是一字之差，还反映出要将依宪治国从一种理想价值追求转变为客观真实

[1] 习近平：《巩固执政基础　增强执政本领》，载《党建研究》2005 年第 2 期。

[2] 习近平：《干在实处　走在前列——推进浙江新发展的思考与实践》，中共中央党校出版社 2006 年版，第 357 页。

[3] 习近平：《弘扬法治文化　建设"法治浙江"——写在"五五"普法启动之际》，载《浙江政报》2006 年第 23 期。

状态。另一方面，明晰依宪治国的角色定位。宪法在建设社会主义法治国家中处于什么样的角色是关系到依宪治国能否全面实施的基本前提。在“12·4”讲话中，习近平立足现行《宪法》颁布实施30年来的社会实践，深入系统论证了宪法在促进改革开放和社会主义现代化建设中的重要作用，着重论述了宪法在社会主义法治国家的建设和推进人权事业发展中所发挥的无可替代的作用。再次明确宪法具有最高的法律地位、法律权威、法律效力，具有根本性、全局性、稳定性、长期性。

(3)成型阶段

2014年10月召开的党的十八届四中全会首次专题讨论了依法治国的问题，通过了《中共中央关于全面推进依法治国若干重大问题的决定》。该决定中“宪法”一词成为高频词语，一共出现了38次之多，体现出宪法在全面推进依法治国中的核心地位。并且将“深入贯彻习近平总书记系列重要讲话精神”确立为指导全面依法治国的重要纲领，代表着习近平法治思想中的依宪治国理念的成型。这一时期习近平法治思想中的依宪治国理念的一个显著特点是着重发挥宪法在全面依法治国实践中的统筹全局的作用。他提出：“推动全面贯彻实施宪法，更好发挥宪法在全面建成小康社会、全面深化改革开放、全面推进依法治国中的重大作用。”[1]这个特点决定了依宪治国要从理论层面向全面依法治国实践方向转换。上述决定中明确提出要“健全宪法实施和监督制度”，“要恪守以民为本、立法为民理念，贯彻社会主义核心价值观，使每一项立法都符合宪法精神”，“完善全国人大及其常委会宪法监督制度，健全宪法解释程序机制。加强备案审查制度和能力建设，把所有规范性文件纳入备案审查范围，依法撤销和纠正违宪违法的规范性文件”。这些理论要点，都在随后的国家政治生活中以各种形式转化成为法治实践的制度保障。

(4)纵深发展阶段

2017年10月召开的党的十九大确立了习近平新时代中国特色社会主义思想成为全党乃至全国的行动指南。全面依法治国也进入了一个新的发展时期。习近平新时代中国特色社会主义思想再次明确将建设中国特色社会主义法治体系、建设社会主义法治国家作为全面依法治国的总目标。因此，这一时期，习近平法治思想中的依宪治国围绕这个总目标继续向法治实践中的纵深方向发展。

一方面，积极将依宪治国理念和实践发展成果以根本法的形式予以宣告。

[1] 转引自 http://politics.people.com.cn/n/2014/1203/C1024-26142808.html。

习近平提出宪法修改的目的在于"更好适应提高中国共产党长期执政能力、推进全面依法治国、推进国家治理体系和治理能力现代化的要求,为新时代坚持和发展中国特色社会主义提供宪法保障"。[1] 2018 年 3 月,在十三届全国人大一次会议正式表决通过的现行《宪法修正案》中,将党的十八届四中全会以来全面依法治国的诸多实践成果予以吸收。如在序言中加入"习近平新时代中国特色社会主义思想",在《宪法》第 27 条加入"国家工作人员就职时应当依照法律规定公开进行宪法宣誓"等。上述举措,丰富了《宪法》的内涵,彰显我国《宪法》的时代性,从而更有利于进一步发挥《宪法》在我国法律体系中根本法作用。

另一方面,注重发挥制度优势保障宪法实施。社会主义制度是我国的根本制度,党的十九届四中全会通过的《中共中央关于坚持和完善中国特色社会主义制度 推进国家治理体系和治理能力现代化若干重大问题的决定》明确提出:"中国特色社会主义制度是党和人民在长期实践探索中形成的科学制度体系,我国国家治理一切工作和活动都依照中国特色社会主义制度展开。"[2] 这一制度为保障宪法实施提供了显著的制度优势。

通过上述内容可以发现,习近平法治思想中的依宪治国通过"依宪治国—全面依法治国实践—巩固中国特色社会主义制度—推动宪法实施"的形式,不断推动着全面依法治国持续向前。

3. 坚持在法治轨道上推进国家治理体系和治理能力现代化

坚持和完善中国特色社会主义制度,推进国家治理体系和治理能力现代化是关系党和国家事业兴旺发达、国家长治久安、人民幸福安康的重大问题。党的十九届四中全会专门作出部署。为什么是在法治化轨道上推进国家治理体系和治理能力现代化?

习总书记给出过答案:坚持全面依法治国,是中国特色社会主义国家制度和国家治理体系的显著优势。中国特色社会主义实践向前推进一步,法治建设就要跟进一步。实践证明,通过宪法法律确认和巩固国家根本制度、基本制度、重要制度,并运用国家强制力保证实施,保障了国家治理体系的系统性、规范性、协调性、稳定性。

---

〔1〕 习近平:《深刻认识宪法修改的重大意义》,载《论坚持全面依法治国》,中央文献出版社 2020 年版,第 199 页。

〔2〕 中共中央文献研究室编:《习近平关于全面依法治国论述摘编》,中央文献出版社 2015 年版,第 121 页。

我国社会主义法治凝聚着我们党治国理政的理论成果和实践经验，是制度之治最基本最稳定最可靠的保障方式。

（四）立足整体谋划，围绕总目标系统推进全面依法治国

这个小逻辑内，围绕全面依法治国总目标，通过总抓手、工作布局、重点任务三者层层递进，整体谋划推进法治国家建设：其中坚持建设中国特色社会主义法治体系是总抓手；坚持依法治国、依法执政、依法行政共同推进，法治国家、法治政府、法治社会一体建设是工作布局，坚持全面推进科学立法、严格执法、公正司法、全民守法是重点任务。

（五）胸怀国际视野，统筹国内外布局推进全面依法治国

中国的发展离不开世界，世界的发展也需要中国。党的十八大以来，以习近平同志为核心的党中央审时度势，协调推进国内治理和国际治理，使国内法治和国际法治、全球治理相得益彰。

党的十八届四中全会审议通过的《中共中央关于全面推进依法治国若干重大问题的决定》第一次以党的文件形式明确提出要“加强涉外法律工作”。2019 年 2 月 25 日，中央全面依法治国委员会第二次会议指出，要加快推进我国法域外适用的法律体系建设，加强涉外法治专业人才培养，积极发展涉外法律服务，强化企业合规意识，保障和服务高水平对外开放。

党的十九届五中全会提出构建以国内大循环为主体、国内国际双循环相互促进的新发展格局，新发展格局是以习近平同志为核心的党中央根据我国发展阶段、环境、条件变化，特别是基于我国比较优势变化，审时度势作出的重大决策，构建新发展格局是立足当前、着眼长远的战略谋划，在推动构建新发展格局、构建人类命运共同体的征程中，法治作为治国理政的重要一环，必须统筹国内国外双视野，立足国内，进一步加快涉外法治工作战略布局，主动推动建设公平公正透明的国际贸易规则体系，有机衔接好国内国际两类规则，更好维护国家主权、安全、发展利益，为推进全面依法治国、建设社会主义现代化国家、实现中华民族伟大复兴的中国梦营造良好的外部法治环境。

（六）筑牢基础保障，以微观布局（“一建一抓”）扎实推进全面依法治国

1. 坚持建设德才兼备的高素质法治工作队伍

“法治工作队伍”是党的十八届四中全会上的提法，包括法治专门队伍和社会法律服务队伍。前者包括在人大和政府从事立法工作的人员、行政执法人员、司法工作人员，后者主要包括律师、公证员、基层法律工作者、人民调解员、法律服务志愿者等。

古人云：“得其人而不得其法，则事必不能行；得其法而不得其人，则法必

不能济。人法兼资,而天下之治成。”[1]实施依法治国基本方略,建设社会主义法治国家,必须有一支高素质的队伍。

2014 年,习近平在中央政法工作会议上对政法队伍提出“五个硬”。2014 年 10 月,习近平在党的十八届四中全会上指出,要建设一支忠于党、忠于国家、忠于人民、忠于法律(四忠)的政法队伍;2019 年 1 月 15 日,习近平在中央政法工作会议上提出,政法工作队伍建设应该朝着革命化、正规化、专业化、职业化(四化)方向努力。“五个硬”“四忠”“四化”就是对法治队伍的德才要求。

2. 坚持抓住领导干部这个“关键少数”

在依法治国基本方略指引下,我国社会的法治氛围正在形成。在影响我国法治环境的众多要素中,领导干部这个群体对于法治发展、对协调推进“四个全面”战略布局都具有举足轻重的作用。因为领导干部是掌握和运用公权力的人,是全面依法治国的组织者、推动者和实践者。正因如此,习近平总书记在 2015 年 2 月 2 日省部级主要领导干部学习贯彻党的十八届四中全会精神、全面推进依法治国专题研讨班开班式上的重要讲话中指出,各级领导干部在推进依法治国方面肩负着重要责任,全面依法治国必须抓住领导干部这个“关键少数”。要求领导干部要做尊法、学法、守法、用法的模范;强调领导干部谋划工作要运用法治思维,处理问题要运用法治方式,说话做事要首先考虑一下是不是合法。[2]

2019 年,习近平在《求是》杂志发表文章《加强党对全面依法治国的领导》。该文章指出:“领导干部具体行使党的执政权和国家立法权、行政权、监察权、司法权,是全面依法治国的关键。”[3]

这次把抓住领导干部这个“关键少数”写入习近平法治思想,可见其重要性。

“十一个坚持”是习近平法治思想的核心要义,前三个坚持回答“建设什么样的法治国家”,后八个坚持回答“怎样实行全面依法治国”。其思想内涵丰富、论述深刻、逻辑严密、系统完备。我们要认真学习领会,牢牢把握全面依法治国政治方向、重要地位、工作布局、重点任务、重大关系、重要保障,高水平走好法治建设之路。

三、习近平法治思想的时代价值

伟大时代诞生伟大理论,伟大理论引领伟大征程。习近平法治思想是顺应

---

〔1〕 海瑞:《治黎策》。

〔2〕 转引自 https://share.gmw.cn/theory/2019-09/01/content_33125561.html。

〔3〕 习近平:《加强党对全面依法治国的领导》,载《求是》2019 年第 4 期。

实现中华民族伟大复兴时代要求应运而生的重大理论创新成果,它为马克思主义法治理论的发展注入了新的时代内涵,丰富了中国特色社会主义法治理论,为中国梦的实现提供了有力的法治保障。

在一个世界上人口最多的大国建设社会主义现代化强国任重而道远。社会主义现代化强国必然是法治强国。航向指明未来,社会主义现代化建设必须要从现实出发,坚定不移地走全面依法治国道路。必须要对法治问题有更为清醒的认识和判断,深入学习宣传贯彻习近平法治思想,是当前和今后一个时期全国法学法律界的一项重大政治任务。广大法学法律工作者要在学习宣传贯彻习近平法治思想上作表率,坚持用习近平法治思想武装头脑、指导实践、推动工作,自觉做习近平法治思想的坚定信仰者、积极传播者、模范践行者,推动开创法治中国建设新局面,谱写新时代全面依法治国新篇章。

把握依法治国实践要求

沈国新*

【内容摘要】党的十八大以来，习近平总书记对全面推进依法治国发表了一系列重要讲话。2020 年 11 月召开的中央全面依法治国工作会议，正式将习近平全面依法治国的新理念新思想新战略确立为习近平法治思想。系统学习习近平法治思想、深刻领悟全面依法治国的丰富内涵，是指导实践、推进工作的理论武器，是保障经济社会高质量发展的内在要求，也是确保区域法治建设不断深化发展的必要前提。

【关键词】习近平法治思想　中国特色社会主义法治　依法治国

2020 年 11 月召开的中央全面依法治国工作会议，正式将习近平全面依法治国的新理念、新思想、新战略确立为习近平法治思想。这是马克思主义法治理论中国化的最新成果，是中国特色社会主义法治理论的重大创新发展，是建设法治中国的行动纲领和科学指南。系统学习习近平法治思想、深刻领悟全面依法治国的丰富内涵，是指导实践、推进工作的理论武器，是保障经济社会高质量发展的内在要求，也是确保区域法治建设不断深化发展的必要前提。

---

* 沈国新，江苏省司法厅一级巡视员，中国法治现代化研究院特邀研究员。

一、简要学习习近平总书记高度重视全面推进依法治国重大决策的基本脉络

党的十八大以来，习近平总书记对全面推进依法治国发表了一系列重要讲话，作出一个又一个重大决策部署。新时代全面推进依法治国按下快进键、步入快车道，有了顶层设计、有了施工蓝图。

1. 2012 年党的十八大确定阶段目标：依法治国基本方略全面落实，法治政府基本建成，司法公信力不断提高，人权得到切实尊重和保障。并强调，依法治国是党领导人民治理国家的基本方略，法治是治国理政的基本方式。要推进科学立法、严格执法、公正司法、全民守法，提高各级领导干部运用法治思维和法治方式深化改革、推动发展、化解矛盾、维护稳定能力。

2. 党的十八大后 100 天内的重要讲话论述：

2012 年 12 月 4 日，纪念《宪法》颁布 30 年讲话强调：依法治国首先是依宪治国，依法执政关键是依宪执政。

2012 年 12 月 7～11 日党的十八大后南方考察，9 日在广州召开经济工作座谈会强调：对大家提出的问题，中央有关部门要进行认真研究，通过深化改革、完善市场经济体制机制、转变政府职能、加强法治等措施来解决，释放强烈的改革、法治信号。

2013 年 1 月 3 日对召开中央政法会议批示：坚持依法治国基本方略——全力推进平安中国、法治中国、过硬队伍建设。

2013 年 1 月 22 日党的十八届中纪委二次全会强调：加强对权力运行的制约和监督，把权力关进制度的笼子，“老虎”“苍蝇”一起打。

2013 年 2 月 23 日党的十八届中央政治局第四次集体学习主题：全面推进依法治国，强调依法治国必须依法治国、依法执政、依法行政共同推进，法治国家、法治政府、法治社会一体建设，为探究、形成依法治国新理念新思想新战略开启了航程。

3. 2013 年 11 月 12 日党的十八届三中全会：确立法治改革纲领，强化权力运行制约和监督体系。

4. 2014 年 10 月 23 日党的十八届四中全会：确立依法治国的顶层设计，明确总目标、总原则、总任务、总要求，坚定不移走中国特色社会主义法治道路。这是第一次党的全会决策。

5. 2014 年 12 月 13 日江苏调研：形成协调推进“四个全面”战略布局。把依法治国纳入实现中华民族伟大复兴中国梦的战略举措之一。

6. 2015 年 10 月 29 日党的十八届五中全会审议通过的《中共中央关于制

定国民经济和社会发展第十三个五年规划的建议》:把坚持依法治国确定为全面建成小康社会的基本原则、进一步把“各方面制度更加成熟定型……法治政府基本建成,司法公信力明显提高。人权得到切实保障,产权得到有效保护”确定为全面建成小康社会的主要目标。

7. 2016年10月27日党的十八届六中全会:加强党的法规制度建设,作为中国特色社会主义法治体系的重要组成部分加以推进。

8. 2016年11月30日中共中央办公厅、国务院办公厅发布《党政主要负责人履行推进法治建设第一责任人职责规定》,落实“关键少数”职责。

9. 2017年10月18日党的十九大新部署:确定全面推进依法治国总目标、提出新要求:(1)成立中央全面依法治国委员会;(2)推进合宪性审查,维护宪法权威;(3)推进科学民主依法立法,以良法促进发展、保障善治;(4)深化司法体制综合配套改革;(5)树立宪法至上、法律面前人人平等的法治理念;(6)各级党组织和全体党员要带头尊法、学法、守法、用法,任何组织都不得有超越宪法法律的特权,绝不允许以言代法、以权压法、逐利违法、徇私枉法。

10. 2018年8月24日,习近平主持召开中央全面依法治国委员会第一次会议,把党的十八大以来提出的一系列全面依法治国新理念新思想新战略的体系概括为“十个坚持”。

11. 2019年第4期《求是》杂志发表习近平总书记重要文章《加强党对全面依法治国的领导》,强调党领导立法、保证执法、支持司法,带头守法。阐述“十个坚持”。

12. 2020年11月首次中央依法治国工作会议,确立习近平法治思想,主要方面集中体现在“十一个坚持”,对原先十个方面“坚持”作了个别调整,增加了“坚持统筹推进国内法治和涉外法治”,是马克思法治思想中国化的最新发展成果。

二、系统学习习近平法治思想,牢牢把握全面推进依法治国的实践要求

1. 坚持“共同推进”“一体建设”依法治国总布局。习近平总书记在党的十八届中央政治局第四次集体学习时首次明确指出:面向未来,全面建成小康社会对依法治国提出了更高要求,要坚持依法治国、依法执政、依法行政共同推进,法治国家、法治政府、法治社会一体建设,不断开创依法治国新局面。其后,在党的十八届三中全会确定全面深化改革布局和党的十八届四中全会确定全面推进依法治国布局中,都把上述“共同推进”“一体建设”这个总布局写进了会议的决定,从而确立了全面依法治国总布局的思想。其内涵继承了党的十五

大以来的重要论述,发展了全面依法治国的总要求,更加重视法治建设的整体推进和协调发展,将依法治国上升到党和国家事业的全局高度,覆盖了经济政治社会文化生态军事和外交建设的各个方面。

2. 贯彻"科学立法、严格执法、公正司法、全民守法"法治建设新路径、新方针。相对于党的十一届三中全会以来的"有法可依、有法必依、执法必严、违法必究"的法制建设方针,"科学立法、严格执法、公正司法、全民守法"的法治建设新路径,成为十八大以来指导法治建设的新方针,真正实现了从"法制建设"向"法治建设"的转轨。可以讲,党的十八大以来的所有法治实践都是围绕这十六字方针展开的,党的十九大进一步提出科学立法、民主立法、依法立法,以良法促进发展、保障善治,推动民主法治建设迈出了重大步伐。

3. 注重以法治引领、推动、规范、保障经济社会发展。党的十八大以来习近平总书记把法治放到党和国家事业的全局高度,放到中华民族伟大复兴的战略层次来谋划。"法治是党治国理政的基本方式","没有全面依法治国,我们就治不好国、理不好政"。提出"全面推进依法治国是关系党执政兴国、关系人民幸福安康、关系国家长治久安的重大战略问题"。习近平总书记用许多经典语录,来说明法治成为统筹推进"五位一体"建设重要内容、纳入协调推进"四个全面"战略布局的重要性。党的十八大强调指出,"更加注重发挥法治在国家治理和社会管理中的重要作用"。社会管理体制在"党委领导、政府负责、社会协同、社会参与"的基础上,增加了"法治保障"。2013 年 2 月 28 日习近平总书记在党的十八届二中全会第二次全体会议上强调,"政府职能转变到哪一步,法治建设就要跟进到哪一步,要发挥法治对转变政府职能的引导和规范作用"。2014 年 2 月 28 日习近平总书记在全国深改组第二次会议上强调,"在整个改革过程中,都要高度重视运用法治思维和法治方式,发挥法治的引领和推动作用"。党的十八届四中全会明确,"实现经济发展、政治清明、文化昌盛、社会公正、生态良好,实现我国和平发展的战略目标,必须更好发挥法治的引领和规范作用"。2014 年 10 月 29 日习近平对深入推进平安中国建设作出批示:"深入推进平安中国建设,发挥法治的引领和保障作用……"党的十九大进一步指出,"全面依法治国是中国特色社会主义的本质要求和重要保障"。法治不再也不应该只是一个经济社会的保障功能,要在更高层面、更宽领域引领、规范、推动和保障中国特色社会主义现代化伟大事业的永继发展。

4. 坚守以法治促进和维护社会公平正义的核心价值。促进和维护社会公平正义成为时代的重大使命。习近平担任党的十八大报告起草组组长,在报告中首次提出,"在新的历史条件下夺取中国特色社会主义新胜利,——必须坚持维护社会公平正义。公平正义是中国特色社会主义的内在要求”。“自由、平等、公正、法治”成为社会主义核心价值观的重要内容。党的十八届三中全会提出,“全面深化改革……以促进社会公平正义、增进人民福祉为出发点和落脚点”。对此,习近平总书记在全会第二次全体会议的讲话中指出,“这是我们党全心全意为人民服务根本宗旨的必然要求。全面深化改革必须着眼创造更加公平正义的社会环境”。改革部署全面体现了“平等使用生产要素、公平参与市场竞争、同等受到法律保护”“城乡基本公共服务均等化”“权利平等、机会平等、规则平等”“建立更加公平可持续的社会保障制度”“让人民群众在每一个司法案件中都感受到公平正义”等一系列促进社会公平正义的法治核心价值思想。党的十九大作出“我国社会主要矛盾已经转化为人民日益增长的美好生活需要和不平衡不充分的发展之间的矛盾”的重大判断,“人民美好生活需要日益广泛,不仅对物质文化生活提出了更高要求,而且在民主、法治、公平、正义、安全、环境等方面的要求日益增长”,进一步把深化依法治国实践、维护社会公平正义融入伟大斗争、伟大事业、伟大工程和伟大梦想之中。实现人民共同富裕、社会公平正义正在引领中国特色社会主义向现代化迈进。

5. 大力推进法治现代化。党的十八大报告提出“坚持走中国特色新型工业化、信息化、城镇化、农业现代化道路”,侧重点都在国家富强的“硬件现代化”。随着我国经济社会全面转型发展,习近平总书记面向“两个一百年”目标,提出“完善和发展中国特色社会主义制度,推进国家治理体系和治理能力现代化”的重大使命,并将其确立为全面深化改革的总目标。习近平总书记强调,“这是完善中国特色社会主义制度的必然要求,是社会主义现代化的应有之义”。党的十九届四中全会进一步对推进国家治理体系和治理能力现代化作出专门部署。其本质要义是管理国家的制度体系现代化和运用制度、执行制度管理国家各项事务的能力现代化,核心在于法治现代化。“从我国古代看,凡属盛世都是法制相对健全的时期;从世界历史看,国家强盛往往同法治相伴而生。”我国开启全面建设社会主义现代化国家新征程,必须同步推进法治现代化。

6. 强化权力运行制约和监督。法治的本质有两条,一条是规范和制约公共权力,另一条是维护和保障公民权利。前一条是为了保障和服务后一条。早在2010 年秋季中央党校开学典礼上,习近平就指出:马克思主义的权力观概括起来是两句话,权为民所赋、权为民所用。党的十八大以来,习近平总书记十分重视对权力运行的制约和监督。党的十八届三中全会部署“强化权力运行制约和监督体系”,反复强调“把权力关进制度的笼子”,“依法惩治腐败”,“依法治军”,等等。经过多年来的推进,权责法定,法定权责必须为、法无授权不可为、用权受监督、违法履职要追责取得重大进展。党的十九大在国家监察体制改革试点取得实效的基础上,提出了“深化国家监察体制改革,将试点工作在全国推开……实现对所有行使公权力的公职人员监察全覆盖”的新任务,2018 年 3 月国家《监察法》正式颁布施行。规范权力运行和制约监督,惩治腐败、从严廉政建设,既是加强党的建设需要,也是推进法治建设的生动实践。

7. 确立建设法治中国的国家目标。党的十五大以来,推进依法治国,总是讲“加快建设社会主义法治国家”。2013 年 1 月 3 日习近平总书记对召开的中央政法工作会议作出重要批示:“……全力推进平安中国、法治中国、过硬队伍建设……”建设“法治中国”相对于建设“社会主义法治国家”,内涵更加丰富,任务更加具体,目标更加具有针对性。党的十八届三中全会专门确立了“推进法治中国建设”的改革纲领。党的十八届四中全会对全面推进依法治国作出全面部署和顶层设计:“向着建设法治中国不断前进”“为建设法治中国而奋斗”。

建设“法治中国”,既要厉行法治,更要走中国式法治道路。“法治中国”只能深耕在中国土壤,“鞋子合不合脚,自己穿着才知道。一个国家的发展道路合不合适,只有这个国家的人民才最有发言权”,全面推进依法治国总目标是建设中国特色社会主义法治体系,贯彻中国特色社会主义法治理论就是必然前提,坚持中国共产党的领导就是首要原则;借鉴国外法治有益经验,但绝不照搬外国法治理念和模式,“坚持从中国实际出发”就是重要原则。“法治当中有政治,没有脱离政治的法治,更没有超越政治的法治。每一种法治形态背后都有一套政治理论,每一种法治模式当中都有一种政治逻辑,每一条法治道路底下都有一种政治立场。”建设法治中国,只能在立足中国国情基础上进行,是中国特色社会主义道路、理论、制度、文化在法治领域、法治理论、法律制度、法治文化上的具体体现。“法治中国”是全面推进依法治国前行的校准航标,绝不可用西方的宪政思维和模式来“对标找差”。建设“法治中国”为全面依法治国指明了最终目标和根本方向。

8. 全面深化立法、执法、司法体制改革。立法、执法、司法是法治建设的核心任务和内容,其体制改革自党的十五大提出依法治国基本方略以来也多有原则的要求。党的十八大以来,习近平总书记对立法、执法,尤其是司法体制改革作出一系列阐述,实践上更是发生了全方位、开创性、深层次、根本性的变革。具体体现在:健全宪法实施和监督制度,维护宪法法律权威,建立国家宪法日制度;深入推进科学立法、民主立法,人大主导立法、社会公众参与、法律法规规章草案公开征求意见等机制形成,立法与改革决策相衔接,做到一切重大改革于法有据;深化行政执法体制改革,相对集中执法权,推行综合执法、行政执法与刑事司法相衔接等全面落实；改革司法管理体制，建立领导干部干预司法活动插手具体案件处理记录、通报和责任追究制度，变立案审查制为立案登记制，建立法官检察官员额制度，设立巡回法庭，设立跨区划的人民法院和人民检察院，推行以审判为中心的诉讼制度改革，实行"谁办案，谁负责"和办案质量终身负责制，推行公益诉讼，建立司法救助制度，建立生效法律文书统一上网和公开查询制度，实施失信被执行人信用监督、威慑和惩戒制度、一批冤假错案得到纠正……所有这些，推动依法治国取得了历史性的成就，也是人民群众法治获得感最多的时期。党的十九大进一步提出了推进合宪性审查工作、树立宪法法律至上、法律面前人人平等的法治理念、深化司法体制综合配套改革、全面落实司法责任制等新任务，贯彻了习近平总书记的法治改革思想。正如习近平总书记指出：改革与法治如车之两轮、鸟之两翼，"在法治下推进改革，在改革中完善法治，这就是我们说的改革和法治两个轮子的含义"。

9. 统筹依法治国与以德治国相结合。习近平总书记十分重视中国传统文化的传承，强调"努力实现传统文化的创造性转化、创新性发展"。在治国理政上，既提出全面依法治国，又强调依法治国与以德治国相结合。2016 年 12 月 9 日习近平总书记在中央政治局第三十七次集体学习时明确指出，"法律是准绳，任何时候都必须遵守，道德是基石，任何时候都不可忽视""法律是成文的道德，道德是内心的法律""要强化道德对法治的支撑作用""要运用法治手段解决道德领域突出问题"，等等。这些思想都有机地贯穿到决策层面：十八届四中全会把"坚持依法治国和以德治国相结合"确定为实现依法治国总目标必须坚持的一条基本原则，明确要求"加强公民道德建设，弘扬中华优秀传统文化，增强法治的道德底蕴"。2016 年 12 月中共中央办公厅、国务院办公厅印发《关于进一步把社会主义核心价值观融入法治建设的指导意见》，要求"把社会主义核心价值观融入法治国家、法治政府、法治社会建设全过程，融入科学立法、严格执法、公正司法、全民守法各环节，以法治体现道德理念、强化法律对道德建设的促进作用""推动社会主义核心价值观入法入规""强化社会治理的价值导向""用司法公正引领社会公正""弘扬社会主义法治精神"。党的十九大阐述习近平新时代中国特色社会主义思想的精神实质和丰富内涵以及新时代坚持和发展中国特色社会主义的基本方略时都开宗明义指出，"坚持依法治国和以德治国相结合……提高全民族法治素养和道德素质"。

10. 保障依法治国与依规治党有机统一。2014 年 2 月 17 日习近平总书记在党的十八届三中全会专题研讨班上说，"在主持起草党的十八大报告过程中，我要求在提出全面建成小康社会发展目标的同时提出制度建设的目标"。

因此,党的十八大提出“全面加强党的思想建设、组织建设、作风建设、反腐倡廉建设”任务的同时,并列提出了“制度建设”。到了党的十八届三中全会,把“各方面形成一套更加成熟、更加定型的制度”的战略构想落下来,提出一个总目标,并用它来统领各领域改革,继续提出了“党的建设制度深化改革”的分目标。从中我们可以深刻感悟到习近平总书记对党的制度建设的深思熟虑。到了党的十八届四中全会,把党的法规制度建设上升到依法治国的总目标来谋划,把党的法规体系纳入法治体系中来设计,丰富了中国特色社会主义法治理论,开创了中国特色社会主义法治道路。党的十八届六中全会更是着力党的法规制度建设,以形成完备的党内法规体系来完善中国特色社会主义法治体系。党的十九大进一步提出,全面推进党的政治建设、思想建设、组织建设、作风建设、纪律建设,强调“把制度建设贯穿其中”。2012 年 5 月颁布《中国共产党党内法规制定条例》;2013 年、2018 年先后印发党内法规制定工作第一、第二两个五年规划;2016 年 12 月中央下发《关于加强党内法规制度建设的意见》,同月党中央召开历史上第一次全国党内法规工作会议。党的十八大以来制定、修订、完善了一系列党内法规。依法治国与依规治党有机统一成为中国特色社会主义法治道路的显著特征。从依法治国层面讲,“党领导人民制定宪法和法律,党领导人民执行宪法和法律,党自身必须在宪法和法律范围内活动”。从依规治党层面讲,“党内法规既是管党治党的重要依据,也是建设社会主义法治国家的有力保障”,“党规党纪严于国家法律”,把纪律挺在前面。依规治党是贯彻依法治国的重要实践和体现。

第一,坚持在党的领导下建设法治中国。中国共产党的领导是中国特色社会主义最本质的特征。“党政军民学,东西南北中,党是领导一切的。”中国共产党的领导同样是建设中国特色社会主义法治国家的根本保证。党的十八届四中全会把“坚持中国共产党的领导”确立为全面推进依法治国必须坚持的一条重大原则,强调指出:“坚持党的领导,是社会主义法治的根本要求,是党和国家的根本所在、命脉所在,是全国各族人民的利益所系、幸福所系,是全面推进依法治国的题中应有之义。”党的十九大报告进一步明确“必须把党的领导贯彻落实到依法治国全过程和各方面”。党的领导是中国特色社会主义法治之魂,是我们的法治同西方资本主义的法治最大的区别。我们坚持走中国特色社会主义法治道路,本质上是中国特色社会主义道路在法治领域的具体体现。新时代要在坚定“四个自信”中深化依法治国实践。实践中一定要认清“党大还是法大”这个伪命题,警惕少数别有用心的人和西方敌对势力用所谓“宪政”“普世价值”来炒作、攻击我国的法治建设,以达到否定、取消共产党领导的目的，在涉及法治建设的重大问题决策、重大制度设置、重大项目改革上始终把党的领导放在第一位，决不能把党的领导和法治割裂开来、对立起来。全面推进依法治国必须坚定不移、始终如一坚持党的领导，党的领导也必须依靠社会主义法治。党领导人民制定宪法法律，党领导人民实施宪法法律，党自身必须在宪法法律范围内活动，这就是党的领导力量在依法治国中的体现。

第二，坚持以人民为中心、一切为了人民群众的根本立场。习近平总书记多次强调：人民对美好生活的向往，就是我们的奋斗目标，要把人民放在心中最高位置，始终与人民心心相印，与人民同甘共苦，与人民团结奋斗。“江山就是人民、人民就是江山，打江山、守江山，守的是人民的心。”具体到法治领域，习近平总书记强调：人民是依法治国的主体和力量源泉，必须坚持法治建设为了人民、依靠人民、造福人民、保护人民。念念不忘“要依法保障全体公民享有广泛的权利，保障公民的人身权、财产权、基本政治权利等各项权利不受侵犯，保证公民的经济、文化、社会等各方面权利得到落实，努力维护最广大人民根本利益，保障人民群众对美好生活的向往和追求”。理解和领会习近平总书记的法治思想，要牢牢把握贯穿其中的坚定的人民中心、群众立场，强化立党为公、执政为民、执法为民的宗旨意识。新时代推进法治建设，必须始终坚持把实现好、发展好、维护好最广大人民根本利益作为根本目的和评判标准，特别是要深刻理解“全面推进依法治国是国家治理领域一场广泛而深刻的革命”，重点解决好损害群众权益的突出问题，改变传统思维习惯，克服和纠正以发展要务牺牲法治原则的习以为常、或以维权要责侵犯公民权利的不以为然，无论是在立法条、出政策、定制度，还是在作决策、推举措、解矛盾，都要把维护人民群众合法权益作为根本，都要把维护和促进社会公平正义作为各项工作背后的“灵魂”。只有这样，法治建设才能固本强基，赢得人民群众的支持，实现法治的目标。

第三，坚持抓住领导干部这个“关键少数”。党的十八大以来，习近平总书记在党的建设、依法治国、深化改革等各个方面无不要求领导干部起模范带头作用。习近平总书记强调：“事实证明，领导干部对法治建设既可以起到关键推动作用，也可能起到致命破坏作用……还是邓小平同志说的那句话，制度好可以使坏人无法任意横行，制度不好可以使好人无法充分做好事，甚至会走向反面。所有领导干部都要警醒起来、行动起来，坚决纠正和解决法治不彰问题。”推进法治建设进程中，始终要抓住党政主要负责人履行推进法治建设第一责任人职责，实质性、刚性化纳入党政领导班子和领导干部政绩考核，始终扭住“关键少数”这个“牛鼻子”，真正使“关键少数”既当好推进法治建设的指挥者,又成为法治建设的模范参与者。

第四,坚持运用法治思维、法治方式推动改革发展稳定。领悟习近平法治思想,有一个鲜明的特征,就是运用法治思维和方式谋划事业、推进工作,充分体现了习近平总书记的法治情怀和法治信仰。党的十八大首提“提高领导干部运用法治思维和法治方式深化改革、推动发展、化解矛盾、维护稳定能力”,其后,只要谈法治建设,无不提此要求。即便谈“改革开放是决定当代中国命运的关键一招,也是决定实现‘两个一百年’奋斗目标、实现中华民族伟大复兴的关键一招”,也强调“凡属重大改革都要于法有据。在整个改革过程中,都要高度重视运用法治思维和法治方式……确保在法治轨道上推进改革”。有权威评论认为:改革于法有据,有现实针对性,过去改革“摸着石头过河”“大胆试大胆闯”,在激发各级政府官员改革热情的同时,也产生了一些问题,有的罔顾法律,不讲科学,付出了很高的改革成本,人民群众合法权益也受到不少伤害,提出改革要于法有据,就给既要大胆改革又要步子稳妥设置了底线,是习近平总书记重视法治认识论和方法论的深刻体现。我们在推进改革发展稳定一切工作的过程中,始终要注重与法治的统一和协调。

以人民为中心司法理念的实践历程及其逻辑意涵

——庆祝中国共产党成立一百周年

方　乐*

【内容摘要】百年党史历程，是一部人民观一以贯之实践发展的历史。中国共产党之所以能够无往不胜，从根本上说，就是因为能够始终代表中国最广大人民的根本利益。当代中国的法治建设与司法发展，在中国共产党的领导下，始终全面贯彻落实以人民为中心的理念，维护和实现最广大人民的根本利益。通过不断践行发展这一理念，当代中国司法取得了一系列发展，走出一条具有中国特色的、自主型的司法发展道路。进入新时代，习近平总书记关于司法改革的一系列重要论述，从理论与实践相结合上，科学阐述了新时代中国司法发展的一系列重大理论与现实问题，意涵丰富、逻辑严密、体系完整，不断丰富发展以人民为中心的司法理念，拓展创新这一司法理念的实践方式，成为新时代中国司法工作的理论指南与根本遵循。

【关键词】以人民为中心　司法理念　习近平法治思想　"马锡五审判方式"　历史逻辑

人民性是中国特色社会主义法治与司法的本质特征，

---

* 方乐，南京师范大学法学院教授，江苏高校区域法治发展协同创新中心、中国法治现代化研究院研究人员。

也是中国共产党百年来的价值追求与制度建构目标。习近平指出:“全面依法治国最广泛、最深厚的基础是人民,必须坚持为了人民、依靠人民。”[1]“司法体制改革必须为了人民、依靠人民、造福人民。”[2]“以人民为中心”的司法理念,就是坚持人民在中国特色社会主义法治与司法中的主体价值和中心地位,坚持法治和司法要“为了人民、依靠人民、造福人民、保护人民,把实现好、维护好、发展好最广大人民根本利益”作为中国特色社会主义法治和司法的根本目的,把“体现人民利益、反映人民意愿、维护人民权益、增加人民福祉、促进人的全面发展”作为法治建设与司法发展的出发点和落脚点。[3]

在马克思主义法治理论中国化百年波澜壮阔的历史进程中,中国共产党始终坚持和发展“以人民为中心”的理念,始终将人民性作为中国特色社会主义法治与司法的价值目标和根本遵循,作为法治建设与司法发展的出发点与落脚点。同样,在人民性司法的实践历程中,我们既能够看到以人民为中心的司法理念在不断深入实践中自身意涵及其实践方式都在不断丰富、发展,也能够看到这种理念的实践演进所汇聚起的创造性动力,进而推动中国特色社会主义司法的创新发展。

一、以人民为中心司法理念的实践演进

历史是最好的教科书。要了解当下中国司法发展的阶段,了解以人民为中心司法理念的实践格局,就必须了解百年来中国特色社会主义法治建设与司法发展的道路,特别是要了解马克思主义法治理论中国化的历史进程。

早在新民主主义革命时期,以毛泽东同志为主要代表的中国共产党人就确立了党的群众路线,始终坚持中国共产党要和最广大人民群众取得密切联系,一切为了群众,一切依靠群众,从群众中来,到群众中去。毛泽东曾多次指出:中国共产党人的“一切言论行动,必须以合乎最广大人民群众的最大利益,为最广大人民群众所拥护为最高标准”;[4]中国共产党要恪守全心全意为人民服务的根本宗旨,要把“全心全意地为人民服务,一刻也不脱离群众;一切从人民的利益出发”[5]作为各项工作的出发点和落脚点。

“马锡五审判方式”就是中国共产党践行群众路线、探索新民主主义司法

---

〔1〕 习近平:《论坚持全面依法治国》,中央文献出版社2020年版,第2页。

〔2〕 习近平:《论坚持全面依法治国》,中央文献出版社2020年版,第147页。

〔3〕 参见张文显:《习近平法治思想的理论体系》,载《法制与社会发展》2021年第1期。

〔4〕 《毛泽东选集》(第3卷),人民出版社1991年版,第1096页。

〔5〕 《毛泽东选集》(第3卷),人民出版社1991年版,第1094页。

道路过程中的代表性成果,[1]也是这种以人民为中心司法理念早期生动实践的一种典型模式。“马锡五审判方式”的重要特征,就是在案件处理过程中,司法人员充分发扬主动联系群众的工作作风。通过深入基层开展调查研究,走群众路线,关注群众的呼声,灵活运用调解和审判相结合的工作方法,最大限度地寻求案件处理上的法律效果与社会效果相统一。在司法理念上,“马锡五审判方式”充分“体现出人民民主政权的司法主动为民的精神。这种精神体现在法官在诉讼中处于积极的地位,为诉讼的完成承担所需要的一切工作”。[2] 因为司法人员深入基层开展案件的调查取证工作,不仅有利于弄清案件事实、为案件的解决奠定坚实的基础,也有助于节约当事人的诉讼成本、减少当事人的讼累,还有利于国家机关及其工作人员了解基层社会人民群众的呼声、提高人民司法的服务质量、拓展人民司法的服务能力。

在社会主义革命时期,中国共产党在新民主主义法制建设与司法发展的基础上,从具体国情条件出发、组织和推动了中国特色社会主义法治发展进程中的第一次司法革命。在这次革命中,旧司法制度与机构被打碎,新司法制度与机构建立起来。在此期间,不仅过去之各级司法机构均称为人民法院,推事改称审判员,而且“新的司法机构其所以不同于旧的司法机构,就是前者是为少数特权阶级利益服务,后者为广大人民利益服务”。[3] 因此,新、旧司法制度与机构不仅在组织形式上是不同的,更重要的在基本精神上是两样的。

从司法制度实践来看,人民法院与人民群众的关系更加密切了。首先,在原则和立场上,树立了群众观点、坚持群众路线的人民司法工作原则。坚持人民法院的审判工作必须为人民群众服务的正确方向、人民司法的基本观点之一就是群众观点的根本立场。其次,在工作方法与工作作风上,确立并推行便利人民、联系人民、依靠人民的为人民服务的审判工作方法与工作作风。最后,在制度机制上,建立起便利人民群众的司法制度机制,采取了就地审判和巡回审判,调解和领导区村调解工作,使法院面向群众,为群众服务。某些案件并试行了人民陪审制。在诉讼程序上废除了旧法院烦琐迟滞的诉讼程序,实行了简捷易行的诉讼办法,各级法院设立了问事代书处,帮助人民解决困难,便利人民进行诉讼。经过新中国初期的司法发展,以人民为中心的司法理念在群众路线的深入实践中被更好地贯彻落实,人民司法也在这一过程之中获得了创造性的动

[1] 参见刘全娥:《陕甘宁边区司法改革与“政法传统”的形成》,人民出版社 2016 年版,第 105 页。

[2] 刘全娥:《陕甘宁边区司法改革与“政法传统”的形成》,人民出版社 2016 年版,第 115 页。

[3] 《江西省府法院关于司法工作几个问题的指示》,载韩延龙、常兆儒编:《中国新民主主义革命时期根据地法制文献选编》(第 3 卷),中国社会科学出版社 1981 年版。

力,进而使得以人民为中心司法理念的内涵不断被丰富,理念转化为司法实践的方式也被进一步拓展。尤其是在1952年6月至1953年2月的司法改革运动中,随着一些旧司法人员严重脱离群众、只会"坐堂问案"、只会写一些冗长陈腐的判决而对人民群众的利益和党与人民政府的政策根本不关心等现象受到批判,[1]人民法院的司法审判工作密切联系人民群众、全心全意为人民群众服务的观念得到进一步夯实,依靠群众、和群众商量的工作作风得到进一步加强,便民利民的诉讼制度与工作机制得以拓展建设。为此,随着这种司法理念在这一时期的大规模实践,不仅人民法院进一步树立起了"为中心工作服务,走出法庭依靠群众,与有关部门通力合作的便利群众、从实际出发、实事求是、调查研究的审判作风",[2]人民群众也日益明白什么叫人民司法?为什么"我们的司法,是新的司法"。[3] 而这意味着,在社会主义革命时期,不仅新型的、人民司法制度和组织机构得以系统化地创设与发展,以人民为中心的司法理念也得以体系化地确立,并不断地深入实践、深入人心。

以1978年12月中共十一届三中全会的召开为标志,中国开始了改革开放这一伟大的社会革命,当代中国法治建设与司法发展进入一个新的历史时期。"改革开放是党在新的历史条件下领导人民进行的新的伟大革命,是决定当代中国命运的关键抉择。"[4]以邓小平同志为主要代表的中国共产党人从人民根本利益出发,把党的工作中心转移到经济建设上来,将"人民拥护不拥护、赞成不赞成、高兴不高兴、答应不答应"作为党制定路线方针政策的出发点和落脚点,将"是否有利于提高社会主义社会的生产力,是否有利于增强社会主义国家的综合国力,是否有利于提高人民的物质文化生活水平"[5]作为判断各方面工作是非得失的根本标准。

在总结治国理政经验教训的基础上,邓小平指出:"为了保障人民民主,必须加强法制。必须使民主制度化、法律化,使这种制度和法律不因领导人的改变而改变,不因领导人的看法和注意力的改变而改变。"[6]他在多个场合都谈到,"还是要搞法制,搞法制靠得住些"。[7] 这种对于法制在治国理政中的重要

---

〔1〕 参见《董必武法学文集》,法律出版社2001年版,第121页。

〔2〕 《刑事诉讼法学习参考资料》(第2辑),中国人民大学法律系刑法教研室刑诉小组资料室1981年刊印。

〔3〕 谢觉哉:《在司法训练班的讲话》,载《人民司法》1949年第3期。

〔4〕 中共中央文献研究室编:《习近平关于全面深化改革论述摘编》,中央文献出版社2014年版,第1页。

〔5〕 《邓小平文选》(第3卷),人民出版社1993年版,第372页。

〔6〕 《邓小平文选》(第2卷),人民出版社1994年版,第146页。

〔7〕 《邓小平文选》(第3卷),人民出版社1993年版,第379页。

作用的认识,有力地推动了社会主义法治建设的进程。与此同时,邓小平指出,包括司法在内的一切法制工作,都必须在坚持“一切从实际出发,实事求是”原则的基础上,注意倾听群众呼声,维护人民群众的合法权益。这种新的司法人民观,不仅丰富了以人民为中心司法理念的内涵,也为开展以人民为中心的司法制度建设与实践指明了方向。

在1979年6月召开的五届全国人大二次会议上,最高人民法院在工作报告中指出:“人民法院审判案件,必须坚持实事求是,切实做到忠实于法律和制度,忠实于人民利益,忠实于事实真相。依照法律,实事求是地审判案件,就是对党对人民负责,就是忠实于人民利益……为了适应全党工作着重点的转移,人民法院必须认真改进审判作风,恢复和发扬党的实事求是的优良传统。案件审判的正确与否,取决于事实调查得是否清楚,证据是否确凿,定性是否准确,判刑是否适当。为此,就要深入群众、调查研究,重证据、不轻信口供,证据、口供必须经过查对,反对逼供。只有这样,才能把判决建立在坚实可靠的基础上,经得起实践的检验。”[1]这充分反映出,依照法律实事求是地开展审判工作,既是新的历史时期人民法院司法审判工作的重要依循,也是这一时期以人民为中心司法理念的内在意涵及其实践方式的重要内容与鲜明特征。

中共十三届四中全会后,以江泽民同志为主要代表的中国共产党人深刻认识到,人民群众是先进生产力和先进文化的创造主体,也是实现自身利益的根本力量。不断发展先进生产力和先进文化,归根到底都是为了满足人民群众日益增长的物质文化需要,不断实现广大人民群众的根本利益。江泽民同志指出,我们的各项工作,都“必须坚持把人民的根本利益作为出发点和归宿,充分发挥人民群众的积极性、主动性、创造性,在社会不断发展进步的基础上,使人民群众不断获得社会发展所带来的经济、政治、文化利益”。我们要清醒地认识到,在任何时候,都“必须坚持尊重社会发展规律和尊重人民历史主体地位的意志性,坚持为崇高理想奋斗与为最广大人民谋利益的一致性,坚持完成党的各项工作与实现人民利益的一致性”。[2] 因此,要坚定人民立场,“要坚持走群众路线,深入群众、深入基层,特别是要深入到艰苦的地区、困难的地方去,充分调查研究,虚心听取群众意见,努力改进工作,真正想群众之想、急群众之急、办群众之所需,在实践中不断增强同人民群众的感情”。[3]

在新的历史条件下推进司法工作,同样也必须深入群众、了解群众,体察民

---

〔1〕《江华院长在第五届全国人民代表大会第二次会议上的工作报告》,载《人民司法》1979年第6期。

〔2〕《江泽民文选》(第3卷),人民出版社2006年版,第279页。

〔3〕《江泽民文选》(第3卷),人民出版社2006年版,第422~423页。

情,了解民意,高度重视和自觉维护人民群众最现实、最关心、最直接的利益问题。对此,江泽民指出:社会主义司法制度必须保障在全社会实现公平正义;党要支持司法机关依法独立公正行使职权,有效解决纠纷,保障人民群众的合法权益,维护社会利益和国家利益。[1] 然而,随着社会主义市场经济的深入发展,人民群众的权利意识不断提高,对司法工作也提出了更高的要求。但现行司法制度的一些弊端也随之显现出来,"相对滞后的司法体制和工作机制已经不能适应人民群众对司法公平正义日益增长的需求"。[2] 为此,"人民法院要完成新时期的审判任务,必须搞好自身的改革和建设。改革和建设的目的,是要加强和完善法院自身的机制,充分发挥宪法和法律赋予的审判职能作用……要革除目前审判工作中存在的弊端,使审判工作正规化、规范化"。[3] 因而,"正规化、规范化",成为这一时期人民法院工作的重点。与此同时,公正概念也越来越频繁地出现在这一时期的司法场域中,[4]进而成为整个 20 世纪 90 年代人民法院司法审判工作的一个关键词。这样,当"公正与效率"成为新世纪人民法院工作主题之时,[5]依法公正审判自然也就成了这一时期以人民为中心司法理念意涵新的主要内容,成为其理念实践方式的重要特质。

到了 1998 年,最高人民法院及地方各级法院内部广泛而深入地开展了"审判工作究竟代表谁的利益、为谁服务"和"如何维护司法公正"的大讨论。与此同时,"全国法院积极开展'争创人民满意的好法院,争当人民满意的好法官'活动,各级人民法院和广大法官自觉以人民满意为标准,从人民满意的地方做起,从人民不满意的地方改起,努力解决人民群众反映强烈的问题,树立文明办

[1] 参见《江泽民文选》(第 3 卷),人民出版社 2006 年版,第 556 ~ 557 页。

[2] 《人民法院第二个五年改革纲要(2004—2008)》,载《最高人民法院公报》2005 年第 12 期。

[3] 任建新:《充分发挥国家审判机关的职能作用　更好地为"一个中心、两个基本点"服务》,载《最高人民法院公报》(1985 ~ 1989 年合订本)。

[4] 在这一时期的最高人民法院工作报告中,"公正"一词出现的频率为:1989 年首次出现,频率为 2 次,其表述为"依法公正审判""公正办理";1990 年出现 1 次,具体表述为"保证案件的公正审判";1991 年出现 4 次,具体表述为"坚持实事求是,公正裁判""公正审判""中国法院的审判是公正的"等;1992 年出现 2 次,具体表述为"人民法院坚持公正审判"等;1993 年出现 1 次,具体表述是"案件判决不公正,无法执行";1994 年出现 4 次,具体表述为"依法公正审判""建设一支公正廉明的司法队伍"等;1995 年出现 10 次,表述包括"司法公正""公正审判""依法公正裁决""裁判公正"等;1996 年出现 6 次,具体表述为"司法公正"等;1997 年出现 6 次,表述包括"公正裁判""司法公正"等;1998 年出现 13 次,表述包括"公正审理""司法公正""裁判公正"等;1999 年出现 26 次,具体表述已由单纯对司法审判的要求全面扩张到对法官职业素质和职业意识等整个司法活动的各个方面。1999 年,在最高人民法院制定的《人民法院五年改革纲要》中,明确提出以"司法公正"和"司法效率"为价值目标。

[5] 参见肖扬:《最高人民法院工作报告——2001 年 3 月 10 日在第九届全国人民代表大会第四次会议上》,载《最高人民法院公报》2001 年第 2 期。

案、热情服务的良好形象”。[1] 随后,“司法为民”作为一个正式的概念,开始出现在当下中国司法场域中并作为以人民为中心司法理念的核心意涵及其实践方式的重要标准。

以胡锦涛同志为主要代表的中国共产党人始终强调坚持以人为本、全面协调可持续发展的科学发展观,坚持权为民所用、情为民所系、利为民所谋,尊重人民主体地位,发挥人民首创精神,保障人民各项权益,走共同富裕的道路。科学发展观的本质与核心是以人为本。胡锦涛同志指出:“我们提出以人为本的根本含义,就是坚持全心全意为人民服务,立党为公,执法为民,始终把最广大人民的根本利益作为党和国家工作的根本出发点和落脚点,坚持尊重社会发展规律与尊重人民历史主体地位的一致性,坚持为崇高理想奋斗与为最广大人民谋利益的一致性,坚持完成党的各项工作与实现人民利益的一致性,坚持发展为了人民,发展依靠人民,发展成果由人民共享。”[2] 以人为本,充分体现了马克思主义历史唯物论的基本原理,体现了中国共产党全心全意为人民服务的根本宗旨。为适应社会深刻变化,中共十六届四中全会把不断提高构建社会主义和谐社会的能力,作为加强党的执政能力建设的主要任务之一,明确提出要“把和谐社会建设摆在重要位置,注重激发社会活力,促进社会公平和正义,增强全社会的法律意识和诚信意识,维护社会安定团结”。[3] 社会公平正义是社会主义和谐社会的重要基础。要“维护和实现社会公平正义,涉及最广大人民的根本利益……只有切实维护和实现社会公平和正义,人们的心情才能舒畅,各方面的社会关系才能协调,人们的积极性、主动性、创造性才能充分发挥出来”。[4] 因此,在构建社会主义和谐社会的过程中,要“始终把最广大人民的根本利益作为党和国家一切工作的出发点和落脚点,实现好、维护好、发展好最广大人民的根本利益,不断满足人民日益增长的物质文化需要,做到发展为了人民、发展依靠人民、发展成果由人民共享,促进人的全面发展”。[5]

这种人民观在司法领域的体现,就是要求人民法院的司法审判工作要维护

---

〔1〕 肖扬:《最高人民法院工作报告——2000 年 3 月 10 日在第九届全国人民代表大会第三次会议上》,载《最高人民法院公报》2000 年第 2 期。

〔2〕 胡锦涛:《在新进中央委员会的委员、候补委员学习贯彻党的十七大精神研讨班上的讲话》,载中共中央文献研究室编:《十七大以来重要文献选编》(上),中央文献出版社 2009 年版。

〔3〕 《中共中央关于加强党的执政能力建设的决定》,载中共中央文献研究室编:《十六大以来重要文献选编》(中),中央文献出版社 2006 年版。

〔4〕 胡锦涛:《在省部级主要领导干部提高构建社会主义和谐社会能力专题研讨班上的讲话》,载中共中央文献研究室编:《十六大以来重要文献选编》(中),中央文献出版社 2006 年版。

〔5〕 《中共中央关于构建社会主义和谐社会若干重大问题的决定》,载中共中央文献研究室编:《十六大以来重要文献选编》(下),中央文献出版社 2008 年版。

最广大人民群众的合法权益,保障在全社会实现公平和正义。[1] 换言之,人民法院要把维护和实现社会公平正义作为司法审判工作的价值目标,把维护最广大人民的根本利益作为司法审判工作的出发点和落脚点。对此,胡锦涛同志指出:“公平正义是社会主义法治的基本目标,坚持公平正义就是要在立法、执法、司法活动中维护社会公平正义,坚持公开、公平、公正;维护群众,维护国家利益。”[2]具体到人民法院的司法审判工作,要维护和实现社会公平正义,落实司法为民的要求,就必须“以解决制约司法公正和人民群众反映强烈的问题为重点推进司法体制改革,充分发挥司法机关维护社会公平和正义的作用,促进在全社会实现公平和正义”。[3] 事实上,进入新世纪新阶段以来,人民群众对人民法院的司法工作提出了一系列新要求新期待。为了满足人民群众日益增长的司法需求,最高人民法院提出要把实现人民的新要求新期待作为工作的根本出发点和衡量标准,通过卓有成效的工作,最大限度地满足人民群众的新要求新期待。这意味着,人民群众对司法公平正义日益增长的需求与相对滞后的司法体制和工作机制之间的矛盾在新世纪新阶段更加凸显。因此,要切实增强人民法院回应人民群众司法新需求的能力,切实增加人民群众对人民法院人民性的理论认同、感情认同和实践认同,人民法院就必须在坚持司法人民性的基础上,不断深入推进司法体制与工作机制改革,始终“坚持司法改革成果由人民共享,不断提高人民群众参与司法的质量,真正让人民群众真实地感觉到人民司法制度的优越性;要不断丰富人民群众感受司法的方式,为人民群众了解司法、理解司法、尊重司法提供必要的条件;要不断实现司法改革力度和社会接受程度的统一,注重从人民群众的评价和感受中总结司法改革的成败,注重从人民群众是否实际受益中检验司法改革的得失,反对一切脱离实际、脱离国情的‘标新立异’和‘生搬硬套’”。换言之,进入新世纪新阶段,面对人民群众日益增长的司法新需求新期待,人民法院的司法改革要鲜明地强化改革的人民性特征,要把实现好、维护好、发展好最广大人民的根本利益作为司法改革的出发点和落脚点,深入分析研究新世纪新阶段人民群众对司法工作的新要求新期待,由此统筹规划新一轮司法改革的具体项目,并且坚持以人民是否满意来检验司法改革的成败得失,把握人民群众对司法改革的认可程度,努力使司法改革合乎民心、顺乎民意。当然,随着新世纪新阶段司法改革的深入推进,尤其是

---

〔1〕 中共中央文献研究室编:《十六大以来重要文献选编》(上),中央文献出版社2005年版,第27页。

〔2〕 《胡锦涛文选》(第2卷),人民出版社2016年版,第428~429页。

〔3〕 胡锦涛:《在省部级主要领导干部提高构建社会主义和谐社会能力专题研讨班上的讲话》,载中共中央文献研究室编:《十六大以来重要文献选编》(中),中央文献出版社2006年版。

司法为民从一个新兴概念逐渐在广泛的实践中走向成熟,我们看到,以人民为中心的司法理念,不仅其内涵更加丰富且核心要义更为集中,更加凸显人民性的特质;而且理念转化为实践的方式更加具体且规范化,更加彰显运用法治思维和法治方式来维护人民权益、实现社会的公平正义的鲜明特色;同时对实践效果衡量标准的指向性越发明晰,更加凸显案件处理效果要尽可能达到"案结事了人和",更加凸显法律效果、社会效果与政治效果相统一。

进入新时代,以习近平同志为主要代表的中国共产党人把人民群众对美好生活的向往作为奋斗目标,科学把握新时代我国社会主要矛盾的新变化,坚持以人民为中心的发展思想。习近平指出:"人民对美好生活的向往,就是我们的奋斗目标。"[1]因此,新时代党和国家的各项工作,都必须"始终把人民立场作为根本立场"。[2] 具体到法治建设领域,意味着新时代推进全面依法治国,必须深入贯彻这种人民观,使之成为全面依法治国、建设法治中国的基本价值准则。对此,习近平指出:"全面依法治国最广泛、最深厚的基础是人民,必须坚持为了人民、依靠人民。要把体现人民利益、反映人民愿望、维护人民权益、增进人民福祉落实到全面依法治国各领域、全过程。推进全面依法治国,根本目的是依法保障人民权益。"[3]中共十九大报告对新时代我国社会主义主要矛盾新变化作出新的判断,指出"中国特色社会主义进入新时代,我国社会主要矛盾已经转化为人民日益增长的美好生活需要和不平衡不充分的发展之间的矛盾"。[4] 这一关于我国社会主要矛盾的新论断,准确描述了当下中国社会发展的阶段性特征,系统揭示了新时代中国法治建设的基本社会条件,同时也清晰彰显了人民至上的价值取向。

对于当下中国司法发展来说,既要始终恪守全心全意为人民服务的根本宗旨,坚持人民主体地位,不断满足人民群众日益增长的司法需求;也要清醒地认识到,我国司法领域的基本矛盾也随着中国社会的主要矛盾发生变化,从这一基本的司法国情条件出发,积极稳妥地推进司法体制改革。换言之,随着我国经济社会持续发展和人民生活水平不断提高,"人民美好生活需要日益广泛,不仅对物质文化生活提出了更高要求,而且在民主、法治、公平、正义、安全、环

---

〔1〕《习近平谈治国理政》(第1卷),外文出版社有限责任公司2018年版,第3页。

〔2〕习近平:《在省部级主要领导干部学习贯彻党的十八届五中全会精神专题研讨班上的讲话》,人民出版社2016年版,第24页。

〔3〕习近平:《论坚持全面依法治国》,中央文献出版社2020年版,第2页。

〔4〕习近平:《决胜全面建成小康社会 夺取新时代中国特色社会主义伟大胜利——在中国共产党第十九次全国代表大会上的报告》,人民出版社2017年版,第11页。

境等方面的要求增长”。[1] 因此,新时代的司法发展,根本目的是要依法保障人民权益,维护人民群众的合法利益,运用法治保障人民群众日益增长的美好生活需要。对此,习近平指出,中国特色社会主义法治建设与司法发展,“要积极回应人民群众新要求新期待,坚持问题导向、目标导向,树立辩证思维和全局观念,系统研究谋划和解决法治领域人民群众反映强烈的突出问题,不断增强人民群众获得感、幸福感、安全感,用法治保障人民安居乐业”。[2]

百年党史发展历程,是一部人民观的认识不断深入、实践不断丰富的生动历史。随着人民观的百年实践演进,以人民为中心的司法理念,从人民法院的司法审判工作要全心全意为人民服务到满足人民群众对美好生活的向往,无论是理念的核心要义还是理念转化实践方式的基本品格,同样也是一以贯之的。正是在此意义上,当代中国法治建设与司法发展的历史,可以说,同样是一部践行和发展以人民为中心司法理念、不断推进司法事业深入发展的历史。

二、以人民为中心司法理念的丰富内涵

坚持人民性是马克思主义政党的鲜明本色。总览百年历程,中国共产党始终坚持人民性,一直把植根人民、立基人民、造福人民作为一以贯之的优良传统。同样,在当代中国司法发展的历程中,我们也可以清楚地看到一条一脉相承又与时俱进的理念主线,那就是始终坚持司法的人民性,坚持以人民为中心的司法理念。人民群众是当代中国司法发展的力量源泉,人民立场是当代中国司法发展的根本立场,全心全意为人民服务是当代中国司法发展的根本宗旨。党的十八大以来,坚持以人民为中心的司法理念,奉行司法为民,既是习近平法治思想的重要内容,也是习近平关于司法工作重要论述的鲜明特质。

党的十八届四中全会首次明确提出全面推进依法治国必须“坚持人民主体地位”,明确指出人民是依法治国的主体和力量源泉,“必须坚持法治建设为了人民、依靠人民、造福人民、保护人民,以保障人民根本权益为出发点和落脚点,保证人民依法享有广泛的权利和自由、承担应尽的义务,维护社会公平正义,促进共同富裕”。[3] 2020 年,在中央全面依法治国工作会议上,习近平提出,全面依法治国必须“坚持以人民为中心”,进一步明确指出全面依法治国最广泛、最深厚的基础是人民,“必须坚持为了人民、依靠人民。要把体现人民利

---

〔1〕《中国共产党第十九次全国代表大会文件汇编》,人民出版社 2017 年版,第 9 页。

〔2〕 习近平:《坚定不移走中国特色社会主义法治道路 为全面建设社会主义现代化国家提供有力法治保障》,载《求是》2021 年第 5 期。

〔3〕《中共中央关于全面推进依法治国若干重大问题的决定》,人民出版社 2014 年版,第 6 页。

益、反映人民愿望、维护人民权益、增进人民福祉落实到全面依法治国各领域全过程。推进全面依法治国，根本目的是依法保障人民权益。要积极回应人民群众新要求新期待，系统研究谋划和解决法治领域人民群众反映强烈的突出问题，不断增强人民群众获得感、幸福感、安全感，用法治保障人民安居乐业”。[1] 从坚持人民主体地位到坚持以人民为中心，这是一条既一脉相承又与时俱进的思想主线，始终体现出的是一切为了人民、一切依靠人民的法治发展立场，始终把人民对美好生活的向往作为法治中国建设的奋斗目标，不断推动法治改革发展成果更多更公平地惠及全体人民。这是新时代全面推进依法治国的根本立场，也是新时代中国司法发展的根本遵循。

坚持以人民为中心的司法理念，首先意味着人民法院的司法审判工作要不断改进方式方法，积极回应人民群众的新要求新期待，满足人民群众对美好生活的需要。通过深入分析中国特色社会主义进入新时代的基本现实状况，习近平科学论断社会主要矛盾发生新变化：中国特色社会主义进入新时代，我国社会主要矛盾已经转化为人民日益增长的美好生活需要和不平衡、不充分的发展之间的矛盾。他反复强调，人民对美好生活的向往，就是我们的奋斗目标。因此，新时代全面推进依法治国、建设法治中国，“我们要依法保障全体公民享有广泛的权利，保障公民的人身权、财产权、基本政治权利等各项权利不受侵犯，保证公民的经济、文化、社会等各方面权利得到落实，努力维护最广大人民根本利益，保障人民群众对美好生活的向往和追求”。[2] 与此同时，习近平也深刻地认识到，新时代人民美好生活需要日益广泛，不仅对物质文化生活提出了更高要求，而且在民主、法治、公平、正义、安全、环境等方面的要求日益增长。新时代人民法院的司法审判工作要积极回应社会主要矛盾的这种新变化，要把不断满足人民对美好生活的需要作为新时代司法发展的出发点和落脚点。第一，坚持以人民为中心的司法理念，要求新时代人民司法要倾听群众呼声，了解群众需求，反映群众愿望，回应群众诉求。在新的历史条件下，人民群众对司法工作提出了一系列新需求、新期待，他们“不仅期待更多地参与司法过程，更加关切对司法活动的知情权、表达权、参与权和监督权，而且更加关注司法的形式正义，尤其重视司法的实体正义，关切实体正义的彰显”。[3] 人民司法要深入群众，调查研究新时代人民群众司法新需求的内容与特点，把有效满足人民群众的司法新需求作为新时代人民法院司法审判工作的根本出发点与落脚点。第

---

〔1〕 习近平：《论坚持全面依法治国》，中央文献出版社 2020 年版，第 2 页。

〔2〕 《习近平谈治国理政》（第 1 卷），外文出版社有限责任公司 2018 年版，第 141 页。

〔3〕 公丕祥：《新时代中国司法现代化的理论指南》，载《法商研究》2019 年第 1 期。

二,坚持以人民为中心的司法理念,要求新时代人民司法工作要重点做好民生领域问题的司法应对和权利保障,解决司法领域人民群众反映强烈的突出问题。人民司法要在发展和实践中不断保障和改善民生,要把增加民生福祉作为司法发展的根本目的。换言之,新时代人民司法工作"必须多谋民生之利、多解民生之忧,在发展中补齐民生短板、促进社会公平正义"。党的十九大报告,将"幼有所育、学有所教、劳有所得、病有所医、老有所养、住有所居、弱有所扶"等作为新时代中国共产党解民生之忧、谋民生之利的重点领域。因此,人民司法要紧紧围绕这些重点民生领域发挥法治保障作用,为民生法治夯实司法根基,从而确保"全体人民在共建共享发展中有更多获得感,不断促进人的全面发展、全体人民共同富裕"。[1] 第三,坚持以人民为中心的司法理念,要求新时代人民司法工作要把"不断增强人民群众的获得感、幸福感、安全感"作为工作成效的衡量标准。对此,习近平指出:"司法工作者要密切联系群众,规范司法行为,加大司法公开力度,回应人民群众对司法公正公开的关注和期待……使人民群众由衷感到权益受到公平对待,利益得到有效维护。"[2] 人民法院要通过高质量的司法活动,不断实现好、维护好、发展好人民群众的合法权益,不断增强人民群众的司法获得感、幸福感、安全感。人民司法的改革与发展要"把解决了多少问题、人民群众对问题解决的满意度作为评判改革成效的标准"。[3] 换言之,人民司法改革与发展的成效,要由人民来评判。第四,坚持以人民为中心的司法理念,要求新时代人民法院要始终坚持司法为民,不断改进人民法院的工作作风,切实解决人民群众"打官司难"等问题,不断加大对困难群众的法律援助。因为从根本上来说,作为政法机关的有机组成部分,人民法院的工作作风也是人民群众看党风政风的一面镜子。"如果不努力让人民群众在每一个司法案件中都感受到公平正义,人民群众就不会相信政法机关,从而也不会相信党和政府。"[4]

其次,坚持以人民为中心的司法理念,意味着新时代人民法院的司法审判工作要把"案结事了人和"作为案件处理结果的重要目标,追求法律效果与社会效果相统一。习近平多次指出,法律不应该是冷冰冰的。"一纸判决,或许能够给当事人正义,却不一定能解开当事人的'心结','心结'没有解开,案件

[1] 习近平:《决胜全面建成小康社会 夺取新时代中国特色社会主义伟大胜利——在中国共产党第十九次全国代表大会上的报告》,人民出版社2017年版,第23页。

[2] 《习近平谈治国理政》(第1卷),外文出版社有限责任公司2018年版,第145~148页。

[3] 习近平:《论坚持全面依法治国》,中央文献出版社2020年版,第147页。

[4] 中共中央文献研究室编:《十八大以来重要文献选编》(上),中央文献出版社2014年版,第718页。

也就没有真正了结。”[1]司法审判工作要充分考虑人民群众的立场和感受，充分关注人民群众的获得感与满意度，要把不断增强人民群众的获得感和满意度作为衡量司法工作成效的标准，要通过一系列司法亲民的切实举措不断拉近人民群众与司法之间的距离。人民法院在司法审判工作中，要准确把握社会心态和群众情绪，充分考虑执法对象的切身感受；要在规范司法言行举止的基础上，增强司法工作人员的亲和力及人民情怀意识，积极推行人性化司法、柔性司法、阳光司法，让司法更有温度，避免僵化、生硬、机械的司法。[2] 在工作目标上，坚持以人民为中心的司法理念，要求新时代人民法院的司法审判工作既要在纠纷处理的过程中保障人民群众的合法权益，也要尽可能多地向当事人传递和表达司法的人文关怀，彰显司法人员的亲和为民，善良温暖，要在纠纷处理的过程中解开人民群众的“心结”。在资源要素上，要以“法安天下，德润人心”为目标，在司法活动中坚持法治与德治相结合的原则，充分发挥法律与道德在司法活动中的共同力量。既要运用司法法治化手段解决道德领域突出问题，发挥法律作为底线的道德保障作用，也要在司法活动中积极树立鲜明的道德指向与价值导向，弘扬美德义行，提高全社会的文明程度；要把社会主义核心价值观贯彻在司法活动中，使社会主义司法成为良法善治；要适当地把实践中广泛认同、较为成熟、操作性强的道德要求及时引入司法裁判及其说理活动中，引导全社会崇德向善；要通过司法传递正能量，“坚持公正司法，发挥司法断案惩恶扬善功能”。[3] 在方式方法上，要通过耐心地倾听人民群众的诉求、细心地辨法析理、精心地做好群众工作，解开当事人之间因纠纷所带来的情绪对抗与情感对立，实现司法裁判效果上的法律效果与社会效果相统一。

再次，以人民为中心的司法理念，意味着新时代人民法院必须坚持公正司法，不断提升司法公信力和司法权威。习近平指出：“公正是司法的灵魂和生命。”[4]所谓公正司法，“就是受到侵害的权利一定会得到保护和救济，违法犯罪活动一定要受到制裁和惩罚”。[5] 相反，“如果人民群众通过司法程序不能保证自己的合法权利，那司法就没有公信力，人民群众也不会相信司法”。[6] 他还引用英国哲学家培根的一段话来生动阐述司法公正的重要性：“一次不公正的审判，其恶果甚至超过十次犯罪。因为犯罪虽是无视法律——好比污染了

[1] 习近平：《论坚持全面依法治国》，中央文献出版社2020年版，第23页。
[2] 中共中央文献研究室编：《十八大以来重要文献选编》（上），中央文献出版社2014年版，第722页。
[3] 习近平：《论坚持全面依法治国》，中央文献出版社2020年版，第166页。
[4] 《习近平谈治国理政》（第2卷），外文出版社有限责任公司2017年版，第131页。
[5] 习近平：《论坚持全面依法治国》，中央文献出版社2020年版，第22页。
[6] 习近平：《论坚持全面依法治国》，中央文献出版社2020年版，第22页。

水流，而不公正的审判则毁坏法律——好比污染了水源。”我们要认识到，司法之所以能够在一个社会中发挥定分止争最后一道防线的重要功能，根本原因就在于司法是公正的。换言之，在一个社会中，“要做到定分止争，司法必须公正。如果司法不公、人心不服，不仅难以定分止争、化解矛盾，甚至可能激化和聚集矛盾”。[1] 坚持以人民为中心的司法理念，要求新时代人民法院要把不断提升司法公信力和司法权威作为司法工作的重要价值目标，要通过权威的司法让人民群众能够通过司法程序切实保证落实自己的合法权益。我们要认识到，只有“依法公正对待人民群众的诉求，努力让人民群众在每一个司法案件中都能感受到公平正义，决不能让不公正的审判伤害人民群众的感情、损害人民群众权益”，[2]这样才能够在坚持司法人民性的同时提升司法的公信力、增强司法服务人民群众的能力与质量。与此同时，在新的历史条件下推进中国司法的创新发展，也要把解决影响司法公正和制约司法能力的深层次问题作为司法体制改革的重点。习近平指出：“深化司法体制改革，一个重要的目的是提高司法公信力，让司法真正发挥维护社会公平正义最后一道防线的作用。”[3]通过深入分析新的历史条件下影响司法公正的因素，习近平指出：“司法不公的深层次原因在于司法体制不完善、司法职权配置和权力运行机制不科学、人权司法保障制度不健全。”[4]因此，坚持以人民为中心司法理念指导司法体制改革的深入开展，要紧紧抓住这些影响司法公正、制约司法能力的重大问题和关键问题，把解决这些突出问题、破解司法难题作为深化改革的重要任务，不断增强司法体制改革的针对性和实效性。[5]

最后，坚持以人民为中心的司法理念，意味着要把维护和促进社会公平正义作为司法工作的核心价值与重要追求。习近平指出：公平正义既是中国特色社会主义的内在要求，也是我们党追求的一个非常崇高的价值。因为“全心全意为人民服务的宗旨决定了我们必须追求公平正义，保护人民权益、伸张正义”。“全面依法治国，必须紧紧围绕保障和促进社会公平正义来进行。”[6]同

---

〔1〕 张文显：《习近平法治思想的基本精神和核心要义》，载《东方法学》2021 年第 1 期。

〔2〕 《习近平谈治国理政》（第 1 卷），外文出版社有限责任公司 2018 年版，第 141 页。

〔3〕 中共中央文献研究室编：《习近平关于全面依法治国论述摘编》，中央文献出版社 2015 年版，第 78 页。

〔4〕 习近平：《关于〈中共中央关于全面推进依法治国若干重大问题的决定〉的说明》，载《中共中央关于全面推进依法治国若干重大问题的决定》，人民出版社 2014 年版。

〔5〕 参见《习近平谈治国理政》（第 2 卷），外文出版社有限责任公司 2017 年版，第 132 页。

〔6〕 中共中央文献研究室编：《习近平关于全面依法治国论述摘编》，中央文献出版社 2015 年版，第 38 页。

样，中国特色“社会主义司法制度必须保障在全社会实现公平和正义”，[1]要以维护和促进社会公平正义为价值追求。我们要认识到，公平正义是司法的灵魂和生命，公正司法是维护社会公平正义的最后一道防线。因此，坚持以人民为中心的司法理念，意味着必须牢牢把握社会公平正义这一司法的核心价值追求，不断克服各种有违公平正义的司法问题，通过公正司法及其创新发展实践，不断健全社会公平正义的司法保障机制，努力“让人民群众在每一项法律制度、每一个执法决定、每一宗司法案件中都感受到公平正义”；[2]意味着在具体工作时，当下中国的司法机关要“肩扛公正公平、手持正义之剑，以实际行动维护社会公平正义，让人民群众切实感受到公平正义就在身边”。[3]

三、以人民为中心司法理念的逻辑意蕴

总览当代中国司法发展历程，坚持司法的人民性，强调人民是司法体制改革与司法发展的主体和力量源泉，始终是其基本的政治立场。习近平指出：“每一种法治形态背后都有一套政治理论，每一种法治模式当中都有一种政治逻辑，每一条法治道路底下都有一种政治立场。”[4]当代中国司法始终坚持践行和发展以人民为中心的司法理念，要求司法发展为了人民、依靠人民、造福人民、保护人民，努力让人民群众在每一个司法案件中都感受到公平正义。这既是中国特色社会主义司法一以贯之的鲜明政治立场，也是中国特色社会主义司法发展能够与时俱进、不断创新的理论源泉，更是中国特色社会主义司法能够高质量长远发展的逻辑力量。换言之，在以人民为中心司法理念的实践历程中，当代中国司法发展不仅取得了历史性重大进展，也凝结了弥足珍贵的司法发展的中国经验，更蕴藏了继续奋力前行的雄厚逻辑力量。在新的发展阶段不断深入推进中国司法发展，要在认真总结经验、充分汲取力量的基础上，继续坚持践行和发展以人民为中心的司法理念，不断深入推进中国司法发展，实现司法的现代化。

首先，践行和发展以人民为中心的司法理念，必须始终坚持中国共产党的领导。中国共产党的领导是推进全面依法治国的根本保证，也“是我国社会主义法治之魂，是我国法治同西方资本主义国家法治最大的区别。离开了党的领

---

〔1〕《中国共产党第十六次全国代表大会文件汇编》，人民出版社2002年版，第34页。

〔2〕习近平：《论坚持全面依法治国》，中央文献出版社2020年版，第229页。

〔3〕《习近平谈治国理政》（第1卷），外文出版社有限责任公司2018年版，第148页。

〔4〕中共中央文献研究室编：《习近平关于全面依法治国论述摘编》，中央文献出版社2015年版，第34页。

导,全面依法治国就难以有效推进,社会主义法治国家就建不起来”。[1] 我们不仅要充分认识到,把党的领导贯彻到依法治国全过程和各方面,是我国社会主义法治建设的一条基本经验;[2] 也要清醒地认识到,从根本上来说,“坚持中国共产党这一坚强领导核心,是中华民族的命运所系”。[3]

中国特色社会主义司法之所以能够取得历史性重大进展,其中一条基本的经验就是始终坚持中国共产党的领导。在以人民为中心司法理念的实践历程中,我们看到:中国共产党始终总览司法工作全局并且主导着司法发展的方向;当代中国司法发展所走过的道路,充分表明了中国共产党坚强有力的领导是当代中国司法发展得以顺利推进并且取得重大进展的根本保障。[4] 在新时代深化司法体制改革、完善司法管理体制和司法权力运行机制的进程中,我们更加深切地体会到,“坚持党的领导是我国社会主义司法制度的根本特征和政治优势”。[5] 因此,在新的发展阶段践行和发展以人民为中心司法理念,必须要把党对司法工作的绝对领导毫不动摇地贯彻到新时代司法发展的全过程各方面,要通过巩固党的领导地位、改善党的领导方式、提高党的领导能力等一系列方式,充分发挥我国社会主义的政治优势、制度优势、行动优势,确保新发展阶段人民司法始终在正确的政治方向上高质量发展。

其次,践行和发展以人民为中心的司法理念,必须始终坚持中国特色社会主义法治道路。在司法发展领域坚持中国特色社会主义法治道路,本质上是中国特色社会主义道路在法治建设与司法发展领域的具体体现。因为从大的方面来说,“无论搞革命、搞建设、搞改革,道路问题都是最根本的问题”。必须坚持走自己的路,找到“一条完全符合中国实际的建设社会主义的道路”。[6] 就法治建设与司法发展而言,同样“方向决定道路,道路决定命运。我们自己的路,就是中国特色社会主义道路。这条道路,是中国共产党带领中国人民历经千辛万苦、付出巨大代价开辟出来的,是被实践证明了的符合中国国情、适合时代发展要求的正确道路”。[7] 在司法发展领域坚持中国特色社会主义法治道路,本质上是坚持中国特色社会主义道路。

---

〔1〕 习近平:《坚定不移走中国特色社会主义法治道路 为全面建设社会主义现代化国家提供有力法治保障》,载《求是》2021 年第 5 期。

〔2〕 参见《中共中央关于全面推进依法治国若干重大问题的决定》,人民出版社 2014 年版,第 5 页。

〔3〕 习近平:《在庆祝全国人民代表大会成立六十周年大会上的讲话》,人民出版社 2014 年版,第 6 页。

〔4〕 参见公丕祥:《新时代中国司法现代化的理论指南》,载《法商研究》2019 年第 1 期。

〔5〕 《习近平谈治国理政》(第 2 卷),外文出版社有限责任公司 2017 年版,第 131 页。

〔6〕 习近平:《论中国共产党历史》,中央文献出版社 2021 年版,第 17 页。

〔7〕 习近平:《在庆祝中华人民共和国成立 65 周年招待会上的讲话》,载《人民日报》2014 年 10 月 1 日,第 2 版。

中国特色社会主义法治道路的一个鲜明立场，就是坚持从中国实际出发。习近平指出："走什么样的法治道路，建设什么样的法治体系，是由一个国家的基本国情决定的。"[1]历史和现实经验反复告诉我们，只有从我国法治建设的基本国情出发，不断深化对法治国情的认识，及时总结法治建设的成功经验，务实推进法治理论的创新，才能发展出符合中国实际、具有中国特色、体现中国社会发展规律的社会主义法治理论。同样，当代中国司法发展也必须坚持从中国实际出发，要从我国现阶段基本国情条件出发，确保司法发展"同我国根本政治制度、基本政治制度和经济社会发展水平相适应，保持我们自己的特色和优势。我们要借鉴国外法治有益成果，但不能照搬照抄国外司法制度"。[2] 因此，在新的发展阶段践行和发展以人民为中心司法理念，必须始终坚持中国特色社会主义法治道路，深化对人民司法基本国情条件的认识，必须深刻地认识到："一个国家实行什么样的司法制度，归根结底是由这个国家的国情所决定的。评价一个国家的司法制度，关键看是否符合国情、能否解决本国实际问题。"[3]中国司法现代化有"我们的现代化模式，必须从中国的实际出发"。"要学习和借鉴外国经验。但是照抄照搬别国经验、别国模式，从来不能得到成功。"[4]

与此同时，中国特色社会主义法治道路的一个鲜明特点，"就是坚持依法治国和以德治国相结合，强调法治和德治两手抓、两手都要硬。这既是历史经验的总结，也是对治国理政规律的深刻把握"。[5] 这意味着在新的发展阶段践行和发展以人民为中心的司法理念，要处理好法治与德治以及法律与道德的关系。习近平指出："法律是准绳，任何时候都必须遵循；道德是基石，任何时候都不能忽视。"[6]要发展好当代中国司法，必须坚持法治与德治相结合，在充分汲取中华优秀传统法律文化与道德因子、同时借鉴国外法治与德治有益成果的基础上，运用好司法发展领域中的法治资源与德治资源，实现法治和德治在司法发展领域的相互补充、互相促进、相得益彰，推动司法的高质量发展。

最后，践行和发展以人民为中心的司法理念，必须在尊重司法规律的基础上积极探索自主型的司法发展模式。客观地说，司法活动具有自身的特殊属性与基本规律。对此，习近平指出："完善司法制度、深化司法体制改革，要遵循

---

[1] 中共中央文献研究室编：《十八大以来重要文献选编》(中)，中央文献出版社 2016 年版，第 186 页。
[2] 习近平：《论坚持全面依法治国》，中央文献出版社 2020 年版，第 148 页。
[3] 习近平：《论坚持全面依法治国》，中央文献出版社 2020 年版，第 59 页。
[4] 《邓小平文选》(第 3 卷)，人民出版社 1993 年版，第 2 页。
[5] 习近平：《论坚持全面依法治国》，中央文献出版社 2020 年版，第 166 页。
[6] 《习近平谈治国理政》(第 2 卷)，外文出版社有限责任公司 2017 年版，第 133 页。

司法活动的客观规律，体现权责统一、权力制约、公开公正、尊重程序的要求。”[1]在新的发展阶段践行和发展以人民为中心的司法理念，必须尊重司法客观规律为前提，要从尊重司法规律出发来开展司法活动、谋划司法发展，唯有此，才能确保司法改革成果经得起历史和实践的检验。[2]

当然，在尊重司法规律的基础上探索自主型司法发展模式，重要内容之一就是要清楚地认识到，新时代人民法院的职能是复合化的，它不仅要开展审判工作，也要做群众工作。人民法院要积极践行群众工作，要认识到做好群众工作是有助于审判工作的开展的，是有利于推动纠纷的实质性化解的。从司法实践来看，法院在处理纠纷时，它不仅会通过规则治理的方式来进行，也会通过做群众工作的方式来推进，还会将这两种方式混合起来交叉使用。比如，纠纷处理过程中，法官会对当事人“苦口婆心地做工作”“耐心细致地反复说理”“将心比心地劝说安慰”，等等。这既可以看作司法方法的个体化实践，也可以看作法官在践行做群众工作的要求。我们要认识到，在处理纠纷的过程中，尤其是面对纠纷中裹挟着大量的来自当事人的情绪对抗、情感对立等非制度性因素时，法院要充分运用审判工作与群众工作两种方式的合力，共同推动纠纷的解决。毫无疑问，这是当下中国法院制度机制在推动纠纷化解上的一个显著优势所在。[3]

司法工作也是做群众工作。对此，习近平指出：“司法工作者要密切联系群众，如果不懂群众语言、不了解群众疾苦、不熟知群众诉求，就难以掌握正确的工作方法，难以发挥应有的作用。”“法律不应该是冷冰冰的，司法工作也是做群众工作。”[4]我们要认识到，人民法院做好群众工作，不仅有助于掌握人民群众的冷暖，了解人民群众现实的需求，也便利于通过此来“解决好人民群众最关心最直接最现实的利益问题，进一步密切党同人民群众的血肉联系，巩固和扩大党的群众路线教育实践活动成果，夯实党执政的群众基础，促进社会和谐稳定”。[5] 比如，作为党的群众工作体系的重要组成部分，人民法院要践行好其所担负的政治—社会功能，就“要把实现好、维护好、发展好最广大人民的根本利益作为一切工作的出发点和落脚点”，就必须在日常工作中，始终做到“以人民群众的要求和期盼为指引，使司法更加贴近人民群众，更好地满足群

[1] 习近平：《论坚持全面依法治国》，中央文献出版社2020年版，第148页。

[2] 参见黄文艺：《论习近平法治思想中的司法改革理论》，载《比较法研究》2021年第2期。

[3] 参见方乐：《非制度化因素对法院就地化解纠纷的影响及其意涵——内在视角的考察》，载《法律科学》2019年第5期。

[4] 习近平：《论坚持全面依法治国》，中央文献出版社2020年版，第23页。

[5] 中共中央办公厅、国务院办公厅印发的《关于创新群众工作方法解决信访突出问题的意见》。

众需求”。[1] 换言之，来自“群众工作”对法院所提出的高要求，不仅意味着人民法院在开展工作时，不考虑解决纠纷，更重要的是要践行“群众路线”，做好“群众工作”；而且意味着在制度运行逻辑的塑造和司法资源配置方案的设计上，也不能只围绕“纠纷化解”工作来进行，还需要同时兼顾“群众工作”对于制度机制以及资源配置上的需求。后者对制度机制或者司法资源不仅可能不“经济”，甚至都无法选择最优解；因为对于群众的一切问题、任何困难或者所有诉求，“群众工作”的职责要求法院都应当怀着对人民群众深厚的情感予以积极回应，不能拒绝群众。这样，当事人的任何一项诉求若是未能彻底满足，法院的群众工作就不能真正停止。[2]

四、结语

百年来，在团结带领人民共同创造历史伟业的征程中，中国共产党之所以得到人民群众的拥护和支持，从根本上来说，就是因为中国共产党始终坚持以人民为中心的基本立场，就是因为中国共产党能够“始终代表中国最广大人民根本利益，就是坚持群众是真正的英雄，尊重人民首创精神，最广泛动员和组织人民投身到党领导的伟大事业中来”。[3] 百年来的历史充分证明，“江山就是人民，人民就是江山，人心向背关系党的生死存亡。赢得人民信任，得到人民支持，党就能够克服任何困难，就能够无往而不胜”。[4] 因此，新时代中国的司法体制改革与司法发展，必须在始终坚持党的领导的基础上，继续深入践行和创新发展以人民为中心的司法理念，充分尊重人民群众的司法主体地位，积极回应人民群众对于司法的新要求新期待，满足人民群众对美好生活的司法需要。唯有此，才能为全面建设社会主义现代化国家、实现中华民族伟大复兴夯实法治基础。

---

〔1〕 周强：《深入推进司法体制改革　让司法更加贴近人民群众》，载《中国法律评论》2015年第1期。

〔2〕 参见陈柏峰：《信访制度的功能及其法治化改革》，载《中外法学》2016年第5期。

〔3〕 习近平：《论中国共产党历史》，中央文献出版社2021年版，第19页。

〔4〕 习近平：《学党史悟思想办实事开新局　以优异成绩迎接建党一百周年》，载《人民日报》2021年2月21日，第1版。

试述新中国成立以来江苏省司法行政事业的发展历程

陈晓波*

【内容摘要】新中国成立以来江苏省司法行政事业走过了积极参与建设和巩固新生的人民政权、积极服务于新中国的新民主主义建设和社会主义制度建立的“初创整合、曲折摸索”时期；经历了司法行政机构缺失、司法行政工作遭受严重挫折的“基本停滞、艰难作为”时期；各级司法行政机构恢复、职能归位的“恢复重建、开创局面”时期；围绕经济发展的“服务发展、改革创新”时期；围绕党中央“依法治国”战略各方面工作都“围绕大局，创优发展”时期；完善“四个全覆盖”的工作布局、强化“法润江苏、德法同行”的基层基础建设的“砥砺前行、全力奋进”时期。

【关键词】江苏省　司法行政　四个全覆盖

“司法行政”最初源于为司法活动服务的行政管理，主要是为以审判或裁决为中心的司法活动服务配套的行政管理工作。随着社会的变革和经济的发展，司法行政的内涵、范畴不断拓展，法定职能和工作职责也不断调整。当下，司法行政事业是实施全面依法治国战略的重要领域，司法行政制度是中国特色社会主义法治建设的重要组成部分，司

* 陈晓波，江苏省司法厅原副巡视员，南京师范大学中国法治现代化研究院区域法治发展研究所特邀研究员。

法行政工作是国家实施政务管理的重要职责和服务群众的重要内容,司法行政机关是各级政府的重要组成部门,司法行政工作人员和法律服务从业者是中国特色社会主义法治建设的重要力量。

1949 年以来,司法行政事业逐步发展直至今天取得很大成绩,它的发展轨迹同新中国史、改革开放史、社会主义发展史十分契合。“不数既往,不能知将来;不求远因,不能明近果”,了解其发展历程,对我们更加全面、历史、客观地认识司法行政事业,深化党史学习教育、汲取历史智慧、指导今后工作有极为重要的意义。

一、“初创整合、曲折摸索”时期(1949 年 4 月至 1959 年 6 月)

1949 年 4 月南京解放,至 6 月初江苏全境解放。解放初期苏北、苏南(人民)行政公署以及下辖专员公署、市、县和南京直辖市分别通过法院或设司法处管理各自管理辖区内的司法审判及相应的行政管理工作。新中国成立后,国家设司法部,主管司法机关的司法行政事务和律师、公证、狱政(1950 年 11 月移交公安部管理)、司法干部的教育培训、法制宣传等工作,后增加政策研究指导等任务。1953 年 1 月江苏建省,1954 年 9 月第一部《宪法》颁布,各大行政区司法部陆续撤销。1955 年 2 月,江苏省司法厅设立,内设一室三处,负责指导和检查各地法院工作、管理江苏省司法机关的干部工作、主管法律宣传教育及公证和律师工作等。首任厅长是知名学者、民主党派人士高一涵,他早年留学日本明治大学政法系,毕业回国后参与陈独秀主编的《新青年》杂志编辑工作,曾由李大钊等介绍加入中国共产党。南京、无锡、苏州、徐州 4 市设司法局。1957 年 6 月起全国开展反“右”运动,同年 10 月,江苏省司法厅党组撤销,同江苏省人民法院合组“省司法党组”,机构撤并,人员精简。1959 年 6 月,江苏省司法厅撤销,原主管工作移交江苏省人民法院管理,公证业务停办,律师工作中断。

这段时期的司法行政工作总体上积极参与建设和巩固新生的人民政权、积极服务于新中国的新民主主义建设和社会主义制度的建立,在宣传和实施《宪法》《婚姻法》《土地改革法》《惩治反革命条例》等方面做了许多工作,在社会主义司法体制建立过程中对司法行政和司法审判分立等工作进行了有益的探索。但基于多方面原因,没能发挥应有的职能作用。

二、“基本停滞、艰难作为”时期(1959 年 7 月至 1979 年)

由于党的指导思想失误特别是在“文化大革命”时期出现了严重偏差,以及社会普遍存在的法律虚无主义和封建时代遗留的人治传统影响等,国家整体法制建设不健全。司法行政机构撤销后,司法行政业务主要局限为法院系统的内部事务运行,缺乏独立性和相对完整性。“文化大革命”前期,全国各级公检法机关受到极大削弱,司法行政工作更是无法正常开展、基本中断。1972 年江苏省各级公安机关和人民法院组织先后恢复。1978 年,江苏省各级人民检察院陆续重新设置。

1978 年 5 月起,全党展开了真理标准问题大讨论,在指导思想上进行正本清源、拨乱反正。1978 年 12 月,党的十一届三中全会重新确立了实事求是的思想路线,明确提出“健全社会主义民主,加强社会主义法制”。1979 年 7 月,第五届全国人大第二次会议通过《人民法院组织法》,其中明确“各级人民法院的司法行政工作由司法行政机关管理”,规定司法行政机关负责各级人民法院的设置、人员编制和办公机构、助理审判员任免等工作。9 月,第五届全国人大常委会第十一次会议决定设立中华人民共和国司法部;10 月,中共中央、国务院发出通知,要求各地“需尽快建立相应的司法行政机构……当前,首先应把省、直辖市、自治区的司法厅(局)建立起来”;同月,中共江苏省委明确提出要“把省、地、市、县的司法厅、处、科的架子搭起来”;11 月,中共江苏省委决定筹建江苏省司法厅,筹建工作由江苏省高级人民法院时任主要领导和相应处室承担。

这段时期,司法行政机构缺失,司法行政工作遭受严重挫折。直至 1979 年,司法行政事业迎来复苏的生机。

三、“恢复重建、开创局面”时期(1980 年至 1990 年)

1980 年 1 月 8 日,中共江苏省委任命江苏省司法厅领导班子组成人员,标志着江苏省司法行政机构的重建和司法行政工作的恢复,江苏省司法行政事业进入新的历史发展时期。江苏省高级人民法院前任院长林希昭任厅长。

(一)法院系统司法行政职能的承接和转移

在当时的历史条件下,司法行政机关的初置职能基本根据 20 世纪 50 年代的分工、结合实施《刑法》《刑事诉讼法》的要求以及《人民法院组织法》的相关精神而确定,包括基层人民法院和法庭的布局(新设、更名、撤销等)、同级法院助理审判员的审批任免、法院行政经费的分配和司法装备的计划落实、指导审理案件过程中的调解和律师指派等方面。据不完全统计,仅 1982 年上半年,江苏省司法厅审批基层人民法庭设置类业务 14 批次,涉及 7 个地区 17 个县和 1 个农场的 47 个基层法庭。1982 年 8 月,根据中央决定,江苏省司法行政机关主管的有关法院的司法行政工作向法院系统移交。各地都能克服短暂的不适应,及时调整工作重点。1983 年下半年起,各级司法行政机关大力配合“严厉打击严重刑事犯罪活动”的整治斗争,前期就投入 60% 以上的人力参与相关工作。

(二)公证律师工作的恢复和发展

公证律师原先都是司法行政管理的重要业务,司法行政机构重建之前已有三个市设公证处、两个市设法律顾问处、江苏省律师 62 人。1980 年 2 月,江苏省司法厅重建后召开的第一个江苏省全省性会议是“全省律师工作会议”,会议明确提出“律师制度是健全社会主义法制的重要内容,律师工作的原则是坚持依法办事”。江苏省各地市公证处和法律顾问处在 1981 年年初全部恢复或组建完成,性质属国家机关或事业单位。当时的公证主要是为法院裁决提供可信的证据,律师则主要是为法院审判程序服务,公证员、律师多是国家公职人员,由于人少案多,大多是选择性或指派办案。1981 年律师代理刑事辩护案件 1895 件,占当年法院初审案件的 12.6%。1983 年下半年起“严打”期间,刑事辩护业务一度停办。1986 年前后,法律顾问处陆续改称律师事务所(国家出资设立的律师事务所)。公证人员、律师队伍建设逐步提上议程,组织了公证员、律师的专业技术职称评聘。随着江苏乡镇企业异军突起、小城镇建设、商品经济和外向型经济的发展等,公证和律师业务拓展迅猛、业务范围和服务对象不断扩大,自主接案、集体议案、统一派案等内部管理制度逐步建立。1987 年年底海峡两岸开放探亲,涉台法律服务即时跟进。1990 年同 1980 年相比,公证业务量仅国内公证就从 293 件增加到 208,225 件,律师业务量仅民事案件代理就从 154 件增加到 18,039 件。1984 年,淮阴县老张集乡等部分乡镇组建司法办公室,为农民提供服务,基层法律服务有了良好开端。到 1990 年年底,江苏省已有基层法律服务所 2038 个,基层法律服务工作者 7000 人。

(三)人民调解工作的接续和发展

人民调解是极具中国特色的司法制度,1982 年《宪法》明确了居民委员会、村民委员会设人民调解组织及其作用。在拨乱反正、改革开放进程中,各级各类调解组织、基层专兼职调解员积极发挥作用,为预防矛盾激化、减少民转刑案件、防止非正常死亡、维护地方治安作出了重要贡献。1980 年调解民间纠纷 448,261 件,为同期法院民事案件收案数的 21 倍;1981 年调解 413,631 件,为法院收案数的 15 倍。1980 年 4 月,江苏省司法厅召开恢复重建后的第一个表彰大会是全省人民调解先进集体、先进工作者代表大会,各级党委政府也都十分重视发挥人民调解在社会治安中的第一道防线的作用。人民调解作为当时基层司法行政工作的首要任务,坚持“调防结合,以防为主”的方针,立足于调解、着眼于预防，更加突出民间纠纷的调处化解。1990 年调解民间纠纷 364,169 件，调解成功率 94.4%，防止非正常死亡 4664 人，防止民转刑案件 1352 件。1983 年，泰兴县制定乡规民约转变民风的做法得到中央主要领导的肯定，中共江苏省委扩大会议决定在江苏省全省推广，南京市“事先预防、跟踪预防、重点预防、联合预防、全面预防”的经验被司法部指定为民间防矛盾激化工作的指导性意见，苏州市平江区组建“调解组织联防片”、南京市栖霞区组建“联合调解委员会”、丰县“十户调解员”等经验也得到司法部的推广。

(四)法制宣传教育的恢复和创新

江苏省全省范围内紧密配合党和国家重大决策、中共江苏省委和江苏省人民政府进行重大部署，围绕工作重点转移、“严打”、经济体制改革、治理整顿等先后组织了 80 多部法律法规的宣传。恢复重建初期法制宣传工作主要是单行法规条文的宣传，1983 年年初起开启宪法的学习宣传活动，1985 年起启动以宪法为核心内容的普法五年规划，标志法制宣传教育进入规范化、制度化、社会化的轨道。“一五普法”期间，江苏省 5200 多万名应普对象基本完成了以宪法为核心内容的“十法一例”的学习计划。群众性学法活动较好开展，建湖县农民袁为国获得全国农民法律知识竞赛特等奖，被誉为 8 亿名农民的学法“状元”。在法学教育上，司法行政系统曾把法律专业人才的培养作为首要的战略任务。首先是积极复办政法干校、筹办司法学校，借助江苏省干校(镇江桥头)、中共江苏省委党校连续组织人民法院、人民检察院和司法行政干部参加业务培训，同时注重法律职业教育体系的重建，积极推动南京大学法律系的恢复、苏州大学法学院的设置和南京医学院法医进修班的开办，组织多种形式的成人学历教育，10 年间短期轮训干警 4 万余人次，培养大中专文化程度的法律人才 3400 人，一度缓解了人才急缺的矛盾。司法行政部门还积极参与江苏省人才规划的制定，包括法律法学人才的培养、队伍建设、理论研究等重点调研，并为法律法学人才的普查和动员归队做了许多工作。1982 年 11 月江苏省法学会、1984 年 2 月常州市法学会、1986 年 11 月泰县法学会等相继成立，省、市、县三级法学会体系逐渐形成，司法行政机关在各级学会及专业分会筹备组建、联系组织法律法学人才队伍、开展各种学术活动等方面也做了大量的具体工作。1985 年 1 月，创办《江苏法制报》，彭真题写报头。

(五)监狱劳改劳教工作的移交和发展

1983 年 6 月，中央决定将公安部门管理的监狱劳改劳教工作移交司法行政部门管理，这是近现代司法制度设计框架中司法行政必备基本职能的重要归置，有利于健全社会主义法制、有利于加强对劳改劳教工作的领导、有利于使公安机关集中精力抓好国内安全保卫工作和社会治安工作、有利于更好地纠正办案中可能发生的差错。1983 年 7 月,江苏省公安厅相关机构和 18 个监狱劳改劳教单位的人、财、物及各种资源等整建制移交完毕;1984 年前后,接受了部分市管企业和劳教场所,完成了江苏省农垦部门六大国营农场移交,江苏省和部分市新建或改建了劳改劳教场所,江苏省劳改局明确二级局建制;1986 年 7 月,市办监管单位一律收归省管;1989 年 11 月,江苏省劳教局正式组建,劳教工作从监狱劳改体系中剥离。这些初步形成了此后江苏省监狱劳改劳教职能分工、计划分列、单位分设的基本格局、强化了江苏省省级司法行政机关在整个司法行政体系中举足轻重的作用。

(六)各级司法行政机构的恢复和发展

机构重建、人员重组、职能重定始终是这一时期的重要任务。1982 年 12 月,第五届全国人大第五次会议通过《宪法》和《地方各级人民代表大会和地方各级人民政府组织法》,明确了国务院领导和管理司法行政等工作,明确县级以上地方各级人民政府和乡镇人民政府管理本行政区域的司法行政等行政工作,从最高立法层面确定了司法行政的行政属性定位和政府组成部门归属。各级党委政府对司法行政的恢复重建十分重视关心,中共江苏省委和江苏省人民政府及有关部门在短短数月内多次专题研究决定了江苏省司法厅的机构设置、人员编制、干部调配、办公场所基建用地等重大问题。截至 1981 年年底,南京等 14 个地市、泗洪等大多数县(市)司法局先后恢复或组建完成。但当时百废待兴,各级司法行政机构设施简陋,不少地方缺少办公用房,有的十几个人挤在一间办公室里,有的在过道上楼道口摆办公桌,有的租借季节性停业的浴室,还有的工作人员只能把公章放在挎包里,走到哪里就在哪里办公;经费十分紧张,江苏省有关部门核定的江苏省司法厅开办经费 31,960 元,包括购置 70 个编制内的办公桌椅、公用自行车、打字机等 28 种基本用品,部分市县连工作人员专项经费也不能保证全额拨付。专业骨干奇缺,前期干部组成以法院系统原承办相关业务人员、军队转业干部、外单位调入人员为主,军转干部一度占较大比例。1981 年 6 月底统计,当时分配的军转干部数是已有干部数的 82.9%,有的地方超过一两倍,1982 年后大中专院校毕业生陆续进入司法行政战线工作。司法助理员原先主要在农村配备,1983 年之后在农村人民公社改乡镇、地改市、市管县、撤改县(市)辖小区等体制改革中基层司法助理员队伍得到了充实加强并发挥了积极作用,1990 年年底江苏省全省乡镇街道司法助理员基本配齐。1982 年,中央决定全国各级公安、检察、法院、司法行政系统编制单列,实行统一领导,中央和省、直辖市、自治区分级管理。1984 年 11 月,江苏省司法行政工作会议明确提出司法行政工作要"为经济建设服务、为长治久安服务、为人民群众服务",不少地方司法行政机关及其工作人员克服各种困难,努力完成党委政府交给的各项任务。随着形势任务变化,司法行政机关职能不断调整充实,逐步形成法律服务、法制宣传、法学教育、人民调解、劳改劳教等基本职能分类。

恢复重建时期,基本工作职能、工作骨干、工作方式等主要源自法院系统,业务主要围绕法院审判展开,服务社会主动性不够;监狱劳改劳教工作的相关经费没有完全保障,干警的工作、学习和生活条件比较艰苦,监管压力很重;各级司法行政机构的人员选配、经费投入和基础设施建设存在较大困难,司法行政的社会影响力还不大。

四、"服务发展、改革创新"时期(1991 年至 2000 年)

邓小平"南方谈话"发表后,全党全国明确了建立中国特色社会主义市场经济体制的目标,改革开放的任务更加艰巨繁重。市场经济体制改革方向的确立以及市场经济建设过程中产生的各种矛盾如经济体制改革调整带来的直接利益矛盾、多种经济形式并存发展带来的相关权益矛盾、社会形态转型过程带来的群体权利矛盾等给司法行政事业的发展带来了新的挑战。

(一)为经济体制改革服务成为法律服务的重点

经济基础的变革迫切要求隶属于上层建筑范畴的政府职能和法律服务等与其相适应,司法行政工作的发展面临新的机遇,进一步推动了法律服务业特别是律师、公证、基层法律服务的更快发展。1992 年乡镇法律服务所更名基层法律服务所。1993 年金坛等地成立乡镇司法所。1995 年明确仲裁工作的登记管理。1998 年明确司法鉴定的管理和指导职能赋予司法行政部门。1999 年 7 月起步的"148"法律服务协调指导工作也得到各级政府的关心支持,2 个月内省、市、县(市、区)三级"12348"法律服务专用电话全部开通,推动了全方位、多渠道、广覆盖的法律服务体系基本形成。同时法律服务业自身改革强势推进。律师制度改革走在前面。1994 年创办合作所、合伙所,实施新的分类。1997 年公职律师改革试点。2000 年启动的国资所先后改制和律师个人同原有身份脱钩的体制改革如期完成,极大调动了更大多数人的积极性和创造性,推动了律师服务业的较快发展。各地公证改革大体同地区经济发展水平相适应,尽管在区域间进展不平衡,部分公证处囿于地方财力、公证人员身份置换等工作难度很大,但改革后的公证机构的机制运转正常、业务发展势头良好。20 世纪 90 年代初期两岸实现三通,作为我国台湾同胞投资大省,涉台法律服务业务明显增加。基层法律服务的脱钩改制促使自身进一步转变服务方式，调整服务重点、服务项目和收费标准等，填补了重点面向农村和偏远地区的基层群众特别是困难群体的法律服务空白，同时助推基层司法所的建立完善。

（二）政务管理职能进一步强化

一是人民调解工作继续深入。工作重点从调处家庭内部、邻里之间的人与人的矛盾扩展到排查预防调处个人同单位或政府、群体同群体或政府的矛盾，包括非直接利害群体同政府的矛盾等，各地各类专兼职调解员作了大量艰苦细致的工作，为当事人化解矛盾，为政府排忧解难，“当党委政府助手、当群众亲人”形成共识。二是安置帮教职能的承接。1995 年刑释解教人员的安置帮教工作转归司法行政部门直接管理，成为新的工作重点和难点，接收、安置、帮教、防止重新犯罪等相关的管理协调任务十分艰巨，特别是自嘲“无权、无钱、无物、无大盖帽”的基层司法工作者积极争取有关部门关心支持，为刑释解教人员亲情复归、安家上户、就医就业、承包土地划分或回收等做了大量工作。仅 1996 年就接收 18,401 人，当年安置率 98.1%，帮教率 97.9%。三是法律救济职能强化。1998 年江苏省各市主要面向弱势群体的法律援助体系基本完成，三级法律援助工作有序展开，让打不起官司的人通过法律援助也能较好维护自身合法权益，让“法律面前人人平等”的公平正义得以体现，也更好地凸显司法人民性的本质特征。四是承担依法治理的相关组织工作。党的十五大确定“依法治国，建设社会主义法治国家”基本方略，1997 年 12 月中共江苏省委和江苏省人民政府明确“法治江苏”建设的目标任务，各地将领导小组办公室设在司法行政机关，承办指导、协调、组织、宣传等经常性工作，司法行政工作的拓展有了更加广阔的平台和空间。

（三）监狱劳教工作启动现代化建设进程

一是正规化建设。1993 年年初启动江苏省监狱劳教人民警察评授警衔工作，人民警察序列江苏省内分四级十等，随后新式服装和警徽、警号、司法臂章等陆续配套，监狱劳教民警警容警风建设和外在形象明显转好。1994 年下半年监狱不再以序号排名，劳改支队（劳改队）统称监狱，一般改以其所在地名命名。1995 年 2 月《人民警察法》颁布，规定了人民警察（包括监狱、劳动教养管理机关的人民警察）的任务、职责、义务和纪律等，强调人民警察必须以宪法和法律为活动准则，忠于职守、清正廉洁、纪律严明、服从命令、严格执法。1995 年 2 月《国务院关于进一步加强监狱管理和劳动教养工作的通知》下发，江苏省司法厅和江苏省监狱劳教系统都能认真学习，积极贯彻，采取多种措施全面落实相关要求。二是法治化建设。1994 年 12 月《监狱法》颁布，《监狱法》属行政类法律,是司法行政领域的第一部立法。它进一步明确"监狱是国家的刑罚执行机关"的基本定位,提出了"对罪犯实行惩罚和改造相结合、教育和劳动相结合的原则",强调依法监管、依法管理、依法监督,而且1993年11月总理办公会议关于解决监狱经费等重大问题的基本精神也在法律上得到了确认。江苏省监狱劳教系统及时依法梳理和完善内部各项制度,坚持依法守规循章,罪犯的管理、改造和劳教人员的教育、挽救、改造等有了质的提升,监所秩序保持稳定。三是现代化建设。1995年9月司法部依据《监狱法》等法律法规颁布了《关于创建现代化文明监狱的标准和实施意见》,对创建现代化文明监狱从监狱设施、技术装备、监管制度、生活卫生管理制度及相应设施条件、教育改造手段、适应监管改造工作需要的生产设备、警察队伍建设等方面提出了34项具体标准和30多个量化指标,明确现代化文明监狱应是"以比较先进、完善的监狱设施和健全、有效的改造制度为基础,依法对罪犯实施科学、文明管理和教育改造,具有较高改造质量的场所"。1996年5月司法部颁布了《创建现代化文明劳教所试行办法》(已失效),提出"分类分级管理、区别处遇"和"军营式、校园式、花园式"等软硬件建设33项标准。江苏省监狱劳教系统积极开展创建部级和省级文明监所活动,率先创建并经验收合格的部级文明监所的分别是江苏省大连山劳教所(1996年12月,全国首批)和南京监狱(1997年12月)。1998年,积极配合清理政法单位经商和民警下海办企业等工作,认真清理系统内企业挂靠、干工"下海"、企业欠资、集资白条等问题,同时进行监所职工企业改制,推行企业用工全员合同制,为日后监所企业整体性改革打下了基础。四是队伍革命化、正规化、现代化建设。队伍的"三化"建设始终是监狱劳教工作的重点。1996年10月,司法部颁布《监狱劳教工作人民警察政治工作条例》,江苏省司法行政和监狱劳教系统认真贯彻落实,坚决保证和切实做到监狱劳教工作和监狱劳教人民警察始终坚持置于党的绝对领导之下。1999年4月,中央下发《关于进一步加强政法干部队伍建设的决定》,明确提出政法干部队伍建设的目标、任务和措施,江苏省司法行政系统坚决贯彻执行。监所各级党的组织健全,党中央的路线方针政策在监狱劳教单位得到坚决落实;领导班子有力,坚持党委的核心作用和党委领导下的双首长分工负责制;基层党的组织生活正常,战斗堡垒作用和党员的先锋模范作用充分发挥;强化民警廉洁自律教育,严格公正文明执法的检查监督,处理以权谋私、执法犯法、玩忽职守案件等坚持"原因过程不查清、担责主体不明确、补救措施不到位决不放过",坚决纠正少数单位少数民警"妥协执法"等不良风气;民警队伍知识化、专业化、年轻化建设有较大进展。至2000年年底,监所领导班子大规模整体性的结构调整基本完成。江苏省所有监狱劳教所的领导班子以中青年为主体,通过竞争性公开选拔等形式,一大批年富力强的同志走上各级领导岗位,两局班子和监所单位正职领导中 50 岁以下的占 90% 以上,最年轻的监所单位正职任职时 33 岁,班子成员基本都达到了大专毕业以上文化程度,不少还参加了在职研究生课程的学习。

(四)司法行政工作必须服从服务于党委政府中心工作的思路基本形成

一是在法制宣传上,“二五”“三五”法制教育宣传规划得到很好贯彻。规划紧密结合江苏省情、宏观经济体制改革、企业改制、外向型经济发展等宣传相关法律法规和政策,法制宣传教育更有针对性,领导干部带头学法用法、重点学法对象和内容等要求基本落实;每年召开江苏省法制宣传教育工作会议,中共江苏省委主要领导出席并动员部署下步工作、大会表彰先进等形成惯例。1997 年“依法治国”相关内容入宪后,围绕江苏“依法治省”建设的目标要求,法制宣传教育工作注入了新的活力,全民法治意识进一步增强。二是在维稳工作上,监管工作服从江苏省“严打”整治斗争、防控“邪教”和维护社会稳定工作大局的重大决策。监管单位克服种种困难,明确提出“送多少、收多少,随时到、随时收”,在监狱罪犯和劳教人员数量达到历史最高峰值的巨大压力下,江苏省监狱劳教民警上下一心、勇于奉献,全力保障监所安全。2000 年在全国率先实现江苏省“在押罪犯在所劳教人员零脱逃、狱所内零重特大安全事故”的双零指标,同时刑释解教人员安置帮教率进一步提高,重新犯罪率继续下降。三是在法律服务上,各级各地法律援助中心普遍建成,法律援助志愿者队伍初步建立。1998 年在全国率先建成省、市、县(市、区)三级法律援助体系。律师、公证、司法鉴定、基层法律服务等围绕中共江苏省委和江苏省人民政府外向型经济发展、区域经济和城乡建设均衡发展战略,在地方经济体制改革、多种经济成分协调发展、社会治安稳定中发挥了服务保障的积极作用。南京市公证机关还为侵华日军南京大屠杀证据保全等多次办理相关公证业务。1999 年司法部向全国推广江苏司法行政系统“背靠大树(党委政府领导)、围绕中心、开拓进取”的工作经验。

这段时期,法学教育的指导功能减弱,工作面缩小;有的法律服务机构脱钩改制准备工作不足,少数人员思想不稳定;监所设施建设刚刚起步,犯罪类型有所变化,监管安全仍然存在隐患;部分地方领导对司法行政工作还有认识误区,工作开展还存在一定困难;等等。

五、“围绕大局,创优发展”时期(2001 年至 2011 年)

党中央“依法治国”战略的提出,对深化改革司法行政工作提出了新的要求。进入21世纪以后,“三个代表”“以人为本”及构建中国特色社会主义和谐社会的指导思想对司法行政工作提出了新的目标。

(一)司法行政工作的总体推进

历任厅党委坚持解放思想、实事求是、与时俱进,带领全系统广大干警和法律服务工作者,紧紧围绕党中央一系列重要部署和中共江苏省委和江苏省人民政府富民强省、“两个率先”、建设“平安江苏、法治江苏”的发展战略和各项决策,面对深化经济政治改革的新形势和推动社会和谐发展的新任务,始终明确新时期江苏司法行政工作必须坚持党的领导、必须服从大局、必须服务人民的发展方向和工作路径。2001年,提出“以依法治国为总揽,面向现代化、推进法治化”;2003年,提出“加强基础建设,发挥职能作用,全力推进江苏省司法行政事业新发展”;2007年,提出江苏省司法行政系统全面实施“对标找差、全国争先”工程;2008年,提出“争当全国司法行政系统排头兵”目标,并明确了具体指标、措施和相关实施办法。在各级党委政府的关心支持下,全省司法行政机关努力克服系统内法定职能逐级递减、管理职能偏软偏弱与服务需求日益增长等产生的体制机制性矛盾,职责任务从最初相对单向服从于法院业务工作拓展到主要承担政府行政管理、再到更多服务于和谐社会建设的层面。全系统司法干警和法律服务工作者克服畏难守成、小胜即满的心态,坚持解放思想、与时俱进,发扬“三创三先”精神,用改革推动发展,用发展深化改革,不断创特色、创品牌,业务工作各项主要指标进入全国前列。

(二)法律保障方面的创优发展

在监所工作上,监管工作“安全为天、教育为本”意识进一步强化。监管安全方面坚决实行一票否决制,坚持事故责任人从严查处,重视保障和维护罪犯合法权益,相关狱务所务更加公开透明,监所秩序整体稳定,没有发生一起在全国有影响的重特大案件。劳教工作改革取得重大进展,针对收容人员罪错性质的重大变化加强心理矫治工作,强制戒毒人员矫治试行“三期一延伸”,出所人员保持操守率提升,非法宗教受害者得到有效教育转化。启动监狱劳教发展三大转移战略(监狱布局从农村向城市周边转移、押犯在所人数从苏北向苏南转移、刑务作业和习艺劳动从室外向室内转移)等两轮各以三年为期的布局调整,组织制定监狱、劳教场所长远建设详细规划,狱所基本建设加大投入,监所设施大为改善。全面实行监狱体制改革,实现“监企分开、收支分开、规范运行、全额保障”,确保国有资产保值升值,服从“绿色江苏”建设需要,全面退出采石、水泥等传统优势产业。在江苏省委和江苏省人民政府的关心支持下,劳教体制相关改革在全国率先同步实施到位。监狱劳教系统信息化建设全面启动、逐步改进,科技防范水平进一步提高,社会化应急防范网络连通联动,在全国首家实现部省间视频信息联通。2007 年 5 月司法部在江苏召开全国监狱劳教系统信息化建设现场会推广经验。社区矫正工作全面启动推开。2003 年 7 月确定为全国先行试点省份,2004 年在南京、苏州、连云港 3 市的 6 个县(市)的 24 个乡镇街道试点,2005 年全面推开,率先制定省级层面的社区矫正办法和相关制度,适应了罪犯行刑方式的重大转变,短短几年就取得了良好的法律效果和社会效果,2008 年社区服刑人员重新犯罪率 0.3‰,刑释解教人员安置帮教工作纳入江苏省社会治安综合治理体系,相关政策得到更好落实。2008 年安置率 98.0%,帮教率 99.7%,重新犯罪率降至 0.2%。

(三)法律服务方面的创优发展

律师服务进一步满足经济发展需求和群众法律需要,进一步适应加入世贸组织后市场法治化建设的要求。规模所、专业所、特色所建设有较大进展,律师自主管理、律师行业管理和政府行政管理相结合体制形成并有效运行,保障律师合法权益的相关法律规定和政策进一步落实。个人开业律师、公职律师、公司律师、国家机关律师等试点工作陆续展开,扬州市政府在全国率先专聘政府律师,江苏省人民政府聘请境外律师担任涉外法律顾问。律师行业党的建设纳入江苏省新社会组织党建体系,律师业的社会诚信满意度和业务量大幅上升。2011 年江苏省全省律师事务所 1180 个,律师 13,018 人,办理各类诉讼案件 241,465 件、非诉讼案件 36,547 件、担任法律顾问 67,160 家。公证改革工作继续深化,推出限时办结、上门服务、费用减免、周末加班等惠民利民措施,让群众满意的各项承诺践行到位,认真贯彻落实《公证法》。江苏省公证处在全国率先下放,2011 年江苏省全省公证处 110 个,办证 759,579 件。基层法律服务在江苏省人民政府关心指导下,争取有关部门大力支持,较好解决了脱钩改制的遗留问题,在及时、有效、便捷、低收费上下功夫,扬长避短、发挥优势,为基层群众特别是偏远地区的农民提供了大量法律服务,自身也有新的发展,扭转了一度萎缩的停滞状况。江苏省全省司法鉴定业务明显进步,在机构审批、人员培训、制度建设、规范鉴定行为等方面做了大量工作,司法鉴定文书质量提高。2011 年出具各类鉴定文书 85,387 件,法院采信率继续保持在 97% 以上。"12348"法律服务从比较单一的电信咨询业务拓展到信息化平台建设,综合协调了接收、派转、协调、督办、检查、反馈等业务,更加方便地满足了群众法律咨询、法律求助的需求。2006 年起依托江苏省全省电子政务网建设司法行政专网,实现省、市、监狱、劳教系统网络联通,司法部向全国推广江苏网上法律援助管理系统。

(四)服务民生方面的创优发展

法律援助工作长足发展。2001 年 8 月江苏省第九届人大常委会第二十五次会议通过《江苏省法律援助条例》(2005 年修改),2006 年 11 月,江苏省第十一次党代会提出“确保诉讼困难的群众得到及时有效的法律援助”。法律援助列入省政府每年为民办实事项目,专项资金投入逐年增加,法律援助工作普遍展开,市、县(市、区)法律援助中心服务窗口建设“落地、临街”要求基本落实,乡镇街道法律援助工作站基本建立,农民工、老人、妇女、儿童、残疾人等弱势群体受援人数增加。2011 年全年受理法律援助案件 75,422 件,受援 76,326 人,“应援尽援、应援优援”的政府法律救济目标基本实现。2006 年 4 月江苏省法律援助基金会成立,资助来源和范围进一步扩大。人民调解继续适应社会和谐发展的需求,积极协调有关各方,人民调解、行政调解、公安调解、检察调解、诉讼调解等有效对接,南通市建立“大调解”工作机制经验在全省推广,在国内也产生重大影响,中央领导予以充分肯定。2011 年各类基层调委会 32,987 个,基层调解员 200,776 人,全年调解纠纷 538,044 件,调解成功率 95% 以上,预防或劝止群众性上访上万件。泰州市律师积极参与政府信访工作、协助解决地方经济发展和城镇化建设过程中群体性矛盾的经验,受到国务院总理等中央领导的重视,指定专人负责召集国办、国家信访局等部门专题研究推广。

(五)法制宣传教育方面的创先争优

继续有计划地组织全民学法活动,“四五”“五五”法制宣传教育活动深入开展,党校讲法、领导学法、人大任命干部考法等制度落实,各级领导和机关干部依法治理、依法行政意识进一步加强,如东等地方政府领导出庭应诉得到社会良好反响。“宪法宣传日”“法治宣传周”“农民工学法活动周”等法律宣传服务活动联动,市、县(市、区)、乡镇三级法治宣传阵地建设逐步有形化,法治文艺活动、法治新闻宣传等工作不断深化。“法律六进”(进机关、进乡村、进社区、进学校、进企业、进单位)活动有序展开,学法、讲法、依法、用法渐成社会风气,推动社会法治环境进一步改善。基层民主法治建设逐步形成气候,民主法治乡镇、民主法治村(社区)创建和评选活动不断深入。省依法治省办公室和省法学会等认真组织“法学家讲法”等高层次专家讲座,地方开办“法治建设论坛”等主题活动,单行法规“谁主管,谁负责”的宣传教育和咨询服务责任制基本到位。2008 年 1 月,省委明确将法制宣传与依法行政、公正司法并列为“法治江苏”建设的三项重点工作,同年省级机关组织“万人学法”竞赛活动,省妇联等团体和有关部门组织江苏百万女职工学法有奖知识竞赛,江苏“普法网”正式开通。

（六）队伍和机构建设方面的创优发展

全省司法行政系统努力践行邓小平理论、“三个代表”重要思想、科学发展观，发扬省委提倡的“三创三先”精神，始终保持想干事、肯干事、能干事的精神状态，队伍政治业务素质进一步提高，涌现了一批在全国有影响的先进典型。2001 年 6 月，全省基层司法所首次由各级编制部门立户列编，当年全省乡镇街道司法所建成率 100%，政法专项编制使用率 85% 以上，最基层的司法行政层级完成从一名司法助理员到一间司法办公室，再到一个相对独立运转的司法所的跨越，司法行政工作基层基础建设进一步夯实，并逐步向村组和社区下延。监狱作为国家刑罚执行机关，劳教所作为国家行政强制措施执行机关，通过坚持不断的思想政治工作和组织岗位大练兵活动等，监狱劳教人民警察队伍政治意识、大局意识、宗旨意识、奉献意识进一步增强，始终坚持严格、公正、文明执法。法律服务工作者队伍进一步壮大，年龄专业结构更加优化，自身素质不断提高。2002 年起，历次司法考试有序组织，考场纪律严明，报考人数和参考、通过、授证率等都排在全国前列，2008 年报名 19，777 人，参加考试 17，379 人，合格 4075 人，合格率 23.5%。基层专兼职人民调解员、安置帮教社工、社区矫正社工、法律服务志愿者队伍思想基本稳定、相关待遇总体落实、从业人数有所增加、业务素质不断提高、在地方经济发展和社会治安综合治理中发挥了重要作用。

这期间，部分机构职能发挥和工作协调力度还不够，机关指导基层工作结合实情不够；区域间工作不平衡，部分地方司法行政的社会知晓度、群众认同度不够高；干警队伍思想政治工作的针对性教育不够，八小时以外非职务行为的监督引导不够；一些地方基层基础设施不完善，硬件建设上相对于国家投资的西部地区差距拉大。

六、“砥砺前行、全力奋进”时期（2012 年至今）

继往开来，不变初心，2012 年以来江苏司法行政工作进入新的历史发展时期。在省委省政府的领导下，江苏省司法厅党委带领全系统广大干警和各级各类法律服务工作者，坚持群众满意的最高标准，全面服从服务于经济建设和社会发展，完善“四个全覆盖”的工作布局，强化“法润江苏、德法同行”的基层基础建设，确保监管场所安全，为江苏“两个率先”建设作出了贡献。特别是党的十九大以后，全省司法行政工作又有新的发展和进步，2018 年司法行政工作以全新的体制建制机制架构服务于全面依法治国基本方略的实施和全省经济社会发展大局。

（一）习近平法治思想全面引领全省司法行政系统各项工作

党的十八大以来，习近平总书记、党中央非常重视新形势下的法治国家建设，习总书记亲自抓政法工作，2013 年 1 月首次提出“法治中国”新概念，之后对国家法治建设和政法队伍建设给出了许多新的重要论断、重要观点、重要部署，建构了新时代社会主义法治思想的基本框架。全省司法行政系统认真学习贯彻习总书记的一系列重要指示和党中央的重要部署，在实际工作中全面贯彻落实。一是习近平总书记和党中央关于全面依法治国的战略部署在全省司法行政系统的长期总体规划、法治建设工作规划中的指导思想、年度工作的具体目标设定上得到很好的体现和落实。二是习近平总书记历年在中央（全国）政法工作会议所作的重要讲话或重要指示特别是在司法体制改革、政法工作方向、政法工作标准、政法队伍建设等在全系统的全面工作以及队伍革命化、正规化、专业化、职业化建设上得到坚决贯彻和执行。三是习近平总书记关于司法行政工作的重要指示（如在中央政法工作会议提出的相关要求、2014 年 4 月听取司法部负责同志汇报后的重要指示等）得到认真贯彻和坚决落实。比如要让群众感受到每一个案件的公平正义，要深入开展法制宣传教育，要让困难群众打得起官司，要制定严禁“司法掮客”制度，要大力加强律师队伍思想政治建设，要推进狱务公开，要严格罪犯特别是职务犯罪者的减刑、假释和暂予监外执行等，都通过强化建章立制、严格检查督察、违者必查必究等措施认真执行、落实到位，并取得很好的社会效果。

（二）司法行政机关法定职能实施重大调整

党的十八大以后，司法行政机关职能调整变化，特别是 2018 年重新组建后的各级司法行政机构职能涵盖统筹立法、依法行政、执法监督、公正司法、全民普法等领域，被赋予更多的职责和任务，大大拓展了司法行政的原有范畴和内涵。一是省委全面依法治省委员会办公室日常工作的承担。20 世纪 80 年代起，依法治理工作在全省各地先后展开。党的十五大之后，1997 年 12 月，省委作出《关于推进依法治省工作的决定》，省人大通过《关于推进依法治省的决议》，江苏作为较早明确提出“依法治省”的省份之一，原先的依法治理工作上升到依法治省的层面。1998 年 10 月，省委成立江苏省依法治省领导小组，历任组长由省委主要领导担任，省司法厅承担领导小组办公室工作，发挥了组织、协调、指导、督促等作用。2004 年 7 月，省委公布《法治江苏建设纲要》，明确提出“法治江苏”建设目标，这是全国第一部省级区域法治建设的纲领性文件，2005 年 7 月，领导小组办公室的相应职能划交省委政法委。这期间办公室主要围绕依法治省的规划、依法行政、“法治江苏”等目标组织开展工作，在法治江苏建设中承担了重要责任。2018 年省委全面依法治省委员会成立,办公室设在省司法厅。省司法厅“承担全面依法治省重大问题的政策研究,协调有关方面提出全面依法治省中长期规划建议,负责有关重大决策部署督查工作”,在省委全面依法治省委员会领导下做了大量的统筹协调督查工作。二是政府法制部门的职责整合。根据党的十三大提出的“一手抓建设和改革,一手抓法制”精神,1988 年 5 月,省政府设法制局(副厅级),为政府办事机构,由省政府办公厅代管。2000 年 5 月,更名为省政府法制办公室(正厅级),列入省政府直属机构序列。2009 年 7 月,内设 8 个处,行政编制 43 名。2018 年同司法厅职责整合。30 多年来各级政府法制部门在统筹规划、综合协调、督促指导全省各地依法行政工作、统筹规划地方政府立法工作等方面承担了主要责任。重新组建后的省司法厅“承担统筹规划立法工作的责任;负责起草或者组织起草有关省级地方性法规、省政府规章草案;承办省政府规章的解释、立法后评估工作;承担统筹推进法治政府建设的责任”,积极履行省全面推进依法行政工作领导小组办公室职责,重点推进法治政府建设各项工作全面深入开展。三是司法行政原有职能也有了新的加强和提升。重新组建后各级司法行政机关认真抓好机构人员整合、运转机制磨合、新旧职能融合等工作,原有的司法行政业务没有减少或削弱,新增职能又进一步形成司法行政工作的整体合力,会同有关部门启动的人民陪审员选任、人民监督员选任等工作和以往相对投入力度有限的法律职业人员教育培训、仲裁工作整体指导和服务等工作也都出现新的进展。职能重组整合产生新的能量聚变,推动了整体工作,2020 年省司法厅机关在省级机关年度绩效考核中进入前五名。

(三)依法治理职能得到积极发挥

司法行政机关积极参与法治江苏的建设,并在诸多方面发挥了主导作用。一是在推进区域法治建设的常态化上充分发挥职能优势。积极推动法治江苏、法治政府、法治社会的一体建设。2015 年通过充分调研、多方评估,在全国率先制定《法治社会评价体系标准》。2020 年又推出全国领先的《中国特色社会主义法治体系江苏实践指标》,得到较好的社会反响和实践成果。在法治政府建设上强化推进机制,组织开展全省法治政府建设“补短板、强弱项”专项活动;制定《地方政府规章立法规范》,将《立法法》等有关法律法规规章的相关内容梳理细化为全国首部省级地方立法规章;全面推进行政规范性文件合法化审查,2020 年省司法厅办理省政府批转相关文件合法性审查办件 463 件;推动制定《江苏省重大行政决策程序实施办法》,进一步细化科学民主依法决策机制的落实环节;建立统一受理、统一审理、统一决定的行政复议工作机制,围绕法定职权行使、程序运转等突出问题加大个案纠错力度,行政复议决定书网上公开,切实做好行政应诉工作,地方依法行政工作全面加强。2020 年省司法厅直接审理行政复议申请 574 件,直接纠错率为 5.1%,直接办理省政府应诉案件 343 件,无一败诉;全省受理行政复议申请 9876 件,办理行政应诉 1.49 万件。各级政府法律顾问制度建成及有效运转率 100%,各级政府机关 90% 以上落实了法律顾问制度。民主法治县(市、区)乡(镇)村(社区)的建设继续深入,多批次全国民主法治示范村(社区)评选命名活动有序展开。二是法治宣传教育上认真实施完成"六五""七五"法治宣传教育规划。法治宣传教育内容上突出习近平法治思想,并结合确立"国家宪法日"、《民法典》颁布实施、"148 法律宣传日"等推动全民性法治宣传教育常态化,努力推进"法润江苏、德法同行"活动,全民遵法、守法意识更加增强,全省区域法治氛围更加浓烈。法治宣传教育中重点抓好各级领导干部,"法治宣传教育六进"活动深入持久扎实开展。组织全省"十大法治事件""十大法治人物"评选表彰活动。三是继续发挥了区域法治建设主力军的重要作用。基层司法行政干警在排查基层矛盾、民间纠纷调解、特殊人群管理、基层法律服务、社区矫正管理服务等方面承担了乡镇、村组、社区社会综合治理的大量工作,努力为群众排忧解难、为地方党委政府当好参谋助手。同时认真学习践行"枫桥经验",在矛盾不上交、小事不出村、发挥人民调解作用等方面下功夫,力争基层群众矛盾纠纷就地化解。至 2020 年年底,坚持学习发展"枫桥经验"三年活动中,全省各级人民调解组织多次组织"拉网式、滚动式、兜底式"的纠纷排查调处活动,调解化解矛盾纠纷 160 万余件。随着群众法治意识的普遍提升和部分政策的调整,全省范围内没有出现较大规模或较有影响的群体性突发事件。基层司法所力量同时也得到加强,2020 年年底所均 6.6 人。

(四)坚持服务为民取得新的成效

司法行政工作长期以来坚持以服务群众为出发点和落脚点,为群众服务是其传统和优势。一是进一步把为群众办实事的理念落在实处。特别是自开展党的群众路线教育实践活动以来,全系统的群众意识、群众观念大大增强。连续 8 年"法润江苏、法企同行"活动,呈现全省整体联动、互动协作,坚持多年、久久为功的常态化。法律服务上连续 5 年推出"司法行政惠民办实事"活动,推出多项利民惠民措施。2019 年,律师参与刑事辩护与代理 74,129 件、代理民事诉讼案件 598,654 件、办理非诉讼法律事务 70,465 件、办理涉外法律事务 8831 件、担任法律顾问 165,621 家;公证办证总数 846,506 件,其中国内办证 609,491 件(包括涉港澳 1935 件、涉台 11,991 件),涉外 237,015 件。法律援助案件批准书104,467件,其中民事718,226件、刑事32,397件、行政244件;"12348"公共法律服务热线接听524,225人次,接通率96.67%,满意率97.70%。司法鉴定、仲裁等也做了大量工作。二是进一步对接地方经济社会发展需求。全省经济发展对法律服务的需求同法律服务对经济发展的支撑总体相适应,社会稳定对法治保障的要求同法治保障对社会稳定的推进总体相适应。法律服务的社会影响力明显增强,许多重大事件中都有法律服务人员的辛勤劳动。如2014年8月,昆山市中荣金属制品有限公司发生特别重大铝粉尘爆炸事故,省律师协会及时组织大型顾问团队,积极主动协助地方政府处理相关的法律问题,取得明显成效。疫情期间,基层司法行政工作者和法律服务工作者积极承担地方党委政府交办的各项工作,并及时通过各种途径帮助群众获得急需便捷有效的法律服务,包括防疫检测、隔离保障、停产停工、复产复工等引起的经济纠纷、劳资纠纷、邻里矛盾、家庭矛盾等。三是进一步保障弱势群体合法权益。全省实现"一村(社区)一法律顾问"全覆盖,实现街道、乡镇公共法律服务中心全覆盖,及时便捷有效地为老年人、妇女、未成年人、残疾人等提供相应的法律服务,为农村留守人员、意外事故受害者等提供法律援助,多次组织帮助解决拖欠农民工工资等的专题法律服务活动。刑事案件律师出庭辩护实现全覆盖,参与刑事辩护率达到100%,经济困难的、未成年的犯罪嫌疑人等的合法权利得到保障。全省司法行政系统积极组织"法援惠民生"活动,2020年全省常住人口受援率1‰以上。

(五)监狱、强制隔离戒毒等工作更加扎实

一是监所监管工作稳步推进、全面强化。监狱系统坚持"安全为天"理念,各监管单位进一步严格落实各项制度,被监管人员应有权利保障到位。在监管区域基础设施建设基本到位后,在场所监控网络化、智能化上投入了更多的资金,同时进一步加强被监管人员的法制教育和心理矫治。至2020年,省司法厅主要领导始终直接承担监管安全第一位责任,全体民警尽职、尽心、尽责,全省监管单位始终保持了全国无脱逃、无重大事故的良好业绩,苏州监狱保持了全国监狱监管安全的最好记录。二是随着司法体制改革的深入,监管的依法执法更好落实。加强对被监管人员的分类教育改造更加突出,监企分离、所企分离进一步明确界限。2013年12月,实行50多年的劳教制度废止,完成了其历史使命,劳教系统全面转入强制隔离戒毒和戒毒康复工作,并在实践中不断摸索经验,重视法治教育,强化心理矫治,组织习艺劳动,在提高强戒人员所内戒断率、保持出所后操守率等方面取得了明显的成效。三是社区矫正、安置帮教等工作有效衔接,相关工作协调有力。社区矫正体制进一步健全,依法依规管理到位，总体运转有序；安置帮教调动多方力量，管理、服务、培训、指导等多管齐下；社区戒毒康复人员和强制隔离戒毒人员隔离期满后的后继照管工作有序对接、有效开展，积极化解消极因素，重新犯罪率始终维持在低比例上。

这期间，整个司法行政机构的功能还在不断融通、运转磨合之中，更大功效正待发挥；新时期人民对公平正义的需求日益增长和地方区域法治建设的内涵提升，以及区域间经济社会发展的不平衡性不确定性等都带来新的更高要求；更多年轻的同志加入司法行政队伍和法律服务从业人员队伍，政治坚定性的要求、整体服务水平的提高和各级司法行政机关管理服务能力的相应提升尤为迫切。

综观司法行政事业的发展历程，新中国成立 70 余年来特别是改革开放以来，在省委、省政府的领导和司法部指导下，江苏省司法厅历任党委带领全省司法行政系统广大干警和工作人员、法律服务工作者认真学习贯彻邓小平理论、“三个代表”重要思想、科学发展观，认真学习贯彻习近平新时代中国特色社会主义思想，艰苦创业、勤奋工作、勇于创新、敢于争先，取得了重大成绩。在工作实践中形成了主要特色，同时也是重要启示：(1) 必须始终坚持党对司法行政工作的绝对领导，包括对监狱工作、司法行政系统人民警察队伍的绝对领导。司法行政工作的性质、地位和作用决定其要始终坚定正确的政治方向和遵循中国特色社会主义法治建设的发展趋势。(2) 必须始终坚持服从服务于党委政府中心工作，自觉、主动、积极地围绕大局、保障大局、服务大局、融入大局，不断适应经济建设发展和社会和谐稳定的需要，力争司法行政事业与地方经济改革开放、社会和谐稳定、人民福祉需求同向同行、同步发展。(3) 必须始终坚持为人民服务的根本宗旨，坚持以群众满意为最高标准，全身心投入法治江苏、平安江苏、文化江苏、和谐江苏的建设，真正落实为民便民惠民的各项承诺，不断满足和推动实现更大多数人对社会公平正义的期盼和法治愿景。(4) 必须始终抓好队伍建设，坚信事业发展“关键在人”，人才资源是第一资源，作风建设永远在路上，最大限度调动广大司法行政工作者的积极性、创造性，以目标聚人心、以改革为动力、以作为求发展、以实绩争地位。

通过回顾走过的历程，相信江苏司法行政系统在新的时代征程上一定会倍加努力，坚持以习近平新时代中国特色社会主义思想为指导，深入学习贯彻习近平法治思想，在省委省政府的领导下，按照省委提出的“让高水平法治成为江苏发展核心竞争力的重要标志”的要求，聚力创新、聚焦富民，继续为加快建设“经济强、百姓富、环境美、社会文明程度高”的新江苏而努力奋斗。

以法治保障社会和谐

陈柏峰*

【内容摘要】习近平法治思想中的法治社会理论，深刻揭示"和谐社会需要法治的引领和保障"的基本规律，作出"和谐社会本质上是法治社会"的科学论断。推进社会治理法治化，需要完善社会治理体系、坚持和发展新时代"枫桥经验"、推进多层次多领域依法治理、完善多元化纠纷解决机制。网络是现实社会的延伸，习近平法治思想中关于依法治网的论述，为网络空间治理提供了根本遵循。

【关键词】习近平法治思想　和谐社会　社会治理

中国共产党第十八次全国代表大会以来，以习近平同志为核心的党中央在全面依法治国实践中，深入分析社会治理和社会建设的客观条件，系统回答新时代为什么建设法治社会，如何建设法治社会、推动社会治理法治化等一系列重要问题，提出一系列新理念、新思想、新战略，创立了一系列关于法治社会的相关理论，它构成习近平法治思想的重要组成部分。习近平法治思想中的法治社会理论，深刻揭示"和谐社会需要法治的引领和保障"的基本规律，作出"和谐社会本质上是法治社会"的科学论断，对法治社会建设的构成领域、工作布局、重点任务、推进方式、重要保障等进行了系统严密的论述，具有十分鲜明的中国特色社会主

---

* 陈柏峰，中南财经政法大学法学院教授。

义法治实践色彩和理论风格。在习近平法治思想的科学指引下,2020 年中共中央印发《法治社会建设实施纲要(2020—2025 年)》,明确规划了“十四五”时期法治社会建设的总蓝图和施工图。

一、和谐社会本质上是法治社会

和谐社会是秩序良好的社会,它要求社会依照既定的规则有序运行,反对无序化和无序状态。法治是社会有序运行的重要保证,是社会和谐发展的基石。只有把社会生活的基本方面纳入法治的调整范围,社会和谐才有切实的保障。因此,“和谐社会本质上是法治社会”[1]。

(一)社会和谐是中国特色社会主义的本质属性

追求社会和谐是中华民族的优秀传统。社会和谐的思想在中国历史上源远流长。道家创始人老子提出“道法自然”,主张顺应自然规则,从而达致天人和谐。儒家创始人孔子崇尚“仁爱”,主张“仁者爱人、推己及人”“己所不欲,勿施于人”,提出“和而不同”的人际关系和谐观。墨家提出“爱无差等”“兼相爱、交相利”的平等和谐观。法家主张“以刑去刑、刑无等级”“赏誉同轨,非诛俱行”,力倡通过奖赏分明的制度达致社会和谐。

追求社会和谐是马克思主义的社会理想。马克思、恩格斯阐述的共产主义社会是自由人的联合体,“在那里,每个人的自由发展是一切人的自由发展的条件”。[2] 共产主义者为之奋斗的理想社会,虽然没有被直接称作“和谐社会”,但是,其中的个人利益和社会利益高度一致,没有特殊利益和共同利益之间的分裂,无疑是和谐社会。

追求社会和谐是中国共产党执政兴国的一贯诉求。早在革命战争时期,中国共产党就开展改造旧社会、建设新社会的实践,并在延安及陕甘宁边区建设了一个政通人和、风气纯正、充满生机活力的新民主主义的新社会。新中国成立后,毛泽东适时发表《论十大关系》和《关于正确处理人民内部矛盾的问题》等论著,系统阐述社会主义建设初期各种关系和矛盾的处理。这个时期的探索,积累了大量追求社会和谐的经验和教训。

改革开放后,历代党的中央领导集体坚持以经济建设为中心,坚定不移地坚持改革开放和现代化建设,积极推动经济发展和社会全面进步,取得了社会

---

〔1〕 习近平:《和谐社会本质上是法治社会》,载习近平:《之江新语》,浙江人民出版社 2007 年版,第 204 页。

〔2〕 马克思、恩格斯:《共产党宣言》,载中共中央马克思恩格斯列宁斯大林著作编译局编译:《马克思恩格斯文集》(第 2 卷),人民出版社 2009 年版,第 53 页。

主义现代化建设的巨大成就，为社会主义和谐社会的建立付出了不懈努力。2006年中国共产党第十六届中央委员会第六次全体会议通过《中共中央关于构建社会主义和谐社会若干重大问题的决定》，提出构建“民主法治、公平正义、诚信友爱、充满活力、安定有序、人与自然和谐相处的”社会主义和谐社会。2012年党的十八大把“坚持促进社会和谐”作为夺取中国特色社会主义新胜利必须牢牢把握的八个基本要求之一。2017年习近平在《决胜全面建成小康社会 夺取新时代中国特色社会主义伟大胜利——在中国共产党第十九次全国代表大会上的报告》提出“把我国建设成为富强民主文明和谐美丽的社会主义现代化强国”，“和谐”成为社会主义现代化强国的五大要素之一，“现代社会治理格局基本形成，社会充满活力又和谐有序”成为实现社会主义现代化强国的阶段性目标之一。

习近平指出：“社会和谐是中国特色社会主义的本质属性，所以必须团结一切可以团结的力量，最大限度增加和谐因素，增强社会创造活力，确保人民安居乐业、社会安定有序、国家长治久安。”[1]我们的政治制度、经济发展和社会形态，为社会和谐奠定了政治前提、制度保障和社会条件。首先，中国共产党的领导和我国的社会主义制度，为社会和谐提供了最根本的政治保证。其次，我国已经全面建成小康社会，开启全面建设社会主义现代化国家新征程，为社会和谐提供了坚实的物质基础。再次，我国人民的根本利益是一致的，我们党代表最广大人民的根本利益。这是社会和谐最重要的依据。最后，习近平新时代中国特色社会主义思想的指导地位不断巩固，社会主义核心价值观深入人心，人民的思想道德素质显著提高，民族凝聚力持续增强。这为社会和谐准备了最基本的前提条件。综上所述，社会和谐集中体现了中国特色社会主义的根本性质和基本特征，因此，它是对社会主义本质属性的精辟概括。

（二）和谐社会需要法治的引领和保障

我国社会结构正在发生深刻变化，社会矛盾多元、多样、多发，打造社会治理新格局，实现社会治理现代化，是促进社会和谐的必然要求。只有把社会生活的基本方面纳入法治的调整范围，发挥法治的引领和保障作用，运用法治思维和法治方式处理各类事务，经济、政治、文化和谐发展与社会全面进步才有切实的保障，整个社会才能成为一个和谐的社会。因此，和谐社会需要法治的引领和保障。目前，我国社会还存在一些不和谐因素，发展不平衡、不协调、不可

---

〔1〕 习近平：《紧紧围绕坚持和发展中国特色社会主义学习宣传党的十八大精神》，载《习近平谈治国理政》，外文出版社2014年版，第13页。

持续的问题依然突出，人民内部矛盾和其他社会矛盾凸显，其中大量的问题与有法不依、执法不严、违法不究有关。必须把党和国家工作纳入法治化轨道，运用法治思维和法治方式统筹社会力量、平衡社会利益、调节社会关系、规范社会行为，依靠法治解决各种社会矛盾和问题，确保我国社会在深刻变革中既生机勃勃又井然有序。[1]

依靠法治处理人民内部矛盾是和谐社会的关键。人民内部矛盾已经成为影响社会和谐的突出问题，它关涉广大人民群众切身利益，需要把群众合理合法的利益诉求解决好，切实维护社会公平和正义。习近平指出，“对人民内部矛盾，要善于运用法治、民主、协商的办法进行处理”，[2]“遇到关系复杂、牵涉面广、矛盾突出的改革，要及时深入了解群众实际生活情况怎么样，群众诉求是什么，改革能给群众带来的利益有多少，从人民利益出发谋划思路、制定举措、推进落实”。[3] 既着力解决关系群众切身利益的问题，又着力引导群众正确处理各种利益关系、理性合法表达利益诉求，营造安定团结的社会氛围。

依靠法治保障平安建设是和谐社会的现实目标。我们所处的风险社会、所经历的安全挑战、所面临的天灾人祸，都指向平安建设。平安中国是和谐社会的最佳诠释，它既回应人民对和谐的向往追求，又满足人民对安全的迫切需要，是当代中国社会治理最紧迫的现实目标。[4] 习近平指出，“法治是平安建设的重要保障”，“把政法综治工作放在全面推进依法治国大局中来谋划，深入推进平安中国建设，发挥法治的引领和保障作用，坚持运用法治思维和法治方式解决矛盾和问题”，[5]“坚持科技引领、法治保障、文化支撑，创新理念思路、体制机制、方法手段，推进公共安全工作精细化、信息化、法治化，不断提高维护公共安全能力水平，有效防范、化解、管控各类风险，努力建设平安中国”。[6] 2019年中国共产党第十九届中央委员会第四次全体会议通过的《中共中央关于坚持和完善中国特色社会主义制度，推进国家治理体系和治理能力现代化若干重

---

〔1〕 习近平：《密织法律之网，强化法治之力》，载习近平：《论坚持全面依法治国》，中央文献出版社 2020 年版，第 103 ~ 104 页。

〔2〕 习近平：《在中央政法工作会议上的讲话》，载中共中央文献研究室编：《习近平关于社会主义社会建设论述摘编》，中央文献出版社 2017 年版，第 147 页。

〔3〕 习近平：《在中央全面深化改革领导小组第二次会议上的讲话》，载中共中央文献研究室编：《习近平关于社会主义社会建设论述摘编》，中央文献出版社 2017 年版，第 149 页。

〔4〕 参见张文显：《新时代中国社会治理的理论、制度和实践创新》，载《法商研究》2020 年第 2 期。

〔5〕 习近平：《发挥法治的引领和保障作用，提高平安建设现代化水平》，载习近平：《论坚持全面依法治国》，中央文献出版社 2020 年版，第 119 页。

〔6〕 习近平：《就公共安全工作作出的指示》，载中共中央文献研究室编：《习近平关于社会主义社会建设论述摘编》，中央文献出版社 2017 年版，第 158 页。

大问题的决定》明确提出"建设更高水平的平安中国",确定平安中国的核心要义是维护社会和谐稳定、确保国家长治久安、人民安居乐业。

二、健全社会领域制度规范

在社会生活领域,绝大部分事务可以通过个体自律、社会自理调节、市场调节予以调整。一般情形下,只有道德规范、社会规范、社会诚信制度等规范无法恰当解决各种问题时,法律规范才会介入。法治社会建设,首先需要健全社会领域制度规范,具体包括完善社会领域立法、促进社会规范建设、加强道德规范建设、推进社会诚信建设。

(一)完善社会领域立法

社会领域制度规范中,法律是主体,也是最重要的制度规范。法律是所有制度规范中最具有明确性、确定性和国家强制力的规范,是其他制度规范效力的保证。习近平多次强调加强重点领域立法,其中就包括完善社会治理、保障人民生活需要的法律。[1] 第十三届全国人民代表大会设立了社会建设委员会,其目的是加强社会建设,创新社会管理,更好保障和改善民生,推进社会领域法律制度建设。

社会领域的法律规范,解决的是"社会生活有法可依""社会主体依法治理社会事务"等问题,其重点是有一套完备的法律制度体系,规范多元主体有效治理社会事务。目前,社会领域可以基本做到有法可依,但是,正如习近平指出,"实践是法律的基础,法律要随实践发展而发展",保障和改善民生,加强和创新社会治理,都会对立法提出新的要求。[2] 社会领域一些法律规范存在不协调、不一致、体系性差等问题,而且,随着社会发展,新业态、新模式不断出现,社会领域的不少事务还缺乏相关立法。

社会领域法律制度可以从社会治理主体和社会事务两个不同角度进行划分。社会治理主体包括党委、政府、市场企业、社会组织、自治组织、企业、媒体、律师、民众等,不同主体治理社会的方式不同,包括政府治理、社会自治、政社合作共治三种,相应的法律制度就可以分为三类:政府治理社会法、社会自治法、政社合作共治法。社会事务丰富多样,包括各种具体领域:社会治理的有序参与、社会矛盾的预防与化解、物质文化生活秩序的维护、基本公共服务资源的调

---

〔1〕 参见习近平:《加快建设社会主义法治国家》《坚持、完善和发展中国特色社会主义国家制度与法律制度》,载习近平:《论坚持全面依法治国》,中央文献出版社 2020 年版,第 114、266 页。

〔2〕 参见习近平:《全面推进科学立法、严格执法、公正司法、全民守法》,载习近平:《论坚持全面依法治国》,中央文献出版社 2020 年版,第 19 页。

适等。完善社会领域立法，就是完善上述多方面的法律法规，以发展社会民主、保障公民权益、推进社会事业、健全社会保障、规范社会组织、加强社会治理。

（二）促进社会规范建设

社会规范是特定社会群体成员广泛认可或相应组织制定的行为标准，主要包括居民公约、村规民约、行业规章、社会组织章程等。社会规范具有针对社会群体成员的制约性，有助于维持社会群体的稳定和发展，是相应的自治组织、行业组织、社会组织等发挥作用的工具。由于遵循社会规范是社会适应的需要，社会规范在协调社会关系、约束社会行为、维护社会秩序等方面有其独特的积极作用，可以推动社会成员自我约束、自我管理、自我规范。

习近平一直重视自治组织、行业组织、社会组织的作用，要求加强指导和管理，使各类基层组织按需设置、按职履责、有人办事、有章理事，〔1〕要求提高各类组织等的工作能力，〔2〕发挥各类组织在各项工作中的作用。为此，就需要促进社会规范建设，"完善包括市民公约、乡规民约、行业规章、团体章程在内的社会规范体系"，〔3〕"发挥市民公约、乡规民约等基层规范在社会治理中的作用，培育社区居民遵守法律、依法办事的意识和习惯，使大家都成为社会主义法治的忠实崇尚者、自觉遵守者、坚定捍卫者"。〔4〕

从广义上讲，社会规范还包括道德规范。习近平十分重视道德在规范社会行为、维护社会秩序上的重要作用。本书其他地方将有论及，此处不赘述。

（三）推进社会诚信建设

社会诚信是指在整个社会生活中逐渐形成的诚实守信的社会风气，它与法治建设密切关联，是法治社会建设的重要内容。习近平指出："要健全公民和组织守法信用记录，完善守法诚信褒奖机制和违法失信行为惩戒机制，形成守法光荣、违法可耻的社会氛围，使尊法守法成为全体人民共同追求和自觉行动。"〔5〕"各类企业都要把守法诚信作为安身立命之本，依法经营、依法治企、依

〔1〕 参见新华社：《习近平在贵州调研时强调 看清形势适应趋势发挥优势 善于运用辩证思维谋划发展》，载《当代贵州》2015 年第 24 期。

〔2〕 参见习近平：《不断提高运用中国特色社会主义制度有效治理国家的能力》，载《习近平谈治国理政》，外文出版社有限责任公司 2018 年版，第 105 页。

〔3〕 习近平：《加快建设社会主义法治国家》，载习近平：《论坚持全面依法治国》，中央文献出版社 2020 年版，第 112 页。

〔4〕 习近平：《在福建调研时的讲话》，载中共中央文献研究室编：《习近平关于全面依法治国论述摘编》，中央文献出版社 2015 年版，第 91 页。

〔5〕 习近平：《加快建设社会主义法治国家》（2014 年 10 月 23 日），载习近平：《论坚持全面依法治国》，中央文献出版社 2020 年版，第 115 页。

法维权。”[1]“对突出的诚信缺失问题，既要抓紧建立覆盖全社会的征信系统，又要完善守法诚信褒奖机制和违法失信惩戒机制，使人不敢失信、不能失信。对见利忘义、制假售假的违法行为，要加大执法力度，让败德违法者受到惩治、付出代价。”[2]

社会诚信建设依赖于作为市场经济体制和社会治理体制的重要组成部分的社会信用体系建设。2014 年，国务院印发《社会信用体系建设规划纲要（2014—2020 年）》。至今，我国社会信用体系建设有了全面进展，但与经济发展水平和社会发展阶段不匹配、不协调、不适应的矛盾仍然存在，社会诚信建设需要深入推进。《法治社会建设实施纲要（2020—2025 年）》对“十四五”时期如何推进社会诚信建设作了具体规划。

三、推进社会治理法治化

社会治理是国家治理的重要方面，国家治理体系和治理能力现代化必然要求社会治理现代化。社会治理法治化，是社会治理现代化的重要方面。推进社会治理法治化，需要完善社会治理体系、坚持和发展新时代“枫桥经验”、推进多层次多领域依法治理、完善多元化纠纷解决体系。

（一）社会治理法治化是社会治理现代化的重要方面

2013 年，中国共产党第十八届中央委员会第三次全体会议通过的《中共中央关于全面深化改革若干重大问题的决定》，首次提出“社会治理”概念，强调“创新社会治理体制”，提高社会治理水平，要求“改进社会治理方式”，坚持依法治理，加强法治保障，运用法治思维和法治方式化解社会矛盾。2014 年，中国共产党第十八届中央委员会第四次全体会议通过的《中共中央关于全面推进依法治国若干重大问题的决定》，提出“推进多层次多领域依法治理”，提高社会治理法治化水平。2017 年，党的十九大报告提出，“完善党委领导、政府负责、社会协同、公众参与、法治保障的社会治理体制，提高社会治理社会化、法治化、智能化、专业化水平”。

2019 年，习近平提出“社会治理现代化”命题，要求坚持和发展“枫桥经验”，打造共建共治共享的社会治理格局，构建富有活动和效率的新型基层社

[1] 习近平：《毫不动摇坚持我国基本经济制度，推动各种所有制经济健康发展》，载《习近平谈治国理政》（第 2 卷），外文出版社 2017 年版，第 265 页。

[2] 习近平：《坚持依法治国与以德治国相结合》，载习近平：《论坚持全面依法治国》，中央文献出版社 2020 年版，第 167 页。

会治理体系。[1] 党的十九届四中全会指出,“社会治理是国家治理的重要方面”,国家治理体系和治理能力现代化必然要求社会治理现代化。从内涵看,社会治理现代化包括社会治理社会化、法治化、智能化和专业化四个方面,社会治理法治化是其中的重要方面。法治是实现国家治理体系和治理能力现代化的重要依托,社会治理现代化必然要求坚持依法治理,加强法治保障,运用法治思维和法治方式化解社会矛盾。因此,社会治理法治化是社会治理现代化的重要方面和显著特征。

(二)完善社会治理体系

我们党在社会治理实践中进行了长期探索,先后经历社会管制、社会管理、社会治理三个阶段,完了从“管控格局”“管理体制”到“治理体系”的转型。2006 年,党的十六届四中全会提出“健全党委领导、政府负责、社会协同、公众参与的社会管理格局”。2012 年,党的十八大报告将“法治保障”纳入社会管理格局。2017 年,党的十九大报告提出“完善党委领导、政府负责、社会协同、公众参与、法治保障的社会治理体制”。2019 年党的十九届四中全会提出“完善党委领导、政府负责、民主协商、社会协同、公众参与、法治保障、科技支撑的社会治理体系”。将之前“社会治理体制”的表述变为“社会治理体系”,这是理论上的创新,因为治理体系包含治理理念、治理制度、治理体制、治理机制、治理技术等,内涵更加丰富、科学、完整。[2]

完善社会治理体系,坚持党委领导是根本,完善政府负责是前提,开展民主协商是渠道,实行社会协同是依托,动员公众参与是基础,搞好法治保障是条件,提供科技支撑是手段,七个方面有机联系、不可分割。

党委领导,就是党委发挥总揽全局、协调各方的领导核心和政治保障作用,既体现为对社会治理的宏观决策和微观推动,也体现为基层党组织发挥引领带动、调节平衡作用。政府负责,就是政府履行管理职能,发挥在社会治理中的组织管理作用。民主协商,就是“有事好商量,众人的事情由众人商量,找到全社会意愿和要求的最大公约数”。[3] 因此要统筹多层次的广泛民主协商,完善各种民主协商机制。社会协同,就是要充分发挥群团组织、社会组织、行业协会商会的作用,鼓励和支持它们参与社会治理和公共服务,加强政府与它们的分工

---

〔1〕 参见习近平:《维护政治安全、社会安定、人民安宁》,载习近平:《论坚持全面依法治国》,中央文献出版社 2020 年版,第 246 ~ 247 页。

〔2〕 参见张文显:《新时代中国社会治理的理论、制度和实践创新》,载《法商研究》2020 年第 2 期。

〔3〕 习近平:《推进协商民主广泛多层制度化发展》,载《习近平谈治国理政》(第 2 卷),外文出版社 2017 年版,第 292 页。

协作，有效整合社会资源。公众参与，就是引领和推动每一位公民充分参与社会治理，建设人人有责、人人尽责、人人享有的社会治理共同体，确保社会治理过程人民参与、成效人民评判、成果人民共享。法治保障，就是要把社会治理纳入法治化轨道，加强社会治理制度建设，运用法治思维和法治方式化解矛盾、破解难题，推进社会治理制度化、规范化、程序化。科技支撑，就是要充分运用现代科技和信息化手段，统筹推进各种信息数据的集成运用，为提升社会治理整体效能提供有力支撑。

（三）坚持和发展新时代“枫桥经验”

1963年11月，毛泽东针对“发动和依靠群众，坚持矛盾不上交，就地解决。实现捕人少，治安好”的“枫桥经验”，作出重要批示：“要各地仿效，经过试点，推广去做。”[1]习近平2003年在浙江工作时，明确提出要充分珍惜、大力推广、不断创新“枫桥经验”。中共十八大以来，习近平多次阐述“枫桥经验”，对坚持发展“枫桥经验”作出重要指示，要求“把枫桥经验坚持好、发展好，把党的群众路线坚持好、贯彻好”，[2]“结合新的形势推广‘枫桥经验’，加快形成共建共治共享的现代基层社会治理新格局”。[3]

习近平总结阐述、推广发展“枫桥经验”，使“枫桥经验”与时俱进，从地方治理经验上升为大国治理思想，成为我国社会治理现代化的重要经验。同时，“枫桥经验”及其在各地的实践成果为习近平法治思想中法治社会理论的形成提供了现实基础和源头活水。随着我国社会主要矛盾的深刻变化，人民群众对社会治理、平安建设、法治建设的需求发生许多变化，社会治理体系和治理能力都需要发展。因应这种需求，“枫桥经验”从以对敌斗争为中心的社会管制经验，发展到以维稳为中心的社会管理经验，再到共治共建共享的社会治理经验；由单纯的化解矛盾纠纷的经验，上升为维护社会和谐稳定、促进经济社会协调发展的经验，进而成为平安建设的抓手；由单纯的群防群治色彩，转型为以法治理念、法治思维、法治方式化解矛盾、促进和谐的经验，实现历史性飞跃和创新。

习近平法治思想引领“枫桥经验”创新发展，推进“枫桥经验”从社会管制、社会管理向社会治理现代化发展。其中，“党的全面领导”照亮发展道路，是“枫桥经验”的根本保证；“以人民为中心”铸就政治本质，是“枫桥经验”的不

---

〔1〕 毛泽东：《对谢富治在二届全国人大四次会议上的发言稿的批语》，载《建国以来毛泽东文稿》（第10册），中央文献出版社1996年版，第416页。

〔2〕 王比学：《习近平就创新群众工作方法作出重要指示，强调把“枫桥经验”坚持好、发展好，把党的群众路线坚持好、贯彻好》，载《人民日报》2013年10月12日，第1版。

〔3〕 习近平：《在中央全面依法治国委员会第一次会议上的讲话》，载习近平：《论坚持全面依法治国》，中央文献出版社2020年版，第234页。

朽灵魂;群众路线指引守正创新,“发动和依靠群众就地解决矛盾”是“枫桥经验”的精髓;“社会和谐”充实价值内核,是“枫桥经验”的目的价值;“依法治理”锤炼法治品格,指引“枫桥经验”法治化转型;“平安建设”优化功能定位,推动“枫桥经验”的功能拓展;“自治法治德治相结合”焕发现代精神,是“枫桥经验”的制度创新;“共建共治共享”营造社会治理新格局,是“枫桥经验”的基本原理,与时俱进、创新发展不断赋予新内涵,是“枫桥经验”的生命力。[1]

新时代“枫桥经验”是建设法治社会、推进社会治理现代化的有效抓手。2018 年 12 月印发的《中国共产党农村基层组织工作条例》,2019 年 6 月印发的《关于加强和改进乡村治理的指导意见》,2020 年 12 月印发的《法治社会建设实施纲要(2020—2025 年)》,2021 年 1 月印发的《法治中国建设规划(2020—2025 年)》,都提出坚持和发展新时代“枫桥经验”。

(四)推进多层次多领域依法治理

中共十八届四中全会和《法治社会建设实施纲要(2020—2025 年)》都提出“推进多层次多领域依法治理”。多层次,是指社区、乡镇、县域、市域等不同层次;多领域指各不同部门、行业。中国是法治后发国家,法治建设依赖国家政权体系的自上而下的持续推进,推进多层次多领域依法治理就是法治社会建设规划和推进的抓手。“多层次”包括但不限于:开展市域社会治理现代化试点,使法治成为市域经济社会发展的核心竞争力;深化城乡依法治理,实现政府治理和社会调节、居民自治良性互动,推进区县职能部门、乡镇政府制定和落实权责清单;开展法治乡村建设,推进城乡社区自治规范化建设和基层单位内部规章制度完善,实现自治、法治、德治相结合的基层治理。“多领域”指各行各业及相应的公共权力部门,尤其是法治薄弱领域。习近平曾提及,教育、就业、收入分配、社会保障、医药卫生、住房、互联网管理、安全生产、食品药品安全、信访制度等方面存在突出问题或难题。[2]

推进多层次多领域依法治理,应重点着眼以下方面。第一,深化部门、行业和基层组织依法治理。从多层次多领域的社会组成单元切入,支持各类社会主体自我约束,促进各级政府部门依法行政,社会各行业依法办事、诚信尽责。第二,开展多层次法治试点或创建活动。制定符合实际的法治建设目标和实施方

〔1〕 参见中国法学会“枫桥经验”理论总结和经验提升课题组:《“枫桥经验”的理论构建》,法律出版社 2018 年版,第 28 页;张文显:《习近平法治思想的理论体系》,载《法制与社会发展》2021 年第 1 期;张文显:《习近平社会治理思想引领“枫桥经验”创新发展》,载《国家检察官学院学报》2019 年第 3 期。

〔2〕 参见习近平:《密织法律之网,强化法治之力》,载习近平:《论坚持全面依法治国》,中央文献出版社 2020 年版,第 103 页。

案，确定科学的法治指标体系和评估体系，落实国家治理顶层设计，推动市域治理现代化，统筹城市治理、县域治理和城乡基层治理，优化各层次社会治理格局。第三，发挥人民团体和社会组织的积极作用。培育健全各类组织，利用各类组织特点和优势，建立制度化管道、完善工作机制，发挥相应的社会规范的积极作用，推动各类组织开展法治宣传教育、参与维护权益、推动依法治理。第四，坚持系统治理、依法治理、综合治理、源头治理。习近平深刻指出："治理和管理一字之差，体现的是系统治理、依法治理、源头治理、综合施策。"[1]要将社会治理置于全局中谋划推进，用法治引领社会治理、破解治理难题，整合各主体力量形成社会治理合力，从源头上防范和化解和谐稳定的隐患。

（五）完善多元化纠纷解决体系

将矛盾化解在萌芽状态、纠纷解决在基层，是社会治理法治化的应有效果。多元化纠纷解决体系，因其有效化解纠纷、弥合社会矛盾、优化解纷资源配置等方面的优势，而在社会治理中越来越重要。习近平指出："法治建设既要抓末端、治已病，更要抓前端、治未病。""要推动更多法治力量向引导和疏导端用力，完善预防性法律制度，坚持和发展新时代'枫桥经验'，完善社会矛盾纠纷多元预防调处化解综合机制，更加重视基层基础工作，充分发挥共建共治共享在基层的作用，推进市域社会治理现代化，促进社会和谐稳定。"[2]中共十九届四中全会提出，完善社会矛盾纠纷多元预防调处化解综合机制，努力将矛盾化解在基层。坚持和发展新时代"枫桥经验"，实现自治、法治、德治相结合，建设人人有责、人人尽责、人人享有的社会治理共同体，形成共建共治共享的社会治理新格局，必然需要完善多元化纠纷解决体系。

完善多元化纠纷解决体系，需要树立"关口前移、就地化解""调解优先、诉讼断后"的理念，从"诉讼优先"向"诉讼断后"转变。习近平指出："我国国情决定了我们不能成为'诉讼大国'。我国有 14 亿人口，大大小小的事都要打官司，那必然不堪重负！"[3]因此，应当健全调解、仲裁、行政裁决、行政复议、诉讼等多元纠纷预防调处化解机制，完善人民调解、行政调解、司法调解联动体系，发挥行政调解、行政复议、行政裁决的纠纷化解分流作用；全面落实诉讼与信访分离制度，推进依法分类处理信访诉求，推动公证、仲裁融入基层社会治理；遵

---

〔1〕 王晔：《习近平在参加上海代表团审议时强调　推进中国上海自由贸易试验区建设　加强和创新特大城市社会治理》，载《人民日报》2014 年 3 月 6 日，第 1 版。

〔2〕 习近平：《坚定不移走中国特色社会主义法治道路　为全面建设社会主义现代化国家提供有力法治保障》，载《求是》2021 年第 5 期。

〔3〕 习近平：《坚定不移走中国特色社会主义法治道路　为全面建设社会主义现代化国家提供有力法治保障》，载《求是》2021 年第 5 期。

循社会治理的基本规律,广泛动员全社会的纠纷解决力量,形成科学合理、功能齐全、衔接联动的协同治理体系。

四、依法治理网络空间

网络是现实社会的延伸,网络空间不是法外之地,网络空间法治化是法治社会的自然延伸。应当推动社会治理从现实社会向网络空间覆盖,依法治理网络空间。习近平法治思想中关于依法治网的论述,为网络空间治理提供了根本遵循。

(一)网络空间不是"法外之地"

网络是虚拟社会,但不是虚假社会。习近平指出:"网络空间是虚拟的,但运用网络空间的主体是现实的,大家都应该遵守法律,明确各方权利义务。"[1]网络空间本质上由现实社会的人组成,不能将网络虚拟社会视为"独立王国"。网络作为虚拟社会,有其特殊性,但这种特殊性不是虚假性。作为现实社会的延伸,网络虚拟社会不可能超越现实的规约,更不能以虚拟社会为借口,规避现实社会的权利和义务。

网络空间的言论和行为都应有边界,不可能为所欲为、无法无天。习近平指出:"网络空间同现实社会一样,既要提倡自由,也要保持秩序。自由是秩序的目的,秩序是自由的保障。我们既要尊重网民交流思想、表达意愿的权利,也要依法构建良好网络秩序,这有利于保障广大网民合法权益。网络空间不是'法外之地'。"[2]不能借着虚假的网络身份,发布出位言论,煽动越轨行为。网络可以成为合理的公共参与渠道,可以正常发表言论,但网上行为不能逾越底线。现实社会中不能僭越的法律底线、道德底线,网络空间中同样不能逾越。

网络空间同现实社会一样,需要依法治理。习近平指出:"网络空间是亿万民众共同的精神家园。网络空间天朗气清、生态良好,符合人民利益。网络空间乌烟瘴气、生态恶化,不符合人民利益。谁都不愿生活在一个充斥着虚假、诈骗、攻击、谩骂、恐怖、色情、暴力的空间。互联网不是法外之地。""我们要本着对社会负责、对人民负责的态度,依法加强网络空间治理。"[3]把互联网治理纳入国家治理体系,全面推进网络空间法治化,运用法治思维和法治方式营造

---

〔1〕 习近平:《在第二届世界互联网大会开幕式上的讲话》,载习近平:《论坚持全面依法治国》,中央文献出版社2020年版,第64页。

〔2〕 习近平:《在第二届世界互联网大会开幕式上的讲话》,载习近平:《论坚持全面依法治国》,中央文献出版社2020年版,第64页。

〔3〕 习近平:《在网络安全和信息化工作座谈会上的讲话》,载习近平:《论坚持全面依法治国》,中央文献出版社2020年版,第64~65页。

一个风清气正的网络空间。

(二)完善网络法律制度

习近平多次强调制定网络立法规划、完善网络法律制度。“这几年,我们坚持依法治网,加快网络立法进程,出台了一批法律法规,网络空间法治化持续推进,但同网络空间快速发展新形势相比,互联网领域立法仍有很多空白……要把依法治网作为基础性手段,继续加快制定完善互联网领域法律法规。”[1]

网络法律制度是以《宪法》关于互联网治理原则规定为基础,以网络空间治理专门法律制度规范为主干,以与网络空间治理相关的行政法规、地方性法规、部门规章等规范性文件相协调相配套的管网、办网、用网、护网的法律体系。目前,我国网络法律制度体系的框架结构基本形成。适应网络空间治理法治化要求,以《网络安全法》《电子商务法》等为骨干、其他法律法规为支撑、相关法律法规和司法解释协调配套的网络法律制度体系基本形成,相关行政法规、部门规章和规范性文件逐步与网络治理基本法律制度衔接配套,保障网络权利、惩治网络犯罪、化解网络纠纷的各项制度得到补充完善。进一步完善网络法律制度,需要通过立改废释并举等方式,推动现有法律法规延伸适用到网络空间,完善网络信息服务方面的法律法规,完善网络安全法配套规定和标准体系。

(三)加强依法管网、依法办网、依法上网

习近平一直强调,“要坚持依法治网、依法办网、依法上网,让互联网在法治轨道上健康运行”。[2] 他明确指出:“利用网络鼓吹推翻国家政权,煽动宗教极端主义,宣扬民族分裂思想,教唆暴力恐怖活动,等等,这样的行为要坚决制止和打击,决不能任其大行其道。利用网络进行欺诈活动,散布色情材料,进行人身攻击,兜售非法物品,等等,这样的言行也要坚决管控,决不能任其大行其道。没有哪个国家会允许这样的行为泛滥开来。”[3] 互联网让生活更便捷舒适,但同时存在网络侵权盗版、网络谣言、网络色情甚至网络恐怖主义等违法犯罪行为。与现实社会相比,网络治理面对的问题更为复杂,加强依法管网、依法办网、依法上网的需求更加迫切。

依法管网,需要把握互联网的规律,结合法治与行业自律、市场机制等,延伸法律适用范围,构筑有效的网络治理体系,健全基础管理、内容管理、行业管

---

〔1〕 习近平:《在全国网络安全和信息化工作会议上的讲话》,载习近平:《论坚持全面依法治国》,中央文献出版社 2020 年版,第 65 ~66 页。

〔2〕 习近平:《在第二届世界互联网大会开幕式上的讲话》,载习近平:《论坚持全面依法治国》,中央文献出版社 2020 年版,第 64 页。

〔3〕 习近平:《在网络安全和信息化工作座谈会上的讲话》,载习近平:《论坚持全面依法治国》,中央文献出版社 2020 年版,第 65 页。

理以及网络违法犯罪防范和打击联动机制,形成正面引导与依法管理相结合的合力,提高网络综合治理能力。依法办网,需要网络媒体和网络企业提升法治观念,增强自律意识和底线意识,切实履行平台管理责任,严格执行各种监督制度,不为违法违规言论和行为提供传播渠道。依法上网,需要网民坚守法律法规底线、国家利益底线、社会秩序底线、道德风尚底线,树立净化网络空间人人有责理念,营造文明上网的氛围,做遵法守法"好网民"。

第一,坚持依法治网和以德润网相结合。加强互联网内容建设,加强网络伦理、网络文明建设,发挥道德教化引导作用,"培育积极健康、向上向善的网络文化,用社会主义核心价值观和人类优秀文明成果滋养人心、滋养社会"。[1]第二,网络诚信建设与依法打击相结合。加强网络诚信制度化建设,推动互联网信息服务领域严重失信"黑名单"制度和惩戒机制;建立健全举报受理处置体系,加强网络违法犯罪监控和查处能力建设,依法惩治互联网违法犯罪行为。第三,安全用网保障与权利保护相结合。"网络安全为人民,网络安全靠人民,维护网络安全是全社会共同责任,需要政府、企业、社会组织、广大网民共同参与,共筑网络安全防线。"[2]落实网络安全责任制,建立网络安全风险报告机制、研判处置机制,健全网络安全检查制度,完善网络安全和信息化执法联动机制。

---

〔1〕 习近平:《在网络安全和信息化工作座谈会上的讲话》,载习近平:《论坚持全面依法治国》,中央文献出版社2020年版,第64~65页。

〔2〕 习近平:《在网络安全和信息化工作座谈会上的讲话》,载习近平:《论党的宣传思想工作》,中央文献出版社2020年版,第203页。

责任范畴与法治中国建设

李炳烁*

【内容摘要】责任范畴是习近平法治思想的重要内容。习近平总书记关于责任问题的重要论述，将个人的责任担当与社会使命联系起来，将责任概念与法治中国建设相融合，为“责任”赋予新的时代内涵。责任范畴意味着一种认真履职的担当意识，意味着“有权即有责，权责一致”，意味着一种可评价性后果。习近平法治思想中关于责任范畴的重要论述，体现了新的历史条件下中国共产党人责任思维的科学内涵和基本要求。因此，必须健全责任追究制度和纠错问责机制，确保实现有权必有责、用权受监督、违法必追究。

【关键词】责任范畴　习近平法治思想　法治中国

党的十八大以来，习近平总书记提出了一系列治国理政的新思想、新观点、新论断，深刻回答了新形势下党和国家事业发展的一系列重大理论和现实问题，是坚持和发展中国特色社会主义的最新理论成果。其中，责任范畴是习近平法治思想的重要内容。习近平总书记关于责任问题的重要论述，将个人的责任担当与社会使命联系起来，将责任概念与法治中国建设相融合，为“责任”赋予新的时代内涵。这些重要论述为我们在新形势下树立担当精神、依法

* 李炳烁，法学博士，江苏大学法学院教授。

履责，更好地完成历史和人民赋予的使命提供了重要的指导。

一、有关责任范畴的理论解读

“责任”一词含义丰富。在现代汉语中，“责任”一词有三个相互联系的基本语义：[1]一是分内应做之事。如“岗位责任”“尽职尽责”等。这种责任实际上是一种角色义务。每个人在社会中都扮演一定的角色，即有一定的地位或职务，相应地，也就必须而且应当承担与其角色相适应的义务。二是特定的人对特定的事项的发生、发展、变化及其成果负有义务。例如，“举证责任”“担保责任”。三是因为没有做好分内之事（没有履行角色义务）或没有履行特殊义务而应承担的不利后果或强制性义务。例如，“政治责任”“违约责任”“侵权责任”等。

责任不仅是一种规范性的存在，更是责任主体基于一定的认识、把责任内容内化于心的一种意识性、观念性的表现。社会主体在自由意志的基础上，选择某种职业角色或被社会赋予某一角色，从满足自我与社会价值出发，履行相应的职责、承担一定的后果，这是责任的实践过程。同时，责任的这种意识性代表了“人的一种求善的需要和情感，是责任实现的内在心理驱动力”，[2]也是责任存在的内在心理机制。因此，我们可以认为，责任是责任主体对自身角色、职责内容、相应后果的一种认知活动，以及运用这种观念分析、处理责任问题的逻辑过程。

（一）责任范畴首先意味着一种认真履职的担当意识

责任意味着一种角色义务，责任主体必须承担分内之事，履行某种行为，担负起自己社会角色所设定的内容。从这个意义上看，责任就是担当、付出。相对于权力的主动性、操控性而言，责任更多地意味着负担性。责任在本质上是一种不受欢迎的义务，从自利的动机出发，社会主体在面对权责义利的选择时，最优的理性行为是努力实现权力的最大化，同时尽可能逃避或推卸责任。这是责任的负担性特点所决定的。也正因如此，责任的承担需要主体的自律性，仅仅有客观的责任关系的存在和职责内容、任务的规定还不能促使责任的实现。责任的实现有赖于责任主体的主观认同，即把客观责任关系规定的职责、任务内化为自我自觉的认识，形成一定的责任意识、责任感。责任感是责任实现的强大精神推动力，它是正确对待责任的负担性、义务性，把冷冰冰的强制性的职

---

〔1〕 参见张文显：《法哲学范畴研究》，中国政法大学出版社2001年版，第118页。

〔2〕 郭金鸿：《道德责任论》，人民出版社2008年版，第234页。

责和任务转化为活生生的充满激情的使命感的重要方式。“责任所包含的道德强制力和道德理性,是所有道德规范中最多的,也是社会的道德要求和个人的道德信念结合得最紧密的。从这个意义上说,责任在道德规范的整个体系中,是处于最高层次的道德规范。”[1]主体需要付出更多的勇气和责任心积极主动地履行职责。

习近平总书记特别强调要正确认识责任的负担性,要勇于担当。在索契接受俄罗斯电视台专访时,他鲜明地阐述:“我的执政理念,概括起来说就是:为人民服务,担当起该担当的责任。”[2]他还指出敢于负责、勇于担当是好干部必须具备的基本素质,“担当大小,体现着干部的胸怀、勇气、格调,有多大担当才能干多大事业”。只有正确认识责任的负担性,才能更好地履行自己的责任。

敢于担当作为民族精神的重要内容,深深植根于中华民族优秀文化传统。《周易》的“天行健,君子以自强不息”,诸葛亮的“鞠躬尽瘁,死而后已”,张载的“为天地立心,为生民立命,为往圣继绝学,为万世开太平”,范仲淹的“先天下之忧而忧,后天下之乐而乐”,到顾炎武的“天下兴亡,匹夫有责”,林则徐的“苟利国家生死以,岂因祸福避趋之”,孙中山的“勇往直前,以浩气赴事功,置死生于度外”等,古人先贤的嘉言懿行,都生动诠释了中华民族敢于责任担当的内在禀赋。中国共产党作为伟大民族精神的坚定传承者,不断赋予责任担当以新的内涵,从井冈山精神、长征精神、延安精神、西柏坡精神,到大庆精神、“两弹一星”精神,再到抗震救灾精神、载人航天精神、改革开放精神等,都生动地体现了民族精神的与时俱进,进一步拓展了责任担当的精神疆域。[3] 从这个角度来看,责任问题的理论逻辑,实际上就是自觉做好分内之事的积极态度和认识观念,是一种基于角色认同的强大的心理驱动力,更是自觉自为、由内而外的履职态度与观念。责任即是态度、担当意识。

(二)责任范畴也意味着“有权即有责、权责一致”

责任是一个实践性的概念,具有高度的确定性。无论是从责任的来源还是从责任的归宿来说,责任都与人的实践活动密不可分。责任源于人们的社会交往实践。任何一种责任都是在具体的实践活动中显现和证明自己,“责任的特质之一在于其有明确的责任主体、责任对象和责任行为,脱离了这些基本元素

---

[1] 曹凤月:《解读“道德责任”》,载《道德与文明》2007年第2期。

[2] 习近平:《在俄罗斯索契接受俄罗斯电视台专访时的答问》,载《人民日报》2014年2月9日。

[3] 参见张庆黎:《敢于责任担当 不辱历史使命——深入学习贯彻习近平总书记关于责任担当的重要论述》,载《人民日报》2014年5月7日,第7版。

的责任充其量只是一种高谈阔论，没有现实价值”。[1] 在现代社会，责任具有高度的确定性。以法律责任为例。责任法定是现代法治的一项基本原则。责任是对违反法定义务的一种否定性评价，所以如何归结法律责任应该慎重，责任必须具有确定性，即明确的责任只能由法律规范预先规定，无论是追究法律责任、追究何种法律责任以及怎样追究法律责任，都必须严格依照法律事先规定的性质、范围、程度、期限、方式追究违法者（或违约者）的责任。任何法律主体都有权拒绝承担非由法律明文规定的法律责任，任何追究法律责任的主体都无权向责任主体追究法律明文规定以外的责任。责任的确定性对阻却越权擅断、非法责难是相当重要的。同时，责任的确定性也有利于主体自觉、主动履行自己的责任，起到一定的激励和约束作用。

权力的授予必然伴随责任的规定，权力与责任是相互依存的。政府在拥有公共权力的同时，必须负有相应的责任。掌握什么权力，就意味着必须承担什么样的责任；拥有多大的权力，就必须承担多大的责任。习近平总书记强调，权力的行使与责任的担当紧密相连，有权就有责，权责要对等。[2] 这就是权责一致原则。具体而论，权责一致原则应当包括以下内容：第一，有权必有责。责任与权力相伴而生。只要有权力存在，就必须设定相应的责任。责任不但为权力设定边界，使权力不至越过法定范围行使，而且责任的存在也厘清了权力与权力、权力与权利之间的范围，从而为更好地履行职责奠定基础。第二，权责必须对称统一。即有多大的权力，就必须承担多大的责任。如果权力过大责任过小，则虽有责任但不足以约束权力，反之责任过大权力过小，则职业风险太大导致人人都不愿涉足责任领域，公共利益将无法得到有效保障。第三，用权受监督。没有监督的权力，即使责任设定得尽善尽美，也将导致腐败。第四，违法要追究。违法要追究是保障权力运行规范正确、责任落实到位的最后手段，只有违法行为得到追究，权力秩序才能得到保障。

（三）责任范畴更意味着一种可评价性后果

从内涵来看，责任具有可评价性，允许外部力量对责任主体履行能力和情况加以评价，以确定主体是否适当履责并承担一定的后果。社会评价反映了他人或社会对责任主体行为的理解和认识，因为一个人的行为往往对他人和社会产生影响，也就必然要受到他人或社会的审查和评价，在这个意义上，责任体现

---

〔1〕 谢军：《责任论》，上海人民出版社 2007 年版，第 29 页。

〔2〕 参见习近平：《在第十八届中央纪律检查委员会第三次全体会议上的讲话》，载中共中央纪律检查委员会、中共中央文献研究室编：《习近平关于党风廉政建设和反腐败斗争论述摘编》，中央文献出版社、中国方正出版社 2015 年版，第 62 页。

了社会成员相互之间和社会成员与社会之间的关系。责任总是与一定的评价、后果相连,在某些社会领域具有一定的强制性。在通常情况下,人的意志和行为选择是自由的,人有自觉行为和行使自由选择的能力,因此,应对自己的出于意志自由而作出的违法履职行为及所造成的后果负责,应当受到道义上的责难或者法律上的否定性评价,从而补救受到侵害的合法权益,恢复被破坏的社会关系和社会秩序。

与古代社会个体不独立不同,现代社会每个人都是独立的个人,在法律上具有独立的地位,因此在责任评价问题上要求遵循责任自负原则。凡是合法的责任主体,应当对自己的履职情况或行为负责,必须独立承担相应的社会后果;同时,在政治领域和法律领域,没有法律规定不能让没有违法行为或违约行为的人承担法律责任,国家机关或其他社会组织不得没有法律依据而追究与违法行为者或违约行为者虽有血缘等关系而无违法行为或违约事实的人的责任,防止株连或变相株连。当然,责任自负原则也不是绝对的,在某些特殊情况下,为了社会利益保护的需要,会产生责任的转移承担问题,如监护人对被监护人、担保人对被担保人承担替代责任。

责任的评价还应该遵循公平原则。责任与否定性后果相当是公平观念在责任问题上的具体体现,其基本含义为责任的大小、不利后果的轻重应与责任主体的行为相适应,做到"罚责均衡""罚当其罪"。责任与否定性后果相当原则是责任实现的需要,通过对责任主体的行为进行后果评价,可以发挥责任的约束功能、激励功能,教育其他社会成员,从而有利于更好地履行责任。

责任体现了不履责或怠于履责所带来的代价。尤其对于公共权力的掌握者,责任思维中的后果性评价会形成一种内在的心理警示,这种心理机制既是督促政府官员及时、主动、有效履责的驱动力,也是防止权力滥用的心理约束力。如果不履行职责或履行职责不符合要求,那么将带来一定的否定性评价或不利后果。这对责任主体是一种很强的外部压力,会促使他们认真履行职责。因此,责任范畴的后果性评价有助于促进人的责任意识、培养责任情感、形成责任信念。但是也需要注意的是,责任的后果性评价不能超出责任主体所能承受的范围,应当注意遵循合法性原则、合理性原则,更要注意情理交融,考虑文化环境、伦理道德对于一个人的影响,就如涂尔干所言:"如果惩罚不带一丝感情,也就失去了一切道德内容。于是惩罚就还原成彻头彻尾的身体行为,而没有什么能够为其提供作为存在理由的意义。"[1] 只有这样,责任才能避免成为

---

〔1〕 [法]爱弥尔·涂尔干:《道德教育》,陈光金等译,上海人民出版社2006年版,第194页。

一种纯粹的外部性设置,而能够深入主体的内心,由客观的要求变成主观的自觉,外在的他律变成内在的自律,由“你必须”变成“我应当”“我愿意”,成为责任主体认识、分析、解决问题的方法论工具。

二、习近平法治思想中关于责任范畴的理论逻辑

责任观念是每一个社会人都应该具备的基本的素质之一,体现着社会主体对于自身所承担的社会义务和责任的认知态度。习近平法治思想中关于责任范畴的重要论述,体现了新的历史条件下中国共产党人责任思维的科学内涵和基本要求。严格的责任意识、强烈责任感不仅能够激发勇于开拓、不断进取的精神,而且还可以规范社会主体的行为,促进主体认真履行职责,保证权力的规范行使。

(一)习近平法治思想中关于责任范畴的重要论述,意味着社会主体的履责意识、担当精神

责任是一份期待,一种担当,一种要求。因此,履行责任、承担责任都意味着巨大的压力、成本和代价。责任是沉甸甸的,意味着付出和坚持,而绝不是享受和消遣。生活世界中的个人责任,包括对子女的抚养责任,对父母的赡养责任等,经常让人倍感压力。而在政治世界中的行政责任、法律责任,不仅要受到各种制约和监督,还经常意味着罢官去职甚至接受法律的制裁等严重后果。[1]所以,树立责任观念,首先要恪尽职守、积极履责、勇于担当,加强角色认同、职业认同,积极主动地承担自己的家庭责任、职业责任、社会责任。对于广大党员干部来说,“为官避事平生耻”,无论担任何种职务、无论职务大小,都必须忠于职守、敬业奉献、奋发有为,切实做到担责不误、临难不却、履险不惧、受屈不计,做到守土有责、守土负责、守土尽责。习近平总书记指出:“面对重大政治考验,必须旗帜鲜明、挺身而出,绝不能当‘骑墙派’;面对歪风邪气,必须敢于亮剑、坚决斗争,绝不能听之任之;面对急难险重任务,必须豁得出来、顶得上去,绝不能畏缩不前。要敢于在对敌斗争最前沿、维护稳定第一线去迎接挑战,到条件艰苦、情况复杂、矛盾集中的地方去破解难题,在奋斗和奉献中实现人生价值,赢得人民群众信任和支持。”[2]尤其是当前改革已经进入攻坚期和深水区,改革内容涉及很多深层次的社会体制问题,各种利益矛盾错综复杂,需要从制度上对社会群体利益格局进行协调。各级领导干部面对急

〔1〕 参见韩志明:《中国问责:十年风雨路》,新华出版社2013年版,第4页。

〔2〕 习近平:《在中央政法工作会议上的讲话》,载中共中央文献研究室编:《习近平关于全面依法治国论述摘编》,中央文献出版社2015年版,第100页。

难险重任务,必须敢于挺身而出,勇于担当,深化改革,锐意创新,认真履行自身职责,做好各项工作。

习近平总书记还认为责任范畴体现了一个人积极主动的担当精神、勇于负责的人格魅力。习近平强调:“担当大小,体现着干部的胸怀、勇气、格调,有多大担当才能干多大事业。”[1]习近平如此强调责任,是由责任本身的重要价值决定的。责任是人类社会崇尚的基本价值理念,其基本含义就是要求人们做好分内的事,把尽责作为起码的行为操守和道德品质。责任是赋予每个人不可推卸的义务,履职尽责是维护社会和谐、推动社会发展进步的必然要求。[2] 面对世情国情党情的深刻变化,如果我们没有强烈的责任意识和担当精神,不能建立起正确的责任观和科学的责任落实机制,就难以在具有新的历史特点的伟大斗争中取得胜利,难以承担接力开创中国特色社会主义新局面的历史使命,难以实现中华民族伟大复兴的“关键一跃”。当前我国正值改革攻坚期、经济调整期、社会转型期、矛盾凸显期,社会发展过程中充满了各种不确定性和困难,迫切需要社会主体做到勇于担当、能够担当、敢于担当,直面矛盾和问题,主动接受挑战,大胆开拓创新。树立责任意识、勇于担当,有助于提升社会主体的责任意识,在其位谋其政,任其职尽其责,把高标准履职尽责作为基本要求。这一点对于公权力的行使者而言尤为重要。在一个负责任的政府中,每一项权力的背后,都应该连带着相应的责任。责任范畴可以有力地提高公权力行使者的履责意识、政治觉悟和职业素养,促进领导干部敢于恪尽职守、承担责任,真正做到知其责、践其责、担其责,把党和人民赋予的权力全部用于为人民谋福利。

(二)习近平法治思想中关于责任范畴的重要论述,意味着权力制约、规范权力行使

在依法治国的社会背景下,责任范畴意味着必须做到依法履责、规范履责。习近平总书记指出:“治理一个国家、一个社会,关键是要立规矩、讲规矩、守规矩。法律是治国理政最大最重要的规矩,是推进国家治理体系和治理能力现代化,坚持依法治国,为党和国家事业发展提供根本性、全局性、长期性的制度保障。”[3]“各级领导干部要不断提高运用法治思维和法治方式深化改革、推动发

---

〔1〕《习近平谈治国理政》,外文出版社 2014 年版,第 416 页。

〔2〕参见蔡常青等:《勇于担当　尽责圆梦——深刻领会习近平同志关于责任的重要论述》,载《求是》2014 年第 4 期。

〔3〕习近平:《在中共十八届四中全会第二次全体会议上的讲话》,载中共中央纪律检查委员会、中共中央文献研究室编:《习近平关于党风廉政建设和反腐败斗争论述摘编》,中央文献出版社、中国方正出版社 2015 年版,第 132 页。

展、化解矛盾、维护稳定能力。"[1]依法履责意味着严格依照法定权限和程序履行职责、行使权力，以法律为依据，明晰本位职责，明白什么当为、什么不当为。需要注意的一个问题是，现代社会，政府的职能范围日益拓展，公权力急剧膨胀，广泛而深入地渗透到社会生活的各个方面。随着市场经济和民主政治的发展，政府在干预经济、配置资源、维护社会秩序、实现公平分配、保障公民权利、促进劳动就业、提高社会福利等方面的角色越发凸显。这样，立足于传统民主理论的以政治责任为核心的政府责任体系已经不能适应现实的需要，政府的责任更多朝着满足公民和社会多元化需要的方向发展。政府责任的核心立场也发生了变化，即除了关注政治责任、法律责任和官僚责任等传统责任之外，更加强调政府公共服务的责任、回应民众需要的责任、遵守伦理道德的责任以及促进社会公平等方面的责任，政府责任的内涵越来越丰富。[2] 与此相应，如何解决现代政府由于规模庞大、部门众多、分工细密导致的职责交叉、模糊，责任不明确，行政效率低下，各个部门之间相互推诿，公民无法影响公共决策，多层交叉无法问责的问题，是现代民主政治需要面对的重大课题。因此，依法履责、规范履责，必须以建设法治政府为目标，推进机构、职能、权限、程序、责任法定化，推进各级政府事权规范化、法律化，实施权力清单制度，实行重大决策民众参与制度，最大限度地明晰政府权力与责任的界限与范围，以更好地推进法治政府建设。

公共领域的责任既是一种职责、任务和义务，也是一种理论结构、监控机制和制度体系。在现代民主政治中，责任政府的核心问题就在于，谋求有效控制公共权力的制度安排，通过各种途径保持对政府及其官员的有效监督和控制，保证行政权力的正当运用，防止权力的滥用和腐败，并通过惩戒行政人员的失责或推卸责任行为，最终保障公共利益的实现。[3] 从法治角度来看，行使何种权力就应承担何种相应的责任，权力的授予必然伴随责任的规定。权力无法脱离责任而单独存在，否则，这种权力就是非法的、不合理的。责任是对权力的限制和指向，同时也勘定了权力的边界。责任可以界定权力行使的范围、边际，并且明确超越权力范围、怠于履行职责的行为将受到否定性评价和承担不利后果。权力天然具有扩张性和侵蚀性，只有在法治的基础上设定合理、明确的责任，才能避免权力边界的模糊性和任意扩张。习近平指出："对各级领导干部，

〔1〕 习近平：《在首都各界纪念现行宪法公布施行 30 周年大会上的讲话》，载中共中央文献研究室编：《十八大以来重要文献选编》（上），中央文献出版社 2014 年版，第 92 页。

〔2〕 参见韩志明：《中国问责：十年风雨路》，新华出版社 2013 年版，第 11 页。

〔3〕 参见韩志明：《中国问责：十年风雨路》，新华出版社 2013 年版，第 15 页。

不管什么人，不管涉及谁，只要违反法律就要依法追究责任，绝不允许出现执法和司法的'空挡'。"[1]"权力在行使的每一个阶段，只要越轨，就会被责任制约，从而责任成为抵制权力扩张的一种手段；另一方面，通过对权力的制约与保护，责任使权力更加正当、合理并真正服务于公共利益。"[2]这是责任与权力辩证关系的一个重要体现。

(三)习近平法治思想中关于责任范畴的重要论述，意味着责任主体积极履责、权责一致

责任是一种后果性评价，附有社会评价体系。如果责任主体没有履责或履责不符合要求，那么就必须承担相应的否定性评价或不利后果，这是责任的必然要求，也是保证、促使责任主体恪尽职守的制度保障。习近平总书记一再强调："有权必有责，用权受监督，失职要问责，违法要追究，保障人民赋予的权力始终用来为人民谋利益。"[3]"反腐败体制机制改革，一个很重要的方面是理清责任、落实责任。不讲责任，不追究责任，再好的制度也会成为纸老虎、稻草人。"[4]可见，失职问责、违法必究是责任的基本要求，也是使责任产生威慑力、强制力的外在保障。如果没有责任追究制度，仅仅依靠责任主体的道德意识、内心自律，显然是无法产生实质效果的。在这个意义上，问责、追责是实现更负责任的权力的根本手段。没有问责，责任就只能停留在纸面上而无法落实。没有问责，背离责任的行为就无法得到惩治，责任也将名存实亡。在今天的政治生活中，问责制也是一种常见的社会现象。政府问责制实际上是责权一致原则合乎逻辑的制度延伸，问责的目的就是要规范权力与责任的关系，实现权力与责任的平衡，保持责任与权力的统一。问责制不仅追究政府官员的失职渎职行为，使官员为失职行为承担必要的代价，同时问责制还不断向政府官员强化责任意识，提高他们的履责觉悟，使责任和权力在政府官员的意识中得到高度统一。因此，政府问责应贯穿于政府行为的各个阶段，不能局限于对事后失职渎职现象的追究，更应该通过对官员进行事中、事前的问责，及时纠正失职渎职现象，提高他们履责的动力和履责能力。[5] 同时，在责任追究问题上，"任何组织或者个人，都不得有超越宪法和法律的特权。一切违反宪法和法律的行为，都

---

〔1〕 习近平：《加快建设社会主义法治国家》，载《求是》2015年第1期。

〔2〕 陈国权等：《责任政府：从权力本位到责任本位》，浙江大学出版社2009年版，第7页。

〔3〕 习近平：《在首都各界纪念现行宪法公布施行30周年大会上的讲话》，载中共中央文献研究室编：《十八大以来重要文献选编》(上)，中央文献出版社2014年版，第92页。

〔4〕 习近平：《在第十八届中央纪律检查委员会第三次全体会议上的讲话》，载中共中央文献研究室编：《习近平关于全面深化改革论述摘编》，中央文献出版社2014年版，第81页。

〔5〕 参见陈国权等：《责任政府：从权力本位到责任本位》，浙江大学出版社2009年版，第6~7页。

必须予以追究”。[1] 这也是责任平等性、公正性的基本要求。

责任不应简单地看作对权力行使者的限制和束缚。责任的存在对权力行使者也是一种激励机制,使其不敢、不能“惰政”“懒政”,从而督促其更好地履行职责。譬如,当前全国各地正在建立行政决策终身责任追究制度及责任倒查机制,对决策严重失误或依法应及时作出决策但久拖不决造成重大损失、恶劣影响的,实行终身责任追究,严格追究行政首长、负有责任的其他领导人员和相关责任人员的法律责任。这一机制倒逼决策者对决策责任追究不能抱有丝毫的侥幸心理、放松心理,在作行政决策时,必须全面落实重大行政决策法定程序。这种重大决策终身责任追究制度及责任倒查机制,毫无疑问强化了对决策负责人的责任追查,追责倒逼履责,倒逼责任人必须履职担责,科学决策、依法行政、依法执政。再如,对于司法领域的冤假错案和徇私枉法、渎职失职等违法违规行为,如何追究司法责任?近年来曝光的重大的冤假错案,除了启动再审程序、国家赔偿程序之外,相关责任人员没有及时得到应有的问责,或者问责轻描淡写避重就轻,与冤假错案的严重程度不匹配。司法办案人员对所办案件担负责任,一旦出现冤假错案必须被追究相应的责任。这是天经地义的常理,也是无可非议的法理。党的十八届三中全会提出,要改革审判委员会制度,完善主审法官、合议庭办案责任制,让审理者裁判、由裁判者负责。从责任思维的角度看,司法责任制是其中的关键,唯有真正落实司法责任制,才能从制度上倒逼司法人员公正司法。[2] 让审理者裁判、让裁判者负责,完善主审法官责任制、合议庭办案责任制和检察官责任制,明确司法权运行过程中的责任划分,是确保司法权公正行使的一项重要改革措施。所以,总体来看,责任范畴可以让公权力的行使者知晓自身到底有哪些权力、如何行使、承担什么样的责任。这样就有利于政府机构更好地“定责”“明责”,履行职责,并且在一定程度上解决不同部门之间、层级之间的职责交叉、相互推诿、部门本位主义等问题,克服行政不作为、乱作为、懒政、怠政、失职等现象;同时也有利于更加科学合理地设置机构人员,促进政府精简效能。

三、习近平法治思想关于责任范畴的创新发展

习近平总书记指出,权力的行使与责任的担当紧密相连,有权必有责。看一个领导干部是否合格,很重要的是看有没有责任感,有没有担当精神。各级

---

〔1〕《习近平谈治国理政》,外文出版社 2014 年版,第 138 页。

〔2〕参见刘武俊:《落实司法责任制倒逼司法公正》,载《北京日报》2014 年 4 月 28 日。

领导干部要珍惜使命、不负重托，在难题面前敢于开拓，在矛盾面前敢抓敢管，在风险面前敢担责任，全心全意为人民服务。领导干部工作上要大胆，用权上则要谨慎，常怀敬畏之心、戒惧之意，自觉接受纪律和法律的约束。[1] 这些重要论述为责任范畴的实践创新提供了理论基础。

（一）强化矢志不渝的责任思维与担当

习近平总书记一再强调："担当就是责任，好干部必须有责任重于泰山的意识，坚持党的原则第一、党的事业第一、人民利益第一，敢于旗帜鲜明，敢于较真碰硬，对工作任劳任怨、尽心竭力、善始善终、善作善成。"[2] 中国正面临建设社会主义现代化国家的关键时期，当前，国内外环境发生广泛而深刻的变化，我国发展面临一系列突出矛盾和挑战，呈现短期矛盾和长期矛盾叠加、结构性因素和周期性因素并存等特点。比如，发展不平衡、不协调、不可持续的问题依然突出；城乡区域发展差距和居民收入分配差距依然较大；一些领域消极腐败现象易发多发，反腐败斗争形势依然严峻；等等。[3] 面对改革发展中的难题与矛盾，各级党员，尤其是领导干部必须勇于担当、敢于面对，直面困难、锐意创新。"顺境逆境看胸怀，大事难事看担当。"在改革与发展的关键时期，党员干部尤其是担任着主要领导责任的党员干部应该认真履行责任，在其位谋其政，全力做好自己的工作，积极承担自己应尽的责任；同时，必须改变庸懒散奢、不求有功但求无过、安于现状、得过且过、只讲世故不讲原则的工作作风，以对人民、对党和国家高度负责的精神，珍惜使命、不负重托，为建设中国特色的社会主义事业贡献自己的力量。

（二）健全责任追究制度和纠错问责机制，确保实现有权必有责、用权受监督、违法必追究

任何责任都不是自动实现的，制度性的责任除了靠人们自觉自愿地遵从和履行之外，必须通过强有力的问责机制才能实现。[4] 习近平总书记也指出要加强责任追究制度建设，"各地普遍存在管党治党失之于宽、失之于软，主体责任落实不力，监督责任落实不到位的问题"。[5] 必须加大执法力度，严格责任

---

〔1〕 参见习近平：《领导干部要牢固树立正确的世界观权力观事业观》，载《学习时报》2010 年 9 月 6 日，第 1 版。

〔2〕 《习近平谈治国理政》，外文出版社 2014 年版，第 416 页。

〔3〕 参见张庆黎：《敢于责任担当　不辱历史使命——深入学习贯彻习近平总书记关于责任担当的重要论述》，载《人民日报》2014 年 5 月 7 日，第 7 版。

〔4〕 参见韩志明：《中国问责：十年风雨路》，新华出版 2013 年版，第 12 页。

〔5〕 习近平：《在中央政治局常委会听取中央巡视工作领导小组关于 2014 年中央巡视组第二轮巡视情况汇报时的讲话》，载中共中央纪律检查委员会、中共中央文献研究室编：《习近平关于党风廉政建设和反腐败斗争论述摘编》，中央文献出版社、中国方正出版社 2015 年版，第 24 页。

追究。“要让每一个干部牢记‘手莫伸,伸手必被捉’的道理,‘见善如不及,见不善如探汤’。”[1]任何组织或者个人,都不得有超越宪法和法律的特权。一切违反宪法和法律的行为,都必须予以追究。“要加强反腐倡廉党内法规制度建设,加强反腐败国家立法,提高反腐败法律制度执行力,让法律制度刚性运行,尽快形成内容科学、程序严密、配套完备、有效管用的反腐败制度体系。”[2]因此,必须健全责任追究制度和纠错问责机制,确保实现有权必有责、用权受监督、违法必追究;在建立权力清单的同时,必须也同时建立责任清单,明确与行政权力的行使相一致的责任主体,明晰不履行职责、怠于履行职责、违法滥用职权的问责机制,针对各项权力的履行情况和后果,提出相应的考核机制与责任追究机制,以此来保证行政权力的正当运用,防止把行政权力变成谋私工具,防止视制度和党纪国法为“橡皮泥”“稻草人”;确保权力行使到哪里、责任就跟进到哪里,以责任制度倒逼权力规范运行。

(三)不断推动党内责任体系的完善

落实党风廉政建设党委主体责任、纪委监督责任,是新形势下党风廉政建设和反腐败斗争的重要理论创新成果。习近平总书记一再强调:“要完善党内法规制定体制机制,注重党内法规同国家法律的衔接和协调,构建以党章为根本、若干配套党内法规为支撑的党内法规制度体系,提高党内法规执行力。党章等党规对党员的要求比法律要求更高,党员不仅要严格遵守法律法规,而且要严格遵守党章等党规,对自己提出更高要求。”[3]党委的主体责任和纪委的监督责任落到实处的关键是“制定实施切实可行的责任追究制度”,没有责任追究制度,责任的落实就会流于形式。对于这个问题,习近平总书记指出:“主要是加强党对党风廉政建设和反腐败工作统一领导,明确党委负主体责任、纪委负监督责任,制定实施切实可行的责任追究制度;健全反腐败领导体制和工作机制,改革和完善各级反腐败协调小组职能,规定查办腐败案件以上级纪委领导为主;体现强化上级纪委对下级纪委的领导,规定线索处置和案件查办在向同级党委报告的同时必须向上级纪委报告;全面落实中央纪委向中央一级党和国家机关派驻纪检机构,改进中央和省区市巡视制度,做到对地方、部门、企事业单位全覆盖。”[4]“党政主要负责人要履行推进法治第一责任人职责。这

---

〔1〕《习近平谈治国理政》,外文出版社有限责任公司2014年版,第395页。

〔2〕习近平:《在十八届中央政治局第五次集体学习时的讲话》,载中共中央文献研究室编:《习近平关于全面依法治国论述摘编》,中央文献出版社2015年版,第45页。

〔3〕习近平:《加快建设社会主义法治国家》,载《理论学习》2015年第2期。

〔4〕习近平:《关于〈中共中央关于全面深化改革若干重大问题的决定〉的说明》,载中共中央文献研究室编:《十八大以来重要文献选编》(上),中央文献出版社2014年版,第505~506页。

是推进法治建设的重要保证。对不认真履行第一责任人职责的党政主要负责人,上级党委要及时告诫和约谈,严肃批评。对一个地方、一个部门接二连三发生重大违法案件、造成严重社会后果的,必须严肃问责、依法追究。”[1]

党的十八大以来,各省、自治区、直辖市均出台了落实党风廉政建设党委主体责任、纪委监督责任的意见或办法,对责任追究的范围、方式、程序等作出明确规定,配套措施包括了实行“签字背书”、逐级签订责任书、提交述廉报告、开展述责述廉、深化社会评价、建立约谈制度、强化专项巡视、完善考核办法等内容,着力打造一条上下贯通、层层负责、有效追责的责任传导链条。首先,从制度建设的规范化、系统化来看,落实两个责任,关键和要害在于“责”。党委主体责任要明确“谁应该承担责任、在哪些问题上要承担责任、承担什么样的责任”;纪检监察机关监督责任要细化“监督什么、怎么监督、怎么保障监督权力落到实处”等问题。党内责任体系还需要进一步具体化,如果制度规定缺乏针对性和操作性,那么落实中就必然缺乏抓手、无的放矢。其次,责任追究必须细化、量化。责任追究是贯彻落实党风廉政建设责任制的最后一道防线,也是督促各级党委、纪委把责任落到实处的“撒手锏”。用好这个“撒手锏”,就必须完善并严格执行责任追究制度。要对考核的标准、程序、内容和方法进行规范,完善和细化考核制度,强化一案双查、落实责任倒查。如果问责不到位、责任追究不明确,就会使责任落实打折扣,无法发挥应有的约束力。只有促使各级责任主体把党风廉政建设责任制落实在行动上,才能努力为全面依法治国提供坚强的政治保障。

---

〔1〕 习近平:《在省部级主要领导干部学习贯彻党的十八届四中全会精神全面推进依法治国专题研讨班上的讲话》,载中共中央文献研究室编:《习近平关于全面依法治国论述摘编》,中央文献出版社 2015 年版,第 126 页。

回顾与审思：全球法治现代化进程中的中西方关系

桂万先*

【内容摘要】全球经济合作迈进需要全球性法律框架的重构，世界范围内的法治改革或称法治现代化进程正广泛而深刻地展开。应正确分析把握中西方在世界体系中的位置和相互之间的关系。当代中国法治正处于从传统型法制向现代型法治转型的过程中。中国的法治现代化融括于全球法治现代化的宏大图景之中，在历史进程中亦深受西方法治体系的影响，并与全球法治发展形成深刻而持久的互动。

【关键词】全球法治现代化进程　法治模式　中国特色社会主义法治

20世纪90年代末以来，新一次经济全球化浪潮方兴未艾。全球经济合作需要全球性法律框架的重构，世界范围内的法治改革或称法治现代化进程正广泛而深刻地展开。有人认为，全球性现代化的浪潮发轫于以欧美为代表的西方，特别是16世纪的西欧乃系全球性现代化的中心地区或者中心国度，而非西方国家则处于边缘或者半边缘地区。

---

* 桂万先，法学博士，中共江苏省委全面依法治省委员会办公室秘书处处长，第三届全国检察业务专家，第四届江苏省优秀青年法学家，中国法治现代化研究院特邀研究员。

与此相对,德国学者贡德·弗兰克则通过对1500年以来世界各地经济关系的系统梳理和宏观分析,发现至少到1800年止的300年间,亚洲特别是中国一直在世界经济中居支配地位,从而对传统上盛行的“欧洲中心论”发出挑战,对15世纪以来全球化进程中的中西方关系进行了全新思考。[1] 当代中国法治正处于从传统型法制向现代型法治转型的过程中,毫无疑问,中国的法治现代化融括于全球法治现代化的宏大图景之中,在历史进程中亦深受西方法治体系的影响,并与全球法治发展形成深刻而持久的互动。而理性审视这一历史图景中的中西方关系,对于找准当代中国法治演进的历史方位、明确中国法治现代化的模式和路径具有重要意义。

一、“弗兰克命题”——对欧洲中心论的反思

(一)欧洲中心论——传统现代化理论要义

以15世纪以来的地理大发现为标志,全球化序幕徐徐拉开。哥伦布和麦哲伦的帆船,不仅在空间的维度上为远隔重洋互不相知的人们架起联通之桥,也在时间的维度上将我们从此领进而且至今尚未走出的被我们称为“现代”的一个崭新的时代。随着国际交流日益频繁,不同文明之间的碰撞、新兴国家发展模式选择等问题日益受到关注,全球化与现代化理论由此衍生并走向繁荣。已成熟的理论大略可以分为逐步深化发展的三个派别,即经典“现代化”理论、“依附”理论和世界体系理论。三种理论都将发展中国家、民族置于全球化背景之下考虑问题,既有内在联系,又有观点差别。从核心观点上看,经典“现代化”理论以“传统”—“现代”两种类型为理论工具,[2]将现代化进程描述为摆脱传统、转向现代的过程,进而割裂传统与现代的联系,将二者对立起来。在此理论预设之下,进而区分野蛮与文明、进步与停滞、开放与封闭、西方与非西方,认为现代化的本质就是西方化,当代社会发展就实质而言,无非是非西方国家通过“西化”而实现现代化。

依附理论的先驱是阿根廷经济学家兼社会学家P. 普雷科什,20世纪70年代后经弗兰克、阿明、桑托斯等人进一步发展。[3] 该理论将早期现代化理论的“传统—现代”二分法改为“发达—欠发达”“中心—边缘”的依附发展模式,认为在“中心—边缘”的资本主义世界经济体系中,处于边缘的非西方社会发展

---

[1] 参见[德]贡德·弗兰克:《白银资本——重视经济全球化中的东方》,刘北成译,中央编译出版社2005年版。

[2] 参见程光泉主编:《全球化理论谱系》,湖南人民出版社2002年版,第459页。

[3] 参见张敦福:《依附理论的发展历程和新进展》,载《山东师大学报(社会科学版)》2000年第1期。

中国家的发展,因处于中心位置的西方资本主义国家的剥削而受到限制,同时,中心的发展隐含着边缘的低度发展,边缘必须摆脱对中心的依附地位,由低度发展转向正常发展。依附理论的一个突出贡献,是把世界经济体系看作一个西方剥削和统治非西方的整体,进而把非西方国家如何实现现代化的发展,摆在一个更加广阔的视野和范围之中考察。

在批判、借鉴传统现代化理论和依附理论的基础上,自20世纪70年代起,以沃勒斯坦为代表的一些学者提出了世界体系论。该理论将各个国家和地区的各自发展过程置于整个世界体系结构中加以考察,并构建出"中心—半边缘—边缘"的结构模型,从而将以往理论采用的二元分立模式变为一个三元互动过程。在这一世界体系中,每一个国家分处不同的位置,分担不同的角色,它的本质就是不平等。这一"三元"互动的体系决定了其结构的稳定性,但核心又不是一成不变的。对于半边缘特别是边缘国家来说,发展的意义主要在于如何改变自身在世界体系中的结构性位置,以实现"升级"。当今的体系仍是资本主义体系,处于边缘位置的第三世界国家只能处于依附地位,不可能独立自主。〔1〕

由上述可见,虽然三种理论各有特点,但贯穿其中的一个共性因素便是"西方中心主义"。虽然依附理论与世界体系论意图突破传统现代化理论的"西方化模式",为发展中国家的现代化探寻新的道路,但在其全球化的历史视野中,依稀可见的依然是"西方中心论"的历史观。在"中心—边缘"模式中,15世纪前后的西方乃处于原初的中心位置,是全球化进程的开端地区,而非西方国家则成了边缘或半边缘地区,并且,这一结构迄今仍未根本改变,西欧成为现代化的先行者,广大非西方发展中国家则是现代化征途上的后来人。在法律现代化领域,"中心—边缘"这一模式所要表征的实际上就是在全球法律发展进程中,西方法制传统与非西方国家法制建设之间自主与依附的关系,正如布罗代尔所言,欧洲人以"欧洲为中心组建了一个世界"。〔2〕

(二)欧洲是中心吗?——来自弗兰克的挑战

然而,作为依附理论早期代表人物之一的贡德·弗兰克在20世纪80年代后期,改变了上述看法。其名著《白银资本》就是要向被公认为"经典的"和"现代的"社会理论基础——欧洲中心历史学挑战。弗兰克首先提出,哥伦布与达伽马的航海探险不是建立东西方之间联系的开始,而是为了发现通往东方的新

〔1〕 Immanuel Wallerstein, *Capitalist World Economy*, Cambridge University Press, 1989, p. 1 – 37.

〔2〕 [德]贡德·弗兰克:《白银资本——重视经济全球化中的东方》,刘北成译,中央编译出版社2005年版,第24页。

路线。由此说明,在 1492 年之前,东西方就已经存在于一个世界体系之中,因而,不能首先把欧洲视为一个独立的实体,然后再设法从内部寻找变化的根源。通过详尽地分析 1400 ~ 1800 年世界经济的结构与发展,弗兰克指出,欧洲并不是靠自身经济力量而兴起的,也不能归因于欧洲的理性、制度、创业精神、技术、地理等(种族)的特殊性。相反,欧洲是利用了它从美洲获得的金钱强行加入已存的世界经济体系。在这个世界经济体系中,如果说有一个经济体系占有中心位置或居支配地位的话,那它不是欧洲,而是亚洲,更确切地说是中国。弗兰克申明,它的理论并不是用中国中心论来取代欧洲中心论,他的核心论点是,"过去和现在一直有一个全球经济",在其所考察的历史时期"实际上没有什么中心,在可预见的未来,很可能也没有什么中心"。〔1〕 弗兰克的命题打破了长期以来在现代化与发展理论中所蔓延的西方中心论神话,启示我们要以历史的辩证眼光来看待全球化进程中各政治、经济系统之间的复杂历史关系。这对我们分析、揭示法治现代化进程中的中西方关系,颇具启发意义。

二、历史的轨迹——全球法治现代化进程中的中西方关系审视

沃勒斯坦曾提出这样的问题:为什么哥伦布是欧洲人而不是中国人?〔2〕弗兰克则试图解答,为什么工业革命发生在欧洲而不是亚洲。〔3〕 这两个问题足以引起人们的丰富联想,并促使人们满腔热忱地从理性、文明、创新精神等方面寻找答案,进而区分东方与西方,确立"西方中心论"的理论基础。但历史的逻辑并不存在于一厢情愿者富于想象的脑海中,经济史学研究的答案是,人口、资源、制度与经济容量之间的内在张力才是幕后指使。〔4〕 欧洲历史上人口的低度增长、土地资源的匮乏、封建小国的分散,使得不断发展的生产力需要获得自身扩张的路径;新兴资产阶级资本积累的需要也使得他们急于扩张市场、融入世界贸易。这正是他们寻求海外扩张的动力。而中国则缺乏这种动力。千年帝国不断增长的人口、相对丰富的资源、完善的官僚体系、成熟的劳作技术,都

---

〔1〕 [德]贡德·弗兰克:《白银资本——重视经济全球化中的东方》,刘北成译,中央编译出版社 2005 年版,第 26 ~ 27 页。

〔2〕 参见王正毅:《世界体系论与中国》,商务印书馆 2000 年版,第 301 页。

〔3〕 参见[德]贡德·弗兰克:《白银资本——重视经济全球化中的东方》,刘北成译,中央编译出版社 2005 年版,第 410 页。

〔4〕 Immanuel Wllerstein, *The Modern World System I: Capitalist Agriculture and the Origin of the European World-Economy in the Sixteen Century*, 1974, Academic Press, p. 57 - 63.

使得中央王朝一心致力于经营其复杂的帝国机器,维持其庞大的经济规模。[1] 15 世纪初,郑和曾率领庞大船队七下西洋(1405 ~ 1433 年),不论其远洋的真实目的如何,有一个效果无疑是实在的:显耀了中央帝国的力量与威仪。这种完全单向输出的航海壮举,无疑彰显了中国在当时世界经济中的雄厚实力。只是在 18 世纪以后,西方人趁中华帝国积弱之机,借互通贸易之便,挟坚船利炮之威,遽而打破中央王朝制度,扭转中西贸易结构,才根本上改变了双方力量对比和地位差别。中国古老的制度文明体系也在巨大的外力影响下,从被动应付到积极探索,走上了扬弃、再生的道路。然而,中国法治现代化的历程,绝非简单地是对来自西方冲击的被动回应。在著名的《矛盾论》中有一个关于鸡蛋和石头的生动比喻,[2] 毫无疑问,外部的温度只会使一只鸡蛋而不是一块石头产生出一只小鸡。对社会发展来说,外部因素固然重要,但发展的方向和性质,乃取决于其内部矛盾的规定性。由此,有学者认为,中国的法治现代化模式既非"内生型",也非"外发型",而是由各种内外因素互动作用的合力所推动的"混合型"模式。[3] 此一观点当属确见。近现代中国法制发展的进程,虽然每一步都带有西方法制冲击的印迹,但中国法在整体上依然不失其独立的内在品格。以此思路为指引,我们可以将全球法治现代化进程中的中西方关系分三个阶段考察。

(一)1840 年之前——以朝贡制度为外壳

中国古代很早就建立了与西方国家的联系。据历史记载,从商周至战国,中国丝绸就已经经由西北各民族之手少量贩运到中亚、印度等地。汉代还开辟了一条从中国直达地中海的交通要道——丝绸之路。根据弗兰克的研究,19 世纪以前的两个半世纪,全球白银产量的一半以上最终抵达亚洲,其中绝大多数流入中国,[4] 直到 19 世纪以前,中国仍然占据着世界经济贸易体系的中心地位。这种中心地位典型地反映在中国与东亚之间的朝贡体系上。朝贡制度是把儒家伦理政治学说运用到对外事务上,它象征着接纳"夷狄"来沐天朝的教化,是一种恩典和特权。根据学者研究,朝贡制度成型于汉代,一直延续到

---

[1] 明代,中国经济世界第一,人口占世界 1/3,外贸长期顺差,世界上 50 万人口以上的 10 个大城市,中国有 6 个。参见《学习时报》编辑部编:《落日的辉煌——17、18 世纪全球变局中的"康乾盛世"》,中共中央党校出版社 2001 年版,第 3 ~ 7 页。

[2] 毛泽东在文章中提出:"为什么鸡蛋能够转化为鸡子,而石头不能够转化为鸡子呢?"以此说明缺乏一定的必要条件,就没有任何同一性。参见《毛泽东选集》(第 1 卷),人民出版社 1991 年版,第 331 页。

[3] 参见公丕祥主编:《法理学》,复旦大学出版社 2002 年版,第 549 页。

[4] 参见[德]贡德・弗兰克:《白银资本——重视经济全球化中的东方》,刘北成译,中央编译出版社 2005 年版,第 208 页。

19 世纪初叶。[1] “东西经商诸国向中国朝贡，是为了维持互通贸易的和好关系，但这样他们就被正式列为朝贡之国”，“直到 19 世纪，虽然西方列强驻中国的外交使节不超过 20，他们却很少或者根本不采取什么行动来破坏中国的朝贡制度及其所象征着的优越信念”。[2] 很显然，西方列强之所以对朝贡制度采取实用主义的态度，乃是中国经济体的雄厚实力与巨大吸引力使然，也是中国在与西方力量对比中占据优势的体现。国家的强盛以及文化上的优越感，形成了中华帝国对外部的强大影响力。这一时期，中国的对外交往基本上是以制度与文化输出为主的，作为这种输出的体现，就是中国法律制度在东亚广泛传播，最终形成一个以中国法为基础，包括中、日、朝、越以及马来西亚诸国法律在内的法律体系——中华法系，在西法东渐之前，成就了一个独立、强大、稳固的法律体系。

早在中世纪，中国的法律与文化就受到西方的注意，意大利旅行家马可·波罗以其著名的游记生动记述了他在中国元朝 17 年内的所见所闻，向欧洲人盛赞了中国的富庶与先进，激发起欧洲人对东方和中国的向往。[3] 16 世纪后半叶，以利玛窦为代表的耶稣会教士更开启了“中学西传”的进程，把作为中国文明本体的儒家学说传播到西方世界，对大革命前夜的欧洲大陆产生了广泛的影响。进入近代，德国的莱布尼茨、黑格尔，法国的伏尔泰、孟德斯鸠等著名学者都对中国古代法律作过专门论述，伏尔泰曾评价道，“中国人最深刻了解、最精心培育、最致力完善的东西正是道德与法律”。[4] 孟德斯鸠一方面认为中国是一个专制帝国的典范，另一方面又对中国古代法律制度的部分内容作了肯定。他认为，中国的法律、风俗和礼仪往往融合在一起，这正是“养成宽仁温厚、维持人民内部和平和良好秩序，以及消灭由暴戾性情所发生的一切邪恶的极其适当的方法”。[5]

另外，在 19 世纪以前的中西交往中，欧洲传教士也给中国带来了西欧的文明与法律文化。为着在中国宣扬天主教传统教义的方便，他们在把西方宗教译

---

〔1〕 参见王正毅：《边缘地带发展论：世界体系与东南亚的发展》，上海人民出版社 1997 年版，第 61 ~ 65 页。滨下武志将朝贡关系区分为六种类型：(1) 土司、土官的朝贡；(2) 羁縻关系下的朝贡；(3) 关系最近的朝贡国(朝鲜、越南等)；(4) 两重关系的朝贡国(琉球)；(5) 位于外缘关系的朝贡国(暹罗等)；(6) 可以看成是朝贡国，实际上属于互市关系的一类(俄国、欧洲诸国)。参见[日]滨下武志：《近代中国的国际契机——朝贡贸易体系与近代亚洲经济圈》，朱荫贵、欧阳菲译，中国社会科学出版社 1999 年版，第 35 ~ 36 页。

〔2〕 [美]费正清：《美国与中国》，张理京译，世界知识出版社 2000 年版，第 147 ~ 149 页。

〔3〕 关于《马可波罗游记》在西方的影响，参见常宁文编著：《马可·波罗》，辽海出版社 1998 年版。

〔4〕 [法]伏尔泰：《风俗论：论各民族的精神与风俗及自查理曼至路易十三的历史》(上册)，梁守锵译，商务印书馆 1994 年版，第 216 页。

〔5〕 [法]孟德斯鸠：《论法的精神》(下册)，张雁深译，商务印书馆 1982 年版，第 312 页。

成中文的同时,还着力介绍了西方的科学技术,在一定程度上引起了当时期望富国强兵的上层人士以及一些启蒙学者的兴趣。尽管到康熙年代,传教士在中国的事业进入全面复兴时期,但他们所表达的教义文化终究与中国传统文化相去甚远,人们普遍对其缺乏兴趣,它们也没有对中国文明产生根本的冲击。

(二)19 世纪 40 年代至 20 世纪 40 年代——以条约体系为构架

在中国近代史上,1840 年是几乎所有中国人都永远无法忘却的一年。这一年,鸦片战争爆发并以中国的失败而告终。它给中国带来的一个直接后果,就是 1842 年中英《南京条约》的签订,它拉开了西方列强以武力掠夺中国的序幕,也开始了近百年来中国步入半殖民地半封建社会的屈辱历程。《南京条约》以及接踵而来的《虎门条约》(中英,1843 年)、《望厦条约》(中美,1844 年)、《黄埔条约》(中法,1844 年)等不平等条约的签订,打破了千余年来中国与域外国家建立的朝贡体系,从根本上改变了中国与西方国家的关系,代之而形成的条约体系为西方列强进入东亚世界、瓜分中国提供了某种合法性。如果说朝贡制度延及中西方关系只具有表面的象征意义的话,那么条约体系的建立,则使中西方在政治平等的表面掩盖下的隶属与主导关系变得具有法律效力了。这些不平等的条约制度,深刻地改变了中国社会和法律发展的进程,传统中国的国家主权、帝国权威和政治构架受到了严峻的挑战和剧烈的冲击。如果说西欧列强通过不平等条约从外部打开了侵蚀中国的缺口,那么 1894 年甲午战争中国的溃败,以及 1895 年中日《马关条约》的签订,则无异于从内部抽掉了支撑中华帝国体系与信心的柱梁。风雨飘摇之中的中华帝国最后一丝尊严,被其时野心勃勃的日本无情地撕碎了。

场景完全颠倒。这一变化对近代中国的社会、经济、政治、法律与文化诸领域带来了强大的冲击,也使中国人对自己、对世界的认识产生了深刻变化。正如学者所言,西方法律文化与中国传统法律文化作为存在鲜明差别且性质根本不同的两种法律文化发生了激烈碰撞,这种碰撞是以西方法律文化对中国法律文化作强大冲击的方式进行的,并最终导致了传承 2000 余年的中国传统法律文化的衰落和现代转型。[1] 就内部变化而言,无论是鸦片战争以后出现的以“中体西用”“变器不变道”为主旨的洋务运动,或是甲午战争以后改良派主导的旨在引入西方政治制度的戊戌变法,抑或是辛亥革命以后资产阶级知识分子掀起的新文化运动,都反映了近代觉醒的中国人放眼世界、反思自身,孜孜探寻

---

〔1〕 参见夏锦文主编:《冲突与转型:近现代中国的法律变革》,中国人民大学出版社 2011 年版,第 52 页。

迈向富强、走上现代化道路的不懈努力。就外在表现而言，自19世纪以来，中国的制度变革特别是法律制度变革风起云涌。自清末的司法改革，至民初的宪政风波，再到国民党的法制化运动，法律专门化的形式成果蔚为大观。通过广泛移植德、日、法、美等国法典和制度，至南京国民政府纂成"六法全书"，可谓法律齐备、体系完全。然而，形式的隆重和完备并不等于实际效果的完全和彻底。马克思曾明确指出，权利永远不能超出社会的经济结构以及由经济结构所制约的社会文化的发展。[1] 庞德说："现代法律制度不止是由权威的法律规定和权威的技术构成的，也是由为人民所接受的权威理念所组成的……这些权威理念即法律制度赖以存在的社会中为人民所接受的图景。"[2]这一"图景"，当是一定社会的社会经济结构及文化心理结构。西方法律乃系建构于商品经济基础之上，与其相适应的，是近代资产阶级革命所催生的自由、平等与人权思想。而清末民初的中国，尽管沿海地带已出现了资本主义和自由主义的萌芽，[3]但在内地尤其是广大农村，占主导地位的仍然是自然经济，而以儒家宗法伦理精神为价值取向的中国传统法律文化，更与体现自由、平等与人权思想的西方近代法律文明形成鲜明对照。由此，尽管西方法律极大地影响了这一时期中国法律制度的外在形式，但此外在形式之于中国社会，实如油之于水，两相隔膜。正如公丕祥先生所指出的："近代西方法律文化对中国法制的冲击，诚然在法律形式的外部样态方面造成了最为显著的某种直接影响，但是并没有也不可能对中国法律文化的内在精神取向构成强大的根本性的影响……西方法制的内部精神无法也不可能深深嵌入中国法治现代化的过程之中，这就决定了西方法制对中国的冲击力是有限的。"[4]

（三）1949年以后——从隔离到对接

随着"二战"的结束和日本帝国主义的失败，中国在形式上摆脱了条约体系的枷锁。经过三年国内战争，中华人民共和国宣告成立。新生的中国彻底走出半殖民地半封建社会，确立了社会主义基本制度，实现了从专制政治向人民民主的伟大飞跃，为当代中国革命性转型和发展奠定了根本政治前提和制度基础，也揭开了中国法治现代化进程的崭新篇章。然而其后中国法治现代化的进

〔1〕 参见中共中央马克思恩格斯列宁斯大林著作编译局编译：《马克思恩格斯全集》（第19卷），人民出版社1972年版，第22页。

〔2〕 [美]庞德：《以中国法为基础的比较法和历史》，王笑红译，载王健编：《西法东渐——外国人与中国法的近代变革》，中国政法大学出版社2001年版，第85页。

〔3〕 参见[美]费正清、刘广京编：《剑桥中国晚清史》（上卷），中国社会科学院历史研究所编译室译，中国社会科学出版社1985年版，第230页。

〔4〕 公丕祥：《中国的法制现代化》，中国政法大学出版社2004年版，第197~198页。

程也并非一路坦途。由于特殊的时代背景,20 世纪 50 年代,中国采取了向苏联“一边倒”的战略,在法制建设方面表现为借鉴乃至照搬苏联经验,移植了一些“苏式”立法和法律思想。20 世纪 60 年代,出于地缘战略考虑,中国摆脱了苏联的控制,走上了独立自主的道路。这段时期,由于中国尚未打开与西方资本主义国家交往的大门,实际上是处于相对封闭的状态。同时,由于在国内错误地强调“阶级斗争”,发动“文化大革命”,中国法治建设实际处于停滞甚至倒退状态,“法律虚无主义”盛行一时,法治现代化遭遇严重挫折。20 世纪 70 年代初,随着中日、中美先后建交,中国重返多边合作的国际舞台。

以 1978 年 12 月党的十一届三中全会召开为标志,开启了当代中国改革开放新的伟大社会革命,中国与西方世界的联系日益广泛和深入,不仅表现在经济、文化领域,国家的法治发展也进入了一个重大变革的历史新时期。“这场新的伟大社会革命在法治领域的集中表现,就在于实现从传统的计划经济体制下的政策型的法律秩序向社会主义市场经济体制下的现代法理型法治秩序的历史变革。”[1] 1992 年党的十四大明确我国经济体制改革的目标是建立社会主义市场经济体制,同年中央提出建立与社会主义市场经济体系相适应的法律体系,从而极大地推进了我国法治化进程。1997 年党的十五大提出依法治国、建设社会主义法治国家的战略任务,正式将依法治国提升到“治国方略”的战略高度。1999 年,九届全国人大二次会议将依法治国方略和奋斗目标写入宪法。2001 年 12 月,中国正式加入世界贸易组织,不仅标志着中国全面融入全球化经济体系,也预示着中国法治建设与国际接轨步伐的加快,中国法治现代化进程在深度和广度两个层面加速前进。在建设市场经济和法治国家的进程中,中国积极引进和借鉴外国的法治理论及制度资源,构建具有中国特色的社会主义法律体系。2011 年 3 月,十一届全国人大四次会议正式宣布中国特色社会主义法律体系已经形成。

值得注意的是,与清末民国时期从法治理论到法律制度大规模移植西方不同,在新中国开启改革开放征程、融入全球法治现代化格局的进程中,作为执政党的中国共产党始终总揽社会改革发展全局,也主导着当代中国法治发展的方向。邓小平同志强调:“每个国家都有自己的情况,各自的经历也不同,所以要独立思考。不但经济问题如此,政治问题也是如此。”“世界上的问题不可能有一个模式解决。中国有自己的模式。”[2] 特别是党的十八大以来,以习近平同

〔1〕 公丕祥:《中国式法治现代化新道路的演进历程》,载《学术界》2022 年第 4 期。

〔2〕 《邓小平文选》(第 3 卷),人民出版社 1993 年版,第 260～261 页。

志为核心的党中央在坚持和发展中国特色社会主义的探索中，紧紧围绕新时代为什么要全面依法治国、怎样全面依法治国、如何建设法治中国等重大问题，从法治理论上作出科学回答，从顶层设计上作出战略部署，从法治实践上着力全面推进，开启了党领导人民建设法治中国的新征程。党的十八大明确提出，要全面推进依法治国，加快建设社会主义法治国家。十八届三中全会把全面深化改革与法治建设紧密结合起来，开创性地提出推进法治中国建设，推进国家治理体系和治理能力现代化。十八届四中全会作出《中共中央关于全面推进依法治国若干重大问题的决定》，习近平总书记在作决定说明时指出，中国特色社会主义法治道路的核心要义是坚持中国共产党的领导、坚持中国特色社会主义道路、贯彻中国特色社会主义法治理论。十八届五中全会提出法治是发展的可靠保障，必须把经济社会发展纳入法治轨道，加快建设法治经济和法治社会，同时进一步明确了推进法治中国建设的阶段性目标。十八届六中全会凸显了思想建党和制度治党的主题，体现了依规治党与依法治国的深度结合，完成了“四个全面”的战略布局，进一步强化了全面依法治国的战略地位和重要作用。党的十九大作出了中国特色社会主义进入新时代、我国社会主要矛盾已经转化等重大政治判断，明确提出了新时代坚持和发展中国特色社会主义的基本方略，开启了迈向社会主义现代化强国和建设法治中国的新征程。2020 年 11 月召开的中央全面依法治国工作会议首次提出习近平法治思想，其中明确提出了全面依法治国概念、法治中国命题、中国特色社会主义法治体系总目标，以及在法治轨道上推进国家治理体系和治理能力现代化路径，科学阐明了中国特色社会主义法治道路，开辟了马克思主义法治理论新境界，赋予了中华法治文明新内涵。新时代的法治中国建设正沿着一条有别于西方的自主发展道路稳步前行。

三、余论——应有的坚持

习近平总书记指出：“我国法治建设的成就，大大小小可以列举出十几条、几十条，但归结起来就是开辟了中国特色社会主义法治道路这一条。”这是对我国法治发展历史经验的精辟总结、对我国法治发展路径的精准定向。诚如学者所言，“全球法律的发展进程，实际上是法律变革进程从民族国家超市向国际社会的时空超越……全球法律机制和国际准则，乃是生活在不同国度中的社会主体所创造的调整规则和所积累的调整经验之有机整合，体现了人类法律实践的普遍性历史定则”。[1] 在全球化与法治现代化的浪潮中，素来笼罩着我们

[1] 公丕祥：《中国的法制现代化》，中国政法大学出版社 2004 年版，第 660 ~ 661 页。

的迷雾之一，就是把全球化、现代化看成是“西方化”，这无疑是“西方中心主义”的偏执观念在迷惑我们。笔者认为，将全球化等同于西方化，会导致两个危险：其一，盲目遵从、全盘西化，生搬硬套西方的价值理念、文化传统、发展模式，从而导致与自身传统彻底决裂，汩没于席卷而来的西方制度文明潮流之中，最终丧失自己的根基。结果会一面因为陌生、不能融入，因而产生焦虑；一面因为失去认同而迷失方向，进而丧失自身的尊严，永远处于依附地位。其二，或者走向另一极端，一味拒斥全球化，固守传统。其结果可能会导致用狭隘的民族主义和民粹情感来煽起对全球化或西方文化的抵触情绪，这更加容易使我们走向自我封闭，被加速前进的历史快车抛弃，而难以实现民族伟大复兴之梦。

世界上不存在定于一尊的法治模式，也不存在放之四海而皆准的法治道路。走什么样的法治道路，是由一个国家的基本国情决定的。习近平总书记指出：“中国特色社会主义法治道路，是社会主义法治建设成就和经验的集中体现，是建设社会主义法治国家的唯一正确道路。”“中国特色社会主义法治道路本质上是中国特色社会主义道路在法治领域的具体体现。”“要传承中华优秀传统法律文化，从我国革命、建设、改革的实践中探索适合自己的法治道路，同时借鉴国外法治有益成果，为全面建设社会主义现代化国家、实现中华民族伟大复兴夯实法治基础。”在全球法治现代化的进程中，我们应正确分析把握中西方在世界体系中的位置和相互之间的关系，既以开放眼光和包容的心态来拥抱西方、吸纳人类文明进步的一切成果，又摒弃西方国家所推销的“西方中心论”观念，避免将全球化等同于西方化，从而一面积极融入全球化法治现代化的潮流之中，一面又植根中国传统，确立在全球化体系中的自主地位，走出一条符合本国国情的自主性的中国特色社会主义法治现代化之路。

涉外法治人才培养的问题与对策

董晓波　胡　波*

【内容摘要】“一带一路”倡议和人类命运共同体建设的深入推进，国际秩序的建构、国际主体间的合作都离不开法治精神、法治平台与法治方式，加强涉外法治建设、参与全球治理、争取国际法治话语权，都需要培养一大批涉外法治专业人才。涉外法治建设是习近平法治思想的重要内涵，习近平法治思想为新时代涉外法治专业人才培养指引了方向，明确了具体的任务和要求。涉外法治人才培养，不仅具有十分重大的理论和实践意义，而且具有非常深刻的政治和法治价值。然而，当前高校涉外法治人才培养还满足不了新时代对外开放和发展的需求。本文以习近平法治思想为指导，试图客观、深入地分析高校涉外法治人才培养存在的问题，并从跨学科交叉融合的视角，提出促进涉外法治人才培养的多项对策，从而为高校深入贯彻落实习近平法治思想提供一些参考。

【关键词】习近平法治思想　涉外法治人才　涉外法治建设

---

* 董晓波，法学博士，博士生导师，南京师范大学外国语学院教授，中国法治现代化研究院特邀研究员，主要研究方向为法律语言与翻译、语言政策与语言规划。胡波，南京师范大学外国语学院博士生，主要研究方向为法律语言与翻译。本文系国家社科基金重点项目“中国特色法治术语翻译与对外法治话语能力建构研究”（项目编号：20AYY008）的阶段性成果。

一、引言

当今中国愈加对外开放,逐渐走近世界舞台的中央。"一带一路"倡议和人类命运共同体建设的深入推进,国际秩序的建构、国际主体间的合作都离不开法治精神、法治平台与法治方式,法治可以为个体、组织、国家之间的合作提供理性工作的平台。[1] 参与全球治理、争取国际法治话语权,我国亟须加强涉外法治建设,培养一大批通晓国际法律规则、善于处理涉外法律事务的涉外法治专业人才,以保障和服务高水平的对外开放。

我们以"涉外法治人才培养"为关键词在中国知网中搜索,发现相关的学术成果并不多。当然,这有历史和现实的原因,在我国构建"法律体系"的任务转变为建设"法治体系",也是在党的十八大之后,[2]法治话语的转变必然会带来概念和术语的转变。2011 年年底,教育部和中央政法委联合启动卓越法律人才教育培养计划,其中就包含了涉外型法律人才。[3] 可以看到,学术界已经有很多关于"涉外法律人才"培养的研究成果,还有一些其他提法,包括"涉外法律人才""涉外法治人才""涉外法律服务人才""涉外法律服务队伍""卓越涉外法律人才""国际化法律人才""法律英语人才""法律外语人才"等,[4]这些概念的背后代表的是不同的学术研究背景,既有来自法学院也有来自外语学院的学者,尽管其发出点不同,但都是涉外法治人才培养的"研究共同体"。

从"法律"到"法治"的转变,不只是文字的转变,更是思想、理念与格局的转变,这就要求相应的学术研究也要跟得上时代的步伐。2020 年 11 月,党的历史上首次召开的中央全面依法治国工作会议,将习近平法治思想明确为全面依法治国的指导思想。涉外法治建设是习近平法治思想的重要内涵,[5]深入学习贯彻习近平法治思想,培养高素质涉外法治专业人才,是加强涉外法治建设的基础和支撑,具有先导性的地位和作用,不仅具有十分重大的理论和实践意义,而且具有非常深刻的政治和法治价值。然而,通过梳理前人的研究,我们

---

〔1〕 参见陈金钊:《"人类命运共同体"的法理诠释》,载《法学论坛》2018 年第 1 期。

〔2〕 参见付子堂、池通:《新中国法治话语之变迁:1949—2019》,载《上海政法学院学报(法治论丛)》2020 年第 3 期。

〔3〕 参见王利明:《卓越法律人才培养的思考》,载《中国高等教育》2013 年第 12 期。

〔4〕 参见屈文生:《法律英语教学须直面的若干问题》,载《中国外语》2017 年第 4 期。

〔5〕 参见莫纪宏:《涉外法治建设是习近平法治思想的重要内涵》,载海外网,http://opinion.haiwainet.cn/n/2020/1126/c353596-31925182.html,最后访问日期:2022 年 1 月 18 日。

发现：首先，有关“涉外法治人才培养”的研究还比较稀缺，[1]还跟不上时代的步伐，无法满足国家涉外法治建设的战略需求；其次，“涉外法治人才培养”实际上是一种跨学科研究，需要整合法学院、外语学院的力量，但相关研究的跨学科性还不够强，多是从法学院或外语学院各自的学科建设出发，在此基础上进行法学与外语的简单组合。不少文章集中于媒体和报章上的呼吁，对涉外法治人才培养的跨学科、系统性建构的讨论尚不够充分，[2]还有一些研究甚至还存在认识上的误区。这些均不利于涉外法治建设的总体目标。造就一大批德才兼备的高素质涉外法治人才，是新时代高校的神圣使命与责任担当，本文欲从习近平法治思想对涉外法治人才培养的阐述和要求出发，从跨学科交叉融合的视角，客观、深入地分析当前高校涉外法治人才培养存在的问题，并在此基础上提出促进涉外法治人才培养的积极对策，从而为高校深入贯彻落实习近平法治思想提供一些参考。

二、习近平法治思想对涉外法治人才培养的指引

在习近平法治思想内涵的“十一个坚持”中，“坚持统筹推进国内法治和涉外法治”“坚持建设德才兼备的高素质法治工作队伍”这两个提法尤其值得关注，这是涉外法治人才培养的方向和指引。涉外法治人才的培养是国家加强涉外法治建设对专业人才的战略需求，也是全面推进依法治国的题中之意。党的十八大以来，面对复杂多变的国际局势，为了开创高水平对外开放新局面、维护国家安全稳定的新挑战、担当国际舞台的新角色，以及应对建设法治政府的新形势，以习近平同志为核心的党中央审时度势，充分认识到新形势下加强涉外

---

〔1〕 参见石佑启、韩永红：《论涉外法治人才的培养——基于广东外语外贸大学办学实践的考察》，载《广东外语外贸大学学报》2015 年第 3 期；王文华：《论涉外法治人才培养机制创新》，载《中国大学教学》2015 年第 11 期；贺赞：《涉外法治人才培养机制创新——以课程体系建设为中心》，载《中国法学教育研究》2017 年第 2 期；韩永红、覃伟英：《面向“一带一路”需求的涉外法治人才培养——现状与展望》，载《中国法学教育研究》2019 年第 1 期；曲欣、张鹏飞：《从法律英语证书(LEC)考试看我国涉外法治专业人才培养路径》，载《语言与法律研究》2019 年第 1 期；张法连、李文龙：《我国涉外法治专业人才培养体系构建研究》，载《语言与法律研究》2019 年第 1 期；黄进：《完善法学学科体系，创新涉外法治人才培养机制》，载《国际法研究》2020 年第 3 期；陶立峰：《新时代涉外卓越法治人才培养路径探索》，载《黑龙江教育(高教研究与评估)》2021 年第 2 期。

〔2〕 参见黄进：《如何加强涉外法治人才培养》，载《法制日报》2019 年 11 月 20 日，第 9 版；李晓磊：《涉外法学教育的国家战略情怀——专访对外经济贸易大学法学院院长梅夏英》，载《民主与法制时报》2019 年 12 月 12 日，第 5 版；张法连：《我国涉外法治专业人才培养是系统工程》，载《法制日报》2019 年 3 月 13 日，第 12 版；杜焕芳：《为高水平对外开放提供智力支持》，载《人民日报》2020 年 7 月 20 日，第 9 版；刘仁山：《充分发挥人民法院在涉外法治人才培养中的重要作用》，载《人民法院报》2020 年 10 月 13 日，第 2 版；张法连：《涉外法治人才培养要走出“法律 + 外语”误区》，载《法制日报》2020 年 9 月 21 日，第 6 版；刘晓红：《以习近平法治思想为引领　加强涉外法治人才培养》，载《法制日报》2021 年 1 月 20 日，第 9 版。

法律工作的重要性和紧迫性。党的十八届四中全会审议通过的《中共中央关于全面推进依法治国若干重大问题的决定》,第一次以党的文件形式明确提出要"加强涉外法律工作",并对加强涉外法律工作作出了重要部署,明确了完善涉外法律法规体系、参与国际规则制定、强化涉外法律服务、深化司法领域国际合作、加强反腐败国际合作、参与执法安全国际合作等诸多方面的重要任务,提出了"建设通晓国际法律规则、善于处理涉外法律事务的涉外法治人才队伍"的具体目标。2019 年 2 月 25 日,习近平总书记在主持召开中央全面依法治国委员会第二次会议上强调,加强涉外法治建设,为推进改革发展稳定工作营造良好法治环境,明确提出要加快推进我国法域外适用的法律体系建设,加强涉外法治专业人才培养,积极发展涉外法律服务,强化企业合规意识,保障和服务高水平对外开放。涉外法治建设是习近平法治思想的重要内涵,习近平法治思想为涉外法治专业人才培养指引了方向,明确了具体的任务和要求。

三、高校涉外法治人才培养存在的问题

实践证明,自改革开放以来,我国在涉外法治人才培养方面已经取得了很大的成就,为涉外法治领域输送了大量的涉外法治人才,涌现出了一大批活跃在国际司法领域的杰出人士,为争取国际法治话语权,提升中国法治的国际影响力,作出了突出的贡献。[1] 但是,应当看到,我国涉外法治人才培养还存在一些问题和不足,现有的涉外法治专业人才培养还不能满足新时代对外开放的实际需要。

(一)涉外法治专业人才培养总体数量不足

涉外法治工作复杂而多元,具体包括:参与国际规则制定,推进国际法治建设;解决国际法律争端,接轨国际司法实践;发展涉外法律服务业;开展中外法律交流;开展法治对外宣传等。换言之,国际立法、执法、司法、法律服务、学术交流、对外宣传等各个领域,都需要涉外法治专门人才。[2] 然而,目前,在各类涉外事务中,中国的复合型高端外语人才寥寥无几,精通外语、能直接参与国际合作与国际竞争的国际化人才极其匮乏,[3] 这与中国的大国地位、形象和国际影响力还不相匹配。

相关数据显示,中国涉外法治专业人才面临巨大缺口。2009 年,在中国翻

---

〔1〕 参见黄进:《如何加强涉外法治人才培养》,载《法制日报》2019 年 11 月 20 日,第 9 版。

〔2〕 参见屈文生:《建设涉外法治工作队伍需要法律外语人才》,载《中国高等教育》2017 年第 7 期。

〔3〕 参见仲伟合、王巍巍、黄恩谋:《国家外语能力建设视角下的外语教育规划》,载《语言战略研究》2016 年第 5 期。

译市场年产值300亿元人民币的市场中，超过60%的翻译业务被外国翻译公司与合资公司拿走，法律翻译的85%被外国翻译公司或中外合资公司拿走。[1]全国范围内，能熟练运用外语和法律知识与国外客户洽谈业务、签订合同的人才仅有2000个左右；熟知国际法、国际贸易法和世界贸易组织规则的律师更是稀缺，即便在最前端的上海，5000多名律师中只有约50名具备这样的素质和能力。[2] 截至2013年，专门从事涉外法律业务的律师约3000人，其中能独立办理涉外仲裁、跨境诉讼的律师不足200人，能办理“两反两保”案件的律师不足50人，能在世界贸易组织参与争端解决案件处理的律师不足20人。[3] 据统计，在联合国系统的雇员中，中国籍雇员目前仅占1.12%，位列第11，居菲律宾、印度、俄罗斯等国之后。[4] 涉外法治人才培养的数量匮乏，还支撑不起中国参与国际法律事务的直接需求。

（二）高校涉外法治专业人才培养意识不足

习近平总书记在中国政法大学考察时强调，高校是法治人才培养的第一阵地。同样，涉外法治人才培养的主要阵地还是在高校。涉外法治专业人才属于跨学科、交叉融合性、复合型人才，当前我国高等教育还存在学科与专业上的天然壁垒，学科划分、制度设计等外部因素并不利于复合型、交叉型创新人才的培养，无论是法学院，还是外语学院，均存在各自的优势，也存在人才培养同质化、脱离实践性、复合型人才培养深度不足等共性问题，涉外法治人才培养质量差别较大，总体上尚未形成一套整体性、系统性的涉外法治人才培养机制。[5]

法学院培养的专业人才，法学专业知识较强，但外语能力相对薄弱，还存在将涉外法治人才培养等同于建设国际法学科、国际法专业、教授国际法课程等简单化理解，[6]侧重于国际法课程和法律英语课程，甚至存在将涉外法治人才培养等同于多选送学生出国学习或多引进外教、引进英文教材的误区，[7]忽视

〔1〕 参见顾惟忱：《关于改进高校法律翻译教学机制的思考》，载《河北师范大学学报（教育科学版）》2010年第12期；顾惟忱：《论法律翻译人才在涉外经济中的作用》，载《河北学刊》2011年第4期。

〔2〕 参见董伟：《人才短板阻碍中国企业走出去》，载《中国青年报》2010年7月8日，第12版。

〔3〕 参见冷帅等：《中国涉外法律服务业探析（上）》，载《中国律师》2017年第5期。

〔4〕 参见林嘉：《新时代涉外法治人才的培养》，载中国法学会网2018年9月28日，https://www.chinalaw.org.cn/portal/article/index/id/19651.html，最后访问日期：2022年1月18日。

〔5〕 参见贺赞：《涉外法治人才培养机制创新——以课程体系建设为中心》，载《中国法学教育研究》2017年第2期。

〔6〕 参见刘晓红：《以习近平法治思想为引领　加强涉外法治人才培养》，载《法制日报》2021年1月20日，第9版。

〔7〕 参见贺赞：《涉外法治人才培养机制创新——以课程体系建设为中心》，载《中国法学教育研究》2017年第2期。

了学科之间的深度交叉和融合，从而弱化了人才培养质量，学生涉外法治实践能力不强，导致应用型涉外法治人才培养不足，还无法适应“一带一路”涉外法治工作的实际需要。

在外语学院涉外法治人才培养的模式中，不少院校普遍重视语言技能训练，忽视法学专业知识的融合与学习，一些院校仅仅是将语言课程和法学课程简单叠加，并没有形成语言与知识的有效融合，各个大学的法律英语教学不以法律职业为目标导向，人才培养机制上缺乏法律职业部门的介入和引导，〔1〕主要是走“学院派”路线，“学院派”的法律英语教授的是形而上的法学原理，〔2〕其存在的主要问题是，法律英语教学严重脱离法律服务和语言服务的实际，无法满足涉外法治工作对复合型、跨专业人才的更高标准的需求。

四、高校涉外法治人才培养的对策

作为一项系统性的工程，涉外法治人才培养当然不能一蹴而就，需要长期的投入与不懈的努力，〔3〕充分发挥高校法学院、外语学院在培养涉外法治人才培养中的基础性和先导性作用，同时发挥实务部门、政府部门、涉外企业的作用，加强顶层科学设计，以国家战略需求为先，夯实基础，拓展路径，稳步推进涉外法治专业人才培养目标和教育宗旨的实现。

（一）走出认识“误区”，明晰涉外法治人才培养的内涵

涉外法治人才是指具有国际视野、通晓国际规则、善于处理涉外法律事务、能够参与国际合作与国际竞争的高端复合型法律人才。涉外法治人才具有两个层面的意涵，即外语语言能力和法律专业知识。涉外法治人才首先应是外语人才，娴熟的语言能力是参与国际法律事务的前提和基础，而熟悉国际规则、掌握英美法体系，又是提高涉外法治能力在专业知识体系上的保障。

涉外法律工作内容并不等于国际法课程。目前，联合国国际法院运用的司法程序依据英美法，国际贸易的基本规则同样依照英美法，英美法体系因其历史悠久而一直在英联邦等国家和地区沿用，英美法也是我国法域外适用的法律体系建设的核心内容。〔4〕因此，涉外法律工作主要围绕英美法体系的内容和规则而展开，涉外法治人才培养并不是“法律＋英语”的简单组合，也不是简单

---

〔1〕参见王健：《构建以法律职业为目标导向的法律人才培养模式——中国法律教育改革与发展研究报告》，载《法学家》2010年第5期。

〔2〕参见屈文生：《法律英语教学须直面的若干问题》，载《中国外语》2017年第4期。

〔3〕参见张法连：《“一带一路”背景下法律翻译教学与人才培养问题探究》，载《中国翻译》2018年第2期。

〔4〕参见张法连：《我国涉外法治专业人才培养是系统工程》，载《法制日报》2019年3月13日，第12版。

地等同于设置国际法课程，它应该在英美法知识体系的基础之上，设计独立的学科体系，构建自成体系的课程组合，法律英语复合型人才也只是涉外法治人才的初级阶段，还需要经过分阶段、分层次培养，逐步提升涉外法治人才培养的质量与内涵。

(二)以行业需求为导向，进行跨学科、系统性建构

我国传统的高等教育重视学术教育，轻视职业教育，导致培养的人才到岗后不能尽快胜任工作任务。[1] 职业教育是与产业、行业和就业密切联系的，[2] 国际化的法学教育一定是以法律职业教育为导向的，否则无法与欧美发达地区处在同一平台上竞争，[3] 涉外法治人才培养的定位应该是应用型、实践性职业教育。

人才培养目标决定教育教学实施的路径。涉外法治专业人才的培养是多层次、多方面的，需要多主体参与，法学院和外语学院都是培养涉外法治人才的重要力量，虽然两者的培养目标和侧重点存在一些差异，但这两股重要的力量并非处于相互对立的位置，而是应该发挥优势互补的作用，彼此都要认识到各自存在的问题，取长补短，优化升级，融合共通。不管是法学院还是外语学院主导涉外法治人才培养，从职业教学的角度来说，在师资队伍建设、实践项目等诸多环节上，都需要充分考虑行业的需求，以行业的需求来决定培养模式和内容。[4]

涉外法治人才培养涉及师资建设、课程体系、课程内容、教学方法、教材编写、实践基地等一系列环节，既需要院校加强顶层设计，从宏观上实现总体布局和规划，也需要注重细节，寻找不同专业交叉、融合发展的切合点，实现学科之间的交叉和渗透。涉外法治人才既需要学好外语，也需要掌握法律专业知识，四年制本科或许在时间安排上不够充分，还无法达成涉外法治人才培养高层次的标准和要求，将法学本色与外语特色两手抓、两手都要硬，最好是“本硕连读”或“硕博连读”，[5] 可以在外语学院设置 5 年制法律英语双学位专业(3 年法律英语专业 +2 年涉外法律)，也可以在法学院贯通涉外法律本硕连读专业

---

〔1〕 参见李晋、董晓波：《面向“一带一路”的我国法律翻译人才培养：问题与对策》，载《译苑新谭》2019 年第 2 期。

〔2〕 参见屈文生：《法律英语教学须直面的若干问题》，载《中国外语》2017 年第 4 期。

〔3〕 参见李晓磊：《涉外法学教育的国家战略情怀——专访对外经济贸易大学法学院院长梅夏英》，载《民主与法制时报》2019 年 12 月 12 日，第 5 版。

〔4〕 参见谢樱、袁汝婷、杨玉华：《职教“迎春”，真“翻身”尚需做功课》，载《新华每日电讯》2014 年 6 月 4 日，第 4 版。

〔5〕 参见王文华：《论涉外法治人才培养机制创新》，载《中国大学教学》2015 年第 11 期。

(4 年法律英语专业 +2 年涉外法律),[1] 这就需要打通外语学院和法学院之间的制度屏障,实现资源共享与融合、机制互通与合作,逐步提升涉外法治人才培养的层次。

在机制设置上,应当尊重教师的个性优势,允许有能力的教授在法学院、外语学院之间"跨界"授课,在不同学科点上指导研究生,涉及跨学科领域、交叉专业知识,而专职教师暂时无法做到的,可以通过选聘校外专家的方式来加强教师队伍建设,从英美等国高校的法学院聘请教师到校为学生进行短期授课(如暑期学校、系列讲座等),也可以从外资律所中选聘从事涉外法律业务的律师给学生开设法律英语课程,讲授"学院派"教师暂时无力顾及的内容。[2] 同时,健全学术交流、培训和提升机制,加强教育培训,打破不同学科之间沟通和交流的屏障。比如,对法学院的教师进行法律英语的教学培训,鼓励外语学科教师去法学院进修深造,通过骨干研修、在职攻读学位、国内外考察研修等多种途径,丰富教师的知识结构,推动教师观念、知识和能力全面提升。在实践教学平台建设上,与国际接轨,对准世界标准,通过国际模拟法庭竞赛、课外实习和法律诊所课程等环节,[3] 全面检验学生涉外法律应用能力和涉外法治工作能力。

(三)加强智库建设,创新涉外法治人才培养模式

中国高等教育学会原会长瞿振元说过,高校智库要出思想,出人才,更要育人。[4] 涉外法治人才培养需要法学与外语交叉性的学科知识,属于智库人才的范畴,传统人才培养模式的单一化,无法满足国家战略的重大需要,必须形成"一专多能"的复合型团队,在高校智库建设中逐步孵化外向型、复合型法治人才。智库建设是实现专业人才培养转型升级的"重要抓手",国内一流大学、重点大学可以从学校层面出发,突破学科专业体制之间的壁垒,理顺利益关系,实现机制创新,在既有的外语学院和法学院之间设置沟通渠道,建设涉外法治建设或涉外法律服务专业智库,融合外语和法学专业,实现专业知识和思想智慧之间的融通,蓄积涉外法治人才培养的资源和能量。

---

〔1〕 参见张法连:《涉外法治人才培养要走出"法律 + 外语"误区》,载《法制日报》2020 年 9 月 21 日,第 6 版。

〔2〕 参见屈文生:《法律英语教学须直面的若干问题》,载《中国外语》2017 年第 4 期。

〔3〕 参见李晓磊:《涉外法学教育的国家战略情怀——专访对外经济贸易大学法学院院长梅夏英》,载《民主与法制时报》2019 年 12 月 12 日,第 5 版。

〔4〕 参见王珩:《高校智库建设的理论范式和实践创新——浙江师范大学非洲研究院十年发展报告》,世界知识出版社 2017 年版,第 212 页。

多元化、强大的复合型师资队伍，是强化涉外法治高层次人才产出的基础和保证，通过本土招聘与全球招聘相结合，网罗高水平外籍法学专家、精通外语的智库专家、国际法律事务实战精英等，融合不同学科的背景知识，建立涉外法治人才培养的复合型教师队伍。学术研究、决策咨询是智库的主要功能，智库的科研成果如专著、论文、译著、咨询报告等，是促成智库人才培养的“原材料”，通过充分吸收原材料的精华，形成原创性、系统性、特色化的专业知识和课程内容，反哺教育教学，并通过国际性学术交流、会议、论坛、数据库建设、科研项目建设等实践平台，支撑起涉外法治人才的培养结构体系，形成本科、硕士乃至博士连贯的应用型法治人才培养模式。

（四）构建涉外法治人才的协同培养机制

无论是法学还是外语，都是实践性很强的学科，都需要将理论知识的学习和具体实践紧密结合，涉外法治人才的培养必须提升国际化水平、加快国际化发展，建立开放性、高端的协同创新育人平台。在本土情境下，不同高校之间可以充分利用优势学科专业资源，形成跨学科人才培养的合力，在校际之间探索联合培养“高端涉外法治人才”，高校还可以和国家部委、涉外政府部门、涉外企业、涉外律所等开展合作，如充分发挥人民法院在涉外法治人才培养中的重要作用，[1]共建实践教学基地，提升理论课程与教学实践的协同力；在国际化的情境中，高校可以与境外高校、科研机构、专业智库、国际组织以及政府之间建立紧密合作关系，积极推进教师互派、学生互换、课程互通、学分互认和学位互授联授等实质性合作，实现海内外合作办学、专业共建、联合培养、政产学研用等合作，[2]促进智库建设与学科建设的创新力，提升涉外法治人才的实践水准，实现师资与学生两支人才队伍同步培养和提高。

（五）创新涉外法治人才培养评价方式

考量标准是人才培养的纲，也是教学改革的指挥棒，[3]合理的评价机制决定涉外法治人才培养的水平与高度，涉外法治人才培养的评估需要创新评价体制和机制。法律人才培养分层化也是对我国法学教育资源分布不平衡现状的

---

〔1〕 参见刘仁山：《充分发挥人民法院在涉外法治人才培养中的重要作用》，载《人民法院报》2020年10月13日，第2版。

〔2〕 参见王冠：《“外语+”复合人才培育促进外向型智库建设》，载《中国社会科学报》2018年7月5日，第2版。

〔3〕 参见吴晓锋、战海峰：《涉外法治专业人才考量标准研讨会在渝举行》，载《法制日报》2019年5月29日，第11版。

一种回应。[1] 人才培养的评价是一套系统性架构，既包含了宏观和微观多元层面上的内容，也需要根据人才培养的不同定位，建立基本统一的法律人才培养模式和分类培养管理机制。[2]

在宏观层面的管理上，建议在中央全面依法治国委员会之下设立"涉外法治专业人才培养和教育专门小组"，统一领导全国的涉外法治专业人才培养和教育工作。[3] 以目前各涉外法律人才培养和教育基地制订的卓越法治人才培养标准为基础，根据人才培养类型和实务部门需求，单独设置涉外法治人才培养的管理与评价部门，研究制定涉外法治专业人才培养的国家指导标准。遴选一批涉外法治人才培养成效较为突出的高校，作为示范性、骨干性院校，建立涉外法治人才培养国家基地，让这些高校起到"领头雁"的先锋示范作用；同时，对达不成人才培养标准和规范的高校，适时清退出队伍。

由于高校的类型不同，存在综合性、行业性高校等差别，就决定了各个高校法学和外语学科的优势不尽相同，其人才培养模式也存在综合型、特色实验班、专业复合等不同模式，[4] 涉外法治专业人才培养也应根据不同类型或高校学科专业的优势，确定不同的功能定位，避免同质化竞争，走出差异化路线，或是立足于培养综合性法治人才，或是培养专业性、不同领域性的法治人才，这就对应着不同的教材体系、课程体系、教学内容和教学方法，对评价标准的要求也应具备灵活性和多元性，从而释放涉外法治人才培养的活力。

在学科、专业建设的微观评价上，以细致、科学的新文科建设和培养标准为指引，实现文理融通、经法管融通、理论与实践融通、国际法和国内法融通、法律和政治融通。[5] 评价内涵要求转变认识和思维方式，传统的学术评价拘泥于科研项目、论文、著作、获奖等指标的数量和等级，涉外法治专业建设是定位于职业教育、为解决实际问题而展开的，要以实践为导向，积极、主动服务社会发展和国家需求，任何有利于涉外法律服务、参与国际法律事务、争取国际法治话语权等发展的研究形式和成果，比如，重要媒体报道、理论文章、咨询报告、政策

---

〔1〕 参见石佑启、韩永红：《论涉外法治人才的培养——基于广东外语外贸大学办学实践的考察》，载《广东外语外贸大学学报》2015 年第 3 期。

〔2〕 参见王健：《构建以法律职业为目标导向的法律人才培养模式——中国法律教育改革与发展研究报告》，载《法学家》2010 年第 5 期。

〔3〕 参见杜焕芳：《涉外法治专业人才培养的顶层设计及实现路径》，载《中国大学教学》2020 年第 6 期。

〔4〕 参见韩永红、覃伟英：《面向"一带一路"需求的涉外法治人才培养——现状与展望》，载《中国法学教育研究》2019 年第 1 期。

〔5〕 参见杜焕芳：《涉外法治专业人才培养的顶层设计及实现路径》，载《中国大学教学》2020 年第 6 期。

建议、国际法律服务项目、成果实际转化和应用等,都应该纳入评价的范畴。[1] 在评价方式上,实行分层、分类评价,不仅重视个人评价,也要突出不同院系之间跨学科、跨专业团队评价,突破传统以学科研究为导向的单一评价方式,转变为以实践导向的评价,建立问题研究的多元评价标准。

(六)建立涉外法治职业准入制度

总结一些职业教育发达国家的经验,其就业的一大特色就是建立和完善就业准入制度,通过制定系统化、可操作性强的从业标准,严格规范职业准入流程,提升就业的门槛和质量。职业资格一般是指对从事某一职业所必备的学识、技术和能力的基本要求。[2] 我国也不妨建立涉外法治职业准入制度,提高涉外法治职业的准入门槛,有助于提升我国涉外法治建设的国际形象。

当前,法律英语证书(LEC)考试是国内现有的考察涉外法治专业人才的唯一考试,对于涉外法治专业人才培养起到了正面的反拨作用,[3] LEC 考试具有以考促评、以考促学、以考促教等重要的实际价值,并越来越受到国外律所和法学院的认可。[4] 然而,未来的涉外法治专业人才,不只是要具备相应的"知识"还要具备相应的"从业资格",[5] 这就要求我们不断地探索将 LEC 考试从简单的"水平考试"升级为"职业资格考试",在 LEC 考试实践经验的基础之上,不断地完善和创新,设计出针对不同涉外法治领域的职业资格分类考试,突出业务实践能力的考核,综合考察专业人才在涉外法治不同领域内应当具备的语言能力和专业技能,从而推进涉外法治从业人员朝着更加职业化、精英化的方向发展。

五、结语

习近平法治思想为涉外法治人才培养指明了方向,贯彻落实习近平法治思想,需要学者们潜心研究,从理论和实践上寻找到可行的对策,为涉外法治人才培养提供智力支持。当前,高校涉外法治人才培养还存在总体数量不足的问

---

〔1〕 参见董晓波、胡波:《新时代学术评价要有"三新意识"》,载《中国社会科学报》2019 年 4 月 2 日,第 1 版。

〔2〕 参见许多、屈文生:《关于建立法律翻译职业准入制度的若干思考》,载《外语与外语教学》2014 年第 4 期。

〔3〕 参见曲欣、张鹏飞:《从法律英语证书(LEC)考试看我国涉外法治专业人才培养路径》,载《语言与法律研究》2019 年第 1 期。

〔4〕 参见吴晓锋、战海峰:《涉外法治专业人才考量标准研讨会在渝举行》,载《法制日报》2019 年 5 月 29 日,第 11 版。

〔5〕 参见许多、屈文生:《关于建立法律翻译职业准入制度的若干思考》,载《外语与外语教学》2014 年第 4 期。

题，背后有高校涉外法治人才培养的意识不足、经验不足和能力不足等原因。高素质涉外法治人才培养需要相对独立、自成一体的人才培养目标与机制：需要高校走出认识上的误区，真正理清涉外法治人才培养的内涵，突破法学院、外语学院的学科限制，破除体制上的壁垒，在不同学科之间创新实践人才培养的模式，通过加强智库建设来实现复合型人才培养的突破；同时，也需要管理部门给予系统完整的相关政策支持，理顺体制机制，克服制度上的阻滞，创新人才培养的评价方式。

推动产业绿色转型发展

——以江苏丹阳市为例

周丽萍*

【内容摘要】法治是发展的可靠保障。推动产业绿色转型发展离不开法治意识与法治思维，只有深入学习领会贯彻习近平法治思想，遵循创新、协调、绿色、开放、共享的新发展理念，才能因地制宜、凸显特色，持续推动节能减排和绿色发展，才能扎实做好碳达峰、碳中和工作。本文基于深度调研，就丹阳市产业绿色转型发展面临的困境进行了梳理，并提出相应对策，以期对加快低碳城市建设有所裨益。

【关键词】习近平法治思想　产业发展　绿色转型

习近平法治思想不仅具有十分重大的理论和实践意义，而且具有非常深刻的政治和法治价值。要深入领会、切实贯彻习近平法治思想，充分发挥政府职能作用，以强有力的法治保障谱写丹阳产业绿色转型高质量发展的新篇章。“十四五”规划纲要提出“促进经济社会发展全面绿色转型，建设人与自然和谐共生的现代化”。为此，如何持续推动节能减排和绿色发展，扎实做好碳达峰、碳中和工作，成为一个重要课题，党校课题组基于深度调研，就丹阳市产业绿色转型发展面临的困境进行梳理，并提出相应对策，以期对加

---

* 周丽萍，管理学博士研究生，镇江市第六期“169 工程”学术技术带头人培养对象，丹阳市委党校高级讲师，丹阳市委改革发展智库兼职研究员。

快低碳城市建设有所裨益。

一、江苏丹阳市产业绿色转型面临的四大困境

近年来,丹阳市坚持“环保立市”“生态立市”战略,将“绿色崛起”作为美丽丹阳的发力点,多措并举打好大气、水、土壤污染防治“三大战役”,使产业结构变“轻”,发展模式变“绿”;针对重点耗能企业持续加强节能管理,通过改进生产工艺、调整产品结构,取得了积极成效。然而,随着形势的发展,节能空间不断收窄,丹阳市节能减排形势仍十分严峻。

(一)传统能源结构优化不力

面对化石能源的不断枯竭和能源消费的不断增长,中国能源消耗面临巨大挑战。而丹阳市目前的能源结构仍以化石能源为主,能源结构优化不到位,新能源种类较少,目前仅有太阳能和生物质能等,其他新能源(风能、水能等)有待进一步拓展。同时,丹阳市能耗总量较高,近3年(2018—2020年)单位GDP能耗虽然分别下降4.71%、0.61%、4.21%,但由于丹阳市经济体量大且增长势头强劲,能源需求总量依然持续增长,仅仅2020年的能耗总量就近383万吨标准煤。

(二)高能耗产业转型升级乏力

一些企业对淘汰落后产能认识不到位,认为节能减碳是对经济发展“做减法”,不利于稳定生产,无法适应新形势、新任务要求。产业结构仍以第一产业为主,高耗能工业企业依然较为集中,就目前丹阳市700多家规模以上企业来看,六大高耗能行业企业占比达到16.6%,能源消耗占比高达72.46%,较之于周边城市比例偏高,所以,丹阳市产业转型升级的压力较大。

(三)绿色发展体制机制创新不足

目前丹阳市体制机制改革仍停留在起步阶段,一些改革措施落实不到位;市场化推进机制不健全,排污许可、排污权交易、第三方监管、政府购买服务、资源环境价格改革等有待进一步深化;基层环境监管不力,农村环保投入仍需加大;生态文明意识有待进一步提升,一些企业社会责任感不强,甚至存在不同程度的环境违规行为。

(四)居民绿色生活方式培育不够

绿色生活方式是指在衣、食、住、行、游等方面遵循勤俭节约、绿色低碳、文明健康要求的生活方式。倡导和培育绿色生活方式是顺应时代发展、促进经济转型之需。目前,居民的低碳意识、环保意识和绿色消费意识不强,这与绿色生活方式的宣传引导不到位存在千丝万缕的关系。

二、产业绿色转型典型案例的做法与启示

在2021年年初国家确定的首批31家“绿色产业”示范基地中，江苏3家开发区入选（苏州高新技术产业开发区、盐城环保高新技术产业开发区、常州经济开发区），总数高居全国第一。主要介绍几个典型案例作为借鉴。

（一）主要做法

1. 新兴产业“一绿到底”。位于常州经济开发区的光大环保能源（常州）有限公司将生活垃圾“变废为宝”，成为中国首个建在城市社区，无围墙、全开放、超低排放且建有诸多便民惠民设施的“城市客厅”和“邻利工厂”，截至2021年1月，该公司累计处理生活垃圾超过490.94万吨，累计处理渗滤液101.89万吨，累计发电超过12.68亿千瓦时，上网电量10.28亿千瓦时。位于苏州高新技术产业开发区的苏州力神能源科技有限公司，生产200粒5号电池大小的锂电池只需1分钟，锂电池不含重金属，回收处理更环保，目前公司一年可为近10万辆新能源汽车提供配套。苏州固德威电源科技股份有限公司研发生产的逆变器大规模销往全球80多个国家和地区，2020年成功在科创板上市，市值突破200亿元。

2. 传统产业“向绿而生”。绿色产业，并非一个绝对概念，事实上大多数产业都有一定的“含绿量”，关键在于如何“向绿而生”。苏州高新区在培育绿色产业增量的同时，注重不断推进原有存量的转型升级。2018～2020年，该区累计淘汰低端低效落后产能企业229家，关停转移整治和淘汰落后产能，在新修订的《苏州高新区工业高质量发展扶持政策》中，对列入省级以上淘汰落后计划项目及企业自主淘汰落后产能项目，按淘汰设备资产净值予以一定奖励。盐城环保高新区结合产业上下游重新定位发展方向，开发循环再生产业，打通节能、减排、可持续的绿色产业链条，新引进了中车超级电容公交车、日本东丽膜组件、垃圾高效焚烧炉、节能锅炉等项目。

（二）有益启示

1. 政府激励引导，支持绿色低碳发展。不管是苏州高新区、盐城高新区还是常州经济开发区都离不开政府的政策倾斜，当地政府制定了一系列高质量发展的扶持政策，对淘汰的落后产能项目设备给予一定奖励，积极鼓励绿色产业链上线，推进原有产业存量转型升级，推动新兴产业成功上市。

2. 产业积极响应，创建绿色经营模式。传统产业根据新一轮科技革命和产业变革提出的绿色发展新要求，通过技术升级、产业融合，改变要素配置结构，降低工业对自然资源的消耗，加快产业间合纵连横，组建各类战略联盟，共同攻

克新技术难关,全面推动传统产业绿色转型。

3. 企业自主行动,落实节能减碳目标。面对日益加剧的资源约束和环境压力,传统企业采取自主管制方式,通过深挖企业减污控污潜力,自主确定减排任务,自主实施减排降碳计划,从战略、规划、工艺技术等不同层面入手,自主落实对应的奖惩措施,全面推动落实节能减碳目标。

三、加强法治建设,“五维度”推进绿色低碳城市建设

法治是发展的可靠保障,要进一步深入学习领会贯彻习近平法治思想,通过中国共产党领导下的法治建设,树立新理念、转变旧观念、加强统筹规划、建立相关的制度体系和运行机制,加快产业绿色转型发展,大力推进绿色低碳城市建设。具体表现为以下五个方面:

(一)绿色理念:自然为源、创新为魂

1. 绿色理念贯穿于规划始终。要抓住源头,将绿色生态理念贯穿于规划始终,不断健全规划体系,形成城乡、土地利用、生态环境保护等规划“多规合一”的体系,区域规划编制、重大项目布局,必须符合主体功能定位,城镇空间布局必须切合实际,从而构建平衡适宜的城乡建设空间体系。

2. 创新构建绿色低碳制度体系。2021 年 2 月,《国务院关于加快建立健全绿色低碳循环发展经济体系的指导意见》指出:“建立健全绿色低碳循环发展经济体系,促进经济社会发展全面绿色转型,是解决我国资源环境生态问题的基础之策。”为此,要加快创建绿色低碳制度体系,推行新型商业模式,构筑有力的制度支持体系。

(二)绿色能源:清洁低碳、安全高效

1. 优化能源结构,提高能源利用效率。调整能耗结构,严控新增耗煤项目,提高天然气等清洁能源利用比例,重点推进飞达煤改气、华海燃机热电联产、光伏发电等项目;深化重点用能单位节能管理,执行能源统计、节能审查等制度,加快丹阳开发区和高新区循环化改造,进一步推进资源综合利用产业规模化、高值化和集约化。

2. 提高能源转化率,突出重点领域。能源转化率是指有用功和总功的比率,能源转化率越高越有利。要以最低的能源、最小的环境损失,换得最大的回报。同时要持续突出重点领域:工业领域开展能效提升、能效对标行动;建筑领域加快实施建筑节能改造,提高绿色建筑比重;交通领域,要加快新能源汽车使用。

（三）绿色产业：传统产业高端化，高碳产业低碳化

1. 翻好“高低杠”，做好“加减法”。习近平总书记强调指出：要推动传统产业高端化、智能化、绿色化，推动全产业链优化升级。为此要翻好“高低杠”，“高”就是传统产业高端化，“低”就是高碳产业低碳化。翻好“高低杠”前提是要做好“加减法”，“加”是做大做优、提质增效，“减”是限小汰劣、治污减排。

2. 高碳产业低碳化，低碳产业集聚化。通过技术创新与制度创新，实现清洁能源结构和高能源效率的产业集群，通过设立项目扶持资金，支持各类绿色制造、节能改造项目。同时，通过实施差别化电价、阶梯气价和水价等方式，倒逼钢铁、化工等传统高耗能行业转型升级。

（四）绿色生活：以“绿色接力”加快“向绿而行”

1. “绿色账户”积累绿色贡献。鼓励居民建立绿色账户，通过绿色账户积累绿色贡献值或积分，兑换生活用品、公交免乘次数、共享单免骑次数等；创新模式开展绿色回收，运用现代网络科技，开展网上预约，上门回收，提升居民对绿色发展成果的参与感和获得感。

2. 共建共治共享激发“向绿而行”。“功崇惟志，业广惟勤。”通过评选“绿色家庭”“生态小区”等，多措并举，推进共建共治共享，让天空蓝和草木绿的“愿景”变成“实景”；同时，持续推动生态环境保护公益诉讼，制定正面清单、搭建智慧环保平台，创新精细化监管模式，不断激发人民群众“向绿而行”。

（五）绿色格局：打造“三大空间”，构建生态大格局

1. 变空间“规划图”为“实物量”。深入推进生态文明建设，着力构建三大绿色空间格局，使“生产空间”集约高效、“生活空间”宜居适度、“生态空间”清新秀丽。加快建设、主动作为，争取把“规划图”变成“施工图”“实物量”。不断提升城市品质，引导重点项目兼顾城市功能，抓好立面设计建设，展示城市魅力。

2. 从“产城人”到“人城产”。传统的“产城人”是把“产业”摆在第一位，通常是以“廉价要素吸引企业、企业吸引人才”，该模式比较适合劳动密集型产业，但并不适宜技术、信息密集的高端产业；而“人城产”是把“人”摆在第一位，紧紧围绕“人”来做文章，以期达到“以城聚人、以人聚产，以产兴城”，从而实现一个地区的长远发展与繁荣。

百年党史视野中的法治宣传教育

吴　欢*

【内容摘要】法治宣传教育在我国具有深厚历史传统和鲜明文化底色。党领导法治宣传教育的百年历程丰富多彩，内涵深刻。新民主主义革命时期，党在革命法制宣传和局部执政实践中，开启了马克思主义法治理论中国化、时代化和大众化的历史进程，孕育了百年法治宣传教育的红色基因。新中国成立后，历经社会主义革命与建设时期的曲折探索，至改革开放以来，伴随依法治国基本方略的确立和中国特色社会主义法律体系的形成，法治宣传教育实现了从法律知识普及到法治认同培育的重大转变。党的十八大以来，在习近平法治思想指引下，法治宣传教育充分彰显价值引领，有机融入战略布局，科学构建工作格局，积极创新方式方法，系统强化制度保障，有力推动了社会主义法治文化建设迈上新台阶，中国特色社会主义法治自信在新时代新阶段全面增强。从大历史的长时段来看，百年法治宣传教育是"四史"融会贯通的重要交汇点，具有重要的法治文明意义，要坚定不移地通过法治宣传教育讲好中国法治故事、弘扬中国法治自信。

【关键词】法治宣传教育　法治文化　法治自信　百年

---

* 吴欢，南京师范大学法学院/中国法治现代化研究院副教授、博士后研究人员。本文系国家社科基金重大招标项目"习近平法治思想研究"（项目编号：20&ZD004）的阶段性成果。

法治是人类文明进步的重要标志和经济社会发展的可靠保障,同时法治的原理、制度及其运行是高度专业化的知识系统。面对此种普遍功能与专业门槛之间的紧张关系,西方法律传统大体上选择坚守法治的专业属性,法律知识系统长期以来主要被少数社会精英掌握和传承;[1] 中国法律传统则秉持整全性的治理观,在强调"礼乐政刑综合为治"的同时注重法律知识的宣传与教育。[2] 就此概括而言,中国语境中的法治宣传教育,尽管提出较晚,[3] 实为具有深厚历史传统和鲜明文化底色的法政概念。从语用沿革来看,法治宣传教育脱胎于改革开放以来的法制宣传教育;但在语义生成上,法治宣传教育有着长期系统的孕育发展过程。[4] 习近平总书记强调指出"我们党历来重视法治建设",[5] 这自然包含党对法治宣传教育的重视。时值中国共产党成立百年,从大历史的视野总结回顾党领导法治宣传教育的百年历程,分析阐释其文化底色、变迁线索与文明意义,对于新时代新阶段讲好中国法治故事、弘扬中国法治自信具有重要意义。

一、百年法治宣传教育的文化底色

四库馆臣曾云,"刑为盛世所不能废,而亦盛世所不尚"。此番论断表明了法(刑)在"礼乐政刑综合为治"的传统治理模式中的重要地位。欲使民守法,必先使知法。法治宣传教育固然是当代热词,但从功能意义上讲,以官方或半官方的形式宣传法律知识,实乃古今中国一以贯之的法政公约数。[6] 传统中国的法律宣教是深刻理解党领导法治宣传教育百年历程不可不察的文化底色。

先秦时期的法律宣教以悬法象魏、木铎传法、颁法于乡、聚民读法、执旌布宪等制度和春秋成文法公布运动为代表,并在战国变法改革中达到高潮。悬法象魏,如大司寇"布刑于邦国、都鄙乃县刑象之法于象魏,使万民观刑象"。木

〔1〕 参见韩慧:《法治、法律人共同体与法律教育——从英国法律史的角度解读》,载《山东社会科学》2008 年第 5 期。

〔2〕 参见张晋藩:《中国古代综合治国的历史探析》,载《行政法学研究》2011 年第 2 期。

〔3〕 本文所谓的法治宣传教育主要对应当代中国法治实践中的全民普法相关工作,不包括法学专业教育,同时采用功能主义立场,将古代和近代中国的相关史事纳入比较考察范围。笔者也注意到,由于对"宣传"(propaganda)存在曲解,西方语境中更多使用"传播"(communication)作为替代概念。

〔4〕 参见赵天宝:《中国普法三十年(1986—2018)的困顿与超越》,载《环球法律评论》2017 年第 4 期。

〔5〕 习近平:《论坚持全面依法治国》,中央文献出版社 2020 年版,第 1 页。

〔6〕 参见范忠信:《中国古代法律宣教制度及其主要特征》,载《河南省政法管理干部学院学报》2007 年第 4 期。

铎传法,如小司寇“帅其属而观刑象,令以木铎曰:不用法者,国用常刑”。颁法于乡,如乡大夫“受教法于司徒,退而颁之于其乡吏,使各以教其所治”。聚民读法,如州长应“各属其州之民而读法”,党正、族师应“属民而读邦法”。执旌宣禁,如布宪“执旌节以宣布于四方。而宪邦之刑禁,以诘四方邦国,及其都鄙,达于四海”。[1] 虽然《周礼》的记载未免有些理想化色彩,但也显示了先秦法律宣教制度的体系化程度。至于以子产铸刑书、赵鞅铸刑鼎为代表的春秋成文法公布运动,尽管不乏争议,但“民知有辟”“以征于书”相较于“议事以制,不为刑辟”,终究是法律公开主义的胜利。[2] 叔向和孔子的反对未能阻挡日益兴起的法家式改革,至战国,法家学派高扬“不别亲疏,不殊贵贱,一断于法”的旗帜,以持续变法推动秦国“奋六世之余烈”,终于成就中国历史上第一个大一统王朝。秦法家所提出的“法者,编著之图籍,设之于官府,而布之于百姓者也”“法莫如显”“明主之国,无书简之文,以法为教;无先王之教,以吏为师”等法律观点,所推行的“燔《诗》《书》而明法令”“为置法官,置主法之吏,以为天下师”“若欲有学法令者,以吏为师”等变法主张,所取得的“妇人婴儿皆言商君之法”“吏明知民知法令也,故不敢以非法遇民,民不敢犯法以干法官”“法大用,秦人治”等宣教效果,[3]集中呈现了先秦法律宣教的思想深度和实践力度,也为后世法律宣教发展孕育了重要文化基因。

秦汉以后的法律宣教大体上沿着法律儒家化进程,在德主刑辅、礼本刑用的框架内,根据现实治理需要而各有侧重和特色。得益于法家式变法,秦帝国“治道运行,诸产得宜,皆有法式”,秦始皇在泰山、琅琊、芝罘、会稽等地刻石纪法,客观上具有广布律法的功效。汉高祖刘邦初入咸阳,与关中父老“约法三章”,至天下大定,“汉家自有章法”,既“德主刑辅”又“外儒内法”,“霸王道杂之”。此种治国模式反映到法律宣教上,一方面是以春秋决狱彰显儒家价值,另一方面是以律博士传承律学知识,并行不悖的二者共同成就了汉代法制的恢弘气象。[4] 魏晋乱世,法律无言,但仍有《泰始律》编成后“抄《新律》诸死罪条目,悬之停传,以示兆庶”的记载,大约是在进行死刑罪名的民间普及。作为中华法系的代表作和礼法合一的典范,《唐律疏议》经武德开篇、贞观定律、永徽注疏、开元刊定,终于诏颁天下的编纂历程,既是重大国家立法活动,也是典型法律宣教过程。《贞观政要》等记载的太宗君臣执法守法故事,更使得“法与天

[1] 张晋藩:《中国古代官民知法守法的法律宣传》,载《行政管理改革》2020 年第 1 期。
[2] 参见黄东海、范忠信:《春秋铸刑书刑鼎究竟昭示了什么巨变》,载《法学》2008 年第 2 期。
[3] 参见臧知非:《秦“以吏为师、以法为教”的渊源与流变》,载《江苏行政学院学报》2008 年第 4 期。
[4] 参见张晋藩:《中国古代官民知法守法的法律宣传》,载《行政管理改革》2020 年第 1 期。

下共”成为唐一代法律宣教的主旋律。宋代法制是中国法制史上的又一座高峰,宋皇帝不仅多数知法懂法用法,还采取明法科、明法新科、试刑法等制度化考绩举措提升文官群体的法律素养;积极入世的士大夫不仅发出了“为天地立心,为生民立命,为往圣继绝学,为万世开太平”的时代强音,还通过断狱听讼活动正人心、一道德、厚风俗。[1] 明清时期法律宣教的典型形式是“讲读律令”,即“百司官吏务要熟读,讲明律意,剖决事务。每遇年终,在内从察院,在外从分巡御史、提刑按察史官,按治去处考校”。乡约、申明亭、讲读大诰、宣讲圣谕等制度,同样有助于明清法律知识的传播。[2] 以“例分八字”歌诀为代表的律学常识,也通过律学著述、讼师秘本、日用类书、笔记小说等形式广泛传播。[3]

传统中国的法律宣教概况大体如前所述。之所以在总结回顾党领导法治宣传教育的百年历程之前进行此番概述,首先是因为其具有重要的史鉴价值。张晋藩先生从正面立论,认为中国古代法律宣传的史鉴价值有三:一是立法贵在简明,便于官吏习法执法、百姓知法守法;二是首重官吏,次及百姓;三是法律宣传逐渐制度化、法律化。[4] 范忠信教授则从“中国特有的政治体制、社会组织体制、社会生产方式”出发,认为中国古代法律宣教制度具有维护至上皇权、强化宗法秩序、注重刑罚威慑等特点。[5] 两位学者的观点富有洞见,笔者在认同之余还想进一步强调,传统中国的法律宣教思想、制度与实践,在一定意义上或隐或现地影响乃至形塑了党领导法治宣传教育的百年历程,尽管二者在经济社会基础、政治意识形态和法律知识构成上有着显著不同。其之所以如此,或许可以用路径依赖或曰文化惯性等来解释,但未免有些被动消极。我们必须认识到:中国共产党是中国工人阶级的先锋队,同时是中国人民和中华民族的先锋队;中国共产党既是马克思主义的坚定传承者,也是中华优秀传统文化的坚定传承者。因而,正如下文将要指出的,党领导法治宣传教育的百年历程,既是马克思主义法治理论中国化、时代化和大众化的历史进程和中国特色社会主义法治道路的探索历程,也是法治宣传教育历史传统和文化底色创造性转化、创新性发展的百年历程。也正因如此,尽管党领导法治宣传教育的百年历程不乏

---

〔1〕 参见张晋藩:《古代官吏的“普法教育”》,载《中国法治文化》2015 年第 4 期。

〔2〕 参见徐忠明:《古代的普法:讲读律令》,载《北京日报》2015 年 1 月 12 日,第 15 版。

〔3〕 参见吴欢:《明清律典“例分八字”源流述略——兼及传统律学的知识化转型》,载《法律科学》2017 年第 3 期。

〔4〕 参见张晋藩:《中国古代官民知法守法的法律宣传》,载《行政管理改革》2020 年第 1 期。

〔5〕 参见范忠信:《中国古代法律宣教制度及其主要特征》,载《河南省政法管理干部学院学报》2007 年第 4 期。

曲折反复，但终究朝着讲好中国法治故事、弘扬中国法治自信的法治文化发展方向奋力前行。

二、从革命法制宣传到局部执政实践

1840 年以后，帝制中国的传统治理秩序在外来冲击下逐步瓦解，但模仿列强的“西法东渐”无助于挽救民族危亡局面。直到“五四运动”后的 1921 年，“中国产生了共产党，这是开天辟地的大事变”。[1] 正是由于有了中国共产党的领导，近代以来久经磨难的中华民族才能够实现从站起来、富起来到强起来的历史性飞跃。[2] 党领导法治宣传教育的百年历程，亦可遵循从站起来、富起来到强起来的历史主线来认识和把握。本部分先讨论从 1921 年中国共产党诞生到 1949 年新中国成立这段历史时期，即新民主主义革命时期的法制宣传教育。

新民主主义革命时期党领导的法制宣传教育，在 1921 ~ 1927 年的早期阶段，受制于内外部因素和主客观条件，主要依托党所进行的先进的、彻底的、大众的革命理想宣传而展开，尚未发展成为自觉的、独立的、专门的实践形态。应当承认，清末民国时期的法律移植具有重要的法治文明价值，但其本质上仍属于外源性的专业化知识，且始终由少数社会精英所推进，难以被广大民众普遍掌握进而迸发出革命性力量。[3] 与之相反，李大钊、陈独秀、毛泽东等早期共产党人，基于马列主义的先进信仰、反帝反封建的革命主张和依靠普罗大众的组织路线，其所从事的革命法制宣传从一开始就具有强大生命力和广泛影响力。早在建党之前的新文化运动中，陈独秀等党的创始人即以《新青年》为阵地，广泛宣传劳工神圣、男女平等、婚姻自由、言论自由等革命法制思想，成为那个“觉醒年代”的法治先声。[4] 1922 年 6 月，《中国共产党第一次对于时局的主张》明确提出党在法制领域的 11 项奋斗目标，充分反映了党站在人民大众的立场上推翻反动旧法制、建设革命新法制的革命主张，是中国共产党早期革命

---

〔1〕 习近平：《在庆祝中国共产党成立 95 周年大会上的讲话》，载《求是》2021 年第 8 期。

〔2〕 参见王炳林：《共和国成长之道——为什么能够实现从站起来、富起来到强起来的伟大飞跃》，载《当代世界与社会主义》2019 年第 3 期。

〔3〕 参见张勤：《法律精英、法律移植和本土化：以民国初期的修订法律馆为例》，载《法学家》2014 年第 4 期。

〔4〕 参见陈子远：《1918—1926 年间的中国马克思主义法律观》，载《法治现代化研究》2018 年第 5 期。

法制思想的集中展现，也是中国共产党早期革命法制宣传的主要内容。[1] 以此为基础，党的二大提出了党的最高纲领和最低纲领，强调党的革命法制宣传的目的是批判半殖民地半封建制的法律制度和法律秩序的反动性，论证革命及革命法制思想的合理性，进而动员大众突破旧法制的束缚，团结一切力量反对帝国主义和封建军阀，进行新民主主义革命。循此内容和目的，党的早期革命法制宣传教育以工人、农民为主要的受教育者，以反映工人、农民等劳苦大众利益诉求的政治权利与自由、劳动保护、男女平等等核心价值观为主要内容，以报纸杂志，工人夜校、农民讲习所等培训机构，以及立法实践活动为载体，以口头语言、口号等为表达形式，针对性地开展革命法制思想的宣传教育。[2] 包括革命法制宣传在内的党的早期革命理想宣传，是党发展壮大和走向成熟的重要思想推动力。

以 1927 年“八七会议”为转折点，中国共产党找到了“农村包围城市，武装夺取政权”的正确革命道路，开始进入局部执政阶段，党领导的法治宣传教育也因此有了根据地政权建设和法制建设作为依托，逐渐发展成为更具自觉性、独立性、专门性的实践活动及其制度体系。当然，正如红军既是战斗队又是宣传队又是工作队，这一时期党领导的法治宣传教育依然服从并服务于整体性的革命宣传和军事斗争需要，无法同全面执政条件下的常态化法治宣传教育相提并论。习近平总书记指出：“在新民主主义革命时期，我们党就制定了《中华苏维埃共和国宪法大纲》以及大量法律法令，创造了‘马锡五审判方式’。”[3] 与这一系列法制建设成果相伴随的，是从土地革命时期到解放战争时期发生在各革命根据地乃至“白区”的法制宣传教育实践。[4] 以中央苏区为例，诚如学者所指出的，“中国共产党在中央苏区开创性地进行了法制建设，积极进行立法，加强司法审判，有效开展法制宣传教育。中央苏区法制宣传教育在内容方面以理解马克思主义法律思想为基本前提，以知晓法律文本为核心任务，以信仰法律的生命力为根本导向；方法途径方面主要包括出版法律书籍、报纸杂志和大

---

〔1〕 参见饶世权：《党的早期法制宣传教育：1921—1927》，载《重庆社会科学》2014 年第 7 期。前述 11 项主张包括：“改正协定关税制，取消列强在华各种治外特权，清偿铁路借款，完全收回管理权；肃清军阀，没收军阀官僚的财产，将他们的田地分给贫苦农民；采用无限制的普通选举制；保障人民结社集会言论出版自由权，废止治安警察条例及压迫罢工的刑律；制定保护童工女工的法律及一般工厂卫生工人保险法；制定限制租课率的法律；实行强迫义务教育；废止厘金及其他额外的征税；改良司法制度，废止死刑，实行废止肉刑；征收累进率的所得税；承认妇女在法律上与男子有同等的权利。”

〔2〕 参见饶世权：《党的早期法制宣传教育：1921—1927》，载《重庆社会科学》2014 年第 7 期。

〔3〕 习近平：《坚定不移走中国特色社会主义法治道路　为全面建设社会主义现代化国家提供有力法治保障》，载《求是》2021 年第 5 期。

〔4〕 参见彭塞：《周恩来、刘少奇对党的白区工作的贡献》，载《毛泽东思想研究》1984 年第 4 期。

众读物，传播红色歌谣或编演话剧，开展干部教育、学校教育和社会教育等。中央苏区法制宣传教育取得显著的效果，改变了民众不懂法、不信法和不守法的封闭落后状况，造就了一支司法人才队伍，推动苏区法制建设向纵深发展，巩固并发展了苏区政权”。[1] 另据学者研究，陕甘宁边区法制宣传教育的主要内容包括宣传马克思主义法律思想、普及边区颁布的法律法规以及强化司法实践中的法律权威导向等，意在普及基本法律知识，增强民众法律意识，弘扬边区法律精神，并从法制实践中强化群众对法律法规的理解与遵守；边区建立了边区党委、边区参议会、边区政府、边区司法机关和群众团体的法制宣传教育协同体制，健全了边区法制宣传教育的组织机制、运作机制和保障机制；边区还通过出版法律书籍、开辟报刊专栏和创作文艺作品等方式传播法律信息，又通过建立完善干部教育、学校教育和社会教育体系普及法律知识，尤其注重在司法实践中强化法律意识，从而显著提升了边区民众对民主法制和边区政权的认同感。[2] 包括法治宣传教育在内的革命根据地局部执政经验，是新中国成立后党全面领导、长期执政的重要实践生长点。

不宁唯是，正如新民主主义革命时期马克思主义中国化的开创性理论引领着中国人民站起来，开启了中华民族伟大复兴的历史新纪元，新民主主义革命时期党领导的革命法制思想宣传和局部依法执政实践，构成了马克思主义法治理论中国化、时代化和大众化进程的实践性历史起点，孕育了百年法治宣传教育的宝贵红色基因。这一时期党领导的法治宣传教育，在指导思想、主要内容、基本目标、主客体关系、方法途径和实践效果等方面，都有别于近代中国一般意义上的法律移植范式，具有鲜明的阶级立场、彻底的革命精神、本土的问题意识、强烈的人民情怀、丰富的宣教内容、互动的方式方法和较好的宣教效果。这些方面的成就与经验，在1949年以后的法治宣传教育工作中得到了传承与发展。更重要的是，新民主主义革命时期党领导的法制宣传教育实践中提出的一系列正确法治主张和美好法治愿景，作为党的使命初心和人民美好生活不可分割的一部分，也在1949年以后历经曲折成为新时代法治中国建设宏伟目标的重要内容。

三、从法律知识普及到法治认同培育

1949年以后的社会主义革命、建设和改革时期，马克思主义中国化的开创

---

〔1〕 陈始发、李妍婷：《中央苏区法制宣传教育研究》，载《中国高校社会科学》2018年第5期。

〔2〕 参见詹家英：《陕甘宁边区法制宣传教育研究》，江西财经大学2019年硕士学位论文。

性理论和改革开放实践探索，引领着中国人民实现了从站起来到富起来的伟大飞跃。党领导的法治宣传教育也在新的历史条件下有了新的发展，实现了从运动式的法律知识普及转向常态化的法治认同培育的重大转变。

新中国成立初期的法治宣传教育，以服务社会主义国家政权建设和革命法制建设为宗旨，是对当时社会主要矛盾变化提出的法权关系变革要求的积极回应。马克思主义经典作家认为，无产阶级革命不仅要摧毁旧的经济关系，改造旧的社会基础，而且要从根本上改变包括法权关系在内的全部上层建筑。[1]中共中央在1949年2月即发布重要指示，强调废除国民党旧法统，确立共和国新法权。[2] 这就未雨绸缪地因应了即将诞生的人民共和国社会主要矛盾变化，凸显了这一变化所提出的建立新型国家制度与法律制度的前提性法权要求。1949年9月29日通过的《中国人民政治协商会议共同纲领》，进一步宣告同国民党旧法统暨“六法全书”彻底诀别，进而着手建构新型的人民共和国法权体系。[3] 在这一时期，“我们党领导人民制定了‘五四宪法’和国家机构组织法、选举法、婚姻法等一系列重要法律法规，建立起社会主义法制框架体系，确立了社会主义司法制度”。[4] 党和国家还组织领导广大人民群众开展了土地改革运动、镇压反革命运动、“三反”“五反”运动、司法改革运动等，有力保障了新生的社会主义国家政权和社会秩序。与这些法制成果和政治运动相伴随的，是一场场轰轰烈烈的法治宣传教育运动，如《土地改革法》宣传运动，《婚姻法》宣传运动，《宪法》宣传运动等。论者在分析20世纪50年代的《婚姻法》宣传运动时指出：“新中国建国初期，法制实践延续了革命时期群众运动的方式。具体表现为，采取以政策引导法制实践的办法，对干部与群众进行思想教育与法制宣传，以实现不同社会阶层主体对新法律制度的理解与接受之目标……该路径选择能够加速新法落实，减少因法制不完备所带来的社会问题。与此同时，这也造成群众在法律观重塑过程中对法制和政策的错位理解与法律认同感降低等影响。”[5]窥一斑而见全豹。在人民政权新生之际，通过开展群众运动进行革命法制建设及其宣传教育，这是党因应社会主要矛盾变化，变革法权关

---

〔1〕 参见中共中央马克思恩格斯列宁斯大林著作编译局编译：《马克思恩格斯文集》（第3卷），人民出版社2009年版，第218页。

〔2〕 参见韩延龙、常兆儒编：《中国新民主主义革命时期革命根据地法制文献选编》（第1卷），中国社会科学文献出版社1981年版，第87页。

〔3〕 参见公丕祥：《中国特色社会主义法治道路的时代进程》，载《中国法学》2015年第5期。

〔4〕 习近平：《坚定不移走中国特色社会主义法治道路 为全面建设社会主义现代化国家提供有力法治保障》，载《求是》2021年第5期。

〔5〕 赵海全：《新中国建国初期法制实践的特征——以20世纪50年代〈婚姻法〉贯彻运动为例》，载《北京理工大学学报（社会科学版）》2017年第1期。

系、重建社会秩序、巩固新生政权的基本方式，具有历史必然性与合理性。但群众运动式的法权关系改造方式及其宣教模式，也具有相当深远的副作用，会助长不重视和不尊重法治的现象；如果任其滋生蔓延，最终会损害法治的权威。随着社会主义改造的基本完成，我国社会主要矛盾转化为“人民对于经济文化迅速发展的需要同当前经济文化不能满足人民需要的状况之间的矛盾”，[1]加强法制建设成为党的八大的重要议题。[2] 但从 1957 年开始，党的主要领导人对我国社会主要矛盾的认识逐渐偏离了党的八大的正确判断，直至酿成“史无前例”的历史悲剧。随着对当时社会主要矛盾的误判，法律虚无主义思潮广泛蔓延，社会主义法制建设进程被迫中断，法治宣传教育也无从谈起。

党的十一届三中全会遵循社会主要矛盾运动变化规律，历史性地作出了把全党工作重心转移到社会主义现代化建设上来的重大战略决策。在改革开放新时期我国社会主要矛盾发生新变化的历史条件下，法治发展必须为不断发展社会生产力、满足人民日益增长的物质文化需要提供坚强保障，进而在新中国成立以来法制建设经验的基础上，适应新时期社会经济、政治条件又一次历史性变革的客观要求，坚定地走向中国特色社会主义法治，创设和发展中国特色社会主义建设所需要的法律秩序和法权体系。[3] 因应此种法权关系变革要求，“我们党提出‘有法可依、有法必依、执法必严、违法必究’的方针，强调依法治国是党领导人民治理国家的基本方略、依法执政是党治国理政的基本方式，不断推进社会主义法治建设”。[4] 随着中国特色社会主义法治道路时代进程的开启和深化，改革开放新时期的法治宣传教育逐步进入常态化的法治认同培育发展阶段。所谓法治认同，“是指公众对制定的良好的法律的普遍认可和接受，是指公众通过实践经验和理性对法律进行评判，因法律顺应民众的价值期待、满足民众的需要，民众从而认可法律、尊重和信任法律、愿意服从法律的

[1] 黄一兵：《党探索我国社会主要矛盾的实践和启示》，载《中共党史研究》2018 年第 1 期。

[2] 1956 年中共八大通过的《关于政治报告的决议》明确指出：“由于社会主义革命已经基本上完成，国家的主要任务已经由解放生产力变为保护和发展生产力，我们必须进一步加强人民民主的法制，巩固社会主义建设的秩序。国家必须根据需要，逐步地系统地制定完备的法律。一切国家机关和国家工作人员必须严格遵守国家的法律，使人民的民主权利充分地受到国家的保护。”这份决议还特别强调，“过去几年进行的镇压反革命的群众运动，已经取得了决定性的胜利。今后对于反革命残余势力还必须继续进行坚决的斗争。但是因为反革命力量已经日益缩小和分化，对于反革命分子应当进一步实行宽大政策。除极少数罪大恶极、引起人民公愤的罪犯不能不处死刑以外，其余罪犯应当一律免处死刑，并且给以人道的待遇，尽可能把他们教育成为善良的劳动者。需要处死刑的案件，应当一律归最高人民法院判决或者核准。”参见中共中央文献研究室编：《建国以来重要文献选编》(第 9 册)，中央文献出版社 2011 年版，第 301 页。

[3] 参见公丕祥：《中国特色社会主义法治道路的时代进程》，载《中国法学》2015 年第 5 期。

[4] 习近平：《坚定不移走中国特色社会主义法治道路 为全面建设社会主义现代化国家提供有力法治保障》，载《求是》2021 年第 5 期。

过程”。[1] 改革开放以来的实践表明,全面的常态化法治宣传教育,对公民法治认同的培育具有重要作用。[2] 大体而言,党的十一届三中全会后的10余年间,党和国家确立了社会主义民主制度化、法律化的重大法治方针,提出了党必须在宪法和法律的范围内活动的重大法治原则,还积极推进制宪和立法进程,切实解决“有法可依”问题。这一时期法治宣传教育的主要任务,是积极宣传社会主义民主法制建设成果,深切反思新中国成立以来的法律虚无主义思潮,以期正确处理人治与法治的关系、党与法的关系等问题,推动确立法律在国家治理和社会生活中的权威性地位。从党的十四大到党的十五大,党和国家着力夯实社会主义市场经济体制的法律基础,开创性地将依法治国确立为党领导人民治理国家的基本方略,持续推进国家治理与社会生活的法治化进程。这一时期法治宣传教育的主要任务,是积极宣传社会主义市场经济法律制度和社会主义法治国家建设愿景,深刻把握中国特色社会主义市场经济与民主法治的内在联系与实践规律。进入21世纪以来,我国经济社会发展处于关键性的历史阶段,经济社会结构和人民利益需求发生深刻变化,党和国家审时度势将依法执政确立为党治国理政的基本方式,如期形成了中国特色社会主义法律体系,推动构建了社会主义和谐社会的法治机制。这一时期法治宣传教育的主要任务,是积极宣传社会主义民主法治建设新成果,深入推进社会主义法治国家和社会主义和谐社会建设。[3]

始自1986年且延续至今的以“五年普法规划”为线索的全民普法工作,鲜明地表征了党领导的法治宣传教育从运动式法律知识普及向常态化法治认同培育的重大转变。“一五”普法规划的目标和内容安排尚带有运动式普法的惯性,强调“用五年左右的时间,在全体公民中基本普及法律常识”。[4] “二五”普法规划同样强调普及法律知识,安排了以宪法为核心,以专业法为重点的学法内容。从“三五”普法规划开始,常态化普法机构和机制得以建立,普法重点也转向普及与社会主义市场经济有关的法律知识。“四五”普法规划强调要全面提高全体公民特别是各级领导干部的法律素质,同时努力实现由注重依靠行政手段管理向注重运用法律手段管理的转变,使国家各项工作逐步走上法治化的轨道。“五五”普法规划提出要进一步提高全民法律意识和法律素质,并首

---

[1] 李春明、张玉梅:《当代中国的法治认同:意义、内容及形成机制》,载《山东大学学报(哲学社会科学版)》2007年第5期。

[2] 参见龚廷泰:《法治文化的认同:概念、意义、机理与路径》,载《法制与社会发展》2014年第4期。

[3] 参见公丕祥:《中国特色社会主义法治道路的时代进程》,载《中国法学》2015年第5期。

[4] 邹瑜:《五年左右普及法律基本常识是能够实现的》,载《现代法学》1985年第3期。

次把农民工纳入普法对象，充分体现了构建社会主义和谐社会的要求。“六五”普法规划提出深入学习宣传以宪法为核心的中国特色社会主义法律体系，强调领导干部带头学法守法用法，不断提高依法执政、依法决策、依法行政的能力。[1] 诚如论者所指出的，“自‘二五’普法期间依法治理观念的提出到‘三五’普法期间依法治国的入宪，治国理念的转型和法制话语的兴起大大提高了法律在官方和民众心目中的地位”。[2] “四五”普法规划实施以来，“依法治国”的法治认同进一步深入人心。

四、以科学理论引领法治文化建设

党的十八大以来，马克思主义中国化的新时代伟大飞跃引领中国人民强起来，开启了中华民族伟大复兴的强国之路。在习近平新时代中国特色社会主义思想指导下，“党中央明确提出全面依法治国，并将其纳入“四个全面”战略布局予以有力推进”。[3] 在这一伟大历史进程中，法治宣传教育以马克思主义法治理论中国化最新成果为指引，充分彰显价值引领，有机融入战略布局，科学构建工作格局，积极创新方式方法，系统强化制度保障，有力推动了社会主义法治文化建设迈上新台阶，中国特色社会主义法治自信在新时代新阶段全面增强。

以习近平同志为核心的党中央高度重视法治宣传教育。党的十八届四中全会通过的《中共中央关于全面推进依法治国若干重大问题的决定》专章部署“增强全民法治观念，推进法治社会建设”，强调“法律的权威源自人民的内心拥护和真诚信仰。人民权益要靠法律保障，法律权威要靠人民维护。必须弘扬社会主义法治精神，建设社会主义法治文化，增强全社会厉行法治的积极性和主动性，形成守法光荣、违法可耻的社会氛围，使全体人民都成为社会主义法治的忠实崇尚者、自觉遵守者、坚定捍卫者”。[4] 党的十九大报告强调“提高全民族法治素养和道德素质”“加大全民普法力度，建设社会主义法治文化，树立宪法法律至上、法律面前人人平等的法治理念”。[5] 中央全面依法治国工作会议将坚持“科学立法、严格执法、公正司法、全民守法”[6]明确为习近平法治思想

---

〔1〕 参见李小健：《普法三十年　硕果满枝头》，载《中国人大》2016 年第 9 期。

〔2〕 赵天宝：《中国普法三十年（1986—2018）的困顿与超越》，载《环球法律评论》2017 年第 4 期。

〔3〕 习近平：《坚定不移走中国特色社会主义法治道路　为全面建设社会主义现代化国家提供有力法治保障》，载《求是》2021 年第 5 期。

〔4〕 《中共中央关于全面推进依法治国若干重大问题的决定》，人民出版社 2014 年版。

〔5〕 习近平：《决胜全面建成小康社会　夺取新时代中国特色社会主义伟大胜利——在中国共产党第十九次全国代表大会上的报告》，载《人民日报》2017 年 10 月 28 日，第 1 版。

〔6〕 习近平：《坚定不移走中国特色社会主义法治道路　为全面建设社会主义现代化国家提供有力法治保障》，载《求是》2021 年第 5 期。

核心要义的重要内容。在《论坚持全面依法治国》这部重要著作中，习近平总书记有关法治宣传教育的重要论述贯穿始终，成为习近平法治思想的有机组成部分。如《宪法》宣传教育："我们要在全社会加强宪法宣传教育，提高全体人民特别是各级领导干部和国家机关工作人员的宪法意识和法制观念，弘扬社会主义法治精神，努力培育社会主义法治文化，让宪法家喻户晓，在全社会形成学法尊法守法用法的良好氛围。"[1] 又如抗疫法治宣传："要加强疫情防控法治宣传教育，组织基层开展疫情防控普法宣传，引导广大人民群众增强法治意识，依法支持和配合疫情防控工作。"[2] 再如《民法典》宣传教育："要广泛开展民法典普法工作，将其作为'十四五'时期普法工作的重点来抓，引导群众认识到民法典既是保护自身权益的法典，也是全体社会成员都必须遵循的规范，养成自觉守法的意识，形成遇事找法的习惯，培养解决问题靠法的意识和能力。"[3]

在习近平法治思想指引下，新时代法治宣传教育发生历史性转变，取得历史性成就。一是充分彰显价值引领。新时代法治宣传教育坚持依法治国和以德治国相结合，大力弘扬社会主义核心价值观，弘扬中华传统美德，培育社会公德、职业道德、家庭美德、个人品德，既重视发挥法律的规范作用，又重视发挥道德的教化作用，以法治体现道德理念、强化法律对道德建设的促进作用，以道德滋养法治精神、强化道德对法治文化的支撑作用，实现法律和道德相辅相成、法治和德治相得益彰。[4] 二是有机融入战略布局。党的十八届四中全会《中共中央关于全面推进依法治国若干重大问题的决定》将法治宣传教育放在全面依法治国战略布局中加以科学谋划，强调"坚持把全民普法和守法作为依法治国的长期基础性工作，深入开展法治宣传教育"。前后相继、一脉相承的《法治政府建设实施纲要（2015—2020 年）》《法治中国建设规划（2020—2025 年）》《法治社会建设实施纲要（2020—2025 年）》，将新时代法治宣传教育战略布局持续深化。[5] 三是科学构建工作格局。党的十八大以来，"法制宣传教育"转型升级为"法治宣传教育"，法治宣传教育纳入国民教育体系，"全民普法 + 依法治理"的"大普法"格局深入形成，分级分类分层分专业分领域的全民普法全面推进。以尊法学法守法用法主题法治宣传实践活动为载体，法治宣传教育实现了工作目标精准化、工作举措项目化、工作考核体系化、工作指导专业化，实

[1] 习近平：《论坚持全面依法治国》，中央文献出版社 2020 年版，第 14 页。
[2] 习近平：《论坚持全面依法治国》，中央文献出版社 2020 年版，第 270 页。
[3] 习近平：《论坚持全面依法治国》，中央文献出版社 2020 年版，第 282 页。
[4] 《中共中央关于全面推进依法治国若干重大问题的决定》，人民出版社 2014 年版。
[5] 参见付子堂：《法治中国建设规划开启全面依法治国新篇章》，载《中国司法》2021 年第 2 期。

现了全民普法工作格局新发展。[1] 四是积极创新方式方法。新时代法治宣传教育注重精准化推进,创新探索融入式普法、订单式普法工作机制,建立实施普法需求第三方调查评估机制,建立完善政府购买、社会投入、公益赞助和市场运作相结合的社会普法运行模式;注重常态化推进,全方位开展群众性法治文化活动;注重信息化推进,广泛搭建"网上网下,线上线下"普法宣传平台。五是系统强化制度保障。实行"谁执法,谁普法"普法责任制是新时代全民普法的重要顶层设计和重大制度创新,是包含以案释法制度、公众参与立法制度、法律法规规章解读制度、全媒体公益普法制度等在内的制度体系。普法责任制明确了普法的责任主体,转变了普法的理念和方式,拓展了普法的工作格局,提升了执法的综合效果。[2] 截至2020年年底,我国已基本实现国家机关普法责任制清单全覆盖,使案(事)件依法处理的过程成为生动的普法公开课。

相较于新民主主义时期的革命法制宣传与局部执政实践,以及新中国成立以来的法律知识普及与法治认同培育,新时代法治宣传教育最为根本的实践特征与发展成就,是以习近平法治思想为指引,有力地推动社会主义法治文化建设迈上新台阶,全面增强中国特色社会主义法治自信。"法治国家和法治社会必然要有自己的法治文化,法治本身就意味着一种特定的社会文化类型、文化体系"。[3] 党的十八大以来,以习近平同志为核心的党中央从坚持和发展中国特色社会主义的全局和战略高度定位法治、布局法治、厉行法治,将全面依法治国纳入"四个全面"战略布局,加强党对全面依法治国的集中统一领导,全面推进科学立法、严格执法、公正司法、全民守法,形成了习近平法治思想,开创了全面依法治国新局面,为在新的起点上建设法治中国奠定了坚实基础。[4] 在全面依法治国的系统工程中,法治道路、法治理论、法治体系、法治文化是一个有机整体,它们相互作用、相互支撑、相辅相成,四位一体,共同构成了法治中国建设的方向指引、理论支撑、制度保障和精神力量。习近平法治思想构建的"四位一体"法治发展格局,为坚定中国特色社会主义法治道路、法治理论、法治体系和法治文化"四个自信",提供了根本遵循和理论支撑。[5] 在新时代新阶段,党领导的法治宣传教育作为方法和手段,必须服从和服务于中国特色社会主义

〔1〕 参见赵大程:《以习近平新时代中国特色社会主义思想为指引 推动新时代法治宣传教育新发展》,载《中国司法》2017年第12期。

〔2〕 参见赵大程:《以习近平新时代中国特色社会主义思想为指引 推动新时代法治宣传教育新发展》,载《学习时报》2018年3月7日,第5版。

〔3〕 李德顺:《法治文化论纲》,载《中国政法大学学报》2007年第1期。

〔4〕 参见《法治中国建设规划(2020—2025年)》,人民出版社2021年版,第1页。

〔5〕 李林:《习近平法治思想构建的"四位一体"法治发展格局》,载《法治现代化研究》2021年第1期。

法治文化建设的宏伟目标，并以增强中国特色社会主义法治“四个自信”为根本宗旨。[1] 中共中央办公厅、国务院办公厅印发《关于加强社会主义法治文化建设的意见》，明确了加强社会主义法治文化建设的指导思想、工作原则、总体目标、主要任务和组织保障，强调“深入学习宣传贯彻习近平法治思想和习近平总书记关于文化自信的重要论述，把建设社会主义法治文化作为建设中国特色社会主义法治体系、建设社会主义法治国家的战略性、基础性工作和建设社会主义文化强国的重要内容，切实提高全民族法治素养和道德素质，着力建设面向现代化、面向世界、面向未来的，民族的科学的大众的社会主义法治文化，为全面依法治国提供坚强思想保证和强大精神动力，为全面建设社会主义现代化国家、实现中华民族伟大复兴的中国梦夯实法治基础”。这充分表明了法治文化建设之于法治宣传教育的重大目标意义，明确指引了新时代新阶段法治宣传教育的发展方向。

五、百年法治宣传教育的文明意义

党的十八大以来，习近平总书记高度重视对历史的研究学习，强调“要把学习贯彻党的创新理论作为思想武装的重中之重，同学习马克思主义基本原理贯通起来，同学习党史、新中国史、改革开放史、社会主义发展史结合起来，同新时代我们进行伟大斗争、建设伟大工程、推进伟大事业、实现伟大梦想的丰富实践联系起来”，[2]要做到“学史明理、学史增信、学史崇德、学史力行”，“学党史、悟思想、办实事、开新局”。[3] 就史学理论而言，法国年鉴学派史学家布罗代尔提出了著名的长时段结构、中时段局势和短时段事件的时段理论和总体史观，[4]美国政治学者亨廷顿注意到“亚洲人倾向于以百年和千年为单位来计算其社会的演进，把扩大长远利益放在首位”，[5]美籍华裔历史学家黄仁宇也主张从大历史的尺度展开历史研究。[6] 在历史长河中，百年只是一瞬间；但在历史研究者来看，百年是重要思想节点。前文已经对党领导法治宣传教育百年历

---

[1] 参见龚廷泰：《社会主义法治文化认同是全面建设法治社会的精神基石》，载《新华日报智库周刊》2021年5月11日版。

[2] 习近平：《在“不忘初心、牢记使命”主题教育总结大会上的讲话》，载《人民日报》2020年1月9日，第2版。

[3] 习近平：《在党史学习教育动员大会上的讲话》，载《中国人大》2021年第7期。

[4] 参见胡斌：《“历史时间”与“哲学时间”及“社会时间”——析布罗代尔的“历史时间”范畴及其意义》，载《上海师范大学学报（哲学社会科学版）》2015年第2期。

[5] 参见［美］塞缪尔·亨廷顿：《文明的冲突与世界秩序的重建》，周琪等译，新华出版社2010年版，第250页。

[6] 参见［美］黄仁宇：《中国大历史》，生活·读书·新知三联书店2008年版。

程的文化底色与变迁线索作了总结与分析,如果进一步从大历史的长时段来考察,党领导法治宣传教育的法治文明意义将更加凸显。概言之:

首先,党领导法治宣传教育的百年历程,是中共党史、新中国史、改革开放史、社会主义发展史融会贯通的重要交汇点。百年法治宣传教育是党领导人民坚守革命初心,践行法治使命的生动历史,百余年前建党元勋所主张的劳工神圣、男女平等、婚姻自由等法治理想,早已在当代中国成为普遍现实。百年法治宣传教育是党领导人民建立和发展社会主义国家制度和法律制度的生动历史,中国特色社会主义国家制度和法律制度是人类制度文明史上的伟大创造,是被实践证明了的科学制度体系。百年法治宣传教育是党领导人民坚持和完善中国特色社会主义法治道路的生动历史,中国特色社会主义法治道路在人类法治文明交流互鉴中愈加显示出强大的生机与活力。百年法治宣传教育还是党领导人民传承和创新马克思主义国家学说和法治理论并不断推动其实现中国化、时代化、大众化的生动历史,马克思主义法治理论中国化最新成果正指引着新时代新阶段法治宣传教育迈上新台阶、开启新征程。党领导法治宣传教育的百年历程,生动地诠释了"四史"蕴含的科学理论和正确道路的思想魅力与实践伟力。

其次,党领导法治宣传教育的百年历程,是党领导人民坚定文化自信,坚定传承中华优秀传统法治文化的生动历史。习近平总书记强调指出,"文化是一个国家、一个民族的灵魂",中华优秀传统文化"可以为治国理政提供有益启示,也可以为道德建设提供有益启发","我国今天的国家治理体系,是在我国历史传承、文化传统、经济社会发展的基础上长期发展、渐进改进、内生性演化的结果","只有坚持从历史走向未来,从延续民族文化血脉中开拓前进,我们才能做好今天的事业"。[1] 百年法治宣传教育继承历史传统,弘扬文化底色,重视法律的普及推广,重视道德的价值引领,形成了强调构建立体化、大众化、常态化的法治宣传教育体系,强调在执法司法实践中传播法治精神、增强法治信仰,强调"关键少数"率先垂范、带头守法,强调增强公职人员的法律素养,强调做好青少年法治宣传教育工作,强调丰富法治宣传教育的载体形式,强调提升法治宣传教育的实践效果等经验做法。从历史源头来看,这些都是对中华优秀传统法治文化思想瑰宝与实践真知的自觉传承与自信发展。

最后,党领导法治宣传教育的百年历程,是人类法治文明史上的壮举和创举,为人类命运共同体的法治文明成果传承发展贡献了中国智慧与中国方案。

---

〔1〕 参见习近平:《坚定文化自信,建设社会主义文化强国》,载《实践》2019 年第 7 期。

百年法治宣传教育从“四史”中汲取思想，从中华优秀传统文化中传承力量，在中国这样一个广土众民且发展不平衡不充分的古老而年轻的国度，随着中国法治现代化的时代进程，持续百年，久久为功，矢志推进法律知识全民普及、法治认同牢固树立、法治自信全面增强，着实堪称人类法治文明史上的一大创举。不宁唯是，百年法治宣传教育实践证明的彰显价值引领、融入战略布局、构建工作格局、创新方式方法、强化制度保障的法治宣传教育中国智慧，以及以法治文化建设统领法治宣传教育的法治宣传教育中国方案，对于人类法治文明成果传承发展事业具有重要的创新性意义。展望未来，面向社会主义现代化法治强国建设的宏伟目标，着眼于中华法治文明复兴和中国法治现代化的时代重任，我们要坚定不移地通过法治宣传教育讲好中国法治故事、弘扬中国法治自信。

下篇　中国特色社会主义法治理论的实践伟力

健全公共卫生法治保障体系

——以江苏省地方法治实践为例

王腊生*

【内容摘要】本文以习近平法治思想为指导，结合江苏省公共卫生法治实践，详细阐释了强化公共卫生法治保障的重要性和紧迫性，具体分析了江苏省公共卫生法治保障存在的短板和不足，提出了强化公共卫生法治保障的基本思路，并进一步从立法、执法、司法、守法环节提出了具体的对策建议，以期对地方公共卫生法治建设提供有益参考。

【关键词】公共卫生　法治保障　治理体系现代化　治理能力现代化

法治是治国理政的基本方式，是规范人们行为、维护社会秩序的基本依据，是国家治理体系和治理能力的重要依托，更是应急状态下须臾不可或缺的规则。习近平总书记在中央全面依法治国工作会议上深刻指出，“只有全面依法治国才能有效保障国家治理体系的系统性、规范性、协调性，才能最大限度凝聚社会共识”，强调“要坚持在法治轨道上推进国家治理体系和治理能力现代化”。新冠肺炎疫情发生以来，以习近平同志为核心的党中央高度重视人民生命安全和健康，坚持以法治思维和法治方式统筹推进疫情

* 王腊生，江苏省人大法制委员会主任，中国法治现代化研究院立法发展研究所所长。

防控，取得疫情防控重大战略成果。此次新冠肺炎疫情防控实践，一方面彰显了我国在突发公共卫生事件中国家治理的强大制度优势，另一方面也凸显了公共卫生领域治理的短板和不足。完善中国特色社会主义法治体系，提升国家治理体系和治理能力现代化，必须从立法、执法、司法、守法各环节发力，为应对突发公共卫生事件提供坚强有力的法治保障。

一、强化公共卫生法治保障的重要性和紧迫性

法治不仅对常规状态下国家与社会治理具有重要价值，还对应急状态下应对突发公共卫生事件，包括重大传染病疫情同样具有明显的效能。[1] 新冠肺炎疫情暴发，随即迅速蔓延全国，严重影响了人民的生产生活及生命安全。新冠肺炎疫情，是近年来在我国发生的传播速度最快、感染范围最广、防控难度最大的一次重大突发公共卫生事件。[2] 这次疫情对世界各国来讲都是一次严重的危机，对国家治理体系和治理能力是一次严峻的考验，对强化公共卫生法治保障提出了新的更高要求。实践表明，只有建立健全公共卫生法治保障体系，才能更好保障人民群众的生命安全和身体健康，才能提升国家在应急状态下的治理能力。

（一）强化公共卫生法治保障是贯彻落实习近平总书记重要讲话和指示批示的必然要求

中国共产党历来重视保障人民健康，党的十八大以来，以习近平同志为核心的党中央，把人民健康摆在突出位置，提出了“推进健康中国建设”的重大决策，出台了《“健康中国 2030”规划纲要》，党的十九大进一步把“健康中国”提升到国家战略层面。新冠肺炎疫情发生以来，习近平总书记多次发表重要讲话，对强化公共卫生法治保障作了指示批示。2020 年 2 月 5 日，习近平总书记在召开中央全面依法治国委员会第三次会议时指出，“疫情防控越是到最吃劲的时候，越要坚持依法防控，在法治轨道上统筹推进各项防控工作”，强调“要完善疫情防控相关立法，加强配套制度建设，完善处罚程序，强化公共安全保障，构建系统完备、科学规范、运行有效的疫情防控法律体系”。2 月 14 日，习近平总书记在中央全面深化改革委员会第十二次会议上强调，要“强化公共卫生法治保障”，“全面加强和完善公共卫生领域相关法律法规建设”。5 月 24 日，习近平总书记在参加十三届全国人大三次会议湖北代表团审议时指出，

---

〔1〕 参见江必新：《用法治思维和法治方式推进疫情防控工作》，载《求是》2020 年第 5 期。

〔2〕 黎霞：《公共卫生安全、律师代表委员有话说》系列报道之二《构建科学完整有效法律制度体系　强化公共卫生法治保障》，载《民主与法制周刊》2020 年第 11 期。

"要加快构建系统完备、科学规范、运行高效的公共卫生法律法规体系,健全权责明确、程序规范、执行有力的疫情防控执法机制"。6月2日,习近平总书记在专家学者座谈会上强调,要"进一步从法律上完善重大新发突发传染病防控措施","普及公共卫生安全和疫情防控法律法规,推动全社会依法行动、依法行事。"习近平总书记关于疫情防控的重要讲话和指示批示,深刻诠释了法治在防控突发公共卫生事件中的重要价值,指向清晰、要求明确,既立足当前,也着眼长远,不仅为推进依法防控重大传染病疫情工作提供了行动指南,也为加强公共卫生法治建设提供了根本遵循。我们要自觉把思想认识统一到习近平总书记的重要讲话和指示批示要求上来,将其贯彻到地方立法、执法、司法、守法全过程各环节,加快推进公共卫生法治建设,筑牢我省公共卫生安全法治屏障。

(二)强化公共卫生法治保障是维护人民生命安全和身体健康的迫切需要

生命权和健康权是国际公约和我国宪法及法律共同保障的基本人权。联合国《经济、社会和文化权利国际公约》第12条规定了健康权的内容和缔约方保障健康权实现的义务,并"创造保证人人在患病时能得到医疗照顾的条件"。我国《宪法》第33条第3款规定,"国家尊重和保障人权"。[1] 生命权是公民最根本、最重要的人权,是其他一切权利的基础;健康权则是保证公民有效参与社会活动的基础性权利。我国《民法典》在人格权编专章对生命权、健康权作了规定,明确自然人享有生命权和健康权,自然人的生命安全和身体健康受法律保护。保障人民群众生命安全和身体健康是我们党治国理政的一项重大任务。习近平总书记指出,"人民安全是国家安全的基石"[2],"人类健康是社会文明进步的基础"[3]。新冠肺炎疫情暴发以来,习近平总书记始终强调,"要把人民生命安全和身体健康放在第一位,党中央采取的所有防控措施都首先考虑尽最大努力防止更多群众被感染,尽最大可能挽救更多患者生命"。[4] 此次防控新冠肺炎疫情给我们诸多启示:只有加快完善公共卫生法治体系,构建突发重特大疫情预防、控制和应急救治长效机制,高水平预测风险、防范风险、化解风险、应对风险,才能有效维护突发公共卫生事件应急秩序,才能有力保障人民群众

---

[1] 王海燕、龚梓豪:《我国公共卫生安全的法治保障》,载《知与行》2020年第6期。

[2] 《习近平主持专家学者座谈会强调 构建起强大的公共卫生体系 为维护人民健康提供有力保障》,载《人民日报》2020年6月3日,第1版。

[3] 《习近平主持专家学者座谈会强调 构建起强大的公共卫生体系 为维护人民健康提供有力保障》,载《人民日报》2020年6月3日,第1版。

[4] 习近平:《毫不放松抓紧抓实抓细各项防控工作 坚决打赢湖北保卫战武汉保卫战》,载《人民日报》2020年3月11日,第1版。

生命安全和身体健康。

(三)强化公共卫生法治保障是推进省域治理体系和治理能力现代化的重要举措

党的十九届四中全会提出了坚持和完善中国特色社会主义制度、推进国家治理体系和治理能力现代化的十五个方面的任务和举措,明确要"构建系统完备、科学规范、运行有效的制度体系,加强系统治理、依法治理、综合治理、源头治理,把我国制度优势更好转化为国家治理效能"。在全面推进依法治国过程中,法治构成了国家治理体系和治理能力的重要内容,是推进治理体系和治理能力现代化的重要依托。新中国成立 70 多年来,党带领全国各族人民创造了经济快速发展和社会长期稳定"两大奇迹",这同不断推动社会主义法治建设有着十分密切的关系。[1] 法治建设是一项综合性、系统性的工程,涉及诸多方面和领域,而公共卫生安全法治建设则是其中的重要方面和关键领域。只有不断推进公共卫生法治建设,运用法治思维和法治方式解决突发公共卫生事件中的突出问题,才能提升公共卫生安全治理能力,才能推进地方治理体系和治理能力现代化。

二、江苏省公共卫生法治保障存在的不足和短板

经过多年的努力,江苏省应对突发公共卫生事件的法治保障体系已经基本形成,并在实践中得到不断的发展和完善,尤其是在此次疫情防控中发挥了重要保障作用。但是,江苏省公共卫生法治在突发公共卫生事件应急处置中还存在一些短板和不足:立法方面还存在制度缺失或者相互抵触,执法方面还存在不规范或者流于形式,司法方面还存在保障能力不足,守法方面人们法治意识还有待进一步提升,等等。我们要坚持问题导向,抓紧补短板、堵漏洞、强弱项,如此,才能切实提高应对重大突发公共卫生事件的能力和水平。

(一)公共卫生法规体系不够健全

一是与国家基础性、综合性法律相配套的法规缺失。目前,江苏省省级层面现有公共卫生领域地方性法规 37 件,其中公共卫生、医疗健康方面的法规 16 件,公共卫生事件应急处置的法规 1 件,防范、处置专门领域公共卫生事件的法规 15 件,重大疾病医疗保险和救助方面的法规 5 件。这些法规主要集中在医疗健康方面,领域较窄,对其他公共卫生事项尤其是涉及突发公共卫生事

[1] 参见人民日报评论员:《在法治轨道上推进国家治理体系和治理能力现代化——论学习贯彻习近平总书记在中央全面依法治国工作会议上重要讲话》,载《人民日报》2020 年 11 月 22 日,第 1 版。

件应对的还比较少。比如,全国人大常委会先后于2007年8月30日通过了《突发事件应对法》,2019年12月28日通过了《基本医疗卫生与健康促进法》,2020年10月17日通过《生物安全法》,而江苏省还没有制定相配套的地方性法规。在此次新冠肺炎疫情防控中,江苏省公共卫生法规还暴露出操作性不够、适应性不足等问题。比如,《江苏省实施〈突发公共卫生事件应急条例〉办法》,虽然对上位法作了补充和细化,但对疾控机构在突发公共卫生应急中的职责界定仍然不够明确,对应急物资储备和供应也未作出具体规定。又如,关于突发公共卫生事件的报告和信息发布,上位法的规定较为原则,而江苏省有关法规规章基本是照抄照搬上位法,没有对预警报告、信息发布的具体程序以及相关责任等作出细化补充。此外,在疫情期间,如何统筹做好疫情防控与经济社会发展,推进企业复工复产,江苏省现有地方性法规和政府规章也没有作出相应规定,缺乏法治引领。

二是公共卫生领域的地方性法规不够完善。总体来看,江苏省现有公共卫生领域的地方性法规制定的时间普遍较早,大多数法规长期未作修订,许多内容已经与实践不相适应,难以满足新时代、新形势下公共卫生事业的发展需要,一定程度制约了江苏省公共卫生事业的健康发展。比如,江苏省早在1994年就通过了《江苏省实施〈中华人民共和国传染病防治法〉办法》,该法规施行20多年来,仅在1997年作过一次修订,而《传染病防治法》已在2004年、2013年先后两次作了修订,江苏省法规亟须根据上位法作出修改完善。又如,江苏省2001年制定的《江苏省农村初级卫生保健条例》,2008年制定的《江苏省城市社区卫生服务条例》,对城乡基本公共卫生服务作了规范。但近年来,随着城乡一体化发展,在基本公共卫生服务领域的城乡差别已逐渐消除,城乡居民已经享受同等待遇,两件法规已明显不符合新形势下城乡卫生服务保障的需要。再如,江苏省自2018年起已实施统一的城乡居民基本医疗保险制度,2011年制定的《江苏省新型农村合作医疗条例》已失去实施的前提基础,为此,2021年5月27日,江苏省十三届人大常委会第二十三次会议对该条例予以废止。

三是法规之间不够协调衔接甚至冲突。此次新冠肺炎疫情防控中,暴露出一个突出问题,即在应对突发公共卫生事件时,法律法规之间存在交叉、重复甚至抵触的问题,造成处理不及时甚至无法应对的局面。比如,《突发事件应对法》确立的是自下而上的应急事权模式,明确地方政府要承担预防发生、首先应对、防止扩散的第一责任,赋予其统一实施应急处置的权力;而《传染病防治法》采取的是自上而下的管理事权模式,只授权县级以上地方人民政府仅在传染病已经暴发、流行时,确有必要报经上一级人民政府决定后,才能采取限制或者停止人群聚集、停工、停业、停课等紧急措施。又如，关于预警信息发布的主体，上述两部法律的规定不相一致，存在明显的冲突，在实践中容易出现推卸责任和信息发布不及时的情况。上位法之间的不协调造成了地方立法时难以逾越的障碍，江苏省在制定相关地方性法规时，不仅没能解决这一问题，反而作了进一步的强化，造成新的制度冲突和执行障碍。

（二）突发公共卫生事件执法不够规范

一是有的地方还一定程度上存在过度执法问题。行使公权力既要有合法意识，也要有合理意识。尤其是行使自由裁量权时，更要注重公平、公正、理性，避免过度[1]。在应急状态下，需要法律授予公权力机关更多行政权，实现公权力的相对集中，私权利相应地会受到一定程度的限缩、克减，公民要承担更多的容忍义务，甚至承担一些常规状态下无须承担的义务。这就需要通过法治手段平衡公权力和私权利之间的关系。应防止公权力滥用，限制私权利必须保障基本人权，不能突破人道主义底线，避免对公民权利过分限缩，克服走极端的倾向，防范应急状态下出现社会冲突，维护社会正常管理秩序[2]。根据《突发事件应对法》第 11 条规定，有关人民政府及其部门采取的应对突发事件的措施，应当与突发事件可能造成的社会危害的性质、程度和范围相适应；有多种措施可供选择的，应当选择有利于最大限度地保护公民、法人和其他组织权益的措施。为了有效应对突发公共卫生事件，政府及有关部门依照法律法规规定采取相应的防控措施，十分必要。但现实中，有的地方和部门执法简单粗暴、层层加码，所采取的防控管理措施与突发公共卫生事件可能造成的社会危害的性质、程度和范围不相适应，过度强化不必要的防控措施，不适宜地限制了公民的合法权利。比如，有的居民反映，有的地方在省内疫情防控取得阶段性胜利的情况下，往返于省内低风险地区仍强制居家隔离。

二是有的地方存在侵害公民隐私问题。在紧急状态下，公民的隐私等合法权益遭受侵犯的风险较平时更大，这就要求政府及有关部门要依法履职，防止权力滥用侵犯公民合法权益。根据《传染病防治法》第 12 条规定，在我国领域内的一切单位和个人，必须接受疾病预防控制机构、医疗机构有关传染病的调查、检验、采集样本、隔离治疗等预防、控制措施，如实提供有关情况。同时也要求相关机构不得泄露涉及个人隐私的有关信息、资料。在疫情防控的特殊时期，政府及有关部门及时掌握并发布相关信息，有利于公众了解确诊或者疑似

〔1〕 参见马怀德：《疫情防控必须依靠法治运用法治完善法治》，载《中国党政干部论坛》2020 年第 5 期。
〔2〕 参见江必新：《用法治思维和法治方式推进疫情防控工作》，载《求是》2020 年第 5 期。

患者的行动轨迹，知晓周围环境是否存在感染风险，做好防范。然而，有的地方不当公开确诊或者疑似患者的身份证号码、电话号码、家庭住址等个人信息，甚至在微信等网络平台上广泛传播，导致个别患者因此受到歧视、骚扰和谩骂；有的部门、单位在采集公民相关信息后，保管不当，导致公民个人信息泄露；等等。

三是有的地方存在执法随意性现象。促进社会公平正义、维护社会和谐稳定，是行政执法工作最重要的价值追求所在。习近平总书记强调，要严格执行疫情防控和应急处置法律法规，加强风险评估，依法审慎决策，严格依法实施防控措施，坚决防止疫情蔓延。囿于现有公共卫生法法规不够健全，相关规定比较原则，加之部分执法人员法治意识淡薄等原因，有的地方政府及相关部门在应对突发公共卫生事件过程中，常常以严控疫情为由滥用自由裁量权，违反程序甚至突破权力边界采取管控措施，损害了执法公信力，引发群众不满。比如，有的地方机械化地采取封村堵路措施等。

（三）司法保障能力建设还有待进一步加强

在疫情防控中，江苏省各级审判、检察机关立足职能，按照“两高两部”《关于依法惩治妨害新型冠状病毒感染肺炎疫情防控违法犯罪的意见》要求，依法惩治各类涉疫违法犯罪，为服务和保障疫情防控工作大局发挥了重要作用，但也存在一些问题和不足需要认真加以解决。在审判工作中，贯彻新发展理念的思路仍需进一步开阔，服务新发展格局、保障高质量发展的司法贡献度有待进一步提升；司法改革系统性、协同性有待增强，审判权制约监督机制还需完善，少数干警宗旨意识、司法理念和能力作风不适应新时代发展要求，违纪违法仍时有发生[1]；基层案多人少问题突出，案件审判质量和效率有待进一步提升；“类案异判”问题易发多发，上级法院对下级法院案件的指导还需加强；有的企业和群众反映，疫情期间遇到的一些新的法律问题解决不够及时高效，法律服务能力有待进一步提高；等等。

刘华检察长在《江苏省人民检察院工作报告》中指出，在检察工作中，检察机关服务江苏高质量发展的贡献率不够高，与江苏省委要求和人民群众的期待相比仍有差距；参与社会治理的实效性不够强，依托司法办案推动解决突出社会问题做得还不到位；“四大检察”发展还不平衡，民事检察和行政检察相对薄弱，法律监督的力度和质效有待提升；检察队伍建设仍然存在薄弱环节，检察人

---

〔1〕 夏道虎：《江苏省高级人民法院工作报告》，2021 年 1 月 28 日，在江苏省第十三届人民代表大会第四次会议上。

员违纪违法问题时有发生;[1]与行政执法机关联系协调不够顺畅,案件信息通报、线索移送等相关制度有待进一步健全;各项检察工作发展不平衡,民事检察、行政检察在基层尤为薄弱;疫情防控大背景下,检察工作信息化、智能化水平有待提升;打击涉疫犯罪力度还有待进一步加强;上级检察院对基层检察院办案工作的指导不够,上下协作配合机制有待进一步加强。

(四)全民守法工作还有待进一步加强

一是普法责任制落实不够有力。有的地方对法治宣传教育的认识不够深刻,把普法工作当作软任务、软指标,重考核结果、轻宣传实效的思想不同程度存在。领导干部依法办事的意识和能力还有待进一步提高,带头尊法学法守法用法的示范带动作用还需进一步加强。公众参与法治实践的渠道还比较窄,参与程度还不够深。“谁执法,谁普法”和法官、检察官、行政复议人员等以案释法等制度落实不够有力,法律服务队伍在普法宣传教育中的作用还需进一步加强。

二是普法宣传方式比较单一。有的地方普法工作创新力度不够,习惯于用挂横幅、发传单、问卷调查以及组织学习等传统方式进行普法,没有区分受众,灵活采取普法方式,效果不明显;有的地方普法宣传内容针对性不强,与群众日常生活关联度不大;有的地方普法单向灌输,与群众缺乏双向互动,群众参与热情不高,参与程度不深;等等。

三是普法保障有待进一步加强。普法工作是一项持续性强且对专业要求较高的工作,目前基层行政执法、法治宣传等相关部门普遍反映人少事多矛盾突出,疲于应付。专业人员配备和经费保障不足,基层普法能力和水平明显跟不上新时代普法工作新要求。

三、强化公共卫生法治保障的基本思路

法治作为规则之治,体现了党对治国理政规律的科学认识,蕴含着人们普遍认可的价值准则,凝聚了社会多数人的共识。党的十八大以来,以习近平同志为核心的党中央从关系党的前途命运和国家长治久安的战略全局高度认识法治、定位法治、布局法治、推进法治、厉行法治,创造性地提出了新时代全面依法治国的工作布局,明确要求坚持依法治国、依法执政、依法行政共同推进,坚持法治国家、法治政府、法治社会一体建设。习近平总书记指出,“我们必须坚

[1] 刘华:《江苏省人民检察院工作报告》,2021年1月28日,在江苏省第十三届人民代表大会第四次会议上。

持把依法治国作为党领导人民治理国家的基本方略、把法治作为治国理政的基本方式,不断把法治中国建设推向前进。”公共卫生领域治理是治国理政的重要组成部分,应对突发公共卫生事件,必须坚持在党的领导下,坚持以人民为中心,充分依靠法治、运用法治、完善法治,始终在法治轨道上统筹推进各项防控工作。

一要坚持党的领导,全面贯彻落实中央和省委公共卫生法治建设决策部署。党的领导是社会主义法治最根本的保证,是中国特色社会主义法治之魂。纵观新中国成立70多年、改革开放40多年、特别是党的十八大以来,我国法治建设的发展历程,最根本的就是始终坚持党在社会主义法治建设中总揽全局、协调各方的领导核心地位。正是在党的领导下,经过长期的理论和实践探索,总结正反两方面的经验,才在中国这样一个有十几亿人口的多民族大国,逐步解决了要不要搞法治、搞什么样的法治、如何搞法治这个重大课题,开辟和发展了中国特色社会主义法治道路[1]。新冠肺炎疫情暴发以来,中共中央、国务院印发了《关于新时代加快完善社会主义市场经济体制的意见》,明确要求“强化公共卫生法治保障,完善公共卫生领域相关法律法规”。全国人大常委会作出了关于全面禁止非法野生动物交易、革除滥食野生动物陋习、切实保障人民群众生命健康安全的决定,主动宣传解读疫情防控有关法律问题,听取法制工作委员会关于强化公共卫生法治保障立法修法工作有关情况和工作计划的报告,部署推进公共卫生领域立法修法工作。江苏省委也多次对完善重大疫情防控体制机制、健全公共卫生应急管理体系作出部署。应把党的领导贯穿于公共卫生法治建设的全过程各方面,不断完善党领导法治建设的工作机制,强化党在科学立法、严格执法、公正司法、全民守法等各方面的领导作用,更加有力地推动中央和省委决策部署的贯彻落实。具体而言,就是要坚持党领导立法,善于使党的主张通过法定程序成为国家意志、转化为法律法规,进而保障党的政策得到落实;坚持党保证执法,建立健全权责统一、权威高效的行政执法体制,严格规范公正文明执法,提高行政执法社会满意度。坚持党支持司法,强化党对司法权力制约监督,提高司法公信力;坚持党带头守法,健全学法制度,推动全体党员干部特别是“关键少数”带头尊法学法守法用法,引导带动全民守法。

二要坚持以人民为中心,着力增强人民群众公共卫生法治获得感。为什么人、靠什么人的问题,是检验一个政党、一个政权性质的试金石。党的十九大报告指出,人民是历史的创造者,是决定党和国家前途命运的根本力量。中国特

---

〔1〕 参见袁曙宏:《坚持党对全面依法治国的领导》,载《人民日报》2021年1月18日,第11版。

色社会主义进入了新时代,人民群众不仅对物质文化生活提出了更高的要求,而且在公平、正义、民主、法治等方面的要求也日益增长。习近平总书记在中央全面依法治国工作会议上指出,全面依法治国"必须坚持为了人民、依靠人民"。适应新形势新要求,要把体现人民利益、反映人民愿望、维护人民权益、增进人民福祉落实到全面依法治国各领域全过程。新冠肺炎疫情暴发以来,习近平总书记和党中央高度重视人民生命安全和身体健康,习近平总书记更是在多种场合反复强调"人民至上""生命至上",对强化我国公共卫生法治保障提出了明确要求。我们要深刻理解习近平法治思想人民性的内涵意蕴,把握核心要义,充分尊重人民的主体地位,让人民群众积极投身法治实践,把实现好、维护好、发展好最广大人民的根本利益作为公共卫生法治建设的出发点和落脚点,系统谋划和研究解决江苏省公共卫生领域人民群众反映强烈的突出问题,持续推进公共卫生法治领域改革,解决好公共卫生立法、执法、司法、守法等领域的突出矛盾和问题,不断适应和满足人民群众对公共卫生法治保障的新期待新要求,努力从法治上增强人民群众的获得感、幸福感和安全感。

三要注重统筹推进,增强公共卫生法治建设的系统性、整体性和协同性。党的十九大明确要求,到2035年,"法治国家、法治政府、法治社会基本建成"。法治国家、法治政府、法治社会三者相互联系、相互支撑、相辅相成,是法治中国建设的三根支柱[1]。法治中国建设是一项长期性、系统性工程,涵盖立法、执法、司法、守法各个环节,需要整体谋划、统筹推进。统筹推进是法治中国建设的重要方法论,只有统筹推进,才能建设完备的法律规范体系、高效的法治实施体系、严密的法治监督体系、有力的法治保障体系、完善的党内法规制度体系。完善公共卫生法治建设同样也要注重整体谋划、系统推进,既要坚持系统论,把公共卫生法治建设纳入法治中国建设工程,与其他领域法治建设整体设计、一体推进;又要坚持重点论,抓住江苏省公共卫生法治建设中还存在的主要矛盾和矛盾的主要方面,抓紧补足短板、补强弱项,尽快取得实效。尤其是在具体应对突发公共卫生事件过程中,越是事态紧急、情况复杂,各级党委和政府越要坚持在法治轨道上统筹推进处置重大突发公共卫生事件,切实提高应急状态下依法治理、依法办事能力。

四、强化江苏省公共卫生法治保障的对策

法治具有固根本、稳预期、利长远的重要作用。全面推进依法治国,需要推

---

〔1〕 参见袁曙宏:《坚持法治国家、法治政府、法治社会一体建设》,载《人民日报》2020年4月21日,第9版。

进包括公共卫生领域在内的法治建设,实现法治化防控。习近平总书记强调,“坚持依法防控,要始终把人民群众生命安全和身体健康放在第一位,从立法、执法、司法、守法各环节发力,切实推进依法防控、科学防控、联防联控”。[1] 我们要按照习近平总书记的指示要求,扎实推进科学立法、严格执法、公正司法、全民守法,着力解决好公共卫生立法、执法、司法、守法环节存在的突出矛盾和问题,促进各环节法治工作相互贯通、相互促进,为紧急状态下公共卫生治理提供坚强有力的法治保障。

(一)健全公共卫生法规体系,提升应对突发公共卫生事件的法治化水平

法律是治国之重器,良法是善治的前提。习近平总书记指出,“人民群众对立法的期盼,已经不是有没有,而是好不好,管用不管用,能不能解实际问题;不是什么法都能治国,不是什么法都能治好国;越是强调法治,越是要提高立法质量”。[2] 在法治轨道上推进疫情防控,完备的公共卫生法规体系是前提。要抓住提高立法质量这个关键,深入推进科学立法、民主立法、依法立法,在保证质量的前提下适当提高立法效率。要充分发挥好地方立法补充探索功能,及时跟进国家公共卫生立法进程,抓紧建立健全疾病预防控制、重大突发公共卫生事件应急响应、重大疫情救治、常态化疫情防控等机制,着力构建符合江苏实际、满足实践需求、与国家法律相配套、体系比较完备的公共卫生领域法规制度体系,为维护人民群众生命安全和身体健康,促进江苏省经济社会高质量发展提供坚强有力的法治保障。

一是加强医疗健康方面立法,提升公共卫生和医疗服务水平。

1. 制定“江苏省基本医疗卫生服务条例”。2019 年 12 月 28 日,十三届全国人大常委会第十五次会议审议通过了《基本医疗卫生与健康促进法》。这是我国卫生与健康领域第一部基础性、综合性的法律,旨在落实宪法关于国家发展医疗卫生事业、保护人民健康的规定,引领医药卫生事业改革和发展大局,推动和保障健康中国战略的实施。根据该法制定江苏省有关条例,一方面,是对上位法的规定进行补充细化,更好地贯彻实施法律;另一方面,该条例作为江苏省公共卫生领域的综合性、统领性的法规,可以为今后该领域相关立法奠定基础,提供遵循,促进江苏省公共卫生领域法治保障体系日臻完善。

2. 制定“江苏省急救医疗服务条例”。我国是灾害事故多发的国家,地震、

---

〔1〕《习近平主持召开中央全面依法治国委员会第三次会议强调 全面提高依法防控依法治理能力为疫情防控提供有力法治保障》,载《人民日报》2020 年 2 月 6 日,第 1 版。

〔2〕 王斗斗:《张文显:防止地方重复立法、粗糙立法》,载人大新闻网,http://npc.people.com.cn/n/2015/0811/c14576-27442285.html。

洪涝、火灾频发，交通事故死亡人数居世界前列。同时，人民群众的日常医疗需求也给院前医疗急救提出了更高的标准和要求。根据国家卫生健康委公布的资料显示，我国每年死于心脏性猝死的人数大约为54.4万人，平均每分钟猝死1人，居全球之首。急救医疗真正体现"时间就是生命"。但是由于急救设施不完善、公众急救知识缺乏等原因，目前我国医疗急救水平相对较低，特别是基层医疗机构的急救医疗服务能力亟待提升。通过立法，明确政府部门责任，加大财政保障力度，进一步完善城乡医疗急救体系，促进医疗急救规范化、法制化，十分必要。制定"江苏省急救医疗服务条例"已列入江苏省人大常委会2018～2022年立法规划，建议有关部门加紧调研论证和草案起草工作，适时启动立法程序。

3. 废止《江苏省农村初级卫生保健条例》《江苏省城市社区卫生服务条例》。由于这两部法规已不适应改革发展的需要，且国家和省已经或即将制定相关法律法规，因此建议在制定"江苏省基本医疗卫生服务条例"时予以废止。

二是加强疾病预防控制方面立法，贯彻预防为主、防治结合的原则。

1. 建议修订《江苏省实施〈中华人民共和国传染病防治法〉办法》（以下简称实施办法）。《国务院关于实施健康中国行动的意见》指出，预防是最经济、最有效的健康策略。疾病预防控制体系是保护人民健康、保障公共卫生安全、维护经济社会稳定的重要保障。此次新冠肺炎疫情更是凸显了传染病防治工作的极端重要性。实践表明，实施办法已明显不适应形势的需要，很多内容与上位法不相一致，无论是从维护法制统一的角度还是从法规的针对性、可操作性来看，都应当对其进行全面修订。全国人大常委会强化公共卫生法治保障立法修法工作计划中，拟在2020～2021年制定修改的17件法律中就包括传染病防治法。因此，建议修订实施办法。根据上位法的修改，补充细化相关规定，同时总结江苏省传染病防治尤其是防控新冠肺炎疫情的经验做法，体现江苏特色。

2. 建议制定"江苏省精神卫生条例"。随着经济社会的快速发展，抑郁症等常见精神障碍及心理行为问题逐年增多，精神病人引发的伤人事件时有发生，老年痴呆症、儿童孤独症患者等特殊人群疾病干预亟须加强。精神卫生既是重大公共卫生问题，也是较为严重的社会问题。但社会各方面对精神卫生存在不同程度的忽视，特别是对精神卫生具有公共卫生和社会问题的双重特性缺乏充分的认识，使江苏省精神卫生工作存在明显的短板和不足，突出表现为：经费投入少，医疗资源弱，患者负担重，康复体系缺，这些问题亟须通过立法加以解决。

3. 建议修改《江苏省职业病防治条例》。职业病防治关系到劳动者的生命健康和合法权益,关系到经济社会发展。《职业病防治法》自2001年出台后,经历了多次修改和完善,近年国家有关部委已启动该法的全面修改工作。而江苏省条例自1999年制定,仅在2002年对个别条款作了修改,很多内容与修改后的上位法不相一致,同时也不适应新形势的需要,有必要根据上位法的修改作全面修订。建议关注国家立法进度,适时启动修法程序。

三是加强公共卫生管理方面立法,增强公共卫生事件防范和处置能力。

1. 建议制定"江苏省突发事件应对条例"。该条例已纳入江苏省人大常委会2020年立法计划调研项目。从此次疫情防控的实际情况来看,在江苏省政府规章的基础上,总结成功经验做法,针对突发事件特别是公共卫生突发事件应对工作中的缺陷和短板,完善相关制度规范,加快制定专门的地方性法规十分必要。根据全国人大常委会强化公共卫生法治保障立法修法工作计划,拟在2020~2021年制定修改的17件法律中就包括《突发事件应对法》。因此,建议将该条例列为江苏省人大常委会立法计划的正式项目,加紧调研起草工作,关注国家修法情况,争取早日出台。

2. 建议制定"江苏省生活饮用水卫生监督条例"。饮用水在人们的日常生活中是一种不可或缺的资源,卫生状况不佳的饮用水可能会引起多种类型的疾病。饮用水的卫生监督,关系到人民健康,关系到千家万户。一方面饮用水卫生出现问题本身就可能是突发公共卫生事件,另一方面自然灾害、污染事故等其他突发公共事件,往往也容易导致饮用水安全受到威胁。因此,制定专门的卫生监督条例很有必要。该条例已列入江苏省人大常委会2018~2022年立法规划,建议有关部门加紧调研论证和草案起草工作,适时启动立法程序。

3. 建议修改《江苏省野生动物保护条例》《江苏省动物防疫条例》。根据全国人大常委会强化公共卫生法治保障立法修法工作计划,《野生动物保护法》《动物防疫法》已列入拟在2020~2021年制定修改的17件法律中。《中华人民共和国野生动物保护法》的修改由全国人大环境与资源委员会牵头起草和提请审议,此次修法主要从防控重大公共卫生风险、加强野生动物分级分类保护和管理、健全执法管理体制及职责、革除滥食野生动物陋习、坚决取缔和严厉打击非法野生动物市场和贸易、加大处罚力度等方面进行修改完善。《动物防疫法》(已由十三届全国人大常委会第二十五次会议于2021年1月22日修订通过,自2021年5月1日起施行。)作为实施办法,江苏省条例及时根据上位法作修改十分必要。建议一方面要抓紧调研论证和草案起草,另一方面要密切关注国家立法进程,注意条文内容衔接,适时启动修法程序。

四是加强公共卫生领域其他方面立法,完善公共卫生法规制度供给。

1. 建议修改《江苏省爱国卫生条例》。爱国卫生运动，是我国卫生工作的伟大创举，反映了中国卫生工作的鲜明特色。习近平总书记指出，爱国卫生运动是我们党把群众路线运用于卫生防病工作的成功实践。他强调，要深入开展爱国卫生运动，推进城乡环境整治，完善公共卫生设施，提倡文明健康、绿色环保的生活方式。[1] 为了进一步推进江苏省爱国卫生运动事业，贯彻落实习近平总书记关于新时代开展爱国卫生运动的要求，很有必要对江苏省2013年制定的爱国卫生条例进行修改，以适应新形势的需要。建议有关部门加紧调研论证工作，适时启动修法程序。

2. 建议修改《江苏省农产品质量安全条例》。《农产品质量安全法》已列入全国人大常委会强化公共卫生法治保障立法修法工作计划拟在2020～2021年制定修改的17件法律中。建议根据上位法的修改，适时启动江苏省该条例的修法程序，重点研究疫情防控和公共卫生相关问题，补充完善有关规定。

（二）严格规范执法行为，保障疫情防控在法治轨道上统筹推进

早在400多年前，我国明代政治家张居正就说过："天下之事，不难于立法，而难于法之必行。"党的十八届四中全会《决定》指出，法律的生命力在于实施，法律的权威也在于实施。全面推进依法治国，重点就在于保证法律严格实施，做到严格规范执法。习近平总书记强调，"要严格执行疫情防控和应急处置法律法规，加强风险评估，依法审慎决策，严格依法实施防控措施，坚决防止疫情蔓延"。各级执法机关要强化法治理念，坚持严格规范公正文明执法，始终在法治轨道上统筹推进疫情防控工作，维护社会和谐稳定。

一是建立健全疫情防控和应急处置执法机制。应急状态下的疫情防控执法，不同于常规执法，公民的权利在疫情防控应急状态下会一定程度受到限制和压缩。比如，紧急征用房屋、交通工具以及相关设施设备会限制公民的财产权，强制隔离会限制部分公民的人身权，等等，而应急状态下又极易造成公权力滥用，对私权利过度限制。因此，行政执法机关在公共卫生执法过程中要坚守法律底线，严格遵循法律保留、平等对待、合乎比例等法律原则，依法改进和创新执法方式，加强行政指导、行政和解等非强制行政手段的应用，完善行政执法程序，落实行政执法"三项制度"，加强执法人员监管，坚决杜绝简单粗暴、过度执法等问题，全面提高依法应对突发公共卫生事件的能力和水平。

二是依法严肃查处危害疫情防控的违法行为。行政机关要严格执行应急管理相关法律法规，对拒不执行突发公共卫生紧急管理措施的，要依法从严追

---

[1] 狄涛：《人民日报有的放矢：深入开展爱国卫生运动》，载《人民日报》2020年4月10日，第9版。

究相关单位和人员的法律责任。依法严厉打击阻碍或者妨害防疫管理、医学隔离观察、强制隔离、物资调配、交通检疫等疫情防控措施的违法行为。依法严肃处理个人隐瞒病症、病例或者疑似病例接触史、重点地区居住史、与患者或疑似患者接触史等行为。依法严厉打击造谣传谣误导群众、引发社会恐慌与混乱，或者侮医、伤医、扰乱医疗秩序等破坏防疫工作的违法行为，维护社会安定有序。

三是加强食品药品、公共卫生等重点领域执法监管。行政执法机关要强化突发公共卫生事件期间食品药品监管、产品质量监管、价格执法监管、虚假违法广告整治，加大抽查频次和检查力度，强化风险监测预警。依法严厉打击哄抬物价、囤积居奇、趁火打劫等扰乱市场秩序的行为；严厉打击制售假劣药品、医疗器械、医用卫生材料等违法犯罪行为；严厉查处假借预防、控制突发传染病疫情等灾害的名义，虚假宣传欺骗消费者等违法犯罪行为。

四是依法规范捐赠、受赠行为。充分发挥红十字会、公募基金等社会组织在突发公共卫生事件应急防控中的帮扶和救助作用，同时，要加强对捐赠行为的监管，严肃查处社会组织和个人借防控之名开展非法募捐敛财等违法犯罪行为。加强对捐赠接收机构的监管，严禁私分、挪用、截留、侵占捐赠物资行为，确保捐赠物资全部及时用于疫情防控。对捐赠机构工作人员滥用职权、玩忽职守等导致捐赠物资损失的，要依法追究相关人员责任。

（三）依法从严惩治涉疫违法犯罪，为疫情防控提供有效司法保障

早在古希腊时期，法治理论的奠基人亚里士多德曾说过："在争论不休的时候，人们就诉诸裁判者，去找裁判者就是找公正。裁判者被当作公正的化身。"司法是维护社会公平正义的最后一道防线。所谓司法公正，其核心要义是受到侵害的权利最终必定会得到保护和救济，违法犯罪活动最终必定要受到制裁和惩罚。[1] 习近平总书记指出，要加大对危害疫情防控行为执法司法力度，加强对相关案件审理工作的指导，及时处理，定分止争。[2] 在突发公共卫生事件期间，各级司法机关要从维护社会稳定大局出发，找准结合点、切入点和着力点，统筹做好疫情防控和经济社会发展司法服务保障工作，为打赢疫情防控战争提供有力的司法服务和保障。

人民法院要依法公正高效做好疫情防控期间审判执行工作。上级法院要

---

〔1〕 参见李龙：《司法是维护社会公平正义的最后一道防线》，载中国社会科学网 2017 年 8 月 4 日，http://news.cssn.cn/zx/yw/201708/t20170804_3600944.shtml。

〔2〕 参见《习近平主持召开中央全面依法治国委员会第三次会议强调　全面提高依法防控依法治理能力　为疫情防控提供有力法治保障》，载《人民日报》2020 年 2 月 6 日，第 1 版。

加强对涉及疫情的民事、刑事、行政案件的审理工作的指导，就民众最关心的不可抗力规则、劳动纠纷等发布指导意见，统一各级法院裁判标准，指导下级人民法院妥善审理执行相关案件，及时高效解决纠纷。地方各级人民法院要依法开展审判工作，严格履行法定诉讼程序，准确适用法律，依法保障当事人和其他诉讼参与人的诉讼权利，平等保护各方当事人合法权益。依法及时严惩抗拒疫情防控、制假售假、诈骗、造谣传谣等破坏疫情防控工作的违法犯罪行为，维护正常医疗秩序、市场秩序和社会秩序。依法妥善处理合同履行、医疗纠纷、产品质量、劳动争议等各类民事纠纷。加强涉疫矛盾纠纷多元预防调处，完善源头预防、排查预警、多元化解机制，将矛盾纠纷化解在早、在小。强化企业复工复产司法保障，依法保护各类市场主体，充分发挥破产重组制度功能，帮助企业摆脱困境；推动落实金融惠企政策，纾解企业资金困难。加强智慧法院建设，完善网上立案、网上开庭、网上调解等工作，为群众提供便捷高效的网络诉讼服务。

检察机关要依法从严惩治妨害疫情防控的犯罪。各级检察机关要在党委和政法委的领导下，坚决依法从严从快追诉各类妨害疫情防控的犯罪，全力做好疫情防控期间检察业务工作，维护防疫工作秩序，维护社会稳定、公共安全和国家安全。省级检察机关要根据国家和省防疫工作部署，及时会同有关部门制定出台涉疫办案指南，指导下级检察机关惩治妨害疫情防控违法的犯罪行为。各级检察机关要加大对妨害疫情防控违法犯罪行为的打击力度，严厉惩治借疫情哄抬物价、囤积居奇、趁火打劫等扰乱社会秩序的犯罪行为。严厉惩治制售假冒伪劣药品、医疗器械、医用卫生材料等防疫用品的犯罪行为。严厉惩治在疫情防控期间暴力伤害医务人员、毁坏医疗设施等扰乱医疗秩序的犯罪行为。严厉惩治以暴力、威胁等方式妨害公务、扰乱疫情防控秩序的犯罪行为。对编造、传播虚假疫情信息制造社会恐慌，扰乱社会秩序的，要及时依法追究法律责任。加强职务犯罪侦查，严厉打击疫情防控中失职渎职、贪污、挪用等职务犯罪。要不折不扣落实江苏省委省政府关于疫情防控形势下加快复工复产相关部署要求，审慎审查羁押必要性，依法变更强制措施，保障企业正常开展生产经营，帮助企业渡过难关，助力企业复工复产。

(四)推进全民守法，培育疫情防控良好的法治环境

法律要发挥作用，需要全社会信仰法律。习近平总书记强调，“法治建设需要全社会共同参与，只有全体人民信仰法治、厉行法治，国家和社会生活才能

真正实现在法治轨道上运行”[1]。要加强公共卫生法治宣传和法律服务，增强全社会公共卫生法治意识，引导社会公众依法支持和配合疫情防控工作，形成合力。

一是加强全民法治宣传，营造良好的法治氛围。各级领导干部要强化公共卫生法治意识，带头尊崇法治、敬畏法律，了解法律、掌握法律，做尊法学法守法用法的模范。要加大全民公共卫生普法力度，压实“谁执法，谁普法”“谁管理，谁普法”“谁服务，谁普法”的普法责任制，将普法宣传融入疫情防控管理和服务全过程。要注重发挥基层组织作用，加强公共卫生法律法规宣传，引导群众理解、配合和支持疫情防控工作。要拓宽普法渠道，依托政府网站、政府公报、新闻发布会、政务服务平台、手机客户端等，让社会公众快捷高效获取疫情防控相关法律法规及相关政策信息，增强公共卫生法治宣传效果。

二是加强法律服务，维护社会和谐稳定。要紧紧围绕疫情防控加强公共法律服务，整合律师、公证、调解、仲裁、法律援助等公共法律服务资源，加快形成覆盖城乡、便捷高效、均等普惠的现代公共法律服务体系。要加强对因疫情引起的复工复产、合同履行、保险待遇等法律问题的研究，强化分类指导和应对，提供有针对性的法律指引，支持企业渡过难关。要充分发挥法律行业的作用，大力开展疫情防控相关法律服务，为困难群众提供有效法律援助。

三是动员社会公众参与，形成联防联控工作格局。尊法守法是战胜疫情的法宝。要注重宣传发动，让每一个公民都充分认识到参与疫情防控是自己应尽的社会职责，积极配合政府及有关部门开展疫情防控工作，正确行使公民权利，自觉履行法定义务，不造谣、不信谣、不传谣，正确分辨和了解有关疫情的各类信息，团结一心、众志成城，努力形成联防联控、合力共治的工作格局。

---

〔1〕 习近平：《推进全面依法治国，发挥法治在国家治理体系和治理能力现代化中的积极作用》，载《求是》2020年第22期。

选择性执法对民营经济的阻滞及规制

冯向辉　刘　勇*

【内容摘要】选择性执法基于动因可以分为四种类型，并从不同的方面阻滞了民营经济的发展。政策型选择性执法导致民营主体生产经营活动的风险增加，成本型选择性执法往往会导致民营主体的普遍性违法，回应型选择性执法会导致针对民营主体的执法力度过强，徇私型选择性执法会导致执法主体和民营主体从事违法犯罪活动。选择性执法对民营经济的阻滞在法治、市场、人文等领域都会造成负面的社会影响。一是执法主体腐败的影响，二是市场秩序混乱的影响，三是社会诚信缺失的影响。应加强对选择性执法的规制，保护民营经济的发展。一是将选择性执法限定在行政裁量权范围，二是确立民营主体不被侵扰的经营安宁权，三是提高执法主体选择性执法的成本负担，四是强化民营主体权益保护的司法救济。

【关键词】选择性执法　民营经济　执法主体　民营主体

党的十八届四中全会指出，我国“执法体制权责脱节、多头执法、选择性执法现象仍然存在”。李克强总理也在

---

* 冯向辉，黑龙江省社会科学院法学研究所所长，研究员，法学博士，从事法理学、地方法治研究；刘勇，黑龙江省社会科学院法学研究所研究实习员，黑龙江大学法学院博士研究生，从事法理学、法律史研究。本文系黑龙江省法学会一级重点支持课题“选择性执法对民营经济的阻滞及规制”的最终成果。

2019年《政府工作报告》中从“激发市场主体活力，着力优化营商环境”的角度提出，“决不允许搞选择性执法、任性执法，决不允许刁难企业和群众”。2021年2月19日黑龙江省十三届人大五次会议上，胡昌升省长在政府工作报告中提出，“实施公平统一的市场监管，杜绝对民营企业选择性执法和监管”。可见，选择性执法仍是实践中制约民营经济发展的重要因素。为此，有必要对选择性执法与民营经济发展之间的关系和选择性执法的规制方式进行研究。

选择性执法是指执法主体由于不同的原因，对于相同的法律事实存在不同的作为或不作为的法律现象，表现为行政执法过程中对相同情况的不同对待。[1] 其主要具有三大特征：一是执法决定的多样性，即执法主体对同一种情况作出不同的执法决定，其过程既可能是有意的也可能是无意的；二是执法行为的多样性，执法主体在相同情况的不同行为意味着存在两个或两个以上的执法行为，选择性执法是多个行为相关联构成的法律概念；三是执法对象多样性，相同情况的不同行为会对不同的执法对象造成不同的结果，同时也会得到不同的反馈和影响。选择性执法原本是一个中性词，既有积极的一面也有消极的一面。从积极意义上看，选择性执法在一些领域可以提高执法效率，降低执法成本。但从促进民营经济发展的角度看，选择性执法不稳定、不公平的特征势必对包括民营经济在内的市场经济发展带来负面的影响。尤其是相较于体量庞大的公有制经济，民营经济在市场、融资、转型等方面的困境都体现了其在生产经营活动中承受法律风险能力的脆弱性，也更易受到选择性执法的侵害。

一、选择性执法对民营经济阻滞的表现

由于选择性执法在执法决定、行为、对象等方面都具有多样性的特征，就需要对其进行分类，不同类型的选择性执法，对民营经济阻滞的表现也是不同的。同济大学的黄培副教授基于动因将选择性执法分为三种类型：一是以特定政策目标替代维护法律秩序目标的政策型选择性执法；二是从执法成本出发，执法主体以不作为替代作为的成本型选择性执法；三是执法主体面对汹涌民意，迫于舆论压力而实施的回应型选择性执法。[2] 在这些基于合理动因的选择性执法之外，也存在执法主体基于主观意志利用职权之便进行的徇私型选择性执法。无论出于善意还是恶意，选择性执法都可能对民营经济起到阻滞的作用。

---

〔1〕 参见汪燕：《选择性执法的法律属性探析》，载《政治与法律》2013年第5期。

〔2〕 参见黄锫：《为什么选择性执法？制度动因及其规制》，载《中外法学》2021年第3期。

(一)政策型选择性执法

政策型选择性执法,是指在超出合理性和必要性的情况下做出的基于政策导向的选择性执法行为,实质上是对行政裁量权的自主扩大。具体表现在特定时期,在法律规定的基础上,对某些行为的从严或放松管制。在行政执法理论中,从严或从轻的两种选择性执法被分别称作"选择性强执法"和"选择性弱执法"。[1] 政策型选择性执法对民营经济的阻滞主要表现在:政策导向的行政裁量权扩大为民营主体的生产经营活动增添了不可预见性,提高了其经营风险。民营主体极为看重相关政策法规的稳定性,但由于政策型选择性执法,其往往因为难以及时调整经营活动而蒙受损失。

以选择性强执法为例,2021 年 6 月在江苏、河南、湖北等地出现的疫情反弹促使全国各省市采取了严格的防疫政策。然而,与 2020 年年初全国各地普遍出现散发病例不同,这次疫情的部分省市在做好交通枢纽核酸筛查严格把关、所辖区域未发现本土病例的情况下,执法主体仍然以预防的名义对部分商业场所关停,并且其关停的执法决定未向社会公布令人信服的理由——相较于可以通过控制人流量的影院,拥挤的餐馆在疫情防控方面并没有特别的优势。但在现实中,餐馆并未关停,只是加强了健康码扫描的审查力度。因此,在这次疫情预防工作中,部分的商业场所并未得到公平的对待。造成这一结果的法律依据在于我国《传染病防治法》明确限制"影剧院演出或者其他人群聚集的活动",而地方的相关政策显然是根据该法在行政裁量权限范围内选择更严格的执法。事实上,我国《传染病防治法》第 42 ~ 43 条规定的"停工、停业、停课"以及"封闭可能造成传染病扩散的场所"均是针对"疫情暴发、流行时"的条件,对于中长期并未出现本土病例的区域,是否满足这一条件,是否应当执行这一规定都是存在争议的。但部分地方省市为了防控风险,还是采用了更为严格的选择性强执法,结果就是给相当一部分民营主体带来了不必要的经济损失。

(二)成本型选择性执法

成本型选择性执法,是指实现完全执法由于需要付出巨大的成本,在非理想情况下是不可能实现的,因此执法主体往往只能选择对发现的违法行为进行执法。为此,立法者在考虑到不完全执法的必然性后,有时会过度增强法律文本的规范力度,使选择性执法起到抵消过度规范的作用,让成本型选择性执法行为能够符合立法者本来的预期。[2] 这种"过度 + 选择"的组合,强化了对违

[1] 参见黄锫:《为什么选择性执法?——制度动因及其规制》,载《中外法学》2021 年第 3 期。

[2] 参见徐昕:《论私力救济》,广西师范大学出版社 2015 年版,第 256 ~ 258 页。

法行为的威慑,使成本型选择性执法存在一定的合理性。然而,这并非意味着其对民营经济没有阻滞。“过度”尽管能够起到威慑的作用,但也可能使民营主体产生“因为过于苛刻即便普遍违法也会法不责众”的错觉,造成民营主体普遍性的违法,更可能使执法主体觉得执法成本过高而普遍性地不执法。在此基础之上,如果非要“选择”,则会激化执法主体与民营主体之间的矛盾,就会对一众从事该行业的民营主体造成伤害。

一个典型的例子就是近年来全国各地的执法主体在春节期间对生产烟花爆竹的民营主体的选择性执法。从“过度”的角度看,一些地方发布了《关于禁止生产、经营、储存、运输和燃放烟花爆竹的通告》,明令禁止民营主体从事与烟花爆竹相关的一切商业活动。[1] 这一规定对防治城市空气污染和噪声污染都发挥重要作用。但是,烟花爆竹承载着中国人民对传统习俗的精神寄托,在春节燃放烟花爆竹不仅是一种习惯,更催生了具有一定规模的产业链,孵化了众多从事这一行业的民营主体。从“选择”的角度看,在过度规范的条件下,行政执法主体常常陷入两难的境地,基于民众秉持传统习惯和法不责众意识的普遍性违法,行政执法主体往往在未受到政策压力的情况下睁一只眼闭一只眼,以节约执法成本。而在上级政策压力下进行专项整治时,执法主体则会加大执法力度,发现一起查处一起。然而,强烈社会需求所衍生的经济活动不可能轻易被公权力阻滞。在优秀文化引导工作尚未完成之时,基于成本考虑的选择性执法无法彻底消灭生产烟花爆竹的民营主体,而是使烟花爆竹市场处于“强力执法与违法过剩奇特共生的状态”,[2]个别选择性执法还可能因为显失公平引发市场混乱和恐慌,从而打击整个行业的民营经济。

(三)回应型选择性执法

回应型选择性执法,是指在发生影响力较大的社会事件后,媒体能够迅速将信息传导至普通民众,由此产生的民意会给执法主体带来巨大的舆论压力,为了回应民意,执法主体一般会对事件相关领域进行专项整治的选择性执法。例如,商业区发生影响较大的火灾事件,执法主体往往就会在接下来的一段时期对民营主体开展针对防火安全的专项选择性强执法。这种选择性执法对发现问题隐患、解决普遍性问题具有一定的积极作用。然而,回应型选择性执法

---

〔1〕 参见《山西省人民政府关于禁止生产、经营、储存、运输和燃放烟花爆竹的通告》,载山西省人民政府网,http://www.shanxi.gov.cn/sxszfxxgk/sxsrmzfzcbm/sxszfbgt/flfg_7203/szfgfxwj_7205/202008/t20200821_840543.shtml。

〔2〕 参见王波:《执法过程的性质:法律在一个城市工商所的现实运作》,法律出版社 2011 年版,第 57~59 页。

忽视了信息失真和舆论非理性的问题。面对重大社会事件,媒体传递的片面信息以及民众对复杂问题的简单化理解,即便不会让执法主体对事件本身作出错误的判断,由此带来的对事件相关行业的选择性执法也可能因执法力度过强而损害到民营经济。

比较有代表性的例子就是新冠肺炎疫情防控期间,执法主体对哄抬生活必需品价格的选择性执法。2020 年新冠肺炎疫情流行之初,全国多地的生活必需品价格上涨迅速,引发了社会舆论的关注。作为回应,执法主体开展了对哄抬物价的专项整治行动。例如,河南郑州某超市一棵白菜的价格涨到了 63.9 元一棵,被处罚 50 万元。[1] 上海某工贸公司将进价 5.12 元/盒的口罩涨至 21 元/盒至 198 元/盒不等的价格,被处罚 20 万元。[2] 执法主体的选择性执法的确起到了稳定生活必需品价格、保障民生的作用。然而,这种回应型选择性强执法也伴随着执法过度,存在损害民营经济利益的问题。受疫情影响,2020 年年初相当一部分民营主体生产停工,再加上疫情防控对交通的管制,生活必需品价格在一定范围的上涨也是合理的。但是一些地区的执法主体对关于物价的舆情过于敏感,选择性强执法过犹不及。例如,在疫情防控期间,湖北洪湖市某药房只因 0.6 元进价口罩卖 1 元,就被洪湖市市场监督管理局以涉嫌哄抬价格罚款 42,630 元,并被没收违法所得 14,210 元。[3] 这一执法对"哄抬行为"定义的不合理自由裁量,不仅对该民营主体的合法利益造成损害,更引发了市场的恐慌,打击了同行业民营主体生产经营口罩的积极性,既不利于疫情的防控,也不利于民营经济的发展。

(四)徇私型选择性执法

徇私型选择性执法,是指执法主体因为与执法对象存在某种利益关系,为维护本人或他人非法利益而从事的选择性执法。通常表现为以下两点:一是在执法对象的选择方面,执法主体与执法对象存在权钱交易等徇私枉法情节,执法主体通过"批条子""打招呼""托人情"等方式,选择性不对一些市场主体执法。二是在执法处罚的结果方面,执法主体不按裁量基准进行执法,故意对一些与自己有利益关系的市场主体从轻处罚,为了打击报复对一些市场主体从重处罚。与前述三种类型的选择性执法在主观上存在一定合理性不同,徇私型选

[1] 参见《一棵白菜 63.9 元? 河南一超市被罚 50 万》,载百度网 2020 年 1 月 28 日,https://baijiahao.baidu.com/s?id=1656930048642279631&wfr=spider&for=pc。

[2] 李铁柱:《每盒进价 7 元口罩卖 21 元到 198 元　男子被判 8 个月公司罚金 20 万》,载腾讯网,https://new.qq.com/omn/20200323/20200323A0CP1M00.html。

[3] 参见《药房将进价 0.6 元口罩卖 1 元被罚,湖北洪湖市回应》,载光明网,https://m.gmw.cn/baijia/2020-02/12/1300941700.html。

择性执法由于其本身具有主观违法性,其执法行为往往会造成市场秩序混乱,甚至滋生腐败和培育黑恶势力,从而给民营经济带来极大的损害。近年来,随着扫黑除恶工作的稳步推进,众多因徇私型选择性执法造成黑恶势力垄断经济行业的案例开始涌现。以哈尔滨呼兰区杨氏家族涉黑涉恶案为例,在中央扫黑除恶第 14 督导组进驻哈尔滨之前,以杨某为首的杨氏家族控制了呼兰区的公交、供暖等多个市政服务领域长达二十多年。呼兰区委、区政府多位领导干部在杨氏家族的威逼利诱下被腐化,为了自身的利益对杨氏家族的违法行为选择性不执法,甚至为其充当保护伞,纵容其利用非法暴力手段打击竞争对手垄断市场。例如,呼兰区交通管理部门对杨氏家族垄断公交线路视而不见,默许其利用暴力威胁手段排斥其他民营公交公司参与市场竞争。[1] 呼兰区的选择性不执法严重损害了区域营商环境,公权力面对黑恶势力的妥协性甚至造成呼兰区涌现更多家族式的黑恶势力垄断各行各业。守法经营的民营主体由于既无法参与公平竞争,也不能得到执法部门的保护,于是纷纷将经营范围迁出呼兰区。而由于各种原因留下的民营主体则常常受到黑恶势力的敲诈和威胁,只能在夹缝中生存。呼兰区民营经济基础也因此遭到了严重的破坏。

二、选择性执法对民营经济阻滞的影响

如前文所述,选择性执法在微观层面增加了民营主体的经营风险,损害了执法主体与民营主体的关系,甚至直接侵犯了民营主体的合法权益。而在宏观层面,选择性执法更会衍生出更多关于法治、市场、人文的社会宏观问题。具体表现在三个方面:一是在执法环境方面,造成执法主体寻租腐败;二是在市场竞争方面,造成市场竞争失序;三是在人文环境方面,造成社会诚信意识淡薄。

(一)执法主体腐败

选择性执法对民营经济的阻滞为执法主体的腐败提供空间。行政裁量权赋予了执法主体对微观经济活动选择性干预的权力,而行使这一权力的目的和方式又影响到民营主体的生死存亡。因此,选择性执法无论是何种类型,其对民营经济的阻滞都首先体现在执法主体的权力所带来的影响。尽管选择性执法并非自始就一定在主观上存在违法的故意,但执法主体只要具备这一项权力,并且与经济主体存在监督管理关系,就具有被诱惑腐化的风险。与之相对的是,部分民营主体尽管了解选择性执法对民营经济的阻滞,但“民不与官争”

---

〔1〕 参见《扫黑除恶——为了国泰民安》(第五集),载央视网 2021 年 9 月 30 日,https://search.cctv.com/search.php?qtext=%E6%89%AB%E9%BB%91%E9%99%A4%E6%81%B6%E2%80%94%E2%80%94%E4%B8%BA%E4%BA%86%E5%9B%BD%E6%B3%B0%E6%B0%91%E5%AE%89&type=web。

的保守思想使他们不考虑其带来的社会负面影响，而只追求自身短期利益。民营主体往往希望通过与执法主体建立一种利益联结关系来保障自己的安宁经营，“在共赢逻辑之下，与政府形成利益共同体的企业往往深谙政企关系之道，他们会做出努力以维护与政府的结盟关系，贿赂政府官员便成为维护关系的重要方式”[1]。于是，蕴含行政裁量权的选择性执法与民营主体的经营需求相互作用，形成一种畸形的共同利益。

具体来说，从执法主体的角度看，向民营主体索贿是其自发性腐败的主要方式。从民营主体的角度看，向执法主体主动行贿是导致执法主体腐败的主要方式。两种方式虽然在行为发起主体上存在差异，但导致具体腐败的路径相同：一是以包庇为目的的选择性不执法。在执法主体索贿或民营主体行贿的行为发生后，执法主体选择不对民营主体执法，纵容个别民营主体在低标准的市场监督体系下追求更高的经济利益。在这个过程中，执法主体获取非法经济利益，个别民营主体也获得了非法的巨额利润，从形式上看两者实现了“共赢”，但代价则是对民营经济、营商环境、法治建设的破坏。二是以掠夺为目的的选择性执法。执法主体为了获取经济利益，通过选择性强执法，有针对地对民营主体持续摊派、攫取资源。民营主体为了生存，不得不向执法主体行贿以避免遭受更大的损失，但实际上纵容了执法主体腐败。

（二）市场秩序混乱

选择性执法对民营经济的阻滞是引发市场秩序混乱的推手。市场秩序是指市场运行中所必须遵循的各种规则与法律规范的总称，表现为市场主体要根据一定的程序和规则从事经营活动，执法主体要在一定的职权范围内，按照一定的程序和规则对市场进行监督和管理。[2] 尽管选择性执法存在合理的一面，但选择性执法阻滞民营经济发展，既打击了民营主体生产经营的规则意识，也从管理层面破坏了市场秩序。个别民营主体不遵守市场规则的行为尽管也会对市场秩序带来冲击，但受公权力约束，总体上并不会引起民营主体普遍性违法的问题。而阻滞民营经济的选择性执法在不遵守市场规则的同时，更代表着执法主体对规则意识的漠视，强力的行政干预也意味着法治权威被削弱，其结果必然使民营主体的普遍性违法成为常态，最终造成市场秩序混乱的负面影响。

具体来说，从执法主体的角度来看，选择性执法对民营经济的阻滞会滋生

[1] 陈国权、陈晓伟、孙韶阳：《选择性执法、非法治化竞争与系统性腐败》，载《浙江大学学报（人文社会科学版）》2015年第6期。

[2] 参见李耀富主编：《政治经济学》，中国大地出版社1997年版，第331页。

市场潜规则，牺牲市场规则框架的稳定性以及市场秩序维护的权威性。由于以强力行政干预替代公开透明的执法依据，市场监管机会主义越发盛行，不利于市场管理的法治化。需要说明的是，与“好心办坏事”的选择性执法类型不同，徇私型选择性执法的目标就是私利，其执法行为从主观上就抛弃了维护市场秩序的社会目标，对市场秩序的破坏也尤为严重。从民营主体的角度来看，选择性执法对民营经济的阻滞会使既定的市场规则被潜移默化地重构，民营主体违法的边界模糊化。民营主体会将更多的精力放在获得执法主体的庇护上，甚至利用规避被执法的能力去寻求违背市场交易精神的不法收益。而对于那些无力获得执法主体庇护的民营主体，即便其坚持守法经营，但仍可能成为政策型或徇私型选择性执法着重针对的对象。于是，这些民营主体生产经营的风险成本被无意义且无限度地放大，最终只能被迫退出市场竞争。

（三）社会诚信缺失

选择性执法对民营经济的阻滞将导致社会诚信缺失。社会的诚信意识尽管源自传统的伦理道德，但究其根本，“是基于劳动分工与合作的基本需要而在商品经济发展过程中不断丰富起来的。分工要求协作，分工基础上的协作必然带来彼此间‘遵守约定’的信用，因此，生产和交换是信用发生的经济基础”[1]。这说明了社会诚信具有天然的经济属性，而社会诚信意识的浮动，往往是对市场诚信状况的反映。此外，政府的宏观调控在资源配置中发挥着重要作用，执法主体在市场活动中扮演着诚信执法的关键角色。因此，无论是民营主体还是执法主体，其失信问题都会引发整个社会对诚信意识的动摇，而较大规模的失信问题甚至会引起信任危机，导致社会诚信普遍性缺失。选择性执法本质上就是执法主体失信于法，只不过具有一定合理性与必要性的选择性执法能够得到社会的正面反馈，如民众普遍认同“双随机一公开”，是因为认同这种选择性执法积极的价值取向。而阻滞民营经济的选择性执法既没有在经济活动中达到宏观调控的预期目标，也没有做到基本的守信于法，必然会侵蚀整个社会的诚信基础。

具体来说，在执法主体方面，选择性执法对民营经济阻滞的负面效应会促使社会对执法主体守信于法的质疑，而社会对公权力天生的不信任会无限放大这种质疑，民众由此认为不守信是执法主体的常态，而自身无论是否守信，权益都可能被执法主体的选择性执法侵害。执法主体公信力削弱的后果就是民众服从执法意愿的降低，在错误示范和社会质疑下，普遍性的失信将成为社会的

---

〔1〕 李正昌：《现代经济中诚信缺失的历史溯源》，载《商场现代化》2005年第18期。

一般现象。在民营主体方面,阻滞民营经济的选择性执法会导致民营主体诚信意识的解体,对民营主体不公平的待遇会迅速传导至同行业的民营主体,从而使行业内的诚信经营理念动摇。而民营主体也会在日常经营活动中将不诚信的价值传导至社会大众,从而造成整个社会诚信缺失。

三、规制选择性执法以保护民营经济的对策

选择性执法难以从根本上杜绝,但为了保护民营经济的发展,有必要对选择性执法进行规制。具体包括以下几个方面:一是将选择性执法限定在行政裁量权范围,降低选择性执法的负面影响;二是确立民营主体不被侵扰的经营安宁权,避免选择性执法的无序性;三是提高执法主体选择性执法的成本负担,防范扰乱市场的选择性执法行为;四是强化民营主体权益保护的司法救济,保障民营主体遭受选择性执法时拥有最后的维权手段。

(一)将选择性执法限定在行政裁量权范围

尽管选择性执法是难以避免的,但仍然可以将选择性执法控制在行政裁量权的法定范围内,起到降低选择性执法危害从而保护民营经济的作用。

在指导思想上,应确立无论是何种类型的选择性执法,都必须在行政裁量权的法定范围内对民营主体执法。行政裁量权介入市场监管的目的是应对复杂多变的市场情势,而其中对民营主体的裁量幅度就是规制选择性执法的空间。这既包括执法主体决定是否对民营主体采取法定措施的定性裁量,也包括执法主体根据案件具体情况决定对民营主体采取何种严厉程度法定措施的定量裁量。作为一种理想状态,执法主体在对民营主体实施选择性强执法时,应当控制定量裁量的上限,使民营主体能够做好市场的法律与合规风险管理。反之,如果对民营主体选择性弱执法,则应确保不能突破定量裁量的下限,使民营主体不会因为执法主体的徇私而逃避责任。而针对民营主体的选择性不执法问题,则必须经过定性裁量权的授权。综上所述,将对民营主体的选择性执法限制在行政裁量权范围内,一方面可以确保执法行为的合法性,维护法治的权威;另一方面可以保护民营主体依法经营的权利,优化营商法治环境。

在具体实施上,应优化营商法治环境的考评机制,将“针对民营主体的选择性执法是否在行政裁量权范围内”作为一项考评执法主体工作成效的重要指标纳入其中。荣敬本教授 1998 年首次提出压力型体制的概念,并且对这一

体制进行了批判，主张构建民主合作体制。[1] 此后，一些学者还提出建立督办责任体制。[2] 然而直到今天，我们仍然沿用了以考核评价体系为主体的压力型体制。执法主体依然会仔细研究考评体系中各个项目指标，并针对这些项目投入主要精力以改进施政。既然这一体制在历史发展中未曾动摇，就应在该框架下以营商法治环境考评的形式限制选择性执法以保护民营经济。在实践中，可以为民营主体提供投诉的渠道，由评价主体收集选择性执法的案例，并比对行政裁量权的范围，以此作为这一指标的考评结果。

（二）确立民营主体不被侵扰的经营安宁权

生活安宁权不仅属于私权范畴，同时也是一种人格权，[3]是指自然人享有的维持安稳宁静的私生活状态，并排除不法侵扰的权利。[4] 由此衍生的经营安宁权是指民营主体享有的稳定持续的生产经营不受外界侵扰的权利。确立民营主体不被侵扰的经营安宁权是规范选择性执法、保护民营经济的重要手段。

在指导思想上，应确立经营安宁权作为一项法定权利能够对抗选择性执法，以保障民营主体的合法经营不受选择性执法的侵害。经营安宁权应囊括三个方面：首先是民营主体安全经营的权利，即民营主体有权依法维护自身经营活动中所有资源的安全，无论是最基本的财产还是较为抽象的时间与合作关系，只要受到了选择性执法不合理的侵害甚至威胁，民营主体都有权要求执法主体停止侵害、消除影响和赔偿损失。其次是持续经营的权利，即在没有相关法律法规的情况下，执法主体不得侵害民营主体的经营权，不得以政策为由随意要求民意主体关门停业整顿，即便是因为特殊原因不可避免地强制民营主体停业，也必须予以道歉和补偿。最后是自由经营的权利，即民营主体只要未违背法律法规，行政主体就不得干涉其经营范围，即便在特殊时期执法主体也不得强迫民营主体放弃利润或者放弃从事的经营领域。

在具体实施上，应在优化营商环境的相关法律法规中加入民营主体经营安宁权的详细内容，并明确执法主体的法律责任以限制选择性执法的实施。经营安宁权实质上是一项宪法权利，我国《宪法》第 11 条规定，“在法律规定范围内的个体经济、私营经济等非公有制经济，是社会主义市场经济的重要组成部分。

---

〔1〕 参见荣敬本等：《从压力型体制向民主合作体制的转变——县乡两级政治体制改革》，中央编译出版社 1998 年版，第 88 ~ 92 页。

〔2〕 参见陈水生：《从压力型体制到督办责任体制：中国国家现代化导向下政府运作模式的转型与机制创新》，载《行政论坛》2017 年第 5 期。

〔3〕 参见王利明：《生活安宁权：一种特殊的隐私权》，载《中州学刊》2019 年第 7 期。

〔4〕 参见刘保玉、周玉辉：《论安宁生活权》，载《当代法学》2013 年第 2 期。

国家保护个体经济、私营经济等非公有制经济的合法的权利和利益”。《宪法》第15条又规定,“国家依法禁止任何组织或者个人扰乱社会经济秩序”。这里的“组织”显然包括执法主体“政府组织”,因此在优化营商环境的相关法律法规中具体明确这一权利是有宪法依据的。但是为了发挥宪法权利的效力,有必要在专门的法律法规中细化经营安宁权的内容,具体包括两个方面:一是在法律法规中明确民营主体主动防御的权利。在遭受选择性执法的不公平待遇后,民营主体可以通过多种途径对选择性执法提出异议,列举自身遭遇不公平对待的证据,要求执法主体撤销行政行为甚至赔偿经济损失,主动维护自身的合法权益。二是在法律法规中明确国家保护民营经济的责任。除了为民营主体的生产经营活动提供便利,还应在法律法规的框架下建立一套针对民营经济行政执法的监督机制,审查阻滞民营经济的选择性执法问题。

(三)提高执法主体选择性执法的成本负担

提高选择性执法的成本负担,是指当选择性执法造成民营主体的损失后,执法主体应当承担相应责任,为了使选择性执法更加慎重,有必要提高选择性执法的成本负担,以加强对民营经济的保护。需要说明的是,执法的成本负担与前文所述的执法成本是不同的概念,执法成本是处理违法事件过程中调查取证、逮捕、诉讼和惩罚等活动所导致的成本。[1] 两者存在本质的差别。

在指导思想上,执法主体应承担阻滞民营经济的选择性执法所产生的纠纷处理支出、应对危机支出、直接经济损失、不公平竞争预期经济损失等费用。选择性执法现象较为普遍的一个重要原因就是执法主体承担的责任并不明确。除了《国家赔偿法》中涉及行政行为的责任外,选择性执法缺乏独立的责任标准,尤其是民营主体应对不公平对待而产生的私法领域的不公平竞争损失并未涉及,因此现实中难以落实选择性执法的每一项责任。现实中往往是选择性执法“动动嘴”只要承担有限的责任,而民营主体就要“累断腿”付出沉重的代价。更为关键的是,合法权益遭受选择性执法侵害的民营主体往往更倾向于息事宁人,为了未来的经营活动不被找麻烦,不愿意得罪执法主体激化官商矛盾。这加剧了选择性执法的不平等性,更造成部分执法主体不用担心承担责任而更加有恃无恐,选择性执法的成本负担进一步降低。为此,应提高选择性执法对民营主体造成直接损失和间接损失的赔偿力度,追求赔偿的上限而非下限,保证民营主体在维权后不仅能够弥补自身损失,更能减轻心理负担,保持生产经营的积极性。

---

[1] 参见戴治勇、杨晓维:《间接执法成本、间接损害与选择性执法》,载《经济研究》2006年第9期。

在具体实施上，应将选择性执法给民营主体造成的各种成本负担，都纳入行政赔偿的范畴。我国《国家赔偿法》第 2 条就规定了国家机关及其工作人员在行使职权过程中，如果违法侵犯包括民营主体在内的法人的合法权益，造成了损害，国家应当依法赔偿。不过，结合涉及侵犯财产权的第 4 条看，这里的"损害"显然只是行政行为对民营主体造成的直接损失。因此，应考虑将选择性执法对民营主体的间接损害纳入行政赔偿的范畴，具体方法是修改《国家赔偿法》第 4 条和第 36 条，增加选择性执法侵犯财产权的内容，以及选择性执法造成不公平竞争等间接侵害的赔偿方式与计算标准。

（四）强化民营主体权益保护的司法救济

加强司法对企业家人身和财产安全的保障，是民营经济实现更大发展的重要基础。[1] 当前，行政诉讼主要针对的是行政主体行政行为造成的损害，尽管选择性执法也是行政执法行为的一部分，但根据《行政诉讼法》第 12 条的规定，诉讼规制的重点是"执法的损害"而非"选择的损害"。也恰恰是法院在"选择"方面的缺位造成人们对政府管制甚至权力的依赖，只要发生了任何重大事故或损害，政府的责任往往成为关注的焦点。[2] 因此，作为民营主体维权的最后手段，有必要强化对抗阻滞民营经济发展的选择性执法的司法救济。

在指导思想上，应强化行政诉讼对"选择"方面的规制力度。"选择"所造成的最大影响在于致使行政相对人在市场竞争中处于不对等地位的境况，因此强化的司法救济应体现在保护民营主体的"公平竞争权"上，具体表现在三个方面：首先，应强化"因执法主体主动选择性执法而损害民营主体公平竞争权"的司法救济。司法机关应要求执法主体赔偿民营主体因选择性执法造成的直接损失，消除民营主体市场竞争不平等的障碍和影响，恢复民营主体作为守法经营者寻求商事合作或融资所必需的社会名誉。其次，应强化"因执法主体消极的选择性不执法而损害民营主体的公平竞争权"的司法救济。司法机关应要求执法主体积极履行执法责任，依法对生产经营不合法的对象采取执法行动，消除造成民营主体无法公平竞争的不利因素。最后，应强化"民营主体不服从执法主体作出的关于选择性执法造成不公平竞争的行政裁决"的司法救济。司法机关应撤销执法主体原先的裁决，并针对民营主体的合理诉求重新作出行政裁决，确保执法主体的执法行为对所有民营主体一视同仁。

在具体实施上，要为行政诉讼形式的司法救济提供可实践的具体依据。一

---

〔1〕 参见谢鹏程：《加强企业家人身和财产安全的司法保障》，载《人民论坛》2019 年第 9 期。

〔2〕 参见戴治勇：《选择性执法》，载《法学研究》2008 年第 4 期。

是在遵循最高人民法院和最高人民检察院司法解释的前提下,司法机关应根据所在区域营商法治环境的建设情况,并根据《行政诉讼法》《国家赔偿法》等相关法律法规,适时制定《关于处理选择性执法若干问题的指导意见》,加强对阻滞民营经济的选择性执法的司法规制。二是要构建司法能动机制,发挥司法能动作用。在营商法治环境建设过程中,司法机关应立足于地方政府治理能力、市场发展状况以及司法工作的实际,重点回应地方在营商环境建设中的法治需求,着力补齐地方在营商环境建设中的法治短板。[1] 为此,司法机关应以《宪法》为依据,通过对《宪法》第 11 条和第 15 条的解释,积极行使司法权,既要从《行政诉讼法》出发,规制造成民营主体直接损失的执法责任,也要从《宪法》的经营安宁权角度出发,规制执法主体的选择责任,从而突出执法主体法律责任竞合的本质。

---

〔1〕 参见石佑启、陈可翔:《法治化营商环境建设的司法进路》,载《中外法学》2020 年第 3 期。

区域法治建设中的司法行政机关职能刍议

陈晓波*

【内容摘要】自 2018 年下半年各级司法行政机关重新组建以来,司法行政在区域法治建设进程中的工作领域更加宽泛,责任更加重大,司法行政机关职能的含义和范畴在原有概念上已经大大拓展。本文从“科学立法”中的统筹协调职能、“严格执法”中的指导监督职能、“公正司法”中的同构完善职能和“全民守法”中的组织服务职能这四个方面,论述了重新组建后的地方司法行政机关的法定职能和本行政区域内法治建设的联系。

【关键词】司法行政机关职能　区域内法治建设　司法改革

司法行政机关在整个政府行政体制、政务管理体制和国家司法体制中都处于十分重要的位置。各级司法行政机关作为同级政府的组成部门,承担本行政区域内法治建设的多项重要职能,特别是从 2018 年下半年各级司法行政机关重新组建以来,其职能调整使得司法行政在区域法治建设进程中的工作领域更加宽泛,责任更加重大。司法行政机关职能的含义和范畴在原有概念上已经大大拓展。

职能,是指一定的个人或组织所具有的职责和功能。政府机构的法定职能由法律法规规定、由编制部门制发专

* 陈晓波,南京师范大学中国法治现代化研究院特邀研究员。

门文件明确细化，基本要求主要是权责明晰、权责对等，是建立行政组织、划定职权边限、确定机关架构和人员编制的基本依据，是确定组织行政目标和主要任务的基本依据，也是组织相关的管理服务活动、检查管理服务效能等各类行政行为的基本依据。[1]

根据宪法及相关法律法规规章和各级党委（政府）编制部门核定印发的机构改革方案，重新组建后的地方司法行政机关的法定职能实际上涵盖了本行政区域内法治建设的全域，在推进科学立法、严格执法、公正司法、全民守法进程中起到重要作用。省、市、县（市、区）司法行政机关的法定职能大体相同（以江苏省司法厅法定职能为据，市、县司法行政机关部分法定职能相应递减），主要表现为：

一、“科学立法”中的统筹协调职能

地方立法的主要形式是省和有地方立法权的设区市两级人大制定地方性法规、政府规章等。省级人大根据本行政区域的具体情况和实际需要，在不与宪法、法律、行政法规相抵触的前提下，可以制定地方性法规；设区市的人大主要围绕城乡建设与管理、环境保护、历史文化保护等方面的事项制定地方性法规；省、市两级政府可以制定地方政府规章。省司法厅的职能为“承担统筹规划立法工作的责任，协调有关方面提出立法规划和年度立法工作计划的建议，负责跟踪了解各部门对立法计划的落实情况，加强组织协调和督促检查，研究提出立法与改革决策相衔接的意见、措施；负责起草或者组织起草有关省级地方性法规、省政府规章草案，承担审查修改、协调论证省级部门报送省政府的地方性法规、规章草案的责任，负责立法协调工作；承办省政府规章的解释、立法后评估工作，负责协调各地各部门实施法律、法规、规章中的有关争议和问题，承办设区市政府规章、设区市政府以及省级部门规范性文件的备案审查工作，负责有关省政府规范性文件或者拟由省政府批准的省级部门规范性文件的合法性审查”等（根据“江苏省司法厅、江苏政府法制网”公布内容，下同），其职能作用主要体现在：

1. 配合省、市人大地方性法规立法。司法行政部门认真落实省、市人大的相关指示决议，积极配合、协助人大有关部门做好地方性法规的立法审议工作，组织对地方立法项目进行合法性审查，组织协调面向社会的民意调查活动，积

〔1〕 本文所表述的司法行政部门职能均依据于相关法律法规和“江苏省司法厅　江苏政府法制网”公布的相关内容。

极组织地方性法规的宣传活动，从多方面服务和保障地方立法的依法性、科学性、民主性。

2. 统筹地方政府规章立法。地方政府规章是国家相关法律的有效补充，是国家法律体系的有机组成部分，以政府名义发布，大多以“规定”“办法”等名称出台，基本是由政府主管部门或会同相关部门为主提出，密切结合地方社会状况和经济发展的实际，对地方社会和经济发展具有更强的针对性和可操作性。司法行政机关为同级政府统筹协调地方政府规章立法的计划，组织协调立法起草、立法规范、立法冲突、民意征询收集、提交审议、意见反馈、修改通过等方面工作，同时承担政府规章的解释、立法后评估工作，负责协调各地各部门实施法律、法规、规章中的有关争议和问题。

3. 审查各级政府部门行政规范性文件。国家机关制定颁布法令法规后，地方对口机关往往下发相应贯彻执行意见或补充规定，在本行政区域内实施，带有一定的指导性和约束性。司法行政部门承担监督各级政府部门根据法律法规及上级部门规章制定并拟实施的行政措施的责任，其重要方式就是通过对其制定的规范性文件进行合法性审查等，审核其是否合法合规及必要性等。

二、“严格执法”中的指导监督职能

各级政府及所属各部门是依法行政、依法执法的主体，绝大多数的行政执法行为都由政府机关实施，通过行政行为管理社会、服务群众。依法行政是建设法治政府的基本要义，也是严格行政执法的前提和核心。省司法厅的职能为“承担统筹推进法治政府建设的责任，指导、监督省政府各部门、地方各级政府依法行政工作；负责综合协调行政执法，承担推进行政执法体制改革有关工作，推进严格规范公正文明执法；承担省政府的行政复议、行政赔偿工作，指导监督全省行政复议、行政应诉和行政赔偿工作；负责本系统戒毒管理工作，指导、监督本系统强制隔离戒毒执行和戒毒康复工作”等，其职能作用主要体现在：

1. 统筹本行政区域内政府依法治理工作。司法行政机关承担统筹法治政府建设的责任，指导、监督和协调本级政府各部门及下级各级政府依法行政工作。2021 年 8 月，中共中央、国务院印发《法治政府建设实施纲要（2021—2025 年）》，更加明确，“各地区党委法治建设议事协调机构及其办事机构要加强法治政府建设的协调督促推动”，同时要求“加强各部门和市县政府法治机构建设，优化基层司法所职能定位，保障人员力量、经费等与其职责任务相适应”。

2. 监督政府及政府部门行政规章、其他行政规范性文件的实施，负责行政复议、行政应诉、行政赔偿等。司法行政部门统一受理、承办、指派行政复议案件,通过复议监督和自我纠错,减少了部门间规章条文冲突、遇事互相推诿的矛盾,极大方便了群众和有关组织,也积极提升了政府的社会公信力。实践中,司法行政部门直接办理的行政复议申请,主要涉及行政处罚、信息公开、举报投诉处理等事项,审查后作出相应的行政复议决定,对依法行政中出现的问题可以直接纠错。

3. 依法承担行政执法的部分工作。司法行政机关负责强制隔离戒毒等行政处罚措施的执行等。根据《禁毒法》和国务院制定颁发的《戒毒条例》,吸毒人员须强制隔离戒毒的,由县级公安部门决定,交由司法行政机关管理的戒毒场所实施一定期限的强制隔离戒毒。司法行政系统的强制隔离戒毒工作接受检察部门监督,必须保障戒毒人员的合法权益,包括对行政处罚的复议申请权。强制隔离戒毒期间,限制被强制隔离戒毒人员一定的人身自由,生理强制戒断和心理矫治教育并重,对身体受损者予以必要医治,并组织他们参加学习和习艺劳动;参加劳动者,可取得相应的劳动报酬。2014 年以来强制隔离戒毒期间的行政执法行为更加规范严明,得到社会普遍肯定。司法行政部门及所属强制隔离戒毒单位同时还对社区戒毒和社区康复工作提供指导、支持和协助。

三、"公正司法"中的同构完善职能

司法的本义是裁决或审判,审判确实是司法或诉讼的核心,但不是司法的全部。司法行政最初就是司法审判的伴生物,无论是封建社会还是现代国家架构初创时,两者相伴相生,司法行政都是司法审判不可或缺的共生形态,如今两者良性互动,构成了司法公正共同体。省司法厅的职能为"指导、监督监狱工作;指导、管理社区矫正工作;指导刑满释放人员帮教安置工作;指导人民陪审员、人民监督员选任管理工作;统筹和布局城乡、区域法律服务资源,指导监督全省律师、法律援助、司法鉴定、公证、仲裁和基层法律服务管理工作"等,其职能作用主要体现在:

1. 推动诉讼共同体的合力共构。诉讼共同体是司法构成的基本要素,如果没有为当事人提供辩护的代理人,往往是不完整的诉讼共同体;没有辩护的诉讼也往往是不公平的诉讼,专业人员依法代理辩护是诉讼过程和结果公平的重要检验指标。刑事案件要有辩护的全覆盖,形成控辩审三方制衡的法治格局,以防止相对弱小的个体在强大的国家机器前失衡,防止或减少审判者失误特别是重大事实的误判,维护犯罪嫌疑人的相应权利;民事案件要有辩护,帮助原告被告了解、遵从法律,监督裁决者的自由裁量权,切实保护当事人的合法权益;行政案件要有辩护,促使群众知法、信法、尊法,促使行政机关依法依规办事,真正做到用权为民、取信于民。而司法诉讼实践中绝大多数辩护工作特别是有效辩护是由律师和有资质的法律服务工作者承担的，部分冤假错案的形成也与辩护权缺位有关。《律师法》明确了司法行政部门对律师、律师事务所和律师协会进行监督、指导的责任，司法行政部门对律师队伍建设、律师执业活动、律师行业管理等加强了日常监督管理，积极为充分发挥律师在法治建设中的重要作用做了大量工作。国家对重大刑事案件的指定辩护、对特殊困难群体等的法律援助工作及司法行政部门的监督管理职责也有相关的法律规定。根据相关法律法规，司法行政部门主管司法诉讼主体参与人员的法官、检察官、律师等必备合格资质的国家统一法律职业资格考试及授证工作，同时也参与人民陪审员、人民监督员的选任等工作。

2. 支持诉讼证据的真实可信。诉讼需要双方或多方提供证据，特别是公证、司法鉴定类证据的支持。在诉讼过程中，我们强调“以事实为依据、以法律为准绳”，审判的基本工作主要是在事实面前也就是各类证据的证实确认上，经过公证、司法鉴定等证据的有效性往往是审判人员作出司法判断时重点和优先考虑的。公证曾经代表国家证明权，现在明确为公证机构根据自然人、法人或者其他组织的申请，依照法定程序对民事法律行为、有法律意义的事实和文书的真实性、合法性予以证明的活动，具有专属性、权威性、独立性、中立性、公益性等鲜明特征。公证书依法具有证据效力、强制执行效力和法律行为成立要件效力，是法院认定事实的证据。江苏省常年出具公证书在 70 万件以上，在民事关系处理上，有时发挥出近似或仅次于民事裁决的效力。司法鉴定是鉴定人运用科学技术或者专业知识对诉讼涉及的专门性问题进行鉴别和判断并提供鉴定意见的活动，在法医、物证、声像资料、环境损害等类的鉴定证据效用十分明显，历年各级法院的采信率都在 95% 以上，有力地支持了司法审判的顺利完成。根据《公证法》《全国人民代表大会常务委员会关于司法鉴定管理问题的决定》等有关法律法规，司法行政部门是公证、司法鉴定业务的行政管理和行业管理的监督指导部门。从历史上看，公证也曾长期作为各级司法行政机关直属管理的事业单位，公证员也曾作为国家公务员或国家纳入编制内的事业人员由司法行政机关管理。

3. 履行刑罚执行的主体责任。在司法判决的执行上，监狱是国家的刑罚执行机关。刑罚执行包括法院负责的死刑执行、公安部门负责判处拘役的执行和被交付执行刑罚前剩余刑期在 3 个月以下的罪犯的代为执行，监狱负责死刑缓期 2 年执行、无期徒刑、有期徒刑罪犯的执行和监管及教育改造，未成年人犯的刑罚执行依法也由监狱系统的未成年犯管教场所予以执行，这也是司法行政机关作为国家重要专政机器之一的基本职责。《监狱法》规定了监狱工作的基本性质和原则,规定了司法行政部门的主管责任,监狱工作也曾长期是司法行政机关全部业务工作的“重中之重”。江苏省监狱系统秉持“安全为天、教育为本”理念,监狱安全长期居全国领先位置,监管秩序安全稳定、罪犯合法权益得到保障、监所设施整修以及关押布局调整和民警队伍革命化、正规化、专业化、职业化建设等都取得良好成绩。社区矫正工作是国家宽严相济形势政策指导下的刑罚执行制度的重大改革,作为非监押形式的刑罚执行,江苏省是全国率先开展社区矫正工作试点省份之一,被判决管制、缓刑和假释、暂予(批准)监外执行(试点期间曾包括被剥夺政治权利并在社会上服刑的人员)的社区矫正人员由地方社区矫正机构负责执行及管理教育等,帮助这部分人员更好地恢复家庭、融入社会,同时在消弭社会消极因素、促进社会和家庭和谐、减少刑罚执行成本等方面起到了重要作用,社区矫正人员(社区服刑人员)数量常年超过监所服刑人员数量的1/3。《社区矫正法》明确了司法行政部门的领导责任,近20年来江苏省在社区矫正工作上也创造了许多全国领先的经验。

4. 实现司法后续的完善补救。司法是社会公平的最后一道防线,司法案件审理也常以审判或裁决的作出及执行告一段落,但实践中许多个案的司法审判和裁决往往并没有完全(也不可能)案结事了,有时还可能会成为新一轮社会矛盾的起始,监狱在押罪犯中重新犯罪的也有一定的比例,因此刑满释放人员的帮教安置、特殊人群的排查管理和预防性犯罪等工作都是更好彰显司法公平、社会公正的重要工作。帮教安置是在各级党委政府统一领导下,依靠各有关部门和社会力量对刑满释放人员(2014 年以前包括解除劳动教养人员)进行的一种非强制性的引导、扶助、教育和管理活动,是社会治安综合治理工作的重要内容,是预防和减少违法犯罪特别是重新违法犯罪的重要措施,也是维护社会稳定、促进社会和谐的基础性工作。但是,帮助他们及早真正回归社会、回归家庭、回归正常生活往往是一个长期过程,社会上部分群体、原单位甚至亲人的不谅解不接纳情况屡见不鲜。安置帮教工作的牵头管理责任自 1995 年由公安机关转到司法行政条线,司法行政部门注重抓好制度规范、回归衔接、就业安置、帮扶教育等环节,做好相关工作,近些年还通过指派监所民警参与社区矫正后继照管工作,推动工作的规范化、常态化和有效性得到社会的认同。各级司法行政部门积极参与社会综合治理工作,包括对极易涉法的未成年人、残疾人、流浪人员、流动人口等以及留守老人、留守妇女、留守儿童等的管理服务,同时参与非法宗教痴迷者、涉毒吸毒人员等的摸排、管理工作。

四、“全民守法”中的组织服务职能

全民守法是法治社会建设的基本要求和标准，需要社会公众长期稳定普遍自觉的行为养成，需要通过法治宣传服务与德化教育引导并重的方式，尽可能调解以民间民事纠纷为主要内容的多种社会矛盾，以提高全民的法治素养、形成良好的区域法治文化。江苏省司法厅的职能为“承担统筹规划法治社会建设的责任；负责拟订法治宣传教育规划，组织实施普法宣传工作；指导调解工作，推进司法所建设；负责拟订公共法律服务体系建设规划并指导实施，指导协调全省 12348 法律服务工作”等，其职能作用主要体现在：

1. 统筹和协调法治社会建设相关工作。根据党的十八届四中全会精神，2015 年江苏省在全国率先制定《江苏省法治社会建设指标体系》，为实现全省全民守法目标提供了相应的制度、措施、工作成效等落实指标和检查标准。2020 年制定了法治乡村建设意见，推出相关措施，创新开展基层“援法议事”活动，在各级党委政府领导下，各级司法行政机关、遍及城乡的基层司法所及下设站点承担了法治社会建设大量的组织协调等工作。

2. 规划和组织法治宣传教育工作。法治宣传是坚持依法治省、实现法治江苏目标的重要基础性工作，也是司法行政机关长期坚守的主体业务，从普及法律常识起步，经历法制宣传教育，再到法治宣传教育，从法律知识、法律条文的学习宣传到法治理念、法治信仰的深入宣传。司法行政机构恢复重建后的基本职能之一就是法制宣传教育，它一直是统筹协调法治宣传工作的主要承担者、法治宣传年度计划和中期规划的主要制定者、法治宣传教育活动的主要组织者。1980 年司法行政机关恢复重建之初，重点组织宪法、刑法、刑事诉讼法、婚姻法等法律的学习宣传，1985 年起启动的历次“普法宣传教育五年规划”（“二五”后改称“法制宣传教育”，“六五”后称“法治宣传教育”）都是由司法部门为主会同有关部门规划的，区域内具体的组织协调工作也是由地方司法行政部门承担的。历次规划都突出了以宪法为重点的各类法律法规的学习宣传，先后重点组织江苏省全省干部群众学习党中央关于健全民主和法制建设、依法治国、和谐社会、社会主义核心价值观和法治理念、习近平新时期社会主义法治思想，并结合江苏社会发展和经济建设实际组织学习社会主义商品经济、市场经济、国际经济贸易等方面的法律法规等。司法行政部门几乎每年都会同有关部门组织有省领导出席讲话的专题工作会议，每期规划实施都有开始的动员部署、期中的专项检查督查、期末的总结评比表彰等。司法行政系统通过各种途径组织协调了最广泛的群众性学法用法活动，组织专题专项的法律服务咨询活动，形成了“148”法律服务特色品牌，同时加强区域法治文化建设的协调和引导，包括地方乡规民约的制定、法治文化场所的规划建设、群众性法治文艺活动的组织协调等。

3. 指导和管理公共法律服务工作。公共法律服务为群众提供多种形式的法律服务，特别是为满足群众日益增长的法律需求做了大量的组织及具体工作。法律服务队伍的主体是具有法学法律知识的专业人员和法律服务工作从业者，如律师、公证员、司法鉴定从业者、法律援助工作者、仲裁员、基层法律服务工作者等，主要由司法行政部门或相关的行业协会实施行政或行业管理，负责其资格认定、注册、年检等工作。相关人员从业必备的国家统一法律职业资格考试（2002～2018 年称“国家司法考试”）由司法行政部门商有关部门组织实施，具体报名、考务、阅卷、授证等工作由司法行政部门承担。法律服务志愿工作者队伍多由司法行政部门总体规划和指导。

4. 管理和指导部分社会非诉讼类业务。这也是积极主动的、类似准司法互动互利的活动，包括人民（民间）调解、仲裁等。人民调解工作历时悠久，是我国民间矛盾纠纷处理的主要途径，包括诉讼前的民事调解、诉讼过程中及裁决或审判前的数次法定调解环节等，它对有效化解当事人之间矛盾、减少民转刑案件、节约有限的司法资源、更好实现定分止争的目标等，都起到重要的作用。《宪法》中明确规定了居民委员会、村民委员会设立人民调解组织，负责调解民间纠纷。司法行政机关长期管理指导人民调解工作，特别是在当今法治社会建设进程中，调解的内容、程序、范围等有了更多的变化，分类别的专业性的调解、民事调解书的效用有了更多的含义，群众的参与度及信任度也大大提高。2008 年起，矛盾纠纷调处成功率纳入江苏省委省政府对地方科学发展评价考核指标。仲裁是在平等主体的公民、法人和其他组织之间发生合同纠纷和其他财产权益纠纷时采用的一种自愿协商解决纠纷的方式，主要是指民间经济包括外贸经济纠纷的仲裁，区别于行政仲裁和劳动仲裁。仲裁机构主要设在设区市一级，《仲裁法》曾明确，由司法行政部门登记，由国家有关部门管理。之前仲裁工作多以各级政府法制部门管理协调为主，政府法制部门同司法行政部门的职责整合后，相应职能归并重新组建的司法行政机关。此外，律师参与政府信访接待、公共法律服务，积极参与代理个人和群体或组织的非诉讼法律事务等，都是促进社会和谐进步、增强全民法治意识的重要措施。

在司法行政部门法定职能中，更重要的还有在地方党委全面依法治省（市、县）委员会的领导下，司法行政部门作为下属日常办事机构，“承担全面依法治省重大问题的政策研究，协调有关方面提出全面依法治省中长期规划建议,负责有关重大决策部署督查工作”,这为司法行政机关充分发挥职能作用提供了更加广阔的空间和平台。

随着全面依法治国战略的深入实施,司法行政机关的职能将更能发挥其应有的作用,并在积极履行职能的同时,坚持为人民服务的宗旨,始终以人民为中心,以最大限度地满足群众法律需要为目标,尽责尽力更好地推动江苏全域的法治建设进程。

刑事案件的事实认定

田　幸　刘亚军　黄　琰*

【内容摘要】刑事案件的事实认定是保障刑事审判质量的基础，准确认定事实是对刑事法官司法能力的基本要求，也是当前审判体系和审判能力现代化的重要课题，应当予以重视；要树立客观、科学的认定思维方式和方法，认真探索和总结案件事实判断的证据基础、思维逻辑、认定标准等基本规则；把握对各类刑事案件事实的认定的要求和规律，从理论和实践的各个层面提升刑事法官的事实认定能力，统一刑事法官认定事实的基本方法，建立基本规则，提高审判质量，保障刑事司法公正。

【关键词】刑事案件　事实认定　认定标准

"以事实为依据，以法律为准绳"是最根本的司法原则。查明案件事实是正确裁判的前提，是审判的中心环节，也是法官的基本功。然而，法官既不是亲历案件的当事人，也不是直接了解案件事实的证人，更不是未卜先知的圣人，不可能通过自己的感官直接感知案件事实，只能通过诉辩及证据判断案情。正所谓：法官面前没有（案件）事实，只有证据。因此准确认定案件事实，是审判的首要问题。在控、

* 田幸，江苏省人大法制委员会原副主任委员，南京师范大学中国法治现代化研究院顾问；刘亚军，江苏省民政厅巡视员；黄琰，江苏省高级人民法院刑事审判第一庭副庭长。

辩、审的诉讼格局中，控、辩双方都力图通过证据证明自己的诉讼主张（被告人也有举证证明的权利）。证明是一种具有目的性、倾向性的积极活动；而法官的角色主要是审查、判断、采信、认定（在一定的情况下，法官也有取证和证明活动），相对被动、中立、客观。在审判中，法官不应当受到控辩双方的证明方式和证明手段的制约，而应当保持独立的质疑、辨别、判定思维方式。然而，在刑事审判实践中，一些法官往往寻求捷径：通过起诉书了解案情，通过阅卷及审查附卷证据材料印证、支撑起诉事实，从而形成认定。这种根据指控找证据，依赖起诉，证明起诉的审判模式可能导致先入为主和庭审走过场，影响客观、中立的立场；为了使证明成立，法官往往无视证据中的矛盾或反证，甚至作出“合理”的解释，主观取舍（如云南杜培武故意杀人案，证据中的大量矛盾和被告人、辩护人对于受到刑讯逼供的控诉，都被侦查人员、检察人员、审判人员无视和“合理”消弭）。在以审判为中心的刑事诉讼制度建立后，如何使法官建立不同于证明活动的认定思维方法，本文试图探索上述问题。

一、探索刑事案件事实认定问题的必要性

（一）司法改革和司法现代化的要求

以习近平同志为核心的党中央高度重视司法公正。2014 年，《中共中央关于全面推进依法治国若干重大问题的决定》指出：“公正是法治的生命线。司法公正对社会公正具有重要引领作用，司法不公对社会公正具有致命破坏作用。必须完善司法管理体制和司法权力运行机制，规范司法行为，加强对司法活动的监督，努力让人民群众在每一个司法案件中感受到公平正义。”全面贯彻习近平法治思想，在党中央的顶层设计和全面部署下，进行了以完善司法责任制为核心的司法体制和运行机制改革。在推进国家治理体系和治理能力现代化的过程中，人民法院进一步推进审判体系和审判能力现代化建设。司法改革进一步强化法官责任制，法官及合议庭独立承担对案件事实的认定责任，传统的集体讨论和由资深的法官（庭长、院长）把关的方式被取消，尽管个别疑难、复杂的案件可以提交集体讨论，但前提是承办法官或合议庭认为没有把握而提出，因而事实认定的基础仍然是具体的法官本人。因此，一定程度上，法官个体的认识水平和能力将给案件事实认定带来一定的不确定性。近年来，审判能力现代化要求全面提高法官的审判水平，自然包括提高法官对案件事实的认定能力，确保案件事实的认定更加客观真实，实现案件审判结果的统一和公正。因此，统一法官对案件事实的认定思路和认定标准，是十分必要的。

（二）建立健全刑事审判规则体系的要求

司法公正是司法活动的灵魂，也是依法治国和建立、完善社会主义法治体系的要求。司法公正不仅仅需要法律制度完备，而且需要司法活动规范和统一。当前，在刑事司法领域，最高人民法院已经先后制定并颁布了刑事证据规则、量刑指导规则等规则，并且提出了《关于完善统一法律适用标准工作机制的意见》等（其中刑事证据规则、量刑指导规则是江苏法院率先探索创新），较好地规范了刑事审判相关环节的审理标准，提升了刑事审判质量，促进了司法公正。但是，在刑事案件的审判过程中，案件事实的认定是核心环节，无论是法律适用还是量刑，均必须在此基础上进行；证据规则也是服务于案件事实认定活动的。因此，建立事实认定的规则是完善刑事诉讼制度和规则体系的重要内容。

（三）建立科学的认识方法和探索思维规律的要求

长期以来，人们认为法官认定事实的活动是法官自身内在的心理思维活动，因此更多依赖于法官的良知、经验、内心确信、自由心证和社会常识；主观色彩浓厚，可能掺杂较多的感性因素，对某些案件难以取得共识，有可能形成质疑和争议。还有人认为，法官认定事实是“规则基础上的主观判断”，尽管大多数法官在实践中自觉不自觉地遵循某种规则，但是理性认识这种规则，以更加自觉地指导案件事实的认定，还没有引起足够的重视。因此，总结提炼法官审判思维逻辑，把握认识规律，建立相对统一、科学的审判思路和认定标准，建立必要的规则，是保障审判准确公正的重要制度创新，也完全符合由感性认识上升为理性认识，从经验提炼出规律，由具体到抽象再回到指导具体的辩证唯物主义认识论。

（四）以中国司法方式追求刑事司法公正

刑事司法具有最终的强制力和最大的威慑力，是国家统治和社会治理最强硬的手段，因此在整个司法制度和法治建设中处于极为关键的地位。刑事审判关系到人的财产、自由和生命，更加需要保障准确和公正。我国社会主义司法制度是要保障全社会的公平正义。在以审判为中心的刑事诉讼制度改革后，这一责任主要是由法官承担的。历史上发生的冤假错案，尽管原因多多，但最根本是法官对案件事实的判断错误。因此，必须加强法官对案件事实的判断和认定能力，确保案件事实认定的科学性、准确性。

二、刑事案件认定的基本规则

（一）认定案件事实的起点：从真实、合法、有效的刑事证据出发，提取证据信息，建立事实基点

认定案件事实的基础是证据。关于证据的性质，1979 年《刑事诉讼法》规定："证明案件真实情况的一切事实，都是证据。"既然是事实，主要强调真实性和关联性，而合法性往往被忽视；2018 年修正后的《刑事诉讼法》规定："可以证明案件事实的材料，都是证据。"，从而对材料获取的合法性赋予前提，这显然是一个进步，然而证据由事实变为材料，性质发生重大变化，具有一定的二重性：一方面，证据作为材料，其产生的方式具有先决性，非法取得的和不符合法定条件的证据都必须整体排除或不能作为定案依据，而不考虑其是否有真实的信息和证明价值（如刑讯逼供取得的言词证据，尽管可能有真实内容，仍然必须排除）。《刑事诉讼法》第 56 条、《最高人民法院关于适用〈中华人民共和国刑事诉讼法〉的解释》第 88 条、第 89 条、第 90 条、第 94 条、第 98 条、第 99 条、第 103 条、第 105 条、第 107 条、第 109 条和第 114 条以及《最高人民法院关于适用〈中华人民共和国刑事诉讼法〉的解释》第四章第九节等，都规定这些证据材料不能用于定案或必须排除；另一方面，合法有效的证据材料中也有可能存在不真实、不准确的内容，需要通过法庭审查决定是否采信。因此，正确认识和处理证据的二重性十分必要。审判程序中，对于证据的审查一般分为两个阶段：庭审准备阶段主要对证据材料的合法性、要素的完备性进行审查，解决证据材料的资格和准入问题；庭审调查阶段对证据的具体内容，如真实性、关联性及其证明效力、证明作用等进行审查，决定采信与否和证明事实。证据首先是以材料形式存在的客观事物，可以为人们所认识和使用。人们认识证据，并不仅仅是认识证据的形态，更是为了进一步了解其内容证据信息。相比于证据本体，证据信息更为重要，因为证据材料只是载体，证据信息才是核心内容，证据材料是客观存在的材料（物体、言词）（不排除有冒充的证据材料），证据信息才是真正可以用于证明案情的事实。我国《刑事诉讼法》规定："证据必须经过查证属实，才能作为定案根据。"实际上，在一个证据材料中可能有真实信息也可能有不准确甚至虚假信息，如被告人的同一个审讯笔录中既有如实供述又有不实狡辩，因此作为证据材料的审讯笔录并不完全属实，也不能简单地将其予以取舍，只有其中部分信息可以作为定案根据，可见，查证属实的往往不是证据材料，而是其中的信息。审判实践表明：认定案情的过程，本质上是运用证据信息来判断案件事实的过程。证据材料尽管客观存在，但其中蕴含的信息却不一定

客观真实,一目了然,有的信息(如物证、勘验笔录)需要通过领悟而认识和提取,有的(如各种言词证据)需要分析辨别取舍,有的需要综合分析比对,也有的证据形式真实但内容不完全真实。只有通过由表及里、由此及彼、去粗取精、去伪存真的分析才能全面、准确地把握各种证据信息,并在此基础上建立判断案件事实的基点。因此,应当把审判人员的注意力集中到对证据信息的提取、审查和使用上来。首先要善于提取证据中的各种信息,如直接证据反映的犯罪过程,各种勘验笔录记载的犯罪痕迹,法医人体检查的伤、亡原因,科学技术鉴定揭示的表象背后的内在事实。不仅要了解这些表面信息,还要领悟其内在的含义;既要了解是什么,更要搞清为什么。其次要对各种信息的真伪、虚实进行分析辨别,通过经验常识、逻辑分析、心理研究以及相互比对印证等方式加以鉴别,必要时进行调查核实,确保信息的真实性、准确性。最后要进一步判断信息与案件事实的关联性,是否与犯罪活动有关,能否证明案件事实,从而将对案情的认定建立在真实、牢固的事实基点之上。

(二)事实认定的基本原则:从客观公正的立场出发,严格遵循证据规则,遵守审判程序和规范

首先,应当坚持客观中立,不先入为主。马克思最喜爱的座右铭是"怀疑一切"。怀疑是思考和探索的前提和动因。法官应当从怀疑的立场出发,通过合法有效真实充分的证据来建立对案件事实的内心确信,而拒绝偏信和迷信,减少对起诉的预断依赖。其次,要坚决排除非法证据,严格把握证据的证明效力、证明标准,遵守采信规则:发现证据的证明力不足,应当要求证明方补充证据;发现证据出现矛盾,应当客观地对矛盾的双方证据进行审查、核实,而不应当简单地试图消弭矛盾;严格把握采信规则和标准,不得降低要求,勉强接受;发现疑点,必须抓住,一查到底,水落石出,不能视而不见或一带而过。再次,要构建和保障控辩双方的权利和机会平等,充分关注被告人及其辩护人的主张,对于辩解理由和辩护意见,应当认真听取、核实、思辨,决定是否采纳,不应预设主观立场,视其为狡辩而不予重视。最后,要坚持以庭审为中心,正确处理好阅卷、庭前准备活动和庭审的关系,通过完整的审判流程形成最终的判断:在整个审判程序中,各个环节的作用不同,阅卷和庭前准备程序是为了对指控的事实及相关材料和证据进行初步了解,对证据的种类、数量、资格进行审查核对,在此基础上梳理指控事实、了解诉求及争议焦点、排除非法证据和不适格证据、确定审判重点,安排庭审活动计划,因此属于预备阶段,一般不应对证据进行实质性审查和对案情进行审理,防止先入为主,使法庭审理活动形同虚设。进入庭审阶段后,依法对双方提供的证据进行审查,对案件事实、情节、法律适用和量

刑意见进行控辩,在此基础上,法官或合议庭进行认定并作出裁判。

(三)案件事实认定的基本方法:从科学严谨的逻辑出发,准确推理判断案件事实

推理,即根据已知事实(证据信息)推出未知事实的过程。审判中较多采用归纳推理,即由多个具体信息推出整体结论。例如,根据各种证据信息推导出基本案情。审判中,也可能根据普遍规律进行演绎推理,如对犯罪过程的重演,对犯罪构成要件的分析。另外,还有类比推理,由个别推出同类另一个事物,如从证据事实推出相对应的案件事实。必须遵循各种逻辑规则三段论、同一律、充足理由、因果关系等,应思考:在演绎推理中一般规律和经验的大前提与证据信息的小前提之间是否具有联系,其内涵和外延的范围?归纳的各种证据信息是否存在差异和矛盾?推理演绎的过程是否完整、连续、环环相扣?推理演绎是否可以得出唯一结论?有无其他可能?在必要时,也可以通过反推的方法进行验证。如朱某故意杀人案:朱某因家事与妻子徐某争执、缠打,并用被子捂徐面部,致其死亡。后为掩盖罪行,将徐尸体肢解、蒸煮等分别掩埋。案发后根据朱某供述找到尸块,但因尸块缺失、腐败,无法确认死亡原因。根据现有证据、被告人供述找到尸块,被害人事后没有生存证据,证明确已死亡,引发家事纠纷的原因得到证实,被告人供认不讳,证据和事实之间逻辑关系完整,因此予以认定。又如解某故意杀人案:因清理粪坑时发现一具人的白骨,该粪坑系解某所使用而对其侦查,讯问后被告人解某供认将一智障女子带回家同居,后杀害扔入自家粪坑。此案由于没有充分证据证明死者与被告人有关,而且该粪坑是开放的,他人也有作案抛尸可能,因此指控的事实尚不排他,事实认定的逻辑过程尚存漏洞,并不完整,故法院未予定案。

(四)案件事实认定的标准:把握刑事案件事实认定要求,保障刑事司法公正

不同的立法和诉讼制度,对于定案标准有不同的规定。我国《刑事诉讼法》规定的定案标准是:事实清楚,证据确实、充分。事实清楚的要求是:对于起诉和审理中诉辩双方提出的与案件定罪量刑有关的事实、情节都要查明,全面、准确、清晰、无可置疑,应当认定的必须明确认定,应当否定的必须果断否定,不能含糊其词,模棱两可;证据确实、充分要求做到:证据材料充分,证据形成体系,相互联系并相互印证,证据信息没有矛盾,涵盖基本事实;同时要求做到:推理的过程符合逻辑,反证和辩解理由依法排除或认定,无须证明的事实符合公认科学规则,推定的事实合乎法理。

以上是刑事审判过程中事实认定的基本规则,但这一规则本身不是科学定

律，而是大多数法官的认识规律和经验的结晶，因此，既是一定的规范，又是无形的指导，而且将随着法官认识水平的提升和审判经验的丰富不断变化发展。

三、案件事实认定的内容及其认定方式

事实是指实际存在的事情。案件事实通常有三个表现方式：客观事实是指案件实际发生的事实，具有客观性、独立性、历史性，不以人的认识而存在，也不可能重新发生、往往难以再现，在深度和广度上具有无限性，人们难以穷尽认识其全部事实；法官最先得知的是指控事实即起诉提出的事实，这是刑事审判的起点，只是一种可能的事实，有待于证实的事实；认定事实是法官经过审理后认定的法律事实，这种事实是法官头脑中产生的，严格讲已经不是客观事实而是主观认识，尽管这种认识可能来自客观事实，但不等于客观事实。刑事审判过程是以客观事实为基础，以起诉事实为起点，以认定事实为终点的过程，只有法官认定的主观事实才会产生应有的法律后果。

正因为客观事实的认识难以穷尽，也不必要穷尽一切细枝末节，所以审判需要查明认定的只是案件事实。案件事实是与定罪量刑有关的一切事实，根据《最高人民法院关于适用〈中华人民共和国刑事诉讼法〉的解释》（2021）第72条、第276条规定的内容，包括：被告人、被害人的身份及刑事责任能力；犯罪事实是否存在及是否为被告人实施；犯罪的时间、地点、过程、前因后果及构成要件；共同犯罪行为以及被告人在犯罪中的地位、作用和责任；从重、从轻、减轻、免除惩罚情节；涉案财物处理；附带民事诉讼事实；以及未成年人为被告人刑事案件的相关家庭、社会背景调查情况等与定罪量刑有关的一切事实（包括法定和酌定事实、情节）。在具体案件中，案件事实的内容和范围还应当根据法律条文规定的具体犯罪构成要件来确定（如有的行为犯罪并不要求具有危害后果）。案件事实的核心是案件的四要素（时间、地点、人物、行为及其后果）；对于案件事实的核心要素，必须具有整体的同一性、相互的包容性，并且准确、无疑、稳定。

1. 对于事实认定中可能出现一些不一致或争议，应当区分四种情况：（1）差异：如当事人、证人因感知、记忆、表达出现的差异，物证受到各种影响发生的变化等，此类情况在得到合理的解释、说明后可以认定；（2）存疑：对于一些无法查明的具体事实，如果不影响对基本事实的认定，可以暂时搁置而不予置评；（3）矛盾：对于关系到基本事实的有无、是非的事实情节存在矛盾和冲突，必须查明，排除矛盾，依法认定或否定；（4）对于证据不足，无法认定的事实和情节，应当依法不予认定。

2. 案情发展过程的演绎、再现，体现为刑事裁判所认定的案件事实。案件事实再现的基本方法：根据证据信息进行推理演绎。传统的刑事证据理论认为，各种证据形成锁链，将案情锁定。事实上，每一个证据都是独立的客观存在，只能证明某一部分案情，而不可能自己伸手连成锁链。例如，凶器和被告人身上有与被害人血型相同的血迹，这可能是三个独立的客观存在，也可以经过联想分析而形成一个系列的证据，即证据锁链。可见，证据如同一块块散在的砖头，必须通过分析其内在关联性，并加以推理组合才能形成证据体系。因此要以证据信息为建材、内在联系为结构、逻辑推理为粘结剂，构建涵盖案情的大厦。

演绎活动在英美法系中称为经验法则，一般在陪审团评议时进行；大陆法系称为事实推定，在合议庭审理合议时进行，事实上，这一思维活动往往在审理过程中就已开始。

演绎活动的基本过程是从证据事实到案件事实的推导；证据事实是指蕴含在证据中的事实信息，是那些具有真实性、关联性，可以用于证明案件事实的信息。其一，在证据信息的提取、印证的基础上，分析证据信息与案情的关联性以及证据信息之间的逻辑联系。其二，分别建立证据信息的组合，将内容相近、时空关系密切、证明事实同一的证据信息组合，形成一定范围的信息体系。这种体系并不是固定不变的，根据信息的内容和关联性，也可以组成不同的信息体系，如直接证据或信息量较大的证据，可能在不同场合被多次组合使用。其三，根据各组证据信息推导部分案情，即完成案件事实的局部构建，如案件的起因、各个阶段、被告人、被害人、手段、后果等此阶段要求具体、确凿、稳定。其四，将各部分案情有机组合成全部案情，完成案情的系统集成。此阶段要求完整、连贯、统一。这些过程并不一定是线性进行，有可能要经过反复论证，不断补充完善，才可能比较准确、完整地再现案情。在审判实践中，如果裁判文书中直接叙述认定的案件事实和列举有关的证据名录，而对从证据到事实的推导过程不加介绍，就难以令人信服。

直接证据支持案情的演绎：由于直接证据往往可以涵盖主要案情，因此能够发挥比较完整的证明作用，可以作为案情演绎的基本线索。但是由于直接证据多为言词证据，具有一定的主观性，而且直接证据的证人往往从特定的立场、视角感知、反映案情，不免片面，因此必须对其真实性和准确性进行审查，将其与其他证据信息进行比对、印证、补强，特别是对于关系到事实有无、责任轻重等方面的细节，更应当认真辨别，以准确认定案件事实。

间接证据支持下案情的演绎：间接证据由于证明效力具有局部性，往往难以单独证明案件事实,因而需要运用多个间接证据的信息,从不同角度再现案情的各个方面。尽管可能造成某些事实、情节的不足和缺失,但是,如果证据相对充分并加以严谨的推理,仍然可以做到天网恢恢,疏而不漏。因此,要更加注重间接证据信息的深度挖掘和提取,特别是一些蕴含在表象背后的因果、原理、演变、规律等内在信息,努力从有限的证据材料中发掘出更多的信息;认真把握信息间的相互联系和与案件事实的关联性;遵循推理规则;注意基本事实的涵盖度,防止产生事实漏洞。

审判实践中,单纯的直接证据或间接证据基础上的演绎均不常见,多为直接证据和间接证据的结合运用,可以起到相互支持、相互印证、相互补强的作用,使案情的演绎更加严谨、全面、准确。

3. 案件事实认定中应当注意的几个问题:(1)对当事人各方行为和责任的判断:主要通过对行为的先后关系(具有主动性、原发性,还是被动、派生?),行为的因果联系(起意、谋划导致实施、后果),行为的主从关系(主导和从属),行为的情理性与社会影响(是单方的加害行为,还是一定条件下对事出有因的反应? 适度和过度,道德与情理),行为的法律责任及程度(合法与非法:如正当防卫、紧急避险),涉及的法律规范,多种法律性质的交织,如法条竞合和数罪并罚,行为的烈度和恶性程度(从重及从轻情节,共同行为人的责任(主从、分工、犯罪深度、行为作用、各自责任承担等情节)进行分析。

(2)认罪认罚案件事实认定的要求:由于认罪认罚案件,控辩双方对犯罪事实一般建立共识,争议不大,对于法官判断案情相对便利。但是法官并不只是一个“听故事”的角色,仍然需要审查证据体系和事实体系是否清楚、真实、完整,要了解认罪认罚共识达成的过程和动机,注意是否有足以影响定罪和量刑的证据、事实和情节未提交法庭,被害人的和解是否合法、真实、自愿,是否具有不适用认罪认罚程序的情形等。如李某开设赌场案:被告人李某供认经营动漫城,设置具有赌博功能的游戏机供他人赌博。后法院以认罪认罚案审理,判处其有期徒刑三年,缓刑四年,罚金人民币 5 万元。事后发现该赌场系何某指使李某开设,李某分得 5% 股份,该赌场仅运行两个月即获利 340 万元。案发后李某虚假认罪,为何某顶罪,导致主犯脱罪。

(3)公认事实和必然事件的把握:公认事实是指众所周知的事实,为社会所公知、无须证明的事实,一般建立在自然规律和公理基础上;必然事件,即在一定条件下必然发生的事件,公认事实和必然事件都无须证明即可认定,但是二者是有区别的:公认事实一般是原始、固有的;必然事件是衍生、后发的。对公认事实和必然事件的认定,必须注意是否具有其存在和变化的前提和条件,是否具有例外、排他情形。

(4)推定的事实:推理和推定虽然一字之差,但性质不同。推理即有证据支持的分析,应当遵循必要的逻辑规则,结果往往具有一定的可信度;推定即无证据的假定(如联合国《公民权利和政治权利国际公约》第14条规定,“被告人未经依法确定有罪之前,应假定其无罪”,被公认是无罪推定原则),在无证据证实又必须判定某些事实的情况下,按照一定的原则作出假定,这种推定具有一定的盖然性。如对于失踪一定时间的人推定并宣告其死亡。根据刑事诉讼原则,在无法证实被告人有罪、罪重的情况下,应当作出有利于被告人的推定。但是,审判实践中,在某些(如毒品、黑社会、危害公共安全、职务犯罪等)案件中,对于难以取证而必须确定的某些犯罪情节和构成要件,也通过严格限制使用的推定方式,如对于某些事态、主观心理要件、因果联系和某些潜在危害后果等,根据前提事实、常识和一般规律推定认定。例如,对于“明知”,有的可以通过证据证明行为人确已“明知”,但有时可以推定行为人实际上已经“知道”。但此类推定必须遵守法律原则,十分慎重,力求合理、可信,并不得违背情理和事实。

(5)事实认定必然性与盖然性的把握,对于案情的认定,根据准确性的要求具有不同的评价标准:必然性,案情认定有充分的证据支持,合乎逻辑的推理结果,没有反向证据和可能性,案情的认定具有较高的准确性;盖然性,证据信息无法全面涵盖全部案情,有证据证明或根据经验常识有可能存在其他可能及未知的法律事实,因此案情认定缺乏充分的确定性。

由于人的认识能力有限,对于案情的判断难以完全符合客观真实,因此对于案件必然性的评价只能是相对的。例如,在尚无DNA检验手段时,对被告人精斑AB血型分析同一的结论并不足以进行人身确认,如果同时进行MNS等血型分析均同一,则可靠性大大提高。目前DNA检验如果16个STR位点比对一致,人身同一性认定的准确率可以达到99.9999999998%,差错率达到了可以忽略不计的程度。

(6)排除合理怀疑:我国《刑事诉讼法》第55条关于证据确实、充分的条件:综合全案证据,对所认定事实已排除合理怀疑。合理怀疑的把握:一是有证据表明具有或无法排除某种可能;二是虽然没有证据,但根据经验和常识有较大可能性(例如,某些供述的细节逐步与侦查材料接近,如果没有合理的原因,不免令人怀疑有受到侦查人员引导的可能);三是证据之间的印证或补强不够充分或有难以排除的矛盾,而不是违背常理和常识的无端怀疑、吹毛求疵,更不是无中生有的主观臆定。如王某(女)故意杀人案:起诉指控被告人王某(女)

与被害人徐某之父有两性关系，王某（女）要求徐父与妻离婚并与王某（女）结婚，遭到拒绝，发生冲突。王某（女）乘无人之际将徐某扼颈、捂口鼻，待徐父不动后离开现场，次日，徐父尸体被发现后，公安机关侦查破案。法院审理时认为本案存在以下问题：①被告人作案时间不确定：在没有提取检材的情况下作出被害人死亡时间的结论没有证据能力，多人无法证实被告人在此期间有作案确切时间；②证人徐某与本案有利害关系，证言内容以及作证过程有矛盾，其解释无法得到证实，言词证据证明效力弱；③现场及尸体情况早已扩散，勘查报告和尸检报告证明力减弱；④被告人口供时翻供，审判阶段被告人否认犯罪，辩称原有供述系受到刑讯逼供，且其有罪供述中某些细节未交代。以其他在本案中存有疑点及瑕疵的证据来补强其有罪供述，因此得出的结论意见及形成的证据体系均不具有唯一性及排他性，应存疑，宣告其无罪。

四、建立规则的途径

第一，努力提高刑事法官的业务素质和审判水平，加强对法官的教育培训，使其在学习和实践中增强能力，积累经验，把握科学的思维方法和推理逻辑。

法官对于案件事实的认定本质上基于自己头脑的思维，因此保障法官的独立思考是基础（合议庭的讨论也必须基于其成员的独立判断），法官应当根据自己公正的良知、丰富的经验、负责的精神和审慎的思辨判断案情。我们并不排除经验法则和自由心证，只不过希望以科学的方法和严格的标准来指导案情认定。法官特有的客观立场和思维方式必须通过长期的审判实践和职业熏陶才能够具备，因此，在通过大胆实践，不断积累经验，在提高自身水平的同时为探索规律、建立规则提供智慧成果。

第二，加强法官之间的交流，提升法官群体的审判能力和判断认定水平，开展新老法官传帮带，交流经验，制定规则，统一认定思路和标准。

事实判断认定能力主要是法官个人能力，但群体的智慧同样可以发挥重要作用。因此要充分发挥合议庭的作用，加强法官审判经验的总结和交流，要组织刑事法官认真研究、剖析疑难案件，探索案件事实认定的规律和科学方法，在此基础上，制定必要的认定规则，指导审判实践。应当说明的是，案件事实认定的基本规则和要求并不是绝对的和机械的，案件的类型、轻重、难易不同，应当把握的规则和要求也有所区别，需要法官根据实际灵活掌握。

第三，充分利用现代科技手段，如人工智能和大数据，通过类案提炼法官对案情的认识过程和规律，进行辅助决策，指导个案认定。

目前，国外和国内都有一些专家正在探索建立数学模型来对案件审判中的证据和事实进行分析和判断。例如,国外基于贝叶斯网络的决策公式,上海科大讯飞与上海公检法机关合作开发的刑事案件智能辅助办案系统(206 工程),都利用人工智能对案件审判中的证据规则、证据标准、证据缺陷、证据可信度进行评估和证据校验。[1] 尽管因种种原因尚未成熟实用,但是随着信息技术的发展,特别是大数据、区块链、云计算、新算法等科技革命带来的信息采集、信息处理、信息积累、自我学习能力的增强,人工智能将法官群体在审理海量案件过程中形成的审判思路、思维逻辑总结提炼,用以辅助、指导个案审判时的证据分析、信息比对、案情推演再现和成果检验是可以实现的。

第四,把法官的专业思维和人民群众的社会认知结合起来,分析说理,表达认定规则,取得共识平衡。

在刑事一审案件审理中,可以由法官和人民陪审员组成合议庭。人民陪审员根据自己的经验和常识判断案情,可能与法官根据规则作出的判断有所不同,这是难以避免的,也是必要的。一方面,案情认定并不排除经验法则和常识;另一方面,这种常识判断可能更加为社会公众所接受,兼听则明。审判长在审理中要根据证据规则和事实认定规则,主导审判活动,在法庭审理和诉辩中全面审查证据、分析提取信息,把握认定标准,指导人民陪审员全面、客观、准确地认定事实。与此同时,法官在刑事判决中,不仅要阐述认定的事实,而且要尽可能说明认定的依据和过程,以增加当事人及社会公众的理解和认同。

[1] 参见魏斌、郑志峰:《刑事案件事实认定的人工智能方法》,载《刑事技术》2018 年第 6 期。

国际刑事司法合作视野下证据性权利比较研究

陈苏豪*

【内容摘要】在国际刑事司法合作中，如何弥合证据规则国别差异，实现域外证据的“双向可采性”，已成为一个突出问题。在此方面，致力于借鉴外国经验以完善本国制度的传统比较研究难以提供解决方案，法系“二分法”局限更加凸显，需要转型。最新发展趋势是，在规则差异逐渐淡化的同时，各国普遍接受了一些共通价值原则，形成了证据性权利体系。即使具体证据规则有所不同，在证据性权利框架下依据“裁量余地”原则进行解释，亦能够找到互相接受的解决方案。刑事证据法的比较研究应该面向国际合作，以证据性权利为切入点，重点关注辩方程序参与权、对质权、作证特免权以及隐私和数据权等方面内容。在充分认识证据性权利的基础上，我国应该对外国在司法协助中提出的特殊程序要求给予理解和配合，同时以司法个案为依托展开宣介，积极参与国际对话，推动证据性权利体系的丰富和完善，为开展国际刑事司法合作营造良好的外部环境。

【关键词】跨境　证据　可采性　权利保障　制度互信

---

* 陈苏豪，法学博士，中国政法大学证据科学研究院博士后研究人员，南京审计大学法学院讲师。本文系2020年度教育部人文社会科学研究青年基金项目“国际刑事司法合作中的证据问题研究”(项目编号:20YJC820007)成果。

一、引言

全球化时代,人员、货物、资金、信息在世界范围内自由流动,为人类社会繁荣发展提供了动力。在此背景下,犯罪活动跨境特征也日趋明显。为有效打击跨国犯罪,各国间必须充分开展国际刑事司法合作。[1]《中共中央关于全面推进依法治国若干重大问题的决定》(以下简称《依法治国决定》)要求“深化司法领域国际合作,完善我国司法协助体制,扩大国际司法协助覆盖面”。我国2018年颁布的《国际刑事司法协助法》,完善了相关法律框架。实践中,相关部门不断深化国际刑事司法合作,并已经取得初步成效。根据国家监察委员会的专项报告,2014年至2020年6月,我国共从120多个国家和地区追回外逃人员7831人,追回赃款196.54亿元。[2] 同时,公安机关持续打击跨境犯罪,特别是跨境电信诈骗。在克服新冠肺炎疫情影响的背景下,仅在2020年至2021年6月,各地公安机关累计将2620名诈骗犯罪嫌疑人从东南亚相关国家遣返回国。[3] 不过,国际刑事司法合作条约在实践中利用率并不高,而执法合作与警务合作受到青睐。[4]

上述成绩,是以人民为中心的司法理念的直接体现,离不开一线办案人员的辛勤与智慧。在国际刑事司法合作的广泛实践中,办案人员采取了一系列新举措,也遇到了不少新问题,亟须理论阐释和专门研究。其中一项挑战,便是克服各国刑事证据规则差异,在确保境外取得证据能够经得起本国审判检验的同时,让国外主管机关和司法机关采纳我方提供的证据,并作出有利于我方的法律裁决。[5] 同时,很多国家将正当程序、人权保障作为开展刑事司法合作特别

---

〔1〕 广义上的国际刑事司法合作包括引渡、司法协助、刑事诉讼移管、相互承认和执行刑事判决等。其中,刑事司法协助又包括文书送达、调查取证、资产追缴等形式。参见黄风:《国际刑事司法合作的规则与实践》,北京大学出版社2008年版。

〔2〕 参见杨晓渡:《国家监察委员会关于开展反腐败国际追逃追赃工作情况的报告——2020年8月10日在第十三届全国人民代表大会常务委员会第二十一次会议上》。

〔3〕 数据来源于公安部在2021年6月17日举行的“通报全国公安机关打击治理电信网络诈骗犯罪举措成效”新闻发布会,载人民网,http://legal.people.com.cn/GB/223276/51656/437706/index.html,最后访问日期:2021年8月5日。

〔4〕 主要原因包括办案机关存有畏难情绪或者不得要领,国内相关部门的协调与配合不够等。参见黄风:《建立境外追逃追赃长效机制的几个法律问题》,载《法学》2015年第3期。

〔5〕 关于对外提供证据的要求与标准,理论研究较少。在此方面,既有成功的经验,如以充分的证据促使美方对余振东355万美元银行存款采取刑事扣押措施,最终予以追回;也有失败的教训,如在程某阳案中,加拿大法院认为,仅根据中方提供的同案犯一审、二审判决书(程慕阳没有机会行使对质权),不足以认定程慕阳在中国实施了“严重的非政治犯罪”,故判决程慕阳胜诉,导致其不能被遣返。参见黄风主编:《中国境外追逃追赃经验与反思》,中国政法大学出版社2016年版,第173~185页、第228~245页。

是引渡的前提条件。[1] 证据规则差异,还将影响到一些国家对我国刑事司法公正性的判断,可能降低甚至打消其积极配合之政治意愿。对此,致力于借鉴外国经验以完善本国制度的传统比较研究,并不能提供解决方案,显得力不从心,需要自我转型。

诚然,各国刑事证据规则存在较大差异,特别是在传统上被认为分属于大陆法和英美法两种不同传统的国家之间,这种差异更加明显。应当注意到,最新发展趋势是,在规则差异逐渐淡化的同时,各国普遍接受了一些共通价值原则,形成了证据性权利体系,并将其作为判断域外证据可采性、提出和回应司法协助请求的重要标准。然而,当下"重规则借鉴、轻权利对话"的范式,阻碍了证据法研究走向深入。正如张保生所言,人权司法保障是证据法公正价值的核心内容,在中国证据立法、司法和证据法学研究中,都需要完成一个从义务本位向权利本位的观念转型。[2] 在国际刑事司法合作中,因涉及跨法域交流,权利本位之观念转型显得更加重要。本文将改变固有比较研究着重制度借鉴的立场,从弥合制度差异、促进国际合作的视角出发,以证据性权利为主线,分析刑事证据法趋同发展对国际刑事司法合作的影响,并就我国应对思路提出初步构想。

二、迈向证据性权利:比较刑事证据法研究转型

以制度借鉴为主要目标的比较研究,一定程度上推动了各国刑事证据法趋同发展。限于不同文化、传统与制度,至少在短期内,刑事证据规则国别差异不会消失。不过,这并不影响一些共通价值原则被普遍接受,进而形成证据性权利体系。在涉及域外证据可采性判断的场合,证据性权利已经成为重要标准。相应地,比较刑事证据法研究也应从关注差异转向透视共性。

(一)比较证据法研究"二分法"的局限

只要关注刑事证据法研究,便会有一种直观感受,即国外相关规则译介与比较占据很大比例,"中国问题+域外经验+解决方案"已成为一种通用模板。受此影响,比较研究基本思路可以概括为:第一,域外相关概念、规则具有优势,我国立法或司法中缺少对应内容,需要引入;第二,我国立法或司法中存在一些问题,域外对类似问题有解决措施,可以参考;第三,我国立法规定或实践做法,可以找到域外相似例子,经过解释可以论证其正当性。在资料来源方面,英国、

---

〔1〕 参见黄风:《国际引渡合作规则的新发展》,载《比较法研究》2006年第3期。

〔2〕 参见张保生:《证据法的基本权利保障取向》,载《政法论坛》2021年第2期。

美国居多,这与更加关注德国、日本的刑法研究形成鲜明对比。援引资料多为外国学者著述、规范条文、最高司法机关判例等,缺少实证研究。

受限于语言和知识背景,很少有研究者能同时对多个国家刑事证据法有深入了解。因此,模式化对比分析受到青睐。其中,影响最大的理论模式,当然是英美法系和大陆法系的"二分法"。两大法系之差异被视为比较基点,形成了几项共识:在证据法形式方面,英美法系国家通常有独立证据法典,大陆法系国家证据规则附属于诉讼法;在法官角色方面,英美法系国家法官消极被动,法庭证据调查由当事人推进,大陆法系国家法官奉行职权主义,主导法庭证据调查;在事实认定方面,英美法系国家采取二元制,证据可采性裁决与证据评价分别由法官和陪审团进行,陪审团不需要说明裁判理由,一般也不允许控辩双方就事实问题提出上诉,大陆法系国家法官同时负责证据可采性裁决与证据评价,需要进行裁判说理,允许控辩双方对事实问题提出上诉。[1] 施鹏鹏指出:"学界对刑事诉讼改革的基本走向几乎是毫无争议的,即认为中国刑事诉讼的基本形态是'职权主义'或'强职权主义',进一步改革的方向应是当事人主义或吸收当事人主义的合理要素。"[2] 上述判断比较准确,同样也能反映学界对刑事证据法改革基本走向的认识。[3]

采用上述"二分法"的优势在于,研究者用较少精力和篇幅,便可对较多国家进行比较,从而在形式上增强文本说服力。在更深层面,模式对比有利于说明制度差异的原因,以及制度互相借鉴的可能。[4] 然而,刑事司法涉及复杂价值平衡,过度依赖"二分法"作为分析工具,必然存在局限性。对此,比较刑事法学界已有初步反思。美国比较刑事法学者马克西姆认为,模式化研究范式存在三大弊端,一是排除部分研究对象,二是限缩研究主题,三是降低分析深度。例如,在"二分法"下,发展中国家刑事司法,以及跨境刑事诉讼实践都没有受到足够关注。同时,模式划分本身包含了多种因素,但凡归因于某一法系之特征,便涉及多因素内部互相作用。因此,运用"二分法"展开分析不利于考察其

---

〔1〕 参见张保生主编:《证据法学》,中国政法大学出版社 2018 年版,第 108 ~ 123 页。

〔2〕 施鹏鹏:《为职权主义辩护》,载《中国法学》2014 年第 2 期。

〔3〕 其中一个例子,便是学界提出的改革建议,在体例和内容上,均深受以美国《联邦证据规则》代表的英美立法影响。参见陈光中主编:《中华人民共和国刑事证据法专家拟制稿(条文、释义与论证)》,中国法制出版社 2004 年版;张保生主编:《〈人民法院统一证据规定〉司法解释建议稿及论证》,中国政法大学出版社 2008 年版。

〔4〕 例如,有学者将交叉询问技术与职权主义传统不相适应作为论据,用于论证中国无必要也无可能引入交叉询问技术。参见施鹏鹏:《职权主义与审问制的逻辑——交叉询问技术的引入及可能性反思》,载《比较法研究》2018 年第 4 期。

中单个因素影响,存在以整体掩盖局部的风险。[1]

上述批评,虽是从比较刑事法宏观视角展开,但同样适用于比较刑事证据法研究。申言之,一方面,"二分法"隐含着"差异和对抗"这一主题,没有关注如何在司法合作中克服各国证据规则差异,未对共通价值原则进行梳理和提炼,不能为跨境刑事诉讼所面临的证据采纳问题提供有效分析工具;另一方面,"二分法"着重宏观比较,对整体发展趋势关注不足,更缺乏对具体证据规则运行之微观分析,研究对象集中于主要经济发达国家,且对其中非英语国家研究明显薄弱,因而研究成果不能为广泛开展国际刑事司法合作提供直接参考。

可见,"二分法"比较研究范式不能为国际刑事司法合作提供智力支持,需要予以调整,更加关注各国证据规则共性,并将之作为克服差异的基础。在明确转型方向时,首先应把握证据法共性发展趋势,即证据性权利形成及其动力。

(二)刑事司法中证据性权利形成及其动力

证据法有两大传统,一是理性主义,将事实准确性作为判决合法性的基础,并认为案件事实应当由裁判者自由评价;二是权利主义,强调人不能被作为诉讼程序客体,而应在程序推进中发挥积极作用。[2] 在"二分法"下,人们通常认为,大陆法系国家更重视给予司法官必要权力,以形成准确裁判,英美法系国家则更加重视个人权利保障。然而,不同于这一理论预设,大陆法系国家和英美法系国家刑事证据制度趋同发展,两者差异逐渐缩小。英美法系国家日益重视控辩平衡,不再仅仅关注被告人权利保障,如英国允许对被告人沉默作出不利推定;[3]大陆法系国家逐步加强证据调查中辩方参与,如德国、法国、荷兰等近年陆续修改立法,允许律师在警察讯问时在场,违反有关获得律师帮助的规定可能导致在此期间所获供述被排除;[4]国际刑事法庭(院)法官来自不同法律传统,在制定法庭证据规则过程中,实现了英美法传统和大陆法传统的妥协与融合。[5] 在两大法系传统交融互动中,形成了一系列超越"二分法"的共通价值原则,并将取证程序也纳入证据法规制范围。欧洲著名比较刑事法学者杰克

〔1〕 See Máximo Langer, *Strength, Weakness, or Both? On the Endurance of the Adversarial-Inquisitorial Systems in Comparative Criminal Procedure*, in Jacqueline E. Ross & Stephen C. Thaman, eds., Comparative Criminal Procedure, Edward Elgar, 2016, p. 526 – 532.

〔2〕 See John D. Jackson & Sarah J. Summers, *The Internationalization of Criminal Evidence: Beyond the Common Law and Civil Law Traditions*, Cambridge University Press, 2012, p. 14 – 19.

〔3〕 参见孙长永:《沉默权的是非之争与正当根据(上)》,载《现代法学》2001 年第 3 期。

〔4〕 参见陈苏豪:《侦查初期律师帮助权的欧洲标准及其启示——以欧洲人权法院萨多斯诉土耳其案为中心的分析》,载《交大法学》2019 年第 2 期。

〔5〕 例如,国际刑事法院诉讼程序与证据规则整体上遵循英美对抗制度,却赋予检察官以客观公正义务,要求其同时收集被告人有罪和无罪的证据。参见国际刑事法院《程序与证据规则》第 54 条第 1 款 a 项。

逊和萨默斯将这些共通价值概括为以下证据性权利：公正审判，无罪推定，沉默权与不得强迫自证其罪，辩方程序参与，与证人对质。[1] 上述概括，虽然是以欧洲为主要观察视角，但也基本能够反映世界范围内刑事证据法发展趋势。可以说，在刑事司法领域，证据性权利已经形成，这一发展具有三大动力。

第一，理性主义与权利主义具有内在一致性。在刑事司法领域，准确查明案件事实与保障个人权利从根本上来说是统一的，离开高度可信的事实基础，便不能对个人判处刑罚并剥夺其权利。正如贝卡里亚所言："证实某人犯罪所要求的肯定性，是一种对于每个人生命攸关的肯定性。"[2] 同时，查明案件事实不能以侵害个人权利为代价。这种内在一致性，在非法证据排除规则、庭审模式和审前调查辩方参与的演进中得到充分体现。

排除具有相关性的证据，特别是物证、书证，从形式上看与发现真相的目标相冲突，因而在大陆法系国家发展相对较慢。不过，排除非法言词证据又与发现真相联系密切。[3] 由当事人主导的控辩式庭审，在保障被追诉人权利的同时，也有利于查明案件事实。相较于法官单方调查，控辩双方提供各自证据并积极对抗，理应能够为法庭提供更为充分而全面的证据基础，有利于准确认定案件事实。因此，大陆法系国家也在不同程度上对职权主义进行改造，以增强庭审对抗性。[4] 传统上，相比于英美法系国家，大陆法系国家普遍对犯罪嫌疑人及其辩护律师审前参与施加更多限制。辩方很难在调查中发挥积极作用，只能事后向检察官提出意见。荷兰等国加强侦查初期律师参与的改革措施，除受到来自欧洲人权法院的压力外，预防因警察羁押讯问而导致的错案，更是直接目标。[5] 可见，辩方参与作为一项诉讼权利，也与查明真相高度关联。这体现了一种新程序正义观：在作出针对某人的不利裁决前，应给予其自愿提出意见（辩解）之机会。[6] 按此理解，侦查讯问将由获取证据手段转变为听取意见程

---

〔1〕 See John D. Jackson & Sarah J. Summers, *The Internationalization of Criminal Evidence: Beyond the Common Law and Civil Law Traditions*, Cambridge University Press, 2012.

〔2〕 ［意］切萨雷·贝卡里亚：《论犯罪与刑法》，黄风译，北京大学出版社 2008 年版，第 33 页。

〔3〕 See Jenia Iontcheva Turner& Thomas Weigend, *The Purposes and Functions of Exclusionary Rules: A Comparative Overview*, in Sabine Gless &Thomas Richter eds., Do Exclusionary Rules Ensure a Fair Trial?, Ius Gentium: Comparative Perspectives on Law and Justice, Vol. 74, Springer, 2019, p. 257.

〔4〕 需要说明的是，即使在新职权主义下，增强对抗性只是一种趋势，法官仍然发挥主导作用。例如，在法国，所有证据都被视为法庭的证据，检察官和律师发言均需要经过法官允许。参见施鹏鹏：《为职权主义辩护》，载《中国法学》2014 年第 2 期。

〔5〕 See Chrisje Brants, *The Reluctant Dutch Response to Salduz*, 15 Edinburgh Law Review 298 (2011).

〔6〕 See Antony Duff et al., *The Trial on Trial (Vol. 3): Towards a Normative Theory of the Criminal Trial*, Hart Publishing, 2007.

序,以犯罪嫌疑人自愿参与为前提。可见,具有不同法系传统的国家,在刑事司法领域面临类似问题与挑战,其不同解决方案可以互相借鉴,由此推动了刑事证据法趋同发展。

第二,深化国际合作要求克服证据规则差异。在全球化进程中,人员、货物、资金、信息以前所未有的规模、频率和速度在世界范围内流动。据统计,从1980年至2019年,世界各国累积接待游客数量,由2.77亿人次增长到2019年的14.66亿人次。[1] 同一时间段,全球出口贸易总额从1.795万亿美元上升到24.819万亿美元,其GDP占比由18.78%提高到29.49%。[2] 在1991年,全世界仅有100余个互联网域名,而截至2021年6月,这一数字已经超过了2.6亿。[3] 顺应这一全球化进程,各国均在不同程度上推进国内司法改革,以消除法律制度差异所带来的交流合作障碍。刑事证据法当然也是司法改革的重要内容,因为国际交流合作随着刑事风险全球化,外国个人与公司自然会将刑事程序可预测性作为考察营商环境和投资选择的重要因素,而正当程序离不开完善的刑事证据法。[4]

此外,与全球化相伴而生的跨国犯罪,已经严重威胁了各国经济安全与政治安全,对刑事司法领域国际合作提出了更高要求。据联合国毒品与犯罪问题办公室估算,仅在2010年,跨国贩卖人口、毒品、军火、假冒商品犯罪,以及环境、海盗、网络犯罪,累积金额达到1250亿美元。[5]为了团结世界各国,共同应对上述挑战,联合国先后制定了《打击跨国有组织犯罪公约》《反腐败公约》,正在制定《打击网络犯罪公约》。对他国发生的犯罪,在本国进行追诉和审判,涉及域外取证与域外证据使用问题。对此,前述公约均包含专门条款,以调和证据规则国别差异。[6] 打击跨国犯罪的需要,进一步推动了刑事证据法趋同发

---

〔1〕 受新冠肺炎疫情影响,这一数字在2020年下降了73%,仅有3.97亿人次。See UNWTO, https://www.unwto.org/global-and-regional-tourism-performance,最后访问日期:2021年8月3日。

〔2〕 同样受新冠肺炎疫情影响,全球出口贸易总额在2020年下降到22.64万亿美元,下降幅度远低于国际旅客数量。See THE WORLD BANK, https://data.worldbank.org/indicator/NE.EXP.GNFS.CD?view=chart,最后访问日期:2021年8月3日。

〔3〕 See July 2022 Web Server Survey, NETCRAFT, https://news.netcraft.com/archives/category/web-server-survey/(Jul. 28,2022).

〔4〕 例如,加入世界贸易组织,便给我国刑事诉讼法律制度改革带来了动力和压力。参见樊崇义、张建伟:《WTO与刑事诉讼法律制度的改革》,载《政法论坛》2002年第2期。

〔5〕 See United Nations Office on Drugs and Crime, The Globalization of Crime: A Transnational Organized Crime Threat Assessment, 2010, p. 275.

〔6〕 例如,联合国《打击跨国有组织犯罪公约》第16条第10款规定,"有关缔约国应相互合作,特别是在程序和证据方面,以确保这类起诉的效果"。第24条第2款第2项规定:"规定可允许以确保证人安全的方式作证的证据规则,例如,允许借助于诸如视像连接之类的通信技术或其他适当手段提供证言。"

展。在此领域,欧盟走在了前面,致力于用"互相承认"取代"互相协助",作为刑事司法合作原则。在此原则下,基于制度互信,任一成员国的司法裁决,在另一成员国也可以得到执行。[1] 为此,欧盟建立了欧洲警察、欧洲检察署等合作机制,设置了欧洲证据令、欧洲逮捕令等专门程序,并颁布了系列立法,增强了程序性权利保障,进一步推动了取证程序趋同。

第三,国际人权标准与刑事证据法紧密联系。世界各国普遍认同,未经公正审判不得任意剥夺公民基本权利。在刑事诉讼中,证据采纳、采信和运用将直接影响程序推进和实体结果,因而内国刑事证据法也被纳入国际人权法审查范围。例如,联合国《反酷刑公约》第 15 条规定:"每一缔约国应确保在任何诉讼程序中,不得援引任何业经确定系以酷刑取得的口供为证据,但这类口供可用作被控施用酷刑者刑求逼供的证据。"又如,《公民权利和政治权利国际公约》第 14 条第 3 款第 5 项规定,刑事被告人"得亲自或间接诘问他造证人,并得声请法院传唤其证人在与他造证人同等条件下出庭作证"。上述内容,构成了关于非法供述排除和与证人对质的国际准则,成为促进该领域刑事证据法趋同发展的直接动力。

作为迄今为止最为有效的区域性人权机构,欧洲人权法院在证据性权利形成过程中发挥了重要作用。在对相关判例和研究进行梳理的基础上,艾明提出:"欧洲人权法院判决对内国刑事诉讼制度所进行的持续改造,目前已成为国际刑事诉讼发展中最重要的趋势。"[2] 这一判断,同样准确地反映了证据性权利的发展进程。虽然欧洲人权法院坚守"裁量余地"(margin of appreciation)原则,不对具体证据可采性进行裁决,将其交给内国法院自行判断。但是,证据采纳会影响程序推进和实体结果,对审判整体公正性进行评价,当然离不开对具体证据可采性的判断。通过一系列案件中的判决,欧洲人权法院实际上建立其一套以证据可采性为中心的基本权利保障体系,至少涉及以下议题:取证程序与隐私权,[3] 不得强迫自证其罪,[4] 作证特免权,[5] 辩方参与,[6] 法庭调查与对质权,[7] 证据评价与无罪推定。[8] 应该说,在欧洲范围内,证据性权利体

[1] See Steve Peers, EU Criminal Law and the Treaty of Lisbon, 33 European Law Review 507(2008).
[2] 艾明:《论欧洲人权法院判决对内国刑事诉讼制度的影响与改造》,载《比较法研究》2017 年第 2 期。
[3] ECtHR, Khan v. the United Kingdom, No. 35394/97, 2000.
[4] ECtHR, Gafgen v. Germany, No. 22978/05, 2010.
[5] ECtHR, S. v. Switzerland, Nos. 12629/87 and 13965/88, 1991.
[6] ECtHR, Salduz v. Turkey, No. 36391/02, 2008.
[7] ECtHR, Al-Khawaja and Tahery v. the United Kingdom, Nos. 26766/05 and 22228/06, 2011.
[8] ECtHR, John Murray v. the United Kingdom, No. 18731/91, 1996.

系最为健全,并借助欧盟及相关国家的力量,逐渐发挥更为广泛的国际影响。

（三）以促进国际合作为导向的比较研究

上文分析表明,在比较刑事证据法研究中,“二分法”存在局限,不能为国际刑事司法合作提供理论参考。证据性权利兴起,是各国刑事证据法趋同的重要标志,也是开展国际刑事司法合作的外部环境,亟须专门研究。刑事证据法比较研究的转型,应该面向国际合作,从关注差异转向透视共性。区别于“二分法”,以证据性权利为主线、面向国际合作的比较研究,既可以更加全面、准确地反映刑事证据法发展趋势,又可以将多法域因素复合的跨境刑事追诉纳入研究范围。

前述主张并非笔者个人创见,学界早有类似观点。例如,受域外研究启发,印波提出,应当将划分模式与探求共性结合起来,科学地进行比较研究。〔1〕即使是在世界范围内,以促进国际合作为导向的比较证据法研究也是一个相对新兴的话题,尚未形成丰富研究成果。〔2〕在此意义上,本文属于一种实践性探索。需要特别说明的是,笔者所提倡之转型,并非要彻底摒弃“二分法”及以差异比较为基础的制度借鉴,而是希望结合国际刑事司法合作实践,展开更具针对性的研究。以下简要说明“以促进国际合作为导向的比较研究”之立场、对象与思路。

第一,坚持“尊重差异,寻求共性”的研究立场。制度互相借鉴存在限度,各国刑事证据规则的差异,在可以预见的时间不会完全消失。因此,面向国际合作的基本研究立场应该是,积极寻求共同价值,以此克服证据规则国别差异给国际刑事司法合作带来的障碍。

第二,在研究对象选择方面,关注共通原则与具体规则两个层面。国际刑事司法合作中的核心证据问题是域外证据可采性判断。作为共通原则的证据性权利,已经成为各国判断域外证据可采性的重要标准,应当首先并重点加以研究。除此之外,国际刑事司法合作对比较法知识有着更高要求,应围绕特定主题,对主要国家相关刑事证据规则应用展开更为细致的实证研究,而不能停留在宏观模式比较。限于篇幅,本文将主要从证据性权利这一宏观视角展开。

第三,遵循“对话性”的基本研究思路。关于克服刑事证据规则国别差异,

〔1〕 参见印波:《比较刑事诉讼法的研究进路:从划分模式到探求共性》,载《法学杂志》2012 年第 2 期。

〔2〕 2019 年 8 月,第七届证据理论与科学国际研讨会在德国弗莱堡召开。会议期间,著名证据法学家,美国加州大学戴维斯分校法学院爱德华·伊姆温克尔里德(Edward Imwinkelried)教授的报告题目即是《比较证据法研究的目标》(*The Goals of Comparative Evidence Law Studies*),倡导面向国际合作展开新型比较研究,引发了与会人员的热烈讨论。

推进国际刑事司法合作的机制,尚在发展完善之中。对证据性权利的解读,也只有初步共识而无定论。在多边主义世界,如何根据“裁量余地”原则,平衡司法主权和国际准则的关系,需要更多“对话性”的探讨,不再是被动学习和单向借鉴。因此,除了有选择地接受和参考其他国家成熟做法外,还应积极参与新型国际人权机制构建,适时进行理论提升、模式总结,宣介社会主义法治建设成就,统筹推进国内法治与涉外法治。应充分认识到,在证据性权利话语体系构建方面,既需要广泛开展国际合作,也离不开涉外法治斗争。〔1〕

根据上述研究立场与思路,下文将对几项关键的证据性权利进行解读,分析其对域外证据可采性判断的潜在影响,进而结合我国相关实践及存在问题,尝试提出应对思路,以用好证据性权利这一框架,服务国际刑事司法合作实践。

三、解读证据性权利:取证程序与证据规则一体化

关于证据性权利是否属于一类独立的权利,理论界仍然存在分歧。〔2〕不过,这并不影响本文在各国刑事证据法共通价值意义上使用这一概念。在此领域,国内已有学者展开专门研究。如郑飞在梳理域外研究基础上,将证据性权利区分为消极防御型和积极进攻型。〔3〕限于篇幅和主题,下文仅对部分证据性权利展开分析,即辩方程序参与权、对质权、作证特免权、隐私与数据权。这些权利,均与国际刑事司法合作联系密切,且处在发展变化之中,更需要持续关注和讨论。〔4〕

(一)辩方程序参与权

辩方参与作为程序事项,通常被认为属于刑事诉讼法学的研究范畴,又如

---

〔1〕 合作与斗争,在中国国际法立场中表现得最为明显。何志鹏指出:“中国在面对国际事务之时,一方面坚持以联合国宪章为基础,遵行国际法、厉行国际法治;另一方面对某些国际政治和法律观念会提出不同的观点和看法,对某些国际机制和国际法律行为会采取质疑甚至反对的态度。这就凸显了中国在国际事务中对于国际法‘立异’和‘求同’两种带有鲜明差异性的立场。”在国际交往中,要坚持二条线,“一条线是对可能出现的国际事务中的‘降维打击’、话语霸权予以有效的防范;另一条线是适度研究、探索相关国家在国际法议题中的短板,适度进行积极主动的筹划与设计,推广自身的全球性话语。”参见何志鹏:《立异与求同:中国国际法立场的国际关系解读》,载《中国法律评论》2021年第3期。

〔2〕 参见[美]亚历克斯·斯坦:《证据法的根基》,樊传明、郑飞等译,中国人民大学出版社2018年版,第36~39页。

〔3〕 前者包括无罪推定,不得强迫自证其罪特权与沉默权,作证特免权;后者包括排除非法证据的权利、调查取证权、证据知悉权和质证权。参见郑飞:《证据性权利研究》,法律出版社2019年版,第119~208页。

〔4〕 需要说明的是,笔者所采用的分类标准与既有研究不完全一致,但均有国际人权公约或司法准则作为依据,并以国际刑事司法合作实践作为参照。例如,杰克逊与萨默斯将“律师—委托人”特免权纳入辩方参与一并讨论,笔者予以单列;又如,考虑到跨境数据调取日益频繁,笔者专门讨论隐私权及新兴且独立的数据权。

何会成为证据性权利？这主要是因为，随着“程序与证据一体化”司法理念兴起，构建“辩方参与型司法证明”成为两大法系证据法发展的共同趋势。

诚然，在英美法传统中，自塞耶以降，证据法着重关注审判阶段，审前证据收集手段、程序和条件则被视为程序问题。不过，在其内部亦有反思观点认为，程序与证据无法截然区分。[1] 证据性权利体系形成与发展，对英美证据法传统带来的最大冲击在于，“程序与证据一体化”的理念被广泛接受与认同，审前证据收集程序也被纳入证据法规制范围。从逻辑上看，这一演进是符合规律的。通过不可靠手段收集证据，将会影响事实认定准确性，因而有必要限制其可采性；而无论证据多么可靠，若收集手段严重侵犯个人权利，同样不可采，因为法庭在决定是否采纳证据时，也需向社会彰显其保障个人基本权利的司法担当。无论从理性主义传统还是权利主义传统来看，证据与程序均是统一的。在国际人权机制推动下，一种超越两大法系传统的“辩方参与型司法证明”逐渐形成。[2] 在此背景下，辩方程序参与权已成为一项重要证据性权利，以下将从律师及时介入、辩方知悉证据权和辩方调查取证权展开。

1. 律师及时介入

根据“辩方参与型司法证明”要求，一旦犯罪嫌疑人被通知参与证明过程（刑事追诉程序开始），就应当获得律师帮助，否则，便不能确保其参与是自愿、明智和有效的，进而会影响所获证据的可采性。不过，《公民权利和政治权利国际公约》《欧洲人权公约》等国际人权规范均未对审前阶段的律师帮助权作出直接规定。当前趋势是将审前阶段视为公正审判之整体，允许律师于侦查初期便及时介入。在此方面，我们最为熟悉的莫过于美国联邦最高法院所确立的“米兰达规则”，这一规则允许受到“羁押性讯问”的犯罪嫌疑人保持沉默并立即获得律师帮助。不过，在较长时间内，各国借鉴“米兰达规则”均有所保留，以免对警察执法冲击过大。[3] 在具有革命性意义的萨多斯诉土耳其一案中，欧洲人权法院摒弃整体平衡原则，提出自犯罪嫌疑人初次接受讯问起，就有权获得律师帮助，如果在没有获得律师帮助的情况下获取的有罪供述被作为定罪

---

〔1〕 参见［英］威廉·特文宁：《反思证据：开拓性论著》（第2版），吴洪淇等译，中国人民大学出版社2015年版，第206页，第226页。

〔2〕 根据杰克逊与萨默斯的总结，“辩方参与型证明模式”包含以下四项构成要件：一是不得强迫被追诉人参与证明，二是一切参与都必须在充分知情的条件下进行，三是辩方应有充分机会对不利证据质证，四是裁判应当说明理由。可见，证据性权利均可纳入这一证明模式。笔者将在狭义层面使用“辩方程序参与权”，从而将其与其他证据性权利相区分。See John D. Jackson & Sarah J. Summers, The Internationalization of Criminal Evidence: Beyond the Common Law and Civil Law Traditions, Cambridge University Press, 2012, p. 101 – 106.

〔3〕 See Stephen C. Thaman, Miranda in Comparative Law, 45 St. Louis University Law Journal 581 (2001).

基础，犯罪嫌疑人辩护权所受侵害就是不可补救的。[1] 经后续系列判例及欧盟立法发展，犯罪嫌疑人自由受限制，或侦查机关向其告知嫌疑或指控其构成犯罪，其就享有获得律师帮助权。除此之外，律师还应当被允许参加列队辨认、对质及犯罪现场重构等侦查活动。[2]

将律师介入时间提前到刑事诉讼之初，并赋予律师参与关键性证据收集活动的权利，均反映了“辩方参与型司法证明”的要求。在此阶段，未充分保障犯罪嫌疑人及时获得律师帮助权，很有可能导致所获证据被排除。不过，最新判例表明，在证据可采性问题上，欧洲人权法院似有软化，试图重新回到整体平衡立场，认为即使损害了获得律师帮助权，若审判整体公正性未受影响，也不必然排除期间所获证据。[3] 帮助犯罪嫌疑人及时获得律师帮助，已经由《联合国关于在刑事司法系统中获得法律援助机会的原则和准则》规定为一项国家义务。[4] 允许律师及时介入，成为刑事司法领域的世界性趋势，但各国具体规则和保障程度仍存在明显差异。[5] 更加复杂的是，联合国司法准则并未对限制律师介入的理由予以明确，各国对此理解并不相同。[6]

2. 辩方知悉证据权

即使是在有辩护律师帮助的情况下，被追诉人也只有充分了解相关证据，才能有效反驳指控事实。在英美法系国家，其对应证据开示；在大陆法系国家，其对应辩方阅卷。为方便讨论，可以统称为辩方知悉证据权。《公民权利和政治权利国际公约》第 14 条第 3 款第 2 项规定，被追诉人应被“给予充分之时间及便利，准备答辩并与其选任之辩护人联络”。根据联合国人权事务委员会的解释，“足够的便利”必须包括能够接触文件和其他证据，涵盖追诉方计划在法

---

〔1〕 ECtHR, Salduz v. Turkey, No. 36391/02, 2008, p. 51 – 55.

〔2〕 关于萨多斯案及对欧洲国家的影响，参见陈苏豪：《侦查初期律师帮助权的欧洲标准及其启示——以欧洲人权法院萨多斯诉土耳其案为中心的分析》，载《交大法学》2019 年第 2 期。

〔3〕 ECtHR, Beuze v. Belgium, No. 71409/10, 2018.

〔4〕《联合国关于在刑事司法系统中获得法律援助机会的原则和准则》第 20 条规定：“国家应当确保，被拘留者、被逮捕者、涉嫌或被控可处以徒刑或死刑的刑事犯罪者在刑事司法程序各阶段均有权得到法律援助。”第 27 条规定：“国家应当确保在刑事诉讼程序各阶段迅捷提供有效的法律援助。”

〔5〕 根据联合国毒品和犯罪问题办公室 2016 年公布的研究结果，在受调查的 49 个国家中有 26 个将律师在场作为侦查人员能够讯问犯罪嫌疑人的前提条件。其中有些国家规定讯问时律师一律应当在场，有些国家则以犯罪嫌疑人提出要求为前提。See United Nations Office on Drug and Crime, Global Study on Legal Aid: Country Profiles (2016).

〔6〕 欧盟《获得律师帮助指令》(Directive 2013/48/EU) 第 3 条、第 8 条中的相关规定可供参考。按照上述规定，只有存在防止对人的生命、自由和健康造成不利后果的紧急需要，或是侦查机关采取紧急行动需要，为了避免对侦查活动造成实质损害时，可以在审前阶段临时性地限制犯罪嫌疑人会见律师的权利。这一限制必须符合比例原则、有严格的期限、不影响程序整体公正，且不能仅仅基于犯罪的类型和严重程度，限制决定应当由司法官员作出，或经过司法审查。

庭上针对被告人提出的全部资料或者可开脱罪责的资料。[1]《公民权利和政治权利国际公约》第9条第2款、第4款分别规定,"执行逮捕时,应当场向被捕人宣告逮捕原因,并应随即告知被控案由","任何人因逮捕或拘禁而被夺自由时,有权声请法院提审,以迅速决定其拘禁是否合法,如属非法,应即令释放"。人权事务委员会认为,上述"理由"应该包括具体事实以表明指控的实质。[2]该意见同时要求,应该让被拘留者了解至少是据以作出裁决的证据的实质。[3]这样安排,有利于辩方对拘捕提出司法审查。可见,辩方知悉证据权可以追溯到公正审判权和不受任意拘捕权,覆盖了审判阶段与审前阶段。《欧洲人权公约》第6条、第5条有类似规定,欧洲人权法院就此作出了一系列裁判,形成了更为细致的权利体系。[4]

关于侵害辩方知悉证据权的不利后果,在联合国层面尚无明确标准,欧洲人权法院的理解相对严格。在针对德国的三个案件中,欧洲人权法院裁判认为,应当保障辩方能够查阅侦查卷宗中对有效质疑羁押合法性具有关键作用的证据。[5]目前公认的观点是,这意味着如果禁止辩方查阅相关证据材料,法官就不能根据这部分证据材料签发或维持羁押令。[6]

3. 辩方调查取证权

根据平等武装原则,辩方理应享有对应的调查权。不过,联合国人机机构以及欧洲人权法院均未承认辩方调查权具有强制力。因此,在大多数情况下,辩方调查取证权需要通过向法院提出申请来实现。一般认为,在国际人权法上,辩方应该有权知悉全部相关信息。当辩方缺乏资源和能力自行获取证据时,法庭应给予必要帮助,从而对证据调查活动发挥司法监督职能。[7]

在国际刑事司法合作中,关于在未能给予同等律师帮助条件下所获域外证据是否具有可采性,将会成为争议。场所支配行为(*locus regit actum*)的传统

---

〔1〕参见联合国人权事务委员会:《第32号一般性意见》,CCPR/C/GC/32,2007年8月23日,第33段。

〔2〕参见联合国人权事务委员会:《第35号一般性意见》,CCPR/C/GC/35,2014年12月16日,第25段。

〔3〕参见联合国人权事务委员会:《第35号一般性意见》,CCPR/C/GC/35,2014年12月16日,第15段。

〔4〕相关判例介绍,参见陈苏豪:《论德国刑事被追诉人的阅卷权》,载方小敏主编:《中德法学论坛》第15辑,法律出版社2018年版,第311~325页。

〔5〕Garcia Alva v. Germany, Lietzow v. Germany, Schops v. Germany, Nos. 23541/94, 24479/94, 25116/94, 2001.

〔6〕See Ed Cape, et al., *Effective Criminal Defense in Europe*, Intersentia, 2010, p. 274.

〔7〕See John D. Jackson & Sarah J. Summers, *The Internationalization of Criminal Evidence: Beyond the Common Law and Civil Law Traditions*, Cambridge University Press, 2012, p. 314.

理论及“不审查”原则受到挑战,“双重审查”正在成为趋势。例如,对通过司法协助渠道所获证据,瑞士等国家将同时依据本国法和被请求国法对域外证据合法性进行审查,以充分确保被追诉人的辩护权得到了充分保障。[1] 在一起案件中,德国法院裁判认为,因为德国在向土耳其提出的请求书中已经载明,应通知被告人辩护律师参加证人询问,不能因土耳其方面的失误,让德国执法机关承担不利后果,故采纳了在没有辩方律师参与情况下形成的证人询问笔录。[2] 欧洲人权法院的判例则认为,在跨境取证中,即使被请求国(比利时)法律上并无被追诉人获得律师帮助的规定,请求国(法国)仍有义务保障被追诉人享有这一权利。[3]

如冯俊伟所说,辩护规则的国别差异,将成为评判权利保障效果的障碍。[4] 例如,关于违反证据开示义务,各国均规定了类似禁止提出的不利后果。在国际刑事司法合作中,如何协调各国具体规则差异也将成为一个难题,尤其是辩方知悉范围不易界定,且英美法系国家传统上并无案卷,审前证据开示反而存在一定困难。又如,关于辩方调查取证权,可能会出现的问题包括而不限于:辩护律师能否在境外调查取证,一国法院之调查令能否在另一国得到执行,以及如何平衡调查令强制性与第三人权利保障。在此背景下,对辩方程序参与权的实质解释,可作为判断取证程序能否满足公正性保障以及所获域外证据是否具有可采性的重要标准。

(二)对质权

根据《公民权利和政治权利国际公约》第 14 条第 3 款第 5 项,刑事被告人“得亲自或间接诘问他造证人,并得声请法院传唤其证人在与他造证人同等条件下出庭作证”。据此,刑事被告人享有对质权,有权亲自或间接对不利证人进行交叉询问。无论是英美法系传闻证据规则,还是大陆法系直接言词原则,均反映了对质条款的基本内核。根据人权事务委员会的解释,对质权条款所涉证据可采性与证据评价应由国内立法机构决定。[5] 《欧洲人权公约》第 6 条第 3 款 d 项与此类似,欧洲人权法院系列裁判具有参考价值。西班牙比较刑事法

---

〔1〕 See Lorena Bachmaier Winter, *Transnational Criminal Proceedings, Witness Evidence and Confrontation: Lessons from the ECtHR's Case Law*, 9 Utrecht Law Review 127(2017).

〔2〕 See Sabine Gless, *Transnational Cooperation in Criminal Matters and the Guarantee of a Fair Trial: Approaches to a General Principle*, 9 Utrecht Law Review 90(2013).

〔3〕 See ECtHR, Stojkovic v. France and Belgium, No. 25303/08,2011, p. 55.

〔4〕 参见冯俊伟:《论跨境追诉中的辩护权保障——主要以域外取证为例的分析》,载《中国刑事法杂志》2019 年第 4 期。

〔5〕 参见联合国人权事务委员会:《第 32 号一般性意见》,CCPR/C/GC/32,2007 年 8 月 23 日,第 39 段。

学者洛蕾娜对相关判例所确立的规则进行了系统梳理和总结:第一,若在审前阶段有机会在律师协助下对证人进行交叉询问,询问记录具有可采性;第二,若在审前阶段没有机会对证人进行交叉询问,询问记录一般不具有可采性,除非该记录不属于"唯一和决定性证据",且法庭努力促使证人出庭但未果;第三,若审前阶段没有机会对证人进行交叉询问,但询问全程录像,出于保护性侵案件未成年被害人的需要,询问记录亦具有可采性。[1]

上述规则所涉及的一个核心问题是,庭前询问证人的记录是否具有可采性。不难发现,在国际人权标准下,当庭亲自或由律师对不利证人进行交叉询问,并非行使对质权的唯一方式,若庭前替代措施足以保障询问记录可靠性,该询问记录仍具有可采性。应当说,关于对质权保障,主要法治国家基本能够达成共识。例如,在程慕阳案中,加拿大法院判决其胜诉的一个重要原因是,中方仅提供了同案犯的刑事判决书,程慕阳没有机会与之对质,既有证据不足以证明其实施了中方所称之犯罪。[2] 在国际刑事司法合作中,证人身在国外,但在审前阶段接受询问并形成记录的情况较为常见。将上述规则应用到跨境刑事诉讼,需要特别关注以下两个问题。

1. 法庭通知证人作证的义务

限于司法主权,通常来说,一国法院不能强制身在另一国的证人出庭作证。但是,在交通便利、通信发达的当下,证人身处国外不能成为其无法出庭作证的理由。确有必要时,国内法院可以通过司法协助等手段通知证人出庭,若地址和联系方式不明,也应尽力查明。经努力仍无法通知,或证人不愿出庭作证的,方可视为证人客观上不能出庭,属于当庭质证的例外情形。从长远来看,各国也可以通过签订条约等形式,在平等互惠的基础上,赋予他国此类通知以强制力。[3]

2. 当庭交叉询问的替代措施

现代视频会议技术比较成熟,在线庭审也已经广泛应用到国内审判。在跨境刑事诉讼中,运用视频会议对证人进行远程询问,是一种相对有效的替代措施。在上文讨论辩方程序参与权的部分,笔者曾提到,审前阶段律师参与已经

---

〔1〕 See Lorena Bachmaier Winter, *Transnational Criminal Proceedings, Witness Evidence and Confrontation: Lessons from the ECtHR's Case Law*, 9 Utrecht Law Review 127(2017).

〔2〕 参见黄风主编:《中国境外追逃追赃经验与反思》,中国政法大学出版社 2016 年版,第 228 ~ 245 页。

〔3〕 例如,有学者建议,欧盟成员国可以立法规定,若旅程不超过一定范围,证人有义务在另一成员国法庭出庭作证;在任何情形下,证人都有义务在其所在地,通过视频会议参加另一成员国的刑事审判。See Lorena Bachmaier Winter, *Transnational Criminal Proceedings, Witness Evidence and Confrontation: Lessons from the ECtHR's Case Law*, 9 Utrecht Law Review 127(2017).

拓展到对质等取证活动。欧洲人权法院判例规则，亦体现辩方参与的重要性。但是，在跨境刑事诉讼中，一个突出难题是，身处一国的被追诉人及其辩护人，很难直接参与在另一国进行的针对特定证人的审前调查。即使辩方获知时间、地点，国际旅行、签证要求及律师执业资格等限制，也会成为辩方参与的障碍。由辩方通过本国司法机关，经司法协助渠道向他国执行机关提出书面问题，可以成为一种替代方案，但能否实现辩方有效参与，仍存有疑问。

（三）作证特免权

在英美法系国家，作证特免是一项相对古老的规则。不同于其他证据规则，其主要目标并非促进案件事实发现，而是为了实现程序外的公共政策。在国际刑事司法准则中，"律师—委托人"作证特免权受到特别重视，本文也将聚焦于此。[1] 如果当事人与律师之间交流的秘密性得到不保障，律师被要求向官方机构披露从当事人处了解的全部信息，那么当事人就可能不再愿意披露对自己不利的信息，进而使辩护律师失去一个有用的信息源，司法公正就会受到不利影响。因此，正如达马什卡所说："即使是比较极端的能动型政府也不愿意要求律师背叛他们的当事人，而某种形式的涉及律师—当事人特殊关系的权利也往往会得到承认。"[2]作证特免权涉及更为复杂的价值平衡，因而国别差异更大，表现在以下三个方面。

1. 作证特免权的范围

保障在押被追诉人与律师交流秘密性的重要作用，已经受到世界各国普遍认可。联合国《关于律师作用的基本原则》第 8 条规定："遭逮捕、拘留或监禁的所有的人应有充分机会、时间和便利条件，毫无迟延地、在不被窃听、不经检查和完全保密情况下接受律师来访和与律师联系协商。这种协商可在执法人员能看得见但听不见的范围内进行。"欧洲人权法院判例也指出，如果律师不能会见被追诉人并在不受监听的情况下接受秘密指示，那么，其帮助就会基本上失去作用。[3]

"律师—委托人"作证特免权覆盖辩护律师执业中所获得的全部信息，涉及会见、通信、电话等各种交流形式。例如，在美国，律师工作成果（work product）不必向控方开示。不过，并非所有国家都坚持严格保护立场。部分国

〔1〕 就世界范围来看，除"律师—委托人"作证特免权外，还存在亲属、医生甚至公务员等多种类型的作证特免权。

〔2〕 [美]米尔伊安·R. 达玛什卡：《司法和国家权力的多种面孔：比较视野中的法律程序》，郑戈译，中国政法大学出版社 2015 年版，第 227 ~ 228 页。

〔3〕 ECtHR, S. v. Switzerland, Nos. 12629/87, 13965/88, 1991, p. 48.

家将律师与被追诉人间的交流区分为受特权保护与不受特权保护两种类型,前者可以由传唤律师作证、搜查律师办公室、监听律师通信等方式获取。

涉及单位犯罪,情况则更加复杂。实践中,美国法院采用“管理层标准”和“主观标准”,后者将作证特免权范围扩展至管理层以外、经授权的职员。日本公平交易委员会则认为,在反垄断领域不应承认“律师—委托人”作证特免权。欧盟法院对公司法务之独立性持怀疑态度,故对其作证特免权作出额外限制。[1]

2. 作证特免权的例外

在绝大多数国家,当“律师—委托人”作证特免权被用于实施犯罪或欺诈时,便不再受法律保护。不过,关于“犯罪”“欺诈”的范围界定,各国规定并不完全相同。最新变化发生在反洗钱与反恐怖融资领域。根据金融行动特别工作组《打击洗钱、恐怖融资与扩散融资的国际标准》第 20 条、第 22 条、第 23 条之规定,当律师参与买卖房地产,管理客户资产,管理银行或证券账户,创设、运营、管理公司、法人,买卖商业实体等行为时,与金融机构人员一样,也具有向主管部门报告可疑交易的义务。因此,律师可疑交易报告义务将会与作证特免权相冲突。根据欧盟法要求,如果辩护律师,在涉及洗钱或恐怖融资案件履职过程中了解到此类信息,可以免除报告义务。[2] 目前,各国尚未就此形成统一做法。

3. 损害作证特免权的后果

不同于其他证据性权利,作证特免权所遭受的损害,既可能来自执法机关,也可能来自律师。律师违反委托人意愿,向执法机关透露受作证特免权保护的信息,会面临行业纪律惩戒、民事赔偿甚至刑事追诉。在上述情况下,相关证据可采性也会受到影响。葡萄牙、西班牙、希腊等国采取相对严格的立场,将会排除此类证据,而在意大利、德国,律师所透露信息仍具有可采性。[3] 不过,如果是执法机关故意违法获取律师与委托人之间受作证特免权保护的交流内容,那么所获材料原则上不具有可采性。

---

〔1〕 See Lorena Bachmaier Winter & Stephen C. Thaman, *A Comparative View of the Right to Counsel and the Protection of Attorney-Client Communications*, in Lorena Bachmaier Winter et al. eds., The Right to Counsel and the Protection of Attorney-Client Privilege in Criminal Proceedings, Springer, 2020, p. 49 - 51.

〔2〕 See Lorena Bachmaier Winter & Stephen C. Thaman, *A Comparative View of the Right to Counsel and the Protection of Attorney-Client Communications*, in Lorena Bachmaier Winter et al. eds., The Right to Counsel and the Protection of Attorney-Client Privilege in Criminal Proceedings, Springer, 2020, p. 46.

〔3〕 See Lorena Bachmaier Winter & Stephen C. Thaman, *A Comparative View of the Right to Counsel and the Protection of Attorney-Client Communications*, in Lorena Bachmaier Winter et al. eds., The Right to Counsel and the Protection of Attorney-Client Privilege in Criminal Proceedings, Springer, 2020, p. 51 - 52.

因对外部政策理解不同，价值平衡侧重存在明显区别，各国“律师—委托人”作证特免权范围及例外很难统一，且损害作证特免权对证据可采性影响也存在较大差异。因此，在国际刑事司法合作中，对受作证特免权保护的域外证据可采性判断，显得比较困难。如果将单位犯罪、跨国反洗钱与反恐怖融资合作，以及其他形式作证特免权（如亲属、医患关系中）纳入考虑范围，则情况会变得更加复杂。

（四）隐私与数据权

智能化时代，电子数据逐渐代替传统媒介，成为最主要的信息载体。在此背景下，电子数据这一新兴证据类型，在刑事司法中的使用频率越来越高。同时，网络监控、远程提取、人工智能分析等高科技取证手段得到广泛应用。这在提升国家犯罪治理能力的同时，也给公民隐私权保障和个人信息保护带来风险。欧美国家普遍重视个人隐私权保护，将执法机关获取电子数据纳入搜查的范畴，以司法令状进行规制。不同于物证、书证、人证等传统证据形式，储存在网络中的电子数据可以任意流动。因而，跨境电子数据取证是未来犯罪治理的关键。[1] 电子数据取证对隐私权保护模式产生了冲击，由此衍生出一系列新兴数据权利。这些新问题与数据主权之争相互杂糅，深刻地影响着跨境电子数据取证国际合作。

1. 司法令状的明确性

在欧美国家，获取电子数据的程序能够充分保障个人隐私权，已经成为所获电子数据具有可采性的前提条件。根据《欧洲人权公约》第 8 条之规定，对家庭与私生活权利的干预，必须满足三项条件：符合国内法规定、追求正当性目的、在民主社会是必要的。上述规定，基本上能够反映欧美对在刑事诉讼中收集电子数据的要求，直接表现为对侦查权力进行司法令状控制。至少是在形式上，其对个人隐私权保障程度之高，可以从司法令状明确性要求之严格程度中管窥一二。例如，欧洲人权法院认为，警方扣押个人电脑后，在没有获取司法令状的情况下，提取了其中全部电子数据的行为违反了《欧洲人权公约》第 8 条之规定。[2] 又如，在较早的一起美国案例中，警方在一台机器上调查涉嫌毒品犯罪的过程中，无意间发现的儿童色情文件，因超出了搜查令的范围而不具有可采性。[3]

对储存在互联网空间的电子数据，侦查人员还可以进行单方在线提取。很

〔1〕 参见裴炜：《未来犯罪治理的关键：跨境数据取证》，载《中国信息安全》2019 年第 5 期。

〔2〕 ECtHR, Trabajo Rueda v. Spain, No. 32600/12, 2017, p. 44 – 47.

〔3〕 United States v. Carey, 172 F. 3d 1268 (10th Cir. 1999).

多时候,侦查人员并不知道电子数据储存在境内还是境外。无论侦查人员是否明知电子数据储存于何处,这都可能会引发关于未经授权进行跨境取证的国际纠纷。[1] 另外,当侦查人员尝试从“暗网”中获取电子数据时,甚至无法查明其储存在何处。上述问题,对授权获取电子数据司法令状的明确性提出了新的挑战。

2. 数据收集叠加效应

在信息社会,判断个人是否对电子数据享有隐私期待成为一项难题。判例表明,大量电子数据叠加会增强数据敏感性,从而侵犯个人隐私。据此,学者将其归纳为数据收集的“马赛克”理论。[2] 在琼斯案中,美国联邦最高法院认为,对车辆进行28天GPS监控获取的轨迹数据,相互叠加足以反映个人生活模式和具体细节,构成第四修正案所规制的搜查行为,需要事先申请司法令状。[3] 欧洲人权法院也认为,收集和分析GPS数据构成对私生活的干预,[4] 如果关于实时监控地理位置信息的法律授权不够明确,则违反《欧洲人权公约》第8条之要求。[5] 2018年,美国联邦最高法院在广受关注的卡平特案中,进一步将隐私期待拓展到手机基站定位信息。[6]

3. 新兴数据权利及数据主权

在智能社会,传统隐私权不足以保护个人信息,由此衍生出被遗忘权、可携带权等新兴权利概念,关注焦点由实害转向风险。[7] 例如,《欧盟基本权利宪章》已经将“个人数据保护”(第8条)作为独立于“隐私和家庭生活”(第7条)的个人权利加以保障。这些新兴数据权利,也将会影响刑事证据的可采性。

当前,互联网服务商控制了海量数据。侦查实践中,向其调取电子数据,已经成为常态。然而,关于电子数据取证管辖权,形成了“数据控制者模式”与“数据储存地模式”两种基本类型。前者以《澄清合法使用境外数据法》为代

---

〔1〕 例如,在2000年,美国联邦调查局在个案中以远程方式搜查位于俄罗斯境内的计算机系统,便引发俄罗斯方面强烈的外交抗议。See Russell G. Smith, Peter Grabosky & Gregor Urbas, *Cyber Criminals on Trial* Cambridge University Press, 2004, p. 58. 转引自梁坤:《跨境远程电子取证制度之重塑》,载《环球法律评论》2019年第2期。

〔2〕 Orin S. Kerr, *The Mosaic Theory of the Fourth Amendment*, 111 Michigan Law Review 311(2012).

〔3〕 United States v. Jones, 565 U. S. 400, 2012.

〔4〕 ECtHR, Uzun v. Germany, no. 35623/05, 2010, p. 51 – 52.

〔5〕 ECtHR, Ben Faiza v. France, no. 31446/12, 2018, p. 58 – 61.

〔6〕 Carpenter v. United States, 585 U. S. ___ (2018). 该案在美国受到高度关注,国内学者已有详细介绍。参见朱嘉珺:《数字时代刑事侦查与隐私权保护的界限——以美国卡平特案大讨论为切入口》,载《环球法律评论》2020年第3期。

〔7〕 参见裴炜:《个人信息大数据与刑事正当程序的冲突及其调和》,载《法学研究》2018年第2期。

表,该法授权美国执法机关在特定案件中通过电子通信服务或远程计算服务的提供者获取储存在境外的电子数据。后者则为欧盟《通用数据保护条例》所坚持,要求数据控制者或处理者对个人数据进行转移或披露,仍然应当基于提出请求的第三国与欧盟或其成员国之间订立的法律互助协议等国际条约。有趣的是,欧盟虽在数据离境问题上坚持“数据储存地模式”,但在从境外获取电子数据方面却持相反立场。[1]

新兴权利发展改变了传统隐私权概念,与作为外部条件的数据主权之争一起,使得电子数据取证领域的国际刑事司法合作更加复杂。一方面,对权利保障和数据主权的理解差异,将直接阻碍跨境获取电子数据,特别是从国际服务商处调取;另一方面,国内法院采纳跨境电子证据,将具有示范效应,表明该国在数据主权方面的立场。关于数据主权,中国与欧盟及美国所持立场存在较大分歧,相关争议尚未尘埃落定。

四、重视证据性权利:国际刑事司法合作的前提

不难发现,前述四项证据性权利之间存在范围交叉的情况,而其各自完善程度、面临挑战、对证据可采性的潜在影响也有所区别。可以说,证据性权利既是对实践状态的描述,更是对发展趋势的预测。在多边主义世界,充分重视证据性权利,并在深入研究的基础上明确整体立场,提出司法协助请求时注意证据性权利保障,理解他国刑事司法协助请求中的特殊程序要求,充分利用国际人权对话机制,均是我国顺利开展国际刑事司法合作的前提保障。

(一)理解证据性权利的双重影响

证据性权利是判断域外证据可采性的重要标准。传统上,基于对司法主权的尊重,一国对经过司法协助渠道从另一国获取证据之合法性不再进行审查。随着绝对主权观的弱化,各国逐渐承认本国非法证据排除规则具有部分域外效力。[2] 当前发展趋势是,通过司法协助渠道获取域外证据的可采性,需要接受国内法(请求国与被请求国)和国际法的多重检验。“不审查”原则的削弱,将证据性权利与域外证据可采性联系起来。采用“双重审查”或“多重审查”,是为了充分保障被追诉人的权利,以防止跨境因素架空正当程序。在证据性权利框架下,取证过程的权利保障水平,是判断证据可采性的重要依据。关于与公正审判相关权利保障的争议,当被追诉人在穷尽国内救济后,还可以向国际人

〔1〕 具体比较,参见梁坤:《基于数据主权的国家刑事取证管辖模式》,载《法学研究》2019年第2期。

〔2〕 参见冯俊伟:《跨境取证中非法证据排除规则的适用》,载《暨南学报(哲学社会科学版)》2020年第3期。

权机构提出申诉。而在申诉案件审理中,证据采纳被视为程序公正的重要组成部分,需接受国际人权标准检验。因此,为避免遭遇来自国际人权机构的不利评价,参照证据性权利要求判断域外证据可采性,成为国内法院的一项合理选择,也更易被认同。

充分保障被追诉人的证据性权利,是顺利开展国际刑事司法合作的必要条件。前文提到,很多国家将正当程序、人权保障作为开展刑事司法合作特别是引渡的前提条件。例如,在引渡外逃到秘鲁的黄某勇时,黄某勇将案件一直申诉到美洲人权法院。审理期间,秘鲁政府提交了专家证言,说明了中国在保障被追诉人权利方面所取得的进步和发展,促使该院最终作出有利于中方的裁判。[1] 证据性权利的内核是"程序与证据一体化",且具有深厚的国际人权法基础。充分保障证据性权利是正当程序的应有之义,也会成为他国愿意在刑事司法合作事项中给予充分配合的前提。因此,在证据性权利框架下,依据"裁量余地"原则,对规则差异作出令人信服的解释,显得格外重要。

在国际刑事司法合作中,如何保证域外获取证据符合本国司法裁判标准、本国提供证据被外国司法机关采纳,是一个贯穿始终的问题,我们可以将之称为"双向可采性"。证据性权利被普遍接受和认可,有利于实现"双向可采性",促进刑事证据在各国间"自由流动",帮助人类社会共同应对犯罪威胁和挑战。对证据性权利进行合理解释,是实现"双向可采性"的可行路径。证据性权利的双重影响,反映出证据可采性的外部政策价值。国内法院对域外证据可采性的裁决,反映出该国对证据性权利以及更广泛意义上的公正审判的理解。由此,个案裁判将具有国际法意义。故司法人员需树立大局意识,而证据规则制定也需要引入宏观价值考量,与国家整体立场保持一致。

(二)参与证据性权利的话语构建

《依法治国决定》同时要求"积极参与国际规则制定,推动依法处理涉外经济、社会事务,增强我国在国际法律事务中的话语权和影响力,运用法律手段维护我国主权、安全、发展利益"。证据性权利体系本身尚在不断发展变化,我国当然应该积极参与其中。尤其是,考虑到使被追诉人免遭错误定罪是公正审判的必然要求,打击犯罪、查明真相的价值追求能够取得世界各国的普遍认同,以此为基础展开对话,既与我国司法传统相一致,又具有较大对话空间。参与证据性权利的话语构建,需要我们以"对话"的视角看待司法合作请求的提出与

---

〔1〕 参见赵秉志、张磊:《黄海勇引渡程序研究(下)——以美洲人权法院黄海勇诉秘鲁案判决书为主要依据》,载《法学杂志》2018 年第 2 期。

接受，司法个案中的证据可采性判断，以及关于司法人权保障的对外宣介。

首先，在司法合作事项中应该体现对证据性权利的关照。在向其他国家提出司法合作请求事项时，应当参照证据性权利要求，依据我国既有法律规定，对被追诉人权利保障作出特殊安排，以彰显我国对程序公正的一贯追求，如涉及搜查、扣押时，将请求事项具体化以满足司法令状的明确性要求。同时，理解他国在开展司法合作方面的特殊限制，如基于作证特免权对提供的证据施加使用限制。在回应外国提出的司法合作请求时，也需对外国提出的特殊程序要求给予充分的理解和配合。例如，基于对质权保障的要求，一些国家希望安排远程视频听证，由法官对处在我国境内的证人进行询问，可以给予安排。[1]

其次，对域外刑事证据可采性进行“双重审查”，并充分考虑证据性权利因素。对境外电子数据可采性的审查判断，是主权国家向世界传播程序公正理念，参与证据性权利对话的重要方式。考虑到关于域外证据可采性存在较大争议，尚未形成统一做法，此领域发生的代表性案例，将受到更多国际学术研究关注。针对权利话语差异，应当优先考虑以真实性为判断标准。在此基础上，需要结合公正审判的精神进行必要阐释，将其与无罪推定、辩方程序参与权等公认的证据性权利相结合，形成具有中国特色，而又能为他国所认同的司法权利保障话语体系。

最后，在对外宣介中突出证据性权利保障。国际社会对中国司法领域所取得的进步尚未形成充分了解，很多时候甚至还存在误解。以个案阐释中国司法理念，增强对话、消除误解，已经成为一种新的对外宣传方式。[2] 证据性权利直指人类社会在刑事司法领域所面临的共同挑战，以此为着力点，在一定程度上能够避免意识形态差异造成的对话障碍。选编一批代表性案例译为外文，能够借助证据性权利体系，更好地阐明中国立场，传播社会主义程序公正理念，为国际刑事司法合作营造良好的外部环境。

以辩方程序参与权为例，其体现了证明模式之转型，理应成为中外对话的焦点。2019 年 9 月，国务院新闻办公室发表《为人民谋幸福：新中国人权事业发展 70 年》白皮书，第六部分是“不断加强人权法治保障”。其中关于保障当事人获得公正审判权利的段落，近一半篇幅是关于辩护权保障的内容。可见，

---

〔1〕 我国《国际刑事司法协助法》第 16 条第 3 款规定：“外国对执行其请求有保密要求或者特殊程序要求的，在不违反中华人民共和国法律的基本原则的情况下，主管机关可以按照其要求安排执行。”该条款为安排远程听证提供了法律依据。

〔2〕 例如，最高人民法院应用法学研究所在境外出版的 Selected Cases from the Supreme People’s Court of the People’s Republic of China 系列丛书。

我国在辩方程序参与权方面具有良好的国际对话基础。我国《刑事诉讼法》第36条赋予犯罪嫌疑人约见值班律师的权利，与允许律师及时介入的国际趋势相符合，可以减少其他国家对我国司法程序的误解，避免由此给司法合作带来的障碍。[1] 与此相反，区别对待控辩双方提供的境外证据材料，对辩方施加更严格的认证义务，则有可能被视为损害辩方调查取证权。[2] 对于前者，需要加强宣介，并在司法协助程序中，对被追诉人辩护权保障作出具体安排，以保持立场一致性。关于后者，对控方提交的来自境外的证据材料，也应该严格审查其来源真实性；[3] 同时需要在司法协助程序中作出特别安排，允许辩方向司法机关提出调查申请，纳入司法协助范围，从而减少辩方调查取证的困难。

五、结语

证据性权利反映了刑事证据法的国际性发展趋势，是一种新的理论范式，指向的是一种"存异、求同、合作"的跨境权利对话体系，具有开放性与可解释性。结合国际刑事司法合作实践，证据性权利为弥合国别差异提供了一种分析路径——即使规则有所不同，各国在这一框架下根据"裁量余地"原则进行解释和对话，在既有制度基础上作出特别安排，亦能够找到彼此接受的解决方案。本文着重分析了辩方程序参与权、对质权、作证特免权以及隐私和数据权的相关内容，初步讨论了其对国际刑事司法合作的潜在影响，进而就我国应对思路提出了理论方案。总体来说，证据性权利代表了比较刑事证据法研究转型的一个方向，值得持续关注和探讨。

---

〔1〕 参见陈苏豪：《论值班律师制度的赋权功能——以犯罪嫌疑人约见值班律师权为切入点》，载《西南政法大学学报》2021年第3期。

〔2〕 根据《最高人民法院关于适用〈中华人民共和国刑事诉讼法〉的解释》第77条规定，人民检察院仅需要随案移送有关材料来源、提供人、提取人、提取时间等情况的说明，但当事人及其辩护人、诉讼代理人提供的境外证据材料，通常需要经所在国公证机关证明，所在国中央外交主管机关或者其授权机关认证，并经中华人民共和国驻该国使领馆认证。

〔3〕 参见张凯闵等52人电信网络诈骗案，最高人民检察院指导案例67号(2020年)。

政府信息公开诉权滥用司法审查的规则建构

沈定成*

【内容摘要】政府信息公开案件中申请人诉权滥用现象,近年来在我国频繁出现,大量行政、司法资源被浪费,有效的政府信息公开诉权滥用审查规则亟须构建。基于对354件信息公开行政案件的统计分析,发现不同法院在对原告诉权滥用的审查上存在审查处理规则不尽一致、滥诉认定标准较为笼统、认定方式和限制范围混乱等问题,究其原因主要有举证责任分配不明确、滥诉认定标准不确定、审查程序无固定规范等。在有效保障公民知情权的前提下,坚持适当从宽、证据裁判和目的性审查等基本原则,采取以行政处置作为审查前置要件,强化立案阶段的诉权滥用审查,运用比例原则审查原告资格,明确滥诉行为举证责任分配规则等措施,有助于构建统一的诉权滥用审查规则。

【关键词】政府信息公开　诉权滥用　审查规则

人民立场是习近平法治思想的根本立场。习近平总书记指出:"推进全面依法治国,根本目的是依法保障人民权益。"知情权作为公民诸多权利的基础和核心,依法保障显得尤为重要。然而,政府信息公开案件中申请人诉权滥用现象,让我们清醒地看到公民必须在现行法律框架内申请

---

* 沈定成,江苏省法学会研究处副处长,南京师范大学,中国法治现代化研究院特邀研究员。

获取政府信息，并符合法律规定的条件、程序和方式。如果公民提起政府信息公开申请违背了《政府信息公开条例》（以下简称《条例》）的立法目的且不具有善意，就会构成非法行使知情权。行政机关可能基于申请人滥用知情权而拒绝提供信息，继而导致双方纠纷进入诉讼。在申请人对行政机关的认定或行为不服提起诉讼时，法院必须要针对其中恶意、随意等情况进行审查。目前，政府信息公开诉权滥用的审查原则及审查规则尚未统一明确，本文拟对此展开探讨，以期助力建构统一的诉权滥用审查规则，有效遏制政府信息公开诉权滥用的现象。

一、政府信息公开诉权滥用司法审查的现实困境

在中国裁判文书网选择行政案件，以“信息公开”和“滥诉”为关键词进行搜索，得到2020年度样本案件354件（2020年1月1日～12月31日）。针对这354件样本案件进行统计，从涉及法院层级来看，最高院11件，省高院96件，中级法院178件，基层法院69件；从审判程序来看，一审141件，二审180件，审判监督33件；从裁判类型来看，行政裁定书307件，行政判决书47件。经对样本案件的类型化分析，发现各级法院在处理诉权滥用案件中存在不同做法。

（一）证据审查规则不统一

法院对滥诉案件证据审查规则不统一主要表现在三个方面：

1. 未审查行政机关的滥诉抗辩。部分法院对滥诉行为的认定较为保守。在行政诉讼中，当行政机关辩称或上诉称申请人的行为符合滥诉情形，部分法院未作正面回应，谨慎避免滥诉的认定，只对本案争议的行政行为进行合法性审查继而作出裁判。如在西安市人民政府与王某信息公开一案中，[1]西安市政府在一审判决败诉后，提起上诉。上诉理由第三点提出，王某在无理补偿安置要求得不到满足的情况下，反复多次提起类似的诉讼，目的不当，实质是使案外人刘某等不符合拆迁安置条件的人员获得不合理补偿，有悖诚信，属于典型的滥用诉权行为，已经构成滥诉，依法应不予立案。而陕西高院在判决书中的说理并未对该上诉理由予以回应，只对西安市政府作出信息公开行为进行了审查，认为该行政行为合法合理并驳回了王某的诉讼请求。

2. 审查证据但不主动调取证据。在354件裁判文书中，绝大多数案件中的法院仅审查了行政机关提供的证明滥诉的证据。法院应从行政机关提供的原告多次、反复申请信息公开并提起诉讼的证据出发，证明原告超出正常行使诉权的范围；且有义务识别、判断当事人的请求是否具有足以利用国家审判制度

[1] 陕西省高级人民法院行政判决书，(2020)陕行终752号。

加以解决的实际价值或必要性，从而避免因缺乏诉的利益而不当行使诉权的情形发生。此类案件的共同点是，不主动收集除行政机关提供的证据以外的诉权滥用证据。

3. 依职权主动调查证据并审查。在部分案件的处理中，法院主动作为，依职权调查证据。在陆红霞诉南通市发展和改革委员会政府信息公开答复案（以下简称“陆红霞案”）中，[1]法院依职权主动向并非案件当事人的多个行政机关调取陆红霞申请公开政府信息的时间、内容、频次等证据，最终判定其构成滥诉并裁定驳回起诉。“陆红霞案”被遴选为最高人民法院指导性案例，有部分法院效仿“陆红霞案”的处理方式，主动依职权调取并审查相关滥诉证据。如在史某某等三人与东莞市人民政府信息公开案件中，[2]广东省高级人民法院主动结合原告自2014年以来向东莞市人民政府、东莞市自然资源局、东莞市农业农村局、东莞市城市管理和综合执法局、东莞市公安局、东莞市卫生健康局等多个政府部门申请政府信息公开、申请履行职责达上百件的情形，认定其构成诉权滥用，驳回其上诉。更有部分法院在行政机关未对原告提出滥诉认定的情况下，法院综合案件证据认定原告构成诉权滥用，裁定驳回其起诉。如在贾某与天津市人民政府政府信息公开一案的行政裁定书中，[3]政府在答辩中未提出要求认定原告行为为滥诉，但法院依据案件证据，仍认定原告构成滥用诉权行为，裁定驳回起诉。

（二）滥诉认定标准不明确

样本文书中，关于滥诉认定的标准，裁判说理多数笼统表达为“多次、反复、大量”，不明确提及当事人实际申请信息公开的次数、提起诉讼的次数。但也有小部分裁判文书中有提及。在李某诉营口市老边区城乡建设与公用事业中心、营口市老边区人民政府政府信息公开案中，[4]明确罗列了李某申请信息公开、行政复议、行政赔偿的次数分别为44件、18件和3件。李某故被认定为滥用诉权，被驳回起诉。在彭某诉崇州市人民政府政府信息公开案中，一审查明彭某仅在成都市范围内就提起政府信息公开行政诉讼158件，[5]被认定为滥诉。在“陆红霞案”中，罗列了其申请信息公开、行政复议、行政诉讼的次数

---

〔1〕 陆红霞诉南通市发展和改革委员会政府信息公开答复案，江苏省南通市港闸区人民法院（2015）港行初字第00021号行政裁定书。

〔2〕 广东省高级人民法院行政裁定书，（2020）粤行终1573号。

〔3〕 天津市第二中级人民法院行政裁定书，（2020）津02行初95号。

〔4〕 辽宁省高级人民法院行政裁定书，（2020）辽行终598号。

〔5〕 四川省高级人民法院行政裁定书，（2020）川行终2019号。

分别为94件、39件和36件。但在贾某与天津市人民政府政府信息公开案中,[1]申请人贾某提出其虽然申请信息公开多次,但起诉至法院尚为首次。法院仍从诉讼利益角度认定其构成滥诉,裁定驳回其诉请。

由此可以看出,法院在滥诉认定中判断信息公开申请的次数多、频率高的情形,并没有确定申请次数多、数量繁多、频率高的具体标准。

(三)认定方式和限制范围不一致

在全部样本案件中,不同法院对滥诉规制采用的方式、认定权利滥用的范围等方面存在不同处置方式,主要表现在三点:一是规制滥诉的裁判方式不同。有的法院认定原告构成诉权滥用,裁定驳回起诉;有的法院则是认为构成诉请滥用,判决驳回诉讼请求。样本案件中裁定驳回起诉有307件,判决驳回诉讼请求有47件。二是裁定滥用的权利范围不同。有的法院经审查认为原告同时构成信息公开申请权和诉权的滥用。如在谷某与焦作市人民政府、河南省人民政府非政府信息公开申请告知书及行政复议决定案中,[2]谷某的行为被河南省高级人民法院认定构成信息公开申请权及诉权滥用。有的法院则仅认定原告构成诉权滥用,未提及申请权。三是裁判滥用的规制对象范围不同。有的法院在裁定中不仅在本案中认定了原告的滥诉行为,同时还对其及其近亲属此后的申请权及诉权做了限制。例如,在陈某、胡某与东阳市人民政府政府信息公开案中,[3]法院认为上诉人陈某、胡某提起的包括本案在内的一系列政府信息公开申请的内容来看,其行为已经超越了《条例》的立法目的,构成对获取政府信息权利和申请权的滥用,其行为已构成滥用诉权;今后,人民法院对于上诉人陈某、胡某及其近亲属提起的类似政府信息公开申请之诉、履行法定职责之诉等,可不予处理或不予立案。

二、政府信息公开诉权滥用审查困境的成因分析

《条例》的颁布实施为政府信息公开的司法审查奠定了坚实的基础。但由于政府信息公开司法审查毕竟是一项全新的制度,且政府信息公开案件与传统行政案件相比,有自身的特点,再加上《条例》中一些规则过于原则、缺乏可操作性,或过于抽象、缺乏标准,目前尚未形成统一裁判规则。

(一)举证责任分配不明确

政府信息公开司法审查的审理阶段,其审判模式在遵循一般审判规律的前

[1] 天津市高级人民法院行政裁定书,(2020)津02行初95号。

[2] 河南省高级人民法院行政裁定书,(2020)豫行终2182号。

[3] 浙江省高级人民法院行政裁定书,(2020)浙行终1157号。

提下，还具有许多自身的特点。由于其具有很强的专业性，且很多方面尚未形成定论，这也给政府信息公开行政案件的审理带来影响，而冲突最为集中的是举证责任的分配。被诉行政机关不仅需举证本案当事人与本单位之间的申请信息公开纠纷，还可能需举证自身无法搜集到的证据。因而，法院能否越过案件本身，主动依职权收集证据来认定原告诉权滥用成为关键。在一般的民事诉讼中，法院为查明相关事实是可以依职权调取相关证据的，但是行政诉讼中，法院能否依职权开展审查为棘手的问题。

一方面，原告在行政诉讼中本身就属于弱势一方，如果由法院直接对滥诉行为展开调查取证，是否会削弱法院消极、中立的裁判地位，使申请人处于更加不利的境地？另一方面，法院依职权调查取证的内容由程序性事由和实体性事由组成，滥用信息公开诉权事实的认定显然不属于程序性事由的范畴，主要需要判断其是否属于实体性事由的范畴。政府信息公开案件的诉讼标的是行政行为的合法性。从司法解释透露的信息来看，《最高人民法院关于行政诉讼证据若干问题的规定》第 22 条中的“涉及公共利益或者他人合法权益的事实”，指向的是具体行政行为（如行政机关拒绝公开信息的行为），滥诉行为则不是法院在诉讼中应当作为审理对象的行政行为，不属于实体性事由的组成部分。故能否赋予法院主动调取滥诉行为的证据直接影响了案件举证责任的分配规则。

（二）滥诉认定标准不确定

《条例》中关于滥用申请的标准表述为政府部门认为申请人申请公开政府信息的数量、频次明显超过合理范围。该“合理范围”如何把握？在司法审查中是否也认定采用同样的“合理范围”的标准。在样本案件中，认定滥诉的裁判说理方面，存在明显参照“陆红霞案”的说理方式的痕迹。大部分判决在认定滥诉时，基本围绕主观目的、诉之利益、诚实信用及诉的正当性几个方面的要素来论证其是否构成滥诉。裁判说理论述的标准笼统表达为“多次、反复、大量”，以此来界定提出申请公开的次数，并没有一定明确的量次作为标准。裁判中多数使用“诉的利益”“诉的目的”“诉讼诚信”“诉的必要性”“诉的正当性”等理由作为认定标准，但始终未能对诉权及滥诉的概念及其构成要件作出必要的阐述，导致上述“诉的必要性”“诉的正当性”等概念及概念之间逻辑关系相当杂乱，滥诉的主观性认定较为强烈，难以让人信服。

（三）审查程序规范不统一

因政府信息公开类的案件存在有别于其他类别行政诉讼案件的特点，法院能否主动审查案外当事人的诉权使用情况、能否要求行政机关作申请权滥用的前置审查、能否在个案中规制案外当事人？因《行政诉讼法》和《条例》中对法院或行政机关对滥诉认定审查的程序无明确规定，导致法院在滥诉认定的案件中审查的程序及对象具有一定随意性。例如，部分法院在裁判文书中限制非该案的当事人的诉讼权利。前述陈某、胡某与东阳市人民政府政府信息公开案中，法院对并非该案当事人的上诉人陈某、胡某的近亲属进行权利限制，裁定当其提起的类似政府信息公开申请之诉、履行法定职责之诉时，法院可不予处理或不予立案。有法院在审查过程中提出，行政机关应当对原告是否涉嫌滥诉的行为进行前置审查，但该前置审查的要求其实并没有法律法规进行统一规定。在李某等五人诉浙江省人民政府土地政府信息公开案中，[1]法院认为浙江省人民政府在处理案涉政府信息公开申请时未对上诉人是否存在滥用政府信息公开申请权等问题进行审查，存在不当，而予以指正。

三、政府信息公开诉权滥用审查规则的建构

在实践中，大部分案件的当事人申请公开政府信息，都具有满足知情权之外的间接目的，或为提起其他诉讼寻求相关证据，或是借政府信息公开诉讼向行政机关施加一定的压力，促使行政机关解决当事人的实体权益问题。但为充分保障行政相对人知情权的实现，《条例》对政府信息的管理态度以公开为常态，以不公开为例外，必须在两者之间找到平衡。故针对滥诉的规制，一定要在实现政府信息公开司法审查的最高目的也即保障知情权的情况下谨慎适用。

（一）诉权滥用司法审查的基本原则

1. 适当从宽原则。政府信息公开制度的立法宗旨是确保公众知情权的顺利实现，对诉权滥用的认定应当以保障申请人知情权及诉权为基础，不得任意扩大滥诉的认定范围。[2] 在认定事实及判断是否构成滥诉时应当审慎对待，由于申请意图具有较大的主观性，尽可能采用严格的客观标准进行判定。法院认定滥用诉权应当十分慎重，并要遵守正当程序。一般应当就起诉是否具有正当理由事先听取原告意见。为了避免司法权被滥用以及回应外界的质疑，现阶段对滥用诉权、恶意诉讼、无理缠诉的认定，可考虑由审判委员会研究决定。要注意区分滥用诉讼权利与当事人因诉讼能力不强、诉讼方法不当而形成的不恰当行为之间的界限。尤其应当注意不能以不具有实体胜诉权来否定起诉的权利，不能把诉讼请求不成立作为认定虚假诉讼、滥用诉权、恶意诉讼、无理缠诉行为的标准。由于政府信息公开案件的特殊性，信息公开司法审查的三重目的

---

〔1〕 浙江省高级人民法院行政裁定书，(2020)浙行终1745号。

〔2〕 参见耿宝建、周觅：《政府信息公开领域起诉权的滥用和限制——兼谈陆红霞诉南通市发改委政府信息公开案的价值》，载《行政法学研究》2016年第3期。

中，终极目的是保障公民知情权，信息公开司法审查的所有制度建构都应当围绕这一目的来展开。事实上，司法实践中，滥用诉权的毕竟还是少数，滥诉司法审查环节严苛无疑会使广大公民对信息公开申请权的行使望而却步，不可因小部分非法滥诉行为的存在而忽视信息公开司法审查中保障公民知情权的第一要义。滥诉行为的判定当然应严格坚持客观标准，但当客观层面证据不足以达到认定标准、证明材料真伪不明而出现存疑情况时，我们需要坚守司法谦抑性原则，不可以任意适用主观标准，而应当适当从宽认定，在未明显达到客观标准时，不应认定为滥用诉权。

2. 证据裁判原则。法院审查需以收集到的证据材料为出发点进行司法审查。“所谓滥诉问题毕竟属于主旋律中的一丝不谐和音，人民法院在对当事人申请和起诉进行合理限制时，必须坚持证据确凿充分，论证清晰严密，结论依法可信，裁判合情合理，以避免损害正常的申请权和诉权。”[1]具体而言，判断申请信息公开的次数多、频率高，应当确定具体时间内的申请次数作为认定频率高的标准；申请公开的信息数量繁多，需说明数量繁多的标准；申请已经获得的信息，需指明申请人当下已经获取的具体信息；申请公开会造成行政资源严重损耗的，需说明信息公开的成本、公开后具有的价值、公开成本及价值计算标准，表明公开成本将严重超出信息公开的价值等。

3. 目的性审查原则。申请人对行政处理不服提起诉讼时，法院结合相关证据审查行政行为的合法性，若认为构成滥诉的，则下达驳回诉讼请求的判决。若申请人对法院下达的裁判并不满意而继续申请信息公开或提起诉讼，对此的应对策略为：可在裁判中指出，如果申请人再次申请信息公开或提起诉讼，行政机关及法院应当严格审查其主张、诉求是否具有正当性、合法性、合理性，申请人需证明申请信息公开具有正当的用途或为督促行政机关信息公开之目的。反之，法院可再次判决驳回诉讼请求，行政机关仍可拒绝公开政府信息。概言之，可通过强化对滥诉者将来参与诉讼正当目的之审查，来规制滥诉的行为。

（二）诉权滥用司法审查的审理规则

滥诉的司法审查之优化进路，应当以行政处理作为司法审查的前置要件、强化立案阶段的滥诉审查、运用比例原则审查原告资格、完善滥诉行为的举证责任分配，从这四个方面予以展开。

1. 行政处理作为司法审查的前置要件。信息公开案件滥诉行为会使司法

---

〔1〕 李广宇、耿宝建、周觅：《政府信息公开非正常申请案件的现状与对策》，载《人民司法》2015 年第 15 期。

机关作大量的无用功,浪费有限的司法资源,也会损耗行政资源,阻碍行政活动的顺利开展。在案多人少的背景下,为避免司法权过多干预行政权而使司法运作"超载"前行,在滥诉规制路径的选择中,应当兼顾行政处理和司法审查。在行政处理方面,行政机关是和申请人第一时间、直接接触的对象,在规制滥用申请权行为时,行政处理先行是"源头治理"的表现。据《条例》第5条之规定,政府信息公开应当遵循公正、公平、合法、便民的原则。少许申请人为了个人的私利滥用权利而导致行政资源、司法资源过度损耗,如果行政机关不有所作为,实质上对其他正当行使知情权的当事人而言有失公允。因此,从这一层面看,在规制滥诉时,行政处理先行也符合第5条的题中之意。行政机关针对滥用申请权的行为视情况应作出不予处理、收取费用等行政处理,以此达到威慑、惩戒非法恶意申请者之目的。该行政处理应成为滥诉司法审查的前置条件,需要遵循严格、客观的处理原则。具体而言,在政府信息公开案件中,申请人滥用信息公开申请和诉讼时,由行政机关认定是否存在滥用权利之事实,即由被申请的机关整理、收集之前当事人滥用信息公开申请和诉讼的证据材料,在严格结合客观证据材料及当事人主观意图的基础上判断当事人是否属于明显滥用申请权的情形。也就是说,行政机关需要掌握足够、充分、严密的证据,证明当事人有滥用政府信息知情权的主观恶意,在此基础上,行政机关结合具体情况对当事人的申请作出不予处理、延迟答复或收取费用的处理。在司法审查方面,若申请人对处理结果不服而提起政府信息公开诉讼,由法院审查被申请公务机关行政处理行为的合法性,判断被诉行为(行政机关的处理行为)对滥用信息公开申请权的认定是否有合法、充分、完整的证据材料佐证,从而在客观上也判断出当事人是否具有滥用之事实。

2. 强化立案阶段的诉权滥用审查。立案审查向立案登记的转变是防止法院恣意否定案件的受理、杜绝选择性司法、保护当事人诉权的重大变革。立案登记并非否定法院的审查功能,也不是降低法院可审理案件的条件,更不是将立案程序简化为单一的登记手续,而是要求在立案程序中实现诉权与职权之间的平衡。笔者认为,在立案登记制度的贯彻下,要想从根源上遏制滥诉,就需以立案阶段作为切入点,在案件受理阶段,严格按照《行政诉讼法》第49条关于起诉条件的规定,谨慎审查起诉条件的合法性,要求申请人在起诉时说明其与被诉行政行为之间的利害关系,如果申请人未履行此说明义务,法院可判定其不满足起诉条件,径行裁定不予立案。[1]《最高人民法院关于进一步保护和规

---

〔1〕 参见陆永棣:《从立案审查到立案登记:法院在社会转型中的司法角色》,载《中国法学》2016年第2期。

范当事人依法行使行政诉权的若干意见》指出，要依法制止滥用诉权、恶意诉讼等行为，对于明显违反《政府信息公开条例》立法目的，反复、大量提出政府信息公开申请进而提起行政诉讼，或当事人提起的诉讼明显没有值得保护的与其自身合法权益相关的实际利益，依法不予立案。强化立案阶段对滥诉行为的审查力度，从根源上降低滥用诉权的风险，对于“反复、大量提出政府信息公开申请进而提起行政诉讼，或当事人提起的诉讼明显没有值得保护的与其自身合法权益相关的实际利益”，直接裁定不予受理，将滥诉规制于受理环节中。[1] 在政府信息公开案件中较为普遍的情况，即申请人大量、反复提出申请要求，或提出的申请会明显耗费大量行政资源，行政机关表明为法定不予公开的事项或拒绝答复，当事人由此向法院提起行政诉讼且其无法向法院合理表明其申请信息公开之必要性，对此法院可据《最高人民法院关于适用〈中华人民共和国行政诉讼法〉的解释》第 3 条之规定，裁定不予立案；已经立案后的，裁定驳回起诉。此外，针对被认定为滥用申请权的当事人，需设置限制其反复起诉的约束机制，即“原告”之后再次基于同类事实起诉，除非能够提供证据证明其起诉的合法性、正当性，否则，法院可认定其滥用诉权，直接作出不予受理的裁定。

3. 运用比例原则审查原告资格。法理上，在政府信息公开诉讼案件中，原告资格的适格性应当源自《条例》赋予申请人的信息给付请求权。实践操作中，常把原告资格的审查束之高阁，而将申请人是否曾向行政机关申请过信息公开的事实直接作为判定原告适格的标准，这无疑忽略了应当审查当事人信息给付请求权的重要步骤，而这正是原告资格判定的本质需求。此外，由于《条例》本身缺乏对原告资格的审查要求，在司法操作层面上扩大了申请人作为原告而进入诉讼的口子，拓宽了当事人随意开启滥诉的方便之门。[2] 在民事案件中，对于滥诉行为常常用诚实信用原则予以规制。在政府信息公开案件中，借用该原则是无法应对滥诉之风的，对此可以运用比例原则加以规制。比例原则[3]作为行政法领域的“帝王条款”，借用实体法上的比例原则来审查信息公开诉讼中的原告资格，不仅可以防止拥有强大权力的行政权恣意妄为，也可以达到限制申请人滥用诉权的作用。[4] 从规制滥诉的合比例要求出发，原告资格的司法审查应主要围绕以下几点展开：

---

〔1〕 参见张丽：《依法登记立案规制诉权滥用》，载《人民法院报》2016 年 1 月 28 日，第 8 版。

〔2〕 参见陈新民：《行政法学总论》，台北，三民书局股份有限公司 1995 年版，第 107 页。

〔3〕 通说认为，比例原则是一个体系，包括三个子原则，即适当性原则、必要性原则与狭义比例原则。新说在通说基础上又增加了正当性原则，强调目的正当。

〔4〕 参见刘权：《目的正当性与比例原则的重构》，载《中国法学》2014 年第 4 期。

(1)诉讼意图的审查。此即判断当事人的诉讼目的是否具有正当性。判定起诉人的诉讼意图可以从提交的起诉状进行分析。《条例》规定,相关行政机关具有提供政府信息的义务是当事人的信息给付请求权的来源。所以,当事人提起诉讼,应具有实现其信息获得权的正当性基础。如果当事人只是以提起诉讼为幌子,实际上是为了获取商业秘密、窥探他人隐私等,实现其不正当的目的,政府信息则具有被非法利用的风险。若提起诉讼不是为了实现信息层面的知情权,相对人对于争议的事实不具有法律上的利害关系,就不具有适格的原告资格。

(2)诉讼方式的审查。此即审查当事人为实现其知情权所采取的方式是否符合必要性原则。[1] 如果当事人可以比较方便地获得相关信息,则其无提起诉讼的必要性,即不具有诉的利益。[2] 判断相对人是否已获取相关信息有两个方面。第一,可以直接取得的,主要指行政机关已经公开过的信息或者当事人之前通过复议或诉讼而获取过的信息。第二,推定已经取得的,例如,信息的整理者、已获取信息相对人的代理人等。对于以上两种情况,由于行政机关已经践行了提供信息的职责,则申请人不再具备提起政府信息公开之诉的原告资格。

(3)诉讼意图和诉讼方式的兼容性审查。提起诉讼的具体行为应当与实现政府信息知情权的意图相贴合。若通过诉讼的方式并不能实现诉讼意图,反而干扰了行政活动、司法运转,如纠缠诉讼、反复诉讼,那么相对人提起诉讼的行为是违反比例原则的。实践中,相对人起诉的目的是实现信息知情权且之前确实也没有获得此信息。然而,如果申请人获取信息的范围受到明显限制,如之前已由诉讼或复议确定了申请内容属于不存在或不应当告知的信息,当事人的信息知情权已经得以确定,当事人仍然坚持提起诉讼,则属于重复主张权利的行为。这和信息公开之诉的诉讼意图是不兼容的,故而当事人不具备原告资格。

4. 明确滥诉的举证责任分配规则。明确举证责任的分配,有助于实现权利对权力的制约。当前的立法授予了人民法院在某些情况下拥有调查取证权。[3]

---

〔1〕 参见高鸿:《滥诉之殇引发的再思考》,载《中国法律评论》2016年第4期。

〔2〕 无利益即无诉权,保障权利也同时意味着对权利滥用的限制,起诉权并不因其基本权利的属性就可以不受任何限制。诉的利益要求起诉人在所提起的争议中存在或可能存在某种受法律所保护的正当利益,因而具有启动司法救济程序的必要。无论是大陆法系国家还是英美法系国家,审判权在启动之初都存在一个事实上的筛选机制,旨在排除那些轻率的、不值得保护的利益。

〔3〕 《行政诉讼法》第40条规定,人民法院有权向有关行政机关以及其他组织、公民调取证据。但是,不得为证明行政行为的合法性调取被告作出行政行为时未收集的证据。《最高人民法院关于行政诉讼证据若干问题的规定》第22条中规定了人民法院调取证据的两种情形:(1)涉及国家利益、公共利益或者他人合法权益的事实认定的;(2)涉及依职权追加当事人、中止诉讼、终结诉讼、回避等程序性事项的。

信息公开案件滥诉的行为牵涉对社会公共利益的处理,法院依职权调查取证的法律依据则在于此。因此,司法实践中,为判定是否构成滥诉,有法院直接依职权调查取证。[1] 事实上,法院直接依职权取证来认定相对人具有滥用诉权的事实有失偏颇。为了保证信息公开诉讼审判的公平、公正,应对法院依职权取证予以限制。笔者认为,应当由行政机关承担相对人有申请信息公开滥诉行为的举证责任。理由如下:第一,由行政机关承担滥诉的举证责任,有助于限制其恣意认定滥用申请权及随意不公开的行为,减轻行政相对人的诉讼压力,提升申请人对司法审查的信任度,从而减弱申请人、行政机关及人民法院之间的抗衡关系。第二,在涉及滥诉事由的案件中,针对行政相对人具有滥诉行为的主张基本都由行政机关在答辩时提出,据"谁主张,谁举证"的证明责任分配原则,应当由行政机关对当事人的滥诉行为承担证明责任。第三,行政机关作为公权力机关具有取证的天然优越性。通常情况下,构成滥用诉权的基本都属于滥用信息公开申请权,行政机关如果通过行政程序处理当事人滥用知情权的行为,当事人对行政处理不服而提起诉讼,行政机关则处于应诉状态。自始至终,行政机关可以收集行政相对人滥诉的相关证据,思考应对行政当事人滥诉的策略,并且作为作出行政行为的主体,具有保留证据的便利性。因此,由行政机关承担举证责任符合诉讼经济原则。实践操作层面,对于申请信息存在模糊、重复的情况,由行政机关举证说明当事人申请书中存在模糊、重复的部分;对于申请人有反复申请的,由行政机关证明其收到之前的申请且曾对当事人予以释明;对于申请已经获得的信息,需证明已经向当事人公开过相关信息;对于申请公开会造成行政资源严重损耗的,需证明超出必要限度的判定依据,即说明信息公开的成本、公开后具有的价值、公开成本及价值的计算标准等。

---

[1] 例如,陆红霞诉南通市发展和改革委员会案,江苏省南通市港闸区人民法院(2015)港行初字第00021号行政裁定书;王某等119人与西安市长安区滦镇街道办事处政府信息公开纠纷案,西安铁路运输中级法院(2017)陕71行终246号行政判决书;田某辉等人与西安市国土资源局长安分局政府信息公开纠纷案,陕西省高级人民法院(2017)陕01行终4号行政裁定书。

人民法院创制公共政策的动力溯源及路径优化：以1071项重大疫情防控司法政策为中心的分析

韩玉亭*

【内容摘要】以1071项重大疫情防控司法政策为样本的实证研究发现，人民法院在司法政策创制活动中存在重危机治理轻司法规律、重价值求同轻形式多元、重博弈竞争轻多元合作、重压力传导轻制度规控、重司法能动轻司法谦抑等一系列问题。“内驱力”“压力”“助成力”三维一体的动力机制模型，则进一步解释了风险社会背景下各级法院通过创制司法政策来参与公共危机治理背后的原因所在。立足于此，人民法院要想有效应对突发社会危机，必须要回归到现有的制度框架体系中来。未来进一步优化人民法院创制司法政策活动必须坚持双管齐下，不仅要以“五个相统一的原则”为指导，科学把握司法政策创制的基本方向，又要树立全流程规控思维，从事前、事中、事后全方位着眼严格规范人民法院的司法政策创制活动。

【关键词】人民法院　司法政策　动力机制　优化路径

P. 诺内特、P. 塞尔兹尼克师徒为科学呈现法律发展的

---

* 韩玉亭，法学博士，中国法治现代化研究院研究员，南京师范大学法学院讲师，江苏高校区域法治发展协同创新中心研究人员。本文系国家社科基金项目“智慧司法建设实效性评估研究”（项目编号：19CFX008）阶段性成果。

范式图景，曾将社会法律现象提炼为压制型法、自治型法、回应型法三类。[1]莫诺·卡佩莱蒂在借鉴该理论框架的基础上，进一步将司法责任制度细化为压制型、社团自治型、回应型三种模式，[2]至此回应型司法理论框架初具雏形。国内学者在汲取前人理论给养的基础上，聚焦当前中国司法实践中所面临的“堵点”“痛点”“难点”，并开展了诸多有益的探索。如有些学者从能动司法理论体系构建的视角出发，试图解决当前深入推进司法体制改革中所面临的新问题；[3]有些学者从司法个案或类案的视角切入，深入考察司法机关出台司法解释或制定司法政策中所面临的价值抉择及取得的实际效果；[4]有些学者则从法理逻辑推演的视角，对风险社会背景下公共政策进入司法审判活动的正当性进行解读；[5]当然，也有学者从理论反思的视角，表达了对于推进能动司法可能引发的连锁后果应保持高度警惕。[6]

本文立足于前人的研究，又从以下几方面与前人研究区别开来：其一，以各级法院创制的1071项疫情防控司法政策为样本，从实证的视角切入，深入分析了法院参与公共政策创制的现状及背后的动力机制；其二，构建了法院参与公共政策创制的“内驱力”“压力”“助成力”三维一体的动力机制模型，从而揭开了风险社会背景下各级法院通过创制司法政策参与公共危机治理背后的原因；其三，本研究所关注的主体从最高人民法院转向各级法院，关注的客体从司法解释转向司法政策，从而将司法实践中各级法院所创制的司法政策纳入研究视野中；其四，本研究以优化人民法院创制公共政策活动为落脚点，提出了相应的解决思路。

一、疫情防控司法政策中所存在的问题

(一)研究样本及思路方法

面对突如其来的新冠肺炎疫情形势，人民法院发挥其职能作用，出台了一

---

〔1〕 参见[美]P. 诺内特、[美]P. 塞尔兹尼克：《转变中的法律与社会：迈向回应型法》，张志铭译，中国政法大学出版社2004年版，第16页。

〔2〕 参见[意]莫诺·卡佩莱蒂：《比较法视野中的司法程序》，徐昕、王奕译，清华大学出版社2005年版，第105~106页。

〔3〕 参见苏力：《关于能动司法与大调解》，载《中国法学》2010年第1期；公丕祥：《当代中国能动司法的意义分析》，载《江苏社会科学》2010年第5期。

〔4〕 参见蒋大兴：《法院如何实现公共政策——围绕法〔2002〕21号之检讨》，载《华东政法学院学报》2005年第4期；张友连：《公共政策与最高人民法院的角色——以关于汶川、玉树和舟曲的通知为分析对象》，载《法律科学》2011年第5期。

〔5〕 参见沈岿：《司法解释的“民主化”和最高法院的政治功能》，载《中国社会科学》2008年第1期；曾娜：《公共政策在法院审判中的适用》，载《法治研究》2012年第9期。

〔6〕 参见陈金钊：《“能动司法”及法治论者的焦虑》，载《清华法学》2011年第3期；陈金钊：《司法意识形态：能动与克制的反思》，载《现代法学》2010年第5期。

系列的司法政策，在疫情防控工作中扮演了重要角色，但不容否认，这些司法政策当中也存在一系列的问题值得进一步探讨。鉴于此，本文选取了法信平台所收集的新冠肺炎疫情暴发以来各级人民法院所出台的相关司法政策作为样本。经过初步筛选，最终确定样本容量为1071。在研究方法上，本研究充分利用了Excel软件、SmartArt软件、舆情热词分析工具在数据处理方面的强大功能。此外，纵横深浅四大主线贯穿本文研究始终。所谓纵向主线，主要考察不同层级法院所创制的疫情防控司法政策的基本样态；所谓横向主线，主要关注分布在不同地域的同一层级法院所发布疫情防控司法政策的竞合情形，以及法院系统与法院外系统联合发布司法政策的聚类情形；所谓深度主线，主要通过深度解读司法政策文本，探寻法院创制公共政策背后的动力源泉；所谓浅度主线，主要关注司法政策创制主体、目标客体、载体形式等方面的基本样态。[1]

(二)疫情防控司法政策中所存在的问题

笔者以法信平台所收集的新冠肺炎疫情发生以来各级人民法院所创制的1071项司法政策为样本，进行深度解读，对其可能存在的问题进行了系统梳理。

其一，重危机治理轻司法规律。政策样本热词词频的分布态势通常与政策制定者的核心关注点密切相关。谷尼舆情图悦热词分析工具对司法政策样本分析显示，热词词频排行前10当中有6个热词是关于疫情危机治理主题的，即“防控”“疫情”“冠状”“疫情防控”“新型冠状病毒”“病毒”，仅有3个热词是关于司法运行规律的，如“人民法院”“诉讼”“诉讼服务”。此外，在司法政策样本的目标定位当中，诸如“有利于社会稳定大局、有利于疫情有效防控”“为坚决打赢疫情防控阻击战”“坚决把疫情防控作为当前压倒一切的头等大事来抓”等体现危机治理导向的政策文本也是高频次出现。因此，无论是从政策文本的热词词频还是目标导向来看，均体现出了政策制定者对于危机指导导向的高度重视。进一步从司法规律的方面来看，根据我国《立法法》第104条的相关规定，在人民法院系统内部，法律解释权专属于最高人民法院，最高人民法院以外的审判机关不得作出具体应用法律的解释。依据《最高人民法院关于司法解释工作的规定》，司法解释的形式分为“解释”“规定”“批复”“决定”四种。而从现有收集的司法政策样本来看，最高人民法院之外的某些审判机关所创制的司法政策文本当中，正通过“通知”等规定之外的形式出台了大量关于定罪量刑、法律适用的相关规定，甚至还出现“从重处罚”的规定。从其内容来看，

〔1〕 参见韩玉亭：《中国法学生产力分布格局检视——基于国家社科基金法学类立项课题的统计分析》，载《重庆大学学报(社会科学版)》2017年第6期。

其在实质意义上扮演了法律解释的功能，也在一定程度上违背了罪刑法定这一司法运行的基本规律。不难发现，在司法政策样本当中存在着重社会危机治理轻司法运行规律的情形。

其二，重价值求同轻形式多元。在疫情危机状态下，司法政策创制的过程不仅是谋求价值共识同构的过程，也是发挥各法院创造性适度能动回应社会危机治理的过程。毕竟各地所面临的疫情态势是有所差异的，显然疫情高风险地区与低风险地区社会民众对于人民法院创制司法政策的需求也是多元化的，其客观要求各地法院在司法政策创制中必须要进行差异性的探索。但就司法政策创制的实践现状而言，重价值共识求同轻探索形式多元的现象依旧存在，其中司法政策的载体形式及文本内容所表现出的明显的聚类分布态势便是很好的例证诠释。具体就司法政策的载体形式而言，各级司法机关所创制的司法政策中采用“通告”“公告”“通知”“提示”“意见”这五种载体形式分别为493、249、133、106、52项，共占到样本总量的96.5%（如图1所示）。从司法政策的文本内容来看，简单照搬效仿先期出台的司法政策的现象普遍存在。依照司法活动运行的基本逻辑，其显然与群众个性多元的法治需求相背离。而人民法院在司法政策创制过程中，司法政策载体形式及文本内容之所以呈现出聚类分布的态势，其原因或许可解读为：司法实践运行当中，基层和中级人民法院案多人少的矛盾尤为突出，加之法官参与政策创制能力相对不足。在此类因素的综合作用下，这些法院当面对不确定性、扩散性的疫情风险时倾向于采取简单照搬效仿司法政策的避责策略，一方面减少了因疫情危机可能带来直接责任或潜在责任的风险，[1]另一方面也减少了政策试错的成本。

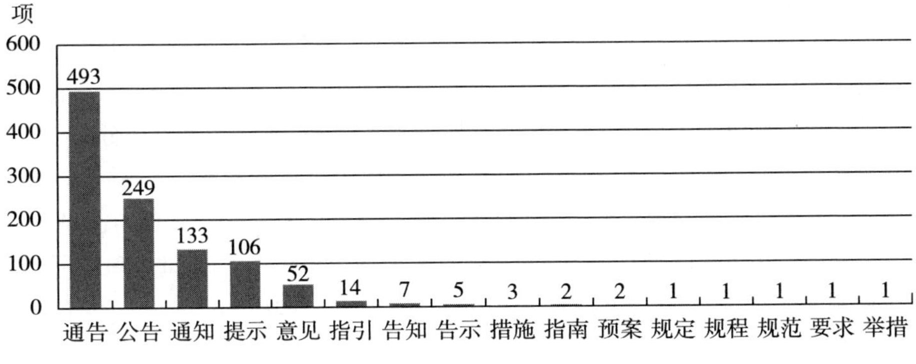

图1　疫情防控司法政策载体形式

〔1〕 参见倪星、王锐：《权责分立与基层避责：一种理论解释》，载《中国社会科学》2018年第5期。

其三，重博弈竞争轻多元合作。从应然层面来看，人民法院在危机状态下创制司法政策的过程，不仅是纵向不同层级法院相互间博弈压力以及横向同级法院相互间竞争压力不断释放的过程，也是充分激活多元合作活力实现司法资源效用最大化的过程。但就实然层面而言，人民法院在司法政策创制实践中存在着重博弈竞争轻多元合作的情形，其中在人民法院司法政策的创制数量以及合作样态方面表现得最为直观。具体就各法院司法政策的创制数量而言，不仅在纵向方面作为司法政策创制主体的不同层级法院相互之间政策博弈态势明显，其中最高人民法院、高级人民法院、中级人民法院及基层人民法院所创制的司法政策数量分别为9、107、362、593项（如图2所示）。

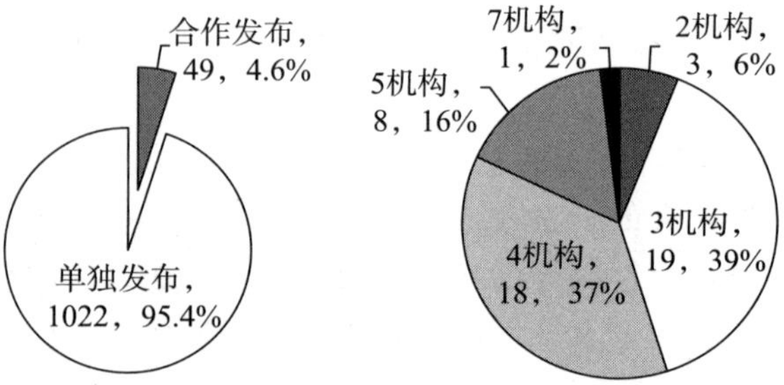

创制主体	创制数量
基层人民法院	593
中级人民法院	362
高级人民法院	107
最高人民法院	9

图2　疫情防控司法政策合作样态及创制主体

从横向来看，疫情防控司法政策在地域分布方面也表现出明显的竞争态势，除去最高人民法院所创制的9项司法政策之外，江苏、广西、山东、浙江四省创制司法政策的数量排名较为靠前，分别为90、73、65、63项，中位数为29项（如图3所示）。就司法政策创制过程中的合作样态而言，仅由人民法院单独发布的司法政策有1022项，占到样本总数的95.4%。由人民法院和其他机关联合发布的司法政策有49项，占到样本总数的4.6%。而在联合发布的司法政策中，由三个机构、四个机构、五个机构联合发布的司法政策数量分别为19、18、8项。在多个机构联合发布司法政策的情形中，法院系统、检察院系统、公安系统、司法行政系统四者的组合关系最为常见，四者共联合发布司法政策18项。综上，从人民法院司法政策的创制数量以及合作样态等方面的数据来看，司法政策创制过程中重博弈竞争轻多元合作的情形客观存在。

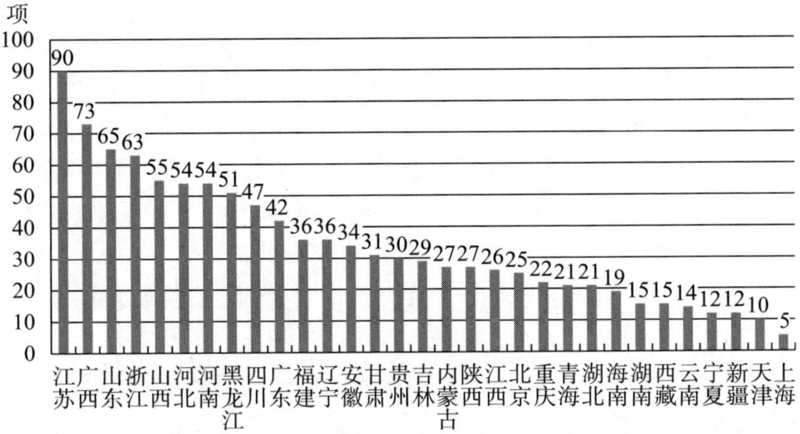

图3　疫情防控司法政策地域分布*

*鉴于我国港澳台地区与我国大陆在司法体制方面所存在的差异，本文所统计的样本并未包含这三个地区法院所创制的司法政策。

其四，重压力传导轻制度规控。从应然层面来看，人民法院创制司法政策的过程，不仅是通过社会危机压力传导机制对人民法治需求进行回应的过程，也是通过制度规控的方式进行政策纠偏的过程。从实然层面来看，由于压力传导机制与“晋升锦标赛”密切相关，而政策纠偏则是对先前政绩的自我否定，因此人民法院在参与司法政策创制的过程中往往重视压力传导，对于制度规控相关事宜的关注度则相对不足，其中前者表现为司法政策的效仿扩散效应，后者则表现为司法政策的司法解释化倾向。司法政策的效仿扩散效应，主要描述的是大致类似的危机应对司法政策被多个法院连续不断地采纳的现象，基层法院效仿中级法院，中级法院效仿高级法院以及同级法院相互效仿尤为明显。司法政策扩散效仿过程具有明显的时序性、空间性、承继性。时序性，即先前创制的司法政策对后来的政策选择有重要影响；空间性，即某地区法院的政策创制会对其他地区的政策选择产生重要影响；[1]承继性，即上级法院所创制的司法政策对下级法院具有示范价值。司法政策的司法解释化倾向，主要描述的是各法院所创制的司法政策当中有众多的内容构成了权力越位，侵入司法解释的领域。从运行逻辑来看，司法政策本质上属于司法机关为有效应对社会危机而采取的政治措施，代表着司法机关在社会危机状态下规范社会纠纷化解的一种价

〔1〕　参见陈芳：《政策扩散、政策转移和政策趋同——基于概念、类型与发生机制的比较》，载《厦门大学学报（哲学社会科学版）》2013年第6期。

值选择。[1] 而司法解释作为国家最高司法机关在适用法律过程中对具体应用法律问题所作的解释,不仅在主体方面具有相对特定性,而且在本质上是通过对既有规则的解释重述进而弥合规范与事实二者间的张力以更好地服务于司法裁判工作。就此而言,显然司法政策与司法解释二者分属不同的运行逻辑,但司法政策作为国家司法机关权力运行模式的政策化体现,具有明显的扩张性,极可能为了实现社会危机治理的目标而侵入司法解释的场域,这不仅权力越位,也与现代司法的谦抑原则、罪刑法定原则相背离。[2]

其五,重司法能动轻司法谦抑。就应然而言,人民法院创制司法政策的过程不仅是其遵循司法权力运行逻辑参与司法实践的过程,也是法官作为主体作用于司法实践的过程,即主观作用于客观的过程。前者要求司法政策创制实践中必须要恪守司法谦抑之本分,后者则要求必须发挥法官的主观能动性以应对各种社会危机。[3] 就实然而言,面对疫情社会危机的挑战,人民法院及其法官为缓和刚性法律规则与社会突发状况二者间的张力,力图实现司法机关与社会组织之间解决纠纷职能的对接,其开始采取能动的司法立场以回应社会现实需求,借此人民法院的角色定位也开始向以多边认同为核心的司法积极主义转型,[4]其具体表现为人民法院通过创制打击新冠肺炎疫情违法犯罪的司法政策,规范立案、信访接待、诉讼服务等司法工作流程,调整司法执行工作方式等多项举措借此来缓和司法需求端与供给侧二者间的冲突。就司法运行的实践逻辑来看,人民法院为应对疫情社会危机而采取以上举措尽管具有一定的现实必要性,但仔细审视以上举措,不难发现其背后客观存在司法能动有余司法谦抑不足的问题。司法固然不可以"不食人间烟火"、超脱现实而自我存在,但司法内在的秉性决定了其能动性的发挥只能是适度的,既不能替代立法者,也无法替代执行者,仅仅是居中裁判者,其必须在相对确定的正当活动空间内作出恰当的价值判断。[5] 司法一旦过度能动参与到社会危机治理中,势必对其谦抑角色的塑造形成挤出效应,从而让法院陷入角色超载、角色冲突、角色紧张的多重困境中无法自拔,[6]这也要求我们对于法院在参与社会危机治理中所存在的重司法能动轻司法谦抑的问题必须予以高度警惕。

---

〔1〕 参见姜涛:《"宽严相济"刑事政策的制度基础与价值边界》,载《法商研究》2007年第1期。
〔2〕 参见李翔:《论刑事司法政策司法解释过度化的弊端及其反思》,载《法治研究》2014年第8期。
〔3〕 参见江国华:《司法规律层次论》,载《中国法学》2016年第1期。
〔4〕 参见杨力:《司法积极主义论》,载《华东政法大学学报》2010年第2期。
〔5〕 参见杨力:《司法积极主义论》,载《华东政法大学学报》2010年第2期。
〔6〕 参见江国华、韩玉亭:《论法官的角色困境》,载《法制与社会发展》2015年第2期。

二、人民法院创制公共政策的动力溯源

人民法院创制公共政策的动力机制，是指推动法院参与公共政策创制的力量要素在关联性状态下发挥作用的机理及方式。[1] 正如恩格斯所言，历史的创造过程是多元力量相互交错的结果，这些相互交错的力量经过合成就会产生一个合力，即历史结果。[2] 由于公共政策本身的复杂性以及法院参与司法政策创制活动的微妙性，人民法院创制公共政策的动力机制必定是多元化的。我们依据其性质、作用方式的不同，大致可以分为内驱力、压力和助成力三种类型。[3]

(一)人民法院创制公共政策的内驱力

依照马克思主义制度变迁需求动力的基本原理，"没有需要，就没有生产。"[4]从人类的自然属性中所剥离出的诸如需求、理想、追求等本能及其满足，是社会制度得以变迁的前提性动力要素，鉴于其属于从事物内部来驱动制度变迁的力量，因之可将其称为内驱力。[5] 具体就法院创制公共政策而言，人民群众对于危机治理的需求、对于公平正义的期盼，正是推动法院参与公共政策创制的内驱动力之所在。当然，鉴于疫情危机状态下社会主体利益高度分化、社会关系日趋复杂、价值判断日益多元等方面的原因，人民的需求又可以细化为个性需求元素和共性需求元素。

就个性需求元素而言，鉴于疫情扩散形势的非均衡性，各地司法机关政策动员能力的差异性等方面的原因，各地人民群众对于司法政策的现实需求呈现了复杂化、个性化的趋势。如对于疫情形势较为严峻的地区而言，人民对于司法政策的现实需求更多倾向于通过依法严惩涉新冠肺炎疫情防控的各类犯罪活动，从而切实保障疫情防控工作顺利进行，坚决维护社会大局稳定。而对于疫情形势已有所缓解的地区而言，人民对于司法政策的现实需求则更倾向于统筹推进疫情防控和经济社会发展工作，从而确保精准有序、扎实推进复工复产复学各项工作。由此不难发现，鉴于疫情危机状态下人民多元化司法需求的内在驱动效果，各地法院在司法政策创制中也纷纷从供给侧改革入手进行了差异性的试错，从而适度能动地回应人民群众个性化的现实司法需求并及时将其转

---

〔1〕 参见邱耕田、唐爱军:《论社会发展的三种机制》，载《北京大学学报(哲学社会科学版)》2016年第6期。

〔2〕 参见《马克思恩格斯选集》(第4卷)，人民出版社1995年版，第697页。

〔3〕 参见牛华宁:《事物发展动力的三重结构论及其启示》，载《人民论坛》2013年第13期。

〔4〕 参见《马克思恩格斯选集》(第2卷)，人民出版社1972年版，第94页。

〔5〕 参见牛华宁:《事物发展动力的三重结构论及其启示》，载《人民论坛》2013年第13期。

化为司法政策。各地法院也正是通过这种差异化试错的方式,将那些探索性的司法政策回归到鲜活的现实中去接受人民的检验。司法政策供给侧与需求端二者多轮的互动对勘,进一步丰富了司法政策的表现形式,拓宽了人民法院应对疫情危机的路径选择,让那些经实践检验有效的司法政策被各地模板式地复制效仿,而那些经试验效果不显著的司法政策则伴随需求市场的传导效应而逐渐走向萎缩。

就共性需求元素而言,尽管在疫情危机状态下人民群众对于司法政策的现实需求领域具有多元性特征,但在价值需求领域却具有显著的同构性,其具体体现为质上的价值同构性与量上的价值同构性两个方面。从质上的价值同构性来看,主要关注在疫情危机的状态下,广大人民群众对于日益增长的美好生活需要在司法政策领域的最大公约数,即人民群众对于人民法院通过创制司法政策从而有效应对社会治理危机的共性价值期盼。从量上的价值同构性来看,主要关注在疫情危机状态下通过优化司法资源排列组合的形式,在多种合法利益之间实现利益平衡从而最终服务于社会危机治理的核心价值追求。进一步来看,人民法院无论是寻求司法政策领域最大公约数的过程,还是实现多种合法利益平衡的过程,均是通过凝聚社会共识的方式探寻危机状态下人民群众对秩序治理的核心价值需求,并以此核心价值需求为导向,指引人民法院在创制司法政策过程中找寻到参与社会危机治理的突破口。

综上,人民群众个性化的需求和共性化的需求共同构成了法院创制司法政策中的内部驱动力,前者主要通过探索多元路径选择的方式,后者则通过聚焦危机治理核心突破口的方式来实现人民需求元素推动法院创制司法政策的驱动效果。

(二)人民法院创制公共政策的压力

“压力—工作绩效模型”(如图4所示)为理性审视法院创制公共政策的压力机制提供了重要的理论模型。依照该模型来看,压力源和压力反应这两大要素与组织工作绩效密切相关。根据压力源、压力反应、组织工作绩效相互间的组合匹配情况,可进一步细化为挑战型与阻碍型两类,且其呈倒U形分布的态势。[1] 依此逻辑推演,在法院为有效应对疫情危机而参与公共政策创制的语境下,法院参与公共政策创制的压力源既包括横向同级法院相互间的司法政策竞争压力,又包括纵向不同层级法院相互间的司法政策博弈压力,法院受到压

〔1〕 参见韩玉亭:《学术生产力格局失衡及其矫正——以法学为样本解读》,载《重庆大学学报(社会科学版)》2017年第2期。

力源刺激之后的本能应激及政策创制动机则构成了压力反应，而各法院创制司法政策的正向示范效应与负向脱轨效应，则构成了法院参与公共政策创制的组织工作绩效。

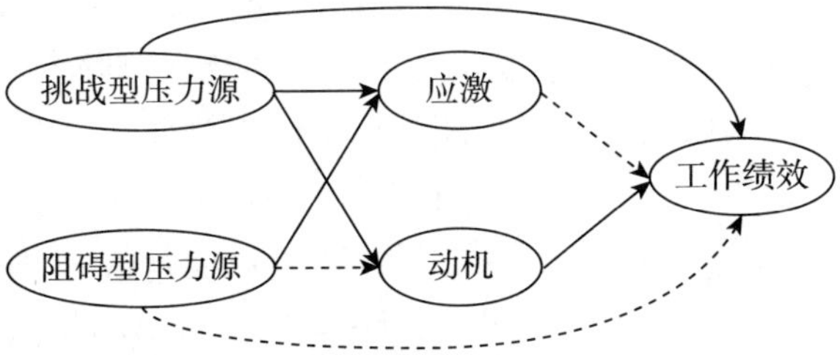

图4　压力源、压力反应、组织工作绩效匹配关系模型*

* 参见李宗波、李锐：《挑战性——阻碍性压力源研究述评》，载《外国经济与管理》2013年第5期。

就挑战型压力阶段而言，伴随法院相互间竞争博弈压力的增大，法院创制公共政策的组织工作绩效将逐步提升。尽管鉴于疫情发展态势的非均衡性特点，不同层级的法院或不同地域的法院对于疫情危机状态下创制司法政策的压力感知可能是不同的，但危机状态下横向同级法院相互间的司法政策竞争压力与纵向不同层级法院相互间的司法政策博弈压力一定是客观存在的。而当横向同级法院相互间的司法政策竞争压力与纵向不同层级法院相互间的司法政策博弈压力的合成效果，小于各法院可承载压力范围的临界点时，属于挑战型压力。在该阶段，鉴于各法院所面临的竞争博弈压力均位于其可承载压力范围之内，法院受到压力源刺激之后的本能应激及政策创制动机均处于正向释放阶段，通常会激励各法院采取主动的或解决问题导向的应对策略，从而在国家治理体系中保持适度的政治参与感。也就是说，各地各级法院以满足当前疫情发展态势对于司法政策的需求为出发点，通过“渐进式反馈调整”的方式创制司法政策，进而对人们的行为预期及行为效果进行制度性确认，并在现有司法政策框架内同步激活这种制度资源的持续性活力，借此找寻到一条在横向同级法院竞争格局及纵向不同层级法院博弈格局中最快胜出的最优策略。在挑战型压力模式下，也正是得益于司法政策竞争博弈过程中所具有的“减少无知”“扩散知识”“抑制错误”诸项功能，[1] 从而将法院可感知的竞争博弈压力转化为法院创制公共政策的动力并进一步外化为示范性制度资源。

就阻碍型压力阶段而言，伴随法院相互间竞争博弈压力的增大，法院创制

〔1〕 参见周尚君：《地方法治试验的动力机制与制度前景》，载《中国法学》2014年第2期。

公共政策的组织工作绩效呈衰减趋势。当横向同级法院相互间的司法政策竞争压力与纵向不同层级法院相互间的司法政策博弈压力的合成效果，超过各法院可承载压力范围的临界点时，其压力属于阻碍型压力。法院受到压力源刺激之后的本能应激及政策创制动机均处于负向阻滞阶段，其特定的情景角色代入感会促使其意识到自己即使在极限状态下也很可能无法满足日益加码的竞争博弈压力，同时对挑战该压力可能附随的价值回报持怀疑态度，在此类情形下，通常会激发法院采取被动的或情绪导向的应对策略。各法院通过自我价值评估意识到司法政策竞争博弈压力已明显超越了自身的最大承载区间，其作为司法政策"锦标赛"的参与主体在本次锦标赛中胜出无望，加之司法机关在国家权力配置格局中所承载的消极被动的角色定位，法院可感知的竞争博弈压力与其创制公共政策的动力链接悄然被破坏。因此，过大的竞争博弈压力反而会产生阻滞性的负向效应，法院创制公共政策的组织工作绩效也会呈现衰减趋势。鉴于此，在疫情危机状态下，必须要"及时预设有效的制度红线"〔1〕，从而将法院参与公共政策创制的竞争博弈压力控制在适度区间内，尽可能减少因竞争博弈压力超载而对法院参与危机治理产生阻滞性的负向效应，或将该负向效应控制在合理区间内，避免扩大化。

综上，在法院为有效应对疫情危机而参与公共政策创制的语境下，必须要重视压力源、压力反应、组织工作绩效相互间的组合匹配关系所呈现的倒U形分布态势，通过将法院相互间竞争博弈压力保持在一个合理的区间之内，从而进一步扩大其对于法院参与公共政策创制的正向示范效应，推动法院有序参与到疫情危机治理中。

(三)人民法院创制公共政策的助成力

司法生态场域的变化为法院参与公共政策创制提供了助成力。依照布迪厄的场域(field)理论框架，〔2〕司法生态场域主要关注特定时空状态下司法生态周边诸要素相互间的网络型构关系。而在疫情危机状态下，司法外部生态场域发生了变化，先前法院超稳态运行结构赖以存在的资源条件、社会基础、政策供需要素均相应发生了变化。伴随这一系列连锁反应式的变化，一方面疫情危机状态下司法外部生态要素相互间的匹配组合关系，会让原先的法院制度安排

〔1〕 参见王比学：《法制改革三问(问政)——访西南政法大学校长付子堂教授》，载《人民日报》2014年2月12日，第17版。

〔2〕 See P. Bourdieu & L. D. Wacquant, An Invitation to Reflexive Sociology, The University of Chicago Press, 1992, p. 96. 转引自李全生：《布迪厄场域理论简析》，载《烟台大学学报(哲学社会科学版)》2002年第2期。

及制度内部结构的社会净效益受到影响，因而产生了法院创制公共政策的动机及需求；另一方面疫情危机状态下伴随司法活动场域的变化，又会进一步改变先前制度规范有效供给的相对稳态，导致司法政策供需非均衡现象的出现，[1]而逐步从非均衡状态走向均衡状态恰恰是助推法院参与公共政策创制的重要动力。

就司法生态要素的变化而言，主要关注疫情危机状态下司法周边生态要素相互间的匹配组合关系对原先的法院制度安排及制度内部结构的社会净效益所造成的影响。疫情危机状态增加社会对司法功能的复杂需求，而这种复杂性不仅强化了司法对社会生活的渗透，也进一步深化了司法对社会生活的干预，其对司法回应现实需求能力提出了新的要求，即司法不仅要具备“纠纷解决的功能”同时还要具备“政策实施的功能”。[2] 具体而言，疫情危机状态下，基于对立法滞后及行政权膨胀的担忧，作为“最不具危险性的部门”司法机关因其天然的被动、中立的特质而在危机治理中获得了相对超然的地位。[3] 加之疫情危机状态下，司法周边生态要素相互间的匹配组合关系，对原先的法院制度安排及制度内部结构的社会净效益造成了一定的冲击，社会民众又迫切需要司法机关通过创制政策的方式来重新分配社会资源乃至衡量并调整利益关系。两方面原因的综合作用进一步助推人民法院参与到公共政策的创制中，使之成为“公共产品”的输出机构。通过发挥司法机关在社会治理中平衡器的作用，从而以审判、政策创制等方式吸引或缓释疫情危机对于司法周边生态要素所造成的冲击，不仅提升了司法内部结构的社会净效益，也有效避免了因受到疫情影响社会矛盾逐步累积所导致的大规模冲突的爆发。[4]

就司法活动场域的变化而言，主要关注疫情危机状态下司法机关所面对的制度规范与社会客观情势二者间所呈现的脱嵌样态。具体而言，在通常状态下，制度规范与社会客观情势二者呈现嵌入耦合的均衡状态。而在疫情危机状态下，先前制度规范有效供给的相对稳态被改变，从而导致了制度规范供需非均衡现象的出现。而司法机关其活动场域从通常状态进入疫情危机状态同样会引发制度规范供需中出现非均衡现象，即由于司法要素相互间的矛盾冲突，各要素相互间的力量对比关系发生变化，由均衡状态转为非均衡状态。而法院

---

〔1〕 参见张曙光：《论制度均衡和制度变革》，载《经济研究》1992 年第 6 期。

〔2〕 参见[美]米尔伊安·R. 达玛什卡：《司法和国家权力的多种面孔：比较视野中的法律程序》(修订版)，郑戈译，中国政法大学出版社 2015 年版，第 114 ~ 115 页。

〔3〕 参见张友连：《法院为何要创制公共政策——法理视角的分析》，载《浙江学刊》2009 年第 1 期。

〔4〕 参见张友连：《法院为何要创制公共政策——法理视角的分析》，载《浙江学刊》2009 年第 1 期。

作为专司纠纷裁断的司法机关，尽管其面对制度规范与社会客观情势相互脱嵌、司法要素彼此失衡的情形，但其并无权拒绝纠纷裁断。为促进社会纠纷有效化解，法院必须要适度能动地参与到疫情危机治理中，通过参与公共政策创制的方式，对当前所面临法律规范漏洞及法律条款价值进行必要的补充，从而为法官进行形式逻辑推理提供一整套兼具专业性和科学性的制度规则体系，也为普通当事人提供了疫情危机状况下的行为指引。而法院参与司法政策创制的过程恰恰是充分利用司法要素相互间的矛盾斗争来打破旧的不均衡状态，为建立新的制度规范供给均衡状态开辟道路。深入来看，司法活动场域的变化为法院参与公共政策创制提供了重要的助成动力，通过先"破"后"立"，逐步优化司法要素的组合关系，从而让制度规范供需关系完整呈现出从均衡状态——均衡状态的破坏——均衡状态在新的基础上的恢复这样一整套螺旋式演进的过程。[1]

综上，在疫情危机状态下，司法周边生态要素的变化客观要求，法院这一"最不具危险性的部门"必须要适度能动地参与到公共政策的创制中，成为"公共产品"的输出机构，从而提升司法内部结构的社会净效益。而司法活动场域的变化，则助推法院通过公共政策创制的方式，逐步将制度规范与社会客观情势二者融合为嵌入藕合的均衡状态。

三、人民法院创制司法政策遵循的制度框架

面对当前司法政策创制过程中所存在的一系列问题及背后的原因，人民法院要想有效应对突发社会危机，必须要回归到现有的制度框架体系中来。

（一）回归宪法法律逻辑

疫情危机状态下，面对人民群众多元化的法治需求，人民法院既不能"缺位"对其熟视无睹，也不能"越位"超脱于现有宪法法律制度框架。因此，人民法院在特定时空场域背景下创制司法政策必须要遵循宪法法律逻辑。我国现行《宪法》第5条规定，"国家维护社会主义法制的统一和尊严。一切法律、行政法规和地方性法规都不得同宪法相抵触。一切国家机关和武装力量、各政党和各社会团体、各企业事业组织都必须遵守宪法和法律。一切违反宪法和法律的行为，必须予以追究。任何组织或者个人都不得有超越宪法和法律的特权"。第128条规定："中华人民共和国人民法院是国家的审判机关。"基于以上宪法规范文本，我们不难推导出以下几个结论：其一，宪法作为国家的根本

〔1〕 参见杨煌：《布哈林的平衡论及其对构建社会主义和谐社会的启示》，载《当代世界与社会主义》2011年第6期。

法，在整个国家制度体系中具有最高法律效力。一切法律、行政法规和地方性法规均不得与其相抵触。而疫情危机状态下所出台的司法政策，作为人民法院基于司法运作规律并在结合司法实践基础上所作出的对于党和国家政策具体执行性或变通性方案，尽管由于司法活动场域的不同，不同人民法院所创制的司法政策在表现形式或实现手段等方面可能会局部微调，但维护和实现社会主义法制统一的基本要求一以贯之，而宪法和法律恰是维护和实现社会主义法制统一的灵魂之所在。因此，人民法院创制司法政策必须要遵循宪法法律逻辑而展开。其二，在国家权力制度架构体系中，人民法院如同其他国家机关一样，必须要严格遵照职责权限清单所授权的范围来开展各项活动，并无超脱于宪法和法律之外开展工作的特权。因此，人民法院在参与司法政策创制过程中，往往是通过将"政治问题"转化为"法律问题"，将"法律问题"转化为"程序性问题"或"技术问题"这一系列的转化过程，实现党和国家的最新政策与宪法法律规范的有效融通，〔1〕从而依循宪法法律逻辑有序推进司法政策创制活动。其三，在现代法治国家的时代语境下，人民法院作为专司定分止争的国家审判机关，其行为合法性的获取与维系要依赖于宪法法律，换言之，宪法法律担负起了赋予法院及其行为政治合法性的重任。〔2〕 基于此，人民法院在司法实践中必须要更加要模范地遵守宪法和法律，通过"封闭性"与"开放性"的有机结合，〔3〕在宪法法律逻辑内技术性地参与司法政策创制活动。

（二）加强程序流程规控

疫情危机状态下，人民法院扮演着能动司法主要参与者的角色。基于特定的时空场域，人们理性反思的关键点"不在于其是否应被谴责和批判，而在于探讨它的边界，并由此来限制司法恣意"。〔4〕 具体而言，依照我国《刑事诉讼法》以及《民事诉讼法》的相关规定，人民法院不仅要"保障国家安全和社会公共安全，维护社会主义社会秩序"，"维护经济秩序"，"保障社会主义建设事业顺利进行"，同时"人民法院、人民检察院和公安机关进行刑事诉讼，应当分工负责，互相配合，互相制约，以保证准确有效地执行法律"。基于以上法律规范

---

〔1〕 参见孟融：《我国法院执行公共政策的机制分析——以法院为"一带一路"建设提供保障的文件为分析对象》，载《政治与法律》2017年第3期。

〔2〕 参见姚建宗：《论法律与政治的共生：法律政治学导论》，载《学习与探索》2010年第4期。

〔3〕 "封闭性"即在规范学意义上，司法的运作过程要依靠法治系统内部的宪法法律逻辑来展开；"开放性"即特定场域背景下，司法机关在运作过程中会将政治问题纳入视野，并通过司法政策的方式将其转化为法律技术性问题来对待。参见郑智航：《最高人民法院如何执行公共政策——以应对金融危机的司法意见为分析对象》，载《法律科学》2014年第3期；孟融：《我国法院执行公共政策的机制分析——以法院为"一带一路"建设提供保障的文件为分析对象》，载《政治与法律》2017年第3期。

〔4〕 参见姚莉、显森：《论能动司法的程序规制》，载《法商研究》2012年第2期。

文本，我们不难推导出以下几个结论：其一，在特定时空场域下，人民法院不仅担负着公正审判的角色，同时也扮演着“社会工程师”的角色，即通过化解矛盾纠纷的方式来实现维护社会秩序、构筑社会正义、守护社会灵魂的角色预设。其二，正是基于人民法院角色复合性以及司法终局性的特质秉性，疫情危机状态下人民法院既不能“远离俗世不食人间烟火”，又不能“左右出击无所不能”，明智之选应是通过正当程序的方式来恢复受损的社会关系，进而有效应对疫情危机状态下对人民法院所提出的新挑战。其三，任何权力行使主体均有滥用权力的可能，人民法院也不例外。要避免人民法院在司法政策创制过程中借司法能动的名义而走向“利维坦”，就必须将其纳入程序规控的轨道中来。其四，在加强对人民法院创制司法政策的程序规控当中，要严格依照法律的相关规定，从主体（在现有司法制度框架中谁有权参与司法政策创制活动）、客体（创制司法政策的对象和范畴指向何处）、场域（在何种时间和空间要素组合匹配的特定场域下人民法院创制司法政策活动才能启动）、方式（司法政策创制活动是人民法院主动启动，还是因源自法院系统外部力量的推动而启动？）、流程（司法政策创制过程中所经历的常规步骤环节）等多个方面进一步规范人民法院创制司法政策活动。

（三）加大组织权限监督

正如孔祥俊教授所言，“无论如何标榜法官裁判的非政治性和中立之性，均不能否认，司法从来不是政治中立性之地，从来都具有明确的政治导向”。[1]法官如此，人民法院亦如此。任何寄希望于人民法院秉持政治中立，完全超脱于社会危机治理之外的想法，在当下社会背景下显然是脱离实际的。但是，在目前案多人少、矛盾依旧突出的语境下，人民法院参与社会危机治理一定是有所为有所不为的，其回归到司法审判的主业上来才是正道。因此，要实现人民法院创制司法政策乱象的有效治理，就必须进一步加大对人民法院的组织权限监督，以期实现人民法院角色定位与社会危机舞台场景间的精准匹配。具体而言，依照我国《人民法院组织法》和《法官法》的相关规定，人民法院及其法官具有“维护国家安全和社会秩序”“保障中国特色社会主义建设的顺利进行”的职能，需履行“维护社会公平正义，全心全意为人民服务”“维护国家利益、社会公共利益，维护个人和组织的合法权益”的义务，同时其权限又受到严格限制，即“最高人民法院可以对属于审判工作中具体应用法律的问题进行解释。最高人民法院可以发布指导性案例”。“最高人民法院是最高审判机关。最高人民

〔1〕 参见孔祥俊：《司法哲学与裁判方法》，人民法院出版社2010年版，第63页。

法院监督地方各级人民法院和专门人民法院的审判工作，上级人民法院监督下级人民法院的审判工作。”基于以上法律规范文本，我们不难推导出以下几个结论：其一，疫情危机状态下，国家日常事务及社会秩序均受到不同程度的影响，为了维护国家利益、社会公共利益以及个人和组织的合法权益，人民法院有义务为其提供服务和保障。其二，人民法院应对疫情危机状态的方式方法是多元化的，依法居中裁判、发布司法解释、创制司法政策、发布指导性案例均属于其应对疫情危机的备选方案。但在最佳应对方案遴选的过程中，必须在综合考虑各备选方案的社会成本及其收益、法定职责权限、实际效果的基础上确定应对策略的位序优先级。其三，依照法无授权不可为的基本逻辑推演，在当前司法体制框架下，发布司法解释及指导性案例的主体具有相对特定性，即最高人民法院；司法解释的对象也具有确定性，即审判工作中具体应用法律的问题。与此类似，人民法院创制司法政策同样要严格遵循《人民法院组织法》以及相关法律所规定的职权范围而展开，面对疫情危机既不能越位也不能缺位。其四，上级法院与下级法院之间是监督关系而非领导关系，且其监督功能的发挥主要通过上诉审的方式来实现。因此，面对当前人民法院在司法政策创制中频繁出现的照抄照搬上级司法政策的问题，必须进一步加大组织权限监督力度，避免在司法政策创制中将监督关系异化为领导关系。

（四）保障司法解释制度空间

司法机关为有效应对疫情危机，不仅出台了一系列的司法解释，还颁布了大量的司法政策。这些司法政策所涉及事项之广、影响范围之深前所未有，甚至部分司法政策还存在侵入司法解释制度空间的倾向。基于此，为了实现人民法院在法治化的轨道上应对社会危机，必须进一步明确司法解释与司法政策二者间的权力边界，保障司法解释制度空间。就司法解释权的来源依据而言，1981 年 6 月 10 日，全国人大常务委员会通过了《关于加强法律解释工作的决议》，明确规定：“凡关于法律、法令条文本身需要进一步明确界限或作补充规定的，由全国人民代表大会常务委员会进行解释或用法令加以规定。凡属于法院审判工作中具体应用法律、法令的问题，由最高人民法院进行解释。”依此授权决议，最高人民法院先后于 1997 年和 2007 年发布了《关于司法解释工作的若干规定》《关于司法解释工作的规定》，进一步明确了司法解释的性质、效力、分类和程序。[1] 基于以上法律规范文本，我们不难推导出以下几个结论：其

〔1〕 参见聂友伦：《司法解释场域的“央地矛盾”及其纾解——以“地方释法”为中心的分析》，载《法律科学》2021 年第 1 期。

一，司法解释在形式上要符合制定主体以及规范方面的基本要求，即司法解释的制定主体仅限于最高人民法院，形式分为“解释”、“规定”、“批复”和“决定”四种，规范方面需编列司法解释文号。其二，在制发程序方面，司法解释的立项、审核、协调等程序性工作由最高人民法院研究室统一负责，待发布的司法解释应当由审判委员会讨论通过且必须经过全国人大常委会的备案程序，得到确认才能成为法律规范意义上“具体应用法律的解释”，从而获得相应的“法律效力”。[1] 其三，司法解释与司法政策二者间存在显著差异。司法政策的制定主体并不局限于最高司法机关，地方司法机关“可以就自身建设和内部工作规范作出规定，也可以在总结审判、检察工作经验的基础上，制定相应的规范性文件，规范司法行为，指导审判、检察工作”，但这些政策性规范文件“不具有法律效力，不得作为裁判依据，不得在裁判文书中援引”。[2] 正是基于二者间所存在的显著差异，所以必须从制定主体、形式规范、制发程序、法律效力位阶、事后问责等方面入手，进一步强化监督，依法保障司法解释的制度空间，切实维护现有司法体制运行的制度框架，有效地避免疫情危机状态下司法解释的权威被司法政策不当侵蚀。

（五）遵循司法政策基本规律

就实质而言，司法政策属于在特定情境状态下，政治国家意志在司法场域的渗透体现，不仅要遵循司法的政治逻辑，也要遵循司法的实践逻辑。就政治逻辑而言，社会危机状态下所出台的司法政策可以从“垂直”和“水平”两个维度予以规制：其中垂直维度的司法政策融合了“自上而下传达”“合法性权威”等诸多要素，不仅实现了社会危机治理中的“全国一盘棋”，避免了“政出多门”可能带来的“政策打架”问题，也通过政治要素的垂直整合将党和政府的重大决策部署纳入司法政策的规范体系当中，由法院精英通过司法政策创制机制将“政治问题”转化为“法律问题”，将“法律问题”转化为“程序性问题”或“技术问题”，最终通过相对技术化的路径在各层级法院贯彻实施党和国家的最新政策。[3] 而水平维度的司法政策，则意味着政策创制需要不同参与主体之间的合作、联系、沟通、博弈等。[4] 也正是得益于多元适格主体在司法政策创制中的

〔1〕 参见聂友伦：《司法解释性质文件的法源地位、规范效果与法治调控》，载《法制与社会发展》2020年第4期。

〔2〕 参见乔晓阳主编：《〈中华人民共和国立法法〉导读与释义》，中国民主法制出版社2015年版，第323～324页。

〔3〕 参见孟融：《我国法院执行公共政策的机制分析——以法院为“一带一路”建设提供保障的文件为分析对象》，载《政治与法律》2017年第3期。

〔4〕 参见[英]H. K. 科尔巴奇：《政策》，张毅、韩志明译，吉林人民出版社2005年版，第31～33页。

合作及博弈,通过相对理性的方式凝聚了更广泛的社会共识,进一步补强了人民法院的民主合法性短板,有效地实现了通过司法政策引领社会主流价值观以服务于社会危机治理的目标导向。[1] 就实践逻辑而言,疫情危机状态下,人民法院的司法政策创制活动很可能借司法能动之名而行自我扩权之实,因此必须从"结构性谦抑""功能性谦抑""伦理性谦抑"三个维度予以规制。具体而言,首先要保持结构性谦抑,不越界。结构性谦抑是基于权力制衡属性的拓展延伸,鉴于人民法院既非民选的立法机关也非包罗万象的行政职能部门,因此司法政策创制活动必须保持必要的克制,谨防在司法管辖权范围之外盲目开展政策创新。其次要保持功能性谦抑,不错位。功能性谦抑是基于司法定分止争功能的拓展延伸,要求人民法院在司法政策创制活动中,不仅要对当事人的意思表示保持必要的尊重,也要对非诉解纷机制以及社会自身解纷机制保持必要尊重,借此全面激活社会多元要素在应对社会危机中的制度活力。最后要保持伦理性谦抑,不缺德。伦理性谦抑是基于司法德性品格的拓展延伸,要求人民法院在司法政策创制活动中,不仅要遵循基本的生活常识及情理,还要严格遵循公序良俗的道德底线。[2] 唯有如此,才能真正让人民法院的司法政策创制活动不越界、不错位、不缺德。

四、人民法院创制司法政策的优化路径

优化人民法院创制司法政策活动必须坚持双管齐下,既要以"五个相统一的原则"为指导,科学把握司法政策创制的基本方向,又要树立全流程规控思维,从事前、事中、事后全方位着眼,严格规范人民法院的司法政策创制活动。

(一)人民法院创制司法政策坚持的指导原则

人民法院创制司法政策活动作为回应型司法的重要表征之一,唯有坚持"五个相统一的原则"才能有效避免司法政策创制活动中的越轨行为。

1. 坚持危机治理导向与司法规律指引有机统一

在风险语境下法院作为社会纠纷裁断机关,必须直面风险社会对司法机关提出的新要求。"法院势必在制定政策方面起到作用",通过对象化的公共政策产品的创制将危机治理的目标融入其中,"并且也因参加该制度政策产品的创制,维持了自身的存在和它在社会中的持久作用"。[3] 风险语境下,法院参

---

[1] 参见杨建军:《法治国家中司法与政治的关系定位》,载《法制与社会发展》2011 年第 5 期。

[2] 参见江国华:《司法规律层次论》,载《中国法学》2016 年第 1 期。

[3] 参见[美]H. W. 埃尔曼:《比较法律文化》,高鸿钧等译,生活·读书·新知三联书店 1990 年版,第 162 ~ 163 页。

与公共政策创制过程也必须遵循司法规律的基本范式。哪些主体有权参与公共政策创制，参与创制的方式有哪些，公共政策创制事项的边界在哪里，在公共政策创制过程中如何兼顾技术理性和政治理性等一系列问题，均是由客观司法规律所决定的。人民法院在参与公共政策创制的过程中必须严格依司法规律行事，否则，其在社会危机事件应对中很可能“越位”或“缺位”。概言之，风险社会背景下人民法院在参与公共政策创制中必须以满足人民群众对于危机治理的需求为出发点，并将其作为价值型要素导入客观的因果链条即司法规律中，使其成为司法实践活动的现实原因而发挥作用。唯有如此，才能有效应对风险社会对人民法院提出的新要求。

2. 坚持政策样态存异与核心共识求同有机统一

鉴于疫情扩散形势的非均衡性，不同地区及人群司法需求的多元性，各地司法机关政策动员能力的差异性等方面的原因，坚持政策样态存异，就是要鼓励多元化创制主体在综合权衡本地区疫情发展趋势的紧迫、公共政策手段的可替代性、公共政策实施后果的预判情况等要素的基础上，通过差异化的政策载体形式精确地匹配司法政策需求端。尽管各地法院所创制的司法政策样态可能存在差异性，但它们在紧急状态下通过优化法治资源排列组合形式，从而在多种合法利益之间实现利益平衡，最终服务于社会危机治理的核心价值追求却是共通的。且紧急状态下的司法政策供给相较于其他市场化商品的供给具有更强的危机调控性，不仅为司法需求端提供了可供消费的对象，同时其供给的水平和调整的范围在很大意义上也会影响司法需求端的价值判断和行为选择，因此人民法院在司法政策创制中必须精准恰当，而基于多方博弈所凝聚的核心共识恰恰为供需两端的对接提供了重要保证。概言之，疫情危机状态下坚持政策样态存异与核心共识求同的有机统一，不仅拓宽了人民法院应对疫情危机的路径选择，也找准了法院参与危机治理的突破口，从而为迈向“回应型司法”奠定了重要基础。

3. 坚持法治博弈竞争与法治多元合作有机统一

在司法实践中，各地各级法院基于维持在宪法秩序中的存在价值以及优化在社会纠纷化解中的角色担当的考量，不仅会参与到同级法院司法政策创制锦标赛中，还会涉及不同层级法院在司法政策细节上的博弈。而要真正实现竞争博弈压力正向示范效应的最大，就必须鼓励全国各地各级法院全力以赴，搜集疫情危机状态下关于司法供需关系所呈现出的新样态并及时将其转化为司法政策，同时要充分营造司法政策竞争博弈的社会氛围，支持那些处于领先地位的司法政策供给者以及有效的司法政策探索被模板式地复制效仿，而那些试验效果不显著的司法政策则经过需求市场的传导效应而走向萎缩。[1] 为有效回应社会民众日益"开放化、多元化"的法治需求，必须扭转传统意义上单一主体政策供给模式，通过多主体联合创制司法政策的形式不仅让政策资源得到充分共享，也可减少政策制定和实施的成本，有效避免因"政出多门"可能导致的政策互相抵触现象。[2] 法院在司法政策创制中通过加强内部现有资源的整合，积极寻求与外部主体的合作的方式，以实现政策效果的最优化以及社会公共利益的最大化。

4. 坚持压力量变累计与制度红线规控有机统一

依照人民法院创制公共政策的"压力—工作绩效模型"，一方面，必须重视压力量变累计，注重横向同级法院司法政策竞争压力及纵向不同层级法院司法政策博弈压力强度的累计以及压力要素资源的优化，从而让法院相互间的竞争博弈压力保持在其可承载压力区间之内，借此激励各法院在社会危机治理中保持必要的政治参与感，借力司法政策创新适度延伸人民法院对社会危机状况影响渗透的广度和深度，逐步强化司法机关对于社会紧急状况的评价及回应能力。另一方面，人民法院创制公共政策的活动又必须接受制度红线的规控，避免因法院可感知的竞争博弈压力超载而导致其参与社会危机治理的角色崩溃，破坏竞争博弈压力与创制公共政策二者间正向效应的动力链接。通过适度调控那些涉嫌越轨或超载的竞争博弈压力，严格依照现行宪法法律框架，在各级法院法定职权范围内，在不涉及权力界定和权利分配的前提下，通过司法政策创制或司法活动方式方法的调整，优化法院组织工作绩效，减少司法运行成本，提升司法回应社会危机的能力，有效促进司法便民。[3] 概言之，司法政策作为人民法院回应社会危机的重要载体，其涉入生活场景必须适度，既要避免司法权的任意扩张又要防范其不当缩限。而坚持压力量变累计与制度红线规控的有机统一，则是实现该目标的重要保证。

5. 坚持司法适度能动与司法天然中立有机统一

突发疫情风险状态下，人民法院显然无法对社会突发危机状况视而不见，唯有适度能动地参与到社会矛盾纠纷的化解中，才能真正体现人民法院在权力制度架构中的存在价值。当然，在风险状态下，法院通过适度能动的方式参与公共政策创制必须符合相应的条件才可启动，借此有效避免法院借司法能动之名行自我扩权之实。尽管人民法院为有效应对突发风险而坚持适度能动是必

---

〔1〕 参见周尚君：《地方法治试验的动力机制与制度前景》，载《中国法学》2014 年第 2 期。

〔2〕 参见王春业、任佳佳：《论多主体联合发文现象》，载《广西社会科学》2012 年第 1 期。

〔3〕 参见董茂云：《从废止齐案"批复"看司法改革的方向》，载《法学》2009 年第 3 期。

要的，但同时坚持天然中立的立场也是必需的。因为在国家权力架构体系中，法院参与公共政策创制活动并非其擅长的领域，司法的公信力在很大意义上源自其基于专业知识和经验理性所构筑的天然中立的立场。另外，鉴于人民法院自身能力的有限性，其在法律规定的模糊地带或开放领域应谨慎介入。[1] 概言之，要发挥好司法机关在社会危机治理中平衡器的作用，就必须坚持司法适度能动与司法天然中立的有机统一，唯有如此，才能真正实现人民法院角色定位与社会危机舞台场景间的精准匹配。[2]

（二）人民法院创制司法政策具体的优化路径

进一步规范人民法院创制司法政策的活动，既要遵循司法活动规律，又要坚持现实问题导向，主要围绕完善事前、事中和事后长效机制建设的思路而展开。

1. 事前优化路径

一是明确人民法院创制司法政策的启动情形。当前中国特色社会主义法律体系已经形成，人民法院的司法政策创制活动尤其应谨慎，否则，很可能借司法政策之名架空现有法律制度规范体系，因此进一步明确法院启动司法政策创制活动的相应情形显得尤为必要。具体而言，需同时满足以下几方面要求：其一，法院创制公共政策行为是应对当前司法实践问题所必需的。其二，相关当事人已穷尽现有的司法制度资源而无法得到有效救济。其三，拟创制的司法政策所救济的权益具有足够的重要性及现实紧迫性。其四，拟创制的司法政策是所有备选方案中对公共利益侵害最小的最优选择。其五，拟创制的司法政策在一般意义上能够实现现有司法程序的优化或完善。其六，法院行为恪守了司法权的本质属性且不会削弱其应有的宪法地位。[3] 唯有如此，人民法院创制司法政策活动才能得以启动，从而有效避免人民法院在司法实践中“越位”。

二是探索创制司法政策前的大数据辅助决策机制。社会危机状态下，大数据辅助决策机制在推动司法政策创制活动高效化，增强司法政策联动性，提升司法政策方案精准度方面发挥了积极的效果。[4] 具体而言，要从以下几方面入手：其一，人民法院通过搭建覆盖立案、审理、送达、执行、监督等各个环节的

---

〔1〕 参见江国华：《常识与理性（四）：走向综合的司法改革》，载《河南财经政法大学学报》2012年第2期。

〔2〕 参见江国华、韩玉亭：《论法官的角色困境》，载《法制与社会发展》2015年第2期。

〔3〕 参见秦前红、黄明涛：《试论司法权的能动性——金融危机中的司法权论辩》，载《海峡法学》2010年第2期。

〔4〕 参见李凌云：《大数据在重大行政决策中的应用及其法治化》，载《重庆邮电大学学报（社会科学版）》2020年第1期。

智慧司法平台,优化基层法院、中级法院、高级法院、最高法院四级数据联动共享机制,[1]并借力大数据深度挖掘技术对海量相关数据进行描述性及前瞻性的分析,进而总体把握各类非结构化数据中所隐藏的规律及趋势,初步摸清拟创制司法政策外部运行环境的基本概况,借此对拟创制的司法政策可能面临的挑战进行大胆预测,供决策者参考。其二,通过借助大数据算法技术全面分析司法政策相关变量之间的互动回应关系,借此辅助决策者准确把握司法政策周边生态系统之间的关联动向。其三,通过借助数据可视化技术直观呈现拟创制司法政策的核心待决命题及社会的关切热点,借此全面提升司法政策备选方案的精准度。[2]

三是建立创制司法政策前的利益衡量机制。社会危机状态下人民法院创制司法政策的目的就在于通过将公平正义这一法治内核技术性地融入司法政策文本中,从而合理调节多元利益相互间的竞争博弈关系,而要实现这一目的,利益衡量机制必不可少。具体而言,要从以下几方面入手:其一,要对拟创制司法政策可能涉及的"个别利益""类利益""根本利益"进行系统的梳理及比对,从而尽快摸清待决利益焦点。[3] 其二,尽可能寻求利益最大公约数,将拟创制司法政策可能涉及的受益方或受损方均纳入利益衡量范围当中,并确保尽可能多的人能够平等地或符合比例地从司法政策中获益或受损。[4] 其三,依循司法政策的价值导向并结合多元社会反馈及司法运作逻辑,对多元利益进行必要的抉择取舍,从而在待决政策中找寻到最为妥当的制度归宿。其四,通过必要的制度配套,有效地保障利益平衡过程无偏私,尽可能减少利益误判,提升拟创制司法政策的可接受性。

2. 事中优化路径

一是优化创制司法政策过程中的民主参与机制。民主参与机制是确保司法政策创制活动正当性的重要保证。具体而言,要从以下几方面入手:其一,系统整合各类专家资源,构建动态开放、多元互补的司法政策专家咨询平台。借助专家咨询平台,进一步畅通司法政策创制与专家咨询之间的沟通渠道,充分

---

〔1〕 参见韩玉亭:《智慧司法建设十大关系论纲》,载《中国社会科学报》2020 年 7 月 8 日,第 5 版。

〔2〕 参见司林波、刘畅:《智慧政府治理:大数据时代政府治理变革之道》,载《电子政务》2018 年第 5 期。

〔3〕 参见李可:《利益衡量的方法论构造——以司法性利益衡量为中心》,载《上海政法学院学报》2017 年第 2 期。

〔4〕 参见肖泽晟:《从公众参与到利益衡量和理由说明——重大公共资源配置行政决策程序法治化的方向》,载《法学杂志》2013 年第 9 期。

发挥学术团体、研究机构、社会咨询组织的专业优势。[1] 其二，优化完善常态化的司法政策信息沟通机制，通过网络投票、信息披露等多种方式让普通民众、社会组织及各类媒体能够真正有效参与到司法政策创制活动当中，从而确保人民群众对于公平正义的需求能够在司法政策中有所体现。其三，建立健全规范高效的利益相关主体参与司法政策创制的相关机制。通过代表座谈、政策听证等方式，让拟创制司法政策利益相关主体能够充分表达意见，同时要进一步明确利益相关代表的合理意见如果未被采纳，应当予以书面说明，[2] 从而避免民主参与成为走过场的"秀"。

二是确立创制司法政策过程中的理由公示机制。理由公示制度作为增进司法政策创制过程中多方信息沟通互动的重要机制，在提升司法政策可接受性方面扮演着重要角色。具体而言，要从以下几方面入手：其一，明确司法政策创制中理由公示的形式要求。在司法政策创制中，一般应通过书面载体或电子文本的形式逐条对政策出台的相关内容予以解释说明。其二，规范司法政策创制中理由公示的实质要求。在创制司法政策的理由说明中至少应涵盖：(1)客观理性地展示司法政策创制的背景性事实要素；(2)全面系统地梳理现有相关的法律、法规、司法解释、司法政策的现状；(3)深入细致地分析创制司法政策的必要性、可行性以及所涉相关利益平衡方案中的考量因素。其三，严格司法政策创制中理由公示瑕疵的责任机制。对于在司法政策创制过程中未履行法定的说明理由义务或者未按法律规定的要求进行理由公示，直接责任主体应承担理由公示瑕疵的相关责任。[3]

三是完善创制司法政策过程中的合法性审查机制。司法政策合法性审查机制是确保拟创制司法政策的科学性、避免司法政策越轨的重要保障机制。具体而言，要从以下几方面入手：其一，审查的强度标准为合法性审查标准，主要关注司法政策的创制程序、上位法依据、政策规范内容是否合法。其二，审查的主体及其启动方式为内部主动审查与外部监督审查相结合。在内部主动审查制度设计上，可由法院系统政治部牵头进行常规化自我审查，在外部监督审查制度设计上，可由法院系统外利益相关主体推动法院被动启动司法政策的合法性审查。其三，合法性审查意见细化为正面肯定型、负面反对型、中性建议型三

---

[1] 参见姜晓萍、范逢春：《地方政府建立行政决策专家咨询制度的探索与创新》，载《中国行政管理》2005年第2期。

[2] 参见秦天宝：《风险社会背景下环境风险项目决策机制研究》，载《中国高校社会科学》2015年第5期。

[3] 参见李春燕：《行政行为说明理由制度的构建》，载《行政法学研究》1998年第3期。

类。其中正面肯定型、负面反对型、中性建议型三类审查意见各自所对应的后续流程分别为有序推进、及时终止、问题导向性优化完善。[1]

3. 事后优化路径

一是细化司法政策的效果评估机制。效果评估机制是客观检视先期司法政策实际效果的重要手段。具体而言,要从以下几方面入手:其一,科学确立司法政策的评估标准。就宏观而言,司法政策的评估标准主要包括公正性标准、回应性标准、成本性标准三个层面,公正性主要关注该司法政策执行后与其有关的各类社会资源、利益关系及政策成本的公平分配的实现程度;回应性主要关注该政策执行后对利益相关当事人核心需求的满足程度;成本性则主要关注其在执行过程中政策成本支出与政策收益二者间的对比关系。其二,综合运用司法政策的评估方法。充分借助各类司法大数据,综合运用法律职业共同体评估、法院自我评估、利益相关当事人统计抽样评估、新旧司法政策对比评估等多种评估方法,从而科学评测司法政策的实际效果。[2] 其三,深度拓展延伸司法政策效果评估的结果。立足司法政策效果评估的结果,客观审视所存在的共性问题,深入剖析制约其效果的掣肘机制,从而以问题为导向,为未来完善相应政策提出建议。

二是健全司法政策的定期立改废机制。逐步健全司法政策的定期立改废机制,不仅是探索回应型司法的内在需求,也是科学发挥司法政策引领推动作用的制度屏障。具体而言,要从以下几方面入手:其一,建立司法政策的定期清理机制。依照司法实践的现实需求,定期对现有司法政策进行全面清理,及时消除司法政策条款在价值取向、行为指涉、内容规范等方面与上位法不一致、不适应、不协调的情形。其二,加强司法政策清理与司法政策规划编制工作的有序协调。通过加强司法政策立改废多个环节的组织协调,充分发挥其拾遗补阙、调整纠偏、除伪去弊的功能。[3] 其三,明确司法政策废止的主要方式。将司法政策废止的方式主要规范为三类:(1)人民法院内部常规化定期清理后对外发布废止政策清单的形式;(2)利益相关当事人或有权机关向司法政策制定主体提出废止司法政策的请求或建议,人民法院在审议通过作出废止司法政策的决定后对外发布的形式;(3)新的上位法或司法政策颁布后,通过附则的形

[1] 参见赵龙、江惠娟:《论行政机关内部重大决策合法性审查机制的建构》,载《成都行政学院学报》2015年第4期。

[2] 参见匡跃辉:《科技政策评估:标准与方法》,载《科学管理研究》2005年第6期。

[3] 参见石亚军:《简政放权提质增效须加速法律法规的立改废》,载《中国行政管理》2016年第10期。

式废止被其取代或覆盖的司法政策的相关内容。[1]

三是落实司法政策违规的责任追究机制。建立司法政策违规的责任追究机制作为提升司法政策质效的有效路径，亟待进一步细化落实。具体而言，要从以下几方面入手：其一，明确责任追究的对象。这里责任追究的对象主要为，在司法政策创制过程中应当履行法定义务但拒不履行或者错误履行的司法机关及其工作人员，不仅涵盖了司法机关的整体责任，也涵盖了司法机关工作人员的个体责任，并要逐步探索从司法机关到司法机关工作人员的主体责任链。其二，细化责任类型及其担责方式。依照司法机关及其工作人员参与司法政策创制过程中违规行为的情节轻重以及社会危害程度的不同并按照主体性质的差异分配诸如道德责任、行政责任、刑事责任等多种不同类型的责任。[2] 其三，完善责任追究的程序机制建设。通过完善责任追究启动机制、调查机制、救济机制等程序性机制，真正让责任追究活动有章可循。

---

〔1〕 参见王宗炎：《地方性法规的立改废机制研究(下)》，载《上海人大月刊》2001年第6期。

〔2〕 参见王群：《公众参与司法的责任追究机制研究——基于主体的类型化分析》，载《重庆理工大学学报(社会科学版)》2019年第11期。

法官助理分阶培养机制研究

——来自江苏法院的实践探索

曹也汝　张俊勇　张兴鹏*

【内容摘要】法官助理分阶培养是深化司法责任制中一项重大而又深远的制度。以江苏法院法官助理制度为研究样本,法官助理制度改革存在工作职责不明确、司法能力待提升、考核体系不完善、发展前景不明朗的现实境遇。江苏法院分阶培养改革探索包括设定法官助理培养阶段、明确法官助理工作职能、创新法官助理考核评价体系、明确法官助理职业发展路径。分阶培养过程中出现的新问题有定阶标准不完善、各阶助理使用难、考核主体不明确、激励机制不健全。完善分阶培养制度设计包括"四项举措"、灵活划分"三种类型"岗位职能、探索"2+3+1"考核晋升规则、"三个规范"明确考核方案、"五项措施"完善长效激励机制。

【关键词】法官助理分阶培养　江苏法院　司法责任制　激励机制

2020年3月,中共中央办公厅印发的《关于深化司法责任制综合配套改革的意见》明确,规范司法辅助人员管理,建立健全法官助理分层培养机制。最高人民法院多次提

---

* 曹也汝,江苏省高级人民法院政治部副主任、法官管理处处长;张俊勇、张兴鹏,江苏省高级人民法院政治部法官管理处干部。本文系2020年江苏法院重点调研课题"法院人员分类改革背景下法官助理培养改革"的阶段性研究成果。

出，推动完善法官助理招录、管理政策，建立健全法官助理分层培养机制。法官助理作为法官的重要后备力量，其培养制度的健全完善，事关法官队伍建设和司法人事制度改革的成效。随着司法改革的深入推进，特别是员额制改革的不断完善，法官助理在人民法院改革发展过程中的地位不断凸显。加快推进法官助理队伍革命化、正规化、专业化、职业化建设，完善法官助理分阶培养机制，对于优化法官助理发展路径、推动辅助工作专业分工、整合司法人力资源、提升审判质量效率具有重要意义。[1]

一、法官助理制度改革的现实境遇

我国法官助理制度的探索始于20世纪90年代。1999年最高人民法院颁布的第一个五年改革纲要，正式提出进行法官助理的试点工作。[2] 2004年最高人民法院颁布第二个五年改革纲要，明确要求逐步建立法官助理制度。同年9月，最高人民法院在部分地方人民法院开展法官助理试点工作，[3]江苏法院在此期间开展的法官助理改革探索，为法官助理制度改革积累了丰富素材。2013年3月，中组部和最高人民法院联合印发《人民法院工作人员分类管理制度改革意见》，提出将法官助理归入审判辅助人员类别。2015年2月，最高人民法院颁布第四个五年改革纲要，提出要健全法官助理管理制度。2019年10月，新修订《法官法》正式施行，规定人民法院应当加强法官助理队伍建设，为法官遴选储备人才。由此，法官助理制度得到了顶层设计和政策制度的保障，江苏法院在前期改革试点基础上，积极推进法官助理改革工作，在法官助理的招录、使用、管理、培养等方面积累了一定经验，初步形成具有一定规模的法官助理队伍。

（一）法官助理队伍概况

经过多年来改革探索，江苏法院形成了统一招录、统一面试、统一培训、统一使用的专业化招录培养机制。随着法官员额的深入推行，在法官助理的招录和培养过程中，也出现法官助理人员结构多元、人难招人难留、遴选入额难等情况。

一是法官助理人员结构多元。江苏法院现有法官助理4883人，其中新招

---

[1] 法官、法官助理、书记员作为审判人力资源，关乎人案矛盾化解、法院审判质效。人力资源管理者受制于刚性人力资源管理，一般将主要精力放在人员增添上，忽视了审判团队职责分工、团队关系等重要因素。

[2] “一五改革纲要”在深化法院人事管理制度改革部分提出：随着审判长选任工作的开展，结合《人民法院组织法》的修改，高级人民法院可以对法官配备法官助理和取消助理审判员工作进行试点，摸索经验。

[3] 试点法院包括海南省高级人民法院、广东省深圳市中级人民法院、吉林省长春市中级人民法院、上海市黄浦区人民法院、江苏省徐州市云龙区人民法院等部分地方法院。

录大学生、研究生直接任命的有 2521 人,占 51.63%;未入额审判员、助理审判员转任的有 857 人,占 17.55%;由政法专项编制书记员转任的有 1258 人,占 25.76%;事业编制、行政附属编制人员转任的有 92 人,占 1.89%;部分法院招聘的合同制法官助理 155 人,占 3.17%。法官助理队伍来源多样,既有新招录公务员任命为法官助理,也有审判员、助理审判员转任为法官助理,还有部分法院招聘的"外援式"[1]法官助理,加大了工作职能安排、培养及考核评价的难度。[2]

二是法官助理"招录难"与"流失快"并存。江苏法院实行政法编制法官助理统一招录以来,部分岗位的有效报名人数未达到开考比例,导致岗位被核减,2018~2020 年分别核减 24 人、39 人、33 人。同时,编制内法官助理流失情况较为严重,2018~2020 年,江苏省共有 382 名法官助理调离或辞职,分别占法官助理队伍总数的 8.24%,法官助理人难招、人难留的问题逐渐凸显。

三是法官助理入额难,形势严峻。自本轮司法体制改革以来,江苏法院深入推进以员额制改革为核心的司法人事制度改革,先后开展了 6 次法官入额遴选。2018~2020 年,共 781 名法官助理入额,仅占法官助理队伍总数的 17.13%。同时,随着入额遴选的深入推进,江苏法院的员额空缺数量逐年减少,超过 1/3 的基层法院没有空缺员额,符合入额条件的法官助理是空缺员额的 10 倍以上,法官助理遴选入额的压力逐年增大。

(二)原因分析

自法官助理制度施行以来,江苏法院结合实际培养了一批法官助理,但法官助理的人才流失和入额形势引发了对法官助理培养的深入分析。为了精准分析法官助理培养使用难题的原因,使法官助理制度改革更契合法官助理队伍实际情况,遂向法院系统发放调查问卷,[3]征求有关法官助理工作的意见、建议。

一是工作职责不明确。我国《法官法》、《法院组织法》和诉讼法均未对法官助理职能进行规定,立法层面不完善导致了现实中法官助理开展工作的局限性和现实尴尬。最高人民法院仅在办案人员权力和责任清单中列举了法官助

[1] 参见周伟:《聘任制法官助理制度的构建——以解决法官助理身份"双轨制"问题为视角》,载《山东法官学院学报》2020 年第 4 期。

[2] 人民法院司法体制改革方案要求"法官助理一般由具有中央政法专项编制的人员担任,高、中级法院中央政法专项编制不足的,也可以通过聘用方式来配备"。

[3] 共收回有效问卷 4627 卷,其中法官卷 1139 卷、法官助理卷 1409 卷、书记员卷 2079 卷。

理的工作职责。法官助理在审判团队中处于承上启下的重要地位,[1]但法官助理工作职责“错位”现象突出。调查问卷显示,44%的法官助理认为自己的工作职责不够清晰;出现了“书记员化”、“内勤化”以及综合调研型法官助理。“书记员化”法官助理长期从事开庭排期、送达传票等事务性工作;[2]“内勤化”法官助理主要由新招录公务员从事内勤事务;另有部分法官助理除撰写裁判文书外,还承担调研、宣传、案例等工作,即所谓“综合调研型法官助理”,与“书记员化”“内勤化”法官助理形成两个极端。[3]

二是司法能力待提升。操作法律的人的质量比其操作的法律的内容更为重要。[4] 在员额制改革后法官数量大幅减少、案件数量持续高位运行的现实压力下,法官疲于应对审判工作,[5]无暇对法官助理的成长作出有效指导。法官助理一般处于自我学习、自我管理、自我提高的状态,部分法官助理出现了“野蛮生长”现象。法官助理既要承担繁杂而又耗费精力的排期、送达等程序性工作,也要负责复杂人际交往的接待工作,还要撰写审理报告、裁判文书等体现法律功底的工作。对于法官助理来说,需要从大量琐碎的业务性工作做起,由表及里、由浅入深,逐渐掌握审理案件的技巧。多数法官助理的审判经验、团队协作能力、群众工作能力等还不能满足审判执行工作的需求。

三是考核体系不完善。探索建立一套科学合理的考核评价机制,客观反映法官助理工作业绩,是法官助理分阶培养改革试点工作的核心内容,亦是难点之一。调查显示,77%的法官助理认为自己所在法院考核机制不够完善。实践中,法官助理对于案件参与程度与其指导法官要求、案件难易度等因素相挂钩,刑事法官助理与民事、行政法官助理参与度有区别,同样协助办理某类案件,法官助理案件“贡献度”也不尽相同,缺乏统一工作量的“度量衡”。同一部门法官助理业绩比较相对容易,但涉及跨部门、跨条线时,因工作职责不同,统一案件的基准值则存在一定困难,特别是民事法官助理与刑事法官助理每个案件权重并不相同,横向比较困难。

四是发展前景不明朗。对于法官助理队伍来说,良好的职业发展前景对于队伍稳定起到关键作用。近年来,与普通公务员考试报名火爆情况相反,法院系统法官助理岗位报考不断遇冷,不少法院达不到开考比例,甚至无人报考,究

---

[1] 参见陈丹华、廖秀平:《基层法院协作型 HPWS 审判人力资源管理探析——以新型审判团队运行为视角》,载《人民司法》2020 年第 10 期。

[2] 调查问卷显示,接近 20% 的法官助理仍然从事书记员工作。

[3] 调查问卷显示,近三成法官助理同时从事综合文稿、宣传调研、内勤等工作。

[4] 参见王利明:《司法改革研究》,法律出版社 2000 年版,第 41 页。

[5] 调查问卷显示,43% 的法官尚未配备法官助理;28% 的法官认为法官助理对其帮助不大。

其原因,主要是报考者对法官助理职业前景期望值不高。法官员额制改革后,部分未入额审判员、助理审判员转任法官助理,与法官在薪资待遇上存在巨大差异,[1]甚至要和新招录法官助理共同竞争少量员额空缺,这势必影响其工作积极性,[2]加剧对前途的担忧。成为员额法官是大多数法官助理的职业目标。[3] 对于已经通过法律职业资格考试的新入职法官助理,如果按照司法改革前的模式,工作一定年限后可被任命为助理审判员、审判员,而现在却要面临"入额难",职业前景堪忧。

二、江苏法院分阶培养改革探索

江苏法院为贯彻落实《关于深化司法责任制综合配套改革的意见》,厚植服务法官助理成长理念,开展法官助理队伍分层培养改革探索,于 2020 年 10 月确定了 12 家法院为法官助理分阶培养改革试点单位。[4] 试点期间,两级法院积极探索改革方式方法,出台一系列政策意见,总结有益经验,部分法院的经验做法为后续改革方案的施行提供了现实"模板"。

(一)设定法官助理培养阶段

法官是一种实践性、经验性强的职业,决定了法官助理不可能在很短的时间内成长为一名成熟的法官。加强法官助理培养机制运行,需要构建阶梯式分级培养模式。试点法院围绕法官助理定阶、晋升环节,重点考察工作能力、资历和态度,形成"总体有阶梯、个体有差异"的培养路径。

一是明确各阶培养期间。试点法院依据司法能力、工作业绩、年限资历、工作态度等对法官助理培养阶段综合评定,建立区别于法官助理行政职级的三个培养阶段,即初阶、中阶和高阶法官助理。对各阶法官助理培养时间设定为一年至三年不等,部分试点法院针对各阶段再细分三个等级,每个等级培养时间不低于一年。[5] 二是合理确定定阶层次。试点法院均出台方案,区分法官助理的来源、能力、资历等因素,科学合理确定法官助理等级。一般来说,初阶法官助理来源于新招录或刚转任的法官助理,中阶法官助理从初阶法官助理按期

---

〔1〕 参见孔祥伟、彭雪莉:《司法改革背景下法官助理制度的羁缚与近路》,载《广西政法管理干部学院学报》2019 年第 2 期。

〔2〕 调查问卷显示,58% 的法官认为所在法院的法官助理工作积极性不高。

〔3〕 调查问卷显示,68% 的法官助理职业目标是成为员额法官。

〔4〕 12 家法院为:苏州中院、苏州姑苏法院、苏州虎丘法院;南通中院、南通崇川法院、如皋法院;淮安中院、淮安淮安区法院、淮安清江浦法院;镇江中院、镇江润州法院、扬中法院。

〔5〕 苏州中院依据年轻法官助理的司法能力、工作业绩、年限资历等因素,按照"初阶一年、中阶两年,高阶两年及以上"来设定不同培养阶段;淮安中院把初阶、中阶和高阶法官助理培养周期设定为两年、两年、一年以上;如皋法院采用"三阶九等"的分阶方式确定培养时间。

晋升,高阶法官助理从中阶法官助理择优选任。部分试点法院将首次任命初阶法官助理的条件予以明确。[1] 三是兼顾特殊情况。高学历法官助理法学理论功底深厚,另有部分法官助理在其他政法部门有多年法律工作经验,能够胜任中阶、高阶法官助理工作,部分试点法院充分考虑其具体情况,予以"破格"定阶。[2] 未入额审判员、助理审判员工作年限长,大多曾独立承办案件,试点法院一般将其确定为高阶法官助理。[3]

(二)明确法官助理工作职能

法官助理改革应以现有的法官员额制改革为基础,规范法官助理职责定位、单独序列管理。[4] 现有规范多把"法官的指导或委托"作为法官助理职权行使的必要前提,[5] 试点中,按照初阶、中阶、高阶法官助理层次明确工作职责,部分试点法院的做法具有代表性。

一是精细化工作职责。部分试点法院为实现法官助理分阶培养改革试点的科学性和可操作性,从立案、庭前、开庭、裁判和判后,全方位梳理了初阶、中阶、高阶法官助理的工作职责,并形成了详细可操作的方案,且将法官助理职能定位进一步细分。[6] 另有法院以法官助理七项职责为原则,根据民事、刑事、执行、审监、立案五类法官助理的不同工作特点,对其工作职责进行清单式细

---

[1] 如皋法院确认下列三种情况为初阶三等法官助理,一是新招录法官助理经上级法院入职培训合格且试用期满考核合格的;二是任命前在审判业务部门(岗位)从事审判辅助性工作满一年、取得法律职业资格证书、经上级法院初任法官助理培训合格的;三是未能参加上级法院初任法官助理培训的,但在审判业务部门(岗位)从事审判辅助性工作满两年、取得法律职业资格证书的。

[2] 苏州中院考虑到高学历法官助理法学功底较深,在文件中规定"取得博士研究生学位,在中阶培养周期上可缩短一年"。对于进中院前已经在其他法院、检察院工作满两年的,可跳过初阶阶段,直接选任为中阶法官助理。

[3] 淮安中院规定未入额的审判员、助理审判员可直接任命为高阶法官助理;具有高等院校博士学历,从事法律工作满两年,业绩考核合格的,可直接任命为高阶法官助理;方案实施前具有大学以上学历从事法律工作满五年或具有研究生以上学历从事法律工作满四年,业绩考核合格的,可直接任命为高阶法官助理。

[4] 参见刘茵、宋毅:《法官助理分类分级管理和职业化发展新模式研究——以北京市第三中级人民法院司法改革试点实践经验为基础》,载《法律适用》2016 年第 5 期。

[5] 参见郭伟清、荣学磊、拜金琳:《司法辅助人员配置问题研究》,载《人民司法》2019 年第 19 期。

[6] 初阶法官助理主要工作职责:(1)参与庭审及谈话调查的记录工作,受法官指派或协助法官调查、收集、核对有关证据;(2)受法官指派或协助法官办理财产保全、证据保全措施及委托鉴定、评估、审计等事务;(3)处理当事人、诉讼代理人、辩护人的来电来信来访,协助法官进行判后答疑;(4)校对裁判文书,对网上公开的裁判文书进行必要技术处理等;(5)完成法官交办的其他与审判相关的辅助性工作。中阶法官助理主要工作职责:(1)负责协助法官组织证据交换、调解。(2)受法官指派主持庭前调解、刑事和解;达成调解协议或刑事和解协议的,须经法官审核确认。(3)受法官指派列席庭审和合议庭评议。(4)在法官指导下草拟审理报告、裁判文书等。(5)完成法官交办的其他与审判相关的辅助性工作。高阶法官助理主要工作职责:(1)组织证据交换、庭前调解;(2)审查诉讼材料,归纳、整理诉讼争执要点;(3)协助处理疑难复杂案件、研究案件审判思路,草拟审理报告、裁判文书等;(4)在法官指导下总结审判经验,撰写案例分析、审判信息、司法建议等文字材料;(5)完成法官交办的其他与审判相关的辅助性工作。

化。二是阶段化分层培养。试点法院均采取分阶段明确工作职责的方式，部分法院分“基础、提升、培优”三个阶段明确工作职责，具有创新意义。刚进入法院工作“零经验”的干警，从最基础的送达、记录、归档等书记员岗位工作做起，属于基础阶段。提升阶段重在对普适性规范和基础性审判技能等更高层次司法能力的培养，协助法官组织证据交换、调解等，进行法律法规查询、类案检索，在法官指导下草拟审理报告、裁判文书等。培优阶段着眼于遴选员额法官应具备的业务能力及职业素养，在员额法官的指导下，培优阶段法官助理可相对完整、系统地协助办理一些疑难复杂案件，研究案件审理思路等。〔1〕 三是合理化轮岗培养。试点法院一般将法官助理安排在审判执行一线培养，部分试点法院实施合理轮岗制度，坚持分阶育才，法官助理岗位一般设置在立案、审判、执行部门以及综合审判业务部门。按照对法律事务从实习到熟悉再到熟练的特点，构建学习培训、业务指导和实践锻炼三位一体的培养体系，提升法官助理综合素质能力。〔2〕

（三）创新法官助理考核评价体系

法官助理身份性质、工作岗位、审判工作参与度不同，需要客观清晰记录法官助理工作业绩，合理设定不同工作内容之间的折算比例，针对性地设置考评项目。试点法院根据自身情况探索出不同考核方式，部分法院的做法具有参考借鉴意义。

一是动态“清单式”公示考核结果。采取考核业绩“动态公示”，以此了解法官助理工作实绩“活情况”。同时建立个人成长档案，并实施动态跟踪管理。〔3〕 二是创新晋级时间“缩减制”。法官助理在新等级确定后至下一次集中晋升前的任职年限内受表彰，或在一定级别刊物发表调研成果的，可折算一定时间任职年限。〔4〕 三是实行“百分制”年度考核。部分试点法院采用“百分

〔1〕 姑苏法院突出阶段培养重点，分层、动态、精细化管理。基础阶段重在熟练掌握程序性司法事务技能，强化程序意识、细节意识，为后期职业顺利发展打牢地基；提升阶段进一步牢固树立工作责任心、敬业态度；培优阶段重在培养更为灵活、全面的审判技能，从中获得更全面、深入的审判业务历练和指导，职业理想信念更加坚定。

〔2〕 镇江润州法院推进青年法官助理多岗位锻炼、多部门磨炼、全方面发展，培养更多综合能力强的员额法官后备力量，在确保部门工作相对稳定和有效接续的前提下，对法官助理适当进行有序轮岗。对在同一部门连续工作满3年的法官助理，一般应当进行轮岗，特殊情况不超过4年。对平时工作表现良好、工作业绩突出的青年法官助理，予以优先轮岗和交流，切实拓宽青年人才培养路径。

〔3〕 苏州中院考核采取“分阶式评价”。针对法官助理三个阶段不同培养重点，在业绩公示及年度考核上，对各阶法官助理分别考核，通过横向比较形成比学赶超的氛围；晋阶采取“清单式考核”，从政治品质、司法能力、综合素养、工作作风四个方面制定分阶任务清单，每个阶段考核优秀者方可进入下一阶段。

〔4〕 如皋法院创新设置晋级时间缩减机制。表彰类主要包括被上级法院记功的、公务员年度考核时被记功或嘉奖（包括其他省市级表彰）。调研成果类主要包括法官助理的调研成果在国家级、省级、地市级获奖。

制”的方式考核,总分设置为100分。将法官助理的考核分为日常考核和年度考核两部分。[1]

(四)明确法官助理职业发展路径

针对法官助理“入额难”现状、工作积极性不高、发展前景不明朗等情况,试点法院结合法官助理不同培养阶段特点,推动建立与入额条件、绩效奖金相关联的职业发展规划,充分调动法官助理工作积极性,完善法官助理职业发展预期。

一是设置入额过渡机制。部分试点法院考虑到目前实际,为符合入额资格的法官助理设定三年过渡期,期间内中阶、高阶法官助理符合入额遴选资格的,均可参加遴选。[2]二是“高阶衔接制”入额。试点法院明确价值导向,做好高阶法官助理培养与法官入额遴选的衔接工作,一般规定只有高阶法官助理才具有入额资格。[3] 三是多元化职业发展规划。试点法院通过推动建立与入额条件、法官助理职级晋升、绩效考核奖金相挂钩的职业发展规划,充分激发法官助理立足本职、乐于奉献的工作积极性。[4]

三、分阶培养过程中出现的新问题

2021年2月,江苏法院法官助理分阶培养改革试点工作推进会上,试点法院对试点以来法官助理分阶培养改革工作开展情况作了梳理汇报。从汇报情况看,各试点法院结合队伍现状和工作实际,作了一系列有益探索,但工作中也出现了一些新的堵点和难点问题。

(一)定阶标准不完善

法官助理确定培养阶段的标准不完善问题,主要表现为:一是法官助理队伍出现“倒梯形”状态,中阶、高阶人员较多,初阶人员较少,50周岁以上法官助

---

〔1〕 年度考核由业绩考核和综合考评两部分组成,总分为100分,业绩考核60分,综合考评40分。其中,综合考评由政治素质和群众公认(10分)、廉洁自律和作风效能(10分)、活动参加和志愿服务(8分)、司法调研和信息报送(12分)组成。

〔2〕 南通崇川法院以分阶考核为基础,重视对法官助理的培养,充分考虑法官助理个人自由发展,不把分阶制度沦为变相的行政级别制度。对考核优秀的法官助理在绩效奖金分配时予以奖励、入额遴选时予以优先考虑,引导法官助理真正参与其中。

〔3〕 苏州中院对于法官助理入额采取“高阶衔接制”。根据日常及年度考核,对于工作及综合业绩突出的高阶法官助理,完成相应阶段工作清单任务后,方有入额遴选资格。

〔4〕 扬中法院建立法官助理职业发展规划,组织创优评先活动,年终表彰大会设立“调解能手”“宣传工作先进个人”等荣誉;搭建能力展示平台,组织开展调研论坛、法官沙龙、读书分享、演讲比赛等文化活动,让法官助理充分展示写作能力、调研成果和形象风采;加大锻炼交流机会,选派法官助理到法院系统以外挂职锻炼、交流等,拓宽视野、增长才干。

理占有一定比例,“存量资源”[1]之间存在冲突。[2] 在后续初阶法官助理得不到补充、高阶助理入额遴选通道又狭长的情况下,将有可能出现中、高阶法官助理扎堆。二是综合部门法官助理定阶难。综合部门司法行政人员中有符合法官助理任职资格人员,以及交流到综合部门的法官助理,该部分人员如果调整至审判业务部门担任法官助理,其定阶定级困难。若审判业务部门与综合部门之间人员交流定阶定级不妥,会影响人员交流。

(二)各阶助理使用难

试点法院均明确了各培养阶段助理的工作职能,但根据试点情况看,有的法院存在各阶助理工作内容重合且不清晰现象,对法官助理的使用未作区分。还有的法院存在机械化套用助理职责清单现象,各阶法官助理只按照职责清单开展工作,缺乏灵活变通,使用不合理。另外,同一个业务部门一般无法同时配备初、中、高阶法官助理,员额法官对助理等阶的需求不同,有的法官配备的低阶法官助理可能无法满足审判实践需要,各业务庭、员额法官之间会产生不平衡问题,影响改革预期效果。

(三)考核主体不明确

当前对法官助理的考核方式主要有以下几种:一是由法官个人进行考核。在审判团队中,法官助理与法官人身依附性较高,法官直接向法官助理安排具体工作,并对法官助理的工作能力、水平及效率进行评价。二是由各个部门进行考核。通过综合部门负责人、审判团队的意见,同时以民主测评的方式来考核。三是由政治部进行考核。各级法院政治部直接按照协助办案的数量,结合思想政治、廉政情况进行考核。四是采取量化考核的方式。设置具体指标,量化法官助理的具体办案质效,如协助办案数量、调解成功率、文书草拟质量等指标。

(四)激励机制不健全

试点工作开展以来,由于员额数量的限制,部分试点法院法官助理普遍存在入额时间较长现象,这导致法官助理职业预期不明。考虑到入额现实情况,大部分法官助理不愿从事综合文字等行政工作,[3] 对提升法官助理综合素质造成阻碍。部分法官助理认为此次分阶培养改革试点延长了法官助理入额的

---

[1] 参见张瑞:《法官助理的身份困境及其克服》,载《法治研究》2019 年第 5 期。

[2] 苏州中院新招录公务员仅 3 人,至 2021 年年底,假设所有法官助理均晋阶成功的情况下,法官助理将出现“倒三角形”状态,即初阶法官助理仅 3 人,高阶法官助理占近 2/3 的情况。目前,该院政法编制仅余 3 人、员额空编仅 2 人(包含递补入额名额),资源十分紧张。

[3] 调查问卷显示,目前法官助理队伍中从事综合文字等行政工作的占比达到 30%。

年限，也无法体现各阶法官助理在职业发展、职级待遇、工资福利等方面的差异性，缺乏培养激励机制。同时，职务职级并行制度实行以来，法官助理本身有一套晋升通道，按照一定的行政级别逐级晋升，且与收入直接挂钩。此时从培养模式上重新划分初阶、中阶、高阶，如何与原有职务职级区分以及规范两者衔接，有待实践探索。

四、完善分阶培养制度设计

针对改革试点发现的新问题、新困难，建议结合试点实际，分析问题本质，探索解决思路，完善制度设计，以期形成可操作的分阶培养方案。

（一）“四项举措”精准解决定阶难题

一是结构创造：分阶构建培养层次。法官助理人员组成复杂，在任职年限、业务能力、资历经历方面都存在明显差别，如果不厘清不同的职务序列管理模式，实行层级差别培养，将会影响改革预期。[1] 调查问卷显示超过五成法官助理认为按照三阶培养更为合理，建议分别设立初阶法官助理、中阶法官助理、高阶法官助理。(1)初阶法官助理。新招录法官助理主要源于法科毕业生，偏重理论，缺乏司法经验，[2] 入职后需要从最基础的学起，可任命为初阶法官助理。(2)中阶法官助理。初阶法官助理根据不同分工，在实际工作中有的从事审判辅助工作、有的从事综合调研工作，培养一定年限后有资格晋升中阶法官助理。新招录的法官助理中有的是高学历，有的具有多年法律工作经验，可视情况考核，任命为中阶法官助理。(3)高阶法官助理。为形成一定的竞争氛围，中阶法官助理经过一定年限培养，通过考评选任可晋升高阶法官助理。法院队伍中的未入额审判员、助理审判员，工作年限长、司法能力强的，可任命为高阶法官助理。[3]

二是打造“双线晋升”平台。法官助理定阶时应合理规划，尽量避免某一阶比例过大。针对部分试点法院法官助理定阶后高阶法官助理占比较高、入额等待时间较长的现象，建议畅通高阶法官助理“出路”。部分高阶法官助理审判业务能力强，或综合素质好、协调能力强，可通过搭建竞争选任、法官遴选平台的形式，设立“双线晋升”机制，在提拔重用时按照德才兼备的标准优先考虑，使其走上中层领导岗位，或遴选为法官。

---

〔1〕 参见唐文娟：《法院审判辅助体系管理：实践、规范与运作》，载《西部法学评论》2017 年第 6 期。

〔2〕 参见孔祥伟、彭雪莉：《司法改革背景下法官助理制度的羁缚与近路》，载《广西政法管理干部学院学报》2019 年第 2 期。

〔3〕 参见冯文生：《德国法官考评的“学问”》，载《人民法院报》2012 年 3 月 16 日，第 8 版。

三是挖掘聘用“增量资源”[1]。法官助理定阶难和排队入额问题是实行分阶培养的主要现实问题，需要把法官助理从立案、执行或综合部门的岗位抽离出来，在全院范围内合理调配，从制度上引导法官助理队伍有序晋阶，同时合理规划招录数量，逐渐消化高阶法官助理人数，形成法官助理入额的良性循环态势。为缓解审判工作压力，可挖掘“增量资源”，通过从聘用制书记员中选任法官助理、[2]招录编制外法官助理等方式，将聘用制法官助理充实到审判团队中。

四是畅通“双向”人员流通。针对分阶培养改革过程中综合部门人员的顾虑，建议明确综合部门、业务部门人员流通机制，合理确定定阶与培养时间。部分综合部门司法行政人员在入职时就通过法考，因工作安排从事综合文字或其他工作，他们自始符合任命法官助理条件，如果转任法官助理，定阶或晋升时理应同等计算培养时间。业务部门法官助理被交流至综合部门工作的，为确保公平性，晋升时可与业务部门法官助理共同竞争。

（二）灵活划分“三种类型”岗位职能

试点过程中发现的法官助理工作职能混同现象，一定程度影响了分阶培养的实际效果。在按照辅助事务型、审判业务型、综合研究型基本职能分类的基础上，法官助理的工作可区分为“原则性”和“拓展性”，即法官助理必须完成规定的工作职责，也可在审判团队负责人的指导下，从事其他阶段法官助理的工作职能，灵活从事各项工作职责。

一是设定“辅助事务型”法官助理。辅助事务型法官助理，指在法官指导下，辅助办理保全、鉴定等基础性、程序性事项的法官助理，如前述初阶法官助理基础薄弱，宜从辅助事务做起，主要工作职责可参照书记员工作确定；因工作需要，还可担任内勤工作。初阶法官助理一般配备给年轻法官，在做好辅助事务工作的同时，逐步熟悉案件审理过程，在法官指导下办理适量的简单案件，为下一步晋升中阶法官助理打好基础，建议明确其协助办案工作量不少于员额法官的20%。

二是区分“审判业务型”和“综合研究型”法官助理。晋升为中阶法官助理后，各方面工作能力均有一定提升，此时可根据法官助理各自专长优势和岗位需求，把一部分法官助理向审判业务方向培养，一部分向综合研究方向培养，设

---

〔1〕 此处的“增量资源”主要指编制外法官助理，因法院编制数量有限，编制内法官助理很难满足繁杂的审判辅助工作需要，编制外法官助理的重要性尚未得到足够重视，一定数量的编制外法官助理是保证人民法院审判工作健康可持续发展的保证。

〔2〕 调查问卷显示，92%的聘用制书记员赞同从队伍中选任聘用制法官助理。

立审判业务型和综合研究型法官助理岗位。审判业务型法官助理主要工作职责为在法官指导下,协助组织证据交换、调解,草拟阅卷笔录、审理报告等;综合研究型法官助理主要工作职责为在法官指导下,从事综合文稿、调研文章、案例写作等。在培养过程中,中阶法官助理逐渐熟练掌握审判工作技能,能够处理简单案件和部分复杂案件,此时对中阶法官助理协助办案工作量要求应显著高于初阶法官助理,以不少于员额法官40%为宜。

三是赋予高阶法官助理更多职责。高阶法官助理是员额法官的"后备军",应以员额法官为目标进行培养,承担员额法官绝大部分工作职责,在日常工作中赋予有限的审判权"独立办案",[1]全面掌握审判技能,办案工作量不少于员额法官的70%。在实际工作中,高阶法官助理可以参照"限权法官"[2]处理案件,提出裁判思路,草拟裁判文书。为强化培养,高阶法官助理一般配备给分管院长和审判业务部门负责人,重点协助审理重大、疑难、复杂、新类型和在法律适用方面具有普遍指导意义的案件,同时从事综合文稿、调研文章、案例写作等工作,进一步提升综合素质,为入额遴选打好基础。

(三)探索"2+3+1"考核晋升规则

调查问卷显示,大多数法官认为法官助理经过3~5年培养才具有入额遴选的能力,根据法官助理队伍实际情况,依照法官助理参加法官遴选的相关规定,建议设定初阶、中阶、高阶培养时间为2年、3年、1年较为合理。晋升以考核为前提,考核设置合格分。新招录法官助理工作满2年后,已具备一定审判辅助工作能力,考核合格后晋升中阶法官助理。[3] 从事审判业务工作和从事综合调研工作的中阶法官助理工作3年后,熟悉各项审判工作技能,具备晋升高阶法官助理的基本素质,考核合格后晋升。试点法院规定高阶法官助理即可参加法官遴选,但实践中发现,刚晋升高阶的法官助理未经历练,一般还无法驾驭疑难复杂案件,建议晋升至高阶法官助理满1年后,才具有参加遴选资格。针对法官助理原有的职务序列等级与分阶培养阶段衔接难的问题,可设置考核目标,在培养阶段与职务序列等级之间明确"二次晋升"通道,法官助理每年考核分超过80分,且符合职务序列等级晋升条件的,可优先晋升行政职级。

---

〔1〕 参见李志增、李冰:《内生型塑造:法官助理三阶式养成路径探析——基于审判辅助事务与初任法官培养模式的契合》,载《中国应用法学》2019年第4期。

〔2〕 参见邱波:《论助理审判员序列消失与职能继承——以上海市E中院试点改革实践为样本》,载《上海政法学院学报》2017年第1期。

〔3〕 调查问卷设置了针对每阶培养周期的问题,84%的法官助理选择每阶2年的培养时间。

（四）价值引领："三个规范"明确考核方案

考核是引导、监督和激励司法运行中"人"的因素的重要手段。[1] 在考核中对法官助理工作质效合理评价，明确"能者上、庸者下"的价值导向，激发法官助理队伍竞争活力、促进形成整体向上的积极氛围。

一是规范考核主体。由法官或法官助理所在部门对法官助理考核均有一定局限性，不能完整体现法官助理各方面表现。调查问卷显示，大多数由所在法院政治部、审管办、所在部门等共同负责，此种考核方式使用率高，较为合理。政治部作为牵头部门，具体负责考核方案实施，审管办、业务部门等为协助部门，按照考核方案落实各自责任，法官助理所在部门负责具体考核评分；为保证考核客观公正，部门主要负责人在进行评分时，应充分听取法官助理所辅助的审判团队、法官和书记员的意见。

二是规范考核总指标。审判质效评价机制的核心构成要素是规范、评价、激励、监督与导向。[2] 各阶法官助理岗位设置和主要工作职责不同，在考核中应予区分。建议考核总分设置为 100 分。思想作风指标为 20 分，为法官助理共性指标，考核个人政治素质、道德品行、勤勉敬业、廉洁自律等。审判辅助工作量为 60 分，以法官助理实际跟案数为标准计算，根据本部门实际情况，设定不同岗位法官助理年度、季度最低工作量目标，根据目标完成打分。综合评价为 20 分，由部门对法官助理参与审判辅助工作的工作量、学术论文、信息宣传等进行量化评价。主要从事综合调研、内勤等工作的法官助理，其审判辅助工作基本工作量指标可以适当减少。

三是规范加分、扣分项。通过对案例、调研等工作的加分考核，能够推动法官助理提升调研能力。如案件被确定为指导性案例、公报案例、参阅案例的；案件、庭审、裁判文书在评选中获奖的；调研成果、信息获表彰奖励的，按照奖项、荣誉级别分别予以加分。通过对遵守规章制度、廉洁自律等方面的扣分考核，督促法官助理严格遵守各项规章制度，树牢作风意识。此类扣分项目在考核中同样予以规范，如未严格执行考勤管理规定、请假休假制度、个人重大事项报告制度的；未遵守会议纪律的；因工作态度、服务质量差被群众投诉的。上述加分、扣分的具体项目和分数，可由各法院根据法官助理队伍实际情况分别制定。

（五）"五项措施"完善长效激励机制

针对法官助理队伍不稳定、培养激励机制缺失等问题，在明确初阶、中阶、

---

〔1〕 参见江苏省南京市中级人民法院课题组：《司法体制综合配套改革视野下法官业绩考核评价制度重构》，载《法律适用》2018 年第 7 期。

〔2〕 参见吴烨：《审判质效考评机制：法理审视与实践反思》，载《兰州教育学院学报》2014 年第 4 期。

高阶晋升机制的基础上，通过设立职业化法官助理岗位、搭建专业化成长平台、强化多岗位历练等方式，完善长效培养激励机制，实现正向目标转化，进一步激发法官助理队伍内在“向上力”。[1]

一是创设职业化法官助理岗位。实践中，法官助理既要从事审判辅助工作，又要从事事务性工作，一定程度影响审判辅助能力的提升，可设置庭长法官助理岗位，按年度轮流负责部门政务辅助工作，将绝大多数法官助理从繁杂的行政事务中解脱出来，使其他法官助理全身心投入协助法官办案工作。部分法官助理有调研专长，可创新调研机制，[2]专门配备法学功底好、调研能力强的调研型法官助理，进行针对性培养。另外，50岁以上的法官助理在各级法院占一定比例，他们工作年限长，经验丰富，可以充分发挥传帮带作用，调动其工作积极性，打造一支多维度的“职业化”法官助理队伍。

二是搭建法官助理成长平台。实践中，法官、法官助理团队一般由组织调配组成，法官和法官助理均无选择权，无法形成相对独立、密切协作的办案单元和管理单元。[3] 可以变审判团队单方面直接组建为法官、法官助理“双向选择”，搭建“双向选择”平台，实现审判团队构建的自主性，给予法官助理更多的柔性空间，如可以允许法官助理选择多个法官，[4]法官和法官助理按照案件处理的贡献度、参与度及配合度自行协商确定工作量分配比例及考核权重，形成“1+1+1>3”的团队合力。[5]

三是健全完善教育培训机制。各阶法官助理工作职责不同，教育培训需求自然也不同，应区分法官助理培养阶段，结合前述各阶段工作职责，吸收原预备法官培训经验，对教育培训资源重新分配。可单独设计法官助理培养课程，合理安排培训计划、精准设置课程内容、形式。如初阶法官助理，可安排有关诉讼流程、基本法律技能等课程；中阶法官助理，可安排审判实务中的疑难复杂问题、法律文书及调研课题撰写等课程；高阶法官助理，可安排庭审驾驭、法律关系和诉讼请求固定等课程。总之，以循序渐进式培训，为各阶法官助理提供教育培训方案。

---

〔1〕 西奥多·H. 波伊斯特在《公共与非营利组织绩效考评：方法与应用》中阐述：“不合适的指标或不平衡的一组指标可能会在实践中导致目标转化，造成管理行为从提高绩效的方面走向它的反面。”

〔2〕 四川省成都市中级人民法院课题组：《法官助理协助办案机制的构建与完善——以C市法院法官助理协助办案情况为样本的考察》，载《人民司法》2020年第10期。

〔3〕 参见马渊杰：《司法责任制下审判团队的制度功能及改革路径》，载《法律适用》2016年第11期。

〔4〕 参见陈丹华、廖秀平：《基层法院协作型HPWS审判人力资源管理探析——以新型审判团队运行为视角》，载《人民司法》2020年第10期。

〔5〕 此处以法官所办理案件为总体工作量，法官、法官助理根据贡献度、参与度及配合度自行协商工作量分成，法官助理的该部分工作量纳入业务能力考核。

四是合理设定法官助理晋升比例。法官助理的晋升以择优晋升为原则，晋升建基于各法院的院情之上。[1] 各法院可根据法官助理队伍的实际情况，按照考核排名，综合考虑工作年限、工作能力、工作态度等择优晋升，同时合理设置晋升比例，既体现一定的竞争性，又营造一定的不满足感，防止形成工作惰性。[2] 同时，设定高阶法官助理不超过法官助理总数的30%的比例，形成各阶人数占比合理的晋升态势。

五是探索绩效考核倾斜制度。根据各阶段法官助理的工作职责划分，中阶、高阶法官助理工作量较多、复杂程度高、责任大，在绩效考核时应予以区分，形成初阶法官助理向中阶、高阶晋升的主动性和积极性。年终考核时，对于同一法院的法官助理，其所有助理的绩效考核奖金作为总份额，按照初阶、中阶、高阶的不同系数，结合考核结果、辅助案数、工作量、工作贡献度等因素，进行绩效奖金分配，推动奖金向中阶、高阶法官助理倾斜，充分激励法官助理工作积极性和队伍活力。

五、结语

随着司法改革的逐步深入，法官助理作为审判团队中承上启下的重要环节，其重要性不断凸显。法官助理分阶培养，作为人员分类管理改革的关键举措，对于加快推进法官助理革命化、正规化、专业化、职业化建设具有重要意义。经过试点法院的改革探索，法官助理队伍的职能定位基本明确、考核体系进一步完善、职业路径明显畅通，法官助理分阶培养机制逐步形成，改革成效初显。我们将按照绘制的改革蓝图，深入推进法官助理分阶培养工作，进一步完善司法资源配置、提升审判工作质效，切实提升法官助理的工作积极性，促进法官助理队伍建设的健康平稳发展，推动法官助理不断提升自身职业伦理、法律素养和审判能力来保证案件审理符合公正高效要求，在深化司法改革实践中不断完善法官助理制度。

---

〔1〕 参见刘练军：《法官助理制度的法理分析》，载《法律科学》2017年第4期。

〔2〕 参见李志增、李冰：《内生型塑造：法官助理三阶式养成路径探析——基于审判辅助事务与初任法官培养模式的契合》，载《中国应用法学》2019年第4期。

《民法典》背景下夫妻共同遗嘱的司法认定规则

沈　湧　王　萍　王　婵*

【内容摘要】我国《继承法》(1985年10月1日)施行35年以来,经济体制改革纵深推进,社会急剧转型,公民财产观念和权利意识明显增强,这使得我国继承法律制度在适用中存在一定的局限性和落后性。我国法律未明文规定共同遗嘱,但司法实践中夫妻设立共同遗嘱的现象不乏其例,各地法院对此态度不一。我国2021年1月1日正式施行的《民法典》中亦未规定共同遗嘱的内容,但这是一个不容回避的现实问题。因此,有必要根据我国的实际情况,在《民法典》框架下加以研究和探讨,以期解决共同遗嘱在实务中的争议。

【关键词】民法典　夫妻共同遗嘱　司法认定

一、问题的引出

以N市X区人民法院审理的一起遗嘱继承纠纷案件引出本文要探讨的问题。李某某与王某某系夫妻关系,双方共育有长女李某甲、长子李某乙、次子李某丙、次女李某丁四名子女。1999年12月9日,李某某与王某某在某公证处

* 沈湧,南京市玄武区人民法院党组书记、院长,华东政法大学法学硕士;王萍,南京市玄武区人民法院法官,南京大学在职法律硕士;王婵,南京市玄武区人民法院法官助理,武汉大学法学硕士。

共同立下遗嘱:“我们夫妻二人自愿商量,我们任何一方先去世,双方共有的位于N市X区××房屋(登记在李某某名下)及其他一切财产由另一方继承。等双方都去世后,上述房屋及我们所有财产由长子李某乙、长女李某甲、次女李某丁三人共同继承,次子李某丙不得继承。其他人无权干涉。”2000年5月22日,李某某去世。2019年原告王某某将四名子女作为被告诉至法院,请求确认李某某名下位于N市X区××房屋由原告王某某一人所有。该案审理中,原、被告对于公证遗嘱效力及李某某去世后其享有的诉争房屋50%份额由王某某继承等内容均不持异议。但原告王某某主张,根据公证遗嘱内容,其继承李某某遗产后应当成为诉争房屋唯一所有权人,生前可以自由处分房屋。四被告则认为,原告王某某应当遵守公证遗嘱中李某某的真实意思表示,王某某生前享有房屋使用权,去世后诉争房屋由指定的继承人共同继承。可见,该案中,双方争议的焦点为共同遗嘱的生效时间及一方去世后,另一方是否能够变更共同遗嘱内容。

该案引出下列问题:(1)除了公证遗嘱形式外,是否认可其他共同遗嘱形式?(2)既约定相互继承又指定第三人继承的,若夫妻一方先去世,另一方能否主张共同遗嘱已生效,要求完全继承并自主处分遗产?在具体探讨这些问题前,应当先厘清相关的法律概念及本文研究范围。

共同遗嘱是指两个或两个以上遗嘱人合意形成一份内容相同或相互关联的遗嘱。〔1〕立遗嘱人在同一载体上对各自或者共同的财产作出死因处分,〔2〕内容和形式上具有牵连性和整体性。〔3〕因夫妻之间具有利益与心理关系的密切依赖性,多以共同财产制为基础,〔4〕因此,本文仅研究夫妻共同遗嘱。根据目前学术界的通说,夫妻共同遗嘱包含以下四种类型:一是相互继承型,即夫妻双方互相指定对方为自己遗产的唯一继承人;二是第三人受益型,即夫妻双方在遗嘱中共同指定第三人为继承人;三是混合型,即夫妻双方相互指定对方为自己继承人,并约定双方均去世后遗产由共同指定的第三人继承;四是互为条件型,即夫妻一方对遗产的处分构成另一方处分的条件,〔5〕如再婚夫妻约定男方若同意其1/2的遗产留给女方婚前子女,则女方也同意将其1/2的遗产留给男方婚前子女,反之亦然。

---

〔1〕参见麻昌华、曹诗权:《共同遗嘱的认定与构建》,载《法商研究》1999年第1期。

〔2〕参见吴英姿:《论共同遗嘱》,载《南京大学法律评论》1996年第1期。

〔3〕参见赵莉:《我国遗嘱形式要件的认定及完善》,载《北方法学》2012年第5期。

〔4〕参见王毅纯:《共同遗嘱的效力认定与制度构造》,载《四川大学学报(哲学社会科学版)》2018年第1期。

〔5〕参见周子凡:《德国共同遗嘱的变更、撤销研究》,载《净月学刊》2017年第3期。

二、我国夫妻共同遗嘱的规范现状及司法困境

(一)我国夫妻共同遗嘱的规范现状

关于共同遗嘱的效力及适用规则,我国《继承法》中未规定,《民法典·继承编》中也未提及。司法部 2000 年 7 月 1 日开始施行的《遗嘱公证细则》第 15 条中表明,符合一定条件的可以办理共同遗嘱公证。该条款虽未禁止订立共同遗嘱,但仍倾向于引导遗嘱人分别订立公证遗嘱,该细则系目前关于共同遗嘱规定的唯一部门规章。撇去该条款简短笼统、权威性及法律效力层级较低的特点之外,其能否作为法院最终裁决认定公证共同遗嘱效力的依据,仍值得商榷。就本文上述案例中的共同遗嘱而言,其于《遗嘱公证细则》颁布施行前办理,能否根据该细则认定其效力?公证共同遗嘱中未明确遗嘱变更、撤销及生效条件的,是否有效?这些问题在《遗嘱公证细则》中均未能解决。可见,目前我国民事法律规范关于共同遗嘱仍处于立法空白的状态。

(二)我国夫妻共同遗嘱的司法困境

1. 我国夫妻共同遗嘱案件的审理概况

我国司法实践中,夫妻共同遗嘱的案例广泛存在,截至 2021 年 8 月 4 日,笔者在中国裁判文书网上以“共同遗嘱”为关键词,并限定案由为婚姻家庭、继承纠纷进行检索,共获取 618 份裁判文书。通过梳理共同遗嘱案件的分布年份、地域等要素,发现我国司法实践中共同遗嘱案件呈现以下特点:

(1)在 2019 年前呈上升趋势(见图 1)。我国各级人民法院审理的共同遗嘱案件数量自 2013 年开始逐年增加,2018 年增幅最大,2019 年案件数量最多。

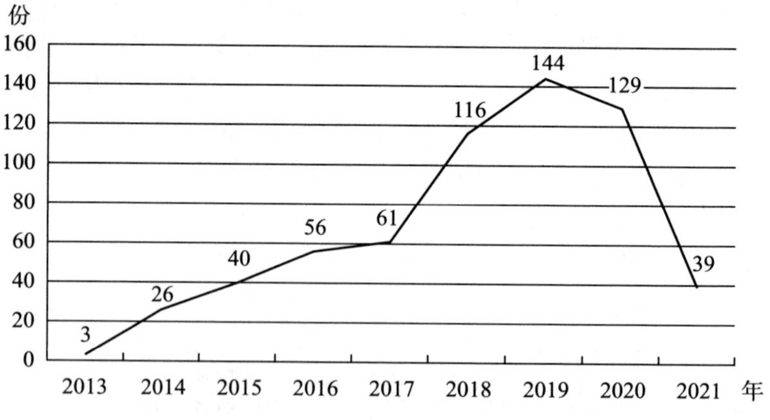

图 1 我国夫妻共同遗嘱案件的数量(2013~2021 年)

(2)夫妻共同遗嘱案件量呈现与经济发展水平正相关的地域性聚合分布(见图

2)。经济较为发达地区的共同遗嘱案件审理数量占比较大，特别是集中在北京、上海两地。这恰好说明随着经济社会发展，个人及家庭合法财产不断增多，公民权利意识增强，立遗嘱处分身后财产渐成趋势。其中，共同遗嘱的现象也逐渐增多。[1]

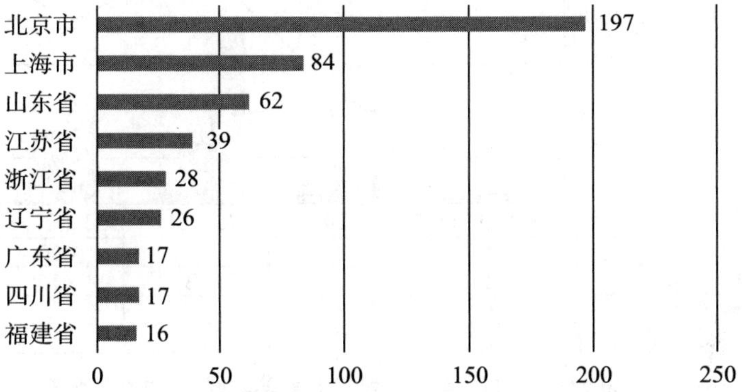

图 2　我国夫妻共同遗嘱案件的地域分布(件)

(3)夫妻共同遗嘱案件在基层人民法院审理占比较大。618 件案件中，基层人民法院审理的共同遗嘱案件有 386 件，占比 62.46%，这与我国民事案件的级别管辖范围密切相关。但基层人民法院对共同遗嘱作出的裁判文书往往并不能使各方当事人服判息诉，部分当事人上诉至中级人民法院甚至申诉至高级人民法院，寻求进一步的救济路径。其中，中级人民法院审理的共同遗嘱案件占比 34.47%，其中包括经一审上诉至中级人民法院案件(见图 3)。

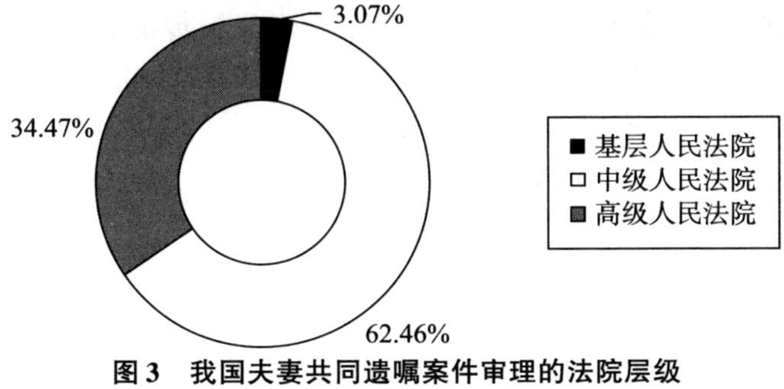

图 3　我国夫妻共同遗嘱案件审理的法院层级

2. 我国夫妻“共同遗嘱”案件的具体裁判情况

笔者从 618 件案件中随机选取了 120 份涉及“共同遗嘱”的裁判文书，审结时间自 2009 年至今，地域包含全国 20 个省市，确保选取的样本在时间跨度、空间维度的分布上具有广泛性与代表性(见图 4)，通过对 120 件案例进行梳理，

---

〔1〕 参见杨立新主编:《继承法修订入典之重点问题》，中国法制出版社 2015 年版，第 3 页。

具体分析如下：

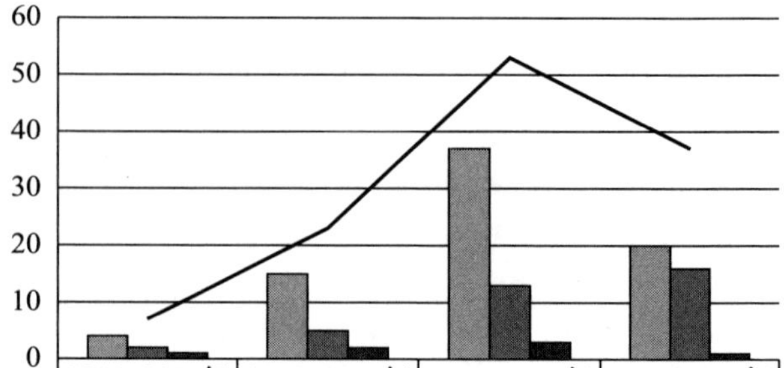

	2009~2011年	2012~2014年	2015~2017年	2018~2021年
一审	4	15	37	20
二审	2	5	13	16
再审	1	2	3	1
案件数（件）	7	23	53	37

图4　120份夫妻共同遗嘱裁判文书审理时间、适用程序分布

第一，关于共同遗嘱的效力。总体而言，仅少数法院完全否认共同遗嘱的效力，〔1〕认为共同遗嘱不符合我国遗嘱的法定形式要件。〔2〕例如，认为夫妻一方书写，双方均签字的共同遗嘱属于“自书＋代书”的形式，对仅签字的一方而言属于代书遗嘱，如不符合代书遗嘱形式要件则认定无效。〔3〕目前，大多数法院支持共同遗嘱有效（105份裁判文书均承认共同遗嘱的效力，占比87.50%），理由主要有两点：一是共同遗嘱虽在我国继承法律规范中没有明确规定，但也未违反继承法的禁止性规定，且系当事人真实意思表示，应当有效；〔4〕二是民众订立夫妻共同遗嘱的现象较为普遍，不仅符合我国传统家事习惯，也与夫妻财产共同共有的性质相适应。〔5〕调研样本中承认共同遗嘱有效的案件中，既有肯定公证共同遗嘱效力的案件，〔6〕也有认定属于代书遗嘱形式的共同遗

〔1〕例如，北京市海淀区人民法院民事判决书，（2014）海民初字第22552号；上海市浦东新区人民法院民事判决书，（2013）浦民一（民）初字第9422号。

〔2〕例如，德州市中级人民法院民事判决书，（2019）鲁14民终2801号；上海市静安区人民法院民事判决书，（2019）沪0106民初15745号；唐山市中级人民法院民事裁定书，（2018）冀02民终7465号等。

〔3〕例如，上海市静安区人民法院民事判决书，（2019）沪0106民初15745号；嘉峪关市城区人民法院民事判决书，（2014）嘉城民一初字第429号。

〔4〕例如，广州市中级人民法院民事判决书，（2018）粤01民终7801号；保定市中级人民法院民事判决书，（2017）冀06民终1223号；南京市秦淮区人民法院民事判决书，（2017）苏0104民初1554号等。

〔5〕例如，广州市荔湾区人民法院民事判决书，（2016）粤0103民初578号；上海市浦东新区人民法院民事判决书，（2014）浦民一（民）初字第24042号等。

〔6〕例如，宁波市江东区人民法院民事判决书，（2015）甬东民初字第705号；南京市中级人民法院民事裁定书，（2015）宁民再终字第38号等。

嘱。[1] 另外，有法院将共同遗嘱认定为自书遗嘱，认为现实中共同遗嘱不可能由夫妻共同书写，夫妻一方执笔，夫妻双方均签字确认的遗嘱实质上符合自书遗嘱的形式要件；[2] 还有法院仅将已去世一方的遗嘱认定为自书遗嘱，认可部分效力。[3] 更多的法院在裁判文书中，未明确共同遗嘱属于哪一法定形式，认为共同遗嘱不仅不违反法律关于遗嘱效力的强制性规定，并且属于当事人意思自治的范畴，因而合法有效。[4]

第二，关于"共同遗嘱"概念与类型。120 份文书中有 92 份（占比76.67%）在裁判文书明确使用"共同遗嘱"的表述，其余则使用"遗嘱"和"遗赠"的概念；[5] 部分裁判文书对共同遗嘱的概念、类型、成立条件等作出具体分析。[6] 笔者按照上文第一部分的定义，将 105 份认可有效性的"共同遗嘱"予以分类，其中第三人受益型共同遗嘱最多，共 81 份，占比 77.14%；混合型共同遗嘱数量其次，为 18 份；相互继承型共同遗嘱只有 6 份。上述裁判文书中，仅少数法院在判决中明确了共同遗嘱的类型。[7]

第三，关于共同遗嘱的生效时间。相互继承型共同遗嘱中，遗嘱人一方死亡共同遗嘱发生法律效力，另一方可依法继承，法院裁判意见基本一致。[8] 第三人受益型共同遗嘱及混合型共同遗嘱中，除遗嘱人均死亡后，指定继承人主张遗产分割的情形外，[9] 各法院对于仅一方去世后共同遗嘱的生效时间确定及指定继承人能否主张分割遗产存在不同的观点。混合型共同遗嘱中，有法院

---

〔1〕 例如，南京市栖霞区人民法院民事判决书，(2019) 苏 0113 民初 1795 号；山东省武城县人民法院民事判决书，(2019) 鲁 1428 民初 1634 号；德州市中级人民法院民事判决书，(2019) 鲁 14 民终 2801 号等。

〔2〕 例如，青岛市中级人民法院民事判决书，(2015) 青民五终字第 2078 号；漳州市中级人民法院民事判决书，(2019) 闽 06 民终 1006 号等。北京市西城区人民法院民事判决书，(2019) 京 0102 民初 5725 号等。

〔3〕 例如，杭州市下城区人民法院民事判决书，(2019) 浙 0103 民初 2793 号。

〔4〕 例如，洛阳市老城区人民法院民事判决书，(2017) 豫 0302 民初 905 号；上海市浦东新区人民法院民事判决书，(2016) 沪 0115 民初 83197 号等。

〔5〕 例如，上海市第二中级人民法院民事判决书，(2014) 沪二中民一（民）终字第 294 号；北京市怀柔区人民法院民事判决书，(2016) 京 0116 民初 398 号等。

〔6〕 如有判决认为，共同遗嘱存在两种形式：相互遗嘱和关联遗嘱（参见上海市静安区人民法院民事判决书，(2015) 静民一（民）初字第 1658 号）。又如，共同遗嘱亦应符合遗嘱一般构成要件，即主体资格要求、形式要求、意思表示要求及不损害国家利益和社会公共利益要求（参见天津市第一中级人民法院民事判决书，(2017) 津 01 民再 62 号）。

〔7〕 例如，上海市静安区人民法院民事判决书，(2013) 静民三（民）初字第 22 号；南宁市中级人民法院民事判决书，(2013) 南市民一终字第 435 号等。

〔8〕 例如，聊城市中级人民法院民事判决书，(2018) 鲁 15 民终 1638 号；浙江省余姚市人民法院民事判决书，(2016) 浙 0281 民初 11968 号；北京市通州区人民法院民事判决书，(2017) 京 0112 民初 1187 号等。

〔9〕 例如，上海市静安区人民法院民事判决书，(2015) 静民一（民）初字第 1658 号；南京市玄武区人民法院民事判决书，(2014) 玄少民初字第 38 号等。

认为遗嘱人一方去世后，共同遗嘱即生效，判决去世一方的遗产由在世方继承；[1]也有法院认为混合型共同遗嘱的生效时间分两个阶段：一方去世后相互继承的内容生效，但不具有执行效力，真正意义上的遗产分割应在最后一个遗嘱人死亡后开始。因此，无论是在世方要求继承财产还是指定继承人请求分割去世方遗产，法院均不予支持。[2] 第三人受益型共同遗嘱中，如遗嘱人在共同遗嘱中明确表示夫妻双方均去世后生效，也就不存在争议。对于第三人受益型共同遗嘱中未明确生效时间的，有法院认为：遗嘱人一方死亡，共同遗嘱不完全发生效力，只有夫妻双方均死亡后共同遗嘱才全部生效；[3]一方去世后即分割遗产势必影响生存配偶的正常晚年生活，不符合我国传统的家庭观念。[4] 但大多数法院认为遗嘱人一方死亡后，共同遗嘱中涉及去世方的遗嘱部分生效，指定第三人可以继承去世方的遗产。[5]

第四，关于共同遗嘱的撤销与变更。夫妻双方生前协商一致撤销、变更共同遗嘱，[6]或在共同遗嘱中明确约定一方去世后另一方不得撤销、变更遗嘱内容的情形，[7]实务处理不存在争议。除此之外，夫妻一方去世后，另一方对共同遗嘱所作的撤销、变更是否有效？司法实践中则存在不同的意见。混合型共同遗嘱中，法院倾向性意见认为：遗嘱人一方死亡的，在世方仅可以撤销或变更涉及自己个人财产部分的遗嘱，且在世方应当妥善管理和保护去世方遗产，并按照共同遗嘱内容将去世方遗产最终转移给指定第三人继承。[8] 第三人受益型共同遗嘱中，有法院认为共同遗嘱的内容相互制约、相互关联，具有严格的内在整体性和变更、撤销的非自由性，在世方不得变更、撤销遗嘱。[9] 也有法院

[1] 例如，南平市延平区人民法院民事判决书，(2014)延民初字第4087号；上海市长宁区人民法院民事判决书，(2016)沪0105民初15293号；北京市第二中级人民法院民事判决书，(2020)京02民终444号等。

[2] 例如，上海市浦东新区人民法院民事判决书，(2016)沪0115民初83197号，认为共同遗嘱的效力包括"设立效力"与"执行效力"，两者应当予以区分。关于"设立效力"，共同遗嘱只需符合法律所规定的形式要件和实质要件即具有法律效力。"执行效力"即遗嘱具有可执行的效力，决定遗嘱内容能否得以实现。

[3] 例如，北京市第三中级人民法院民事判决书，(2019)京03民终1175号；广州市越秀区人民法院民事判决书，(2016)粤0104民初4749号；南京市秦淮区人民法院(2017)苏0104民初2480号等。

[4] 例如，新乡市红旗区人民法院民事判决书，(2009)红民一初字第1008号。

[5] 例如，北京市第一中级人民法院民事判决书，(2015)一中民终字第9281号；宁波市中级人民法院民事裁定书，(2017)浙02民申62号等。

[6] 例如，上海市浦东新区人民法院民事判决书，(2014)浦民一(民)初字第37595号。

[7] 例如，厦门市中级人民法院民事判决书，(2015)厦民终字第4619号；广州市越秀区人民法院民事判决书，(2016)粤0104民初4749号；成都市中级人民法院民事判决书，(2014)成民终字第2166号等。

[8] 参见南京市中级人民法院民事裁定书，(2011)宁民终字第2774号；南京市中级人民法院民事裁定书，(2015)宁民再终字第38号等。

[9] 参见南京市鼓楼区人民法院民事判决书，(2019)苏0106民初599号；上海市徐汇区人民法院民事判决书，(2016)沪0104民初13058号等。

认为公民享有自行处分个人财产的权利,因此在世方撤销、变更共同遗嘱中自己财产的行为有效。[1]

综上,我国关于“共同遗嘱”的法律规范缺失,使司法实践无所适从。裁判者对共同遗嘱概念认识不清,对共同遗嘱的效力,以及生存配偶能否变更、撤销等问题都存在较大分歧,尚未形成统一的裁判规则。

三、夫妻共同遗嘱的理论争议焦点

(一)夫妻共同遗嘱的效力

我国学术界对于夫妻共同遗嘱的争论由来已久,存在以下两种截然相反的观点:

一是肯定说(有限肯定说)。部分学者认为应当从立法上对夫妻共同遗嘱予以确认,但明确限制共同遗嘱的成立条件、生效时间、撤销与变更等内容。主要理由为:(1)共同遗嘱是我国继承领域长期存在的传统遗嘱类型,符合我国当前民众的生活实践,[2]是私法自治原则在继承制度上的反映和体现,并不违反遗嘱自由原则;(2)配偶双方订立共同遗嘱处分共同财产,与我国目前夫妻财产一般采取法定共有制的现状相契合,在继承纠纷案件中能够更好地认定和处理遗产;[3](3)夫妻订立共同遗嘱有利于维持生存配偶的稳定生活状态,保护年幼子女的合法权益,从而避免家庭成员为争夺遗产影响家庭和睦与稳定。[4]

二是否定说。部分学者认为共同遗嘱弊大于利,应当明文禁止共同遗嘱。[5] 理由主要为:(1)作出共同遗嘱的主体,也即夫妻,具有捆绑性,[6]每个个体难以表达真实意思,且妨碍遗嘱人撤销或变更遗嘱的权利,违反遗嘱自由原则;(2)夫妻共同遗嘱不符合目前我国遗嘱的法定形式要件;[7](3)目前我国夫妻财产制既非单纯的法定共同制,也非单纯的约定分别财产制,[8]夫妻共

[1] 参见北京市第二中级人民法院民事判决书,(2015)二中民终字第3122号;北京市第二中级人民法院民事判决书,(2016)京02民终2203号;北京市第三中级人民法院民事判决书,(2016)京03民终4972号等。

[2] 参见岳红强:《我国共同遗嘱制度的立法建构》,载《湖北警官学院学报》2014年第2期。

[3] 参见陈苇主编:《中国继承法修改热点难点问题研究》,群众出版社2013年版,第162页。

[4] 参见刘文:《继承法律制度研究》,中国政法大学出版社2016年版,第230页。

[5] 参见郭越:《夫妻共同遗嘱质疑》,载《甘肃社会科学》2000年第1期。

[6] 参见林进生:《共同遗嘱的弊端》,载《青年与社会》2015年第15期。

[7] 参见张华贵:《利益平衡与立法选择:论立法应当禁止夫妻共同遗嘱》,载《山东女子学院学报》2013年第3期。

[8] 参见林秀雄:《夫妻财产制之研究》,中国政法大学出版社2001年版,第6页。

同财产制的变革导致肯定共同遗嘱效力的重要理由失去法律根基。[1]

（二）夫妻共同遗嘱的法律性质

关于夫妻共同遗嘱的法律性质，学术界更是众说纷纭。（1）单方行为说，部分学者认为应将遗嘱订立主体看作一个整体，夫妻共同遗嘱实质上是多方意思合致为一个意思表示，属于单方行为；[2]也有学者认为共同遗嘱是夫妻对己方财产分别作出的死因处分，[3]属于内容相同或相关联且独立的两个单方法律行为。[4]（2）双方行为说。夫妻共同遗嘱订立主体为夫妻，双方达成一致合意，名为遗嘱，实质上具有类似合同契约的约束力，[5]必须共同遵守，受其约束，[6]因此，将共同遗嘱界定为双方行为或契约行为。（3）共同行为说。多数学者认为夫妻共同遗嘱属于共同行为，理由主要在于夫妻订立共同遗嘱的目的具有同向性、一致性，[7]双方并未设立对向性的权利义务。（4）附条件或附义务遗嘱说。小部分学者认为，夫妻共同遗嘱可以分解为两个附条件的遗嘱或附义务遗嘱。[8]该种观点基于某些共同遗嘱中存在附加一定条件、生效期限以及履行一定义务的内容。

（三）夫妻共同遗嘱的生效与失效

夫妻共同遗嘱的订立主体涉及两个遗嘱人，绝大多数情况下共同遗嘱中遗嘱人的死亡时间存在时间差，因此，夫妻共同遗嘱的生效时间也较为复杂，主要争议在于：若夫妻一方死亡，共同遗嘱是否生效以及能否分割遗产？主要存在以下三种意见：第一，全部生效说。夫妻一方死亡，遗嘱全部生效。例如，在混合型共同遗嘱中，第三人可以请求分割已去世方名下所有的财产，理由为一方死亡时，如果共同遗嘱不发生效力或部分发生效力，在世方享有的财产份额则在法律上处于不明确的状态。[9]第二，部分生效说。立遗嘱人均去世后，共同遗嘱开始发生效力，[10]理由在于夫妻共同遗嘱中处分的财产是共有财产，只有

---

〔1〕 参见赵莉：《我国遗嘱形式要件的认定及完善——中日比较法的视野》，载《北方法学》2012 年第 5 期。

〔2〕 参见卢富林：《共同遗嘱的效力分析》，载《吉首大学学报（社会科学版）》2018 年第 S2 期。

〔3〕 参见王利明、陆家豪：《民法学：民法典时代的解释论图景》，载《检察日报》2021 年 1 月 5 日，第 3 版。

〔4〕 参见任景龙：《夫妻共同遗嘱初探》，载《河北法学》1988 年第 4 期。

〔5〕 参见李昊：《民法典继承编草案的反思与重构》，载《当代法学》2019 年第 4 期。

〔6〕 参见檀钊：《论共同遗嘱的性质》，载《长江大学学报（社科版）》2016 年第 8 期。

〔7〕 参见吴国平：《夫妻共同遗嘱的效力及其立法建议》，载《福建江夏学院学报》2011 年第 1 期。

〔8〕 参见曲润富、楼晓：《夫妻共同遗嘱不得限制一方的遗嘱自由》，载《中央政法管理干部学院学报》1994 年第 4 期。

〔9〕 参见张华贵：《利益平衡与立法选择：论立法应当禁止夫妻共同遗嘱》，载《山东女子学院学报》2013 年第 3 期。

〔10〕 参见任景龙：《夫妻共同遗嘱初探》，载《河北法学》1988 年第 4 期。

等全部共有人去世才能发生法律效力，如果一方死亡遗嘱生效，则必然使共同遗嘱名存实亡。第三，效力待定说。该种观点认为共同遗嘱生效时间分两个阶段，一方去世继承开始但并不必然分割遗产，这有利于保障在世一方的合法权利，符合公序良俗原则。〔1〕

我国继承法律中规定的遗嘱法定无效事由，包括订立遗嘱主体的民事行为能力缺陷、遗嘱人意思表示瑕疵及伪造遗嘱、篡改遗嘱等情形。除此之外，共同遗嘱处分的是夫妻共同遗产，合法有效婚姻关系是订立共同遗嘱的前提，因此，遗嘱人婚姻关系解除、无效或被撤销，共同遗嘱无效。〔2〕

（四）夫妻共同遗嘱的撤销与变更

共同遗嘱的订立、生效至遗产分配完毕一般需经历较长时间，难免会因一些客观因素导致共同遗嘱需要变更或撤销，因此，学术界普遍认为共同遗嘱可以撤销与变更，但对于撤销、变更的方式却有较大争议。夫妻双方均在世时可以通过协商一致撤销、变更遗嘱，这不存在争议。对于相互继承型共同遗嘱，夫妻一方死亡，共同遗嘱即全部生效，不存在在世方撤销、变更遗嘱的问题。其他三种共同遗嘱类型中，夫妻一方去世，在世方能否撤销、变更遗嘱则需要讨论。学术界存在两种截然相反的意见：一种意见认为，在世方不能随意撤销、变更共同遗嘱，因在世一方已不能与去世方进行协商，允许撤销或变更有可能违反已去世方的最初目的和期待利益。〔3〕 另一种意见认为，在出现意想不到的情形时，应当赋予在世方撤销、变更共同遗嘱的权利，这有利于保护在世方及其他权利人的合法利益，如在世方出现其他合法继承人等。

四、夫妻共同遗嘱司法裁判规则的确立

夫妻共同立遗嘱具有我国民众长期以来生活实践的习惯基础，〔4〕夫妻双方达成合意处分遗产，正是私法自治原则在遗嘱继承领域的体现。〔5〕 司法实践中，夫妻共同立遗嘱引发的纠纷已成为继承纠纷中的重要案件类型，认可夫妻共同遗嘱效力具有理论可行性及现实必要性。即使在目前法律无明文规定的前提下，司法也应积极、理性应对，避免出现案件在法院悬而不决、司法“乱象”的现状。

---

〔1〕 参见王长河、应敏骏：《从一个继承纠纷案看共同遗嘱的效力》，载《宁德师专学报（哲学社会科学版）》2009 年第 4 期。

〔2〕 参见丁一、李荣光：《共同遗嘱的法律问题研究》，载《荆楚理工学院学报》2018 年第 3 期。

〔3〕 参见卢富林：《共同遗嘱的效力分析》，载《吉首大学学报（社会科学版）》2018 年第 S2 期。

〔4〕 参见岳红强：《我国共同遗嘱制度的立法建构》，载《湖北警官学院学报》2014 年第 2 期。

〔5〕 参见吴国平：《夫妻共同遗嘱的效力及其立法建议》，载《福建江夏学院学报》2011 年第 1 期。

(一)厘清夫妻共同遗嘱的法律行为性质

界定共同遗嘱法律性质的意义在于,不同性质的法律行为成立要件不同,区分法律行为类型以便于司法实践中适用不同的裁判规则、判断该行为是否成立以及有关行为对哪些当事人具有约束力。因此,统一夫妻共同遗嘱的司法裁判规则应当首先分析夫妻共同遗嘱的性质。

单方行为不需要他方当事人的同意就能产生相应法律效力,但共同遗嘱四种类型中大多是基于双方一致的意思表示成立,显然不完全属于单方行为。认为夫妻共同遗嘱属于双方行为的观点,仅落脚于关注立遗嘱人意思表示的一致性以及共同遗嘱内容对夫妻双方的约束力,但忽略了一般遗嘱与共同遗嘱的共通点,也未考虑夫妻共同遗嘱在意思表示一致上的特殊性。多数学者认为夫妻共同遗嘱是共同法律行为,但该种观点仅将视角限制在主体上的双数或共同意思表示一致的结果上,存在以偏概全之弊端。[1] 因此,本文认为,对于夫妻共同遗嘱的性质,上述学者观点均存在一定的片面性,夫妻共同遗嘱是一种较为复杂的行为,在认定其法律行为性质时应当跳出"共同"的字面意思"束缚",根据夫妻共同遗嘱的不同类型确定其法律行为性质。

第三人受益型共同遗嘱,本质上是夫妻双方分别针对自己遗产作出的死因处分,形成了一个合意,该种处分在法律上是独立的,属于单方行为。相互继承型共同遗嘱和互为条件型共同遗嘱中,夫妻双方设立特定方式继承内容,权利义务相对,[2]具有"合同契约"的性质,因此属于双方行为。混合型共同遗嘱分为两个层次,即相互指定对方为继承人后,共同指定最后遗嘱受益人,可以看作"相互继承型 + 第三人受益型"的综合,因而属于"双方 + 单方"行为模式(见表1)。

表1　夫妻共同遗嘱的法律行为性质分类

单方行为	双方行为		"双方 + 单方"模式
第三人受益型	相互继承型	互为条件型	混合型
法律上是独立的; 一个处分的无效和撤回不影响其他处分的效力	法律上并非独立行为; 夫妻双方的处分具有关联性、整体性撤回/撤销受到限制		

〔1〕 参见谢淑敏:《共同遗嘱制度若干问题研究》,载《知识经济》2010 年第 23 期。

〔2〕 参见[德]雷纳·弗兰克、[德]托比亚斯·海尔姆斯:《德国继承法》(第 6 版),王葆莳、林佳业译,中国政法大学出版社 2015 年版,第 108 页。

(二)《民法典》框架下夫妻共同遗嘱案件的认定思路

司法实践中,应在《民法典》框架下对夫妻共同遗嘱进行具体认定,需满足遗嘱的一般性规定,包括法定形式要件、实质要件、失效以及特留份规定等,在此,本文仅探讨夫妻共同遗嘱的特殊裁判规则。

1. 夫妻共同遗嘱的有效性认定

夫妻共同遗嘱成立且有效的两个特殊要件为(见图5):一是双方在意思表示上具有共同性,夫妻双方主观上既要达成合意,也要有订立共同遗嘱的客观行为(外部可识别性);二是订立遗嘱时存在有效的婚姻,这是夫妻共同遗嘱的前提条件和应有之义。若婚姻嗣后被解除或被法院确认无效、撤销的,共同遗嘱是否有效可以参考德国继承法中的做法,[1] 相互继承型、混合型以及互为条件型共同遗嘱中,作出遗嘱处分与有效且存续的婚姻相关联,若婚姻被解除或法院确认无效、被撤销的,共同遗嘱即失去效力。第三人受益型共同遗嘱订立后,即使夫妻解除婚姻关系,但仍可能指定双方子女作为遗产受益人,这种例外情形下应当认可夫妻共同遗嘱效力。

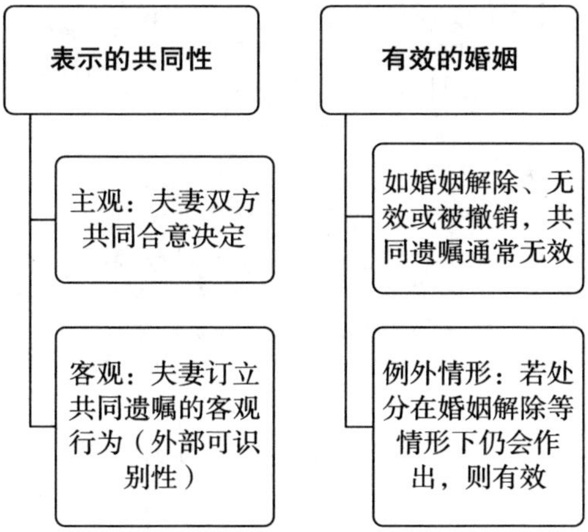

图5　夫妻共同遗嘱的特殊要件

2. 在世方撤销、变更遗嘱的认定规则

若夫妻双方生前约定同意变更、撤销遗嘱的,则按约定执行。[2] 若未明确

---

〔1〕 根据《德国民法典》第2268条第1款、第2077条第1款,在通常情况下,配偶之间共同遗嘱的有效性是与第一个配偶死亡时婚姻的存续相联系的。但根据第2077条第3款,如果可以假定该处分在离婚或者婚姻被解除的情况下也可能作出,则夫妻共同遗嘱仍有效力。参见[德]安雅·阿门特-特劳特:《德国继承法》,李大雪、龚倩倩、龙柯宇译,法律出版社2015年版,第125页。

〔2〕 参见周子凡:《德国共同遗嘱的变更、撤销研究》,载《净月学刊》2017年第3期。

约定,配偶一方去世后,在世方的撤销、变更问题则需根据不同遗嘱类型分别对待。相互继承型共同遗嘱中,一方去世,共同遗嘱当即生效,不存在变更、撤销的问题。互为条件型共同遗嘱中,先去世方所立遗嘱生效,生存配偶的遗嘱通常应当依约履行,无特殊情况不得变更、撤销遗嘱。第三人受益型及混合型共同遗嘱中,为保护遗嘱人以及法定权益人的正当利益,在特定情形下允许在世方变更、撤销遗嘱具有正当性、合理性,讨论列举具体情形可能有挂一漏万的弊端。因此,本文明确司法认定允许在世方变更、撤销的条件:一是该情形发生在遗嘱订立之后,且立遗嘱人均不知道亦未预料到其可能发生;二是若立遗嘱人知道该情形则不会订立该遗嘱(见图6)。同时,在世方变更、撤销处分涉及的财产范围应限于其个人财产。

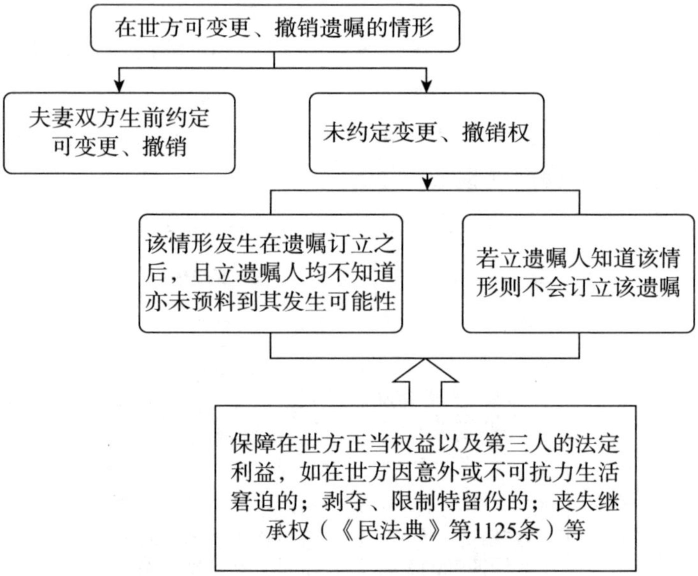

图6 在世方可变更、撤销遗嘱的情形认定

综上,司法实践应具体区分共同遗嘱的类型确定不同的裁判规则,本文列举表2进行总结:

表2 夫妻共同遗嘱的具体裁判规则指引

类型	相互继承型	互为条件型	第三人受益型	混合型
性质	双方行为		单方行为	双方+单方模式
有效性认定	需满足《民法典》对遗嘱的一般性规定,如形式实质要件、无效、特留份规定等			
	特殊要件:表示的共同性(主观合意和客观上的可识别性)+有效的婚姻(婚姻解除、无效或被撤销,共同遗嘱通常无效,但上述情形下仍会作出该处分的除外)			

续表

<table>
<tr><th>类型</th><th>相互继承型</th><th>互为条件型</th><th>第三人受益型</th><th>混合型</th></tr>
<tr><td>继承模式</td><td>一方去世后遗嘱立即生效,在世方完全继承</td><td>一方去世后,死亡遗嘱人所立的遗嘱生效,按约定由在世方或指定受益人继承,另一方的遗嘱如无特殊情况必然得到执行</td><td>夫妻一方去世后,死亡遗嘱人所立遗嘱部分生效,双方均去世后,共同指定人最终继承</td><td>分阶段讨论:(1)夫妻一方死亡,相互继承遗嘱的部分生效,在世方继承遗产;(2)夫妻双方均去世后,共同遗嘱全部生效,共同指定人继承遗产</td></tr>
<tr><td rowspan="3">变更与撤销</td><td rowspan="3">一方死亡,遗嘱即生效,不存在撤销与变更的问题</td><td colspan="3">保护遗嘱人的正当权益以及第三人的法定利益,严格限制撤销与变更的情形:(1)该情形发生在遗嘱订立之后,且立遗嘱人均不知道亦未预料到其发生可能性;(2)若立遗嘱人知道该情形则不会订立该遗嘱</td></tr>
<tr><td rowspan="2">严格限制在世配偶撤销、变更遗嘱权利,一般情况下不允许</td><td rowspan="2">在世方仅能撤销或变更属于自己财产的遗嘱部分。在世方撤销其遗嘱之后,该共同遗嘱在性质上变成去世方的单独遗嘱</td><td>在世方仅有权依法撤销或变更自己所立遗嘱的部分,死亡一方在共同遗嘱中的遗产处分对第三人依然有效</td></tr>
<tr><td>在世方若损害指定第三人根据共同遗嘱所享有的期待利益时,指定第三人有权请求损害赔偿</td></tr>
</table>

确立了夫妻共同遗嘱的具体裁判规则后,对于本文第一部分所举案例现分析如下:该案例属于混合型共同遗嘱,形式上为公证遗嘱,应合法有效。遗嘱人一方去世后,共同遗嘱部分生效,在世方王某某向法院起诉依法继承已去世一方享有的诉争房屋50%份额,法院应予支持。但已去世一方的公证遗嘱中也包含了遗嘱人均去世后,遗产由子女李某甲、李某乙、李某丁共同继承。因在世方仅有权依法撤销或变更自己所立遗嘱的部分,故法院在裁判理由中表明:因王某某有生之年可自行处分其享有的诉争房屋份额,故李某甲、李某乙、李某丁可待王某某去世后依法主张继承诉争房屋中李某某所享有50%份额,这就保障了王某某的晚年正常生活,也尽量避免双方今后再次产生纠纷,影响家庭和谐和睦。

继承制度是公民死亡后个人财富传承的基本法律制度,随着我国经济社会迅速发展,人口平均寿命不断提高,个人合法财产和可继承遗产显著增加,社会家庭结构、继承观念等方面也发生了新变化,这也导致民众法律诉求的多元化。夫妻双方共同立遗嘱处理身后财产符合我国的传统家庭理念、继承习惯,与遗嘱自由原则相契合,因此,司法审判应充分发挥导向作用,积极、理性回应民众多元法律需求,统一裁判规则,妥善审理共同遗嘱引发的遗产继承纠纷。

后疫情时代社区治理能力提升的法治化路径

——以南京市秦淮区为例

骆正言　龚万松　姜　璟*

【内容摘要】党的十九届四中全会指出，要构建基层社会治理新格局。完善群众参与基层社会治理的制度化渠道。健全党组织领导的自治、法治、德治相结合的城乡基层治理体系，健全社区管理和服务机制。社区治理的法治化路径研究，是积极相应党中央号召，研究国家治理体系和治理能力现代化、研究法治社会的重要部分。本文介绍了我国社区治理的法治化现状，指出了社区治理法治化目前存在的问题与不足，提炼了南京市秦淮区在社区治理法治化中产生的经验，提出了社区治理的"秦淮模式"；并结合我国当前的立法现状，提出了通过形成完备的法律规范体系、厘清社区治理中多元主体的法律关系，构建共建共治共享的"社区共同体"，最终达到社区治理现代化的目标。

【关键词】疫情　社会治理　法治化　南京市秦淮区

一、社区治理法治化路径的现状

党的十九届四中全会强调，"坚持全面依法治国，建设社会主义法治国家，切实保障社会公平正义和人民权利的显著优势"。全面依法治国，不仅是制度文明的发展，更体

---

* 骆正言，法学博士，江苏开放大学公共管理学院教授、硕士研究生导师；龚万松，江苏开放大学公共管理学院副教授；姜璟，江苏开放大学公共管理学院副教授。

现着“运用法治思维和法治方式深化改革、推动发展、化解矛盾、维护稳定、应对风险”的治理智慧。

随着城市化进程的快速推进和城乡结构加速转型，社区成为城市社会中的最基本单元和国家治理体系的神经末梢，社区治理逐渐成为城市基层社会管理的主要形态与治理模式。特别在这次新冠肺炎疫情防控过程中，社区全面落实联防联控，担负着“外防输入，内防扩散”的重要使命和任务，对疫情得到有效控制发挥着关键作用。因此，社区治理的法治化将法治作为基础性工具和关键性框架，以法治化为基本预设和标靶方向，既是提升社区治理高阶水平的必由之路，也是全面依法治国和实现社会治理能力现代化的应有之义。

（一）法治：社区治理能力提升的路径选择

1. 社区治理的形成背景

“社区”一词最初由德国社会学者滕尼斯提出，他在著作中使用德文 Gemeinschaft（共同体），以和 Gesellschaft（社会）一词相区别。滕尼斯认为，相比于公众性的社会生活而言，社区的生活可以理解为“一切亲密的、秘密的、单纯的共同生活”。[1] 其本质是通过相互关系的积极意志形成族群，成为一种统一对内和对外发挥作用的人或物的结合，社区居民之间的普遍联系，强烈的归属感，都让社区是一种更为亲近的共同体。在中国，社区概念的引入始自 20 世纪 30 年代。费孝通先生堪称研究社区主题的先驱，他最早将英文 community 一词翻译为社区，自此以后便被人们沿用至今。费孝通先生强调，联系着社会的是人民的生活，人民的生活有时空的坐落就是社区。[2]

不难发现，无论是滕尼斯的“亲近共同体”，还是费孝通先生的“乡土中国”，早期的社会学家们对社区的描述和研究，基本上都是以社区主体之间共享的情感联系为纽带，连接着一定地域内的社区居民。然而，随着国家从传统到现代的转型过程，社区悄然而变，传统社区正在逐渐消失，现代社区的新特质正逐渐显现：其一，社区空间从平房胡同里弄，进阶为高楼大厦，进而居民之间存在主观意志的互相联络转变为“陌生人社会”的人际交往模式；其二，从最初固定的居民构成向流动性增强、身份多元化转变；其三，社区功能从相对简单发展为较为复杂，社区工作压力加大，管理难度也随之加大。社区成为不同社会群体的聚集地、社会关系的交织领域、社会组织的立足点和社会资源的承担者。因此，新时代、新格局、新形势下的现代社区，标志着社区工作重心从社区建设

---

〔1〕 参见［德］斐迪南·滕尼斯：《共同体与社会：纯粹社会学的基本概念》，林荣远译，北京大学出版社 2010 年版，第 52～53 页。

〔2〕 参见费孝通：《乡土中国　生育制度》，北京大学出版社 1998 年版，第 92 页。

向社区治理转变，必然要求与其现代特质相匹配的社会治理模式，也对社会基层治理体系和治理能力现代化提出了更高的诉求。

2. 基层社区治理需要注入法治功能

社区治理是基于公共利益、市场原则和社区认同，由基层政府、居委会及社会组织等协调合作，有效供给公共物品，满足社区需求，优化社区秩序的行为过程。从社区建设到社区管理，再到社区治理，体现的是国家治理体系和治理能力现代化，需要改变过去单一的管理方式，提供全方位、多元化的服务。而法治则是链接各种社会关系，协调多元利益主体的基础手段，在社区治理中输入法治资源，注入法治功能，实现社区治理的法治化，既可改善城市治理范式，也能回应社会需求、保障公民权益，进而提升群众生活的幸福感。

所谓社区治理法治化，即社区治理主体，依靠法律制度来开展社区治理工作，有效预防和化解社区各种矛盾和风险，优化社会、制度、文化、自然及人文环境资源配置，依靠正式制度与非正式制度构建规范有序、结果严密、协调运行的制度体系，将社区各项事务纳入法治轨道，运用法治思维和法治方式维护人民合法权益。

倡导在城市基层社会中强化法治建设，有助于推动社区治理体系的制度化运作；在社区中完善法治建设，有助于理顺“三驾马车”之间的关系，促进政府、公民、社会组织共同打造共建共治共享的社区治理格局；社区治理法治化将会筑牢治理基础、丰富治理内涵、整合治理手段，最终提升社区治理水平、改善社区治理绩效。

3. 社区立法的梳理

中国的社区立法经历了从政策到法规、法律的演进过程。在 20 世纪 80 年代国家就提出了社区建设问题，当时社区的首要作用是承继单位制解体之后一些溢出的功能。2000 年民政部出台《关于在全国推进城市社区建设的意见》(以下简称《意见》)。《意见》明确指出：“社区是指聚居在一定地域范围内的人们所组成的社会生活共同体。”这是首次在权威性文件中确定了社区的概念，也体现出社区地位的变化。

此后相继实施了一系列法律文件，如《民政部办公厅关于组织开展 2017 年社会工作宣传周活动的通知》《民政部、财政部关于加快推进社区社会工作服务的意见》等，都明确指出社区是社会的基本单元，进一步印证了社区地位和功能的转变。

到目前为止，社区立法总括 2 部法律(《社区矫正法》《城市居民委员会组织法》)、4 部行政法规、4 个关于社区矫正的司法解释，以及约 383 个部门规章。[1] 目前对社区加以规定的尚有效力的4部行政法规中，有3部且为出台最早的3部均是关于社区服务工作的行政法规。

目前的社区立法主要集中在社区服务工作领域，涉及社区服务、社区建设、社区治理、社区就业、社区矫正等。从法律法规的内容看，社区功能趋向于多元化。尤其是2020年《社区矫正法》的实施，标志着对社区司法功能的补充，社区工作范围进一步拓展。社区承载的社会功能越来越多，社区服务范围越来越丰富，社区将成为政治参与、经济发展、文化传承、社会治理等协调发展的基本平台。

（二）困境：社区治理法治化目前存在的问题与不足

1. 规则层面缺乏有效规范供给，未能发挥多元规范的整合效力

（1）社区治理中，国家制定法体系的不完备导致法律规范的有效供给不够，而一直以来依靠政策推动的治理惯性，则淡化了法律制度在社区治理中应有的保障力

中国特色社会主义法治体系的建成并不代表我国的法律法规非常完备，在基层社会治理领域的立法则相对不足。良法乃善治的前提，完备的社区治理法律规范体系是社区法治建设的前提和基础。现如今社区立法中，《城市居民委员会组织法》调整的仅是基层群众自治问题，从1989年颁布到2004年和2018年修订，制定年代较为久远，两次修法也没能够结合最新社会经济发展进行调整，2018年修订仅涉及居民委员会任期问题。《物业管理条例》是调整社区物业服务关系的一部基本法规，但其行政法规的效力位阶制约了其影响力和规范力。大量的公共政策被用于推动社区治理，成为社区治理事务中依赖的最主要的调整规范，进而压缩了社会组织、市场主体和公民自治性规范的作用空间。

（2）社区治理中不同规范之间或者同一规范的不同规则之间仍然存在冲突，多元规范之间欠缺衔接与协同

针对具体的社区治理事务或交往关系，不同的规范可能基于不同的价值取向而施以不同的规则要求，当主体需要选择其中一项加以适用时会产生规范冲突。[2] 国家制定法在嵌入社区治理实践过程中，与具有文化内生性的民间法之间存在一定的现实冲突。虽然目前社区治理主体已经意识到有必要充分利用国家制定法和公共政策之外的软法、民间法等规范，但是这种认知仅仅停留在将软法作为硬法的补充，无论在思想认识上还是在工作实践中，都并未将软

---

[1] 参见魏健馨、赵淼：《社区治理法治化的推进路径》，载《沈阳工业大学学报（社会科学版）》2020年第3期。

[2] 参见陈光、李嘉美：《论法治社会视角下社区合作共治格局的构建》，载《法治社会》2019年第5期。

法、民间法和民事协议等置于社区合作共治框架内来重构多元规范之间的关系。不同类型的规范“各自为战”,通过各自的实施机制,对社区治理的相关事务或交往关系产生调整或约束作用。因此,目前社区治理中多元规范之间的有效衔接与协同作用的欠缺,直接导致多元规范的整合效力弱化,不符合也无法满足社区合作共治对多元规范结构的要求。

2. 社区治理主体行政化,自治组织发育不足

社区依法自治是基层治理的关键和基石,构建合理合法的社区治理体系,需要政府、自治机构与民众之间形成公开、民主、监管相融合的良性健康关系。近年来,各级党委、政府积极推动行政管理和公共服务等事务下放社区,但是由于传统社会风俗习惯和行政化管理的困扰,当前还是有不少基层社区治理中仍然以行政机关的“大家长制”为基本模式,从而导致治理主体单一,社区自治能力得不到有效提升,最终无法形成多元治理主体共商共建的治理模式。

(1)社区自治组织主体地位不明确,与基层政府之间关系不清晰

居委会是社区事务的自治组织,《城市居民委员会组织法》中规定,“居民委员会是居民自我管理、自我教育、自我服务的基层群众性自治组织”,对其性质、职责都作出了界定,赋予其自治组织的性质,但是同时又规定:“不设区的市、市辖区的人民政府或者它的派出机关对居民委员会的工作给予指导、支持和帮助。居民委员会协助不设区的市、市辖区的人民政府或者它的派出机关开展工作。”这一规定导致政府行政权力与社区居委会的自治权利两者之间的关系更不明朗。特别是社区工作实践中,社区治理通常以政府为主导,居委会的基本工作大多是完成基层政府下达的一系列行政指令,甚至一些基层政府还会越权干预居委会各项事务,社区自治组织实质上成为基层政府在社区的延伸,并没有完全形成政府行政管理与基层群众自治的有效衔接和良性互动机制。除此之外,物业管理公司和业主委员会等类似其他社会组织的自治权利,法律也并未作出明确规定,从而导致它们为获得更多权利而争夺社区居委会自治权的尴尬局面。

(2)社区自治组织边缘化,依法自治能力较低

党的十九大报告强调“共建共治共享的社会治理格局”,以居民委员会为代表的基层组织在社会治理格局中的职能,应该是多方利益平衡、基层矛盾的实时化解以及有限资源的合理分配。但是在目前的社会实践中,社区居民委员会的行政能力存在边缘化的问题,政府的治理中心没有下移的现象依旧存在。现阶段社区治理主体之间的关系尚未理顺,还未形成显著成效的新型治理运行体系。在实际的社区管理工作过程中,基层组织承担了很大一部分的行政职能

性任务,政府对居民委员会不仅发挥了指导作用,并且将一定的行政任务派发给居民委员会,造成居民委员会偏离新型治理格局功能方向的现象,难以脱离传统管理理念的窠臼。居民自治组织往往承担了来自条口部门分派的如综治、计生、社保、医疗、文化、残疾、养老、社会救助等必要的行政和服务工作。在城市社区治理的组织结构安排中,行政力量作为治理资源的主要输出方,具有牵制其他治理主体的先天条件,使得社区治理中的其他组织形式不断地向行政组织靠拢,其目的是尽可能多地获得行政机构的资源支持。在政府主导的城市社区治理的组织结构安排中,多方治理主体在互动过程中容易形成对政府的依赖。[1]

3. 法治文化氛围欠缺,社区居民缺乏参与意识,法治人才队伍建设急需提高

(1)社区居民法治参与意识不强,法治宣传未达预期效果

社区是城市居民的生活共同体,是社区居民"主人翁精神"形成的重要载体。随着城市社区地域性的瓦解,城市社区空间不断扩充,社区流动性增强,社区居民群众的认同感、归属感、责任感并没有因为城市社区治理的推进而增强。

在现有的社区治理体系中,公众多处于权利的受体部分,主动参与社区治理的居民很少。这种现象在社区治理过程中并非少数,如何将社区居民囊括到社区治理体系中是一个值得思考的问题。公众的需求多以生活需求为主,笼统地说就是衣食住行的需求,公众参与社会治理的出发点大多以安居乐业为主,他们参与社会治理是有选择性的,也就是说,他们在未涉及自身利益时是很少参与到社区治理之中。由于历史文化心理的影响、受教育程度的限制、民主自治传统的缺乏,相当一部分居民对政府和权威存在依赖心理,主动参加治理事务的意识不强;同时,群众自治组织长期依赖政府公权力实施社区治理,居民参与社区治理的主观能动性不强,习惯被动接受社区建设与治理。社区居民并不了解法治的真正意义,存在习惯性思维,被动地接受居民委员会的意见或决定,参与程度、参与意识和社区自治要求不协调。一方面居民参与率低,参与意识不强,积极性不高;另一方面普通居民在社区治理方面鲜有发言权,参与渠道不畅通。甚至部分居民在遇到矛盾或纠纷,尤其是征地拆迁、住房保障等涉及利益的重大问题上,他们往往相信行政权力的力量,信访不信法,信闹不信法,影响了党和政府的信誉,以及法治精神的传播。这使得社区里的自治机构很难得

[1] 参见吴子靖、顾爱华:《共同体视域下中国城市社区治理的功能整合》,载《行政论坛》2018 年第 4 期。

到支持,更加难以起到关键性的作用。再加上社区法治宣传手段单一且流于形式,法治文化氛围仍未形成。虽然社区法治宣传工作逐年推进,但一些社区在开展宣传工作时,重量不重质,多采用讲座一类的单调形式,很难调动社区居民参与的积极性。

(2)法治服务人才队伍专业化程度不高,社区治理能力提升受限

在社区治理实践中,社区工作者是社区法治服务的提供者,也是社区法治建设的主要实施者。因此,社区工作中的高素质、专业化的法治人才队伍,是当前社区治理法治化建设中不可或缺的基础支撑。然而,社区治理实践在我国启动时间较晚,探索历程较短,一段时间以来,社区治理的专业队伍建设基本处于空白状态,无论是组织结构还是人员专业素质都存在诸多问题。目前,绝大部分社区严重缺乏专业人才,相当一部分社区工作者不是专业的社工教育背景,也不具备法律知识,更谈不上社区工作经验和工作技巧。此外,一般社区工作者的年龄偏高,加上政府在引进政策、工资福利待遇上还没有给予更多的倾斜,没有为社区法律人才营造良好的工作环境、提供良好的职业发展前景与规划,因此很难吸引到年轻化和专业化的新鲜血液。一些社区地理位置偏远,条件差,环境不好,待遇不高,更加难以招聘到优秀的专业法律人才。有的社区调解委员会形同虚设,只有为数不多的工作人员,加上法律知识的缺乏和能力不足,实践中更倾向于依靠经验和情感来解决法律问题,导致许多冲突和纠纷无法解决,形成集体或越级上访,影响了社区治理法治化建设的推进。总之,社区法治服务专业人才的缺乏,很大程度上制约了社区治理法治化进程的推进。

二、社区治理能力提升的法治化路径的探索——基于秦淮区的经验

在2021年"两会"期间,习近平总书记在参加青海代表团审议,听取代表们关于推进基层社会治理的发言后,专门强调基层治理法治化的重要性:"全面推进依法治国,推进国家治理体系和治理能力现代化,工作的基础在基层。要不断夯实基层基础,加强基层党的领导,引导群众积极参与,带动群众知法、尊法、守法。"要做好依法治国,必须从基础开始,反之,要做好基层管理,也必须推进依法治国。

在基层社区治理能力提升的法治化探索中,很多地方都实践、总结出了有益的模式和方法,为国家治理体系和治理能力的现代化贡献智慧和经验。近些年来,秦淮区坚持以习近平新时代中国特色社会主义思想为指导,坚持人民至上的理念,深入贯彻落实党的十九大关于加强社区治理体系建设重要部署、十九届四中全会精神以及省、市关于基层治理体制改革的部署要求,大力推动社

会治理一体化改革,以提升组织力为重点,推动"两赋两强"街道集成改革向社区延伸,进一步整合社区资源、理顺体制机制,持续完善社区治理体系,不断提高社区治理的社会化、法治化、智能化、专业化水平,实现了社区治理的扁平化、精细化和信息化,初步形成了基层社会治理"秦淮经验",在南京全市乃至江苏全省得以推广,历经2020年的新冠肺炎疫情大考,取得了积极的成效。

"秦淮经验"是多维度的,涵盖党建、管理、组织和法治等各个方面,尤其是其法治化的社区治理模式,为我们探索社区治理能力提升的法治化路径提供了丰富的素材和经验。秦淮区社区治理法治化的经验,大体可以总结为以下几点:

(一)加强党的领导,"把支部建在网格上"

秦淮区在社区治理工作中,始终坚持加强党对基层工作的全面领导,坚持把加强基层党的建设、巩固党的执政基础贯穿于社会治理和基层建设中,推动街道集中精力抓党建、抓治理、抓服务,把基层党组织建设成为宣传党的主张、贯彻党的决定、领导基层治理、团结动员群众、推动改革发展的坚强战斗堡垒,积极探索党建引领基层社会治理的有效路径。

1. 完善领导体制机制

完善街道党工委对辖区治理重大工作的领导体制机制,优化决策程序,涉及街道工作和基层治理的重大事项、重点工作、重要问题,各职能部门、功能板块应当征求街道党工委意见。规范街道"大工委"、社区"大党委"运行机制,全面落实党建联席会议制度,建立需求(服务)清单,街道、社区党建联席会议负责人应由上级党员领导干部兼任,街道党建联席会议应当吸收社区党组织书记参加。提升统筹协调能力,充分发挥辖区内有影响力的党政机关、国有企事业单位、"两新"党组织力量优势,确保基层党组织有资源有能力为群众服务。

2. 完善社区"第一书记"责任制

深化民生工作站工作,常态化开展"双结对、双提升"活动,完善社区"第一书记"责任制,推动当好基层党建指导员、社区治理协调员、民生改善服务员、"吹哨报到"联络员,社区"第一书记"每月不少于2次参与社区重要工作或活动,每年至少领办一个"第一书记项目",解决社区重难点问题,全面指导基层党建、社区治理、民生服务等工作,并把此项工作成效交由社区评价,纳入年底区管干部绩效考核。

3. 实施社区党组织带头人队伍整体优化提升行动

实行社区党组织书记区级备案管理,逐步推进社区党组织书记、居委会主任“一肩挑”,选优配强社区党组织专职副书记,每两年表扬一批优秀社区党组织书记(主任)。健全党组织领导下的社区居民自治机制,完善以社区居民委员会和居务监督委员会为基础的社区治理架构,推进党务、居务两公开。

4.加强组织建设,把支部建在网格上

健全“社区大党委—网格党支部—楼栋党小组—党员中心户”网格化组织体系,把党支部建在网格,把党小组建在楼栋,推动网格党支部全覆盖,引领党政资源、人员力量进网入格,让党员成为社区与居民沟通、联系的桥梁,实现党的组织和工作全覆盖、无遗漏。

(二)“两赋两强”,扩大基层自主权

基层是社会治理的末端,承担的任务多、责任多,赋予的权力却相对少,力量也相对薄弱,造成履职“短板”。为了改变这一现状,秦淮区“两赋两强”集成改革重点考虑基层实际需求与承接能力,把基层最想要、最有用、能用好的权力精准赋予基层,力求最大限度地解决权力与责任不一致、力量与能力不匹配的问题。

1.赋予街道六项公共管理权力

主要包括参与权(规划辖区建设和公共服务设施布局),知情、建议权(辖区内事关群众利益的重大决策、重大事项),指挥调度权(指挥调度职能部门进行行政执法),考核评价和人事任免建议权(职能部门派出机构工作和职能部门派出人员的人事任免),统筹协调和考核督办权(多部门协同解决的综合性事项),统筹管理和自主支配权(下沉人员、划拨资金)。

2.建立“吹哨报到”机制

针对单靠街道力量难以解决的问题,街道及时“吹哨”,区级职能部门听哨而动、快速响应。对街道吹响的“攻坚哨”,实行挂包街道的区委常委和分管副区长“双报到”机制。同时,赋予街道考核部门的权力,以“一哨一考核”形式,重点考核部门报到效率、配合度、解决情况等,通过实践运作,基层一批“老大难”问题得以解决,“12345”工单同比大幅降低。

3.整合优化下沉行政执法职能

秦淮区将涉及市场管理领域的41项执法职责、城市管理领域的26项执法职责分别向区市场监管局、区城管局归集,形成“一个领域一支队伍”。整合街道的城管中队、市场监管分局、安监站等多支队伍,实现“一支队伍管执法”。同时,赋予街道执法主体地位,在12个街道成立了副处级行政执法局,将原8个区级部门162个行政执法事项集中到街道,以街道名义开展综合行政执法,下沉人员交由街道管理。最后,在基层基本实现了网格员巡查发现问题、综合执法解决问题、数据平台流转的闭环管理模式。

4. 建立网格力量常态化下沉机制

建立区级机关干部与街道干部“网格双挂包”制度，对社区内的安全、稳定、秩序实行责任共担，并在社区挂牌公示、接受监督。推进“政法网格员”队伍建设，该区政法机关干部、“三官一律”、法学会会员网上累计申报人数1992人，其中警官1431人，法官110人，检察官135人，律师111人，政法机关干部205人，已全部审批通过、编入网格。

（三）运用流程化、规范化手段解决社区治理问题

秦淮区建立“网格巡查发现问题、区街平台处理问题、综合执法解决问题、考核机制跟踪问题”的网格事件流转模式，提升全区网格化社会治理质效，以流程化、规范化的科学手段，解决社区治理问题。

1. “网格+警格”双网融合

秦淮区将全区12个街道107个社区，划分为1026个区域，称作网格。每个网格由200户居民组成，由网格员负责。网格和警察管理的“警格”结合起来，做到“网格+警格”双网融合。并以规范性文件的形式，将网格化管理的经费单独列支，明确规定网格员的工资。

2. 成立秦淮区社会治理综合指挥中心

秦淮区将辖区内的网格化服务管理中心、“12345”政务服务中心、智慧城市综合指挥调度中心和应急指挥中心合并在一起，成立秦淮区社会治理综合指挥中心，将城管等16个职能部门和30个信息平台接入。

3. 实行扁平化管理，确保社区治理的科学化

传统的科层制管理由于层级过多，信息传播失真，导致许多管理效率下降的弊端，越来越为追求扁平化的管理所替代。扁平化管理中由于简化了管理层级，减少了信息传递过程中的损失，效率大大提高。有学者指出，扁平化是我国国家组织机构系统变革发展的方向，是推进国家治理体系和治理能力现代化的重要改革举措。[1]

（1）秦淮区自主开发了手机App，让网格员安装，每个网格员的手机信息可以直接接入指挥中心，在指挥中心就可以直观地看到网格员的巡查轨迹，每个网格员上下午各巡查一个半小时，对于发现的问题，如果是一般的问题，由社区直接解决；如果是严重的问题，指挥中心就会派出区政府职能部门，在五分钟

---

〔1〕 参见刘旭：《司法扁平化改革的思考与展望》，载中国社会科学网，http://ex.cssn.cn/zx/bwyc/202007/t20200715_5155396.shtml。

内响应。

(2)该区域的群众发现问题,也可以通过“12345”热线电话反映,网格中心通过初步调查,将问题反馈给负责该问题的部门和人员处理,处理之后再将处理的结果向举报人反映,最后还需要获得举报人的评价。

这个流程解决了社区管理中,缺乏提醒、缺乏监督、缺乏反馈的问题,每一个环节都有时间的限制,保证了问题到期解决,大大提高了行政管理的效率。为了及时了解治理效能,秦淮区政府每年都对政府服务管理进行民主评议,有些部门甚至还采取第三方机构评议的方式,并根据评估结果采取改进措施。

(四)动员社区力量,多元化解矛盾纠纷

基层社会治理的主要内容之一就是化解基层社会矛盾,尤其是采用法治化的手段化解矛盾纠纷。“新公共管理理论”主张,在公共管理中引入私营化机制,采取所谓PPP的公私合作模式等。[1] 有学者认为,“社区公私合作关系就是将公共服务提供交由市场决定,政府与社区只是监督服务的一方,居民才是最终评价服务的终端”[2]。这种模式就是政府与社区将服务居民的任务,交给非官方的私营企业或中介组织,让这些机构通过竞争,进入为居民提供服务的市场,这是以一种契约的形式、合同的形式来解决基层治理的问题,是目前社区治理改革的重要方向。秦淮区动员社会力量,参与社区自治,多元化解矛盾纠纷,尤其是充分利用辖区内公检法机关的从业人员、企业的负责人、律师等相关职业的专业能力来化解纠纷,效果显著。

1.建立矛盾纠纷多元化解工作机构

(1)强化组织领导。在区综治中心成立区矛盾纠纷多元化解中心,统筹组织协调全区矛盾纠纷多元化解工作。该中心总体工作由区委政法委牵头负责,区司法局具体负责中心日常工作开展。区矛盾纠纷多元化解中心设立区“苔花调解工作室”。

(2)完善调解网络。依托区、街道(部门)、社区调解委员会成立三级矛盾纠纷多元化解中心,在全区建立区、街道(部门)、社区175个“苔花”调解工作室。其中:区级“苔花调解工作室”1个,街道“苔花调解工作室”12个,社区“苔花调解工作室”107个,部门“苔花调解工作室”24个,派出所及街面警务服务

[1] “PPP是各种形式的私主体和社会资本参与公共资源开发利用、基础设施建设和公共服务供给的集合性概念,核心是特许权的授予,典型的有BOT、TOT、ROT、BOO、委托经营、股权合作等模式。”参见骆梅英:《PPP模式下旅游产业的政府规制:目标与路径》,载《旅游研究》2018年第6期。

[2] 陈炳辉、王菁:《“社区再造”的原则与战略——新公共管理下的城市社区治理模式》,载《行政论坛》2010年第3期。

站“苔花调解工作室”22 个,区属国企“苔花调解工作室”9 个。

(3)健全调解队伍。组建区委区政府领导为特邀调解员、部门(国企)领导为特约调解员、部门(国企)分管领导为专家调解员、部门(国企)科室负责人为专业调解员、部门(国企)具体工作人员为专职调解员的“五员”调解队伍。建立“专家调解员”、“律师调解员”、“两代表一委员调解员”以及老法官、老检察官、老公安、老司法、老退休干部“五老调解员”、“社区志愿者调解员”等调解队伍数据库,充实调解员队伍。

2. 健全矛盾纠纷多元化解运行机制

(1)强化主体责任。按照“属地管理”和“谁主管,谁负责”的原则,落实矛盾纠纷多元化解主体责任,构建政法委主导、司法局牵头、各部门参与、多方协同的社会矛盾纠纷多元化解工作格局。各部门、各街道建立三级矛盾化解机制。

(2)建立统筹调度平台。将“司法行政一体化智能平台人民调解系统”接入区社会治理指挥中心平台,形成“智慧调解”三级平台网络,做好矛盾纠纷的受理、流转、统计、督办、反馈等工作。

(3)完善矛盾纠纷多元化解的程序。首先是建立研判会商制度,加强矛盾纠纷排查和分析研判。各部门、街道对本辖区内的矛盾纠纷进行分析研判;区矛盾纠纷多元化解中心对全区矛盾纠纷进行分析研判,并对重大疑难矛盾化解进行集中会商,研究对策,制定预案。其次是建立访调对接机制。对于新发信访矛盾纠纷,先行导入矛盾纠纷多元化解中心,由区矛盾纠纷多元化解中心根据纠纷情况分级分类处理,及时化解。信访积案矛盾纠纷由信访渠道继续解决,多方合力调处。再次是完善公调、检调、诉调对接机制。加强涉法涉诉类矛盾纠纷的统筹协调,建立矛盾纠纷的联合调处工作制度。实现区法院非诉讼服务分中心、区检察院海青工作室、公安分局各派出所及警务工作站与区矛盾纠纷多元化解中心互联互通,提升矛盾纠纷化解成功率和工作效能。最后是健全分级分类化解机制。实行矛盾纠纷分级分类处置,将矛盾调处在基层、化解在萌芽状态。社区着力化解社区内一般民事纠纷;街道着力化解社区调解不成功、行业性矛盾纠纷及上级交办的复杂矛盾纠纷,协助上级或有关部门处置疑难矛盾纠纷;部门(国企)结合相关职能,着力化解各自领域发生的矛盾纠纷。

3. 强化多方合力的保障机制

(1)加强组织保障。加强区矛盾纠纷多元化解中心工作人员保障,聘用调解员,负责前台接待、平台工单流转、调解助理、结案回访、案卷录入、立案装订、档案管理等事项,负责开展全区矛盾纠纷数据的汇总、分流、协调、调度等工作,确保调解工作顺利开展、有效落实。

(2)加强经费保障。建立矛盾纠纷多元化解工作经费双重保障制度,将矛盾调解工作经费纳入财政预算,建立矛盾纠纷化解经费补偿机制。

(3)加强考核奖惩。把矛盾纠纷多元化解工作纳入平安建设目标和绩效考核,作为党政综合考核和综治平安建设考核的重要内容。

以上举措有效化解了各类矛盾纠纷,维护了社会和谐稳定,保障了群众合法权益,拓展了便捷、高效的矛盾纠纷多元化解方式。

(五)制度创新,建立社区治理工作联席会议制度

社会管理创新主要是从法治层面强化政府的公共服务功能,让政府更多地将管理重点变为为市场制定和提供规则,而不是参与具体事务的管理。秦淮区创新管理方式,建立社区治理工作联席会议制度。

1. 明确联席会议的工作方式

社区治理工作联席会议每月组织召开一次,社区党委书记主持召开,第一书记、街道领导、社区居委会主任、社区民警、街道“网格 +”联络员、社区网格员、政法网格员、相关小区物业管理负责人等人员参加会议。

2. 细化联席会议的工作内容

细化联席会议的工作内容,主要是为了实现日常巡查走访、基础信息采集、防范预警宣传、矛盾纠纷化解、安全隐患排查、民生服务保障等社会治理工作优势互补。具体来说包括:各类信息采集核对情况通报;协调网格巡查中的问题;排查风险隐患联合处置事项;重点人员排查管控最新动态;开展提升安全感、满意度宣传活动事项;防范化解各类矛盾纠纷意见建议;汇集通报民生服务保障有关事项等。

3. 建立联席会议的工作保障

(1)加强组织领导。街道层面组建由街道政法委员为组长、派出所主要负责人为副组长、相关科室人员为成员的工作班子,具体负责本街道工作的组织筹划和推进落实。

(2)强化协作配合和督促指导。各街道、社区务求实效、解决问题。各街道对社区治理联席会议组织落实和督促指导,充分发挥联席会议作用。

秦淮区政府在社会治理方面探索出来的几条法治化路径,给该区的社会治理带来显著的效果,值得其他地方政府学习推广。当然,秦淮区政府的上述改革,也还有很多需要推进的地方,未来还有必要进一步优化。

三、社区治理能力提升的法治化路径思考

《中共中央关于全面推进依法治国若干重大问题的决定》中指出：全面推进依法治国，总目标是建设中国特色社会主义法治体系，建设社会主义法治国家。法治体系建设就是要：形成完备的法律规范体系、高效的法治实施体系、严密的法治监督体系、有力的法治保障体系，形成完善的党内法规体系。这是构建我国社会主义法治体系的基本逻辑。从社区治理的法治化路径来看，首要的是形成完备的法律规范体系。

（一）形成完备的法律规范体系

形成完备的法律规范体系，结合当前社区治理的社会现实和法律现实，完成这一目标需要从以下三个方面着手：

1. 制定国家层面的社区治理法律

如前所述，目前我国关于社区的专门立法除了《宪法》以外，只有《城市居民委员会组织法》和《社区矫正法》。大量关于社区治理的法律规范是以部门规章、地方性法规的形式存在，立法层级不高，体系性不强，且存在一定的滞后性和相互冲突。除此以外，还存在一定数量的政策规定，如 1995 年的《全国社区服务示范城区标准》、2000 年的《民政部关于在全国推进城市社区建设的意见》以及 2009 年的《民政部关于进一步推进和谐社区建设工作的意见》等。以上政策法规尚不能完全满足社区治理的需要，对社区治理多元主体的法律定位、权责边界都有一定的模糊之处。

作为社区治理的主体法律《城市居民委员会组织法》制定于 1989 年，虽经过 1 次修订，仍远远不能满足现实的法律需求。当前的社区治理现状与多年前比较，已经发生了巨大的变化，从当年的政府管理在向社区治理转变，城市居民委员会也从政府街道的“下属机构”向着社区治理机构转变，其功能发生了巨大的变化。社区主体从单一的居民向着多元化转变，街道、社区、物业、社会组织、居民等多元主体开始向共建共治共享的“社区共同体”转变。制定一部社区治理层面的基本法迫在眉睫，就具体的方式来说，一是制定“社区自治法”“社区组织法”，为社区治理提供基本法律依据。通过统一立法，赋予社区及社区组织相应的法律地位，对社区治理的宗旨、原则、主体、职责权限、法律关系、法律责任、监督机制、保障措施等内容予以明确，为社区治理法治化提供基本框

架和遵循[1]。二是修订《城市居民委员会组织法》,以更好地适应当前基层社会治理的需要。短期来看,考虑到我国的立法传统、立法技术难度及可行性,采用第二种模式似乎更为妥当与现实,通过对《城市居民委员会组织法》的修订,使其成为社区治理的"基本法",从而解决社区治理"基本法"的缺位问题。

2. 规范地方社区治理立法

近些年,我国很多地方在推进社区治理现代化上作出了有益的尝试,取得了很大的进步,也制定了大量的地方性法规来指导、规范地方社区治理,如2021年3月10日开始实施的《南京市社会治理促进条例》,就是全国首部以促进市域社会治理为主题的地方性法规,对如何进行矛盾纠纷化解、社会治安防控、公共安全应对、基层社会治理等都作了具体的规定。但总体来说,由于缺乏国家层面的统一立法作为上位法,各地方性法规在系统性、规范性上存在明显不足,各个地方的差异性较大,缺乏统一的标准和规范尺度。

地方立法的规范化、系统化需要在国家层面的基本法完成制定或修改后,以其为指导,来梳理地方性立法,从而既保证国家层面的核心标准统一,又能凸显地方特色,因地制宜地制定出适应地方特色的地方性法规。

3. 制定有效的社区自治公约

《中共中央关于坚持和完善中国特色社会主义制度　推进国家治理体系和治理能力现代化若干重大问题的决定》(以下简称《决定》)中规定:健全充满活力的基层群众自治制度。健全基层党组织领导的基层群众自治机制,在城乡社区治理、基层公共事务和公益事业中广泛实行群众自我管理、自我服务、自我教育、自我监督,拓宽人民群众反映意见和建议的渠道,着力推进基层直接民主制度化、规范化、程序化。实现这一目标,解决群众如何进行自我管理、自我服务、自我教育、自我监督的有效方式就是制定社区内部的"自治公约"。从属性上来看,自治公约是契约性质的"自治法"。从当前的自治公约来看,由于其内容缺乏针对性,往往与居民所在社区环境相脱节;或者其本身就产生于某行政机关的"命令",社区居民缺乏认同感。从程序来看,自治公约本应该是街道、社区、居民,社会组织等多方社区治理参与者共同制定的契约文本。但现实中的社区"自治公约"制定时,参与的主体数量及代表性多有不足;从内容来看,其本应是与本社区具体情形相适应、共性与个性并存的自治"章程",但大多数情况下,由于专业人才缺位、法律知识缺乏等原因,内容简单疏漏,缺乏可实施性。

---

[1] 参见夏芸芸:《城市社区治理法治体系建构研究》,载《学习与实践》2018年第12期。

制定社区自治公约、加强社区自治公约的宣传与引导，要充分发挥社区治理多元主体的主人翁精神和参与意识。社区自治公约的制定应遵循以下原则：一是坚持党的领导，基层党组织必须对社区自治公约的制定进行全程的领导与监督，尤其是需要对其内容进行实质审核；二是街道等基层行政机关给予足够的政策支持、经费支持；三是明确居民委员会在公约制定中的主导地位和召集权；四是充分邀请和动员各方主体积极参与；五是通过社区法律志愿团队等社区组织获得足够的法律知识的支持，确保公约的质量。

从内容规范来看，社区自治公约应包含以下几点：一是公约制定的参与主体、生效制度、修改程序；二是明确公约的基本内容，可以按照必要记载事项、任意记载事项和有害记载事项具体分类，既确保公约应当具有的基本内容规范，也可以体现不同社区的特点，防止出现与党纪国法相冲突的地方；三是建立公约的保障制度和监督制度，公约参与制定的各方主体，包括社区居民委员会和其他社区组织，都应受公约的基本约束，为公约内容的实现提供场地、物资等便利，同时由社区基层党组织担任监督职责，对各方主体的履约情况进行监督；四是完善公约的责任制度，明确违反公约规定的具体情形，确定违反公约的责任形式，培养社区主体的“契约精神”，确保公约得到切实有效的遵守。

（二）厘清社区治理中多元主体的法律关系

1. 社区治理中的多元主体

（1）社区基层党组织

《中国共产党章程》规定，街道、乡、镇的党的基层委员会和村、社区党组织，领导本地区的工作和基层社会治理，支持和保证行政组织、经济组织和群众自治组织充分行使职权。街道以及街道以下的社区党组织，都属于党的基层组织。社区党组织是党在社区全部工作和战斗力的基础，是社区各类组织和各项工作的领导核心，在社区治理的法治化建设中起到引领作用。

（2）街道办事处

街道办事处属于区一级人民政府的派出机构。根据我国《地方各级人民代表大会和地方各级人民政府组织法》的规定：市辖区、不设区的市人民政府，经上一级人民政府批准，可以设立若干个街道办事处，作为它的派出机关。

街道办事处履行法律规定的基本职能，在社区治理中主要负责指导居民委员会的工作。根据《地方各级人民代表大会和地方各级人民政府组织法》的规定，街道办事处在社区治理中的权利与义务应包含以下几项：一是指导居委会的工作；二是支持居委会的建设，尤其是思想建设、组织建设和制度建设；三是及时向上级人民政府和有关部门反映居民的意见、建议和要求。

(3)居委会

根据《城市居民委员会法》的规定，居委会是居民自我管理、自我教育、自我服务的基层群众性自治组织，是社区治理的主要参与者与组织者。其主要承担：宣传宪法和法律、宣传国家政策、弘扬社会主义核心价值观、开展多样性的活动以丰富社区居民的精神文化生活、为社区居民提供公益性帮助、协助基层政府做好社会治安、公共卫生、优抚救济等工作。

在基层社区治理中，居委会是多元主体中最核心的一环，上下联通，促进共建共治共享的“社区共同体”的实现。

(4)业主委员会

业主委员会是在物业管理区域内，由部分业主选举出业主代表组成，通过执行业主大会的决定来代表业主的利益，向社会各方（尤其是物业服务企业）反映业主意愿和要求，并监督和协助物业服务企业或其他管理人履行物业服务合同的业主大会执行机构。从法律地位上来看，它不具备独立法人资格。

(5)业主

在城市社区治理中，业主和居民两个概念经常使用，但两者的内涵和外延均不相同。居民这一概念具有“公法”属性，一般是指在本国长期从事生产和消费的自然人或法人，这里的自然人包括本国人，也包括外国人。按照国际货币基金组织的说明，居民是指在某个国家或地区居住期限达到一年以上者。居民和非居民都包括个人、企业、非营利团体和政府四类。[1]《城市居民委员会法》更多的是使用居民这一概念。按照《物业管理条例》的规定，业主是指房屋所有权人。随着城市商品房和住宅小区的普及，业主这一概念开始广泛使用，其根据所享有的建筑物区分所有权享有权利和承担义务，偏向于“私法”属性。居民和业主这两个概念虽有一定的交叉和重合，但在现实中大多是根据不同的法律关系和不同的情境分别使用。

(6)物业公司

物业公司是物业服务公司的简称，它是指按照法定程序成立并具有相应资质条件，经营物业服务业务的企业法人。它与业主之间是平等主体间的契约关系，接受业主的委托，依照有关法律法规的规定或物业服务合同的约定，对特定区域内的物业实行专业化管理并获得相应报酬。

---

〔1〕参见胡志伟：《社区治理纠纷中各方民事主体资格的认定——基于〈人民总则〉的思考》，载《科技创业月刊》2017年第12期。

(7)社区社会组织

社区社会组织,是指由社区组织或个人在社区范围内单独或联合举办的、在社区范围内开展活动的、满足社区居民不同需求的民间自发组织。它以谋求社会公共利益、提供社会服务为目标,开展面向老年人、儿童、残疾人、社会贫困优抚对象的社会救助、福利服务,面向社区居民的便民服务。[1]

2. 社区治理中多元主体的法律关系不清

(1)社区党组织、街道与居委会的法律定位不清

在当前的法律体系中,上述主体在社区内部形成了两种关系:一是街道与居委会的领导和被领导的关系。居委会是基层群众自治组织,但从实务来看,居委会的工作经费、生活补贴费等都源于街道。街道也会将很多权力和职能下放到居委会,居委会一定程度上成为基层行政权力的延伸机构,被赋予了浓厚的行政色彩,而宪法赋予的自治权模糊。二是社区党组织和居委会的职能交叉。两者虽然从理论上而言是两个性质完全不同的部分,但在实践中往往存在着社区党支部书记和居委会主任兼任的情况,这对于加强党的政治领导、发挥党建的引领作用有着重要作用,但也同时导致党务工作和行政工作、事务管理工作交叉。

(2)居委会和物业公司的权责不清

居委会和物业公司都承担着对社区“治理”的职能,但两者的性质、地位、职能、工作方式等都完全不同。居委会享有与承担《城市居民委员会组织法》赋予的权力和职责,对物业公司的工作有一定的指导权能;物业公司属于营利性的法人组织,依照与业主之间的服务合同享有权利、履行义务。但现实中两者的职责分工经常出现不明确的现象,居委会不支持物业公司的工作,物业公司不配合居委会的要求。

(3)业主委员会和物业公司的权责利不清

自物业产生以来,业主委员会与物业的矛盾与纠纷一直纠结不清。从两者的关系来看,是服务合同关系。业主委员会由业主选举产生,并代表业主与物业公司签订物业服务合同。物业公司根据法律规定和合同的约定为小区和业主提供物业服务,业主支付物业管理费。但现实中两者的矛盾与纠纷频发,究其原因,主要有以下几点:一是业主委员会自身的问题。很多小区的业主委员会存在成立难、履职难、专业能力不足、法律意识不强,甚或争权夺利、以权谋私的问题。二是物业公司的管理能力不足、责任心不强。部分物业公司为了追逐

---

〔1〕 参见覃有土、王继远:《社区经济组织的法律思考》,载《中南财经大学学报》2001年第5期。

利益、减少成本,会降低物业服务水平。三是两者在小区共有部分的利益分配上存在较大的矛盾。在小区公共停车位的租金、广告牌的收入、快递柜的进场费等收益的归属问题上,两者一直矛盾不断。四是很多小区存在开发商遗留的历史问题,直接转嫁到物业公司的头上,从而导致物业公司与业主委员会的矛盾加剧。

(4)业主与业主委员会的矛盾

业主委员会由业主选举产生,并代表业主行使权力。两者的利益从根本上来看是一致的,但现实中由于业主的需求不同,导致业主的意愿表达出现分歧,根据《物权法》中业主大会的表决规定,往往会出现表决无法通过的情形,甚至经常出现业主委员会无法成立的境况。

(5)社区社会组织参与社区治理的空间狭小

政府部门掌握着较大的服务资源,直接参与运营一些社会化的服务,而社会组织提供服务的空间被压缩。很多社会组织筹资渠道单一,能够筹集到社会资源并具有独立营利能力的社会组织比例不高。[1] 社会组织的权利和义务不均衡。在政府购买服务的项目中,很多社会组织没有独立提供服务的能力,进一步造成恶性循环的发生。提升社会组织参与社区治理的空间与路径,已经成为当前非常重要的一个研究课题。

3. 厘清社区治理中多元主体的法律关系

(1)明确社区党组织是社区治理法治化的领导核心

《决定》中规定:健全党组织领导的自治、法治、德治相结合的城乡基层治理体系。所以,党组织的领导是实现社区治理法治化的基本遵循,其具体核心地位体现在:总览全局,开展基层党建,确保基层社区治理法治化的政治正确、方向正确,及时协调社区治理法治化中的矛盾与冲突,主动对社区治理中的多元主体进行监督,受理社区居民和其他社区组织的反映和诉求。

(2)充分发挥街道在社区治理法治化中的主导作用

街道是社区治理法治化的“总负责人”,负责组织策划、政策供给、经费负担和法律执行等多项核心任务。具体来说,需要在社区党组织的领导下对社区治理法治化的路径进行设计和选择,结合国家法律、地方法规和本社区的特色,制定适宜于本社区治理的建设规划方案,在符合国家政策的基础上为社区治理提供相应的经费支持、人力物力支持和政策支持。同时需要注意的是:街道要做到政社分离,不主动将自己的行政权力和行政职责下放到社区,以减轻基层

---

〔1〕 参见李小博:《城市社区多元主体关系困境及其破解的法治路径》,载《领导科学》2020年第18期。

社区的负担。

(3)充分发挥居委会在社区治理中领头羊的作用

从居委会与街道的关系来看,随着政社分离的不断推进,居委会逐渐从基层行政机关"下属"机构的角色中解放出来,而主要从事社区治理的组织和协调工作,这是当前推动社区治理体系现代化的关键环节。当然,居委会在履行社区治理职责的同时,需要接受社区基层党组织的政治领导和街道的工作指导。

从居委会与业主委员会的关系来看,根据《民法典》第 277 条的规定:地方人民政府有关部门、居民委员会应当对设立业主大会和选举业主委员会给予指导和协助。居委会的指导与协助是法定义务,必须履行,反言之,对于业主大会成立、业主委员会选举有困难的,居委会有义务、有责任帮助协调解决。当前,对于居委会来说,这一义务最大的问题就是专业人员的短缺和相关工作经验和能力的缺乏。短期来看,可以通过社区义工、社区社会组织等提供专业支持来解决问题;长期来说,需要通过积极的人才吸纳政策解决人员的短缺,通过社区学历教育、社区培训等项目提升社区工作人员的业务素质和能力。

(4)理顺物业公司与业主、业主委员会的权责利关系

社区治理中,物业公司与业主、业主委员会的关系主要表现为民事权利义务关系。为解决这一难题,《民法典》作出了很多规定,尤其是在建筑物区分所有权的部分作出了大量调整。具体来说:一是明确了小区内业主共有部分的范围;《民法典》第 274 条规定:"建筑区划内的道路,属于业主共有,但是属于城镇公共道路的除外。建筑区划内的绿地,属于业主共有,但是属于城镇公共绿地或者明示属于个人的除外。建筑区划内的其他公共场所、公用设施和物业服务用房,属于业主共有。"这一规定解决了物业公司与业主在小区共有部分上的争议。二是调整了业主表决制度。在《民法典》第 278 条中,对业主"参与表决"和"业主同意"两个标准进行了调整,采用双"三分之二"原则,降低了表决难度,对提高业主大会的通过率必将起到重要的推动作用。三是明确了小区共有部分收益的归属问题。这一问题历来是物业公司与业主产生纠纷的核心所在。《民法典》第 282 条规定,"建设单位、物业服务企业或者其他管理人等利用业主的共有部分产生的收入,在扣除合理成本之后,属于业主共有",从根本上为解决这一问题提供了法律依据。四是扩大了物业公司的社会责任范围。根据《民法典》第 1254 条的规定,禁止高空抛物,物业服务企业等建筑物管理人应当采取必要的安全保障措施防止这一情形的发生,未采取必要的安全保障措施的,应当依法承担未履行安全保障义务的侵权责任。根据《民法典》第 942

条的规定，对物业服务区域内违反有关治安、环保、消防等法律法规的行为，物业服务人应当及时采取合理措施制止、向有关行政主管部门报告并协助处理。五是增加了物业服务合同这一典型合同类型，从而规范和引导这一合同向着规范化、标准化发展。此外，《民法典》在小区停车位的属性、催缴物业费的方式、物业服务合同的解除方式等方面都作出了调整。以上这些法律规定对于和谐社区关系，缓和物业与业主、业主委员会的关系必将起到积极的作用。

(5)拓宽社区社会组织参与社区治理的空间

在2000年民政部出台的《关于在全国推进城市社区建设的意见》中指出，要加强社区居民自治组织建设和党组织建设，以规范社区组织的管理。加强社区社会组织的管理、拓宽社区社会组织参与社区治理的空间，要规范社区组织的管理，规范社区组织与基层政府的关系。要明确社区组织的法律地位，加强社区组织的经济能力，理顺其产权关系。

村（社区）法律顾问制度的实施效果与完善路径

骆天纬*

【内容摘要】村（社区）法律顾问制度有效提升了基层依法治理能力和治理水平，引导干部群众运用法治思维和法治方式管理村（社区）公共事务、化解矛盾纠纷，对于促进基层社会和谐稳定意义重大。当前，村（社区）法律顾问实践存在保障措施不足、工作机制不健全、工作考核评价流于形式等问题。为此，需进一步完善工作机制，建立评价体系，完善政府购买机制，引导社会资金注入，并结合数字技术重新定位法律服务。

【关键词】村（社区）法律顾问　保障措施　评价体系　数字赋能

2019年1月，习近平总书记在中央政法工作会议上关于深化公共法律服务体系建设的重要指示，发出了加快公共法律服务体系建设的动员令。由此，围绕社会主义新农村建设和强化基层治理工作大局，积极发挥律师、基层法律服务工作者的专业优势，成为新时代基层建设的一个重要命题。郡县治，天下安，巩固基层政权、推进新型城镇化重点在于基层社会的稳定发展，而村（社区）法律顾问制度在这一过程中的重要作用不言而喻。

---

* 骆天纬，法学博士，泰州学院公法研究中心研究员。

一、村(社区)法律顾问制度的概念内涵

(一)村(社区)法律顾问的概念

村(社区)法律顾问是具备一定的法律知识,在政府统一协调规划下,接受村、社区或者其他基层组织聘请,为整个村(社区)居民提供有偿或者无偿法律服务的人员。村(社区)法律顾问的主要职责是充分发挥自己在法律专业上的优势,积极参与各村(社区)生产生活中的矛盾化解和法律事务,解决群众法律难题,为基层党组织、政府决策提供参考和帮助。[1]

(二)村(社区)法律顾问制度的特征

1. 村(社区)法律顾问制度与基层矛盾化解。党的十九大报告指出:全面依法治国是国家治理的一场深刻革命,必须坚持厉行法治,推进科学立法、严格执法、公正司法、全民守法。随着经济体制改革的深化和利益格局的调整,基层矛盾纠纷呈现许多新情况、新变化、新特征,与过去相比,具有复杂性、难调解、易激化性等特点,仅仅依靠行政手段、调解等方式远远不够,还必须通过法律手段,依靠专业的法律服务人员参与化解。建立并推行村(社区)法律顾问制度,实现公共法律服务体系全覆盖,有效提升基层依法治理能力和治理水平,引导广大干部群众运用法治思维和法治方式管理村(社区)公共事务、化解矛盾纠纷、维护自身权益,使公民努力养成办事依法、遇事找法、解决问题用法、化解矛盾靠法的思维方式,对于促进基层社会和谐稳定意义重大。

2. 村(社区)法律顾问制度与公共法律服务。村(社区)法律顾问制度,是当前国家推进公共法律服务全覆盖的重要组成部分。2017 年 9 月,司法部印发《关于推进公共法律服务平台建设的意见》,对推进公共法律服务平台建设作出部署,要求打造公共法律服务实体、热线和网络三大平台,到 2018 年年底前在全国范围内基本实现村(社区)法律顾问全覆盖。基层建立村(社区)法律顾问服务制度,是落实司法部关于推进公共法律服务体系建设工作的部署要求,充分发挥村(社区)法律顾问的专业作用,进一步创新村(社区)法律顾问服务形式,加快推进省、市、县多级公共法律服务体系建设步伐的新举措。

3. 村(社区)法律顾问制度与政府依法行政。《中共中央关于全面推进依法治国若干重大问题的决定》明确提出,积极推行政府法律顾问制度,保证法

---

〔1〕 参见曹吉锋:《村(社区)法律顾问制度的实践与问题反思》,载《上海政法学院学报(法治论丛)》2017 年第 1 期。

律顾问在制定重大行政决策、推进依法行政中发挥积极作用。村(社区)法律顾问制度的实施,是基层治理落实全会精神的体现。法律顾问可以为行政决策提供专业的法律意见和建议,有效降低决策风险和成本,提高决策质量;有助于提高基层社会治理科学化、民主化、法制化水平,强化基层政府依法决策、民主决策。在城镇、社区层面还有利于增强一线行政工作人员的法治观念和队伍建设,强化法律顾问与镇、街道、村、社区每个科室的对接,使一线执法人员可以随时将执法过程中的问题与法律顾问沟通,使行政执法人员的法律观念和执法行为规范化得到迅速提升;在乡村层面,法律顾问为村民和村委会提供法律咨询,对涉及村民切身利益的重大事项提出法律审查意见,及时发现和纠正违法行为,真正成为农民合法权益的守护者。

二、村(社区)法律顾问制度的地方实践

(一)村(社区)法律顾问制度的制度设计

我国村(社区)法律顾问制度的实践,主要是采取省一级政府及其职能部门进行制度制定,而后在辖区内逐步推进的模式。

早在2010年,浙江省司法厅就针对农村法律服务的现状和需求专门印发了《关于推进全省乡村法律顾问工作的意见》(以下简称《意见》)。《意见》提出,到2012年,有70%的行政村有法律顾问;2015年,基本实现全省"村村有法律顾问"。截至2013年,浙江全省村(社区)法律顾问覆盖率为90.1%。[1] 此后,随着党的十八届四中全会决议对公共法律服务的提倡,各省陆续在省级层面出台村(社区)法律顾问相关决定和意见。2017年12月,江苏省司法厅出台《关于进一步规范村(社区)法律顾问工作的意见》规定,各设区市和县(市、区)司法行政机关要盘活本地区法律服务人才资源,建立本地区村(社区)法律顾问遴选制度,协调指导本地区律师事务所和基层法律服务所,选拔业务能力强、熟悉基层社情民风、善于做基层群众工作的执业律师和基层法律服务工作者担任村(社区)法律顾问,确保每个村(社区)至少配备1名。法律服务资源相对欠缺的地区,1名律师或基层法律服务工作者可担任多个村(社区)法律顾问,但不得超过5个。

(二)村(社区)法律顾问的工作职责

浙江省司法厅出台的《意见》,较早在省级层面定义了村(社区)法律顾问

---

〔1〕 参见黄娟:《浙江:法律智囊走进田间地头》,载中国长安网,http://www.chinapeace.gov.cn/chinapeace/c28644/2013-08/23/content_12085383.shtml。参见王比学、张洋:《浙江:法律服务覆盖城乡》,载《人民日报》2013年3月27日,第17版。

的工作职责。上述《意见》规定,乡村法律顾问为村民委员会及其村民、村集体经济组织及其成员,以及乡(镇)人民政府提供法律服务。具体提供以下服务:提供法律咨询,进行释法解疑;开展法制宣传教育;开展村务“法律体检”,帮助修订、完善村规民约、合同、协议等;协助有关部门依法做好村“两委”换届选举工作;帮助困难群众依法获得法律援助;为乡(镇)政府依法决策、依法行政提供法律意见和建议;协助有关部门依法处理涉法信访问题;参与农村矛盾纠纷调解;处理其他涉法事务。

1. 法制宣传和法律宣讲。村(社区)法律顾问的主要职责既是配合社区和村委开展普法宣传活动。法律顾问普法宣传的方式多种多样,有的地区要求法律顾问服务期间最少要开一次法制讲座或者相关培训,有的要求参加社区普法和一线宣传活动。例如,《民法典》颁布以后开展的普法宣传活动中,村(社区)法律顾问就是一支非常重要的普法力量。

2. 参与基层矛盾化解。村(社区)法律顾问的工作职责不仅是为社区履行合同审查、指导社区民主管理等,也需要参与调处社区居民之间发生的矛盾纠纷,以及法律咨询、法制宣传等公益服务。近几年各省推行的村(社区)法律顾问工作,均要求法律顾问人员积极参与人民调解工作,主动与社区协调委员会工作对接,参与矛盾纠纷排查调处工作,协助化解重大复杂矛盾纠纷,同时为人民调解员提供法律专业知识培训,提高社区人民调解员以及社区干部的工作水平和法律素养,推动公共法律服务资源向社区、家庭、弱势群体延伸,实现民生领域全覆盖。

村(社区)法律顾问入驻基层是“枫桥经验”体现,法律顾问帮助审查村规民约、各种合同,参与基层重要决策的审查把关,运用法律手段,引导群众依法表达诉求,依法解决了一批村级事务问题,实现了“小矛盾不出村、大矛盾不出街镇、矛盾不上交”,成为“缓冲带”和推动基层法治建设的重要力量。

(三)村(社区)法律顾问的保障措施

1. 服务力量。村(社区)法律顾问以辖区内的律师及法律服务工作者为主要的服务力量,以区、县级司法行政部门为联络和协调机构。在经济先发地区如江苏、浙江、广东等地,一线的村(社区)已经主要由本地律师担任。但是,在一些幅员辽阔但人员稀少的地区及经济后发区域,受限于执业律师数量,尚未实现全部由律师担任法律顾问。针对律师资源相对缺少的区县,采取跨区域调配相对充沛的县区律师服务资源参与工作开展,同时运用司法所、基层法律服务工作者、法律服务志愿者等法律服务资源予以补充。[1]

2. 管理机制。在法律顾问的选聘方面,各地各不相同。通常而言,采取自愿报名、组织筛选、网上公示、双向选择、统一指派的甄选方式,但也有一些地区采取自愿报名和律协指定律所两种方式。在法律顾问的工作机制方面,有市县出台意见规定,法律顾问每月到村(社区)服务1天,每季度举办1次法治讲座,每年进行1次村(居)务法律风险点排查。并用清单的方式明确“4+X”服务项目,即为群众提供法律咨询等四项基础性服务,以及村(社区)结合实际另行增加的“X”服务。[2] 在法律顾问的工作评价方面,部分地区出台村(社区)法律顾问工作评估办法,采取法律服务机构自评、村(居)“两委”及村(居)民代表测评、考评小组考核评估、市司法局抽查的方式,每年组织实施考评。

3. 经费保障。各地聘请村(社区)法律顾问所支付的成本是不尽相同的。除去少量经济发达的村和社区自行有偿聘请法律顾问,大量的村(社区)法律顾问经费补助较少,有的无经济补助。这与村(社区)法律顾问公益为主、付费为辅的制度理念是一致的。苏州建立了相对规范的村(社区)法律顾问经费保障机制,在经费标准上,以每年不少于一万元标准给予每个村专项经费支持,并纳入各级政府财政预算。[3]

三、村(社区)法律顾问制度存在的主要问题

(一)村(社区)法律顾问制度的保障措施不足

从各地纷纷出台的村(社区)法律顾问制度相关政策来看,落实村(社区)法律顾问经费保障逐渐成为共识。不仅沿海经济发达区域有专项经费保障,部分经济欠发达地区也有经费保障。例如,青海、甘肃省级财政列专项经费,对部分欠发达地区一村(社区)一法律顾问工作经费适当支持。青海规定全省各地财政部门原则上按每村(社区)每年8000元标准对一村(社区)一法律顾问给予经费补助。但是,地方政府购买的法律顾问制度,在实际运行中存在一定的问题。

首先,费用较低导致激励效果有限。地方政府购买村(社区)法律顾问服务的激励效应较为有限,具体表现为承接主体的参与积极性不高。政府购买法律顾问服务的价格通常并不具有竞争性,律师承接政府法律顾问的动机往往并

---

〔1〕 参见周斌:《村居法律顾问全覆盖现状调查》,载《法制日报》2019年3月4日,第2版。

〔2〕 参见周斌:《村居法律顾问全覆盖现状调查》,载《法制日报》2019年3月4日,第2版。

〔3〕 参见《苏州市发挥乡村法律顾问作用提升乡村治理法治化水平》,载苏州市人民政府网,http://sft.jiangsu.gov.cn/art/2016/5/10/art_48526_4138155.html。

非因为直接的律师费价格,而在于担任政府法律顾问,可以有效提高律师公信力与律所品牌价值,使其在社会公信力、品牌推广、案源拓展等方面获得提升。但是这一效果在村(社区)法律顾问上则难以实现,特别是辖区经济发展滞后且下辖企业较少的区域,村(社区)法律顾问的积极性难以保障。

其次,村(社区)法律服务的服务种类相对简单,导致双向满意度降低。目前,主要服务形式是法律咨询、人民调解、普法宣传等。就服务接受方的角度而言,这样的服务种类略显单薄,且服务的实用性、针对性等与律师常规收费服务质量存在一定的差距;而就服务提供方的角度而言,也存在律师较高的时薪与法律服务较低的购买价之间的矛盾。

最后,服务时长不高导致工作持续性不强。村(社区)法律顾问有限的服务时间,使其在后续争议处理上的实际效果难以保障。公共法律服务产品与一般的产品不同,其产品提供需要持续性、专业性的投入,村(社区)法律服务的开展更多依赖于服务人员的个人责任心和同理心。

(二)村(社区)法律顾问工作机制不健全

目前,村(社区)法律顾问的工作效果主要依赖于值班律师个人的工作态度和工作意愿,现存的考核流于形式,工作流程监控弱化。

一是法律顾问的作用发挥不完全、不充分。村(社区)法律顾问主要作用是"接受咨询"和"法律宣传";在其他较多事项上,由于一些客观原因(如政府保密要求、领导分工、熟悉默契程度和法律顾问工作的间断性等),法律顾问所参与的工作并不充分,因而其发挥的空间较少。

二是村(社区)法律顾问的服务流程和工作项目不明确。即使有约定,也较为笼统,往往是根据村(社区)的需求灵活安排。实践中,尽管多数村(社区)法律顾问都会服从基层管理者的安排,但是当工作时间与自己工作出现重叠,或者管理者要求"超标"时,其主观能动性会影响到服务的质量和效果。

三是村(社区)法律顾问工作开展不均衡。在村(社区)法律顾问工作的时间方面,采取值班日志、App 签到等管理制度难以满足法律事务偶发性和服务人群多样性的要求。由于村(社区)法律顾问定期换人,工作的稳定性要求不易维持。

(三)村(社区)法律顾问工作考核评价流于形式

当前对于村(社区)法律顾问的考核评价,通常采取根据工作目标完成情况进行逐项考评,按计分标准分别计分的模式,将法制宣传(如发放资料、现场讲法、媒体普法、以案释法等)、服务基层治理(如协助起草修订村规民约、提供法律意见、参与信访听证活动等)、值班签到、提供法律服务和法律援助等均赋予一定的分值。可以发现,以上活动普遍流于形式:律师到场即可,至于是否真正发挥了效果,实难以评价。律师不需要对结果负责,且律师提供的法律意见是否能够解决问题实难判断。律师实际上是弥补村与社区人力的不足,而非弥补村与社区法律知识的不足。此外,考核结果的运用也显示不足。律师通过考核与不通过考核的机会成本基本相同,优质服务并不能带来更多的收益,一定程度上挫伤了法律顾问的积极性。

四、村(社区)法律顾问制度的完善路径

尽管村(社区)法律顾问已经在制度上得到了初步落实,但是如何有效使用村(社区)法律顾问、如何更好发挥村(社区)法律顾问在基层治理和纠纷解决中的作用,还有待于思想理念的更新。当前,受限于少数基层干部法治观念不强和工作机制不健全等问题,运用法治思维和法律方式解决基层问题的意识和能力不高,村(社区)法律顾问的作用发挥还较为有限。要解决这一难题,需要多方发力,转变理念,强化工作保障,实现合作治理。

(一)完善工作机制,建立评价体系

除了建立村(社区)法律顾问行为规范、工作台账,明确服务标准、工作时间,保证每月在固定时间到村(社区)开展工作,并及时登记工作台账,作为年度工作评估的重要依据等形式法律工作外,还要进一步制定实质上的具体工作指引:制定村(社区)法律顾问开展矛盾纠纷调解、参与处置群体性敏感性案件和社区"两委"换届选举等方面的工作指引和规范,并通过集中培训、分散培训、网络培训等不同形式,对村(社区)法律顾问开展国家政策、社情民意及相关法律业务的培训,增强村(社区)法律顾问的大局意识、责任意识、服务意识,提高工作能力和水平。要建立考核评估机制,制定统一的工作考评意见,各镇(街道)参照考评意见结合工作实效,加强对社区法律顾问考核评估工作。对于工作成绩突出的村(社区)法律顾问单位及法律工作者,政府给予一定奖励。

在建立评价体系方面,还需要引入第三方评价机制。目前,上海市嘉定区使用"律管家"进行评估,即由嘉定区司法局出面委托第三方上海交通大学中国城市治理研究院,对全区村(社区)法律顾问履职情况进行业绩评估。评估报告显示,评估指标体系包括 3 个一级指标和 14 个二级指标,分别从服务影响力、服务资质和服务质量 3 个方面展开,发放调查问卷近 2000 份,获得各个地区群众和法律服务从业人员、政府机关工作人员的客观评价,最终按不同权重

给每个村居法律顾问打出“成绩单”。[1] 创新构建第三方评估机制可以客观反映地区公共法律服务的真实状况,从而扬长避短,实现高质量均衡发展;可以监督督促基层法律服务工作者自觉履职、提升效能;可以大大提升政府购买公共法律服务的精准性、科学性和时效性,更加高效地推动基层依法治理现代化和市域治理现代化建设。

(二)完善政府购买机制,引导社会资金注入

2020 年,司法部联合财政部出台《关于建立健全政府购买法律服务机制的意见》,把法律援助服务、值班律师法律帮助服务、村(社区)法律顾问服务、法治宣传教育服务等几十项公共法律服务纳入政府购买清单。该意见为政府购买法律服务提供了政策指引。为此,各地须结合实际情况进一步落实,明确各地统一采购法律服务的协调机关,进而实现全域的有效统筹并完善供需体系。在此基础上,明确具体负责机构、实施机构以及其他组织领导机关的职责范围。

政府购买法律服务的目的在于调动法律专业人士的积极性。但是政府采购法律的公益性特点,决定政府采购价格往往低于优质法律服务的市场价格。这就需要在政府购买以外,进一步实施必要的政策优惠和激励补偿措施。例如,可以根据律师事务所和律师的服务基层情况与实际服务效果,在税务减免、荣誉称号、执业保障、宣传广告等方面给予必要的肯定。

基层社会治理需要政府主导下的社会合作与多元治理,积极探索法治资金来源渠道也是推进依法治国的题中之意。在政府购买以外,应该进一步拓宽村(社区)法律顾问支持资金的来源渠道。当前,“共同富裕”成为“头号国策”,被摆上空前重要的位置,它将成为未来 10 ~ 20 年的最重要议题;“第三次分配”的模式值得探索。可以引导企业捐助、慈善捐款、基金会捐款等,将资金注入村(社区)法律顾问项目中,为社会公共法律服务的发展提供资金动力。

(三)数字技术赋能制度,重新定位法律服务

在信息化时代,基层群众获取信息的习惯和渠道也逐渐发生转变,“互联网 + 公共法律服务”理念已经逐步从设想走向了现实。引入“互联网 + 公共法律服务”可以实现法律服务的全时段、全地域、全时空的有效覆盖,可以有效分析并掌握基层群众的法律问题和诉求动向,提高公共法律服务的供给能力。

“互联网 + 公共法律服务”可以依靠当前各地建立的“智慧司法”系统,有效整合门户网站、手机 App、微信网络平台等资源,鼓励有条件的地区创新和推

---

〔1〕 参见嘉定区司法局法制科编:《用好“律管家”,推进基层治理法治化——嘉定区完善村居法律顾问制度探析》,载上海市嘉定区司法局官网 2020 年 1 月 9 日,http://www.jiading.gov.cn/sifa/zhgz/dy/content_632149。

广"互联网+"村(社区)法律服务新模式,多形式、多渠道全面实现新区"一村(社区)一法律顾问"网络全覆盖。充分运用微信群、QQ群、微博等法律服务新载体,为群众提供在线法律咨询、普法信息线上推送和其他远程公益服务,为群众答疑解惑,保证公共法律服务供给和群众基本法律服务需求的有效对接,让法律服务更具精准度、便捷性、实效性。

人工智能治理主体的责任体系构建

汪亚菲　张春莉*

【内容摘要】人工智能社会共治理念与主体责任体系构建是人工智能立法的重要内容。我国应当探索建立以政府监管部门为主、可融入第三方的社会共治模式下的规制方法，待监管成熟后辅之以规范化的第三方监管，进而建立起政府对企业监管、第三方对政府监管的整体算法监管模式。在人工智能政府主导治理模式中，重点是明确政府、企业及公众的职责、义务以及相应的权利。政府应积极回应人工智能的发展要求，制定“人工智能促进法”，赋予监管委员会相应的权力，加强对人工智能算法的监管，建立算法备案制度。企业的义务则包括对其使用的算法数据质量进行必要说明，就算法的运算、决策过程予以必要解释，必要时还应当对算法的具体运行细则予以公开，向用户解释说明算法设计者及其所在机构的目标和意图。人工智能立法应当设立公众知情权条款，为发挥公众在人工智能治理中的作用提供制度保障。

【关键词】人工智能立法　社会共治　算法监管　主体责任　公众知情权

人工智能技术革命创造了一个更为便捷和精确的社

* 汪亚菲，南京大学法学院博士研究生；张春莉，江苏省社会科学院研究员，中国法治现代化研究院研究员。

会，深刻地影响了人们的生活。人工智能技术正与政府、社会治理及企业运营结合在一起，成为重要的治理手段，而这也为法学研究带来了新的挑战。虽然人工智能技术应用大大提高了人类的工作效率，大幅度减少了企业决策的偏差，但是也带来了更为复杂、隐蔽的新型歧视，如企业“杀熟”“宰客”等不良行为，严重侵害了公众的合法权益。如何规制人工智能技术的运用与发展已成为当前法学研究的重要课题，其中，以什么样的治理理念来规制人工智能的发展亦关系到人工智能立法的框架体系、法律关系的主体体系以及行为体系和责任体系等。本文将以社会共治理念为指引，探讨人工智能法律责任体系的构建，以期为人工智能立法提供理论上的借鉴。

一、确立人工智能社会共治理念的必要性

人工智能治理是一个复杂的法学问题，而治理理念一定程度上决定着治理效果，进而也影响着人工智能立法的发展。人工智能治理的核心是如何规制算法问题。面对人工智能技术应用过程中暴露出的越来越多的算法问题，既需要私法规制企业的行为，也需要公法的介入，而公法的介入必然会带来社会治理成本的增加。随着社会治理成本不断增加，国家行动策略也需要适时调整，需要通过组织化等方式在国家与私人之间建立交流平台，国家和私人都可以把自身诉求以及相应的监控与惩罚措施在该平台上进行交换或转化。[1] 由此，规制人工智能技术的发展应贯彻社会共治理念，探索建立一个能够进行社会共治的、政府部门引领下的算法规制体系，更好地进行利益平衡，既促进人工智能的健康发展，也保障经济社会的有序发展。具体说来，以社会共治理念引领人工智能治理，主要基于以下两个方面的原因。

其一，以社会共治理念引领人工智能治理是由人工智能的复杂性决定的。如何规制人工智能技术的运用与发展是一个非常复杂的问题。正是由于人工智能治理的复杂性，单纯地通过私法规制或者公法规制都很难实现人工智能领域的良好法律秩序。一方面，人工智能算法歧视行为违背诚实信用原则，侵害公众的知情权、公平交易权和隐私权，需要私法规制。但这种侵害与其他私法意义上的侵害又不完全相同，受侵害的主体具有不确定性和普遍性，只通过私法，无法实现对公众权益的全面保护。另一方面，人工智能算法侵害公众权益的方式与手段具有极大的隐蔽性，存在“算法黑箱”等问题，没有公法的介入，很难保护受到侵害的公众权益。为了更好地保护公众的权益，有必要通过公私

---

〔1〕 参见唐清利：《公权与私权共治的法律机制》，载《中国社会科学》2016 年第 11 期。

法合作,形成遏制人工智能算法歧视的长效机制。事实上,随着当前互联网企业的迅猛发展、大数据运用的盛行,算法引发的社会问题爆发式增长,此时,亟待尽快制定可以有效规制算法的法律法规。那么,这部法律法规应以何种理念为指导,就是一个非常重要的问题。人工智能法的治理理念一定程度上决定了该法的立法目的、立法宗旨与立法原则。只有在切实可行的理念指引下,才能制定出较为完善的法律制度,才能有效回应实践中人工智能发展亟待规制的迫切需求。

其二,以社会共治理念引领人工智能治理是公私法交融的趋势所决定的。从理论上看,任何一项权利的实现都需要国家的认可、立法的确认以及相应的救济机制。这一权利实现机制也决定了现代法学发展的趋向为公私法相互交融。为适应社会变迁的需要,私法更注重保护弱者,也注重社会安全,而合同自由原则在一定程度上受到新的挑战。出于公共安全的需要,公法亦开始有条件地介入自由契约。人工智能时代,算法导致的侵权行为频繁发生。当我们思考算法规制时,在关注算法平台和用户受众方利益的同时,更要关注整个社会的公共利益,既要保证用户受众方与平台方达成合意,又要保证双方的意思自治,要将这两点结合起来,使合同自由原则与合同正义原则互相补充、彼此协力。国家不再是中立的旁观者,在其中必须扮演积极的角色,通过立法使得这两项原则相协调,并获得最大的实现。〔1〕

二、社会共治理念下人工智能治理模式的选择

如果说社会共治是人工智能治理的必然选择,那么在社会共治理念下如何构建其治理路径是一个必须给予回答的问题。在治理体系框架中,治理模式怎么构建?包括哪些治理主体?政府处于什么地位?怎样处理治理体系中各主体间的关系?只有清楚地回答上述问题,我们才有可能构建起完善的人工智能治理体系、责任体系及相应的制度体系。

关于人工智能治理,理论上有三种模式,即政府主导模式、第三方主导模式和企业自我规制模式。从世界范围来看,以德国为代表的第三方主导模式是当下主要的治理模式。有学者指出,为保证对算法的全方位监督,我国可以借鉴德国经验,建立值得信赖的算法伦理委员会等第三方独立组织,支持学术性组织、非营利机构或自媒体适当介入,加强第三方监管的力量。德国目前已有技术专家和资深媒体人牵头成立的"监控算法"(algorithm watch)非营利组织,其

---

〔1〕 参见韩世远:《合同法总论》(第4版),法律出版社2018年版,第45~47页。

宗旨是评估并监控影响公共生活的算法决策过程。具体的监管手段包括审核访问协议的严密性、商定数字管理的道德准则、任命专人监管信息、在线跟踪个人信息再次使用情况、允许用户不提供个人数据、为数据访问设置时间轴、未经同意不得将数据转卖给第三方等。[1] 此外,美国也采用工作组织的形式对算法进行监管,纽约市议会最近通过的算法法案就要求成立一个由自动化决策系统专家和相应的公民组织代表组成的工作组,监督自动决策算法的公平和透明。[2] 这种模式赋予第三方监管以一定的独立性,节约了监管成本,但这种模式也有其明显的弱点,即为保证其独立性、公正性尚需制定相应的配套制度。

笔者认为,现阶段我国还不宜采用第三方监管模式,应当探索建立以政府监管部门为主、可融入第三方的社会共治模式,待政府监管逐渐成熟后,再辅之以规范化的第三方监管,进而建立起政府对企业监管、第三方对政府监管的完整的算法监管模式。针对越来越多的算法侵害用户利益和社会公共利益的情况,我国首先应加强政府对企业的监管,促使政府在人工智能治理中发挥主导作用;加强对企业算法运用的监管,尽快制定人工智能产业发展标准,实现人工智能经济与社会发展的良性循环。

企业在整个人工智能治理模式中处于什么地位?作为一项重要的生产经营手段,或者说一项权利,企业运用人工智能技术提高效率无可厚非,在不触及社会公共利益的情况下,亦属于经营自主的范畴。企业运用人工智能的权利并不是治理模式所要讨论的重点,我们要关注的恰恰是企业在治理体系中的义务。如前所述,企业在运用人工智能过程中,有可能侵犯不确定的社会主体的权利,而且侵害方式具有隐蔽性,甚至是在公众不知情的情况下。因此,企业运用人工智能技术,必须以不侵犯市场其他主体利益、社会公共利益,以及不触碰法律法规与伦理为底线。在这一意义上,企业应当是人工智能治理的第一责任人,在治理体系中承担主体责任。这种主体责任既包括道德伦理(社会)责任,也包括法律责任。

众所周知,法律规范和道德伦理在人类发展的历史长河中有着共同的起源,对公平正义等价值有着相同的追求,发展中两者相互转化甚至走向合流。企业的社会责任虽然最初产生于道德的需要,但这种道德责任并未到此为止。伦理的软约束离不开法律的强化,道德良知的自律和舆论约束的他律并不普适

[1] 参见张淑玲:《破解黑箱:智媒时代的算法权力规制与透明实现机制》,载《中国出版》2018 年第 7 期。

[2] See New York City Announces Task Force to Find Biases in Algorithms, https://arador/new-york-city-announs-task-force-to-find-biases-in-algorithms/,最后访问日期:2022 年 1 月 18 日。

于所有市场主体，对企业的道德底线要求逐渐上升为广义的法律要求。[1] 在社会法学思潮影响下，以社会价值为本位的社会立法大量涌现，企业的道义责任被纳入法律的调整范畴，法律的行为规范中辉映着社会伦理价值的光芒，法律与道德的合流获得了集中体现。[2] 正如美国法理学家博登海默所言："那些被视为是社会交往的基本而必要的道德正当原则，在所有社会中都被赋予了具有强大力量的强制性质，这些道德原则的约束力的增强，当然是通过将它们转化为法律规则而实现的。"[3] 利用算法的一些企业，为牟取不正当利益往往突破道德底线，严重侵害公众利益，对社会的危害急剧增大。因此，迫切需要法律来规制这些行为，以保证企业履行其所应当承担的社会责任，遏制企业伦理道德的丧失。综上所述，让企业承担人工智能治理的主体责任，不仅是企业社会责任的要求，也是社会法学以社会本位为价值取向的要求。另外，企业是人工智能侵害特定个人权益或者不确定公共利益的主体，这也决定了企业应承担主体责任。

除政府与企业这两个主体外，公众、独立第三方（如行业协会）、专家、媒体等也是整个治理模式中的主体。限于篇幅，这里只讨论最主要的政府、企业、公众这三类主体在治理模式中的地位。在人工智能法律关系中，政府与企业是监管与被监管的关系，属于行政法律关系；而公众处于消费者或者用户的地位，企业与公众的关系属于民事法律关系。那么，公众作为消费者如何参与人工智能治理？这其中的核心逻辑应该是如何构建保护消费者权益的法律制度。但此时又不能简单地以公众作为消费者的权利为逻辑起点，还不应忽视公众知情权的法律制度构建。在笔者看来，公众参与人工智能治理应该围绕消费者的知情权而展开。在人工智能治理领域，只有把知情权的法律性质及其相应的义务主体揭示清楚，才能合乎逻辑地找到消费者在人工智能领域知情权实现的路径，从而达到保护公众权利的效果。

三、社会共治理念下人工智能治理主体的责任构想

政府、企业以及公众作为人工智能治理中的主要主体，明确它们相应的权力与职责、权利与义务，是人工智能治理体系的核心内容。

---

〔1〕 参见蒋建湘：《企业社会责任的法律化》，载《中国法学》2010 年第 5 期。

〔2〕 参见周林彬、何朝丹：《试论"超越法律"的企业社会责任》，载《现代法学》2008 年第 2 期。

〔3〕 [美]E. 博登海默：《法理学：法律哲学与法律方法》，邓正来译，中国政法大学出版社 2017 年版，第 391～393 页。

(一)政府职责基本设想

对于人工智能治理模式的选择,笔者主张在社会共治理念下构建政府主导的监管模式。具体构想为:明确人工智能行业主管部门的监管权限、职责以及监管方式。在人工智能治理主体上,赋予行业主管部门监管职能,由主管部门牵头组建人工智能审查委员会,审查企业人工智能算法的伦理性与合规性。委员会组成人员的选择应当多元化,以保障审查与监管的合理性、科学性。除政府部门人员外,委员会的组成还应包括行业协会人员,吸纳包括企业代表、算法设计方代表、人工智能专家学者、法学专家学者、用户方代表等,从而建立一个能代表多元化价值观念、伦理道德理念的群体,形成监管上的合力。在人工智能政府主导治理模式中,重点是要明确政府、企业以及公众的职责、义务和相应的权利。

从政府层面看,首先,回应人工智能发展要求,尽快制定人工智能促进法,细化人工智能监管标准,针对不同的算法制定不同的分类标准,并且针对所有种类算法设立伦理标准、技术标准和责任标准等。其次,赋予监管委员会相应的权力,包括对算法的审批、对数据质量的认证、制定实施细则以及实行行政处罚。最后,加强对人工智能算法的监管,建立算法备案制度。在算法设计后、实施前,要由监管部门进行合规性审查,包括对数据、算法,尤其是算法对数据处理部分的合规性进行审查,如数据、算法是否侵犯隐私权等;同时,还要对已备案的算法进行不定期的事后抽查监管。在监管实践中探索、发展技术手段,不断提高监管效率,以争取达到对算法和数据存在的问题可以进行实时自动侦测、预警、通知警告等,发现算法出现变动时及时要求企业重新申报审批,发现存在其他可能造成侵权的问题时,通过行政处罚或者约谈整改的方式,促使企业行为合法合规。另外,主管部门应当在审查和监管过程中保护企业的算法模型等信息,从而保护算法和数据中的隐私、商业秘密等知识产权。

(二)企业责任基本设想

从企业层面看,企业的义务是人工智能治理法律制度的重点内容,企业对人工智能的合规性承担着重要的主体责任。从企业的法律义务视角出发,有学者提出,构建算法公开透明机制需要贯彻算法要素透明、程序透明及背景透明的原则,但这种公开透明不应是法律与制度层面的规制,而是生产主体角度的一种内部规则设计,其不同于外部的行为与后果,而应该是一系列的内部透明机制。[1] 显然,这一观点在人工智能治理的法律逻辑上发生了偏移,这些内部透明机制同样可以纳入法律体系中,同样需要被法律课以应当履行的行为义务和对应的行为后果,如法律责任的承担,如此才能达到规制的效果。笔者认为,应从企业的法律义务以及企业自我规制义务两个层面展开。设计企业在人工智能治理中的法律义务的基本思路是:企业应当按照政府监管部门的要求,以能够为一般公众所了解、知晓的方式主动向公众公开算法的思路和基本结构,并保证运用能够为一般公众所理解的方式进行解释。另外,企业应当主动向政府监管部门公开其算法模型,并保证包括技术性和非技术性的完全公开,协助监管部门发现问题并解决问题。对于涉及公共利益的算法,企业应当向政府监管部门事先备案,在备案完成、审批通过后,应主动向公众公开算法的有关源代码。企业还应当阶段性地发布有关算法公开的报告,或者以分享交流的形式向公众定期公开有关算法信息。此外,企业还应当制定一系列的内部规则进行自我规制,实现人工智能运用的合规性。

现有的一些国外立法实践也可以为我们提供一些借鉴。目前一些国家的立法非常重视企业对人工智能算法的可解释性。例如,美国纽约市议会在2017 年 12 月关于算法的立法和美国计算机协会公共政策委员会发布的算法透明度及可责性文件中,都特别提出了算法"应当可解释"的条款。英国议会下属的人工智能委员会近年发布的人工智能发展报告中也提到,要实现可理解、可解释,避免在重大领域存在"算法黑箱"。欧盟 2020 年实施的《通用数据保护条例》亦规定用户可以要求对算法分析决策进行解释,强调了可解释性在算法设计中的重要性,并明确规定了高额罚金的法律后果。笔者认为,针对涉及社会公共利益的算法公开是规制人工智能发展以及合规性的基本价值取向,我们可以借鉴美国计算机协会公共政策委员会算法透明度及可责性文件中的"数据来源公开原则"[2]。也就是说,人工智能算法公开的企业义务具体包括:首先,企业应当对其算法分析的数据质量向社会进行解释说明,包括数据的采集范围、采集方法、数据规模、可信度、准确性、可能存在的偏见等。其次,企业应当向用户公开算法模型输入的变量及其特征,就算法的运算、决策过程予以必要解释;必要时还应当对算法的具体运行细则予以公开,为行业主管部门对算法的合法性审查提供事实依据,否则,行政主管部门可以推定其算法不合规。

---

〔1〕 参见张淑玲:《破解黑箱:智媒时代的算法权力规制与透明实现机制》,载《中国出版》2018 年第 7 期。

〔2〕 Simson Garfinkel et al., *Toward Algorithmic Transparency and Accountability*, Communications of the ACM, Vol. 60:9, p. 5(2017).

最后，企业应当公开算法生产过程中是否有人工干预，以及实际运行中可能带有的偏见、易犯的错误，应当坦诚告诉用户；算法推荐涉及争议性、批判性内容时，应当向用户交代算法设计者及其所在机构的目标和意图。[1]

如前所述，由于人工智能的复杂性，即使法律对企业的义务设定得很完美，事实上也不可能完全实现人工智能法的价值与功能。因此，为了弥补法律上的不足，政府应当引导企业实现自我规制。从本质上说，社会共治模式融合了国家规制和社会自我规制，要求国家为社会私人主体实施自我规制提供规则和框架，并且进行相应的激励、指导和监督，通过社会私人主体的协助，确保社会公共任务顺利完成。社会自我规制的实质是国家利用社会私人主体的自律性行为协助其实现公共任务，进而达到国家规制的目的。[2]因此，在人工智能治理中，在社会共治理念下，政府可通过制定一些行业自我规制标准，引导企业根据自身企业的实际状况，制定符合本企业实际的人工智能算法自我规制内部规则。企业应当按照政府监管部门的要求和标准，强化人工智能算法的内部监管责任，以健康的价值观对算法的逻辑进行反思，以弥补政府监管的不足，实现行业的自律。企业实现自我规制，一方面，应设置专门岗位，由专职人员负责与用户受众方进行沟通、解释算法的运作机理，在不影响用户体验的前提下，以通俗易懂、界面友好的方式公开算法信息；另一方面，应当确保算法设计人员构成的多元化，并确保他们能够遵守伦理行为准则。企业还应当在数据和算法中，添加违法违规内容识别、用户情绪理解等技术，将价值观的指导具体适用到同类或同种算法中。更重要的是，企业应当在数据处理过程中保护数据主体的个人信息权和隐私权，应当对智能算法执行的全过程进行监督，一旦执行过程中出现违法违规行为，应当及时予以补救和调整。此外，企业应当全程记录算法程序的运行、变动及相应的决策信息，包括自动化的算法决策信息，以确保可追责性。

(三)公众权利的基本设想

在人工智能社会共治理念下，公众作为一类重要的主体，一方面，应当享有作为消费者意义上的所有权利；另一方面，作为人工智能用户，也具有一般意义上消费者权利外的特殊权利。也就是说，当公众个人信息被不合法使用时，可以拥有随时将数据删除的权利和被遗忘的权利。所谓被遗忘权，是指公民在其个人数据信息不再有合法之需时，可以要求将数据删除或不再被使用的权利。

---

〔1〕 参见张淑玲：《破解黑箱：智媒时代的算法权力规制与透明实现机制》，载《中国出版》2018 年第 7 期。

〔2〕 参见邓刚宏：《食品生产经营者自我规制模式的构建》，载《政治与法律》2019 年第 3 期。

如当时使用其数据信息是基于该公民的同意，而此时他/她撤回了同意或存储期限已到，则可以要求删除或不再使用该数据信息。欧盟数据保护立法规定了此项权利。另外，还应当赋予数据权利主体以数据可携权。数据可携权的核心理念是，个人能够将其个人数据和资料从一个信息服务者处无障碍地转移至另一个信息服务者处。然而，这些作为消费者的权利，如果没有法律制度加以保障，就会很难实现。

如前所述，公众作为消费者参与人工智能治理的核心逻辑是如何保护消费者的权益，而公众参与人工智能治理应该围绕消费者的知情权展开。现实中，公众知情权与人工智能治理间的关系被忽视，无论是理论界还是实务界，都没能充分认识“人工智能治理只有在阳光下运行，才能构建良性的人工智能法律秩序”这一命题的价值所在。如何设计科学的法律制度来保障人工智能治理在阳光下运行，对公众知情权的性质分析是一个基础问题。从一般意义上说，把握消费者知情权的法律性质必须回答两个层面的问题：一是消费者知情权究竟是一项主观公权利还是一项主观私权利？二是消费者知情权究竟是一项实体性权利还是一项程序性权利〔1〕？在笔者看来，知情权是主观公权利与主观私权利的的统一、实体性权利与程序性权利的统一。这也是公众在人工智能治理中公众知情权的实现路径。知情权作为一项主观公权利，其义务主体是政府，即公众具有请求政府公开其掌握的人工智能治理相关信息及相应的请求救济的权利。政府应当依据信息公开条例，针对涉及社会公共利益的算法予以公开，无论是何种主体的信息公开，公益优先和公开优先都应当是信息公开的制度价值，也是利益衡量的基本原则。〔2〕而知情权作为一项主观私权利，其义务主体是企业，企业应当按照法律的规定满足公众的知情权，这也是前文设计企业法律责任时，不厌其烦地论证企业要对其人工智能技术中算法、数据、程序等方面具有公开、解释等法律责任的原因所在。作为实体性权利与程序性权利的统一，公众在人工智能治理中知情权的实现，需要在制定人工智能相关法律规范时，不仅从实体上构建相应的规范体系，而且要在程序构建上满足其请求权的实现，如请求权的具体途径、当请求权不能实现时的救济途径等。只有这样，才能实现公众的知情权，发挥公众在人工智能治理中的价值与作用。

---

〔1〕 参见邓刚宏：《食品安全阳光下运行的法律逻辑及其保障机制——以消费者知情权为路径》，载《南京社会科学》2017 年第 3 期。

〔2〕 参见王敬波：《政府信息公开中的公共利益衡量》，载《中国社会科学》2014 年第 9 期。

多机关参与决策程序研究

石肖雪*

【内容摘要】在综合行政任务中,多机关参与决策成为一种常见的行政权运行样态,但目前的行政程序制度对此鲜有规定。多机关参与决策程序可以分为多中心决策和多阶段决策两种结构;根据有无法定先后顺序,各决策的关系又可区分为纵向关系与横向关系。在不同程序结构中,决策主体之间的影响模式包括权威模式和沟通模式两种。基于上述程序结构和主体间影响模式的内容,可以刻画出多机关参与决策时,各个行政机关之间以及由其参与形成的各项决策之间的关系,从而形成一个宏观视角下的行政程序理论框架。

【关键词】行政程序　宏观行政过程　多机关　影响模式

一、问题的提出

社会生活日益复杂化,政府职能的综合调控属性不断凸显,越来越多的行政任务需要各机关之间通力合作共同完成。这意味着我们必须开始关注综合任务背景下多机关参与决策的宏观行政过程。一方面,这是合法性层面的考虑,决策系统复杂性的上升易导致结果的不可预测乃至失

* 石肖雪,法学博士,苏州大学王健法学院、苏州大学公法研究中心副教授,中国法治现代化研究院法治政府研究所特邀研究员。

控；当参与到行政任务中的机关和环节越来越多时，我们不得不警惕行政机关通过复杂的程序构造来掩盖真实目的，从而逃逸到不合法的状态中，因此我们需要厘清宏观行政过程的程序结构。另一方面，这又涉及治理能力的问题，无论政府的组织形态如何，其在治理社会的过程中都应当实现有效与负责，政府及其所属机关应有能力设定目标、综合协调，并在整体上达成社会治理的目的，[1]因此我们需要在宏观上考察多个机关在决策过程中的关系及其对最终目标的影响，并探索程序优化的可能路径。

但是与上述背景不相匹配的是，我国目前的行政程序制度，是围绕单一行政行为的决定过程来设计的，关于宏观行政过程中多个部门接力或者共同参与的决策程序规则几乎空白。如果要在根本上对此加以反思，就需要在方法论上超越以行政行为形式论为基础的程序观，也就是我们不能仅满足于个案中的程序合法与正当，也不能仅将行政程序视为告知、听证、说明理由等程序装置的组合。我们应更多地转向行政过程论和行政法律关系论的视角，重视各项决策的制度背景和空间环境，关注各主体在程序中的互动关系。在此意义上，所谓多机关参与决策程序展现的就是，当各个行政机关被置于一项综合任务所构成的决策系统之中时，该决策系统将会包含程序结构、行为关系、主体角色及其影响模式。

二、多机关参与决策的程序结构

多个行政机关当被置于一项综合性行政任务之中时，由于受到共同目标之约束，其职权看似各自独立，实则相互关联。复杂的行政法律关系及主体的多元性，意味着行政机关的决定从单一中心的决策变为多中心的决策；而各个行为之间法定的或事实上的先后关系，也使得行政机关的行为从片段化的决策变为多阶段的决策。由此，还能进一步形成更复杂的“网络型”结构，也就是包含两个以上多阶段决策的复合体。如能对宏观行政过程中的程序结构以及各项决策之间的关系加以类型化，将为综合行政任务中各项行政决定及其程序的梳理与整合提供基础。

（一）多中心决策与多阶段决策

行政法律关系从单一中心向多中心转变，是由行政法律关系主体的多元化引起的。单一中心的行政法律关系，是传统行政行为的经典构造，如对一

---

[1] See Elena Kagan, *Presidential Administration*, Harvard Law Review, Vol. 114:8, p. 2251 - 2252, 2331 - 2346(2001).

个违法行为人实施处罚的决定。但是,即便在处罚这样传统的行政法律关系中,也会因为有利害关系的第三人,如治安管理处罚中的受害人,而变得复杂。因此,行政法律关系不再是一种静态的、质点化的行政机关与相对人双方之间的关系,而呈现利害关系不断蔓延的特点。所谓的行政法律关系,可以描述为围绕核心争议而不断向外扩张的一个个"同心圆"。除了私人主体这一方以外,主体的多元化还可出现在行政主体这一方。比如,各级政府在作出行政征收决定时,需要由多个行政机关共同参与,[1]各自就建设项目是否符合国民经济和社会发展规划、土地利用总体规划、城乡规划和专项规划作出认定。尽管这些认定不直接对外生效,但从行政法律关系的角度来看,都是由不同行政主体以不同的规范为依据所形成的独立法律关系。由此,征收决定作出的整个行政过程呈现出多机关参与的多中心决策之形态。多中心问题的进一步扩展,还可包括同一行政任务之下相对独立的行政行为,尽管在法律关系上各自独立,但这些行政行为以共同目标为约束,呈现一种抽象的关联性。这其实与行政行为之间的横向关系有交叉之处,留待后文详细阐述。

上述多中心决策中,各个行政机关作出的决定相互之间并无法定先后顺序,其特点仅为法律关系的多元。而如果各机关的决定存在法定先后顺序(或基于行政实践事实上存在先后顺序),后行为必须以前行为为基础,就表现为多阶段决策之形态。比如在城乡建设领域,以划拨方式取得国有土地的项目,建设单位申请建设用地规划许可证之前,需要"经有关部门批准、核准、备案",其中根据各领域法规范对于前置环节的要求,这些前置环节既可以包括不直接生效的事前批准,也可以包括独立生效的行政行为;而以划拨方式获得土地,以取得建设用地规划许可证为前提,因而独立生效的规划许可行为又是供地的前置环节。[2] 尽管在多机关参与的多阶段决策中,每一阶段的行为都相对独立,甚至在外观上就是一个个各自生效的行政行为,但由于法律中对于法定前置要件,以及前后行为之间的法定先后顺序有明确规定,后行为的成立及其合法性实则高度依赖于前行为。多机关参与的多阶段决策,意

---

〔1〕 我国《国有土地上房屋征收与补偿条例》第9条规定,"依照本条例第八条规定,确需征收房屋的各项建设活动,应当符合国民经济和社会发展规划、土地利用总体规划、城乡规划和专项规划"。

〔2〕 我国《城乡规划法》第37条规定:"在城市、镇规划区内以划拨方式提供国有土地使用权的建设项目,经有关部门批准、核准、备案后,建设单位应当向城市、县人民政府城乡规划主管部门提出建设用地规划许可申请,由城市、县人民政府城乡规划主管部门依据控制性详细规划核定建设用地的位置、面积、允许建设的范围,核发建设用地规划许可证。建设单位在取得建设用地规划许可证后,方可向县级以上地方人民政府土地主管部门申请用地,经县级以上人民政府审批后,由土地主管部门划拨土地。"

味着不同的行政机关在各自的职权范围内作出前后相关联的决定时,并非完全独立;在后的决定者如何处理在先行为的内容和效力,是否承担"违法性继承"的后果,都是司法实践中争议较大的问题。[1] 因此,多阶段决策构造之下的主要问题是,决定之间的拘束程度如何,决定作出之顺序如何、可否调整或同步进行等。

(二)纵向关系与横向关系

在多机关参与的多阶段决策中,典型的样态是各决策之间存在法定的先后顺序,如上文列举的建设用地规划许可证与前置的有关部门的批准行为之间,以及与后续的划拨土地之间的关系。有先后顺序的各机关行为处于时间上的纵向关系。而如果对此结构加以拓展,即两个以上的多阶段行政过程所形成之"网络型"结构,那么分属两个多阶段行政过程的行为,各自之间并无顺序上的要求,也就是处于一种横向关系。行政行为之间的纵向关系与横向关系,以决定间是否存在法定先后顺序为区别标准。[2] 在一项综合行政任务的完成过程中,多机关参与决策的各种程序结构可能混合存在。两组程序结构是从不同视角出发对决策机关之间的关系所作的描述,彼此之间并非排除关系而是互补关系。如图 1 所示,决策 1 为多阶段的决策过程,该过程中的前后行为之间处于纵向关系;而这些行为与另一个多阶段决策过程,即决策 2 中的各个环节之间,属于无法定顺序的横向关系。又如,决策 3 展现的是一种多中心决策的结构,该决策与决策 1 和决策 2 的各环节之间无法定先后顺序,彼此之间就处于横向关系;而如果一项多中心决策本身是多阶段决策中的某一环节,那么该多中心决策整体上与其他环节之间又处于纵向关系。

[1] 关于多阶段决策中的行政行为"违法性继承"问题,参见朱芒:《"行政行为违法性继承"的表现及其范围——从个案判决与成文法规范关系角度的探讨》,载《中国法学》2010 年第 3 期;王贵松:《论行政行为的违法性继承》,载《中国法学》2015 年第 3 期。

[2] 关于宏观行政过程中关联行政行为之间的纵向关系与横向关系,可进一步参见石肖雪:《宏观行政过程中的关联行政行为认定、效力与救济》,载《苏州大学学报(哲学社会科学版)》2020 年第 6 期。

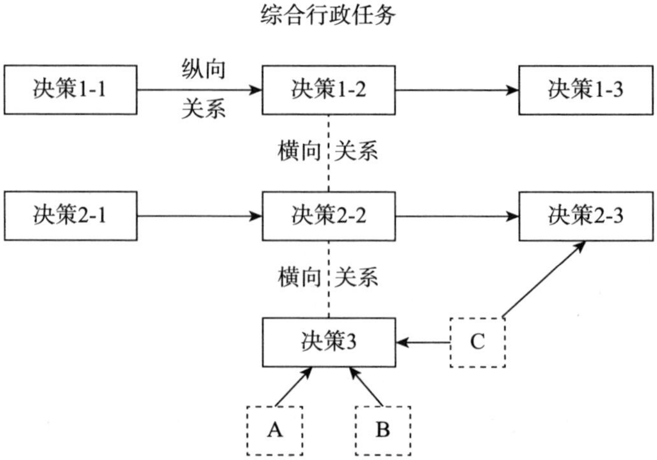

图 1　多机关参与决策的程序结构

图 1 中,实线边框表示对外生效的行政行为,虚线边框表示不直接对外生效的内部构成要件的认定行为。

处于纵向关系的前后行为之间,通常存在三种类型:程序上的联动关系、要件上的先决关系和执行上的依据关系,[1]其中处于程序上联动关系的行为之间是一种较弱的先后关系,但为程序上的变通提供了较大的空间。基于法定的先后顺序,在纵向关系中,后行为需要以在先行为的结论为基础。换言之,两行为所共享的决策要件就是前行为,这样的关系通常可以被描述为一种"嵌套"结构。在严格的"嵌套"结构中,前后行为之间并无顺序调换的空间,即后行为的作出不应早于先行为;但是法律上的先后关系,并不排除先后行为在事实上同时作出,只要作为共同决策要件的内容在先后行为中保持一致即可。这就构成了在有法定先后顺序的多阶段决策中,进行程序变通和优化的基础。

横向关系指的是行政机关所作出的各项决策之间不存在法定先后顺序,各行为分属不同的行政过程中。其基础的样态是,两行为之间并不存在任何构成要件的共享,两者只是因为同属于一个行政任务之下,受共同目标制约而被捆绑在一起的"行为束",仅有抽象和事实上的关联性。如图 1 中,绝大部分处于横向关系的行为之间仅具有此种事实上的关联;"行为束"的存在意味着目标实现过程中的法律关系多元化,从而使行政任务呈现上文提及的扩展后的多中

[1] 参见王贵松:《论行政行为的违法性继承》,载《中国法学》2015 年第 3 期。

心结构。而一种特殊的情况是,处于横向关系的两个行为中包含了相同的决策内容,图1中的决策3和决策2-3,都包含了C这一构成要件。以城市再开发的一项综合任务为例,在一个针对某地铁出入口建设的系列案件中,[1]当事人就涉案地块上的房屋征收决定提起诉讼,对确需征收房屋的建设行为是否符合城乡规划,进而是否符合公共利益提出了质疑;规划部门在征收决定中提供的论证意见载明,该项目符合城乡规划要求,具体详见其所核发的建设用地规划许可证及附图。在这一系列关系中,涉案地块上的房屋征收与补偿,以及地铁项目的建设,整体上属于同一行政任务中的两个多阶段行政过程;征收决定是一项多部门参与的多中心决策,同时与地铁建设过程中的各行为处于横向关系,但是根据规划部门提交的证明,其在征收决定和规划许可决定中都审查了一个共同的要件(涉案建设项目是否符合城乡规划)。[2]当法规范就横向关系中的两个行为规定了相同的构成要件,那么此时的行为之间会存在一种具体和规范上的关联性。其学理基础就在于,法规范中明确规定的共同要件,会在处于横向关系的行为之间产生跨程序拘束力,不允许行政机关在两个程序中就同样的内容作出不同的认定并且均告生效,根本目的是防止行政机关既不愿改变原行为,又不欲受其约束,而在其他程序中采取不同措施。[3]从多机关决策程序的角度来看,这意味着,尽管横向关系中的行为之间没有顺序的限制,但就其中的共同要件而言,一旦作出认定,效力就将及于其他包含此要件的关联行为,从而同时约束多项决策的内容。

三、多机关参与决策的主体间影响模式

正如上文指出的,当行政程序的结构从单一机关拓展到多个机关参与的决策时,程序的合法与正当不仅取决于单一决定过程是否合法,还取决于各决定之间关系处理得是否恰当。上论各点,从程序类型的角度描述了多个行政机关参与决策时会形成的不同决策结构;不同结构之中,多个行政机关作出的行政

---

〔1〕在一组系列案件中,原告江某某先后就涉案地铁口建设相关的征收、补偿、规划许可等行为提起了诉讼,其中可检索到的裁判如下:贺某某等二十七人与杭州市下城区人民政府行政征收案,浙江省杭州市中级人民法院(2014)浙杭行初字第44号行政判决书;贺某某等二十四人与杭州市下城区人民政府行政征收上诉案,浙江省高级人民法院(2014)浙行终字第73号行政判决书;江某某与杭州市下城区人民政府行政补偿案,浙江省杭州市中级人民法院(2014)浙杭行初字第197号行政判决书;江某某与杭州市规划局等规划行政许可上诉案,浙江省杭州市中级人民法院(2015)浙杭行终字第238号行政裁定书。

〔2〕关于该系列案件的深入分析,以及后文提及的横向关系中关联行政行为之间的拘束效力,参见石肖雪:《宏观行政过程中的关联行政行为认定、效力与救济》,载《苏州大学学报(哲学社会科学版)》2020年第6期。

〔3〕参见许宗力:《行政处分》,载翁岳生编:《行政法》(上册),中国法制出版社2002年版,第685页。

行为，相互之间的关联程度会存在差异。而如果将综合行政任务视为一项复杂的决策系统，那么上述所谓行政行为或者各项内部决策之间关联程度的差异，表征的就是决策主体之间的影响方式及影响程度的区别。以下将从决策过程的角度，对多机关参与决策的主体间影响模式加以阐述，以作为上述程序结构之内容的补充。

（一）作为决策系统的行政权运行方式

在决策理论学者看来，一个正式的组织体，既可以被看作各个部门的集合，也可以被看作决策系统的集合，这样的论断同样适用于行政机关。当一个决策系统中包含多个决策者，并且需要通力合作共同完成某一任务时，决策者们所作出的决定，会在相互之间产生影响。在传统行政法原理之下，依照职权法定原则的要求，部门和机构创设完毕、职权内容予以明确之后，需要关注的就是某一行政决定的实体要件、决定程序和权利救济问题。但在复杂行政任务中，涉及行政机关之间的沟通和协调关系时，决策系统的视角则显得更为重要。决策，从本质上来说，是由事实要素和价值要素所导出的一种结论，价值要素指的是决策所希望达到之目的，事实要素指的是达到决策目的所应具备的现实客观要件。[1] 在法学语境下，价值要素和事实要素可以对应于行政行为的规范要件和事实要件，这些要件都是机关进行决策的信息。这些决策所需的信息原本只是权力行使过程中不太受到关注的内部要素，因为在行政行为形式论的框架下，对外生效的是最终的行政决定；而以决策系统的视角来看行政权的运行过程时，这些要素将被"外部化"为一个决策系统的组成部分。经过这样的剖析，各决策主体之间的影响方式，并不是简单的一个机关直接向另一机关传达决策的结论，而是传达某些信息以作为其他机关的决策前提。换言之，当一个机关作出决定时，作为决策前提的某些要件可能受到其他机关已有决策不同程度的约束。基于影响方式和程度的差异，决策主体间的影响模式可以区分为权威模式和沟通模式。[2]

（二）权威模式

权威这一概念不从传统的科层结构角度，而从决策过程角度来定义指的是，如果决策者不经批判性审查就接受另一机关决定之内容，以构成自身决定

---

〔1〕 See Herbert A. Simon, *Administrative Behavior: A Study of Decision-Making Processes in Administrative Organization* (*4th ed.*), Free Press, 1997, p. 55.

〔2〕 西蒙（Herbert A. Simon）将权威和沟通作为组织及其组成成员之间传达信息的两种方式，但没有以对比的方式将二者作为两种影响模式，本文将结合其对权威和沟通的定义，从决策主体间影响方式的角度作一些补充阐述。

之要件,那么我们就可以将此种影响模式称为权威模式;与这种权威相对应的"服从",意味着决策者接受其他机关决定之内容,而无权或者放弃对该要件进行独立审查。[1] 鉴于行政机关在组织上是典型的科层组织,并且其职权行使方式有正式的规范作为依据,因此,权威模式是行政机关之间影响模式的常见样态。此外值得说明的是,当多机关参与的程序结构属于纵向关系,且先后行为之间存在要件上的先决关系,即三种纵向关系中"嵌套"结构最明显的一种类型时,先后行为的决定者之间一般就处于权威影响模式,也就是后机关一般无权自行审查先行为之内容,而只能将其作为既定要件予以采纳。

在某些有明确的法定先后顺序的情况下,行为之间的关联性会非常密切,并可能进一步导向权力的相对集中。图 2 所示的以出让方式取得国有土地使用权的情形,土地的提供和建设用地规划许可证的颁发,在多个环节上都有严格的法定先后顺序,并且存在复杂的"嵌套"结构。首先,国有土地出让之前,应由规划部门出具关于"出让地块的位置、使用性质、开发强度等规划条件"的认定结论,作为国有土地使用权出让合同的组成部分,国土部门无权排除此条件,也无权自行认定。其次,国有土地使用权出让合同签订之后,相对人应以此合同以及其他文件为基础,申请建设用地规划许可证。最后,规划部门所颁发的规划许可证的内容必须以国有土地使用权出让合同中的规划条件为准。[2] 可以发现,上述过程中的土地出让及其前置环节和规划许可,属于关联行政行为,其中的共同要件为"出让地块的位置、使用性质、开发强度等规划条件",并且规划部门在第一环节就规划条件所作出之认定属于不直接对外生效的处分行为。

---

〔1〕 See Herbert A. Simon, *Administrative Behavior: A Study of Decision-Making Processes in Administrative Organization* (4*th ed.*), Free Press, 1997, p. 180 – 181.

〔2〕《城乡规划法》第 38 条规定:"在城市、镇规划区内以出让方式提供国有土地使用权的,在国有土地使用权出让前,城市、县人民政府城乡规划主管部门应当依据控制性详细规划,提出出让地块的位置、使用性质、开发强度等规划条件,作为国有土地使用权出让合同的组成部分。未确定规划条件的地块,不得出让国有土地使用权。以出让方式取得国有土地使用权的建设项目,建设单位在取得建设项目的批准、核准、备案文件和签订国有土地使用权出让合同后,向城市、县人民政府城乡规划主管部门领取建设用地规划许可证。城市、县人民政府城乡规划主管部门不得在建设用地规划许可证中,擅自改变作为国有土地使用权出让合同组成部分的规划条件。"

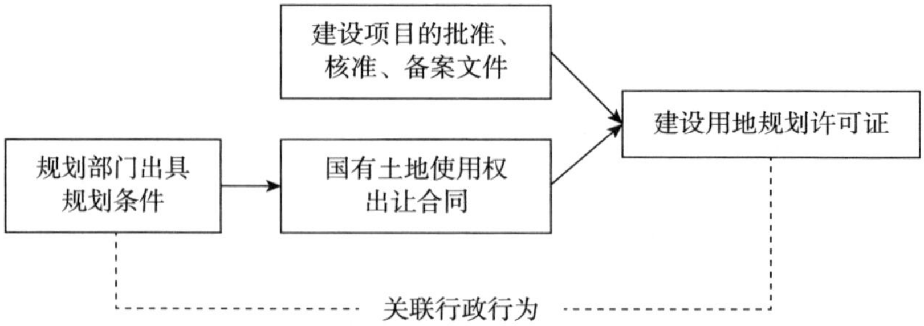

图 2　以出让方式取得国有土地使用权各环节结构关系

在上述三个阶段中，作为共同要件的规划条件贯穿始终，并且规划部门在第三环节颁发建设用地规划许可证时，需要受到自身在第一环节所认定之规划条件的约束。从实践中的案例来看，此种先后一致性的要求非常严格，表现为明显的决策间的权威影响模式；如果在国有土地使用权出让合同与规划许可决定中，规划条件的文字表述相一致，但附图不完全一致，也会被法院认定为变更了规划条件。[1] 这一点在最高人民法院发布的指导案例 76 号中也有明确体现。法院的裁判理由表明，尽管国有土地使用权出让合同是由国土部门与相对人签订的，但规划部门在其职权范围内就用地性质等规划条件所作的解释，会对国土部门的判断产生约束力。[2] 也就是说，就协议中的特定要件而言，国土部门必须接受规划部门所作出的认定，而无权排除或自行审查。在土地出让以及规划许可所包含的三个阶段中，各个环节之间关联性非常密切，决策主体间的权威影响模式也很明确，这意味着实际上应对其中的共同要件采取高度集中的审查方式，以达到先后一致的效果，从而既契合规范上的目的，也更符合效率上的需求。而最终政府机构和职能调整时，国土部门与规划部门的组织与职能合并也印证了这一点。

（三）沟通模式

与权威模式相对应的沟通模式，是指在整个综合任务的实现过程中，由一

〔1〕 参见山东恒利房地产开发有限公司与禹城市规划局规划行政许可上诉案，山东省德州市中级人民法院（2015）德中行终字第 99 号行政裁定书；禹城市规划局与山东恒利房地产开发有限公司规划行政许可上诉案，山东省德州市中级人民法院（2016）鲁 14 行终 147 号行政判决书。在这两个案件的终审判决中，法院明确“规划条件与附图共同构成了对于建设用地规划的整体要求，内容相互补充、不可或缺”，并且规划部门在颁发规划许可证时有职责对规划条件整体上的一致性进行审查。

〔2〕 萍乡市亚鹏房地产开发有限公司诉萍乡市国土资源局不履行行政协议案，江西省萍乡市中级人民法院（2014）萍行终字第 10 号行政判决书。

个机关(组织成员)向另一个机关(组织成员)传达决策之构成要件的过程。[1]在行政法中,决策的构成要件指的是行政决定的事实要件和规范(价值)要件。沟通模式本质上是一种信息传达机制,接到作为决策前提之各项信息的机关并没有“服从”义务,各决策机关可以对其他机关提供的事实证据进行审查,也可以对规范依据进行解释,也就是其并未放弃对各项决策构成要件作出独立的认定。沟通模式通常出现在各决策关联性相对松散的结构中,如多中心决策或者各行为之间处于无法定先后顺序的横向关系中。上文提及的行政征收行为,在决定作出过程中,人民政府需要组织发改、住建、规划、国土等部门就确需征收房屋的建设项目是否符合各项规划及其他条件进行论证,各部门之间可以就涉案建设项目的各项事实信息进行沟通,也可以对存在交叉适用的规范在本案中的具体内涵进行交流,但各职能部门均保留独立判断的权力。即便当横向关系中的行政行为之间存在共同的事实要件(如调查中对共同证据的认定)或法律要件时,只要行政机关对共同要件的认定有较大裁量空间,其仍然可以基于各自的职权目的,对该要件的认定结论进行沟通和协商。比如,在相对行政许可权的实践中有一类行业准入的联合审批机制,各职能部门为达到整个行业准入审批的集中效果,可以对各种相同且重复的证据,进行联合勘验与审查,但其中不同领域的行政机关仍保留各自的判断权,相互之间的影响模式就是以信息传递和协商为主的沟通模式。

结合上述多机关参与决策之程序结构和决策主体间影响模式,作一小结可以发现:当职权内容关联性越强,即法规范对各行为之共同要件以及法定顺序有明确规定时,机关之间的影响模式越趋向于权威模式,也就是对于职权重叠部分,通常应由单一机关进行一次认定并对其他机关产生拘束,此时权力的行使方式更趋于集中;当程序结构为关联性较为松散的多中心结构或者各决定间无法定先后顺序时,机关之间的影响模式则趋于沟通模式,即便存在职能交叉,各机关也保留独立的判断权。

四、多机关参与决策程序的组成部分

行政程序通常指的是行政机关作出行政行为时所遵循的步骤、顺序、方式和时限;从过程的角度来看,也就是行政决定产生的过程。当处于复杂法律关系中时,由复数行为构成的宏观行政过程,除了要考察单一行政行为的产生过

---

〔1〕 See Herbert A. Simon, *Administrative Behavior: A Study of Decision-Making Processes in Administrative Organization* (*4th ed.*), Free Press, 1997, p. 208.

程,还需要关注各微观行政环节如何构成整个过程以及各阶段的性质和相互间的关系。[1] 如果仍借用微观行政程序的几个组成部分来描述综合任务下的宏观过程,此时的行政程序指的是:第一,为完成整体目标,需要对复杂行政任务进行分解,应归纳出整个宏观过程所包含的主要议题,并细分为几大类或几项决策内容;第二,确定各环节以及行为之间的关系,即行为之间是否存在法定先后顺序,或者仅属于无先后顺序的横向关系;第三,需要列明整个行政过程以及其中每一行为中参与决策的行政机关,明确彼此之间的影响模式;第四,在决策系统的视角之下,还应考察能否通过环节的合并、顺序的调整、方式的优化,达到综合行政任务决策集中的效果,并在政府整体层面上实现有效与负责。在完成这些要素的拆解之后,可以从两种视角来对程序进行描述,即多中心决策视角(空间角度上的扩张)和多阶段决策视角(时间角度上的延展)。

多机关参与的多中心决策模型可以分为两大类:由多机关参与作出同一行政行为的多中心决策和横向关系中多个行政行为构成的多中心决策(见图3)。在第一类多中心决策中,某一行政行为的作出需要其他多个机关共同协力完成,如上文反复提及的行政征收,各参与机关在各自职权范围内、根据相应规范作出独立但不直接生效的处分。在此期间的各项决策可以同时进行,并无先后顺序之别。而且,各方决策机关之间可以在裁量权范围内,对证据认定和规范解释进行信息交流与协商,其主体间影响模式为沟通模式。这对于多机关参与程序的意义是,一方面与最终决定相关的各项决策同时进行,能够缩短整个决定作出的时限;另一方面当各决策之规范或事实要件存在重叠时,可以通过沟通模式进行协调和整合,从而一定程度上达到决策集中的效果。

第二类横向关系中的多中心决策的形态,还可进一步区分为有关联行政行为(图3右侧多中心决策之二的A与B两种行为)和无关联行政行为两种情况。当处于横向关系的两个行政行为有共享的构成要件时,根据上论之共同要件的跨程序拘束力,相关决策机关对于该共同要件的认定应当合并进行,这不是时间上的同步,而是只就共同要件进行一次审查并同步拘束其他的关联行政行为。而如果处于横向关系中的各项决定之间并无构成要件的共享,那么由于无法定先后顺序之约束,在法律上这些行政行为均可同时进行。这在多机关参与程序中的意义就是,各决策的同时或者合并进行自然能够达到缩短决策时限的效果。而更为重要的是,横向关系中关联行为之共同要件的合并认定,既能

[1] 参见江利红:《行政过程论在中国行政法学中的导入及其课题》,载《政治与法律》2014年第2期;江利红:《行政过程的阶段性法律构造分析——从行政过程论的视角出发》,载《政治与法律》2013年第1期。

达到治理上的程序优化目标，更是规范上跨程序拘束力的要求。

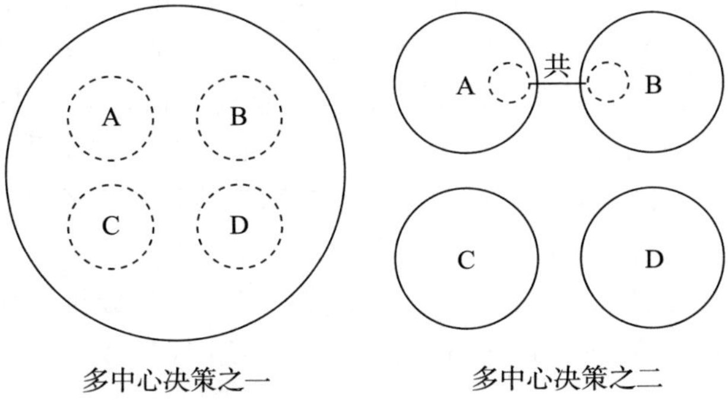

图3　多中心决策模型示意

在多机关参与的多阶段决策模型中，一个重要的问题是各阶段议题的筛选和决策顺序的确定。各项决策在宏观过程中所处顺序的差异，会影响决策者的裁量空间。当一项行政任务被分解为多个阶段，在此过程中越被置于末端的行为，越没有可争辩和可变更的空间，因此对决策者来讲，其实际上所拥有的裁量空间越小。在多机关参与的具有严格法定先后顺序的多阶段决策中，行为之间如果存在"嵌套"式的纵向结构，那么决策主体间的影响模式通常是权威模式，后行为的作出机关应将先行为作为其决策的既定要件而无权自行审查，此时在先的决策显然对在后的决策构成了限制。而且，即便没有严格的法定顺序之规定，事实上的先后关系也会存在，如一个建设项目的整体完成，首先在立项阶段要考虑是否符合本地经济社会发展规划，其次在供地阶段将涉及具体选址、用地范围等问题，最后在建设阶段还需审查是否符合建设施工规划条件和具体标准等，后续阶段的决策都将在一定程度上受制于前一阶段的各项决定。因此，无论行为之间的顺序是应法定程序之要求，还是因为事实上处于前后阶段，此种裁量空间逐渐收窄、决定内容逐渐固化的特征是多阶段决策中的普遍现象。基于这样的特征，就综合行政任务而言，在对各项决策顺序进行排列时，应将争议较大、涉及利害关系群体广泛的决策环节提前，而不是到改变空间极为有限时，也就是变更决策结论的成本极大时再作争辩。

五、结语

本文所研究的多机关参与决策程序，并不是对传统行政程序理论的颠覆，而是一种补充。换言之，无论在何种类型的行政任务中，微观上单一决定的程序合法仍然是必备要件，但除此以外，在多个行为互相关联的综合任务之中，宏观层面上的多机关决策程序也应获得关注。多中心决策描述了从“横截面”的角度观察,宏观程序在空间上的不断延伸;多阶段决策展现了时间上“管道式”的发展视角,纵向与横向关系则进一步呈现了立体的“网络型”结构。研究视角从点、线到面乃至“网络型”复合体的不断拓展,突破了孤立且质点化的行政行为及其程序的研究模式;而不同程序结构中,各个行为关联性程度上的差异,表征了决策主体之间不同的影响模式。在面对综合行政任务时,不同的程序结构和影响模式,为整体上实现政府决策的不断优化提供了分析工具和理论基础。本文的研究,展现了多机关参与决策程序的类型化分析框架,目的是使政府在实现综合调控职能时,能更好地恪守法治的边界,并实现治理的目标。

新军事斗争中比例原则适用的挑战及应对

张　蓉*

【内容摘要】比例原则是武装冲突法的基本原则，在逻辑链上是由目的正当到手段必要再到效果相称的完整链路。面对军事斗争新态势，在智能武器武装冲突、外层空间武装冲突、网络空间武装冲突中，比例原则的适用面临新的挑战。从提升国际规则制定的话语权、全域制定应对措施预案、培养理性指挥官着手全面应对，才能做好新战争形态下军事斗争准备，提高我国科学运用国际法捍卫国家利益的能力和水平。

【关键词】习近平法治思想　军事斗争准备　比例原则　武装冲突法

"胸怀中华民族伟大复兴的战略全局和世界百年未有之大变局这两个大局，统筹推进国内法治与涉外法治，是习近平法治思想关于国际法治系列重要论述应运而生的时代逻辑和总揽全局的顶层设计，位于六大核心要义之首。"[1]伴随世界大变局，包括中国在内的新兴市场国家和发展中国家群体性崛起，主张坚持国际法基本原则，建立更加公平

---

* 张蓉，中国人民解放军陆军军事交通学院讲师。

〔1〕黄惠康：《习近平关于国际法治系列重要论述的核心要义》，载《武大国际法评论》2021年第1期。

合理的国际秩序和平等参与的全球治理体系。[1] 法者,治之端也。“战争法是在军事效率的迫切需要和人道主义感情的要求这两者之间相互适应的妥协中产生的成果。”[2]寻求军事利益和人道主义两种价值平衡点的比例原则是武装冲突法的一项基本原则,不仅体现在既有规范之中,还为新规范的制定提供法理依据。当本应为和平和人类发展目的开发利用的智能机器、外层空间、网络空间日益呈现武器化发展态势,这些领域的军事对抗理应置于比例原则的规制之中。

一、历史溯源:比例原则的法理阐释

武装冲突中,“在对军事目标发起攻击时,防止和避免对平民和民用物体造成过分的附带或间接的损伤”[3],且“作战方法和手段的使用应与预期的、具体的和直接的军事利益相称,而禁止过分损害的攻击行为以及引起过分伤害和不必要痛苦的作战手段和方法。”[4]在逻辑链上,武装冲突法中的比例原则是由目的正当到手段必要再到效果相称的完整链路。首先,正当合法的目的是攻击军事目标;其次,选择必要的手段方法,坚持尽可能的最小附带损害;最后,权衡负面损害与军事目的是否相称,禁止过分超出军事利益的严重不相称行为。

从历史的长镜头来看,在武装冲突中初步体现“禁止过分的攻击和引起不必要痛苦”的比例原则,最早可以溯源至欧洲中世纪宗教改革。[5] 1123 年,天主教教皇卡利克斯特二世在罗马召开第一次拉特兰大会时发布禁令,杀伤力巨大的十字弓和劲弩等武器因“不仁厚”“不具有基督精神”而被禁止使用。[6]尽管在人类发展史中战争如影随形,但是人的自然理性催生的正义价值始终是最大多数人追求的法则。为了尽可能减轻战争对人道主义的冲击,1868 年 12 月 11 日,英国、俄国等 17 个国际军事委员会成员国在圣彼得堡签署《关于在战争中放弃使用某些爆炸性弹丸的宣言》(又称《圣彼得堡宣言》),考虑到文明的进步以及减轻战争的灾难,宣言指出:“各国在战争中应尽力实现的唯一合法

---

〔1〕 参见杨洁篪:《深刻认识和用好国际法 坚定捍卫国家利益 共同维护世界和平与发展》,载《求是》2020 年第 20 期。

〔2〕 [法]夏尔·卢梭:《武装冲突法》,张凝等译,中国对外翻译出版公司 1987 年版,第 15 页。

〔3〕 刘家新、齐三平主编:《中国军事百科全书·战争法》,中国大百科全书出版社 2007 年版,第 108 页。

〔4〕 盛红生、肖凤城、杨泽伟:《21 世纪前期武装冲突法中的国际法问题研究》,法律出版社 2014 年版,第 96 页。

〔5〕 参见刘蔡宽:《新的战争形态下国际人道法适用研究——以比例原则为中心》,载《湖南科技大学学报(社会科学版)》2020 年第 6 期。

〔6〕 See Gary D. Solis, *The Law of Armed Conflict: International Humanitarian Law in War*, Cambridge University Press, 2010, p. 502.

目标是削弱敌人的军事力量；为了这一目标，应满足于使最大限度数量的敌人失去战斗力；由于武器的使用无益地加剧失去战斗力的人的痛苦或使其必然死亡，将会超越这一目标，因此，这类武器的使用违反了人类的法律……”在此基础上，一系列关于限制作战手段和方法的国际规约陆续形成，为比例原则的正式确立提供了法理渊源和实践依归。

1949 年，日内瓦公约的两个附加议定书签订，最终于 1977 年获得通过。《第一附加议定书》第 51 条、第 57 条规定：“计划或决定攻击的人应：尽可能查明将要攻击的目标既非平民也非民用物体；在选择攻击手段和方法时，采取一切可能的预防措施以期避免，并无论如何减少平民生命附带受损失、平民受伤害和民用物体受损害；不决定发动任何可能附带使平民生命受损失、平民受伤害、民用物体受损害或三种情形均有而且与预期的具体和直接军事利益相比损害过分的攻击。”这是首次在国际公约中对作战指挥官落实比例原则作出明确规定，但是，因合比例性的量化要素和具体标准具有复杂性，比例原则适用时面临巨大挑战。1998 年 7 月 17 日通过的《国际刑事法院罗马规约》第 8 条第 2 款第 b 项（ⅳ）规定：“故意发动攻击，明知这种攻击将附带造成平民伤亡或破坏民用物体或使自然环境遭受广泛的、长期的和严重的破坏，其程度与预期得到的具体的、直接的整体军事利益相比显然是过分的。”自此，军事斗争中比例原则的适用范围延展至自然环境保护。

比例原则集中体现了国际法对国际间武装冲突和非国际间武装冲突法律规制的两大主要方面，即武力使用的合法性问题和武装冲突中的交战规则问题，其宗旨在于寻求直接整体军事利益实现与附带损害减少之间的平衡点。国际社会应该遵守各国共同达成的规则和共识，习近平主席指出：“我们要坚持以国际法则为基础……厉行国际法治，毫不动摇维护以联合国为核心的国际体系、以国际法为基础的国际秩序。”[1]

二、可能的挑战：比例原则面临的适用困境

国际法治是人类文明进步的重要标志，我国致力于推动国际关系法治化，推动各方在国际关系中遵守国际法和公认的国际关系基本原则。在军事技术加速变革的当下，当强敌将无人机、无人车、无人艇、无人潜航器等智能机器、外层空间、网络空间纳入军事斗争准备以实现其预期军事目标时，比例原则的适

---

〔1〕 习近平：《让多边主义的火炬照亮人类前行之路——在世界经济论坛“达沃斯议程”对话会上的特别致辞（2021 年 1 月 25 日）》，人民出版社 2021 年版，第 6 页。

用面临诸多挑战。

(一)智能武器武装冲突对比例原则的挑战

“在没有人类干预的情况下选择目标并对其使用武力”的武器系统是自主武器系统,[1]又称智能武器。人工智能技术的发展推动了智能武器自主性能的大幅度提升,空中、陆地、海上运行的智能武器可以通过数据和算法实现“类人化”作战。对此,红十字国际委员会提出,“自主武器系统在没有人类干预的情况下选择目标并对其使用武力。在最初由人启动或发射后,自主武器系统根据从传感器接收到的环境信息,并基于概括性的‘目标描述’,自行启动或触发攻击。这意味着使用者并未选择自主武器系统使用武力攻打的具体目标以及精确的时间和(或)地点,甚或对此一无所知。”[2]国际法视野中,《常规武器公约议定书一》《常规武器公约议定书二》《常规武器公约议定书三》,对于智能武器本身合法性和使用合法性问题考察,主要限定在能否以特定军事目标为攻击对象,是否会给人类带来过分伤害和不必要痛苦或给环境造成广泛的长期的严重的损害。当智能武器由“助攻”变成“主攻”,在复杂多变的战场环境评估攻击目标符合程度和攻击行为精确程度时,不排除系统计算出现所谓的“算法误差”而导致误杀误伤。

(二)外层空间武装冲突对比例原则的挑战

利用外空资源支持和增强传统军事力量的作战效能包含两个方面:一是为军事目的利用人造卫星的图像侦察、电子侦察、海洋监测、气象观测、通信、预警和导航等功能,支持和增强己方以地球(包括陆地、海洋和大气层)为基地的常规武器和陆海空部队的作战效能;二是发展和部署以外空为基地的天基外空武器,以打击或摧毁对方在陆地、海洋和大气层中的目标或损害其正常功能,或者打击和部署以地球为基地的地基外空武器,以打击或摧毁对方的外空目标或损害其正常功能。[3] 在“天—地”“天—天”武装斗争中,可能产生大量空间碎片,对环境造成广泛的长期的严重的损害,即便是不具有物理意义上的攻击性和破坏性的所谓“干扰型”外层空间武器也可能违背比例原则。[4] 如某外层空间武器通过控制对方天基武器发射系统运行参数并干扰对方卫星的系统,使得

---

[1] 《红十字国际委员会关于自主武器系统的立场》,载红十字国际委员会网,https://www.icrc.org/zh/document/icrc-position-autonomous-weapon-systems,最后访问日期:2022 年 1 月 18 日。

[2] 《红十字国际委员会关于自主武器系统的立场》,载红十字国际委员会网,https://www.icrc.org/zh/document/icrc-position-autonomous-weapon-systems,最后访问日期:2022 年 1 月 18 日。

[3] 参见贺其治、黄惠康主编:《外层空间法》,青岛出版社 2000 年版,第 198 页。

[4] 参见蒋圣力:《外层空间军事对抗的国际法探析》,载《北京航空航天大学学报(社会科学版)》2018 年第 6 期。

对方某型高度依赖卫星定位系统的天基武器无法正常发射,错误打击非军事目标,造成平民伤亡或破坏民用物体,给人类带来过分伤害和不必要痛苦。

(三)网络空间武装冲突对比例原则的挑战

网络空间已然成为与陆地、海洋、领空和外层空间并列的军事斗争空间。由国家实施或操控实施的网络攻击,可能造成一国政府、军事机构、金融机构、交通运输、电视媒体等系统全面崩溃,网络成为新型军事斗争的武器,此类行为不再适用一国的国内法,应当由武装冲突法进行规制。普遍认为,国际上第一个在战争中使用网络武器的是美国和以色列实施的代号为"震网"的病毒网络攻击,使得伊朗核设施的离心机高温自毁,行动符合《塔林手册》规定的"使用武力"标准,具有严重性、非间接性、入侵性、军事性、国家介入性等特点,实现了非传统意义上武装冲突的实战目的。有学者指出,"震网"病毒也攻击了平民及其他应受保护的人,不仅影响平民的正常用电,还使得伊朗近500万网民被该病毒攻击,因而偏离了攻击的初衷。在网络技术和资源不对等的情况下,优势方的网络攻击超出预期目标,带来难以估量的附带损害。

三、全面应对:"危中有机、危可转机"视域中的应对之策

在军事利益与附带损害之间作出恰当的"度"的衡量,是由目的正当到手段必要再到效果相称的完整链路中合比例性评估的关键环节。现代战争追求的大多是军事、政治和经济等诸多效益的共赢,世界范围内"危""机"并存,危中有机、危可转机。新军事斗争中,在认知域、舆论域、心理域、法理域攻防的挑战更具复杂性和全局性,相应的机遇更有战略性和可塑性,挑战前所未有,但只要应对得当,机遇也将前所未有。在对外斗争中,要"把法治应对摆在更加突出位置,用规则说话,靠规则行事",强化法治思维,运用法治方式,科学应对挑战、防范风险。

(一)提升国际规则制定的话语权

"小智治事,大智治制",习近平法治思想的世界意义在于凝聚了法治建设的中国经验和中国智慧,正致力于提升中国法治的国际话语权和影响力。2018年8月24日,习近平总书记在中央全面依法治国第一次会议上强调指出,"中国走向世界,以负责任大国参与国际事务,必须善于运用法治。在对外斗争中,我们要拿起法律武器,占领法治制高点,敢于向破坏者、搅局者说不。全球治理体系正处于调整变革的关键时期,我们要积极参与国际规则制定"[1]。我国正

---

〔1〕 习近平:《加强党对全面依法治国的领导》,载《求是》2019年第4期。

在进行从规则的被动遵循者到主动参与者的转换,关注的焦点不局限于新技术发展本身,而是积极参与制定阐释适用于新军事斗争的国际规则,提高中国在新兴领域法律规制的国际话语权。马歇尔欧洲安全研究中心的国际法教授迈克尔·N.斯密特指出,比例原则常常被错误适用,如果仅仅依据附带损害的数量就认定攻击不合比例,是将"过分的"(相对概念)与"大量的"(绝对概念)相混淆。[1] 在已有规则阐释及新规则制定过程中,中国应提倡比例原则的适用是一个全面的、动态的过程。从作战的进程来看,这是一项持续性的义务,要求在作战整个过程都必须持续地关注目的正当、手段必要、效果相称;从作战所涉人员来看,这是一项全员性的义务,要求作战计划的制定者、决策者、执行者在既有条件下实时分析评估军事利益与附带损害的比例问题。

(二)多域制定应对措施预案

在传统领域作战预案之外,应针对认知域、舆论域、心理域、法理域攻防制定全面的应对措施预案。各国国内立法或军事作战手册对武装冲突法的发展产生过重要影响,如国际红十字会在对习惯国际人道法进行编纂时,在很大程度上考虑了各国国内军事作战手册中的相关规定。[2] 在非传统作战领域,我国也可以通过制定公布相关手册表达我方立场,抑或发挥引领作用推动达成比例原则在新兴作战领域的国际法共识。再者,根据新军事斗争形势下军事任务的类型和性质,可事先拟制科学可行的交战规则,将比例原则等法律要素融入行动方案,实现有效法律保障。如针对攻击目标的选择问题,可以采取类型化处理列表的方式,列出诸如禁止打击或限制打击的目标有哪些、打击目标是否会造成附带损害、是否有其他攻击手段和方法可供选择等,即使军民两用物体构成军事目标,攻击其民用部分产生的影响也应当纳入附带损害的考察范围,需尤其注重其合比例性评估。

(三)培养理性指挥官

国际上对比例原则的既有实践标准,就是在判断军事利益和附带损害的平衡时,基于理性指挥官综合考虑各种情报和急难问题后作出的善意判断。国际刑事法庭在相关罪名的犯罪构成要件中指出:判断附带损害与军事利益相比是否过分时,应由一个了解要件构成的行为人按照要求作出价值判断,且基于行为人获得所有必要信息的基础之上。将智能武器、外层空间、网络空间置于人为可控范围内考量,建议编制"中国人民解放军作战指挥官手册"。首先,理性

---

〔1〕 See Michael N. Sehmitt, Precision Attack and International Humanitarian Law, International Review of the Red. Cross, Vol. 87(859), p. 445 - 466(2005).

〔2〕 参见杨宽:《论国际人道法在外空武装冲突中的适用》,载《人大法律评论》2018 年第 1 辑。

指挥官必须综合使用当时可以使用的一切信息作出评估，如目标的性质、位置、覆盖范围、周围环境、气象状况、己方武器装备性能精度和损伤范围，以及己方战斗员的作战技能水平等，层级越高的指挥官需要权衡的因素越多。其次，作为一种价值判断，适用比例原则要尽量避免用平民伤亡、财产损失的数字比率作为衡量标准。有学者提出，将军事利益和附带损害分别划分为三个等级，由低到高为最低、中等、重大，进而以此作出交叉判断，如军事利益最低＋附带损害中等＝“过分”，该行为不符合比例原则。但是，比例原则不应成为指挥官的紧箍咒，理性指挥官应当收集保留军事行动的相关证据，证明己方合理的主观理性使其客观外显，从而证成己方行为没有“过分”超出比例，具有合法性。

四、结语

“国家安全的内涵外延比历史上任何时候都更丰富，时空领域比历史上任何时候都更宽广，内外因素比历史上任何时候都更复杂”[1]，习近平总书记深刻把握国家安危大势，统筹推进传统安全领域和新型安全领域军事斗争准备，始终掌握军事斗争主动权。面对军事斗争新态势，在智能武器武装冲突、外层空间武装冲突、网络空间武装冲突中，比例原则的适用面临新挑战的同时也迎来新机遇。在习近平强军思想和习近平法治思想的科学指引下，我国可以从提升国际规则制定的话语权、全域制定应对措施预案、培养理性指挥官着手全面应对，做好新战争形态下军事斗争准备。

〔1〕 厉法军：《推进国防和军队现代化的坚强法律保障——写在新修订的〈中华人民共和国国防法〉施行之际》，载《解放军报》2021年1月4日，第6版。

论农民集体所有权的区分实现

姜红利*

【内容摘要】农村集体资产股份合作制改革适宜的对象是集体经营性财产，不宜作为农村集体产权改革的统一路径。统一的产权运行路径，难以兼顾集体财产的资源保障与财产增值功能，无法有效平衡公平与效益价值。将集体财产划分为集体资源性、经营性和非经营性三种类型，并对不同财产构建侧重点不同的实现路径和具体机制是农民集体所有权实现的基本理念。这一分类推进理念既与国家强制性变迁方向一致，也是由农民集体所有权客体的复杂性所决定。集体资源性财产要完善承包经营制度；集体经营性财产要探索产权量化、统一经营的组织结构；集体非经营性财产则要构建协同治理的运行机制。

【关键词】农民集体所有权　分类推进　集体经营性财产　集体资源性财产　集体非经营性财产

一、引言

实践和理论研究中存在多种有关“农民集体所有权”的表述，如“集体所有权”“农村集体所有权”“农民集体所有权”等。笔者认为，“农民集体所有权”突出了农民在集体中的主体地位，有利于矫正日常生活中人们对集体所有权可

---

* 姜红利，南京师范大学中国法治现代化研究院法治社会所研究员、南京师范大学法学院副教授。本文原载于《农业经济问题》2019 年第 7 期。

能存在的权利主体误解，也更能体现集体所有权制度设计要保障农民权益的目的。农民集体所有权之所以在理论研究中表达不一，除了研究者用词习惯之外，更重要的原因是农民集体所有权并没有明确的权利体系，法律规范没有直接而明确地规定其主体、客体尤其是权利行使的具体方式。集体产权改革背景下，地方和学界积极关注并推动集体资产的股份合作制改革，但集体资产的股份合作制改革，适宜的对象仅是集体经营性财产，并不宜作为集体资源性财产和集体非经营性财产的改革方式和路径。凡是对集体产权给予整体性论述的改革方案，均忽视了农民集体财产的异质性。虽然有关政策文件对集体资产进行了资源性资产、经营性资产和非经营性资产的“三资分类”划分，但此种划分的功能和意义并没有得到学界和实务界的足够重视，导致实践中存在统一推进集体产权改革路径的倾向。为了避免统一推进的实践误区，本文将对政策文件中的“三资”特性及相互间的区别予以法学层面上的解读阐释，以便明确集体所有权实现的基本理念和具体路径。

二、分类推进理念与农村集体产权改革的强制性变迁方向一致

农民集体所有权的实现既要呼应国家一系列政治、经济、社会等正式制度及政策指向，又受到习惯文化、意识形态等主观价值的影响。按照制度的“供给—需求”理论，当制度不均衡不能由诱致性制度变迁解决时，如果国家统治者的预期收益大于其推行强制性制度变迁的预期费用，国家将有可能采取强制性制度变迁行动。基于政府命令和法律施行所发生的制度变迁，被称为强制性变迁。我国《民法通则》第 6 条规定，“民事活动必须遵守法律，法律没有规定的，应当遵守国家政策”，我国《民法典》未将政策纳入法的渊源。但是，政策指向的强制性却并不亚于法律的“指引作用”，其作用往往足以引致强制性的制度变迁。

所谓农民集体所有权的分类推进理念，是指将农民集体所有权划分为农民集体资源性财产所有权、农民集体经营性财产所有权和农民集体非经营性财产所有权，针对不同的所有权规划而采取不同的实现机制和路径。其中，农民集体资源性财产包括农民集体所有的土地、森林、山岭、草原、荒地、滩涂等。农民集体经营性财产包括用于经营的房屋、建筑物、机器设备、工具器具、农业基础设施、集体投资兴办的企业及其所持有的其他经济组织的资产份额、无形资产等经营性资产。农民集体非经营性财产是指用于公共服务的教育、科技、文化、卫生、体育等方面的公益性财产。

对农民集体所有权进行分类推进，是国家和地方关于农村集体产权改革政

策的具体体现。上自中央政策文件、下自地方规范性文件,均表明农村集体产权改革需要分类有序推进。2016 年中共中央、国务院发布的《关于稳步推进农村集体产权制度改革的意见》将农村集体产权分为资源性资产、经营性资产和非经营性资产等“三类资产”,要求“分类推进农村集体产权制度改革”。可见,中央政策并不鼓励统一的集体产权改革方案。此外,各地在落实中央政策精神过程中,提出的具体实施意见也遵循了分类推进的理念。例如,河南省要求“坚持分类有序推进”,“着力在关键环节和重点领域取得突破”。[1] 安徽省要求“分类有序推进改革”,并根据“集体资产的不同类型和不同地区条件确定改革任务”。[2] 黑龙江省要求坚持“因地制宜”原则,坚持“分类指导”“有序推进”。[3]

值得注意的是,中央政策文件对集体产权客体的具体划分具有政策指导意义,但是政策文件中的用语不能直接创设或等同法律规范用语。中央政策文件中的“集体资源性资产”、“集体经营性资产”和“集体非经营性资产”概念更多地属于经济学和管理学范畴,并非严格意义上的法学概念。其一,我国农村集体自然资源所有权的不可流转性决定了这些资源不能成为经济学意义上的“资产”。学界通说认为,资源性资产是指“特定的权属主体所拥有或实际控制,能以货币计量并能在生产经营过程中为其权属主体带来未来经济利益的社会、自然资源”[4]。我国农村集体资源包括集体土地、森林、草地、荒山和滩涂等自然资源,而这些自然资源所有权大多数不能通过流转、交易变成资产。其二,在法学话语体系下,农民集体所有权的客体是财产而非经济学上的资产概念。其三,集体非经营性资产本身就不是以经营为目的,而是以公益服务为宗旨,故也不宜使用资产概念。

总之,根据我国相关政策文件的规定和精神,农村集体产权改革要注意区分“三类资产”,以进行目标不同、方式不同的集体产权改革。针对集体资源性资产,继续推行落实确权登记颁证的工作。对于集体经营性资产,要将资产折股量化到集体成员,积极开展集体经营性资产的股份合作制改革。而对于集体

---

〔1〕 参见《中共河南省委 河南省人民政府关于稳步推进农村集体产权制度改革的实施意见》,载《河南日报》2017 年 7 月 20 日,第 12 版。

〔2〕 参见安徽省人民政府办公厅:《〈中共安徽省委安徽省人民政府关于稳步推进农村集体产权制度改革的实施意见〉的解读》,载安徽省人民政府网,https://www.ah.gov.cn/public/1681/7979351.html,最后访问日期:2022 年 1 月 20 日。

〔3〕 参见《中共黑龙江省委黑龙江省人民政府关于稳步推进农村集体产权制度改革的实施意见》,载《黑龙江日报》2017 年 4 月 12 日,第 3 版。

〔4〕 程烨:《论提高不动产产权保护精准度的若干问题》,载《国土资源情报》2017 年第 4 期。

非经营性资产也即集体公益性资产，不宜进行折股量化到成员。[1] 不难看出，中央及地方文件虽未提供较为具体的产权改革方式和路径，但对“三类资产”的划分及其不同的改革方向，均体现了不鼓励统一推进集体产权改革的政策精神。农民集体所有权的分类推进实现理念，正是对中央政策和地方文件的良性互动和呼应，与农村集体产权制度的强制性变迁方向一致。

三、分类推进理念由农民集体所有权客体的复杂性所决定

所有权“客体”属于民法理论的建构性概念，相较于“财产”这个术语，“客体”一词更加清晰明确。“财产”的内涵可能更加模糊、外延更加广泛，包括“物即财产”（“财产即物”），将财产等同于物权法上的“物”的理解[2]；也包括将“财产”理解为可被主体支配并产生利益之有体或无体之客观对象，而“物”则是“财产”的一种类型[3]。此外，还有观点将“财产”等同于民法上的财产权，具体包括除人身权之外的所有财产权[4]。本文赞同第二种理解，即将“财产”理解为可被主体支配并能产生利益的客观对象，物只是财产的一种而已。农民集体所有权“客体”的类型则采用“财产”概念进行具体划分。

（一）动产和不动产的二元划分不适合农民集体所有权

《民法典》将所有权、用益物权、担保物权并列作为物权的类型之一，并将物划分为不动产和动产两大类型，[5] 该规定延续了传统大陆法系对所有权客体进行动产和不动产的二元划分理念。二元划分理念得到各国的广泛认同，不仅适用于私法，其他部门法学科也将其作为物甚至财产的基本划分类型。动产和不动产划分的标准主要是物的可移动性及登记效力，如此划分的法规范意义在于，交易规则因为物的属性存在差异，其公示方式也必然不同。但是，这种二元划分针对的主要是有体物领域，并不能涵盖所有的物权客体，从而产生“动产和不动产分类的涵盖性越来越差”的现象。[6]

农民集体所有权虽为物权，但对其客体的划分并不适合借鉴传统的动产和不动产“二分法”理念。首先，农民集体所有权的客体不能简单地由动产和不

---

〔1〕 参见《中共中央国务院关于稳步推进农村集体产权制度改革的意见》，载《人民日报》2016 年 12 月 30 日，第 1 版。

〔2〕 参见马俊驹、梅夏英：《财产权制度的历史评析和现实思考》，载《中国社会科学》1999 年第 1 期。

〔3〕 参见费安玲：《不动产与动产划分之罗马法与近现代法分析》，载《比较法研究》2007 年第 4 期。

〔4〕 参见梅夏英：《数据的法律属性及其民法定位》，载《中国社会科学》2016 年第 9 期。

〔5〕 参见我国《民法典》（2020 年）第 114～115 条。

〔6〕 参见李国强、郑天骄：《动产与不动产区分的相对化——兼论物的分类对所有权观念演进的影响》，载《浙江社会科学》2009 年第 8 期。

动产进行划分和涵盖。动产和不动产的划分主要针对单一物,而农民集体所有权客体却是一种集合物。所谓集合物,是指由许多财产构成,但被视为一个整体财产进行法律规制的对象,如企业财产、失踪人财产等。农民集体所有权客体就是由土地、森林、滩涂等自然资源,厂房、设备、资产份额等集体经营性财产及医院和学校等公益性财产组合而成的复杂集合物,不适合简单的二元划分。其次,不动产与动产作为物的划分方法,主要解决的是在物的交易过程中是否进行公示的问题,目的在于维护交易安全。而农民集体所有权的客体一般情形下是禁止所有权交易转让的,故对集体所有权客体进行不动产和动产的划分虽无大碍,但对其所有权的实现也无实质益处。最后,不动产与动产的划分背后体现的是重视财产交易价值的物尽其用理念,而农民集体所有权客体所承载的价值不仅仅是物尽其用,还包括资源保障、经济效益、社会公平等多方面价值。显然,这些价值难以用动产和不动产的简单划分予以实现。

(二)集体资源性财产、集体经营性财产和集体非经营性财产的划分依据

将农民集体所有权客体划分为集体资源性财产、集体经营性财产和集体非经营性财产,是由三类财产的特点和区别决定的。

首先,集体资源性财产具有社会保障功能,集体成员对资源性财产享有直接的承包经营权,实行的是统分结合的双层经营形式。集体资源性财产所有权的主体应限定在集体内并限制转让,以防止土地非农化、非粮化及过度集中。[1]集体资源性财产的实现,主要依靠承包方农民集体成员和非集体成员的经营者的经营,因此集体资源性财产所有权的实现主要是完善集体成员权制度和承包经营制度。

其次,集体经营性财产具有经济性和营利性的价值追求,是激活农村集体沉睡资产的核心内容,也是目前集体产权改革的关注焦点。由于集体经营性财产并未承包给集体成员经营,为了实现其增值营利的目的,也不适宜由集体成员分散经营,集体统一的规模经营更有利于其价值的发挥。因此,集体经营性财产实现的主要任务是如何构建一种既能统一对外经营,又能使集体成员共享营利权益的制度。而地方和学界推动的股份合作制改革为集体经营性财产提供了一种实现路径,股份合作制改革的基础是集体共同体属性,但手段和路径则更多体现企业属性。

最后,集体非经营性财产,是指用于农民集体公共服务,具有教育、文化、养老、卫生等公益性质的资产,也可称为集体公益性财产。集体非经营性财产不

---

〔1〕 参见姜红利:《农地三权分置之下土地所有权的法律表达》,载《法学家》2017年第5期。

以资产增值为优先目标并限制集体及成员的收益分配权,是集体非经营性财产与集体经营性财产的本质区别。故将资产确权到户、量化到成员并进行股份合作制改革这一集体资产管理主流路径,并不适合集体非经营性财产。相对于集体成员对集体资源性财产享有承包经营权这一用益物权而言,集体成员对集体非经营性财产并不享有直接的经营权,统分结合的双层经营形式也不适合集体非经营性财产。因此,农村集体非经营性财产实现的任务是,要在公平优先、兼顾效率的运行原则下实现保值增效的目标,通过基层政府、基层组织及集体成员的协同治理,发挥其在基层治理、公共服务和社会保障等方面的功能。

四、集体资源性财产所有权要完善承包经营制度

集体资源性财产事关国家战略安全,具有社会保障功能,要在坚持集体所有权的基础上不断扩大集体成员的承包经营权权能,在"统分结合"的双层经营体制下构建体系健全的承包经营制度。[1]

(一)明确农户的土地承包经营权主体身份

土地承包经营权的身份性,既是集体成员对集体土地所有权享有成员权的体现,也是"三权分置"政策中稳定承包权的必然要求。作为一种具有身份性的用益物权,土地承包经营权的主体只能是农户。

《民法典》没有明确土地承包经营权主体的身份性,直接规定了"土地承包经营权人"这一主体。2019 年修订的《农村土地承包法》对土地承包经营权的主体归属则出现了不一致的规定,第 5 条规定为"农村集体经济组织成员",第 16 条又规定了"家庭承包的承包方是本集体经济组织的农户",第 24 条第 2 款规定了土地承包经营权证或者林权等证书应当将具有土地承包经营权的"全部家庭成员列入"。修订后的《农村土地承包法》体现了对农户内的成员权益进行保护的倾向,但仍然存在土地承包经营权主体规定不明之嫌。

关于土地承包经营权主体问题,学界也存在农户和成员之争。主张归属成员个人的观点认为,成员与集体的直接联系既"可以减轻家庭负担,变家庭保障为集体保障,体现社会主义公有制的优越性"[2]。而主张归属农户的学者则认为,以"户"为单位是农民承包土地的常态,可以集中劳动力进行生产经营,

---

〔1〕 以用途为标准可将农村土地划分为农用承包地、集体经营性建设用地和宅基地。由于集体经营性建设用地和宅基地的经营性和保障性属性,本文未将两者纳入集体资源性财产范围。故集体资源性财产所有权实现的路径主要针对农用承包地的承包经营制度展开。

〔2〕 戴威、陈小君:《论农村集体经济组织成员权利的实现——基于法律的角度》,载《人民论坛》2012 年第 2 期。

需要在立法中确认农户的主体地位。[1] 笔者认为,将农户作为土地承包经营权的主体既尊重了历史又兼顾了现实。城镇化背景下的农村,青壮年常年在外务工,留守家庭多为老幼,如以个人为土地承包经营权主体,将出现更为分散经营甚至无人经营的情形。而农户这种社会形态,是基于生产经营产生的家庭共同体,具有共担风险、共享收益的家庭理念,确无必要为了现代个人权利话语而人为被打散或取消。作为一种社会现实,以农户作为土地承包经营权主体并不妨碍集体土地的生产经营,何况我国《民法典》也已明确了"农村承包经营户"的民事主体地位。

(二)细化《农村土地承包法》的具体规则

基于土地承包经营权所担负的社会保障功能,需要对其权能予以适当限制,此种限制由"耕地资源的稀缺性"所决定,也是"农地可持续利用的需要"。[2] 《民法典》虽规定了土地经营权人的权利是通过合同约定获得的,但并未对土地经营权的性质进行明确,因为通过合同约定取得的权利并非一定就是债权,也可能被法律赋予物权的性质,如土地承包经营权也是通过承包合同取得的物权。

2018 年修正的《农村土地承包法》在"土地承包经营权的保护和互换、转让"一节中规定了土地承包经营权的"互换"和"转让"两种权利实现方式。通过该法第 33 条、第 34 条、第 35 条的规定可看出,"互换"和"转让"均是在集体成员内部进行的土地承包经营权主体的变更,属于"土地承包经营权"的物权变动方式。紧接着的第五节标题是"土地经营权",但根据规定内容来看,除了对土地经营权在土地用途、取得方式等内容进行明确规定外,土地经营权的期限和具体权利内容或者是根据合同约定,或者要受到土地承包经营权人的限制,也难以得出土地经营权被定性为物权的结论。

值得注意的是,土地承包经营权是否具有抵押权能与土地承包经营权可否抵押是不同的概念,立法应予厘清。《民法典》第 399 条规定了不得抵押的财产,此条第 1 款规定"土地所有权、宅基地、自留地、自留山等集体所有的土地使用权,但法律规定可以抵押的除外",《民法典》第 342 条规定:"通过招标、拍卖、公开协商等方式承包农村土地,经依法登记取得权属证书的,可以依法采取出租、入股、抵押或者其他方式流转土地经营权。"可见,上述两个条款之间存在既不矛盾,又稍显怪异的自我补充规定之嫌。2018 年修正的《农村土地承包

---

〔1〕 参见孙宪忠:《争议与思考——物权立法笔记》,中国人民大学出版社 2006 年版,第 501 页。

〔2〕 参见邹秀清:《土地承包经营权权能拓展与合理限制研究——基于农地保障功能区域差异视角》,中国社会科学出版社 2013 年版,第 120 页。

法》第47条、第53条则规定了承包方和受让方即土地经营权人在一定条件下均可以"土地经营权"进行担保。笔者赞成上述规定,土地承包经营权虽具有抵押权能,但其抵押的客体是土地经营权,土地承包经营权主体的身份性限制决定了其不可抵押性。

五、集体经营性财产所有权要探索产权量化、统一经营的组织结构

为了激活集体经营性财产,使集体成员能够切实获得集体财产收益,对集体经营性财产进行股份合作制改革是地方和学界主流的产权改革导向。值得注意的是,不管采取何种改革模式,都应当充分尊重农民集体和集体成员的自主性。

(一)赋予农民集体和集体成员充分的自治权

其一,股份合作制改革的政策导向并不是农民集体进行经营性财产运营管理的强制规范。首先,中央政策只是鼓励性质并非强制性要求,农民集体没有必须进行集体经营性财产股份合作制改革的义务。其次,无论是村民委员会等群众自治组织还是农村集体经济组织,在治理方式上均不同于公权力机关或者企业。按照政治学的观点,国家政府、社群组织和市场主体应是三种不同的治理模式,群众自治组织和集体经济组织均属于自治的社群组织。[1] 故而,农民集体的自治理念与国家政府的治理理念有所不同。最后,改革开放以来,国家在农村治理中的角色已逐渐由管理型转变为治理型甚至是服务型的定位,当下农村群众基层自治模式实际上已经是国家与社会分离的产物。政府应培育而非强制农民对于新制度的需求和依赖,将管理需求逐渐转变为社区成员的生活需求。况且,国家政府已承担不起社会治理的全部责任,社会成员自治已是大势所趋。因此,政府没有理由否认农村自治组织妥善经营公共财产资源的能力,促进公共财产资源合理利用的适宜尝试"不是用政府组织替代社区,而是通过教育和技术援助这样的措施改进社区的这种能力"[2]。

其二,股份合作制改革的具体模式也是农民集体自治的范围。股份合作制改革作为一种框架性思路,许多具体内容还需在理论和实践中不断探索。例如,股份合作制改革中的股份配比标准、股权配置、收益分配等问题均需进一步明确。除了涉及集体成员权的资格认定及基本权限外,"其余规则可以以任意

---

〔1〕 参见周庆智:《基层社会自治与社会治理现代转型》,载《政治学研究》2016年第4期。

〔2〕 [日]速水佑次郎、神门善久:《发展经济学——从贫困到富裕》(第3版),李周译,社会科学文献出版社2009年版,第271页。

性规范规定，由集体经济组织成员大会通过章程来细化成员权相关规则”[1]。此种集体产权关系下的个体与集体在实践中的互动，形成了“人人有份，机会均等”的成员权实践逻辑基础，在此逻辑基础下又形成了不同样态的成员权模式。[2]

其三，股份合作制改革作为一项政府主导下的推进政策，其能否得到农民集体成员的接受和认同，在很大程度上依赖于农民集体成员在股份合作制改革中的民主参与程度。已有调查结果显示，在集体股份合作制改革中，被咨询或者要求参加会议讨论改革事宜的农民对集体股份合作制改革的满意度较高。因此，增加股份合作制改革的透明力度，大力宣传和征求相关政策意见，积极让农民参与到改革进程中，股份合作制改革才能保障获得集体成员的拥护和认同。[3]

(二)明确区分集体成员权和集体股份合作制中的股权

集体经营性财产股份合作制改革不仅是为了明晰集体成员权，更是为了激活经营性资产的市场性，吸引外资促进增值。故在股份合作制改革的进程中，必须明确区分成员权和股权。

首先，两者的性质不同。民法理论上认为，成员权是一种“兼具身份权和财产权性质之特殊权利”[4]，不能单独归入财产权或人身权中的“混合型权利”[5]。事实上，成员权中的财产权利均非个人自由意志所能支配，是基于成员与集体的关系而享有的，“必须在团体内部实施、实现，并非一种独立的财产权，仍属于身份权的一项内容”[6]。而根据《公司法》第 4 条的规定，股权是包括财产性权利和管理性权利的一种综合性权利。虽然在有限责任公司中，股东的人合性比较明显，股东权利具有成员权的属性。[7] 但更不容否认的是，股权是一种不同于成员权的独立民事权利。[8] 因此，股权的取得是没有身份性限制的，而成员权的取得则有身份性限制。股份合作制改革中的股东身份是以股

---

〔1〕 张安毅：《户籍改革背景下农民集体经济组织成员权制度立法变革探讨》，载《理论与改革》2015 年第 6 期。

〔2〕 参见申静、王汉生：《集体产权在中国乡村生活中的实践逻辑——社会学视角下的产权建构过程》，载《社会学研究》2005 年第 1 期。

〔3〕 参见金婉等：《浙江省农村集体资产股份合作制改革农民满意度及其影响因素》，载《浙江农林大学学报》2017 年第 1 期。

〔4〕 王泽鉴：《民法总则》(增订版)，中国政法大学出版社 2001 年版，第 67 页。

〔5〕 龙卫球：《民法总论》，中国法制出版社 2002 年版，第 124 页。

〔6〕 陈小君：《我国农民集体成员权的立法抉择》，载《清华法学》2017 年第 2 期。

〔7〕 参见王欣新：《公司法》(第 2 版)，中国人民大学出版社 2012 年版，第 36 页。

〔8〕 参见赵旭东主编：《公司法学》(第 3 版)，高等教育出版社 2012 年版，第 304 页。

份的享有为基础,而集体成员身份的取得并不是建立在股份的享有基础上。

其次,两者的主体不同。集体经营性财产股份合作制改革中,成员权主体必须符合一定条件,如户籍、土地权利和生产保障等。而股份合作制改革中的股权主体除了包括农民集体成员权股东之外,还包括为了吸引外资及加强集体经营性资产市场化能力而增加的社会股东。此外,还包括虽未能享有成员权的新出生人员基于继承而享有的股东权利。甚至有些地方规定,成员在服刑期间,虽保留成员资格但不是股东,不享有股东权利。[1] 可见,集体经营性财产股份合作制改革中的股东身份具有与农民集体成员权主体不同的复杂多样性。

最后,两者的内容不同。集体成员权除了对进行股份合作制的集体经营性财产享有股东权利外,还对集体资源性财产和集体公益性财产享有成员权利。不同类型的股东则享有不同的股东权利,如成员权股东享有较为完整的管理收益权能,而社会股东或因继承享有股份的股东或者仅享有分红收益权,或者管理权能受到限制。此外,成员权是不能继承或转让的,但股份合作制中的股权在适当条件下则可以继承、转让甚至退出。

六、集体非经营性财产所有权要构建协同治理的运行机制

农村集体非经营性资产管理要在公平优先、兼顾效率的运行原则下,通过基层政府、基层组织及集体成员的协同治理运行机制,实现保值增效的目标。具体则需要解决以下问题:

(一)界定集体非经营性财产的产权运行主体

区分集体非经营性财产的产权主体和产权运行主体是构建集体非经营性财产产权运行制度的关键步骤。集体非经营性财产是农民集体所有权的客体内容,故其产权主体是农民集体,但农民集体的集体性需要具体的运行主体来行使运行管理权能。在明确区分产权主体和产权运行主体的基础上,需要对集体非经营性财产的产权运行主体进行法律定位。《民法典》将村民委员会定位为基层群众性自治组织法人,可以从事为履行职能所需要的民事活动。2018年12月修正的《村民委员会组织法》规定,村民委员会“办理本村的公共事务和公益事业”。故针对集体非经营性财产,可由村民委员会基于管理服务代表农民集体行使所有权,村民委员会是集体非经营性财产的产权运行主体或者说

---

〔1〕 参见李爱荣:《集体经济组织成员权中的身份问题探析》,载《南京农业大学学报(社会科学版)》2016年第4期。

产权管理主体。

（二）探寻村民委员会管理集体非经营性财产的组织治理结构

与集体经营性财产不同，集体非经营性财产不宜进行产权量化到成员的股份合作改革。相对于产权量化来说，集体非经营性财产产权制度更需要进行的是组织结构的改革。作为集体非经营性财产的产权运行主体，村民委员会的组织结构是构建产权运行制度的核心问题。《民法典》虽将村民委员会定位为特别法人，但并未规定特别法人的“特别”之处，也未明确特别法人的具体组织结构。探寻村民委员会的组织结构需要考虑以下两方面内容：一是平衡农村集体非经营性财产的公益性和经济性。集体非经营性财产的公益性和经济性决定了其治理组织不能照搬公司法人化的治理结构改革。二是兼顾村民委员会的各种职能。村民委员会不仅是集体非经营性财产的运行主体，还要履行政府交予的日常行政宣传和基层社会管理任务。如何兼顾村民委员会的各种职能，也是村民委员会组织结构构建的重点。

（三）构建集体经济组织和集体成员对村民委员会产权管理的监督保障机制

集体非经营性财产是连接村民委员会、集体经济组织和集体成员的重要纽带，是实现基层有效治理的重要载体。对集体非经营性财产的产权管理，既是村民委员会的权利也是其义务，需要对其权利进行保障，也要对其管理进行监督。集体经济组织通过在盈利收益中提取公益金用于集体公益性事业的方式，为集体公共产品和服务提供有效供给和支持。集体成员则通过其在集体经济组织和村民自治组织中享有的成员权来发挥对集体非经营性财产产权运行的积极性和民主监督作用。例如，集体成员对集体经济组织用于支持集体非经营性财产运营资金的分配多寡享有成员决策权，对村民自治组织的运营管理也有权进行监督并提出意见。

七、结语

分类推进是农民集体所有权实现的基本理念。分类推进理念下的集体资源性财产、集体经营性财产和集体非经营性财产，因自身属性和特点具有不同侧重点的所有权实现方式和路径。分类推进理念下的集体经济组织不宜担负过重的公益性服务和社会保障职责，只在集体经营性财产的管理上发挥其经济性功能即可。对于具有保障性和公益性的集体资源性财产和集体非经营性财产，则应积极发挥基层党组织、村民自治组织和集体成员的能动性。总之，农民集体所有权的分类推进实现理念直面集体所有权客体的复杂性，注重多元主体的互动配合,既有利于平衡集体财产的增值与保障功能,也促进厘清集体经济组织、村民自治组织及集体成员的关系,是对健全自治、法治、德治相结合的乡村治理体系的有益探索。